Guide Info-Famille

Organismes · Livres · Sites Internet · DVD

La Collection du CHU Sainte-Justine
pour les parents

Guide Info-Famille

Organismes · Livres · Sites Internet · DVD

Centre d'information du CHU Sainte-Justine

Éditions du
CHU Sainte-Justine

Pour l'amour des enfants

Catalogage avant publication de Bibliothèque et Archives Canada du Québec
et Bibliothèque et Archives Canada

Gagnon, Michèle

　Guide info-famille

　3ᵉ éd. rev. et augm.
　(La Collection du CHU Sainte-Justine pour les parents)

　Publ. antérieurement sous le titre: Guide info-parents.

　ISBN 978-2-89619-137-6

　1. Éducation des enfants - Bibliographie. 2. Famille - Bibliographie. 3. Enfants
inadaptés - Bibliographie. 4. Famille, Services à la - Québec (Province) - Répertoires.
5. Éducation des enfants - Ressources Internet - Répertoires. 6. Famille - Ressources
Internet - Répertoires. I. Jolin, Louise. II. Lecompte, Louis-Luc, 1950-　. III. Titre.
IV. Titre: Guide info-parents. V. Collection: Collection du CHU Sainte-Justine pour
les parents.

Z7164.C5G33 2009　　　016.649'1　　　C2008-942307-0

Illustration de la couverture: Marion Arbona
Infographie: Folio infographie

Diffusion-Distribution
Au Québec: Prologue inc.
En France: CEDIF (diffusion) – Daudin (distribution)
En Belgique et au Luxembourg: SDL Caravelle
En Suisse: Servidis S.A.

Éditions du CHU Sainte-Justine
3175, chemin de la Côte-Sainte-Catherine
Montréal (Québec) H3T 1C5
Téléphone: (514) 345-4671
Télécopieur: (514) 345-4631
www.chu-sainte-justine.org/editions

Dépôt légal:　Bibliothèque et Archives nationales du Québec, 2009
　　　　　　　Bibliothèque et Archives Canada, 2009

Membre de l'Association nationale des éditeurs de livres

Remerciements

Merci tout d'abord à nos collègues de travail pour leur patience et leur disponibilité durant toute la période que nous avons consacrée à la préparation de ce guide, plus spécialement à Mélanie Durocher et à Yves Bérubé pour la validation des liens Internet et la vérification des coordonnées des différents organismes.

Nous tenons à remercier Juan Alchourron qui assure depuis cinq ans le bon fonctionnement de nos outils informatiques pour la saisie de l'information. Sans son soutien, il aurait été impensable de répertorier cette masse de ressources.

Merci également aux libraires de la librairie Monet pour leur précieuse collaboration dans le choix de la littérature jeunesse ; leurs conseils nous ont permis de faire des découvertes fort intéressantes.

Ce guide a pu voir le jour grâce aussi à l'existence de bons outils de référence tels que : *Lurelu*, revue québécoise consacrée à la littérature jeunesse, qui est un guide incontournable pour la sélection d'ouvrages pour les enfants et les adolescents, ChoixMédia, des Services documentaires multimédias, base de données qui recense les livres et les DVD de langue française, et la Sélection de livres pour les jeunes de Communication jeunesse, publiée à chaque année et qui fait ses choix parmi la littérature jeunesse du Québec et du Canada francophone.

Nous remercions aussi les attachés de presse des maisons d'édition jeunesse qui nous envoient sur demande leurs nouveautés, ce qui nous permet d'être à jour et de faire des choix plus avisés.

Nos remerciements aussi à Luc Bégin et à Marise Labrecque des Éditions du CHU Sainte-Justine pour leurs précieux conseils et leur soutien tout au long du projet.

Nous voulons remercier spécialement les parents et les professionnels qui consultent notre guide, en version imprimée ou sur le web, ainsi que tous ceux qui nous font part de leurs commentaires et de leurs suggestions, qu'ils soient auteurs, intervenants ou parents. Leurs encouragements nous incitent à poursuivre ce travail dans le meilleur intérêt des enfants, des adolescents et de leurs familles.

TABLE DES MATIÈRES

Remerciements 5

Présentation 15

Thèmes

Accueil de l'enfant différent.......................................19

Acidose lactique...24

Adénoïdectomie 25

Adoption...26

Agression sexuelle..35

Agressivité..43

Aides techniques...45

Aides techniques à la communication..........................46

Alcool...47

Alimentation de l'adolescent 51

Alimentation de l'enfant 53

Allergies 58

Allergies alimentaires 60

Amputation 63

Amygdalite/Amygdalectomie..64

Anémie falciforme..65

Anorexie/Boulimie...67

Anxiété..73

Arthrite juvénile 77

Asthme..78

Ataxie 81

Attachement 82

Autisme 84

Bégaiement 90

Brûlures..93

Cancer/Leucémie/Tumeurs...95

Cauchemar..102

Cécité 105

Chirurgie/Chirurgie d'un jour 108

Circoncision..110

Cododo 111
Colère 112
Coma...116
Conciliation famille-travail................................117
Consultation psychologique 121

Déficience auditive 125
Déficience intellectuelle 127
Déficience visuelle...131
Dépression 135
Dépression postpartum 140
Deuil périnatal...142
Devoirs et leçons..145
Diabète...150
Diagnostic prénatal 153
Difficulté scolaire..154
Discipline 158
Douleur...164
Drogues...167
Dyslexie..173
Dysphagie 176
Dysphasie 177
Dyspraxie 180

Éducation sexuelle...183
Encoprésie..190
Enfant doué 191
Enfant handicapé..193
Enfant handicapé - Activité physique et sport.....206
Enfant handicapé - Camp de vacances/Camp de jour 207
Enfant handicapé - Loisirs et Tourisme 208
Enfant hospitalisé...209
Enfant malade...213
Enfant maltraité..218
Enfant roi..224
Enfant unique 226
Énurésie 227
Épilepsie...229
Estime de soi...233
Éveil à la lecture 240
Éveil musical..243

Famille d'accueil..244
Famille homoparentale 247
Famille monoparentale 251
Famille recomposée...255
Fausse couche 260
Fibrose kystique...262
Fissure labio-palatine..264
Fracture..266
Frère et sœur de l'enfant malade ou handicapé................266

Garde partagée...270
Gastroentérite..273
Génétique..274
Glycogénoses 274
Grands-parents...275
Grossesse à l'adolescence 279
Grossesse à risque..282
Grossesse multiple..284

Hémophilie..286
Hépatite..288
Hernie..289
Homosexualité..289
Hydrocéphalie 294
Hyperbare...295
Hypoglycémie...296

Identité sexuelle...297
Image corporelle...300
Inceste..302
Infection transmissible sexuellement.............................305
Infirmité motrice cérébrale...307
Intimidation 309

Jalousie...317
Jeu pathologique...319
Jumeaux..322

Logement adapté 326
Lupus..326

Maladie cœliaque 328
Maladie de Huntington...330

Maladie de la peau...330
Maladie de la thyroïde...331
Maladie de Lyme 332
Maladie de Tay-Sachs 332
Maladie de Von Hippel-Lindau 333
Maladie des organes génito-urinaires 334
Maladie du cœur 334
Maladie du foie...337
Maladie du rein 338
Maladie génétique 339
Maladie infectieuse..341
Maladie inflammatoire de l'intestin 342
Maladie métabolique..343
Maladie neuromusculaire 344
Maladie ORL...346
Maladie pulmonaire...347
Maladie terminale 349
Malformation craniofaciale 351
Malformation vasculaire..352
Médicaments 352
Méningite..353
Mensonge..353
Méthode kangourou 356
Migraine..356
Mort/Deuil..357
Mort d'un ami 363
Mort d'un animal...365
Mort d'un enfant..367
Mort d'un frère/d'une sœur..372
Mort d'un grand-parent 375
Mort d'un parent..378
Mort subite du nourrisson...383

Nævus géant congénital 385
Naissance d'un deuxième enfant..................................385
Nanisme..389
Nausées et vomissements...390
Neurofibromatose 391

Obésité..393
Ostéogenèse imparfaite 398
Otite 398

Paraplégie/Quadriplégie 401
Parent à l'adolescence...403
Parent alcoolique..403
Parent atteint de cancer...405
Parent atteint de maladie mentale..........................407
Parent dépressif..410
Parent en prison 412
Parent handicapé...414
Parent malade...415
Pédophilie..418
Peurs..420
Phénylcétonurie..427
Pleurs 428
Poux 430
Prématurité..432
Prévention des accidents 437
Prise de risque..442

Relations frères-sœurs...444
Relations parents-adolescents................................449
Relations parents-enfants......................................455
Relations parents-professionnels............................466
Résilience 467
Responsabilité...469

Santé de l'enfant...472
Santé des adolescents 477
Santé mentale 480
Schizophrénie...485
Sclérodermie...488
Sclérose en plaques...488
Sclérose tubéreuse de Bourneville 490
Scoliose 490
Séparation et divorce..491
Sida/VIH..499
Soins palliatifs..503
Solitude..505
Spina bifida..507
Stomie..508
Streptocoque de groupe B 508
Stress 509
Suicide..514

Suicide d'un parent 521
Surdité...523
Syndrome d'alcoolisation fœtale 526
Syndrome d'Angelman 528
Syndrome d'Asperger..528
Syndrome de Di George...532
Syndrome de Gilles de la Tourette.............................533
Syndrome de Guillain-Barré.....................................534
Syndrome de Marfan...535
Syndrome de Pierre Robin..536
Syndrome de Prader-Willi 536
Syndrome de Rett 537
Syndrome de Sotos...538
Syndrome de Turner 539
Syndrome de Williams 539
Syndrome du chromosome X fragile 540
Syndrome du cri-du-chat 541
Syndrome hémolytique urémique..............................541

Tabagisme 542
Tatouage et piercing 545
TDAH (Trouble déficitaire de l'attention avec
ou sans hyperactivité) 546
Thalidomide 553
Timidité 554
Toxicomanie 557
Trachéotomie..561
Transplantation 561
Traumatisme craniocérébral.....................................563
Trisomie 21 564
Trisomies...568
Troubles bipolaires 569
Troubles d'apprentissage...571
Troubles d'opposition 574
Troubles de l'attachement..575
Troubles de la croissance...576
Troubles du comportement 577
Troubles du langage..581
Troubles du sommeil...585
Troubles envahissants du développement....................591
Troubles obsessifs-compulsifs...................................594

Tumeur au cerveau...597
Tyrosinémie 598

Vaccination 600
Violence 602
Vol..610

ANNEXE

Ressources incontournables................................613

RÉFÉRENCES...617

INDEX

Index des organismes répertoriés......................619
Index des sujets traités 627

Présentation

Vous êtes parent ou vous intervenez auprès d'enfants qui présentent des difficultés, qu'il s'agisse d'une maladie, d'un handicap, d'un trouble scolaire ou de comportement, d'un état d'anxiété excessif, d'une peine insurmontable suite à un décès, à une séparation, etc. Vous voulez vous informer, vous documenter ou orienter des parents désireux d'en savoir davantage. Vous voulez conseiller des livres aux enfants et aux adolescents pour les aider à mieux vivre avec leurs tracas, leur handicap ou leur maladie. Pour vous faciliter la tâche et pour vous aider dans vos recherches, le Centre d'information du CHU Sainte-Justine publie le *Guide Info-Famille*, qui prend la relève des *Guides Info-Parents* qui sont parus de 1999 à 2003. Enrichi des toutes dernières ressources, ce nouveau guide couvre la majorité des thèmes relatifs à l'enfant et à l'adolescent en difficulté.

Le *Guide Info-Famille*, c'est 225 thèmes, annotés et présentés par ordre alphabétique :

- plus de 385 coordonnées d'organismes d'aide ou d'associations qui offrent information, documentation ou soutien aux parents ;
- près de 660 suggestions de livres pour les parents et 1065 suggestions d'albums, de documentaires et de romans pour les enfants et les adolescents, présentés par groupe d'âge ;
- quelque 575 suggestions de sites Internet pour les parents et plus de 105 sites spécialement conçus pour les enfants et les adolescents ;
- et finalement un choix de 100 vidéo sur DVD.

Ces différentes ressources sont identifiées à l'aide de pictogrammes. Un index complet, comprenant des synonymes et des renvois, est disponible à la fin de l'ouvrage pour favoriser le repérage des thèmes.

Notre ambition n'était pas de répertorier toutes les ressources disponibles. Celles qui ont été choisies l'ont été avec soin par les spécialistes en information du CHU Sainte-Justine. Les thèmes retenus correspondent aux demandes reçues régulièrement à notre Centre d'information et au Centre de documentation du Centre de réadaptation Marie Enfant.

Nous nous sommes assurés que les livres et les DVD répertoriés soient disponibles dans les librairies ou dans les bibliothèques publiques. Lorsque nécessaire, nous avons donné les coordonnées des distributeurs ou des éditeurs pour vous les procurer. Quant aux sites, ils sont majoritairement produits par des associations professionnelles, des associations de parents ou par des organismes gouvernementaux.

Bien que ce guide soit destiné aux parents et aux intervenants qui travaillent auprès des parents, des enfants et des adolescents, il s'avère aussi un outil de premier choix pour les libraires, bibliothécaires ou recherchistes qui doivent offrir des ressources dans ce domaine.

Pour compléter la recherche d'information, nous avons mis en annexe les ressources pour les parents que nous considérons indispensables ainsi qu'un index alphabétique des organismes et des associations répertoriés.

De nouveaux livres sont constamment publiés, des sites disparaissent ou déménagent ou les coordonnées des organismes d'aide se modifient. Nous sommes à l'affût de ces changements et, dans le but de toujours vous donner une information juste, nous mettons à jour régulièrement la version électronique du *Guide Info-Famille*.

Nous vous invitons à communiquer avec nous au Centre d'information du CHU Sainte-Justine ou au Centre de documentation du Centre de réadaptation Marie Enfant pour nous faire part de vos suggestions, de vos corrections ainsi que de vos commentaires.

Bonne lecture et bonne consultation !

L'Équipe de rédaction du Guide Info-Famille:
Louise Jolin
Michèle Gagnon
Louis-Luc Lecompte
Maryse Boyer
Myriam Casséus
Gaétan Perron

Centre d'information
CHU Sainte-Justine
3175, chemin de la Côte Sainte-Catherine
Montréal (Québec)
Canada H3T 1C5
Téléphone: 514 345-4681

Centre de documentation
Centre de réadaptation Marie Enfant
5200, rue Bélanger Est
Montréal (Québec)
Canada H1T 1C9
Téléphone: 514 374-1710, poste 8033

Courriel: cise.hsj@ssss.gouv.qc.ca

Site web: www.chu-sainte-justine.org/Famille
(sous l'onglet «Documentation santé»)

* Dernière vérification des ressources: décembre 2008

Légende

 Coordonnées d'organismes d'aide offrant de la documentation ou de l'information aux parents

 Suggestions de livres et de documents de vulgarisation pour les parents

 Suggestions d'albums, de livres et de romans pour les enfants et les adolescents, présentées par catégories d'âge

 Suggestions de sites Internet pour les parents

 Suggestions de sites Internet spécialement conçus pour les enfants et les adolescents

 Suggestions de vidéos pour les parents

ACCUEIL DE L'ENFANT DIFFÉRENT

Voir aussi : Déficience intellectuelle, Diagnostic prénatal, Enfant handicapé

Centre d'information du CHU Sainte-Justine
CHU Sainte-Justine
3175, ch. de la Côte-Sainte-Catherine   ☎ 514 345-4678
5ᵉ étage, bloc 9   🖷 514 345-4806
Montréal (Québec) H3T 1C5
michele_gagnon@ssss.gouv.qc.ca
www.chu-sainte-justine.org/fr/famille/cise

Le centre d'information du CHU Sainte-Justine répond aux demandes documentaires des parents et des intervenants. On y assure aussi la référence vers différentes associations et groupes d'entraide. Le site Internet du Centre offre la version électronique du *Guide Info-Famille*. Le Centre est ouvert à tous pour consultation.

Emmanuel, l'amour qui sauve
C.P. 352   ☎ (répondeur) : 819 395-4889
Drummondville (Québec) J2B 6W3   🖷 819 395-6411
emmanuel01@sympatico.ca
www.emmanuel.qc.ca

« Association en faveur de l'adoption d'enfants ayant une déficience intellectuelle, physique ou sensorielle et, pour cette raison, réputés inadoptables. Soutient les parents biologiques à la naissance d'un enfant handicapé. Si nécessaire, leur apporte du soutien dans leur démarche d'adoption. Trouve des parents intéressés à adopter de tels enfants réputés inadoptables. Favorise l'entraide et suscite des rencontres entre familles adoptives. »

Office des personnes handicapées du Québec (OPHQ)
Direction de l'intervention collective régionale de l'Ouest
500, boul. René-Lévesque Ouest, bureau 15.700   ☎ 514 873-3905
Montréal (Québec) H2Z 1W7   ☎ sans frais : 1 888 873-3905
dicro@ophq.gouv.qc.ca   🖷 514 873-4299
www.ophq.gouv.qc.ca   Téléscripteur : 514 873-9880

Organisme gouvernemental œuvrant à promouvoir les intérêts des personnes handicapées, à faciliter leur intégration scolaire, professionnelle et sociale, à coordonner les services qui leur sont dispensés et à les informer et les conseiller. L'Office possède un centre de documentation situé à Montréal et accessible à tous.

Office des personnes handicapées du Québec (OPHQ)
Centre de documentation
500, boul. René-Lévesque Ouest, bureau 15.600   ☎ 514 873-3574
Montréal (Québec) H2Z 1W7   ☎ sans frais : 1 888 264-2362
documentation@ophq.gouv.qc.ca   🖷 514 873-9706
www.ophq.gouv.qc.ca/documentation

« Le Centre de documentation de l'Office des personnes handicapées du Québec est ouvert au public et il offre des services de consultation, de référence, de prêt et de conseil documentaire dans le domaine des déficiences, des incapacités et des situations de handicap. » Les heures d'ouverture sont du lundi au vendredi de 8 h 30 à 12 h et de 13 h à 16 h 30.

Société pour les enfants handicapés du Québec

2300, boul. René-Lévesque Ouest) 514 937-6171
Montréal (Québec) H3H 2R5) sans frais : 1 877 937-6171
sehq@enfantshandicapes.com ✉ 514 937-0082
www.enfantshandicapes.com

La Société aide les parents à garder leur enfant handicapé en milieu familial. Les services offerts sont : l'Auberge et la Résidence Papillon (résidences-répit recevant les jeunes handicapés et multihandicapés de 5 à 25 ans pour des séjours à court terme), le Camp Papillon (camp de vacances tout au long de l'année pour des séjours de 10 jours, des vacances famille, des journées plein air et des séjours de fins de semaine), Caravane Papillon – Nous aidons (camp de vacances itinérant pour enfants handicapés vivant dans des régions où ils ne peuvent pas profiter d'un camp de vacances spécialisé), Colonie Les Bosquets (camp de vacances situé en Montérégie, résidence loisirs-répit et camp de jour), Garderie Papillon, Gardiennage Papillon (gardiennage et accompagnement pour enfants et adultes handicapés), Jardin des Papillons (centre de stimulation précoce), Papillon de jour (camp de jour pour enfants multihandicapés), Transport Papillon (transport des enfants handicapés fréquentant les services de la Société), Carrefour Papillon (service de référence et d'information pour les parents) et Ressource Papillon (programme favorisant la promotion de l'intégration des enfants handicapés dans les garderies et centres de la petite enfance de Montréal, de Laval et de la Rive-Sud).

Solidarité de parents de personnes handicapées inc.

5095, 9e avenue, bureau 101) 514 254-6067
Montréal (Québec) H1Y 2J3 ✉ 514 254-7983
info@spph.net
www.spph.net

Cet organisme offre des services de soutien, d'information, de référence, de répit et d'accompagnement aux parents de personnes handicapées ou multihandicapées de 0 à 30 ans.

Au-delà de la déficience physique ou intellectuelle : un enfant à découvrir
Ferland, Francine
Montréal : Éditions de l'Hôpital Sainte-Justine, 2001. 224 p.
(Collection de l'Hôpital Sainte-Justine pour les parents)

L'enfant qui présente une déficience physique, intellectuelle ou sensorielle est avant tout un enfant et ses parents sont d'abord des parents. Comment ne pas laisser la déficience prendre toute la place ? Comment favoriser le développement de l'enfant tout en répondant aux besoins de la famille ? Comment découvrir le plaisir avec lui ? Cet ouvrage répond à ces questions et contient des suggestions simples et applicables au quotidien.

Aux marges de la vie : être parent d'un bébé mort, fragile ou handicapé
Authier-Roux, Frédérique, Patrick Ben Soussan, Anne-Marie Darras, et al.
Ramonville-Saint-Agne (France) : Érès, 1999. 64 p. (Mille et un bébés)

Comment devenir parent d'un bébé handicapé ou malade, comment l'investir et l'aimer ? Des spécialistes témoignent de leur travail d'accompagnement auprès des parents, des enfants et de l'équipe soignante.

Comprendre votre enfant handicapé
Sinason, Valérie
Paris : Albin Michel, 2001. 105 p. (Les guides du Centre Tavistock)

Un guide pour répondre aux questions essentielles que les parents se posent au quotidien. En sept chapitres : La grossesse et la crainte d'avoir un enfant handicapé – Votre bébé handicapé – Les problèmes quotidiens – Les handicaps spécifiques – L'intervention médicale – L'école – L'enfant adulte.

L'enfant citron-miel
Jacquet, Mariette
Paris : Desclée de Brouwer, 1997. 188 p. (Handicaps)

Après la naissance d'un bébé handicapé, comment vivre la vie de couple, la vie de famille, la vie de l'enfant ? Une mère nous raconte comment sa vie paisible a basculé, comment elle a apprivoisé cette nouvelle vie et les changements que cette naissance a provoqués en elle et dans sa famille. Au terme de cette épreuve, elle nous parle d'une véritable renaissance.

L'enfant différent : accepter un enfant handicapé
Ringler, Maurice
Paris : Dunod, 2001. 161 p. (Enfances)

Les familles qui vivent avec un enfant handicapé rencontrent inévitablement des problèmes. Quels sont-ils ? Quelles conditions devraient être mises en place pour que l'enfant et la famille s'épanouissent le mieux possible ? L'auteur insiste sur l'importance du contexte affectif dans la famille, qui sera le moteur positif ou négatif des actions entreprises pour vivre le mieux possible avec ce handicap.

Les injustices de la naissance
Aymé, Ségolène
Paris : Hachette, 2000. 257 p.

L'auteur, généticienne, est spécialiste des anomalies du développement et des maladies rares. Elle nous propulse dans cet univers qu'est la venue au monde d'un enfant avec une maladie rare. Où en est rendue la recherche ? Elle veut déculpabiliser les parents, les aider à comprendre l'origine, le pronostic, le risque que l'événement se reproduise ; elle aborde également les traitements éventuels.

Mon enfant est différent
Lachenal, Marielle
Paris : Fayard, 2000. 356 p. (Les enfants du fleuve)

Ce livre tente de répondre au désarroi des parents qui apprennent que leur enfant sera différent. Beaucoup de témoignages qui font surtout ressortir la solitude des parents depuis la découverte du handicap et, par la suite, dans la vie de tous les jours, à mesure que l'enfant grandit. Il contient aussi des témoignages d'espérance qui montrent comment l'épreuve fait grandir et cimente les liens familiaux autour de l'enfant différent. Belles confidences des parents, frères et sœurs.

Naître différent
Ben Soussan, Patrick, Simone Korfi-Sausse, Jean-René Nelson, et al.
Ramonville-Saint-Agne (France) : Érès, 2007. 60 p. (1001 BB)

Des pédiatres et psychiatres parlent de l'accueil fait à l'enfant qui naît avec un handicap, de l'annonce aux parents, de cette terrible réalité qui frappe quand on l'apprend et qu'on répand la nouvelle. Comment aider les parents, la fratrie et l'équipe soignante à l'accueillir avec le plus de sérénité possible, afin qu'il ait la chance de s'épanouir et d'être le moins différent possible aux yeux des autres ?

Vivre avec un enfant différent : comprendre et soutenir les parents de l'enfant handicapé et malade
Restoux, Pauline
Alleur : Marabout, 2007. 128 p. (Marabout éducation)

Souvent, après l'annonce du handicap ou de la maladie grave, les liens familiaux et amicaux s'estompent. L'auteur, en collaboration avec l'organisme Handicap International, destine cet ouvrage à la famille et aux amis des parents d'enfants handicapés pour les sensibiliser et les aider à épauler ces parents et les sortir de leur isolement. En trois parties. Connaître : l'enfant différent est aussi un enfant – Comprendre : pour expliquer d'où nous vient ce rejet de la différence… – Agir et construire : l'entourage peut aider le parent en accueillant l'enfant différent comme un enfant ordinaire. Avec tendresse…

Le monsieur, la dame, et quelque chose dans le ventre   5 ans+
Aakeson, Kim Fupz
Paris : L'École des Loisirs, 2003. 27 p. (Pastel)

C'est l'histoire d'un monsieur et d'une dame qui s'aiment incroyablement. Un beau jour, la dame annonce à son mari qu'elle a un enfant dans le ventre. Ils sont heureux, de plus en plus heureux à mesure que le ventre s'arrondit. Et puis le jour de l'accouchement arrive, tout se passe normalement. Le problème c'est que l'infirmière répond « Oh ! » quand les heureux parents lui demandent si c'est un garçon ou une fille.

Une petite sœur particulière : l'histoire de Nelly, née trisomique 21   7 ans+
Helft, Claude
Arles (France) : Actes Sud Junior, 2007. 63 p. (Benjamin)

Alexis vient tout juste d'apprendre la nouvelle. Sa maman vient d'accoucher d'une petite fille, Nelly. Quand il arrive à l'hôpital pour voir sa famille, son papa lui apprend que sa petite sœur est trisomique. La trisomie expliquée aux enfants par le biais de l'histoire au quotidien de la famille de Nelly et d'Alexis. Se termine par un court texte destiné aux parents sur la trisomie 21.

Étienne et Nicolas   10 ans+
Demeyère-Fogelgesang, Cécile
Paris : Hachette Jeunesse, 2004. 186 p. (Le livre de poche jeunesse)

Étienne ne trouve pas la vie toujours facile avec son petit frère trisomique. À la maison, avec l'ambiance familiale teintée de complicité, cela se passe bien même si son petit frère a toujours l'attention de ses parents, mais dès qu'il est en dehors, avec les amis où à l'école, tout devient plus compliqué.

Je veux changer de sœur ! — 10 ans+
Jaoui, Sylvaine
Tournai : Casterman, 2003. 74 p. (Romans)

Emma a une petite sœur autiste. Elle ne trouve pas la vie drôle tous les jours et elle a honte aussi de sa sœur ; elle n'aime pas toujours qu'elle soit au même endroit qu'elle. Entre un père qui rentre tard parce qu'il n'aime pas les affrontements et une mère qui cajole trop son enfant malade, Emma trouve difficilement sa place.

Mon drôle de petit frère — 12 ans+
Laird, Elizabeth
Paris : Gallimard, 1998. 213 p. (Folio junior)

Anna mène une double vie depuis la naissance de son petit frère hydrocéphale. À la maison, elle s'en occupe beaucoup et, à l'école, elle n'en parle pas. Ses amies apprendront la maladie de son petit frère ; c'est dur parce qu'elle devient la risée de ses amies.

Accueil de votre nouveau-né suite à la naissance d'un enfant avec un problème de santé
Université de Montréal - Faculté des sciences infirmières
www.scinf.umontreal.ca/famille/information/ACCUEIL/accueil_intro.htm

Annonce du problème, réactions des parents, besoins des parents, besoins de votre enfant, situation de stress à la suite de la naissance d'un enfant différent.

Avoir un enfant différent
Association Une Souris Verte
www.enfantdifferent.org

Chroniques, articles et ressources pour les parents d'un enfant différent.

Élever un enfant qui a des besoins particuliers
Assistance Parents
www.parentsinfo.sympatico.ca/fr/content/topicindex/10_47_781.html

Suggestions pour simplifier un peu la vie des parents ayant un enfant aux besoins particuliers.

L'accueil d'un enfant différent : respecter le cheminement des parents
Association pour la santé publique du Québec
www.aspq.org/view_page.php?type=theme&id=52&article=2438

Comment aider les parents à vivre le choc de la naissance d'un enfant handicapé.

Le guide des besoins en soutien à la famille : pour les parents d'un enfant handicapé
Office des personnes handicapées du Québec
www.ophq.gouv.qc.ca/guide_besoins/guide_besoins.htm

Guide pour aider les parents à identifier leurs besoins comme famille ayant un enfant handicapé.

ACIDOSE LACTIQUE

Voir aussi : Maladie génétique, Maladie métabolique

AQMMR - Association québécoise des maladies métaboliques du Réseau

1600, av. De Lorimier, bureau 342   ) 514 524-3612
Montréal (Québec) H2K 3W5   ) sans frais : 1 888 524-3612
info@aqmmr.com   514 524-7090
www.aqmmr.com

L'Association offre les services suivants à ses membres : soutien et entraide aux parents d'enfants atteints de maladies métaboliques ainsi qu'aux adultes atteints de ces mêmes maladies, rencontres sociales, congrès scientifique annuel, défense et respect des droits des personnes atteintes de maladies métaboliques.

Association de l'acidose lactique du Saguenay-Lac-St-Jean

4660, rue Alfred   ) 418 544-9283
La Baie (Québec) G7B 3V6   418 544-1629
info@aal.qc.ca
www.aal.qc.ca

L'Association de l'acidose lactique désire sensibiliser la population à cette maladie métabolique que l'on retrouve particulièrement dans la région du Saguenay-Lac-St-Jean. Elle amasse des fonds pour aider à la recherche d'une médication pouvant améliorer la qualité de vie des enfants atteints et, possiblement, les guérir.

Acidose lactique

Portail québécois des maladies génétiques orphelines (PQMGO)
Fondation le monde de Charlotte Audrey-Anne et ses Ami(e)s
www.pqmgo.com/webacidoselactique/maccueil.html

Description de la maladie, prévention, population à risque.

Acidose lactique congénitale

Association québécoise des maladies métaboliques du Réseau
www.aqmmr.com/fr/acido_lactique.shtml

Description de la maladie.

Maladies héréditaires au Saguenay-Lac-St-Jean

CORAMH : Corporation de recherche et d'action sur les maladies héréditaires
www.coramh.org/coramh

Présentation des principales maladies héréditaires de cette région, en particulier de l'acidose lactique.

À toute épreuve
Savard, Caroline et Patrick St-Pierre, réalisateurs
Laterrière (Québec) : Productions Plein Vent, 2005. 1 DVD (60 min)

« Poursuivre sa vie après le décès d'un enfant c'est difficile, imaginez deux… C'est ce qu'a vécu Pierre Lavoie. Laurie et Raphaël sont tous les deux morts de l'acidose lactique, une maladie génétique spécifique à la région du Saguenay-Lac-St-Jean. Mais au lieu de se laisser abattre, Pierre a plutôt décidé de combattre. Grâce à ses efforts, le gène de l'acidose lactique est maintenant trouvé. Paradoxalement, même s'il est porteur du gène d'une maladie mortelle, Pierre Lavoie est un athlète de haut niveau. Double champion du monde Master 40-44 ans, il a participé huit fois à l'épreuve physique la plus difficile au monde, l'Ironman d'Hawaii. » Tiré de CHOIXmedia.

Disponible chez : Productions Plein vent : www.eventsonline.ca/events/atoute_epreuve

ADÉNOÏDECTOMIE

Voir aussi : Amydalite/Amygdalectomie,
Chirurgie/Chirurgie d'un jour, Maladie ORL

Les maladies ORL de l'enfant
Legros, Michel
Paris : Ellipses, 2003. 117 p. (Vivre et comprendre)

Ce livre décrit les principales maladies ORL qui touchent les enfants au niveau du nez, de la gorge et des oreilles, avec conseils et indications de traitements pour éviter les erreurs ou les affolements inutiles. Un chapitre est consacré à la surdité de l'enfant, un autre aux troubles de la parole et du langage et la dernière partie de l'ouvrage explique aux parents les principales interventions chirurgicales en ORL.

Les opérations ORL de l'enfant
Rotenberg, Maurice
Paris : Masson, 2001. 70 p.

Une guide qui détaille les opérations ORL les plus courantes en pédiatrie : ablation des amygdales, ablation des adénoïdes, parencentèse ou myringotomie (insertion d'un petit tube pour permettre le drainage de l'oreille moyenne). Pour chacune des opérations, vous trouverez les rubriques suivantes : Introduction, Comment se préparer à l'opération, L'intervention, Après l'opération, La convalescence.

Adénoïdectomie et/ou amygdalectomie chez l'enfant
Services Québec
www.guidesante.gouv.qc.ca/fr/fiche/7300-02.shtml

Nature, préparation et déroulement de l'intervention. Recommandations pour la convalescence à la maison.

L'adénoïdectomie
Hôpital Maisonneuve-Rosemont
http://biblio.hmr.qc.ca/Publications_pdf/A/adenoidectomie_sfe024.pdf

Information générale sur l'adénoïdectomie.

ADOPTION

Voir aussi : Troubles de l'attachement

Adoption Council of Canada / Conseil d'adoption du Canada
Bronson Centre, 211 Bronson Ave., #210   ☏ 613 235-0344
Ottawa (Ontario) K1R 6H5   Ligne d'information : 1 888 542-3678
acc@adoption.ca   🖳 613 235-1728
www.adoption.ca

« Le Conseil d'adoption du Canada est un organisme à but non lucratif qui fournit informations et références sur tous les sujets qui se rapportent à l'adoption. Le Conseil est aussi responsable du programme "Les enfants en attente du Canada" qui recrute des familles adoptives pour les enfants en besoin d'une famille permanente. » Bien que le site Internet du Conseil soit majoritairement en anglais, il contient des communiqués et des références bibliographiques en français.

Association de parents pour l'adoption québécoise
Siège social :
1095, Front Nord
Clarenceville (Québec) J0J 1B0

Région de Montréal :
3528, Jeanne Mance   ☏ 514 990-9144
Montréal (Québec) H2X 2K3
apaq@quebecadoption.net
www.quebecadoption.net/adoption/APAQ/apaq.html

L'APAQ est une association sans but lucratif venant en aide aux postulants et parents désirant adopter au Québec. Elle offre des rencontres mensuelles de groupe de soutien, des conférences sur des thématiques spécialisées en adoption et des sorties familiales. L'APAQ offre également le parrainage des postulants et l'accompagnement à la préparation de la requête en adoption. Elle sensibilise et promeut l'adoption québécoise incluant la banque-mixte. La cotisation annuelle permet la réalisation de ses activités et la publication de son journal l'*Écoute*.

Centres jeunesse du Québec
www.acjq.qc.ca

« Vous pouvez communiquer avec le service adoption du centre jeunesse de votre région pour donner votre nom comme postulant à l'adoption. Il y a 16 centres jeunesse qui sont responsables de l'application de la Loi sur la protection de la jeunesse et de la Loi sur la justice pénale pour les adolescents et qui ont pour mission de fournir, partout sur le territoire du Québec, des services psychosociaux ou de réadaptation aux jeunes en difficulté, aux mères en difficulté et à leurs familles. Pour trouver les coordonnées de votre centre jeunesse, veuillez consulter le bottin téléphonique ou le site de l'Association des centres jeunesse du Québec dont l'adresse apparaît ci-haut . »

Éducation coup-de-fil
ecf@bellnet.ca
www.education-coup-de-fil.com

℡ 514 525-2573
℡ sans frais : 1 866 329-4223
🖷 514 525-2576

Service de consultation professionnelle téléphonique gratuit, confidentiel et anonyme. Pour aider à solutionner les difficultés courantes des relations parents-enfants des familles biologiques ainsi que des familles adoptives. Parents, jeunes et intervenants peuvent y avoir recours. Le service est ouvert de septembre à juin, du lundi au vendredi de 9 h à 16 h 30, les mercredi et jeudi de 18 h 30 à 21 h. L'atelier « L'après-séparation et le vécu parents-enfants » est offert 3 fois par année.

Emmanuel, l'amour qui sauve
C.P. 352
Drummondville (Québec) J2B 6W3
emmanuel01@sympatico.ca
www.emmanuel.qc.ca

℡ (répondeur) : 819 395-4889
🖷 819 395-6411

« Association en faveur de l'adoption d'enfants ayant une déficience intellectuelle, physique ou sensorielle et, pour cette raison, réputés inadoptables. Soutient les parents biologiques à la naissance d'un enfant handicapé. Si nécessaire, leur apporte du soutien dans leur démarche d'adoption. Trouve des parents intéressés à adopter de tels enfants réputés inadoptables. Favorise l'entraide et suscite des rencontres entre familles adoptives. »

Fédération des parents adoptants du Québec
4264, rue Ferncrest
Pierrefonds (Québec) H9H 2A1
fpaq@sympatico.ca
www.fpaq.quebecadoption.net

℡ 514 696-0508

La Fédération regroupe les parents désirant adopter ou ayant déjà adopté des enfants d'un pays étranger ou du Québec. Elle informe et soutient les parents avant, pendant et après l'adoption. Entre autres services, elle publie le journal *La Cigogne* trois fois l'an et possède un centre de documentation sur les différents aspects de l'adoption (prêt de documents et de livres). Elle sensibilise et fait la promotion de la culture d'origine des enfants. Pour ses membres, la Fédération a aussi publié un « Bottin des ressources en pré et en postadoption ».

Secrétariat à l'adoption internationale

201, boul. Crémazie Est, bureau 1.01   ☏ 514 873-5226
Montréal (Québec) H2M 1L2   ☏ sans frais : 1 800 561-0246
adoption.quebec@msss.gouv.qc.ca   🖶 514 873-1709
www.adoption.gouv.qc.ca

Organisme gouvernemental québécois, le Secrétariat distribue des documents d'information sur les procédures à entreprendre pour effectuer une adoption hors Québec. Une liste des organismes agréés en adoption internationale est accessible sur le site Internet.

Service en adoption internationale

Centre de santé et de services sociaux Jeanne-Mance   ☏ 514 521-1320
CLSC Plateau Mont-Royal
4625, ave. De Lorimier
Montréal (Québec) H2H 2B4
adoption.internationale@ssss.gouv.qc.ca
www.santemontreal.qc.ca/csss/jeannemance/fr/default.aspx?sortcode=1.37.39

Le Service en adoption internationale du CSS Jeanne Mance s'adresse aux résidants de l'île de Montréal qui désirent entreprendre ou qui ont déjà fait une démarche d'adoption internationale. Les services, gratuits et bilingues, sont offerts par une équipe de professionnelles composée d'une travailleuse sociale, d'une psychoéducatrice et d'une infirmière. Il s'agit d'ateliers de groupe en pré et postadoption, de groupes de soutien (il faut avoir suivi les ateliers au préalable), de consultations psychosociales et thérapeutiques sur une base individuelle, de concertation avec d'autres professionnels (professeurs, médecins, éducateurs, orthophonistes, ergothérapeutes…), de formation aux professionnels et de service de consultant.

Attachement et adoption : outils pratiques pour les parents
Gray, Deborah
Bruxelles : De Boeck, 2007. 378 p. (Parentalités)

Un livre pour les parents adoptifs et d'accueil où l'auteur présente d'une façon claire les différentes étapes du développement de tout enfant, puis explique comment ces étapes peuvent être franchies quand l'enfant a vécu l'abandon par sa maman de naissance. Plusieurs conseils pratiques et suggestions qui reposent sur des bases théoriques solides concernant l'attachement, le développement et le traumatisme précoce. Voir aussi dans la même collection *L'enfant adopté : comprendre la blessure primitive* de Nancy Newton Verrier (2007).

Ces enfants dont personne ne veut : adopter un enfant « inadoptable »
Verdier, Pierre et Marieke Aucanate
Paris : Dunod, 1997. 168 p.

Traite de l'adoption des enfants malades ou handicapés. C'est à la fois un guide et un reportage sur l'amour familial au quotidien. Contient une bibliographie — « Dix ans de livres sur l'adoption (1986-1996) » — et une sélection de livres pour enfants et adolescents.

Enfant qui a mal, enfant qui fait mal ? Grands enfants, adolescents : conseils pour les parents adoptifs et les parents d'accueil
Archer, Caroline
Bruxelles : De Boeck, 2007. (Parentalités)

« Explique les particularités des enfants adoptés plus âgés ainsi que les difficultés auxquelles les parents peuvent se heurter et propose de nombreuses pistes concrètes pour favoriser l'intégration de l'enfant dans sa nouvelle famille. » Ces parents adoptent ou accueillent des enfants qui ont pu être négligés ou maltraités. Comment aider les parents à comprendre et à intervenir devant des comportements de colère, d'agressivité, de mensonge, de vol, de violences, etc. Ouvrage préfacé, entre autres, par Jean-François Chicoine et Johanne Lemieux.

Enfant qui a mal, enfant qui fait mal ? Nourrissons, petits enfants : conseils pour les parents adoptifs et les parents d'accueil
Archer, Caroline
Bruxelles : De Boeck, 2007. 180 p. (Parentalités)

« Ce livre explique le développement et l'attachement des enfants adoptés très jeunes ainsi que les difficultés auxquelles les parents peuvent se heurter et propose de nombreuses pistes pour favoriser l'intégration de l'enfant dans sa famille. » Préfacé, entre autres, par Jean-François Chicoine et Johanne Lemieux.

Et puis, elle m'a dessiné... une fleur, un cœur et un soleil !
Sauriol, Sylvie
Montréal : Éditions Francine Breton, 2005. 210 p.

Le livre de Sylvie Sauriol est une histoire inspirante pour tous les parents qui souhaitent adopter un enfant ou encore qui vivent l'angoisse de la maladie chez leur jeune. Née avec une malformation sévère appelée hypoplasie du cœur gauche, la petite Jeanne, qui a été adoptée, triomphe de la maladie. Il s'agit de la forme la plus grave et la première cause de mortalité infantile chez les enfants cardiaques. Sa mère raconte cette belle aventure.

L'adoption : comprendre l'enfant, accompagner les parents
Rouquès, Delphine
Paris : Albin Michel, 2008. 393 p. (Bibliothèque de la famille)

L'auteur donne aux parents les outils nécessaires pour accueillir et accompagner au mieux l'enfant adopté selon son origine, son âge et celui des parents au moment de l'adoption, la constellation familiale, les étapes qu'il traverse de la petite enfance à l'âge adulte, ses difficultés particulières et ses troubles. Elle éclaire également les parents sur leurs propres sentiments lors de la préparation à l'adoption, et au moment de l'accueil de l'enfant, sur la relation que chacun a avec lui.

L'adoption internationale : guide à l'intention des futurs parents
Toanen, Laetitia
Laval (Québec) : Guy Saint-Jean, 2008. 324 p.

Un guide pour comprendre tous les aspects, autant émotifs que pratiques, de l'adoption internationale, des premières réflexions à l'accueil de l'enfant et à la postadoption. Appuyé de témoignages d'intervenants de tous les niveaux de la chaîne d'adoption, de parents et d'enfants adoptés. L'auteur, diplômée en enseignement, est mère de deux enfants adoptés.

L'enfant adopté dans le monde (en quinze chapitres et demi)
Chicoine, Jean-François, Patricia Germain et Johanne Lemieux
Montréal : Éditions de l'Hôpital Sainte-Justine, 2003. 480 p.
(Collection de l'Hôpital Sainte-Justine pour les parents)

Ce livre traite « des multiples aspects de l'adoption internationale : l'abandon, l'anthropologie et l'éthique de l'adoption, les familles adoptives, le processus d'adoption, le bilan de santé, l'alimentation, la croissance, le développement, les troubles de développement, les particularités ethniques, l'adaptation, le nouveau milieu de vie et l'identité. » Écrit par trois spécialistes de l'adoption internationale.

Les miracles de l'adoption : 30 histoires merveilleuses
Martineau, Marie-Chantal
Loretteville (Québec) : Le Dauphin blanc, 2000. 176 p.

Des histoires vécues d'adoption qui sauront inspirer les parents adoptifs ou en voie d'adoption.

Parents de cœur : comprendre l'enfant adopté
Eldridge, Sherrie
Paris : Albin Michel, 2003. 171 p. (Questions de parents)

L'enfant adopté est un enfant qui a été avant tout abandonné. L'auteur aborde dans ce livre les « non-dits » liés à la souffrance de l'adoption et tente de répondre aux questions des parents concernant la culpabilité, la colère, la perte, la famille biologique, la peur d'être encore abandonné, la différence, l'identité, etc.

Raconte-moi d'où je viens
Prieur, Nicole
Paris : Bayard, 2007. 214 p.

Comment répondre aux questions des enfants sur leur origine ? Comment penser l'origine quand l'homoparentalité, les familles monoparentales ou recomposées, la procréation médicalement assistée, les adoptions bouleversent nos représentations traditionnelles ? L'auteur donne des pistes pour établir un véritable dialogue avec l'enfant ou l'adolescent qui s'interroge sur son origine. Sommaire : Où j'étais quand j'étais pas né(e) ? – D'abord, t'es pas mon papa ! – Tu connais ma maman de naissance ? – J'suis ton enfant miracle – Mes deux mamans dorment ensemble – J'ai pas d'mandé à naître ! – Touche pas à mes origines.

Barnabé a été adopté   2 ans+
Texier, Ophélie
Paris : L'École des Loisirs, 2005. 20 p. (Les petites familles)

Barnabé le crocodile a été adopté par un papa et une maman chien. Ensemble, ils vivent heureux. La série « Les petites familles » permet de faire connaître aux tout-petits les différents types de familles qui existent aujourd'hui.

La poche à bébé   3 ans+
Brami, Élisabeth
Paris : Albin Michel Jeunesse, 2006. 32 p.

Monsieur et Madame Kangourou sont tristes parce que Madame Kangourou a quelque chose qui cloche, sa poche est trop petite pour avoir un bébé. Après des discussions, des réprimandes et une réconciliation, ils décident de chercher un bébé abandonné que Madame Kangourou pourrait porter dans une poche à bébé. Un album sur le thème de l'adoption internationale.

Les deux mamans de Petirou : expliquer l'adoption aux tout-petits   3 ans+
de Monléon, Jean-Vital
Paris : Gautier-Languereau, 2008. 21 p.

Petirou se fait expliquer par ses parents adoptifs les raisons de son adoption.

Mimosa la mouffette   3 ans+
Papineau, Lucie
Saint-Lambert (Québec) : Dominique et Compagnie, 2006. 31 p.

La petite mouffette Mimosa vit au refuge des animaux depuis la disparition de ses parents. Un jour, elle est adoptée par un papa zèbre et une maman girafe. Dans sa nouvelle famille elle a aussi une sœur, Patatras la panthère. Commence alors pour elle une nouvelle vie, dans un nouveau pays.

Mon bébé du bout du monde   3 ans+
Lewis, Rose
Paris : Syros, 2001. 28 p. (Neuf en poche)

Une maman raconte ses démarches, son voyage en Chine, la rencontre avec son bébé, l'amour qu'elle et les siens portent à leur nouvelle petite fille.

On s'est adoptés   3 ans+
Dolto-Tolitch, Catherine
Paris : Gallimard Jeunesse, 2008. 10 p. (Mine de rien) (Giboulées)

Même si ce n'est pas toujours facile à vivre, l'adoption est une très belle aventure. Une collection pour expliquer aux petits « ce qui se passe en eux et autour d'eux ».

Ton histoire d'amour   3 ans+
Anonyme
Saint-Lambert (Québec) : Dominique et Compagnie, 2007. 32 p.

« Il était une fois deux femmes qui ne se connaissaient pas. Tu ne te souviens pas de la première. La deuxième, c'est celle que tu appelles maman. » Ce texte a été écrit par une mère adoptive qui s'adresse à tous les enfants du monde. Un livre pour expliquer à l'enfant d'où il vient, pourquoi il a été adopté et pourquoi il sera toujours aimé par sa mère biologique et ses parents adoptifs.

En attendant Timoun   4 ans+
Casterman, Geneviève
Paris : L'École des Loisirs, 1999. 58 p. (Pastel)

En créole, enfant c'est « Timoun ». Attendre l'enfant qu'on veut adopter peut être très long. Cette attente est faite de rêves, d'espoirs et de doutes jusqu'au moment où on le tient dans ses bras.

Notre petit lapin   4 ans+
Gray, Kes
Paris : Gautier-Languereau, 2008. 25 p.

Thimotée le petit lapin et ses parents vivent ensemble, heureux. Mais le jour est venu ou Thimotée doit savoir qu'il a été adopté. Il n'avait jamais remarqué que sa maman était une vache et son papa un cheval.

Anika : le jour où la famille s'est agrandie   5 ans+
Cotte, Sabine
Voisins-le-Bretonneux (France) : Rue du monde, 2006. 24 p.

Basile et ses parents vont chercher Anika en Inde, après beaucoup de démarches officielles pour pouvoir l'adopter. Le jour de la rencontre approche, Basile va enfin avoir une petite sœur. Récit d'une histoire vraie.

Léopoldine a des parents de cœur   5 ans+
Le Picard, Clara
Paris : Albin Michel Jeunesse, 2001. 37 p. (La vie comme elle est)

Même si elle a été adoptée par des parents au grand cœur, Léopoldine a un problème parce qu'elle a été abandonnée par ses parents de « ventre ». Ses parents adoptifs lui expliquent pourquoi certains parents sont parfois obligés de se séparer de leur enfant. Une collection qui aborde des problèmes graves et difficiles à expliquer aux enfants. À lire avec eux.

Les questions de Célestine   6 ans+
Vincent, Gabrielle
Tournai : Casterman, 2005. 33 p. (Les petits Duculot)

Célestine a été abandonnée dans une poubelle. Ernest l'a recueillie et depuis ce jour il l'aime, il prend soin d'elle. Quand Célestine lui pose des questions sur ses origines, il ne peut lui mentir même si c'est difficile à raconter.

Mon carnet vietnamien   6 ans+
Sellier, Marie
Paris : Nathan, 2005. 37 p. (Albums jeunesse)

Nicolas a été adopté à 4 ans par un couple de français. Son pays d'origine est le Vietnam, il a passé 4 ans à Hoi An dans un orphelinat. Maintenant qu'il a grandi, il veut connaître son pays d'origine et retrouver les traces de sa mère. Il écrit à sœur Parfum qui dirige l'orphelinat.

Nina a été adoptée   6 ans+
de Saint Mars, Dominique
Fribourg : Calligram, 1996. 45 p. (Max et Lili) (Ainsi va la vie)

Une adoption racontée en bandes dessinées. Cette collection d'une cinquantaine de titres porte sur la résolution de problèmes qui surviennent dans la vie quotidienne des enfants. À la fin de chaque livre, la section « Et toi ? » est là pour faire réfléchir les enfants sur le thème.

Une maman pour Kadhir   6 ans+
Poulin, Andrée
Montréal : Imagine, 2006. 32 p.

Anjali adopte un bébé qu'elle trouve sur la plage après le passage d'un tsunami. Elle l'appelle Kadhir, c'est le nom de son mari disparu après la tempête.

Pourquoi j'ai pas les yeux bleus ?   7 ans+
Vantal, Anne
Arles (France) : Actes Sud Junior, 2003. 69 p. (Les premiers romans)

Ce n'est pas facile d'avoir une maman aux yeux bleus. La petite fille de l'histoire est plutôt petite pour son âge, a la peau très brune, les cheveux très noirs et très bouclés et les yeux complètement noirs. Y aurait-il un moyen de changer leur couleur ?

Tu veux ma photo ?   7 ans+
Vermot, Marie-Josée
Paris : L'École des Loisirs, 2001. 79 p. (Neuf)

Un roman qui aborde le thème de l'adoption. Manda, petit africain, est adopté par une famille française. Une famille qui l'aime, c'est beaucoup mieux que de vivre à l'orphelinat, se dit-il. Mais quand on se moque de lui à cause de la couleur de sa peau, il trouve ça difficile de vivre parmi des gens différents. Quand ses parents décident d'adopter une petite fille au Vietnam, il craint que sa petite sœur connaisse les mêmes tiraillements que lui.

Ping-Pong contre Tête-de-Navet   8 ans+
Poulin, Andrée
Montréal : Québec Amérique Jeunesse, 2003. 143 p. (Bilbo)

Ping a été adoptée par une famille québécoise. Elle va à l'école, elle a des amis, elle est heureuse, jusqu'au jour où Ève Nantais vient bousculer son existence. Ève est jalouse, la traite de « ching ching », d'adoptée, et Ping essaie par tous les moyens de ne pas avoir l'air d'une chinoise. Elle se fait une nouvelle amie d'origine chinoise qui, comme elle, a connu les moqueries. Sa nouvelle amie lui donnera des armes pour s'accepter. Le livre se termine par des questions sur l'adoption et les réponses d'un père adoptant.

Elle s'appelle Élodie   9 ans+
Pelletier, Marthe
Montréal : La courte échelle, 2002. 91 p. (Roman jeunesse)

Fred a 12 ans. Ses parents ont adopté une petite fille de 3 ans, elle s'appelle Élodie. Il est content au début, se trouve négligé par la suite. La petite Élodie commence à faire des crises, elle a peur d'être abandonnée. La famille doit s'ajuster à la nouvelle vie.

Né sous X   10 ans+
Percin, Anne
Paris : Thierry Magnier, 2008. 94 p. (Romans)

Pour accepter l'idée d'avoir été adopté, Nicolas, 10 ans, choisit de croire qu'il est né sur la planète X, qu'il est arrivé sur Terre par erreur et a été recueilli par les Gloums. Sa rencontre avec son voisin qui souffre d'être maltraité et l'adoption d'un chien errant vont l'aider à accepter sa situation.

L'adoption, des ados en parlent   11 ans+
Lachon, Anne
Paris : De la Martinière Jeunesse, 2004. 117 p. (Oxygène)

Les ados témoignent de la vie de famille, des relations avec les copains, de la recherche des origines. « Parlez-vous de votre adoption ? Comment affrontez-vous le regard des autres ? Vos parents se comportent-ils comme ceux de vos amis ? » Oxygène est une collection qui est conçue pour aider les adolescents à apprivoiser et à dédramatiser ce qu'ils vivent au quotidien. Des conseils et des attitudes à développer avec sagesse et humour. Beaucoup d'illustrations.

Un été outremer   12 ans+
Vandal, Anne
Arles (France) : Actes Sud Junior, 2006. 125 p.

Félicien apprend sa véritable identité à 18 ans. Il est de descendance arabe et décide de partir pour Alger à la découverte de ses origines. Ce voyage le réconforte, il constate que sa véritable famille est celle dont il partage la vie depuis 18 ans.

Lettre de Chine   13 ans+
Dessureault, Guy
Saint-Laurent (Québec) : Pierre Tisseyre, 1997. 224 p. (Conquêtes)

L'histoire d'une jeune Chinoise, adoptée au Québec, qui retrouve sa mère biologique.

Abandon, adoption, autres mondes
Le Monde est ailleurs inc.
www.meanomadis.com/Content/index.asp

Site comprenant de nombreux textes sur les soins à apporter aux enfants adoptés à l'international et sur le phénomène de l'abandon. Réalisé par l'équipe du Dr Jean-François Chicoine du CHU Sainte-Justine.

L'adoption au Québec et ailleurs
QuébecAdoption.net
www.quebecadoption.net

Site web très complet sur toutes les facettes de l'adoption : démarche de préadoption, procédures à suivre, le voyage à l'étranger, le défi de la postadoption, etc.

Les hauts et les bas de l'adoption internationale
Une pilule, une petite granule - Télé-Québec
http://pilule.telequebec.tv/pages/Categorie-de-sujets-dun-emission/
dossier-de-la-semaine.aspx?emission=89&date=2007-02-22

Témoignages d'enfants adoptés à l'étranger qui éprouvent des difficultés en réaction à leur passé.

L'enfant adopté dans le monde : abandon et adoption
Germain, Patricia, conférencière
Montréal : CHU Sainte-Justine. 2003. 1 DVD (84 min.)
(Les Soirées Parents de l'Hôpital Sainte-Justine)

La conférence porte dans un premier temps sur l'abandon, c'est-à-dire sur ces enfants abandonnés dont l'immense majorité ne seront jamais adoptés. Par la suite, la question de l'adoption est abordée, c'est-à-dire la possibilité de transformer un malheur en bonheur, une fragilité potentielle en force.

Disponible chez : CHU Sainte-Justine – Médiathèque 514 345-4677.

AGRESSION SEXUELLE

Voir aussi : Inceste, Pédophilie

Centre d'aide aux victimes d'actes criminels (CAVAC)
info.cavac@justice.gouv.qc.ca   ✆ 1 866 532-2822
www.cavac.qc.ca

Les CAVAC sont des organismes communautaires sans but lucratif. Ils offrent des services de première ligne, gratuits et confidentiels à toute personne victime d'un acte criminel commis au Québec ainsi qu'aux proches de la victime et aux témoins d'un crime. Les services offerts sont les suivants : intervention post-traumatique et psychosociojudiciaire, accompagnement dans les démarches auprès d'organismes publics et privés, information de base sur le processus judiciaire, droits et recours des victimes, orientation vers les ressources juridiques, médicales, sociales et communautaires appropriées. Il y a présentement 16 CAVAC au Québec.

Centre national d'information sur la violence dans la famille
Unité de prévention de la violence familiale
Division de la santé des collectivités
Agence de santé publique du Canada
200, promenade Eglantine   ✆ 613 957-2938
Indice de l'adresse : 1909D1   ✆ 1 800 267-1291
9ᵉ étage, Immeuble Jeanne Mance   🖷 613 941-8930
Pré Tunney   ATME : 613 952-6396
Ottawa (Ontario) K1A 1B4   ATME sans frais : 1 800 561-5643
ncfv-cnivf@phac-aspc.gc.ca
www.phac-aspc.gc.ca/ncfv-cnivf/violencefamiliale/index.html

Organisme fédéral canadien offrant gratuitement information, documentation et référence sur l'agression sexuelle d'enfants ainsi que sur toute forme de violence familiale. Le site web contient plusieurs répertoires de services, tel le « Répertoire national des programmes de traitement pour auteurs d'agressions sexuelles sur les enfants ».

Fondation Marie-Vincent
Maison Huguette-Bertrand   ✆ 514 362-6226
4689, av. Papineau 3ᵉ étage, Suite B   🖷 514 748-1547
Montréal (Québec) H2H 1V4
info@marie-vincent.org
www.marie-vincent.org/francais.html

« La Fondation Marie-Vincent a pour mission de venir en aide aux enfants québécois de moins de 12 ans qui sont victimes de maltraitance et plus particulièrement d'agression sexuelle. Elle recueille des fonds destinés à financer des activités de prévention, d'éducation et d'aide aux jeunes victimes et à leurs proches. »

Mouvement contre le viol et l'inceste
Collectif des femmes de Montréal   ☎ 514 278-9383
C.P. 211, succ. De Lorimier   🖷 514 278-9385
Montréal (Québec) H2H 2N6
mcvi@contreleviol.org

En plus de ses services de soutien aux victimes d'inceste, le « Mouvement contre le viol et l'inceste » possède un centre de documentation auquel on a accès sur rendez-vous.

Mouvement SEM (Sensibilisation pour une enfance meilleure)
165 A, Saint-Paul, 2ᵉ étage   ☎ 450 348-0209
Saint-Jean-sur-Richelieu (Québec) J3B 1Z8   🖷 450 348-9665
sem@bellnet.ca
www.mouvementsem.com

« Le mouvement SEM est un organisme sans but lucratif dont la mission vise à promouvoir le respect de l'enfant par des activités de prévention, d'éducation et d'intervention. » Desservant la Montérégie, cet organisme vient en aide aux parents dont l'enfant a été victime d'agression sexuelle et aux familles aux prises avec des difficultés parentales. Les services suivants y sont offerts : aide au signalement, Contact-SEM (service de références ou consultations pour toute personne préoccupée par l'enfance en difficulté), conférences selon les besoins des groupes qui en font la demande, prévention des abus sexuels (formation offerte aux enseignants du primaire et soirées d'information à l'intention des parents), prévention en milieu de garde (programme offert selon la disponibilité des ressources), SEM au secondaire (programme de prévention en Montérégie à l'intention des étudiants(es) du niveau secondaire), SEM Connexion (visites à domicile d'un aidant naturel qui partage avec les parents des trucs pour l'éducation des enfants. L'aide aux devoirs, le parrainage, la stimulation préscolaire, l'inscription à des camps de vacances et/ou à des loisirs sont des services complémentaires à l'intervention à domicile).

Regroupement québécois des CALACS
(Centres d'aide et de lutte contre les agressions à caractère sexuel)
C.P. 56528, succ. Ontario   ☎ 514 529-5252
Montréal (Québec) H1W 3Z3   🖷 514 529-5255
rqcalacs@rqcalacs.qc.ca
www.rqcalacs.qc.ca

Le Regroupement offre « aux centres membres un lieu de soutien, d'échange, de ressourcement, de formation et de discussion en lien avec leur mission ». Les différents CALACS offrent des services aux femmes victimes d'agression à caractère sexuel et aux jeunes de plus de 12 ans dont le cas n'est pas retenu par la Direction de la protection de la jeunesse (DPJ). Un Bottin des centres d'aide et de lutte contre les agressions à caractère sexuel du Québec est accessible sur le site Internet.

Ça arrive aussi aux garçons : l'abus sexuel au masculin
Dorais, Michel
Montréal : Typo, 2008. 316 p.

L'auteur décrit les différents types d'agresseurs et les types d'abus dont sont victimes les garçons. Quelles sont les séquelles des abus sexuels ? Quelles stratégies adoptent-ils pour survivre à ce traumatisme ? L'auteur propose des moyens d'aide et aussi de prévention.

Appuyé de récits de victimes recueillis au cours d'une enquête menée par l'auteur qui est professeur et chercheur à l'École de service social de l'Université Laval.

Jeux interdits : ces adolescents accusés d'agression sexuelle
Sioui, Bruno
Montréal : VLB, 2008. 176 p.

Le quart des agressions sexuelles sont commises par des mineurs. Qui sont ces jeunes garçons accusés d'agression sexuelle ? Ont-ils des profils semblables à ceux des agresseurs adultes ? Présentent-ils des caractéristiques particulières ? De quel environnement familial et social viennent-ils ? Quels sont leurs mobiles ? Quelle stratégie d'intervention peut-on adopter à leur endroit ? À partir des témoignages de 15 adolescents accusés d'agression sexuelle, l'auteur présente la réalité complexe de ces jeunes garçons.

Mon enfant a peur et moi aussi !
Adriaenssens, Peter
Bruxelles : De Boeck, 2000. 212 p. (Comprendre)

Les enfants ont des peurs, les parents ont peur pour leurs enfants, comment y voir clair ? Voici un guide avec des conseils pratiques, des exemples et des dialogues concrets pour que les parents discernent mieux les peurs normales des peurs pathologiques et puissent aider leurs enfants à avoir confiance en la vie. De la petite enfance à l'adolescence. Traite également de l'anxiété des parents face à l'éventualité d'abus sexuels.

Te laisse pas faire ! Les abus sexuels expliqués aux enfants
Robert, Jocelyne
Montréal : Éditions de l'Homme, 2005. 100 p.

Un guide pour les parents qui veulent mettre en garde leurs enfants contre les abus sexuels. Des jeux et des exercices à faire avec l'enfant aideront à évaluer les risques et à adopter des attitudes efficaces. « Cet ouvrage a pour but de faire de l'enfant et du parent une équipe vigilante et plus rusée que le prédateur. »

Respecte mon corps   2 ans+
Dolto, Catherine
Paris : Gallimard Jeunesse, 2006. 23 p. (Mine de rien) (Giboulées)

Il y a des bons et des moins bons câlins. « Les bons gros câlins bien tendres des grandes personnes qui nous aiment et nous respectent font toujours du bien. Une collection pour expliquer aux petits « ce qui se passe en eux et autour d'eux. »

Est-ce que tu as un secret ? Vivre la confiance   3 ans+
Moore-Mallinos, Jennifer
Saint-Lambert (Québec) : Héritage Jeunesse, 2006. 31 p. (Parlons-en !)

Avoir un bon secret, c'est amusant et même excitant parce que ça ne fait de mal à personne. Être obligé de garder un mauvais secret, ça rend triste, inquiet ou bien ça fait peur. Alors il faut en parler à quelqu'un en qui on a confiance, quelqu'un qui nous aidera à résoudre le problème pour qu'enfin on se sente mieux.

Oscar ne se laisse pas faire   3 ans+
De Lasa, Catherine
Fribourg : Calligram, 2000. 27 p. (Oscar) (Callimage)

Oscar et ses cousins s'organisent pour que Timoléon arrête de les suivre partout en essayant de les embrasser. Une histoire pour aider le petit enfant à réagir rapidement contre la pédophilie. Le livre commence par une page d'information aux parents qui a pour titre « Le respect du corps ».

Le secret de Mia : une histoire sur... l'abus sexuel   4 ans+
Ledwon, Peter
Saint-Lambert : Enfants Québec, 2008. 24 p. (Une histoire sur...)
(J'apprends la vie)

La petite Mia a promis de garder un secret, mais elle sent dans son cœur que c'est mal. Et maintenant qu'elle a joué au jeu secret, elle a très peur, peur qu'« il » se fâche si elle révèle son secret et peur aussi que personne ne la croit, ou d'avoir fait quelque chose de mal. Mais Mia a une idée, elle a promis de ne rien révéler, mais son ourson n'a pas fait cette promesse. Le livre aide les enfants à comprendre que les adultes honnêtes ne peuvent pas partager avec les enfants des secrets qu'on ne peut pas dire. Il aide aussi l'enfant, dont on soupçonne qu'il aurait été victime d'un abus, à le révéler. Il s'adresse aussi aux enfants en prévention, puisqu'aucune suggestion précise sur la nature de l'abus n'est montrée. « J'apprends la vie » est une collection pour aider l'enfant à affronter les difficultés de la vie ou à mieux vivre les différences. À la fin de l'album, des informations utiles pour les parents et les éducateurs.

Le cœur de Violette   5 ans+
Piquemal, Michel
Paris : De la Martinière Jeunesse, 2000. 25 p.

Le père de Violette lui a brisé le cœur lorsqu'elle avait 12 ans. Depuis ce temps, cela lui est difficile d'aimer même si un beau prince tombe amoureux d'elle.

Lorette a peur dehors   5 ans+
Le Picard, Clara
Paris : Albin Michel Jeunesse, 2001. 35 p. (La vie comme elle est)

L'autre jour, en allant chez son amie, Lorette s'est fait suivre par un inconnu qui a voulu l'embrasser. Depuis ce temps, elle a peur dehors. Une collection qui aborde des problèmes graves et difficiles à expliquer aux enfants. À lire avec eux.

Abus sexuels non !   6 ans+
Saulière, Delphine
Paris : Bayard, 2004. 35 p. (Petits guides pour dire non)

Il n'est pas facile de traiter des abus sexuels avec les enfants sans détruire la confiance qu'ils peuvent avoir envers les adultes. C'est pourquoi les auteurs proposent des moyens pour aider les enfants à repérer les situations à risque pour éviter les abus, sans détruire cette confiance. Comment amener l'enfant à s'affirmer et aussi à se défendre ? Si un enfant a été victime d'agression, comment l'amener à sortir de son mutisme ? À lire en famille.

La petite fille qui ne souriait plus   6 ans+
Tibo, Gilles
Saint-Lambert (Québec) : Soulières, 2001. 168 p.

Pour inciter les enfants à parler de leur terrible secret. Nathalie est victime d'abus de la part de l'ami de sa mère. Celui-ci la terrorise en lui répétant qu'elle ne doit absolument rien dire à personne. Elle devient de plus en plus oppressée, ne joue plus, ne sourit plus. Son enseignante, avec de la douceur et de la patience, amènera Nathalie à se confier. Postface de la sexologue Jocelyne Robert. Aussi publié aux Éditions Nord-Sud (2003).

Lili a été suivie   6 ans+
de Saint Mars, Dominique
Fribourg : Calligram, 1995. 45 p. (Max et Lili) (Ainsi va la vie)

Lili est suivie dans la rue par quelqu'un qui lui demande de l'accompagner. En bandes dessinées.

Touche pas à mon corps, Tatie Jacotte !   6 ans+
Lenain, Thierry
Laval (Québec) : Les 400 coups, 2000. 32 p. (Grimace)

Une petite fille est obligée par ses parents de visiter régulièrement Tatie Jacotte parce qu'il y a un gros héritage en jeu, mais elle refuse de se laisser embrasser par elle. Son père la comprend mais sa mère insiste. La petite fille essaie de se faire entendre en expliquant qu'à l'école, on leur répète que leur corps leur appartient et qu'on a le droit de refuser des bisous quand on sent un malaise. Pour inciter les enfants à parler quand une personne les indispose et les parents à écouter les inquiétudes de leur enfant.

Vélofile et les petites sirènes   6 ans+
Saint-Gelais, Nilma
Saint-Laurent (Québec) : Pierre Tisseyre, 2000. 74 p. (Sésame)

Stéfanie promène son chien et passe par un chantier en construction. Elle rencontre un homme très gentil qui l'invite à revenir. À l'école, un ami lui raconte qu'un pédophile se promène dans le quartier et lui décrit le personnage. Elle reconnaît l'homme du chantier et tous deux en informent leur professeur. Par la suite, une policière vient mettre les enfants en garde en leur donnant des conseils judicieux.

J'ai peur du monsieur   7 ans+
Dumont, Virginie
Paris : Actes Sud, 2007. 55 p. (Benjamin)

Sophie rentre de l'école seule maintenant qu'elle a 8 ans. Un jour, elle rencontre un monsieur qui lui montre son pénis. Tout de suite, elle en parle à ses parents, mais elle ne veut plus rentrer seule. Elle apprendra à l'école comment se protéger contre ces agressions. Il y a aussi l'histoire de Jean qui se sent mal avec son oncle depuis qu'il a entendu parler de pédophilie. Il apprendra à faire la différence entre les gens qui sont réellement affectueux et les autres. Cette collection propose des albums pour aider les enfants à comprendre les événements plus compliqués qui surviennent dans leur vie.

Jolie Julie   7 ans+
Tibo, Gilles
Saint-Lambert (Québec) : Soulières, 2006. 48 p. (Ma petite vache a mal aux pattes)

En se rendant à l'école, Julie accepte de monter en auto avec un inconnu qui se fait passer pour l'oncle de son ami Simon. Elle s'aperçoit rapidement qu'elle est en danger. Malgré sa peur, elle met toute son énergie pour sauver sa peau. Bon roman pour amorcer une discussion sur l'ABC des règles de la sécurité.

L'étrange voisin de Dominique   8 ans+
Gervais, Jean
Montréal : Boréal, 1988. 43 p. (Dominique)

M. Dubois est un voisin gentil et serviable, mais il cherche de plus en plus l'affection de Dominique. L'histoire est suivie de conseils pratiques pour les parents et les éducateurs.

Le si gentil monsieur Henry   9 ans+
Bernos, Clotilde
Paris : Thierry Magnier, 2006. 91 p. (Roman)

Monsieur Henry, le professeur de chant, est très gentil, mais il abuse de ses élèves pendant les cours. Camille tente d'échapper à ses leçons de chant. Sa mère, très accaparée par son travail, s'y oppose et ne voit que des manœuvres pour abandonner ses cours. Camille va dévoiler son secret au moyen de l'écriture en participant à un projet de pièce de théâtre.

L'ombre du loup   9 ans+
Lorient, Frédérique
Paris : Magnard, 2006. 122 p. (Tipik junior)

Alors que leur mère est partie en voyage d'affaires, un grand frère découvre que sa petite sœur Lulu est abusée par leur beau-père. L'adolescent, son jeune frère et Lulu quittent la maison en douce pour aller retrouver leur père. Un roman qui invite les victimes et leurs proches à dénoncer les agresseurs.

Bonne nuit, sucre d'orge   12 ans+
Hassenmüller, Heidi
Paris : Seuil, 2003. 153 p.

C'est l'histoire d'une petite fille de 8 ans qui endure les coups, les abus psychologiques et les sévices sexuels que lui inflige son beau-père jusqu'à ses 17 ans. La culpabilité et la honte qui l'habitent sont à l'origine de son silence ; jamais elle n'a osé en parler à son entourage. C'est un roman difficile, mais l'auteur l'a écrit pour encourager les victimes à chercher de l'aide et à se confier. D'ailleurs, en Allemagne où ce livre a été publié, il a été au cœur d'une réforme de la loi qui protège les enfants contre les abus.

La fille du canal   12 ans+
Lenain, Thierry
Paris : Syros, 2006. 73 p. (Les uns les autres)

Sarah a un secret bien gardé. Un jour, quand elle était plus petite, elle s'est fait violer. Son professeur devine son inconfort. Il l'aidera à se libérer.

Évelyne en pantalon   13 ans+
Soucy, Marie-Josée
Saint-Laurent (Québec) : Pierre Tisseyre, 2004. 179 p. (Conquêtes)

À 16 ans, Évelyne se fait violer par Philippe, un bon ami de son frère. Elle choisit de se taire, mais son entourage s'aperçoit qu'elle n'a plus la même attitude. Comment et à qui livrer ce lourd secret ?

Le ciel tombe à côté   14 ans+
Hébert, Marie-Francine
Montréal : Québec Amérique Jeunesse, 2003. 122 p. (Titan)

« Une petite maison isolée au bord du chemin. À l'intérieur des parents qui manquent de tout sauf d'enfants. Mona, l'aînée, qui passe son année, mais juste. Angélique, sa jeune sœur, qui ne peut s'empêcher de grimper aux arbres pour faire l'oiseau… Un patelin isolé où vit Suson, trop belle, trop riche. Et puis Jon, un nouveau voisin intrigant, mais avec lequel on interdit aux deux sœurs de fraterniser… Une petite vie isolée où le cœur de Mona se débat derrière la clôture. Elle a tellement peur que le camion de la chance, du bonheur et de l'amour ne livre pas chez elle. » Les héros de ce roman sont des enfants qui souffrent, des enfants qui n'ont jamais été « choisis, accueillis, aimés, consolés ». Pauvreté, racisme, injustice, inceste, lourds secrets, comme si un mauvais sort avait été lancé sur eux. Mais dans ce roman, on parle aussi d'espoir.

L'agression sexuelle d'enfants (20 textes)
Santé Canada - Centre national d'information sur la violence dans la famille
www.phac-aspc.gc.ca/ncfv-cnivf/violencefamiliale/nfntsabus_f.html

Plusieurs textes sur les agressions sexuelles chez les jeunes s'adressant aux parents ainsi qu'aux adolescents.

Les abus sexuels à l'égard des enfants : comment leur parler
Secrétariat d'état à ia famille - Suisse
www.prevention.ch/lesabussexuels.html

Conseils aux parents pour faciliter la communication avec leurs enfants concernant les abus sexuels.

Non ! Prévenir les abus sexuels
PetitMonde
www.petitmonde.com/iDoc/Chronique.asp?id=167

Conseils aux parents concernant la prévention des abus sexuels chez les jeunes enfants et suggestions de lecture.

On a signalé la situation de votre enfant au DPJ. Que devez-vous savoir maintenant ?
Ministère de la Santé et des Services sociaux
http://publications.msss.gouv.qc.ca/acrobat/f/documentation/2007/07-838-02.pdf

Explique l'intervention du DPJ étape par étape ainsi que les droits des parents et des enfants durant ce processus.

Pourquoi mon enfant ? Guide à l'intention des parents dont l'enfant a été victime d'un acte criminel
CAVAC de Laval en collaboration avec la Commission scolaire de Laval, Service de protection des citoyens de Laval et Centre jeunesse de Laval
www.cavac.qc.ca/documentation/pdf/pourquoi_mon_enfant.pdf

Qu'est-ce qu'un acte criminel ? Quelles sont les conséquences pour votre enfant ? Quoi faire ? Démarches juridiques. Étapes du processus judiciaire.

Si ton enfant te dit que quelqu'un l'a touché sexuellement, écoute-le !
CAVAC des Laurentides
www.cavac.qc.ca/documentation/pdf/Si_ton_enfant_te_dit.pdf

Dois-je croire mon enfant ? Quelles actions dois-je poser ? Mon enfant peut-il avoir « provoqué » l'agression ? Quels sont les services des Centres d'aide aux personnes victimes d'agression sexuelle ? Liste des CAVAC.

Agression sexuelle - Aidez-moi !
Ministère de la Santé et des Services sociaux du Québec
www.agressionsexuelle.com

Pour les adolescents, un site plein de renseignements sur le sujet ainsi que les coordonnées de plusieurs ressources communautaires pour obtenir de l'aide.

La violence / les mauvais traitements
Jeunesse J'écoute
www.jeunessejecoute.ca/fr/informed/violence.asp?sec=3&sb=2

Explications destinées aux ados sur la problématique de la violence sexuelle et des comportements abusifs ainsi que les différents recours et services d'aide disponibles.

La violence dans les fréquentations
Groupe IDITAE des technologies de l'apprentissage. Université de Moncton
www.adosante.org/Violence/07.shtml

Plusieurs textes regroupés sous les chroniques suivantes : La violence, le viol. Contient aussi une courte vidéo en dessins animés.

L'agression sexuelle d'enfants (20 textes)
Santé Canada - Centre national d'information sur la violence dans la famille
www.phac-aspc.gc.ca/ncfv-cnivf/violencefamiliale/nfntsabus_f.html

Plusieurs textes s'adressent aux parents ainsi qu'aux adolescents sur les agressions sexuelles chez les jeunes.

Le secret du petit cheval
Justice Canada
www.phac-aspc.gc.ca/ncfv-cnivf/violencefamiliale/html/nfntsxsecret_f.html

Histoire expliquant aux enfants qu'ils n'ont pas à respecter le secret sur l'abus sexuel. L'enfant y apprendra également que, s'il confie son secret à un adolescent ou à un adulte et que cette personne ne fait rien, il doit persister et en parler à quelqu'un d'autre.

Les suites d'une agression sexuelle
Educaloi
www.educaloi.qc.ca/jeunes/justice_penale/la_victime/279/

À partir d'histoires de cas, on explique aux adolescents les recours judiciaires possibles à partir de la loi canadienne.

Violence et agression sexuelle
Tel-jeunes
http://teljeunes.com/menu/index.php?lang=fr&choix=informe

Conseils aux jeunes qui subissent des actes de violence ou d'agression sexuelle.

La violence sexuelle contre les enfants
Fournier, Monique, scénariste, Jean-Pierre Maher, réalisateur
Montréal : Vitalmédia, 2000.1 DVD (25 min 50 s) Invitée : Laurence Jalbert

« Ce film traite de l'inceste et des agressions sexuelles. On voit qui sont ces agresseurs et à quoi on peut les reconnaître. On voit l'effet dévastateur que l'inceste a sur les victimes qui éprouvent énormément d'angoisse, d'impuissance et de confusion. On voit comment la prévention passe par une saine éducation sexuelle qui apprend aux enfants la beauté de la sexualité et les termes justes à utiliser, pour qu'ils puissent exprimer clairement tout malaise ou tout événement dont il faudrait s'inquiéter. On propose des pistes sur la manière d'apprendre aux enfants qu'ils peuvent et doivent dire non quand quelque chose les met mal à l'aise et qu'ils doivent se faire confiance pour reconnaître qu'il y a de bons et de mauvais secrets, les derniers ne devant jamais être gardés pour soi. » Tiré de CHOIXmédia
Disponible chez : ONF – 514 283-9000 ; 1 800 267-7710
www.onf.ca/collection/films/fiche/ ?id=50978

AGRESSIVITÉ
Voir aussi : Violence

L'agressivité
Antier, Edwige
Paris : Bayard, 2002. 152 p. (La vie de famille : des repères pour vivre avec vos enfants de 0-7 ans)

L'agressivité de l'enfant, de la tendre enfance à l'adolescence, peut désemparer bien des parents. L'auteur explique aux parents que l'agressivité est nécessaire au bon développement des enfants. Comment la comprendre, la canaliser de façon positive, reconnaître ses manifestations et comment y répondre ? Conseils et témoignages.

L'agressivité chez l'enfant de 0 à 5 ans
Bourcier, Sylvie
Montréal : Éditions du CHU Sainte-Justine, 2008. 236 p.
(Collection du CHU Sainte-Justine pour les parents)

Un livre pour les parents qui veulent comprendre les gestes de leur enfant et se doter de pistes d'action pour soutenir son développement social. L'auteur tente aussi de répondre aux questions que se posent quotidiennement les éducateurs et les autres professionnels qui agissent comme second agent de socialisation de l'enfant.

Où commence la violence ? Pour une prévention chez le tout-petit
Dalloz, Danielle
Paris : Albin Michel, 2003. 159 p.

Pour l'auteur, la violence n'est pas une fatalité, il est possible de la prévenir dès la petite enfance. L'enfant se construit dans la relation ; ses premières expériences déterminent sa perception du monde. S'il est important de lui apprendre qu'il y a une loi et de lui fixer ses limites, il est essentiel de s'interroger sur les conditions dans lesquelles il grandit depuis sa naissance. Rythmes imposés, pression de la vie en collectivité, nécessité de devoir s'adapter à un monde d'adultes… : autant de violences qui mettent en péril son épanouissement et qui se répercuteront sur ses rapports avec les autres. L'auteur nous invite à repenser notre façon d'être avec les enfants.

Petite terreur ou souffre-douleur : la violence dans la vie de l'enfant
Bourcet, Stéphane et Yves Tyrode
Paris : Albin Michel, 2002. 195 p. (Questions de parents)

La violence dans la vie de l'enfant inquiète, que l'enfant la subisse ou qu'il la provoque, qu'il soit enfant agressé ou enfant agressif. Les auteurs répondent aux questions des parents sur cette problématique, pour qu'ils puissent venir en aide à leurs enfants. Pourquoi cet enfant est-il incapable de canaliser son énergie ? Comment l'aider à se contrôler ? Pourquoi un enfant est-il toujours victime ? Comment l'aider à se défendre ?

Zoé la bagarreuse   2 ans+
Bertrand, Philippe
Arles (France) : Actes Sud Junior, 2007. 18 p. (Classe mat)

Dès qu'elle arrive dans sa classe Zoé est prête à faire la bagarre, elle tape tout le monde. Seule la maîtresse peut l'arrêter, elle n'écoute pas les protestations des autres enfants. « Classe mat » est une collection pour inciter les jeunes enfants à réfléchir sur la façon négative dont certains de leurs comportements peuvent être perçus par leur entourage. Dans la classe, il y a 24 tout-petits qui apprennent à vivre ensemble. Ce n'est pas toujours facile, car chacun a sa personnalité.

Eddy aime trop la bagarre   3 ans+
Lamblin, Christian
Paris : Nathan, 2001. 20 p. (Croque la vie)

Quand Eddy rencontre un problème, il préfère se battre pour le régler. Accompagné d'un livret parents.

Oscar et Léo le bagarreur   3 ans+
De Lasa, Catherine
Fribourg : Calligram, 2002. 24 p. (Callimage)

Léo est méchant parce qu'il donne des coups de pied à Oscar et ça lui fait très mal. Oscar ne veut plus aller au parc de peur de le rencontrer. Sa maman va l'aider à régler le problème ; ils s'en vont chez Léo.

Et si je me bagarrais ?   6 ans+
Labbé, Brigitte
Toulouse : Milan, 2008. 32 p. (Dis-moi Filou…)

Une voiture mal garée empêche maman de sortir du garage. Maman s'énerve, elle dit qu'elle va tout casser. Filou en profite pour dire que, lui aussi, il veut se bagarrer quand on l'embête. « Dis-moi Filou… » est une collection pour amorcer le dialogue entre parents et enfants, parce que le monde est parfois un peu plus compliqué qu'il en a l'air…

Agressivité
Centre d'excellence pour le développement des jeunes enfants
www.enfant-encyclopedie.com/fr-ca/agressivite-enfant/est-ce-important.html

Est-ce important? Que savons-nous? Que peut-on faire? Selon les experts. Messages-clés pour les parents: «Les comportements agressifs: les comprendre pour mieux les gérer» et «Quand faut-il s'en inquiéter?»

Intervention enfance famille : guide-ressources pour favoriser la croissance des enfants - 4ᵉ livret : L'agressivité
Les Services d'aide à la famille juive de l'Institut Baron de Hirsch
www.phac-aspc.gc.ca/dca-dea/pubs/ffc-ief/pdf/ief_agressivite.pdf

Qu'est-ce que l'agressivité? Comment se développe-t-elle chez l'enfant de la naissance à 6 ans? Facteurs la suscitant, pistes servant à évaluer le risque de développer un problème d'agressivité. Stratégies et activités pour aider les enfants ayant des comportements agressifs.

AIDES TECHNIQUES

Voir aussi : Amputation

Aides techniques
Institut de réadaptation en déficience physique du Québec
www.irdpq.qc.ca/communication/publications/PDF/Section-2_Aides_techniques.pdf

Document expliquant ce qu'est une aide technique, ce qui est assuré comme service par la RAMQ et les centres qui fournissent les services.

Liste des programmes ministériels d'aides techniques
Ministère de la Santé et des Services sociaux du Québec
http://msssa4.msss.gouv.qc.ca/fr/sujets/handicape.nsf/585b3578877da 98b85256d0a0076bed0/b53cfb4f89c7160685256d6c004fb0f2?OpenDocument

Description des différents programmes offerts.

Programme des aides techniques
Centre de réadaptation Marie Enfant
www.chu-sainte-justine.org/documents/General/pdf/Prog_aides-techniques.pdf

Explication des deux secteurs d'activités du programme d'aides techniques offert par le Centre de réadaptation Marie Enfant. Le secteur de production d'orthèses, de prothèses et de fauteuils roulants ou de positionnement et le secteur clinique de positionnement-mobilité.

Schéma visuel des aides techniques
Ministère de la Santé et des Services sociaux du Québec
http://206.167.52.1/fr/sujets/handicape.nsf/585b3578877da98b85256d0a0076b
ed0/d9aa81d90dab1b5285256ed000548f1e?OpenDocument

Schéma donnant accès aux différents programmes québécois d'aides techniques.

AIDES TECHNIQUES À LA COMMUNICATION

PMATCOM Programme ministériel des aides techniques à la communication
Centre de réadaptation Marie Enfant du CHU Sainte-Justine
5200, rue Bélanger Est
Montréal (Québec) H1T 1C9
commentaires@pmatcom.qc.ca
www.pmatcom.qc.ca/asp/siteweb/Accueil_pmatcom.asp

Le PMATCOM est un programme du ministère de la Santé et des Services sociaux du
Québec géré par le Centre de réadaptation Marie Enfant du CHU Sainte-Justine. Il permet
de prêter des équipements aux personnes handicapées de tout âge résidant au Québec.
Les aides techniques couvertes par ce programme se divisent en six catégories : aides à la
communication orale, aides de suppléance à la communication orale, aides à la communication écrite, téléphonie adaptée, accès à l'ordinateur et contrôle de l'environnement.
Les demandes d'équipement sont faites par des professionnels du réseau de la santé et
des services sociaux en fonction des besoins du client.

Liste des programmes ministériels d'aides techniques
Ministère de la Santé et des Services sociaux du Québec
http://msssa4.msss.gouv.qc.ca/fr/sujets/handicape.nsf/585b3578877
da98b85256d0a0076bed0/b53cfb4f89c7160685256d6c004fb0f2?OpenDocument

Description des différents programmes offerts.

Schéma visuel des aides techniques
Ministère de la Santé et des Services sociaux du Québec
http://206.167.52.1/fr/sujets/handicape.nsf/585b3578877da
98b85256d0a0076bed0/d9aa81d90dab1b5285256ed000548f1e?OpenDocument

Schéma donnant accès aux différents programmes québécois d'aides techniques.

ALCOOL

Voir aussi : Parent alcoolique, Toxicomanie

Al-Anon et Alateen
C.P. Marquette, #37322   Ligne d'écoute : 514 866-9803
Montréal (Québec) H2E 3B5
slimontreal@al-anon-montreal.org
www.al-anon-montreal.org

Service d'écoute téléphonique et réunions pour les familles de personnes alcooliques. Les groupes Alateen s'adressent spécifiquement aux jeunes de 10 à 20 ans affectés par l'alcoolisme d'un membre de leur famille ou d'un ami intime.

Alcooliques anonymes
www.aa-quebec.org   ) pour Montréal : 514 376-9230

Service d'écoute téléphonique et de réunions pour toute personne souffrant d'alcoolisme et désirant cesser de boire. Consulter l'annuaire téléphonique pour obtenir le numéro de téléphone du groupe AA local et pour connaître l'horaire des rencontres.

Centre canadien de lutte contre l'alcoolisme et les toxicomanies
75, rue Albert, bureau 300   ) 613 235-4048
Ottawa (Ontario) K1P 5E7   🖷 613 235-8101
info@ccsa.ca
www.ccsa.ca

Organisme national diffusant des renseignements sur la nature, l'ampleur et les conséquences des toxicomanies.

**Centre de prévention et de traitement de la codépendance
et des dépendances multiples (CAFAT)**
1772, boul. des Laurentides   ) 450 669-9669
Laval (Québec) H7M 2P6   🖷 450 669-8199
info@cafat.qc.ca   Ligne d'écoute sans frais : 1 866 542-3739
www.cafat.qc.ca

Centre professionnel spécialisé dans le traitement de la codépendance, le CAFAT offre les services suivants : consultation en privé (individuelle, en couple ou en famille), thérapie de groupe intensive ou prolongée, conférences sur l'amour toxique, groupe d'entraide hebdomadaire sur la codépendance et les dépendances, groupe de traitement pour joueurs compulsifs, groupe de soutien et d'information pour l'entourage du joueur. Le site Internet contient des tests permettant de déceler les comportements compulsifs (achats, consommation d'alcool, utilisation d'Internet, jeu) ainsi que des listes de cafés, restaurants et bars ne possédant pas de machine de loterie vidéo.

Centre Dollard-Cormier
950, rue de Louvain Est
Montréal (Québec) H2M 2E8
cqdt.cdc@ssss.gouv.qc.ca
www.centredollardcormier.qc.ca

) 514 385-1232
Urgence toxicomanie : 514 288-1515
Programme jeunesse : 514 982-1232
Centre de documentation :
514 385-3490 poste 1153
Ligne d'écoute sans frais : 1 800 461-0140 (jeu, aide et référence)

« Le Centre Dollard-Cormier est un centre public de réadaptation de la région 06 (Île de Montréal) offrant des services spécialisés en alcoolisme, toxicomanie et jeu pathologique. » On y trouve aussi le Centre québécois de documentation en toxicomanie. Ouvert à tous pour consultation, ce centre de documentation contient la collection la plus importante du genre au Québec.

Éduc'alcool
606, rue Cathcart, bureau 1000
Montréal (Québec) H3B 1K9
info@educalcool.qc.ca
www.educalcool.qc.ca

) 514 875-7454
) sans frais : 1 888 ALCOOL1
🖷 514 875-5990

« Organisme indépendant qui met sur pied des programmes d'information, de prévention et d'éducation pour aider les jeunes et les adultes à prendre des décisions responsables et éclairées face à la consommation de l'alcool. »

Fédération québécoise des centres de réadaptation pour personnes alcooliques et autres toxicomanes
204, rue Notre-Dame Ouest, bureau 350
Montréal (Québec) H2Y 1T3
fqcrpat@fqcrpat.qc.ca
www.fqcrpat.qc.ca

) 514 287-9625
🖷 514 287-9649

La Fédération est une association de centres de réadaptation et d'organismes du secteur de la santé et des services sociaux, offrant des services spécialisés aux personnes aux prises avec des problèmes d'alcoolisme, de toxicomanie ou de jeu pathologique. Le site Internet nous renvoie à plusieurs liens d'intérêt et permet de trouver les centres de réadaptation de sa région ainsi que les services qui y sont offerts.

Motherisk : consommation d'alcool et de drogues durant la grossesse
www.motherisk.org/index.jsp   ) sans frais : 1 877 327-4636

Ligne d'aide bilingue sur les effets de la consommation d'alcool et de drogues à usage récréatif pour les femmes enceintes ou qui allaitent. Référence vers des services locaux si nécessaire. Ce service est offert par le programme Motherisk de l'Hôpital pour enfants de Toronto.

Alcool et adolescence : jeunes en quête d'ivresse
Huerre, Patrice et François Marty
Paris : Albin Michel, 2007. 408 p.

Les adolescents boivent plus et de plus en plus tôt. Même si on ne parle pas encore de dépendance à cet âge, il faut s'en inquiéter avant que cela se produise. On sait que les jeunes qui ont consommé de l'alcool sont responsables de bien des accidents de la route, mais on dénonce peu les effets de l'alcool sur la santé physique et mentale des jeunes consommateurs. « Les textes ici réunis proposent, en même temps qu'un état des lieux, une réflexion sur les racines profondes de ce mal-être. »

Parler d'alcool avec ses enfants sans être dépassé
Éduc' alcool
Montréal : Éduc' alcool, 2004. 28 p.

Ce guide s'adresse aux parents qui désirent savoir comment aborder la question de la consommation d'alcool avec leurs enfants. Résultat de deux ans de travail, le guide est disponible en versions française et anglaise et répond à un besoin essentiel, car à peine adolescents, deux enfants sur trois ont déjà consommé de l'alcool au Québec. Il est divisé en sections, selon l'âge des enfants ou adolescents. Le guide a déjà été remis à des dizaines de milliers d'écoliers pour qu'ils le remettent à leurs parents. Vous pouvez aussi le commander à Éduc' alcool au numéro suivant : 514 875-7454 ou sans frais en composant le 1 888 ALCOOL1.

Tu ne seras pas accro, mon fils : peut-on éviter à nos enfants de devenir dépendants ?
Matysiak, Jean-Claude
Paris : Albin Michel, 2002. 156 p. (Questions de parents)

L'auteur invite les parents à s'interroger sur leurs propres dépendances et répond aux questions des parents : Quelles sont les différentes dépendances ? Pourquoi commencent-elles souvent à l'adolescence ? Existe-t-il des prédispositions ? Comment répondons-nous aux problèmes de nervosité ou de sommeil de l'enfant : médicament ? bonbon ? Cet ouvrage « encourage les parents à comprendre ce qui favorise l'entrée dans la dépendance et les invite à aider leurs enfants à devenir autonomes, c'est-à-dire capables de se limiter ou de refuser une tentation. »

L'alcool ? 8 ans+
Sanders, Pete
Montréal : École active, 1998. 32 p. (Mieux comprendre)

Sous forme de questions-réponses, des informations sur la consommation d'alcool ; à la portée des enfants.

L'alcool, un drôle d'ami 13 ans+
Thomazeau, Anne-Marie
Paris : De la Martinière Jeunesse, 2007. 109 p. (Hydrogène)

Sur la page couverture : « Vous aimez faire la fête et boire un verre entre amis, mais connaissez-vous vos limites ? » Pour informer sans morale les jeunes des effets de l'alcool et des moyens à prendre pour s'en sortir s'ils ne peuvent plus s'en passer.

Se droguer, c'est risqué 13 ans+
Auderset, Marie-José
Paris : De la Martinière Jeunesse, 2001. 109 p. (Hydrogène)

Sur la page couverture : « Pour connaître les effets et les dangers du tabac, de l'alcool, du cannabis et des médicaments. » L'auteur explique, sans faire de morale, que la consommation d'alcool ou de drogues ne produit pas toujours des sensations agréables.

Je m'informe sur l'alcool, les drogues, les médicaments, le jeu
ToxQuébec
www.toxquebec.com/verticale/alcool.ch2

Site très complet d'information pertinente sur l'alcool, la drogue, l'abus de médicaments et le jeu pathologique : tests d'autoévaluation, questions-réponses, ressources de traitement et d'entraide, témoignages, forums de discussion, etc.

Votre enfant consomme-t-il de l'alcool ?
Association des intervenants en toxicomanie du Québec inc.
www.aitq.com/debout/F/Parents/parents3.html

Conseils aux parents pour détecter, intervenir et prévenir la consommation d'alcool chez leur enfant.

À toi de jouer !
Educ'alcool
www.educalcool.qc.ca/fr/volet-jeunesse/toi-de-jouer/index.html

Site web interactif sur la consommation de boissons alcooliques ; comprend une section en bandes dessinées pour les élèves du secondaire et une section sous forme de base de discussion pour les étudiants du collégial. (document FLASH).

Alcool / Drogues
Jeunesse J'écoute
http://jeunesse.sympatico.ca/fr/informed/sub_drugs.asp?sec=3&sb=2

Questions que tous les adolescents devraient se poser sur leur consommation d'alcool ou de drogues.

Drogues et alcool
Groupe IDITAE des technologies de l'apprentissage. Université de Moncton
www.adosante.org/Drogues/01.shtml

Plusieurs textes regroupés sous les chroniques suivantes : Compréhension de tes sentiments, Ce que tu peux et ne peux pas contrôler, Reconnaître ta valeur, Gestion de tes pensées, Sobriété, Distinguer entre tes sentiments et les faits, Rencontrer mes besoins. Contient aussi une courte vidéo en dessins animés.

Infoalcool.ca
Association canadienne de santé publique
www.infoalcool.ca/fr/index.asp

Information sur l'alcool en format écrit, vidéo et audio. Alcopedia (glossaire), questions-réponses, devinettes, liens pour les jeunes, les parents, les enseignants.

Les jeunes et l'alcool
Ministère de la Santé et des Services sociaux du Québec
http://publications.msss.gouv.qc.ca/acrobat/f/documentation/2005/
05-817-01F.pdf

Conseil aux adolescents pour les aider à contrôler leur consommation d'alcool.

Tiens-toi debout!
Association des intervenants en toxicomanie du Québec inc.
www.aitq.com/debout/F/Accueil/index.html

Site web interactif pour jeunes ados afin de les aider à prendre des décisions éclairées quant à leur consommation d'alcool.

ALIMENTATION DE L'ADOLESCENT

Il mange n'importe comment! C'est grave docteur?
Amor, Safia et Anna Piot
Paris: First, 2007. 119 p. (Parents d'ados)

Depuis la situation la plus anodine jusqu'au cas le plus problématique, tous les aspects liés aux troubles alimentaires sont ici abordés avec l'avis de deux spécialistes, une psychiatre et une diététicienne, des conseils de parents, des témoignages d'ados et des informations pratiques. La collection « Parents d'ados » donne des conseils pratiques et immédiatement opérationnels pour comprendre et désamorcer les conflits auxquels les adultes peuvent se trouver confrontés avec leur ados.

Ma fille se trouve trop ronde: comment l'aider?
Cassuto, Dominique-Adèle et Sophie Guillou
Paris: Albin Michel, 2005. 135 p. (C'est la vie aussi)

Les auteurs conseillent les parents qui s'interrogent lorsqu'ils voient leur fille s'en faire exagérément avec son poids. Les parents ont un rôle à jouer, mais quelle place prendre? Que faire si leur fille a vraiment un poids trop élevé, si ce surpoids n'est que dans sa tête, comment l'intéresser aux bonnes habitudes alimentaires et l'empêcher d'entamer des régimes trop restrictifs? Comment l'aider en instaurant, non pas des régimes, mais des repères rassurants?

La cuisine des ados   12 ans+
Warlop, Juliette
Paris: De la Martinière Jeunesse, 2007. 143 p.

Conçu spécialement pour les adolescents: mille idées et astuces pour découvrir le plaisir de cuisiner, d'improviser et de réussir n'importe quel plat. Des conseils pour manger sain et équilibré. Des pages de recettes très précises réunies à la fin de chaque chapitre.

Trop bon, très léger : menus équilibrés pour ados   12 ans+
Albaut, Corrine
Arles (France) : Actes Sud Junior, 2007. 79 p.

Un livre de recettes faciles et attrayantes, tout à fait dans l'air du temps. L'auteur rappelle aux jeunes leurs besoins énergétiques quotidiens et les invite à prendre soin d'eux-mêmes en découvrant le plaisir de cuisiner.

Kilos ados   13 ans+
Belouze, Marie et Arnaud Cocaul
Alleur : Marabout, 2005. 180 p. (L'adolescence en question)

Sur la page couverture : « Vous avez quelques kilos en trop ? Envie de faire un régime ? S'il n'y a pas de régime miracle, il existe des méthodes pour perdre du poids… et surtout pour éviter d'en reprendre ! » Un livre pour les adolescents afin de les aider à comprendre les notions de poids et de surpoids et qui explique bien les règles de l'équilibre alimentaire.

Guide alimentaire canadien
Santé Canada
www.hc-sc.gc.ca/fn-an/alt_formats/hpfb-dgpsa/pdf/food-guide-aliment/
print_eatwell_bienmang-fra.pdf

Nombre de portions de légumes, fruits, produits céréaliers, lait et viande recommandées en fonction de l'âge. Explique aussi à quoi correspond une portion.

Guide alimentaire canadien - versions traduites
Santé Canada
www.hc-sc.gc.ca/fn-an/food-guide-aliment/order-commander/
guide_trans-trad-fra.php

Le guide est aussi disponible en 10 langues autres que le français et l'anglais : arabe, chinois, coréen, espagnol, farsi (Persan), ourdou, pendjabi, russe, tagalog, tamoul.

La nutrition des ados
Extenso - Centre de référence sur la nutrition humaine
www.extenso.org/nutrition/adolescents.php

Aidez votre ado à équilibrer ses repas. Idées de dîners simples et nourrissants. Les adolescentes et la nourriture : une relation difficile.

Nutribibliothèque : ressources pour les jeunes de 6 à 17 ans
Les diététistes du Canada
www.dietitians.ca/nutricommunaute/content/nutribibliotheque/
resources.asp?fn=searchresults&SearchFor=WhatIsNew

« La Nutribibliothèque propose aux parents, aux enseignants, aux éducateurs et aux professionnels de la santé des ressources francophones visant la création d'environnements favorables à une alimentation et à un mode de vie sains pour les jeunes de 6 à 17 ans. »

La nutrition
Groupe IDITAE des technologies de l'apprentissage. Université de Moncton
www.adosante.org/Nutrition/01.shtml

Plusieurs textes regroupés sous les chroniques suivantes : Tu es ce que tu manges, Le stade de l'adolescence, L'énergie, Sujets brûlants. Contient aussi un court vidéo en dessins animés.

ALIMENTATION DE L'ENFANT

À table en famille : recettes et stratégies pour relever le défi
Breton, Marie et Isabelle Émond
Québec : Flammarion Québec, 2006. 190 p.

« Manque de temps, conflits d'horaire, les familles d'aujourd'hui ont du mal à se réunir chaque jour, à heure fixe, autour d'une table pour manger un repas sain et équilibré dans une atmosphère détendue. Trop souvent on oublie que manger ensemble, c'est bien plus que s'alimenter. » Comment développer chez son enfant un bon rapport avec la nourriture ? Quel est le rôle des repas en famille dans ce processus ? Comment faire pour que les repas ne soient pas source de conflits ? Des stratégies, des astuces et plus de 100 recettes simples, rapides, appétissantes et nutritives.

À table les enfants : recettes et stratégies pour bien nourrir son enfant de 9 mois à 5 ans
Breton, Marie et Isabelle Émond
Québec : Flammarion Québec, 2005. 126 p.

Les auteurs, diététistes et mamans, partagent leurs expériences personnelles, leurs essais culinaires et le résultat de leurs recherches dans ce livre. En première partie, des stratégies gagnantes pour que l'heure des repas se passe le plus possible dans l'harmonie. En deuxième partie, des recettes simples, nutritives et approuvées par des petits goûteurs. Voir aussi chez le même éditeur et par les mêmes auteurs : *Boîte à lunch emballante* (2001).

Comment nourrir son enfant : du lait maternel au repas complet
Lambert-Lagacé, Louise
Montréal : Éditions de l'Homme, 2007. 295 p.

Nouvelle édition mise à jour qui tient compte des recherches récentes en nutrition et des nouveaux aliments pour bébés. L'auteur vous informe et vous conseille sur l'alimentation à partir de l'allaitement maternel, des différents laits pour nourrisson et de l'introduction des purées jusqu'au repas complet. Vous y trouverez des réponses à vos questions sur l'alimentation en général et sur les principaux problèmes rencontrés, des tableaux sur les sources de protéines, vitamines, calcium, etc. et sur les besoins quotidiens. Également des recettes et des menus adaptés à tous les âges.

Il mange, un peu, trop, pas assez : apprendre à nos enfants à manger avec leurs émotions
Boucher, Brigitte et Nathalie Rigal
Alleur : Marabout, 2005. 218 p.

Un ouvrage qui apporte des réponses claires et concrètes aux questions des parents sur l'alimentation et l'acte de manger. Manger, c'est naturel et essentiel, on devrait le pratiquer avec plaisir, modération et équilibre. Les auteurs écrivent sur la nourriture sans parler de normes et de calcul de calories. Quelques règles cependant : Rien de trop à respecter – Nourrir c'est faire grandir – Ouvrir les portes de la maison – Laisser les enfants aller manger ailleurs, car les échanges autour des repas sont importants.

Jouer à bien manger : nourrir mon enfant de 1 à 2 ans
Régimbald, Danielle, Linda Benabdesselam, Stéphanie Benoit et Micheline Poliquin
Montréal : Éditions du CHU Sainte-Justine, 2006. 152 p. (Collection du CHU Sainte-Justine pour les parents)

La période de 1 à 2 ans est riche en découvertes et en apprentissages alimentaires. Les parents doivent respecter les fluctuations de l'appétit de l'enfant, comprendre son refus de goûter de nouveaux aliments et voir l'influence que leurs propres comportements alimentaires ont sur lui. Ils se posent d'innombrables questions. Quelles sont les portions adéquates pour l'enfant ? Ses allergies sont-elles en réalité des caprices alimentaires ? Est-il normal qu'il mange encore avec ses doigts plutôt qu'avec sa cuillère ? … Les auteurs sont quatre diététistes chevronnées qui ont une expérience quotidienne tant du milieu clinique que familial.

Maman, je mange ! Guide pratique sur l'alimentation des enfants de 1 à 5 ans
Labelle, Marie-Chantale
Montréal : Stanké, 2004. 151 p.

Des réponses aux nombreuses questions que se posent les parents au sujet de l'alimentation des jeunes enfants. Comment leur inculquer de bonnes habitudes alimentaires et le plaisir de manger ? Pour faire suite à son premier volume qui couvre les 12 premiers mois de la vie, l'auteur donne des trucs simples et efficaces pour inciter nos enfants à bien manger.

Un enfant sain dans un corps sain : aidez votre enfant à développer de bonnes habitudes alimentaires
Côté, Stéphanie
Montréal : Éditions de l'Homme, 2008. 256 p.

Avoir un enfant en bonne santé, c'est le souhait le plus cher de tout parent. La santé physique et psychologique a un lien avec l'alimentation. Cela dit, nourrir son enfant, c'est bien plus que lui remplir son assiette : la façon de lui offrir sa nourriture, de lui faire goûter à une variété d'aliments, de lui offrir en majorité des repas préparés à la maison, de lui permettre de les déguster en famille, tout cela a son importance. Vous trouverez dans ce livre conseils, trucs et recettes.

Caillou : je n'ai pas faim
2 ans+

Nadeau, Nicole

Montréal : Chouette, 2005. 24 p. (Pas à pas)

Caillou n'aime pas arrêter ses jeux pour aller manger. Comment ses parents s'y prendront-ils ?

Méchante soupe !
2 ans+

Herrmann, Céline

Paris : L'École des Loisirs, 2005. 18 p. (Loulou et Cie)

L'auteur a écrit ce livre dans le but de faire manger les soupes qu'elle préparait à sa fille qui les refusait systématiquement. Elle a alors inventé un jeu avec les légumes qui a fait ses preuves.

Beurk ! Encore des légumes
3 ans+

de Mathuisieulx, Sylvie

Toulouse : Milan, 2007. 23 p. (Milan poche benjamin)

Ève-Anne adore les pâtes ; elle en mangerait tous les jours. Et même plusieurs fois par jour. Hélas, sa maman veut absolument lui faire manger des légumes.

Mange, mon ange
3 ans+

Schneider, Christine

Paris : Albin Michel Jeunesse, 2002. 32 p.

Beurk ! dit Lou quand il apprend qu'il doit manger de la soupe. Relation père-fils à l'heure du souper.

Qu'est-ce qu'on mange ?
3 ans+

Gagliardini, Joelle

Paris : La cabane sur le chien, 2006. 32 p.

Miam, beurk, hum… Et si l'appétit venait en lisant ? L'auteur traite du repas avec humour, de ce qui est bon ou moins bon. Est-ce que les parents, même s'ils savent, ont toujours raison ?

Beurk !
4 ans+

Bouchard, André

Paris : Seuil Jeunesse, 2004. 31 p.

Sébastien n'aime pas le poisson et le merlan qui est dans son assiette ne veut pas se faire manger par Sébastien. Les deux conversent ensemble. Pour les enfants qui ne veulent pas goûter à la nouveauté.

Manger bien, c'est bien mieux !
4 ans+

Delaunois, Angèle

Montréal : Isatis, 2005. 32 p. (Ombilic)

Pourquoi manger ? Pourquoi et comment bien manger ? Le Professeur Ombilic explique les mécanismes complexes du corps humain aux enfants, de façon humoristique mais rigoureuse. Tous les textes de la collection Ombilic sont supervisés par des médecins et sont appuyés d'illustrations qui rejoignent l'enfant dans son quotidien. Une collection pour les 4-8 ans.

Je mangerais bien un enfant   5 ans+
Donnio, Sylvianne
Paris : L'École des Loisirs, 2006. 28 p. (Lutin poche)

Achille le crocodile ne veut plus manger de bananes le matin, il veut manger un enfant.
Il s'entête, refuse les plats présentés par ses parents. Un livre sur les caprices alimentaires
et sur l'importance de bien manger.

Monstre ne me mange pas   5 ans+
Norac, Carl
Paris : L'École des Loisirs, 2006. 26 p. (Pastel)

Les mésaventures d'un cochonnet très gourmand qui finit par comprendre que les
mamans ont parfois raison d'être un peu sévères.

L'alimentation   6 ans+
Rastoin-Faugeron, Françoise
Paris : Nathan, 2002. 32 p. (En grande forme)

« Pourquoi on ne mange pas que des frites ? ». Pour découvrir les secrets des aliments,
une histoire, des informations documentaires et des jeux.

Lili n'aime que les frites   6 ans+
De Saint Mars, Dominique
Fribourg : Calligram, 1997. 48 p. (Max et Lili) (Ainsi va la vie)

Lili ne veut rien manger d'autre que les frites. Fait partie d'une collection d'une cinquantaine de titres (des bandes dessinées) portant sur la résolution des problèmes qui surviennent dans la vie quotidienne des enfants. À la fin de chaque titre, la section « Et toi ? »
a pour but de faire réfléchir les enfants sur le thème.

Fred Poulet enquête sur sa boîte à lunch   7 ans+
Tremblay, Carole
Saint-Lambert (Québec) : Dominique et Compagnie, 2006. 48 p. (À pas de loup)

Fred Poulet ne mangera plus que des produits santé, son père en a décidé ainsi. Est-ce
que le pain de grains est vraiment comestible ? Et cette substance qui flotte dans son
thermos n'est vraiment pas appétissante. Il décide d'enquêter pour en avoir le cœur
net.

Je suis bien dans mon assiette !   10 ans+
Mira Pons, Michèle
Toulouse : Milan, 2007. 43 p. (Les guides complices)

« Tu n'aimes pas ce qu'on met dans ton assiette ? Le matin, tu ne peux rien avaler au petit-
déjeuner ? Le soir, tu n'as aucune envie de t'installer à table avec ta famille ? Tu préfères
grignoter ? Tu as tendance à t'arrondir et tu aimerais faire un régime ?… À ton âge, bien
s'alimenter est essentiel pour être en forme et bien dans sa tête ! » Une collection pour
les 10-12 ans, où les auteurs conseillent les jeunes pour leur permettre de mieux comprendre les réactions de leurs parents sur certains sujets. Pour aider les jeunes à se responsabiliser et favoriser la communication entre parents et enfants.

Guide alimentaire canadien
Santé Canada
www.hc-sc.gc.ca/fn-an/alt_formats/hpfb-dgpsa/pdf/food-guide-aliment/
print_eatwell_bienmang-fra.pdf

Nombre de portions de légumes, fruits, produits céréaliers, lait et viande recommandées en fonction de l'âge. Explique aussi à quoi correspond une portion.

Guide alimentaire canadien - versions traduites
Santé Canada
www.hc-sc.gc.ca/fn-an/food-guide-aliment/order-commander/
guide_trans-trad-fra.php

Le guide est aussi disponible en 10 langues autres que le français et l'anglais: arabe, chinois, coréen, espagnol, farsi (Persan), ourdou, pendjabi, russe, tagalog, tamoul.

La boîte à lunch
CHU Sainte-Justine
www.chu-sainte-justine.org/Famille/page.aspx?ID_Menu=668&ID_
Page=2663&ItemID=3a4

Que doit contenir la boîte à lunch idéale? Quels sont les aliments à éviter? Comment s'assurer de la bonne conservation des aliments? Entrevue avec Diane Decelles, nutritionniste.

La nutrition des enfants
Extenso - Centre de référence sur la nutrition humaine
www.extenso.org/nutrition/enfants.php

10 textes pour aider votre enfant à développer de bonnes habitudes alimentaires.

Nutribibliothèque : ressources pour les jeunes de 6 à 17 ans
Les diététistes du Canada
www.dietitians.ca/nutricommunaute/content/nutribibliotheque/
resources.asp?fn=searchresults&SearchFor=WhatIsNew

« La Nutribibliothèque propose aux parents, aux enseignants, aux éducateurs et aux professionnels de la santé des ressources francophones visant la création d'environnements favorables à une alimentation et à un mode de vie sains pour les jeunes de 6 à 17 ans. »

ALLERGIES

Voir aussi : Allergies alimentaires, Asthme

Association d'information sur l'allergie et l'asthme
172, rue Andover   ☎ 514 694-0679
Beaconsfield (Québec) H9W 2Z8   ☎ sans frais : 1 866 694-0679
quebec@aaia.ca   🖷 514 694-9814
www.aaia.ca/fr/index.htm

Cette association fournit différents textes d'information sur les allergies et l'asthme.

Association pour l'asthme et l'allergie alimentaire du Québec (Asthmédia, inc.)
1315, av. Maguire   ☎ pour Québec : 418 627-3141
Québec (Québec) G1T 1Z2   Ligne d'écoute : 1 877 627-3141
asthmedia@bellnet.ca
http://asthmedia.org

« L'Association désire informer les personnes souffrant d'asthme et d'allergie alimentaire sur leur problème de santé et sur les difficultés vécues par ces dernières dans leur vie quotidienne. » Pour ce faire, elle offre plusieurs services : ligne d'écoute téléphonique tous les jours de 9 h à 17 h ; bulletin d'information publié trois fois par année ; centre de documentation ; camps d'été pour enfants asthmatiques et allergiques alimentaires de 4 à 16 ans ; camps pour les familles ; conférences-échanges par des professionnels de la santé ; journées thématiques provinciales.

Les allergies de l'enfant : les prévenir et les combattre
Bidat, Étienne et Christelle Loigerot
Toulouse : Milan, 2003. 256 p. (Du côté des parents)

Cent réponses à des questions que se posent les enfants et les parents sur les différentes allergies. Pour aider les familles à prévenir les allergies et à les combattre.

Reconnaître et combattre les allergies chez l'enfant
Hordé, Pierrick
Québec : Flammarion Québec, 2002. 172 p.

L'auteur nous transmet les informations récentes sur la diversité des allergènes, des allergies et leur progression dans le monde. Il présente un survol de tous les types d'allergies, avec leurs symptômes, leurs traitements et des conseils de prévention appropriés. Adapté pour le Québec.

SOS allergies !   4 ans+
Delaunois, Angèle
Montréal : Isatis, 2005. 32 p. (Ombilic)

Le professeur Ombilic explique aux enfants comment vivre avec des allergies alimentaires, cutanées ou respiratoires. Tous les textes de la collection « Ombilic » sont supervisés par des médecins et sont appuyés d'illustrations qui rejoignent l'enfant dans son quotidien. Une collection pour les 4-8 ans.

L'arbre à chats   6 ans+
Montour, Nancy
Saint-Lambert (Québec) : Dominique et Compagnie, 2006. 44 p. (Roman rouge)

Maïli trouve un chat perdu et le rend à sa propriétaire qui ne peut le garder parce qu'elle est allergique ; elle le donne alors à Maïli. À son grand désespoir, Maïli apprend que le chat ne peut rester à la maison avec elle parce que son père est allergique. Elle cherche une solution avec sa mère.

Les mille chats de madame Emma   8 ans +
Fredette, Nathalie
Montréal : Québec Amérique Jeunesse, 2002. 74 p. (Bilbo)

Camille doit se séparer de son chat à son grand désespoir car son père est allergique.

Je suis allergique
Allergie Net
www.allergienet.com

Site français très complet pour les parents d'enfants allergiques.

Les allergies chez les enfants
PetitMonde
www.petitmonde.com/Doc/Article/Les_allergies_chez_les_enfants

Prévention des allergies en milieu de garderie.

Les allergies et l'anaphylaxie : guide pour le personnel enseignant à l'école
Calgary Allergy Network
www.calgaryallergy.ca/Articles/French/teachersallergyfrench.html

Comment réagir suite à des crises allergiques ou aux cas d'anaphylaxie chez les enfants à l'école.

Les allergies : renseignements à l'intention de la population
Association des Allergologues et Immunologues du Québec
www.allerg.qc.ca/informpopul.htm

Nombreux textes pour le grand public sur les différents types d'allergies.

ALLERGIES ALIMENTAIRES

Voir aussi : Allergies, Asthme

Association pour l'asthme et l'allergie alimentaire du Québec (Asthmédia inc.)

1315, av. Maguire
Québec (Québec) G1T 1Z2
asthmedia@bellnet.ca
http://asthmedia.org

☏ pour Québec : 418 627-3141
Ligne d'écoute : 1 877 627-3141

« L'Association désire informer les personnes souffrant d'asthme et d'allergie alimentaire sur leur problème de santé et sur les difficultés vécues par ces dernières dans leur vie quotidienne. » Pour ce faire, elle offre plusieurs services : ligne d'écoute téléphonique tous les jours de 9 h à 17 h ; bulletin d'information publié trois fois par année ; centre de documentation ; camps d'été pour enfants asthmatiques et allergiques alimentaires de 4 à 16 ans ; camps pour les familles ; conférences-échanges par des professionnels de la santé ; journées thématiques provinciales.

Association québécoise des allergies alimentaires

445, boul. Sainte-Foy, bureau 100
Longueuil (Québec) J4J 1X9
aqaa@aqaa.qc.ca
www.aqaa.qc.ca

☏ 514 990-2575
☏ sans frais : 1 800 990-2575
🖷 514 990-2575

« L'AQAA a pour mission d'offrir du soutien et de l'information, de promouvoir l'éducation et la prévention ainsi que d'encourager la recherche en allergie alimentaire et en anaphylaxie. Adhérer à l'AQAA c'est obtenir une pochette de départ remplie d'informations pertinentes sur les allergies alimentaires, des documents, feuillets et dépliants d'information sur des sujets spécifiques ainsi que le bulletin d'information trimestriel *Les Mets Sages*. C'est aussi un soutien téléphonique efficace et professionnel, des tarifs préférentiels sur les produits, services et activités de l'AQAA. »

De l'allergie aux plaisirs de la table
Carrière, Martine et Marie-Chantal Valiquette
Québec : Flammarion Québec, 2003. 192 p.

Pour cuisiner sans œufs, lait, noix, soya ou blé, un livre de recettes pratique et des conseils précieux pour faciliter la vie aux parents d'enfants allergiques. Les auteurs sont mères d'enfants allergiques et membres de l'Association québécoise des allergies alimentaires.

Déjouer les allergies alimentaires : recettes et trouvailles
Bettez, Marie-Josée et Éric Théroux
Montréal : Québec Amérique, 2003. 335 p.

Les auteurs, parents d'un enfant allergique, nous livrent dans ce recueil des recettes savoureuses sans aliments à risque (œufs, lait, soya, arachides, noix, graines de sésame, blé, poissons, mollusques, crustacés, bœuf et poulet). Également, l'ABC de l'allergie alimentaire, un tableau de substitution d'aliments, le répertoire des divers termes utilisés pour désigner certains aliments, etc.

Mes petits plats pour bébés allergiques : de 6 mois à 3 ans
Olivier, Véronique et Philippe Auriol
Paris : Solar, 2008. 176 p.

L'auteur propose 220 recettes qui suivent les saisons et les besoins des enfants, pour composer, sans blé, ni œuf, ni lait, ni arachide, des plats savoureux et ludiques. Les recettes et les astuces culinaires de l'auteur, maman d'un enfant allergique, et les conseils médicaux d'un médecin spécialisé en allergologie, vous offrent toutes les clés pour régaler les jeunes enfants, leur faire découvrir les fruits et les légumes, les voir grandir avec les nutriments essentiels à leur croissance.

Recettes pour enfants allergiques
Mercure-Pudman, Elaine
Montréal : Stanké, 2002. 128 p.

Des recettes qui vous donnent des idées pour les repas de votre enfant allergique et qui conviennent à son régime, qu'il soit allergique aux légumineuses, aux crustacés, au lait, aux œufs, etc.

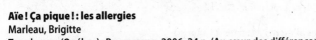

Aïe ! Ça pique ! : les allergies　　　　　　　　　　　　　　　　4 ans+
Marleau, Brigitte
Terrebonne (Québec) : Boomerang, 2006. 24 p. (Au cœur des différences)

Étienne a oublié sa boîte à lunch. Il partage le goûter d'un ami, sans penser à ses allergies alimentaires. Assez rapidement des boutons apparaissent sur son visage. La série « Au cœur des différences » permet aux parents et aux éducateurs de sensibiliser les enfants à la richesse des différences.

SOS allergies !　　　　　　　　　　　　　　　　　　　　　　4 ans+
Delaunois, Angèle
Montréal : Isatis, 2005. 32 p. (Ombilic)

Le professeur Ombilic explique aux enfants comment vivre avec des allergies alimentaires, cutanées ou respiratoires. Tous les textes de la collection « Ombilic » sont supervisés par des médecins et sont appuyés d'illustrations qui rejoignent l'enfant dans son quotidien. Une collection pour les 4-8 ans.

Déjouer les allergies alimentaires
Bettez, Marie-Josée
www.dejouerlesallergies.com

« Informations fiables et scientifiquement rigoureuses sur les allergies alimentaires et solutions pratiques facilitant leur gestion au quotidien. »

Les allergies alimentaires de l'enfant
Doctissimo - Ma santé en un mot
www.doctissimo.fr/html/nutrition/pour_tous/nu_483_allergies_alimentaires_
enfant.htm

Informations sur les symptômes, les traitements et les différents types d'allergies alimentaires chez les enfants.

Les allergies : renseignements à l'intention de la population
Association des Allergologues et Immunologues du Québec
www.allerg.qc.ca/informpopul.htm

Nombreux textes pour le grand public sur les différents types d'allergies.

Les intolérances et les allergies alimentaires
Société canadienne de pédiatrie
www.cps.ca/soinsdenosenfants/corpsensante/IntolerancesEtAllergies.htm

Différences entre les intolérances alimentaires et les allergies alimentaires chez les enfants.

Programme Contrôle Allergène Certifié
Association québécoise des allergies alimentaires
www.certification-allergies.com

Explication de «la marque de conformité CAC qui garantit qu'un aliment a fait l'objet du contrôle optimal d'un ou de plusieurs des allergènes suivants : arachide, amande, lait ou œuf.» Possibilité de s'inscrire à une liste d'envoi sur «les plus récents développements en matière de contrôle optimal des allergènes».

Rappel des aliments / Alertes à l'allergie
Agence canadienne d'inspection des aliments
www.inspection.gc.ca/francais/corpaffr/educ/educf.shtml

Index des alertes à l'allergie et des avertissements de danger pour la santé concernant des produits alimentaires disponibles sur le marché canadien.

Vivre avec l'anaphylaxie : gérer le stress
Calgary Allergy Network
www.calgaryallergy.ca/Articles/French/handlingstressfrancais.html

Comment les parents peuvent apprendre à gérer leur stress avec un enfant ayant des allergies alimentaires graves.

Pas de risque à prendre
Savard, Éric, réalisateur
Montréal : Association québécoise des allergies alimentaires, 1999.
1 DVD (10 min.)

«Vidéo éducative sur la prévention des allergies alimentaires pour les enfants de 4 à 7 ans. On démontre aussi dans cette vidéo la technique d'administration de l'auto-injecteur Epipen. Avec un document d'accompagnement.» Tiré de CHOIXmedia
Disponible chez : Association québécoise des allergies alimentaires, 514 990-2575
www.aqaa.qc.ca/_library/images/contentImages/Videocassette_educative.pdf

Allergie alimentaire : ce qu'il faut savoir
Des Roches, Anne, conférencière
Montréal : CHU Sainte-Justine. Service audio-visuel, 2007. 1 DVD (98 min.)
(Les Soirées Parents du CHU Sainte-Justine)

Qu'est-ce qu'une réaction allergique ? Pourquoi moi ? À quoi peut-on être allergique ?
Comment reconnaître une réaction ? Comment infirmer le diagnostic ? Quoi faire en cas
de réaction ? Quoi faire pour prévenir ? Y a-t-il espoir de guérison ?
Disponible chez : CHU Sainte-Justine – Médiathèque, 514 345-4677.

AMPUTATION

A.Q.I.P.A. - Association québécoise des intervenants auprès des personnes amputées
6300, avenue Darlington   ) 514 340-2085 poste 2264
Montréal (Québec) H3S 2J4   ≞ 514 340-2750
www.aqipa.org

« L'Association regroupe les intervenants de tous les coins de la province afin d'échanger
de façon interdisciplinaire les expertises relativement aux soins apportés aux personnes
amputées. »

Fondation d'aide aux handicapés du Québec
4058, rue Monselet, bureau 106   ) 514 328-0063
Montréal (Québec) H1H 2C5   ) sans frais : 1 866 328-0063
info@fahquebec.org
www.fahquebec.org

La Fondation d'aide aux handicapés du Québec, dont la mission est d'améliorer la qualité de vie des personnes présentant une incapacité, a mis en place un programme de
collecte d'appareils et de matériel médical pouvant être remis gratuitement.

Programme Les Vainqueurs
Les Amputés de guerre
606, rue Cathcart, bureau 530   ) 514 398-0759
Montréal (Québec) H3B 1K9   ) sans frais : 1 800 265-0494
louis@amputesdeguerre.ca   ≞ 514 398-0699
www.amputesdeguerre.ca/vainq   ≞ sans frais : 1 877 600-6212

Programme pour enfants privés d'un ou plusieurs membres pour des raisons d'ordre
congénital, accidentel ou médical, résidant au Canada et âgé de 17 ans ou moins. Le
Programme offre plusieurs services : aide financière, programme Envol (fournit des ordinateurs aux enfants amputés de plus d'un membre), Mères solidaires (jumelages), sémi-
naires régionaux (permet aux Vainqueurs de rencontrer d'autres enfants amputés et aux
parents d'échanger entre eux).

Centre d'information pour les personnes amputées
Les Amputés de guerre
www.amputesdeguerre.ca/cipa/home.html

Information sur les aides techniques à la vie quotidienne et sur la vie d'une personne nouvellement amputée.

AMYGDALITE/AMYGDALECTOMIE

Voir aussi : Adénoïdectomie, Chirurgie/Chirurgie d'un jour, Maladie ORL

Les maladies ORL de l'enfant
Legros, Michel
Paris : Ellipses, 2003. 117 p. (Vivre et comprendre)

Ce livre décrit les principales maladies ORL qui touchent les enfants au niveau du nez, de la gorge et des oreilles, avec conseils et indications de traitements pour éviter les erreurs ou les affolements inutiles. Un chapitre est consacré à la surdité de l'enfant, un autre aux troubles de la parole et du langage et la dernière partie de l'ouvrage explique aux parents les principales interventions chirurgicales en ORL.

Les opérations ORL de l'enfant
Rotenberg, Maurice
Paris : Masson, 2001. 70 p.

Une guide qui détaille les opérations ORL les plus courantes en pédiatrie : ablation des amygdales, ablation des adénoïdes, parencentèse ou myringotomie (insertion d'un petit tube pour permettre le drainage de l'oreille moyenne). Pour chacune des opérations, vous trouverez les rubriques suivantes : Introduction, Comment se préparer à l'opération, L'intervention, Après l'opération, La convalescence.

L'hôpital ? Même pas peur !   2 ans+
Soonckindt, Édith
Champigny-sur-Marne (France) : Lito, 2006. 18 p. (Mes p'tits bobos)

Une petite fille inquiète entre à l'hôpital pour se faire opérer les amygdales. La collection « Mes p'tits bobos » raconte des histoires qui aident à grandir en dédramatisant les petits tracas de la vie quotidienne.

Adénoïdectomie et/ou amygdalectomie chez l'enfant
Services Québec
www.guidesante.gouv.qc.ca/fr/fiche/7300-02.shtml

Nature, préparation et déroulement de l'intervention. Recommandations pour la convalescence à la maison.

Amygdalite
Association médicale canadienne
www.cma.ca/public/DiseaseLibrary/patientInfo.asp?diseaseid=210

Informations détaillées : description, causes, symptômes, complications, diagnostic, traitement et prévention.

L'amygdalectomie
Hôpital Maisonneuve-Rosemont
http://biblio.hmr.qc.ca/Publications_pdf/A/amygdalectomie_sfe026.pdf

Informations générales sur les soins à donner à un enfant ayant subi une amygdalectomie.

ANÉMIE FALCIFORME

Voir aussi : Maladie génétique

Association d'anémie falciforme du Québec (A.F.Q)
8260, rue Phèdre   ☎ 514 830-4782
Laval (Québec) H7A 1A3
wilsonsanon@hotmail.com
www.anemie-falciforme.org

Anciennement connue sous le nom de Regroupement des parents d'enfants souffrant de la maladie falciforme, l'Association diffuse de l'information sur la maladie et soutient les familles de personnes atteintes.

L'hirondelle noire   7 ans+
Meunier, Sylvain
Montréal : La courte échelle, 2006. 60 p. (Premier roman)

Ramicot Bourcicot est atteint d'anémie falciforme, une maladie génétique qui l'empêche de vivre comme les autres enfants de son âge. Il est très affaibli et donc cloué au lit. Cependant, il observe les oiseaux avec ses jumelles et élabore des plans pour protéger ceux qui sont en danger. À cause de sa maladie, il compte sur ses amis et sur sa famille pour l'exécution de ses plans. Les oiseaux, eux, peuvent en tout temps compter sur Ramicot. Voir aussi la suite : *La paruline masquée* (2007).

Anémie falciforme
Association médicale canadienne
www.cma.ca/Public/DiseaseLibrary/PatientInfo.asp?diseaseid=281

Explications détaillées : description, causes, symptômes, complications, diagnostic, traitement et prévention.

Drépanocytose et fièvre : conduite à tenir en cas de fièvre à domicile
Réseau Ouest Francilien de Soins des Enfants Drépanocytaires
www.rofsed.fr/media/brochure_fievre_220306__000291200_1914_13042006.pdf

Qu'est-ce que la fièvre ? Comment prendre la température de votre enfant ? Conduite à tenir selon l'âge de l'enfant.

La drépanocytose. Douleur chez l'enfant drépanocytaire. Comment prendre en charge son enfant drépanocytaire à domicile ?
Réseau Ouest Francilien de Soins des Enfants Drépanocytaires
www.rofsed.fr/media/rofsed_brochure_douleur__093115600_1114_24072006.pdf

Présentation des différentes causes de douleur en fonction de l'âge de l'enfant. Comment la prévenir et y remédier. Échelle visuelle analogique de la douleur.

L'anémie falciforme : un dilemme familial
Regroupement des parents d'enfants souffrant de la maladie falciforme
www.familis.org/riopfq/publication/pensons64/sanon.html

Présentation de cette maladie sanguine dont sont atteints les enfants de plusieurs communautés culturelles.

Qu'est-ce que la drépanocytose ? (anémie falciforme)
Association pour l'information et la prévention de la drépanocytose
http://asso.orpha.net/APIPD/__PP__1.html

Définition, symptômes, prévention des crises.

Témoignage d'un adolescent drépanocytaire
Intégrascol
www.integrascol.fr/fichepedago.php?id=16

Un adolescent atteint de drépanocytose parle des implications de la maladie et de ce qui l'aide dans son quotidien et dans sa vie à l'école.

La drépanocytose, qu'est-ce que c'est ?
Association de prévention et de lutte contre les maladies héréditaires du globule rouge
www.gs-im3.fr/hemoglobine/BD1.html

Bande dessinée informative destinée aux enfants atteints d'anémie falciforme.

Témoignage d'un adolescent drépanocytaire
Intégrascol
www.integrascol.fr/fichepedago.php?id=16

Un adolescent atteint de drépanocytose parle des implications de la maladie et de ce qui l'aide dans son quotidien et dans sa vie à l'école.

ANOREXIE/BOULIMIE

ANEB-Québec (Association québécoise d'aide aux personnes souffrant d'anorexie nerveuse et de boulimie)

114, avenue Donegani
Pointe-Claire (Québec) H9R 2W3
anebquebec@anebquebec.com
www.anebquebec.com

☎ 514 630-0907
☎ sans frais : 1 800 630-0907
🖷 514 630-1225

L'Association offre soutien, écoute, information et référence aux personnes qui sont touchées directement et indirectement par un trouble alimentaire. Ligne d'écoute à tous les jours, du lundi au vendredi, de 9 h 00 à 17 h 00. Groupe de soutien fermé à raison d'une fois semaine pour quatre mois et demie pour les plus de 17 ans, au coût de 80 $. Des groupes ouverts à tous les lundi, de 19 h 00 à 21 h 00. Des groupes ouverts pour les familles et les proches, un dimanche sur deux de 18 h 30 à 20 h 30. Une trousse d'information est disponible au coût de 5 $. Une cotisation annuelle permet de recevoir le journal *Image* publié quatre fois par année et avoir accès à des forums d'aide sur le site Internet.

Outremangeurs anonymes

Intergroupe OA français de Montréal
312, rue Beaubien Est
Montréal (Québec) H2S 1R8
reunions@outremangeurs.org
www.outremangeurs.org

☎ 514 490-1939
☎ sans frais : 1 877 509-1939
🖷 514 490-1724

Groupes d'entraide sans but lucratif formés de bénévoles. On y applique, en 12 étapes, le programme inspiré des Alcooliques Anonymes. Des groupes pour adolescents peuvent être mis sur pied au besoin. Leur liste de publications est disponible sur demande. Une brochure s'adresse particulièrement aux adolescents.

Anorexie, boulimie : vous pouvez aider votre enfant - Des moyens d'agir dès l'âge de 8 ans
Doyen, Catherine et Solange Cook
Paris : Interéditions, 2004. 264 p. (Vivre sa vie)

Écrit par deux spécialistes, ce livre indique comment : déterminer si votre enfant, fille ou garçon, présente un trouble des conduites alimentaires ; rechercher l'aide médicale ou thérapeutique appropriée ; convaincre votre enfant d'accepter de l'aide ; participer au traitement ; guider votre entourage dans leur soutien à l'enfant. Avec témoignages et conseils pratiques. Voir aussi *50 exercices pour sortir de l'anorexie* (2008), chez Odile Jacob, par les mêmes auteurs, l'une psychologue, l'autre psychiatre, qui travaillent toutes deux avec des adolescents anorexiques.

Anorexie, boulimie : les paradoxes de l'adolescence
Jeammet, Philippe
Paris : Hachette, 2005. 241 p.

Comment réagir face à l'anorexie et la boulimie ? L'auteur propose une analyse en profondeur de ces pathologies de plus en plus répandues mais souvent niées par l'entourage proche. Il révèle toute la vulnérabilité de ces patientes, expose leurs parcours souvent chaotiques et tente de comprendre les facteurs individuels, familiaux et culturels à l'origine de ces comportements.

Comment vivre avec une anorexique
Agman, Gilles, Annie Gorgé et Philippe Jeammet
Paris : Éditions Josette Lyon, 2004. 142 p. (Comment vivre avec)

Les auteurs répondent aux questions des parents sur l'anorexie et leur proposent une réflexion sur leurs propres comportements. En trois chapitres : L'anorexie mentale hier et aujourd'hui – Vivre avec une fille qui devient anorexique, l'amener à être soignée – Vivre avec une patiente anorexique, participer aux soins.

Devant le miroir
Matte, Marie-Ève
Montréal : Boréal, 2003. 105 p.

Melhy, adolescente, voudrait rester enfant. Elle n'aime pas son corps qui se développe malgré elle ; elle lui refuse toute nourriture ou parfois dévore tout ce qu'elle peut, pour ensuite se faire vomir. « Un récit autobiographique qui raconte l'anorexie et la boulimie avec des mots qui débusquent les racines même du mal. Ce livre va au-delà des troubles alimentaires. »

Le mystère de l'anorexie
Pommereau, Xavier et Jean-Philippe de Tonnac
Paris : Albin Michel, 2007. 253 p.

Selon les chiffres des auteurs, une adolescente sur dix souffre de troubles alimentaires. Une sur cent en présente la forme la plus grave pouvant conduire à la mort : l'anorexie mentale. L'opinion publique cherchant des coupables, on incrimine tour à tour la mode, l'obsession des régimes minceur, l'ambiance et les relations familiales. Mais l'anorexie est une maladie qui résiste à ces explications. Et pour la soigner efficacement, il faut tenter de la comprendre en profondeur. Deux spécialistes de l'anorexie croisent leur expérience et leur regard. En sortant des sentiers battus, en acceptant d'aborder les points les plus obscurs et les aspects trop souvent ignorés, ils nous font entrer dans le mystère de l'anorexie.

L'enfant anorexique : comprendre et agir
Le Heuzey, Marie-France
Paris : Odile Jacob, 2003. 156 p.

L'anorexie peut apparaître dans l'enfance, dès huit ans, chez les filles et chez les garçons. Comment se manifeste-t-elle ? À quel moment doit-on s'alarmer quand l'enfant modifie son comportement alimentaire ? Comment éviter que l'anorexie s'installe ? Comment soigner l'enfant si l'anorexie est diagnostiquée ? L'auteur, tout en apportant un nouveau regard sur l'anorexie, sur la place de l'enfant dans notre société, conseille les parents pour les aider à comprendre et à aider leur enfant.

L'enfant plume
Teisson, Janine
Paris : J'ai lu, 1999. 220 p. (J'ai lu document)

Une mère raconte les dix ans d'anorexie de sa fille.

Les affamées
Loiselle, Annie
Montréal : Éditions de l'Homme, 2004. 102 p.

L'auteur, qui a connu l'anorexie à l'adolescence, tente d'interpréter la maladie par une approche psychanalytique, à travers les mots de trois jeunes anorexiques. « L'anorexie se raisonne mal. Elle est trop profonde, trop paradoxale ; elle échappe à la logique… Parfois je voudrais renoncer à chercher les pourquoi et les comment. Je ne m'arrête jamais. Ce livre est moins une affirmation qu'une exploration des explications possibles ». Préfacé par Dr Jean Wilkins.

Les troubles du comportement alimentaire : de la naissance à l'adolescence
Sirolli, Laëtitia
Paris : Eyrolles, 2006. 234 p.

Les troubles du comportement alimentaire sont fréquents, nombreux, mais pas irrémédiables. Un guide pour aider les parents à comprendre le comportement de leur enfant : l'auteur décrit les différents sortes de troubles et donne pour chacun des pistes concrètes pour agir, de la naissance à l'adolescence.

Poèmes du lundi : de jeunes anorexiques en chemin de vivre
Montréal : Éditions du CHU Sainte-Justine, 2008. 106 p.
(Contes, nouvelles, et autres récits)

Chaque lundi, les adolescentes hospitalisées pour un trouble de la conduite alimentaire au CHU Sainte-Justine se rencontrent lors d'un atelier d'écriture. Elles écrivent des poèmes, durant une période déterminée et à partir de certaines consignes, ce qui permet d'éviter le plus possible l'angoisse de la page blanche. Dans ces textes, elles disent leurs rêves, leurs émotions et leurs peurs. Cet atelier d'écriture « est une façon de les amener à croire de nouveau en elles… Ces mots permettent de mieux les comprendre et qui sait, peut-être aussi de mieux les soigner. » (Dr Jean Wilkins, Médecine de l'adolescence, CHU Sainte-Justine).

Anorexie et boulimie, surmonter un problème alimentaire   12 ans+
Moe, Barbara
Montréal : Logiques, 2002. 199 p. (Ados)

Répond aux questions des adolescents sur les différents désordres alimentaires. Quels sont les causes, les symptômes, les traitements ? L'auteur donne des conseils aux jeunes pour les aider à se sentir bien dans leur peau.

Comme une peau de chagrin   12 ans+
Sarfati, Sonia
Montréal : La courte échelle, 2005. 151 p. (Roman +)

Gabrielle vit son premier amour tandis que sa meilleure amie Frédérique change, maigrit et devient anorexique.

Journal sans faim   12 ans+
Bertin, Marie
Paris : Rageot, 2004. 123 p. (Cascade)

Élise, jeune anorexique, est hospitalisée à la suite d'un régime draconien pendant lequel elle souhaite perdre son surnom de « boudin ». Un roman sur l'hospitalisation et la guérison.

L'intrus   12 ans+
Tito
Tournai : Casterman, 2005. 48 p. (Tendre banlieue)

Elsa est triste. Depuis que son père a quitté la maison, elle doit vivre avec le nouvel ami de sa mère qu'elle n'aime pas. De plus, elle a des difficultés en amour, déteste son physique, rien ne va plus pour elle. L'adolescente se met au régime et peu à peu devient dépressive et anorexique. Avec cette série en bandes dessinées, l'auteur donne des pistes de réflexion qui mènent le lecteur au dialogue, à la compréhension, à la tolérance.

Maigre Maya   12 ans+
Kochka
Paris : Grasset jeunesse, 2004. 99 p. (Lampe de poche)

Maya, 15 ans, a l'ossature d'une fillette de 8 ans. Elle vit avec ses parents, entre sa mère qui prend tant de place, son père absorbé par son travail et l'obsédant souvenir de sa sœur disparue. Elle se sent nulle et veut fuir la maison. « Je suis un fantôme transparent avec un vide dans le ventre… » Elle se cherche un travail et rencontre une généreuse dame qui la prend en charge. « Maya va découvrir ce que c'est que vivre et partager… »

Petite   12 ans+
Brisac, Geneviève
Paris : L'École des Loisirs, 2005. 164 p.

Nouk, adolescente volontaire et brillante, décide de ne plus avoir faim. Jusqu'où sa volonté la mènera-t-elle ? Interrogations et pensées d'une adolescente anorexique.

Pouvoir se taire, et encore   12 ans+
Vermot, Marie-Sophie
Paris : Thierry Magnier, 2003. 96 p.

Qu'est-ce qui fait basculer Dina dans l'anorexie ? Elle sera hospitalisée et finira par trouver en elle les moyens de s'accepter comme elle est.

Zouck   12 ans+
Bottero, Pierre
Paris : Père Castor Flammarion, 2004. 152 p. (Tribal)

Zouck aime la danse et veut devenir la meilleure. Elle veut plaire à tout prix, elle contrôle son poids, cette course à l'excellence finit par devenir une obsession et elle sombre dans l'anorexie. Heureusement, ses proches et son professeur de danse sont là pour la soutenir.

Anorexie, sortir du tunnel   13 ans+
Shankland, Rébecca
Paris : De la Martinière Jeunesse, 2008. 109 p. (Hydrogène)

L'anorexie n'est pas une maladie qui s'attrape comme la grippe. Elle s'installe peu à peu et très souvent on ne la voit pas venir. Pourtant il existe des signes, des symptômes, des comportements annonciateurs. Un livre pour aider celles qui en souffrent ou qui sont inquiètes pour leurs amies, tout au long du difficile parcours pour se sortir de l'anorexie.

La boulimie, sortir de l'engrenage 13 ans+
Shankland, Rébecca et Clothilde Lerberghe
Paris : De la Martinière Jeunesse, 2004. 108 p. (Hydrogène)

«Un livre pour comprendre la boulimie et faire face à cette maladie.» Pourquoi tant manger, pour ensuite se faire vomir? Quels sont les signes précurseurs de la boulimie? Les risques? Comment surmonter cette maladie?

Plume, un jour je volerai 13 ans+
Hénault, Anne-Marie
Montréal : Éditions Francine Breton, 2003. (Ado-Santé)

La jeune auteur de 19 ans, qui a vécu l'anorexie durant son adolescence, nous parle de sa maladie. Son livre est présenté sous forme de journal intime. À lire par les parents, les intervenants et les adolescentes qui veulent mieux comprendre ce trouble alimentaire, sa complexité et ses risques à court, moyen et long terme. L'ouvrage est préfacé par Dr Jean Wilkins, de la Clinique des troubles alimentaires du CHU Sainte-Justine. Disponible en librairie ou directement de l'auteur, voir le bon de commande ci-joint : www.efb.net/bondecommande-henault.html

Boulimie - Pour aider à comprendre... pour agir
Boulimie.fr
www.boulimie.fr/questce/intro.htm

Site web très complet sur les différents aspects de la maladie : description, conseils, questions les plus fréquentes, présentation des thérapies, etc.

La prévention et la reconnaissance des troubles de l'alimentation
Centre hospitalier pour enfants de l'est de l'Ontario
www.cheo.on.ca/francais/9600_01_10.shtml

Ce que peuvent faire les parents pour prévenir, détecter et intervenir face aux troubles alimentaires de leur enfant.

L'anorexie : un problème de taille
Université de Montréal - Forum
www.forum.umontreal.ca/numeros/1999-2000/Forum99-11-15/article02.html

Présentation de l'approche thérapeutique de l'anorexie du Dr Jean Wilkins de la Clinique des troubles alimentaires du CHU Sainte-Justine.

Que sont les troubles alimentaires ?
ANEB Québec
www.anebquebec.com/html/fr_troublesalimentaire.html

Signes comportementaux et psychologiques des troubles de l'alimentation.

Ma jolie prison
Guernon, Sylvie, réalisatrice. Jean Wilkins, Isabelle Pagé,
Dominique Meilleur et Barbara Dufour, conseillers scientifiques
Montréal : Fondation de l'Hôpital Sainte-Justine, 1996. 1 DVD (29 min.)

L'anorexie est en général plutôt mal comprise. À travers des témoignages d'anorexiques, d'intervenants, de parents et d'amis, ce document veut sensibiliser les gens à ce problème et faciliter la compréhension, l'approche et le soutien avec celles qui en sont atteintes. Avec un document d'accompagnement.
Disponible chez : CHU Sainte-Justine – Médiathèque, 514 345-4677.

Duel en 2 voix
Veaux-Logeat, Catherine, scénario et réalisation
Québec : Vidéo Femmes, 2005. 1 DVD (26 min)

« L'anorexie-boulimie, maladie complexe qui part de l'intérieur, est un combat quotidien entre le désir du contrôle absolu du corps et le désir de vivre. Un combat sournois qui se vit dans la solitude et la détresse, ignoré de tous. Entre la voix qui hurle « mange pas » et celle qui supplie « aime-moi », Joanny, Catherine et Annick nous parlent […] de cet équilibre tant recherché et des pièges qui se trouvent sur leur chemin. Mais au-delà des voix qui se répondent en duel chaque jour, il arrive parfois qu'on commence à prendre conscience de la vie qui nous entoure. Ce jour-là, la maladie occupe moins de place. »
Disponible chez Vidéo Femmes : 418 529-9188
http://videofemmes.org/repertoire/film.asp ?id=306

Répercussion sur les parents des troubles de la conduite alimentaire à l'adolescence
Wilkins, Jean, conférencier
Montréal : Hôpital Sainte-Justine : Université de Montréal, 2002. 1 DVD (82 min)
(Les Soirées Parents de l'Hôpital Sainte-Justine)

Dr Wilkins explique comment l'anorexie devient la manifestation d'une impasse dans le développement de l'adolescente atteinte. De plus, il nous présente un modèle d'intervention expérimenté.
Disponible chez : CHU Sainte-Justine – Médiathèque, 514 345-4677

La peau et les os, après...
Bélanger-Martin, Hélène, réalisation et scénario
Westmount : Christal Films ; Montréal : Office national du film du Canada, 2006.
1 DVD (90 min)

« Exploration de l'univers angoissé de jeunes femmes souffrant d'anorexie ou de boulimie, à l'aide de scènes fictives, de scènes réelles et de témoignages de personnes qui vivent ce désordre psychologique ou de leur entourage. » Tiré de CHOIXmedia
Disponible chez : ONF, 514 283-9000 ; 1 800 267-7710
www.onf.ca/collection/films/fiche/ ?id=52560.
Vous pouvez également consulter la première version : *La peau et les os*

ANXIÉTÉ

Voir aussi : Stress, Troubles obsessifs-compulsifs, Peurs

Association / Troubles anxieux du Québec (A.T.A.Q.)
C.P. 49018 ☎ / 🖷 514 251-0083
Montréal (Québec) H1N 3T6
info@ataq.org
www.ataq.org

L'Association offre des services de formation aux professionnels en santé mentale et fournit de l'information au grand public.

Phobies-Zéro
C.P. 83 ☎ (administration) : 450 922-5964
Sainte-Julie (Québec) J3E 1X5 Ligne d'écoute : 514 276-3105
admin@phobies-zero.qc.ca 🖷 450 922-5935
www.phobies-zero.qc.ca

Phobies-Zéro s'adresse à toute personne souffrant d'anxiété, de trouble panique, de phobies ou d'agoraphobie ainsi qu'à ses proches. Services offerts : ligne d'écoute téléphonique (du lundi au vendredi, de 9 h à 21 h), groupes de soutien, « Volet jeunesse » (thérapies individuelles et de groupe, conférences, documentation, réunions hebdomadaires) et plusieurs autres.

Revivre : Association québécoise de soutien aux personnes souffrant de troubles anxieux, dépressifs ou bipolaires
5140, rue Saint-Hubert Ligne d'information et d'écoute : 514 738-4873
Montréal (Québec) H2J 2Y3 Ligne d'écoute sans frais : 1 866 738-4873
revivre@revivre.org ☎ 514 529-3081
www.revivre.org 🖷 514 529-3081

Parmi ses services, l'Association offre une ligne d'écoute, d'information et de référence, des conférences, des groupes d'entraide, de la relation d'aide individuelle, un centre de documentation, un site Internet avec clavardage et forums de discussion et un programme Jeunesse destiné aux enfants et aux adolescents ainsi qu'à leurs parents. L'Association distribue gratuitement de la documentation sur les troubles anxieux, dépressifs et bipolaires et vend aussi des livres et des vidéocassettes sur la dépression et le trouble bipolaire. Un bulletin publié trois fois par année, *L'envolée*, est aussi distribué gratuitement à ses membres.

Guérir l'anxiété de nos enfants sans médicament ni thérapie
Reid, Louise
Outremont (Québec) : Quebecor, 2006. 140 p. (Collection Psychologie)

Le nombre d'enfants conduits en consultation médicale ou psychologique pour traiter des désordres liés à l'anxiété augmente constamment, alors que leur moyenne d'âge baisse de plus en plus. Louise Reid propose des actions simples et efficaces qui donneront une base solide à nos enfants afin de leur éviter cette forte anxiété que nous, adultes, avons parfois subie durant une grande partie de notre vie.

L'enfant anxieux : comprendre la peur de la peur et redonner courage
Dumas, Jean
Bruxelles : De Boeck, 2005. 224 p. (Comprendre)

Dans la première partie du livre, l'auteur décrit les différents troubles anxieux, leur origine et leur évolution. Il explique entre autres le phénomène par lequel, à force d'être toujours craintif, l'enfant anxieux a non seulement peur, mais il a peur d'avoir peur. Dans la deuxième partie, il donne des moyens concrets pour aider les enfants anxieux : comment vivre le moment présent et non pas vivre dans l'anticipation de ce qui pourrait peut-être arriver ? Comment faire face aux émotions troublantes et comment affronter ce qui est tant redouté ? Témoignages à l'appui. Préfacé par Boris Cyrulnik.

L'enfant et l'adolescent anxieux. Les aider à s'épanouir
Servant, Dominique
Paris : Odile Jacob, 2005. 327 p.

Les peurs, les manies, les angoisses font parties de la vie. Quand parle-t-on d'anxiété ? D'où vient-elle ? Comment comprendre et rassurer son enfant, son adolescent ? Comment l'aider à affronter le stress et les épreuves inévitables de la vie ? L'auteur donne dans ce livre des conseils judicieux aux parents.

Les troubles anxieux expliqués aux parents
Baron, Chantal
Montréal : Éditions du CHU Sainte-Justine, 2001. 88 p. (Collection du CHU Sainte-Justine pour les parents)

Un survol des troubles anxieux pour aider les parents à s'y retrouver. Quelles sont les causes de ces maladies et que faire pour aider ceux qui en souffrent ? Comment les déceler et réagir le plus tôt possible ?

Maman j'ai peur, chéri je m'inquiète : l'anxiété chez les enfants, les adolescents et les adultes
Gagnier, Nadia
Montréal : La Presse, 2006. 86 p. (Vive la vie… en famille)

« Plusieurs parents sont confrontés aux peurs irraisonnées de leurs enfants : peur des insectes, peur du feu, peur des voleurs, peur de ne pas réussir à l'école… Il arrive aussi aux parents d'avoir des peurs, des inquiétudes ou des pensées catastrophiques. Ce livre vous permettra de mieux connaître les caractéristiques et les conséquences de l'anxiété et vous aiguillera vers les manières d'intervenir afin que cette émotion ne prenne pas le contrôle de votre vie familiale. »

Maman j'ai peur : mère anxieuse, enfant anxieux ?
Aubert, Jean-Luc et Christiane Doubovy
Paris : J'ai lu, 2002. 182 p. (J'ai lu bien-être)

« Comment appréhender l'anxiété infantile ? Quel rôle jouent les inquiétudes des mères sur celles de leurs filles et de leurs fils ? » Quand l'anxiété devient-elle pathologique, quand entrave-t-elle l'épanouissement de l'enfant ? Quels sont les symptômes qui doivent nous inquiéter ? L'auteur tente d'aider les parents à se remettre en question sans les culpabiliser pour autant.

Petites histoires pour devenir grand : à lire le soir,
pour aborder avec l'enfant ses peurs, ses tracas, ses questions
Carquain, Sophie
Paris : Albin Michel, 2003. 310 p.

Des histoires pour aider les parents à parler avec leurs enfants de leurs craintes, qu'elles soient normales ou irrationnelles, des soucis quotidiens ou des questions existentielles qui les assaillent : disputes entre frères et sœurs, taxage, timidité, complexe, séparation des parents, mort, peur de la noirceur, etc. Des pages « Côté parents » entrecoupent les histoires et l'auteur y donne des conseils pratiques. Les contes permettent à l'enfant de verbaliser ses difficultés avec ses parents. Voir aussi du même auteur *Cent histoires du soir*, chez Marabout, 2005. Dans ce recueil, des histoires, classées par thèmes, pour aider l'enfant à dédramatiser les événements qui causent son anxiété.

Je veux ma maman ! 3 ans+
Ross, Tony
Paris : Gallimard Jeunesse, 2004. 24 p.

La petite princesse veut continuellement sa maman à ses côtés. Elle a grand besoin d'être rassurée au moindre petit incident.

Marie est partie 3 ans+
Carrier, Isabelle
Paris : Bilboquet, 2004. 25 p.

Cet album parle de la boule d'angoisse qui s'installe parfois au creux du diaphragme lorsqu'on doit se séparer de quelqu'un qu'on aime (séparation, deuil, etc.).

J'ai des soucis dans la tête… et si on en parlait ensemble ? 6 ans+
Galland, Françoise
Paris : Sparadrap, 2007. 19 p.

Avoir des soucis, ça fait partie de la vie. Il y a des petits soucis et des plus gros qui prennent parfois toute la place dans la tête. Quand on en parle, ça fait du bien et c'est plus facile de trouver une solution. On peut en parler avec ses parents, son professeur, etc. et d'autres fois, il est préférable de rencontrer un professionnel (psychiatre, psychologue, etc.). Le livret se termine par des informations à l'intention des parents. Les documents de l'association Sparadrap sont disponibles pour consultation au Centre d'information du CHU Sainte-Justine ou sur le site de l'association : www.sparadrap.org

C'est la vie Lulu ! J'ai peur des mauvaises notes 7 ans+
Dutruc-Rosset, Florence
Paris : Bayard, 2004. 44 p. (Lulu !)

Lili a de mauvaises notes, elle a peur de l'annoncer à ses parents. Elle se fait réprimander et doit rester dans sa chambre pour apprendre parfaitement ses leçons. Quand vient le temps de réciter ses leçons avec sa mère, elle s'embrouille totalement, elle est désespérée et se répète qu'elle n'y arrivera jamais. Lili doit apprendre à gérer son anxiété pour arriver à apprendre. Une histoire, un dossier documentaire et des conseils judicieux complètent l'ouvrage.

J'ai mal...   8 ans+
Alaméda, Antoine
Paris : Éditions Louis Audibert, 2003. 45 p. (Brins de psycho)

Avoir mal sans être malade, c'est possible. Stress, douleur psychologique, anxiété, angoisse peuvent causer des douleurs sur lesquelles il est difficile de mettre des mots. La collection « Brins de psycho » s'adresse aux 8-13 ans et à leurs parents pour les aider à affronter certaines situations et à répondre à des questions délicates. L'auteur, pédopsychiatre, propose une réflexion sur les douleurs psychosomatiques.

Intervention enfance famille : guide-ressources pour favoriser la croissance des enfants. 3ᵉ livret : L'anxiété
Les Services d'aide à la famille juive de l'Institut Baron de Hirsch
www.phac-aspc.gc.ca/dca-dea/pubs/ffc-ief/pdf/ief_anxiete.pdf

Qu'est-ce que l'anxiété ? Comment se développe-t-elle chez l'enfant de la naissance à 6 ans ? Facteurs la suscitant, pistes servant à évaluer le risque de développer un problème d'anxiété. Stratégies et activités pour aider les enfants ayant des comportements anxieux.

L'anxiété
Association médicale canadienne
www.cma.ca/Public/DiseaseLibrary/PatientInfo.asp?diseaseid=9

Présentation des principaux troubles anxieux : description, causes, symptômes et complications, traitement et prévention.

Les troubles anxieux
Association canadienne pour la santé mentale
www.acsm.ca/bins/content_page.asp?cid=3-94&lang=2

Bref aperçu des troubles anxieux et de leurs symptômes ainsi que de leurs traitements.

Relaxation pour les tout petits. Version française, anglaise et espagnole
Bazinet, Nadia, réalisatrice
Montréal : Nadimadi, 2004. 3 CD
Vol. 1 : Au cœur des saisons
Vol. 2 : 5 cadeaux, 5 sens
Vol. 3 : 6 pattes 2 antennes

Disponible en librairie, au CHU Sainte-Justine – Médiathèque, 514 345-4677.
Chez Nadimadi : www.nadimadi.ca/fr

D^re Nadia
Montréal : Swan productions. 2006-2007. 16 DVD

Série du D^re Nadia, psychologue, qui rencontre des familles dans leur environnement afin d'observer les situations et qui propose des solutions concrètes pour modifier le comportements d'angoisse, d'anxiété, d'inquiétude et de traumatisme.
Disponible chez : Nuance Bourdon, 450 465-4013.

ARTHRITE JUVÉNILE

Société d'arthrite
Bureau divisionnaire de Montréal   ) 514 846-8840
380, rue Saint-Antoine Ouest, bureau 3280   ) sans frais : 1 800 321-1433
Montréal (Québec) H2Y 3X7   ⊞ 514 846-8999
info@qc.arthritis.ca
www.arthrite.ca/quebec

La Société d'arthrite distribue une gamme complète de dépliants explicatifs, de publications et de vidéocassettes sur l'arthrite. Elle peut aussi vous référer à un spécialiste ou à un groupe d'entraide.

Arthrite juvénile
La Société d'arthrite
www.arthrite.ca/types%20of%20arthritis/childhood/default.asp?s=1

Description de la maladie, traitements, conseils aux parents pour mieux vivre avec son enfant.

Qu'est-ce que l'arthrite chronique juvénile ?
Association Kourir
www.kourir.org

Description détaillée de la maladie, autant du point de vue médical que psychologique et social.

ASTHME

Voir aussi : Allergies, Allergies alimentaires

Association d'information sur l'allergie et l'asthme

172, rue Andover   ☎ 514 694-0679
Beaconsfield (Québec) H9W 2Z8   ☎ 1 866 694-0679
quebec@aaia.ca   🖷 514 694-9814
www.aaia.ca/fr/index.htm

Cette association fournit différents textes d'information sur les allergies et l'asthme.

Association pour l'asthme et l'allergie alimentaire du Québec
(Asthmédia inc.)

1315, av. Maguire   ☎ 418 627-3141
Québec (Québec) G1T 1Z2   Ligne d'écoute : 1 877 627-3141
asthmedia@bellnet.ca
http://asthmedia.org

« L'Association désire informer les personnes souffrant d'asthme et d'allergie alimentaire sur leur problème de santé et sur les difficultés vécues par ces dernières dans leur vie quotidienne. » Pour ce faire, elle offre plusieurs services : ligne d'écoute téléphonique tous les jours de 9 h à 17 h ; bulletin d'information publié trois fois par année ; centre de documentation ; camps d'été pour enfants asthmatiques et allergiques alimentaires de 4 à 16 ans ; camps pour les familles ; conférences-échanges par des professionnels de la santé ; journées thématiques provinciales.

Association pulmonaire du Canada

300 - 1750, croissant Courtwood   ☎ 613 569-6411
Ottawa (Ontario) K2C 2B5   🖷 613 569-8860
info@lung.ca
www.poumon.ca

« L'Association pulmonaire du Canada est le regroupement coopératif des dix associations pulmonaires provinciales. Son travail se concentre sur la recherche, l'éducation et la promotion d'une vie saine. Un de ses principaux objectifs est d'exercer une influence sur les habitudes des Canadiens afin de les dissuader de fumer. » Le site Internet de l'Association contient plusieurs textes d'information sur les maladies pulmonaires.

Association pulmonaire du Québec
Bureau de Montréal

855, rue Sainte-Catherine Est, bureau 222   ☎ 514 287-7400
Montréal (Québec) H2L 4N4   ☎ sans frais : 1 800 295-8111
info@pq.poumon.ca   🖷 514 287-1978
www.pq.poumon.ca

L'Association pulmonaire du Québec offre plusieurs services pour répondre aux besoins de la population. Il y a plusieurs groupes d'entraide dans les différentes régions du Québec ainsi que des lignes téléphoniques sans frais : Info-Asthme – 1 800 295-8111, poste 232 (des professionnels spécialisés en santé respiratoire aident les gens à mieux comprendre et maîtriser la maladie afin d'améliorer leur qualité de vie). Le service est offert du lundi au vendredi de 8 h 30 à 16 h 30 ; Poumon-9 – 1 888 POUMON-9 ou 1 888 768-6669, poste 232 (aide pour cesser de fumer assurée par des professionnels de la santé spécialisés en cessation tabagique). Lundi au vendredi de 8 h 30 à 19 h 30. Le site Internet contient plusieurs textes sur le tabagisme et sur les maladies respiratoires ainsi qu'un site éducatif sur le système respiratoire.

Réseau québécois de l'asthme et de la M.P.O.C. (RQAM)

2860, chemin Quatre-Bourgeois, bureau 110   ) 418 650-9500
Québec (Québec) G1V 1Y3   ) sans frais : 1 877 441-5072
info@rqam.ca   🖨 418 650-9391
www.rqam.ca

Le RQAM résulte du regroupement du réseau MPOC (maladie pulmonaire obstructive chronique) et du Réseau québécois de l'enseignement sur l'asthme (RQEA). Sa mission est de « promouvoir la prise en charge optimum par le patient de la maladie par : la formation des professionnels ; la diffusion de connaissances et d'outils spécialisés ; le support à la création de groupes de soutien ; la recherche clinique et organisationnelle soutenue par différentes démarches. » Le site Internet contient la liste des Centres d'enseignement sur l'asthme, le bulletin du RQAM et une section « Outils d'enseignement ».

L'asthme chez l'enfant
Bellon, Gabriel
Paris : Larousse, 2006. 143 p. (Guides santé)

L'auteur, pédiatre, explique les mécanismes de l'asthme, les facteurs déclenchants, l'évolution, les traitements, les risques et les conséquences chez l'enfant. L'asthme est une maladie encore mal diagnostiquée, donc pas toujours bien traitée.

L'asthme chez l'enfant : pour une prise en charge efficace
Bérubé, Denis, Sylvie Laporte et Robert L. Thivierge
Montréal : Éditions du CHU Sainte-Justine, 2006. 154 p.
(Collection du CHU Sainte-Justine pour les parents)

Ce livre s'adresse d'abord aux parents, qui se retrouvent à la maison avec des pompes et un dispositif d'espacement ; ils doivent vivre avec un enfant asthmatique qui, lui, doit apprendre à vivre avec cette maladie. Cet ouvrage, pratique et concret, contient des informations, conseils et outils pour que chaque parent devienne expert et puisse prendre en charge l'asthme de son enfant. Critères de maîtrise de l'asthme, amélioration de l'environnement, adoption de nouvelles habitudes de vie, traitement médicamenteux, plan d'action, etc., autant d'éléments qui sont présentés et expliqués aux parents.

Le défi de Camille : une histoire sur… l'asthme   3 ans+
Boonen, Stefan
Saint-Lambert : Enfants Québec, 2007. 28 p. (Une histoire sur…) (J'apprends la vie)

Camille fait de l'asthme, s'essouffle, tousse et ne peut toujours suivre jusqu'au bout lorsqu'elle fait des randonnées, par exemple. Chez le médecin elle apprend à reconnaître

les symptômes, les détails de la maladie et les façons de la maîtriser. Elle pourra maintenant poursuivre ses randonnées avec facilité. « J'apprends la vie » est une collection pour
aider les enfants à affronter les difficultés de la vie ou à mieux vivre les différences. À la
fin de l'album, des informations utiles pour les parents et les éducateurs.

Association médicale canadienne
www.cma.ca/public/DiseaseLibrary/patientInfo.asp?diseaseid=137

Informations détaillées : description, causes, symptômes, complications, diagnostic, traitement et prévention.

L'asthme
Centre hospitalier pour enfants de l'est de l'Ontario (CHEO)
www.cheo.on.ca/francais/disclaimer.shtml

Description de la maladie avec des sections détaillées sur la prise de médicaments et
l'évaluation de la maîtrise de l'asthme.

L'asthme au quotidien
Réseau québécois de l'asthme et de la M.P.O.C. (RQAM)
www.asthme-quebec.ca

Description de la maladie, suggestion de sites Internet, outils d'évaluation et de soutien
au traitement de l'asthme, témoignages.

Vivre avec l'asthme
Association pulmonaire du Canada
www.poumon.ca/diseases-maladies/asthma-asthme_f.php

Description détaillée de la maladie, y compris une section sur la gestion de l'asthme à
l'école.

Place ISA
Société canadienne de l'asthme
www.airsquare.ca/fr/index.html

Pour aider les jeunes à mieux vivre avec l'asthme, quatre personnages virtuels nous invi-
tent à visiter six boutiques contenant de multiples informations sur la maladie et la façon
de la gérer.

Vos poumons travaillent pour vous !
Association pulmonaire du Canada
www.poumon.ca/enfants

Site web interactif pour les enfants expliquant le système respiratoire et les principales
maladies pulmonaires sous forme de jeux et d'activités (document FLASH).

Mon enfant souffre d'asthme : pourquoi lui ? Que faire ?
Bérubé, Denis, conférencier
Montréal : Hôpital Sainte-Justine. Service audio-visuel, 2002. 1 DVD (46 min.)
(Les Soirées Parents de l'Hôpital Sainte-Justine)

L'asthme est une condition de plus en plus fréquente chez l'enfant. Durant cette conférence, Dr Bérubé tente de mieux expliquer ce qu'est l'asthme et ce qui le provoque. Nous verrons aussi les conditions nécessaires pour le prévenir et le traiter de façon à permettre à l'asthmatique et à sa famille de se développer et s'épanouir.
Disponible chez : CHU Sainte-Justine – Médiathèque, 514 345-4677

ATAXIE

Voir aussi : Maladie neuromusculaire

Association canadienne des ataxies familiales
Siège social et services sociaux
3800, rue Radisson, bureau 110
Montréal (Québec) H1M 1X6
ataxie@lacaf.org
www.lacaf.org

) 514 321-8684
) 514 899-1586
🖷 514 255-5747

L'Association offre information et référence aux personnes atteintes d'ataxie. Elle organise des sorties pour ses membres, amasse des fonds pour la recherche médicale et offre des bourses d'étude aux chercheurs s'intéressant aux différentes formes d'ataxie. Elle publie aussi le journal *Eldorado* trois à quatre fois par année.

Les maladies neuromusculaires chez l'enfant et l'adolescent
Vanasse, Michel, Hélène Paré, Yves Brousseau et Sylvie D'Arcy
Montréal : Éditions de l'Hôpital Sainte-Justine, 2004. 370 p.
(Collection de l'Hôpital Sainte-Justine pour les parents)

Nombreuses sont les maladies neuromusculaires qu'on rencontre chez l'enfant : ataxies, amyotrophie spinale, neuropathies, myasthénies, dystrophies musculaires, myotonie, myopathies. Ce livre a pour but de mieux faire connaître la réalité des maladies neuromusculaires chez l'enfant et l'adolescent. Vous y trouverez des informations médicales de pointe et les différentes approches de réadaptation propres à chacune des maladies neuromusculaires. Pour parents et intervenants.

ARCAS - L'ataxie récessive spastique autosomique de Charlevoix-Saguenay
Fondation de l'Ataxie de Charlevoix-Saguenay
www.arsacs.com/ARSACS.html

Description de la maladie.

L'ataxie de Friedreich
Ataxie.com
www.ataxie.com

Site web très complet pour les patients atteints de cette maladie neuromusculaire.

Qu'est-ce que l'ataxie de Friedreich ?
Association canadienne de la dystrophie musculaire
www.muscle.ca/fileadmin/National/Muscular_Dystrophy/Disorders/427F_L_
ataxie_de_friedreich_f.pdf

Description de la maladie et état de la recherche pour trouver un traitement.

ATTACHEMENT

Voir aussi : Troubles de l'attachement

Détache-moi : se séparer pour grandir
Rufo, Marcel
Paris : Anne Carrière, 2005. 264 p.

Au début, le bébé et sa mère ne font qu'un, l'enfant y puise assurance et force. En grandissant, il doit acquérir autonomie et liberté, en se détachant peu à peu : séparation du ventre maternel, du sein, d'une gardienne, d'un professeur, d'une maison, d'un jouet, d'un animal, d'un ami, etc. À chaque fois, il doit apprivoiser la nouveauté et il en sort grandi en apprenant qu'il est impossible de gagner si l'on n'accepte pas de perdre. Et les parents sont là pour l'épauler. Mais peut-on se séparer sans peine ?

Je m'attache, nous nous attachons : le lien entre un enfant et ses parents
Noël, Louise
Montréal : Sciences et Culture, 2003. 270 p.

Un ouvrage pour faire connaître la théorie de l'attachement à ceux qui s'occupent de jeunes enfants dans le quotidien : parents, futurs parents, parents adoptifs, parents d'accueil, enseignants, intervenants. « Le processus par lequel le jeune enfant apprend à se faire une image de lui-même et du monde extérieur, les étapes et la manière dont la relation d'attachement se construit entre le jeune enfant et chacun de ses parents ainsi que les différents types d'attachement sont exposés. Le dernier chapitre donne une brève description des conséquences d'un déficit d'attachement et des séparations pouvant en résulter. » Préfacé par Dr Michel Lemay.

L'attachement, un départ pour la vie
Gauthier, Yvon, Gilles Fortin et Gloria Jeliu
Montréal : Éditions du CHU Sainte-Justine, 2009. 132 p.
(Collection du CHU Sainte-Justine pour les parents)

Comment l'adulte – plus généralement la mère – répond-il aux signaux de l'enfant et devient-il ainsi une figure d'attachement ? Comment se crée entre le parent et l'enfant un échange qui est à l'origine d'un véritable dialogue générateur de plaisir ? Comment s'installent et se raffinent une compréhension mutuelle et des liens de plus en plus étroits, particuliers et spécifiques qui se tissent entre ces deux êtres ? Ce livre veut répondre à ces questions et premettre aux parents et aux éducateurs de mieux comprendre ce qu'est l'attachement.

À la garderie   1 an+
Daxhelet, François
Terrebonne (Québec) : Boomerang, 2005. 23 p. (Collection Cajoline)

Pour Cajoline, comme pour plusieurs enfants, il est bien inquiétant de se séparer de sa maman pour une première journée à la garderie. Cependant, elle fera dans ce nouvel environnement de super découvertes ainsi que de chouettes rencontres. Une journée qui, malgré ses craintes, passera trop vite.

Attachement
Centre d'excellence pour le développement des jeunes enfants
www.enfant-encyclopedie.com/fr-ca/attachement-enfants-parents/
est-ce-important.html

Est-ce important ? Que savons-nous ? Que peut-on faire ? Selon les experts. Message-clé pour les parents : Un lien qui prend forme dans la confiance.

Intervention enfance-famille : guide-ressources pour favoriser la croissance des enfants. 1ᵉʳ livret : L'attachement
Les Services d'aide à la famille juive de l'Institut Baron de Hirsch
www.phac-aspc.gc.ca/dca-dea/pubs/ffc-ief/pdf/ief_attachement.pdf

Qu'est-ce que l'attachement ? Comment se développe-t-il chez l'enfant, de la naissance à 6 ans ? Facteurs le suscitant, pistes servant à évaluer le risque de développer un problème d'attachement. Stratégies et activités favorisant le développement de liens affectifs.

L'attachement selon les cultures
Centre de santé des femmes St. Joseph's
www.attachmentacrosscultures.org/francais/index.html

Pour comprendre les pratiques d'attachement de différentes cultures. Conclusion du projet «Partage interculturel des pratiques d'attachement parents-enfants : Apprendre des récents immigrants et réfugiés».

Les hauts et les bas de l'adoption internationale
Une pilule, une petite granule - Télé-Québec
http://pilule.telequebec.tv/pages/Categorie-de-sujets-dun-emission/dossier-de-la-semaine.aspx?emission=89&date=2007-02-22

Témoignages d'enfants adoptés à l'étranger qui éprouvent des difficultés en réaction à leur passé.

AUTISME

Voir aussi : Syndrome d'Asperger, Troubles envahissants du développement

Association de parents de l'enfance en difficulté de la Rive Sud de Montréal
360, rue Cherbourg   ☏ 450 679-9310
Longueuil (Québec) J4J 4Z3   🖳 450 679-3294
apedrsm@apedrsm.org

L'Association offre plusieurs services aux parents et intervenants de la Montérégie. On y trouve des groupes d'entraide pour parents d'enfants ayant une déficience intellectuelle ou physique, pour parents d'enfants hyperactifs ainsi que pour les frères et sœurs d'enfants en difficulté (hyperactifs, autistes, déficients intellectuels, handicapés physiques). 10-12 ans et 13-15 ans.

Autism Society Canada / Société canadienne de l'autisme
Boîte 22017, 1670, chemin Heron
Ottawa K1V 0C2 (Ontario) K1V 0C2
info@autismsocietycanada.ca
www.autismsocietycanada.ca/index_f.html

La Société canadienne de l'autisme (SCA) est un organisme sans but lucratif ayant pour mission de faire avancer les priorités nationales de la communauté de l'autisme. C'est une fédération pancanadienne regroupant des sociétés provinciales et territoriales de l'autisme ou leur équivalent. Elle offre aussi information et référence au public. Le site Internet contient plusieurs textes sur les troubles envahissants du développement.

Autisme et troubles envahissants du développement - Montréal
4450, rue Saint-Hubert, bureau 320   ☏ 514 524-6114
Montréal (Québec) H2J 2W9   🖳 514 524-6420
atedm@autisme-montreal.com
www.autisme-montreal.com

« L'ATEDM regroupe majoritairement des parents d'enfants présentant des T.E.D. ou de l'autisme, des personnes autistes de haut-fonctionnement ou ayant le syndrome d'Asperger ainsi que des professionnels et des étudiants.» Les services offerts sont les suivants : un service d'écoute, de soutien, d'accompagnement et de références, des soirées-causeries, des conférences, un centre de documentation, le Centre TEDDI (gardiennage, accompagnement, camp de Noël et relâche scolaire), le service de répit estival Bergamote et Rock-Camp-Bol, le service de répit de fin de semaine ainsi que la publication du *Journal l'Image* et de *Quoi de neuf…TEDDI ?* Le site Internet contient une foule de textes informatifs.

Fédération québécoise de l'autisme et des autres troubles envahissants du développement

65, de Castelnau Ouest, bureau 104
Montréal (Québec) H2R 2W3
fqa@contact.net
www.autisme.qc.ca

) 514 270-7386
514 270-9261

La Fédération fait la promotion des droits et des intérêts de la personne autiste et de sa famille. Elle est représentée dans 16 régions administratives du Québec. Vous trouverez les coordonnées des associations régionales ainsi que les services qu'elles offrent aux familles sur le site Internet de la Fédération. Le centre de documentation est ouvert au public qui peut emprunter livres ou vidéocassettes. Les heures d'ouverture sont du lundi au vendredi de 9 h à 16 h 30. Il est préférable de prendre rendez-vous si l'on désire aller consulter à l'heure du midi.

Cati ou les fruits de l'éducation
Herbaudière, Denise
Paris : Desclée de Brouwer, 2002. 238 p. (Handicaps)

Regard sur l'autisme raconté par une mère qui a assumé avec son mari l'éducation et l'accompagnement de sa fille Cati. L'auteur illustre la nature du handicap de sa fille rendue maintenant à l'âge adulte.

Comment vivre avec une personne autiste
Fédération française Sésame autisme
Paris : Éditions Josette Lyon, 2005. 228 p.

L'auteur donne des informations et des conseils aux parents sur la vie au quotidien avec un enfant autistique.

Écoute mes yeux : l'histoire de Michaël
Boulanger, Ginette
Chicoutimi (Québec) : Éditions JCL, 1994. 204 p.

Témoignage d'une mère d'enfant autiste, à travers les mots de son petit Michaël, 7 ans.

Il y a quelqu'un là-dedans
Buten, Howard
Paris : Odile Jacob, 2004. 204 p.

Howard Buten, psychothérapeute, clown et écrivain, décrit sa longue expérience auprès des autistes, ce qu'il a vu et compris à leur contact. Il y a des jours où Howard Buten « rêve qu'il va acheter une île déserte pour y amener tous les autistes de la terre », loin de ceux qui ne les comprennent pas.

Intervention béhaviorale auprès des jeunes enfants autistes
Maurice, Catherine
Montréal : Chenelière, 2006. 2288 p.

Un ouvrage pour les intervenants et les parents. Il présente des stratégies d'interventions comportementales auprès des enfants en bas âge et aborde des sujets qui préoccupent tous les parents d'enfants autistes. Aussi, il aidera les intervenants et les parents à prendre des décisions éclairées sur plusieurs aspects. Par exemple : la façon d'évaluer les recommandations sur les traitements ; l'intervention précoce et les autres formes d'intervention ; le choix d'un programme d'enseignement et les programmes existants.

La personne autiste et le syndrome d'Asperger
Juhel, Jean-Charles
Sainte-Foy (Québec) : Presses de l'Université Laval, 2003. 311 p.

L'auteur dresse un portrait des connaissances sur l'autisme. Également, le développement physique, affectif et cognitif des autistes, des stratégies d'intervention et les aspects particuliers du développement de l'enfant atteint du syndrome d'Asperger.

L'autisme aujourd'hui
Lemay, Michel
Paris : Odile Jacob, 2004. 407 p.

L'auteur, pédopsychiatre et responsable de la Clinique de l'autisme et des troubles envahissants du développement du CHU Sainte-Justine à Montréal, a suivi et soigné près de 600 enfants autistes. Il dresse un bilan de l'autisme aujourd'hui. Où en sont rendues les connaissances ? Quelles sont les origines de l'autisme et comment le soigner ? Un livre qui intéressera autant les professionnels que les parents, ceux-ci étant des collaborateurs importants de la thérapie.

L'autisme, une autre intelligence : diagnostic, cognition et support des personnes autistes sans déficience intellectuelle
Mottron, Laurent
Bruxelles : Mardaga, 2004. 235 p.

Ce livre présente l'essentiel de ce que les chercheurs, les professionnels et les parents doivent connaître sur les personnes atteintes d'autisme de haut niveau et sur le syndrome d'Asperger.

L'enfant autiste : un guide pour les parents
Belhassen, Marc et Olga Chaverneff
Paris : Éditions Louis Audibert, 2006. 312 p.

Quels sont les signes précurseurs de l'autisme ? Quand poser le diagnostic ? Ensuite, comment vivre le quotidien ? Quels sont les traitements possibles et, s'il y a progrès, comment le déceler ? Les auteurs répondent à ces questions et à toutes celles que les parents se posent au quotidien. Pour les auteurs, l'autisme est une maladie guérissable, c'est dans cette perspective qu'ils ont écrit ce livre.

L'autisme, un jour à la fois
Poirier, Nathalie et Catherine Kozminski
Montréal : Presses de l'Université Laval, 2008. 210 p. (Chronique sociale)

Dialogue entre une mère d'enfant autiste et une psychologue sur : grossesse, naissance de Maëlle, premiers signes de détresse, inquiétude de la mère, recherche d'un diagnostic et de méthodes d'encadrement, deuils, espoir d'un enfant qui espère grandir comme les autres, etc.

Ma vie d'autiste
Grandin, Temple
Paris : Odile Jacob, 2001. 233 p.

Le récit autobiographique d'une autiste surdouée, devenue célèbre.

Quand j'avais cinq ans je m'ai tué
Buten, Howard
Paris : Seuil, 2005. 214 p. (Points virgule)

Pour aider un enfant de 8 ans à être mieux, ses parents, sur les conseils d'intervenants bien intentionnés, le placent dans une résidence avec du personnel compétent. Il y rencontre un médecin qui le comprend vraiment.

Si on me touche, je n'existe plus : le témoignage exceptionnel d'une jeune autiste
Williams, Donna
Paris : J'ai lu, 2001. 310 p.

Témoignage de l'auteur sur la lutte qu'elle a menée pour surmonter à la fois son handicap, l'incompréhension et l'ignorance d'autrui.

Vaincre l'autisme
Donville, Barbara
Paris : Odile Jacob, 2006. 284 p.

L'auteur, psychologue, est spécialisée dans la thérapie parentale des enfants autistes. Elle a elle-même un fils autiste. Elle a développé une méthode pour aider les parents à participer à l'éveil de leur enfant. Elle affirme que cette approche lui a permis de « guérir » son fils et qu'elle a aussi été bénéfique pour d'autres enfants.

Lolo : l'autisme   4 ans+
Marleau, Brigitte
Terrebonne (Québec) : Boomerang, 2006. 24 p. (Au cœur des différences)

Une histoire pour expliquer l'autisme aux petits enfants. Marco observe un ami à la garderie qui agit différemment des autres, ne parle pas, mange toujours la même chose, etc. La série « Au cœur des différences » permet aux éducateurs et aux parents de sensibiliser les enfants à la richesse des différences.

Ces enfants qui ne viennent pas d'une autre planète : les autistes   7 ans+
Buten, Howard
Paris : Gallimard Jeunesse, 2001. 65 p. (Giboulées)

L'auteur, psychologue, écrivain et clown, travaille depuis longtemps avec les enfants autistes. Il a écrit ce livre pour que les enfants puissent mieux comprendre l'autisme. Le livre se termine par une entrevue avec l'auteur menée par Catherine Dolto.

Brelin de la Lune   8 ans+
Kochka
Montréal : Hurtubise HMH, 2001. 77 p.

Brelin est autiste. Son grand frère Jérémie l'aime bien, mais parfois il en a marre de lui. Il veut alors habiter chez sa grand-mère et partir avec l'ordinateur. Brelin ne veut pas ; la nuit, il s'installe à l'ordinateur et écrit des poèmes à la lune. L'auteur est mère d'un enfant autiste.

Je veux changer de sœur!   10 ans+
Jaoui, Sylvaine
Tournai : Casterman, 2003. 74 p. (Romans)

Emma a une petite sœur autiste. Elle ne trouve pas la vie drôle tous les jours et elle a
honte aussi de sa sœur ; elle n'aime pas toujours être vue en sa compagnie. Entre un père
qui rentre tard parce qu'il n'aime pas les affrontements et une mère qui cajole trop son
enfant malade, Emma trouve difficilement sa place.

L'enfant qui caressait les cheveux   11 ans+
Kochka
Paris : Grasset jeunesse, 2002. 120 p. (Lampe de poche)

Lucie, 12 ans, fait la connaissance de Mathieu, son petit voisin qui a 4 ans et qui est autiste.
Elle apprend avec la mère de Mathieu ce qu'est cette maladie. Elle veut l'aider à sortir de
son monde intérieur et décide que, plus tard, elle sera éducatrice pour enfants autistes.
L'auteur est mère d'un enfant autiste.

Au clair de la Louna   12 ans+
Kochka
Paris : Thierry Magnier, 2002. 93 p.

Michka, 11 ans, doit faire la connaissance de sa cousine Louna qui a le même âge qu'elle.
Elle sait que cette dernière est autiste, mais elle ne s'attendait pas à ce qu'elle soit si différente. L'auteur, mère d'un enfant autiste, a écrit aussi *Brelin de la Lune* et *L'enfant qui
caressait les cheveux*.

BenX   12 ans+
Balthazar, Nic
Montréal : Boréal, 2008. 128 p.

Ben est différent, il aime la régularité, sa vie est remplie de rituels étranges ; il vit à l'abri
dans son cocon familial et le monde virtuel des jeux en ligne. Ben est autiste. Pour lui, l'école
est un enfer, il est victime d'intimidation. Un jour une amie virtuelle entre dans sa vie.

Autisme
Centre d'excellence pour le développement des jeunes enfants
www.enfant-encyclopedie.com/fr-ca/autisme-enfant/est-ce-important.html

Est-ce important ? Que savons-nous ? Que peut-on faire ? Selon les experts.

Avoir un frère ou une sœur autiste
Une pilule, une petite granule - Télé-Québec
http://pilule.telequebec.tv/pages/Categorie-de-sujets-dun-emission/dossier-de-
la-semaine.aspx?emission=85&date=2007-02-01

Témoignages de personnes vivant avec un frère ou une sœur autiste.

Qu'est-ce que l'autisme et les TED ?
Autisme et troubles envahissants du développement - Montréal
www.autisme-montreal.com/freepage.php?page=48.21

Présentation de l'autisme et des TED : définitions, nombreux textes, témoignages, questions et suggestions d'activités à faire avec les enfants.

Un enfant pas comme les autres/A child unlike any other
Barczewska, Anna, réalisation et scénario
Montréal : Office national du film du Canada, 2005. 1 DVD (11 min, 20 s)

« Jan Maka était un enfant comme les autres. Jusqu'au jour où l'autisme a brusquement fait basculer son existence et celle de sa famille. [...] À travers la voix d'une mère dévouée et les témoignages de spécialistes, [...] ce court métrage [...] nous introduit dans l'éprouvante réalité d'une maladie caractérisée par une difficulté à communiquer avec le monde extérieur. »
Disponible chez : ONF 514 283-9000 1 800 267-7710
www.onf.ca/collection/films/fiche/ ?id=52562

Établir une relation avec le sujet autistique : un grand défi pour le sujet lui-même, ses proches et les intervenants
Lemay, Michel, conférencier.
Montréal : CHU Sainte-Justine. Service audio-visuel, 2006. 1 DVD (48 min.)

Michel Lemay nous livre ses réflexions sur deux questions essentielles dans la relation avec l'autiste : 1. Peut-on essayer de comprendre ce que représente l'établissement d'une relation pour un sujet autiste ? 2. Quels défis avons-nous à relever en tant que parents, en tant que professionnels pour entrer en relation avec le sujet autiste ?
Disponible chez : CHU Sainte-Justine – Médiathèque, 514 345-4677

Pour mieux comprendre l'autisme et autres troubles envahissants du développement (TED)
Cousineau, Dominique, Suzanne Mineau et Sylvain Palardy, conférenciers
Montréal : Hôpital Sainte-Justine. Service audio-visuel, 2004. 1 DVD (115 min.)
(Les Soirées Parents de l'Hôpital Sainte-Justine)

Au cours de cette conférence, un pédopsychiatre, une psychoéducatrice et une pédiatre unissent leurs efforts pour mieux faire comprendre aux parents et aux éducateurs l'autisme et les troubles envahissants du développement. Ils présentent les caractéristiques de chacun de ces troubles, traitent de l'établissement du diagnostic de même que des plans d'intervention et des ressources existantes ou souhaitées.
Disponible chez : CHU Sainte-Justine – Médiathèque, 514 345-4677

BÉGAIEMENT

Voir aussi : Troubles du langage

Association des jeunes bègues du Québec
10780, rue Laverdure, bureau 102 ☎ 514 388-8455
Montréal (Québec) H3L 2L9 ☎ 1 800 661-2348
info@ajbq.qc.ca
www.ajbq.qc.ca

L'Association des jeunes bègues du Québec est un organisme à but non lucratif qui a pour mission de démystifier le problème du bégaiement en plus d'offrir soutien et information aux jeunes bègues et à leur famille. Une équipe de bénévoles composée de parents, d'orthophonistes et d'étudiants en orthophonie participent aux différents services : ligne d'information et de soutien, documents d'information pour la population et les familles, programme de sensibilisation et conférences d'information dans les écoles et pour le public, interventions médiatiques, thérapies intensives de fluidité, rencontres postthérapeutiques, ateliers de communication pour les jeunes bègues, service de parrainage « Les alliés de la parole », journal *« Le communiquer sans façon »*.

Ordre des orthophonistes et audiologistes du Québec
235, boul. René-Lévesque Est, bureau 601 ☎ 514 282-9123
Montréal (Québec) H2X 1N8 ☎ sans frais : 1 888 232-9123
info@ooaq.qc.ca 🖷 514 282-9541
www.ooaq.qc.ca

Il est possible d'obtenir les coordonnées d'orthophonistes et d'audiologistes pratiquant en cabinet privé en consultant la section Où consulter ? du site Internet de l'Ordre.

Le bégaiement
Dumont, Annie et Maude Julien
Paris : Solar, 2004. 236 p. (Réponses à vos questions sur...)

Comment repérer un bégaiement débutant ou persistant chez l'enfant et comment agir efficacement face à cette situation ? L'auteur explique les traitements qui ont fait leur preuve. En cinq chapitres : Dépister le bégaiement, Comprendre le bégaiement, Vivre avec le bégaiement, Traiter le bégaiement. Apprendre à gérer le bégaiement .

Le bégaiement : option guérison
Le Huche, François
Paris : Albin Michel, 2002. 238 p.

D'où vient ce trouble ? Quel rapport avec la personnalité ? Peut-on guérir le bégaiement ? Quelle est la méthode à suivre ? « De l'aide aux parents à la rééducation, en passant par les médicaments, la sophrologie et les psychothérapies, cet ouvrage aborde d'une manière franche et nouvelle le bégaiement dont l'adulte aussi peut guérir complètement. »

Parler avec fluidité... c'est aussi possible pour les personnes bègues
Jutras, Guylaine
Montréal : Éditions de l'Hôpital Sainte-Justine, 1995. 23 p.

Brochure ayant pour but d'informer le lecteur sur le bégaiement et de démystifier ce trouble de la communication orale si méconnu. Donne des conseils pratiques aux jeunes bègues afin de faciliter leur intégration partout où ils se trouvent.

Josué n'arrête pas de bégayer   3 ans+
Dufresne, Didier
Paris : Mango Jeunesse, 2005. 20 p. (Je suis comme ça)

Josué le perroquet bégaie. Il veut inviter ses amis, mais ses explications sont longues et personne ne lui laisse le temps de s'expliquer. Une collection pour aider les enfants à mieux se connaître, s'accepter comme ils sont et comprendre les autres.

Florence   4 ans+
Bouchard, Sylvie
Montréal : Triptyque, 1999. 32 p.

Florence bégaie et fait rire d'elle par ses amis. Ses parents l'amènent chez une orthophoniste et celle-ci lui donne des exercices à faire pour corriger son problème d'élocution. Postface écrite par une orthophoniste.

Mon nom c'est c'est Olivier ! : le bégaiement   4 ans+
Marleau, Brigitte
Terrebonne (Québec) : Boomerang, 2006. 24 p. (Au cœur des différences)

À l'école, les élèves se moquent d'Olivier parce qu'il bégaie. Le professeur explique le bégaiement aux enfants, parle des différences et de l'importance de changer d'attitude devant les difficultés des autres. C'est préférable d'adopter une attitude encourageante et amicale. La série « Au cœur des différences » permet aux parents et aux éducateurs de sensibiliser les enfants à la richesse des différences.

Bogueugueu entre en sixième   5 ans+
Fontanel, Béatrice
Paris : Gallimard jeunesse, 2007. 41 p.

C'est la rentrée scolaire, Bogueugueu a peur de bégayer devant la classe. Horreur, la maîtresse lui demande de lire à haute voix... Heureusement son meilleur copain lui vient en aide. Voir aussi du même auteur *Mon copain Bogueugueu* (2006).

Lulu et le loup bleu   5 ans+
Picouly, Daniel
Paris : Magnard, 2005. 34 p.

Le loup bleu bègue se cache dans la forêt. Il se sent honteux parce qu'il a eu une mauvaise note en expression orale. Ses amis décident de l'aider à reprendre confiance, en lui faisant faire des exercices de prononciation afin qu'il s'exprime mieux.

À Sarah de Léo   6 ans+
Sophie-Luce
Montréal : Banjo, 2002. 22 p. (Le Raton Laveur)

Sarah n'invite pas Léo à son anniversaire. Elle ne veut pas faire rire d'elle, car Léo bégaie et il est la risée de ses amis. Elle regrette son geste et découvre en Léo un véritable ami.

Une nouvelle demeure pour Vénuse   6 ans+
Plante, Françoise
Lévis (Québec) : L'envolée, 2007. 22 p.

Un album sur le respect des différences. Quand son interlocuteur parle trop vite, Vénuse, la tortue, se cache dans sa carapace. Ses amis acceptent de s'adapter à sa particularité, ils doivent ralentir leur débit quand ils lui adressent la parole. « Cet album a été écrit pour aider l'enfant ayant un problème de fluidité à conceptualiser ce qu'est la vitesse de parole et pour l'encourager à modifier son propre débit. » Ralentir la vitesse de la parole est une des stratégies que l'orthophoniste peut enseigner à l'enfant qui présente un problème de bégaiement.

Le prince bégayant   8 ans+
Place, François
Paris : Gallimard Jeunesse, 2006. 45 p.

Ce livre raconte l'histoire d'un jeune prince beau, fort et vaillant, mais bégayant. Il n'accepte pas son handicap et se défoule peu à peu par la colère. Avec le temps, cette attitude lui fait perdre la confiance de son peuple. Heureusement, il décide de se prendre en main en s'exilant quelque temps. Il apprendra à communiquer autrement que par la colère et l'agressivité.

Guillaume   9 ans+
Gravel, François
Montréal : Québec Amérique, 1995. 121 p. (Gulliver jeunesse)

Guillaume a un problème de langage, il bégaie. Mais, avec son chien comme confident, il réussit à maîtriser son problème.

Bégaiement
Association des jeunes bègues du Québec
www.ajbq.qc.ca/articles.htm

Articles d'information sur le bégaiement et la fluidité verbale chez les enfants et témoignages de jeunes bègues.

Le bégaiement
Association canadienne des orthophonistes et audiologistes
www.caslpa.ca/francais/resources/cch.asp

Information sur le bégaiement et conseils aux parents.

BRÛLURES

Voir aussi : Prévention des accidents

Aboutface
123, rue Edward, suite 1003   ) sans frais : 1 800 665-FACE
Toronto (Ontario) M5G 1E2   ) 416 597-2229
info.francais@aboutfaceinternational.org   416 597-8494
www.aboutfaceinternational.org/french/index.php

Organisme national offrant renseignements, soutien émotif et programmes éducatifs aux individus ayant des différences faciales ainsi qu'aux membres de leur famille. Et ce, quelque soit la cause de ces différences : anomalie congénitale, maladie, incendie ou accident. Voici un exemple des services offerts : journée éducative pour la famille, jumelage et réseautage, visite en milieu hospitalier, programme d'accompagnement nouveau-nés, programme pour aider à développer l'estime de soi.

Association des grands brûlés F.L.A.M.
1750, rue de Vitré, bureau 102   ) 418 527-7004
Québec (Québec) G1J 1Z6   ) sans frais : 1 877 527-7004
infos@assdesgrandsbrulesflam.ca
www.assdesgrandsbrulesflam.ca

Organisme soutenant la personne victime de brûlures et ses proches durant le séjour à l'hôpital et au cours de la période de réinsertion sociale. Services : suivi téléphonique, visites à l'hôpital sur demande du patient, socialisation scolaire (rencontres informatives dans les classes lors du retour à l'école d'un enfant brûlé), rencontres individuelles, conférences, équipes de partage, centre de documentation, activités sociales. Couvre officiellement le territoire du Centre suprarégional des grands brûlés du Pavillon Enfant-Jésus, mais peut aussi répondre à certaines demandes provenant de l'extérieur du territoire. L'Association assure une réponse téléphonique en tout temps.

Fondation TOMA pour enfants brûlés
310 - 5051, av. Clanranald   ) pour Montréal : 514 990-TOMA (8662)
Montréal (Québec) H3X 2S3   ) sans frais au Québec : 1 888 990-TOMA (8662)
toma@fondtomafound.org   ) en Ontario : 416 410-TOMA (8662)
www.fondtomafound.org   ) sans frais en Ontario : 1 877 410 - TOMA (8662)

La Fondation TOMA pour enfants brûlés apporte une aide concrète et matérielle en offrant des accessoires thérapeutiques aux enfants brûlés issus de familles à faible revenu (vêtements compressifs, plaquettes de silicone et accessoires cliniquement requis). Sur recommandation d'intervenants professionnels, elle peut aussi offrir des ordinateurs aux enfants brûlés ayant de graves problèmes scolaires causés par les nombreuses absences imposées pour raison médicale ainsi qu'aux enfants brûlés souffrant d'isolement social. La Fondation est aussi active dans le domaine de la prévention des incendies.

Oscar s'est fait très mal   3 ans+
De Lasa, Catherine
Fribourg : Calligram, 1999. 29 p. (Callimage)

Oscar a reçu de l'huile bouillante sur son bras et il faut le conduire à l'hôpital. Les livres de cette collection aident l'enfant à mieux vivre les petits drames quotidiens, à faire face à leurs émotions. Ils se terminent par une page d'information aux parents.

Bleus, bosses et bobos   4 ans+
Delaunois, Angèle
Montréal : Isatis, 2007. 32 p. (Ombilic)

Le professeur Ombilic explique la peau et ses bobos aux jeunes enfants : les différentes couches de la peau, la peau, organe du toucher, les plaies ouvertes ou fermées, les brûlures, coups de soleil, engelures, écorchures, coupures, bosses, bleus, etc. Tous les textes de la collection Ombilic sont supervisés par des médecins et sont appuyés d'illustrations qui rejoignent l'enfant dans son quotidien. Une collection pour les 4-8 ans.

Prévention et traitement des brûlures
Fondation TOMA pour enfants brûlés
www.fondtomafound.org/frenchnew/burnprev.htm

Conseils aux parents sur la prévention des brûlures à la maison et guide d'intervention immédiate lors d'un accident.

Basile Citron dans la cuisine et dans la salle de bains
Momes.net
www.momes.net/domestique/index.html

Jeu interactif sur la prévention des accidents à la maison.

CANCER/LEUCÉMIE/TUMEURS

Voir aussi : Parent atteint de cancer

Centre d'information Leucan
CHU Sainte-Justine
Centre de cancérologie Charles-Bruneau
3175, chemin de la Côte-Sainte-Catherine, local B.12.46   ☎ 514 345-2336
Montréal (Québec) H3T 1C5   ☎ sans frais : 1 866 590-4847
info.leucan.hsj@ssss.gouv.qc.ca   🖷 514 345-2112
www.centreinfo.leucan.qc.ca

« Le Centre d'information Leucan a pour but de répondre aux besoins en information des parents et patients traités en oncologie pédiatrique en donnant accès à des sources fiables et à jour couvrant tous les aspects relatifs à la maladie. Il est accessible à tous : parents, patients, membres de l'entourage familial, étudiants, professionnels de la santé. »

Fondation québécoise du cancer
Documentation et ressources
190, boul. Dorchester Sud, bureau 50   ☎ 418 657-5334
Québec (Québec) G1K 5Y9   ☎ sans frais : 1 800 363-0063
fvachon@fqc.qc.ca   🖷 418 657-5921
www.fqc.qc.ca

Le Centre de documentation virtuel de la Fondation québécoise du cancer est accessible à tous. Il est possible d'aller consulter sur place ou d'emprunter les documents par la poste. Le catalogue est accessible sur Internet.

Leucan
Siège social
5800, rue Saint-Denis, bureau 505   ☎ 514 731-3696
Montréal (Québec) H2S 3L5   ☎ sans frais : 1 800 361-9643
info@leucan.qc.ca   🖷 514 731-2667
www.leucan.qc.ca

« Leucan offre à ses membres des services adaptés à leurs besoins, tels l'information et la référence, l'aide financière, le soutien affectif, la massothérapie, les activités sociorécréatives. Elle a mis sur pied un programme de sensibilisation scolaire et mène différentes actions de défense des droits et de plaidoyer pour ses membres. Leucan soutient également la recherche clinique dans les centres d'oncologie pédiatrique du Québec. » Sur son site Internet, Leucan offre deux forums : un qui s'adresse aux parents et un qui s'adresse aux adolescents. Leucan compte 9 comités régionaux et plus de 7000 membres au Québec.

Société canadienne du cancer
Bureau divisionnaire du Québec
5151, boul. l'Assomption   ☎ 514 255-5151
Montréal (Québec) H1T 4A9   🖨 514 255-2808
info@sic.cancer.ca   Ligne d'information : 1 888 939-3333
www.cancer.ca

« Organisme bénévole national à caractère communautaire, la Société met en œuvre des programmes d'éducation populaire, fournit des services aux personnes touchées par le cancer ainsi qu'à leur famille, encourage l'application de politiques efficaces en matière de santé publique et organise des activités de souscription. » Vous pouvez y obtenir diverses publications sur les différentes formes de cancer ainsi que sur les moyens de prévention et les traitements. Il y a 14 bureaux régionaux au Québec.

Grandir avec un cancer : l'expérience vécue par l'enfant et l'adolescent
Oppenheim, Daniel
Bruxelles : De Boeck, 2003. 227 p. (Oxalis)

Ce livre « décrit l'expérience vécue par un enfant ou un adolescent traité pour un cancer ainsi que les moyens de l'aider, lui et sa famille, à traverser cette épreuve et apporte des éléments de réponse à la question de la souffrance de l'enfant et de ses proches. » Entre autres : Vue d'ensemble, cancer vécu par l'enfant, adolescence et cancer – Des situations difficiles – Soutenir les parents et la fratrie – L'environnement thérapeutique de l'enfant cancéreux. Un livre qui s'adresse à tous ceux qui sont concernés par le cancer de l'enfant et de l'adolescent. Ce livre est le prolongement de *L'enfant et le cancer : la traversée d'un exil*, du même auteur (1996).

Le cadeau d'Hannah
Housden
Paris : Pocket, 2006. 241 p.

Une mère raconte l'histoire de la maladie de sa petite fille de 3 ans, atteinte d'un cancer du rein. Un livre où « on apprend à vivre le moment présent, à dépasser sa peur, à apprécier et savourer chaque moment et à échapper à tout besoin de perfection ».

Le sourire d'Éva
Laroche, Stéphane
Rosemère (Québec) : Humanitas, 2008. 83 p.

Un conte philosophique. Où va-t-on quand on meurt ? C'est ce que voudrait bien savoir Éva, une petite fille de 5 ans atteinte du cancer qui vit seule avec sa mère. Dans la salle d'attente d'un hôpital, elle cherche des réponses à sa question auprès des autres patients. Une histoire où la joie et le désir de vivre d'une enfant gravement malade côtoient les préoccupations quotidiennes de ces autres patients.

**Les aliments contre le cancer : la prévention et le traitement
du cancer par l'alimentation**
Béliveau, Richard et Denis Gingras
Outremont (Québec) : Trécarré, 2005. 213 p.

« L'objectif de ce livre est de présenter un résumé des données scientifiques actuellement disponibles qui montrent que plusieurs types de cancers peuvent être prévenus en modifiant nos habitudes alimentaires pour y inclure des aliments qui ont le pouvoir de combattre les tumeurs à la source et d'empêcher leur développement.» En trois parties : Le cancer, un ennemi redoutable – Les alicaments, des aliments anticancéreux – La nutra-thérapie au quotidien.

Mon enfant va recevoir une allo-greffe de moelle
Duval, Michel et Dominique Davous
Paris : Éspace éthique AP-HP, 2008. 87 p.

Un document pour aider les parents à mieux comprendre la greffe de moelle osseuse. Ce document a été élaboré par une équipe soignante d'expérience. Vous y trouverez des réponses à vos questions, à celles de votre enfant malade ou du donneur qui s'interrogent au sujet de la maladie et du traitement. Entre autres : Le fonctionnement général de la moelle – Les principes généraux de la greffe – Les risques de l'intervention pour l'enfant malade – Les risques et les contraintes pour le donneur – Les contraintes, les difficultés et les aides dont vous pouvez bénéficier. Ce document est distribué au Québec par les Éditions du CHU Sainte-Justine (514 345-4671), en France par l'association SPARA-DRAP : Centre national de ressources sur l'enfant et l'hôpital : http://www.sparadrap.org. Il est disponible aussi pour emprunt au Centre d'information Leucan (514 345-2336 ou 1-866 590-4847).

Quand je serai grand, je serai guéri !
Bruneau, Pierre
Outremont : Publistar, 2004. 253 p.

Le témoignage d'un père qui a perdu son fils, Charles Bruneau, après neuf années de lutte contre la leucémie.

Gaspard Chimio et les méchantes cellules cancéreuses   2 ans+
Motzfeldt, Helle
Olten (Suisse) : Kinderkrebshilfe Schweiz, 1997. 37 p.

Gaspard Chimio et ses cousins Chimio habitent à l'hôpital, dans un flacon. Ils intervien-nent lorsque les cellules sanguines ont besoin d'aide pour lutter et détruire les cellules cancéreuses. Le docteur injecte les petits chimios dans le corps des enfants lorsque les mauvaises cellules commencent à prendre le dessus. Les petits chimios les dévorent et toutes les autres cellules rient et sautent de joie. Ce document est le seul en français qui s'adresse aux tout-petits. Disponible pour consultation ou emprunt au Centre d'infor-mation Leucan (514 345-2336 ou 1-866 590-4847). Voir aussi au Centre d'information Leucan *Robby Radio lutte contre les méchantes cellules cancéreuses : explication illustrée de la radiothérapie, pour les tout-petits.*

Azalée et les cellules révoltées : la leucémie   4 ans+
Marleau, Brigitte
Terrebonne (Québec) : Boomerang, 2008. 24 p. (Au cœur des différences)

Azalée apprend qu'elle a la leucémie, et le docteur lui explique ce qui se passe avec ses cel-lules dans son sang. Elle raconte ses symptômes, son séjour à l'hôpital, sa colère, la peur de faire rire d'elle parce qu'elle perd ses cheveux, ses nouveaux amis à l'hôpital et aussi sa joie de retourner à l'école après la maladie. La collection «Au cœur des différences» permet aux éducateurs et aux parents de sensibiliser les enfants à la richesse des différences.

Billy-Hérisson   4 ans+
Devernois, Elsa
Paris : Père Castor Flammarion, 1999. 25 p.

Billy est très malade, il perd même ses épines. Ses parents sont tristes et son frère Tomy est jaloux de l'attention que tous portent à Billy.

Des petits soldats dans mon sang   6 ans+
Broere, Rien
Montréal : École active, 1997. 37 p. (Éclats de vie)

Après sept mois d'absence, Bruno revient à l'école. Il a été très malade, il a eu la leucémie. La maîtresse lui demande de parler de sa maladie à ses amis.

La copine de Lili a une maladie grave   6 ans+
de Saint Mars, Dominique
Fribourg : Calligram, 2003. 47 p. (Max et Lili) (Ainsi va la vie)

Zigzou a un cancer. Même très malade, elle reste elle-même ; elle a besoin de naturel autour d'elle et non de gêne et de pitié.

Une bulle pour guérir   7 ans+
Laurencin, Geneviève
Arles (France) : Actes Sud Junior, 2000. 20 p. (Les histoires de la vie)

Une petite fille est triste parce que sa grande sœur est très malade, elle a la leucémie. Elle trouve que ses parents ne s'occupent pas beaucoup d'elle. Un jour, elle apprend qu'elle peut aider sa sœur en lui donnant de sa moelle osseuse. Elle est maintenant heureuse de participer. Cette collection propose des albums pour aider les enfants à comprendre les événements plus compliqués qui surviennent dans leur vie.

Sam à l'hôpital   8 ans+
Almira, Marianne
Paris : Gallimard Jeunesse, 2005. 63 p. (Giboulées)

À 13 ans, Marianne se retrouve à l'hôpital parce qu'elle a la leucémie. Durant son séjour, elle écrit et dessine ce qui deviendra cet album : son chien Sam est malade et nous le voyons dans de courtes scènes qui représentent la vie quotidienne des enfants à l'hôpital. La jeune auteur écrit pour dédramatiser sa maladie et surtout, dit-elle, pour montrer aux autres enfants qu'il ne faut pas se laisser dominer par celle-ci. Catherine Dolto écrit dans la préface : « Ton livre est extraordinaire. Il devrait passer dans toutes les mains des soignants… »

Ma vie zigzague   9 ans+
Desrochers, Pierre
Saint-Lambert (Québec) : Soulières, 1999. 319 p. (Graffiti)

Charles Sabourin a 11 ans, des amis et une belle vie de famille. Un jour, il apprend qu'il a la leucémie. Commence alors pour lui une vie différente : hospitalisation, traitements, rémissions. À l'hôpital, il se lie d'amitié avec Virginie qui a la même maladie que lui, mais elle ne survit pas au cancer. Charles, bien soutenu par ses amis, garde espoir.

Chambre 203   10 ans+
Demeyère-Fogelgesang, Cécile
Paris : Hachette Jeunesse, 2002. 156 p. (Le livre de poche)

Pierre raconte sa maladie dans son journal intime. Il a 9 ans et est atteint d'un cancer. Il se lie d'amitié avec Laura, sa voisine de chambre. Laura ne survivra pas à sa maladie et Pierre a beaucoup de peine. Mais il doit continuer à combattre pour sa survie.

Clara et Martin   10 ans+
Bérot, Marie-Claude
Paris : Père Castor Flammarion, 2004. 98 p. (Castor Poche)

La vie de Clara bascule lorsqu'elle apprend qu'elle est atteinte de leucémie. À l'hôpital,
elle fait la rencontre de Martin. Ils se lient d'amitié et, ensemble, ils décident de combattre
la maladie.

Le défi   10 ans+
Hobbs, Valérie
Paris : Gallimard, 2008. 134 p. (Folio junior)

Depuis que Toby est petit, il va à l'hôpital pour subir des traitements. Il a maintenant
11 ans et rêve d'oublier sa maladie, il ne veut plus être hospitalisé. Il se repose à la campagne avec sa mère qui le surprotège et fait la connaissance d'une dame âgée pas comme
les autres. Il se lie d'amitié avec elle et ils partagent rires et complicité. Avec elle, il ne vit
pas dans un monde à part, la maladie ou la mort apparaissent plus sereines. Il acceptera
de retourner à l'hôpital maintenant qu'il voit la vie sous un autre angle.

Une saison tout en blanc   10 ans+
Sanvoisin, Éric
Toulouse : Milan, 2005. 170 p. (Milan poche junior)

Brieuc apprend qu'il a la leucémie. À son grand désarroi, il restera à l'hôpital pour des
soins et des examens. Il doit subir une greffe de moelle osseuse et sa petite sœur pourrait
être le donneur.

Amies à vie   11 ans+
Bottero, Pierre
Paris : Flammarion, 2001. 134 p. (Castor Poche)

Brune et Sonia se rencontrent par hasard et deviennent rapidement « amies pour la vie ».
Brune apprend que son amie a la leucémie. Elle décide alors de se battre aux côtés de
Sonia contre la maladie.

Dix aiguilles   12 ans+
Latulippe, Martin
Lévis : Éditions de la Francophonie, 2007. 110 p.

C'est l'histoire touchante d'un jeune homme de 13 ans, Sean Collins, atteint de cancer,
qui nous rappelle l'importance de vivre chaque journée de notre vie comme s'il s'agissait
de la dernière. L'auteur raconte le combat courageux de ce jeune garçon contre le cancer.
Les profits de cet ouvrage servent à la cause des enfants malades.

Goumi-Goumi   12 ans+
Pongrasic, Zoran
Rodez (France) : Rouergue, 2004. 217 p. (DoAdo)

Marina rentre chez elle après six mois d'hospitalisation et de chimiothérapie. Le retour
ne se déroule pas aussi bien que prévu. Rien n'a changé autour d'elle, mais elle n'est plus
la même. Elle trouve ses parents trop empressés, elle ne veut plus voir ses amis… « Un
roman touchant sur ce que peut éprouver un enfant malade qui doit affronter le regard
des autres tout autant qu'accepter sa maladie. »

Kamylle et Mélanie   12 ans+
Sarfati, Sonia
Montréal : Hurtubise HMH, 2004. 240 p.

« Mélanie, 12 ans, et Kamylle, 3 ans, se rencontrent dans des circonstances hors de l'ordinaire : à l'hôpital. Elles sont atteintes d'un cancer. À travers leur combat pour la vie, elles se lient d'amitié. Kamylle et Mélanie savent qu'elles vont quitter leurs proches et elles se préparent pour ce grand départ… » D'après une histoire vécue.

L'air bête   12 ans+
Pelletier, Josée
Hull (Québec) : Vents d'Ouest, 2005. 133 p. (Roman ado)

Zoé a moins le goût d'aller passer du temps chez son père depuis qu'il y a un nouveau, Joey, dans sa classe. Elle se demande pourquoi il ne sourit jamais, pourquoi il a le regard fuyant, pourquoi il va à l'hôpital Sainte-Justine après l'école ? Joey ne raconte à personne que sa jeune sœur a la leucémie. Zoé devra l'apprivoiser. Y parviendra-t-elle ?

Pas demain la veille   12 ans+
Léon, Christophe
Paris : Thierry Magnier, 2007. 112 p. (Roman ado)

Loulou Antoine ne se laisse pas aller à la tendresse ; les bisous, la compassion, très peu pour elle. Elle avance droit devant sans se laisser influencer. Elle ne se laissera certainement pas vaincre par la maladie qu'on vient de lui annoncer, même si elle doit aller à l'hôpital, suivre des traitements, perdre ses cheveux…

Rock de Lou   12 ans+
Leblanc, Catherine
Darnetal (France) : Petit à Petit, 2007. 138 p.

Lou, une jeune fille pleine de vitalité, se lie d'amitié avec Morgane. Les deux deviennent vite inséparables, Lou se laissant même convaincre de participer au club de rock de Morgane. Mais Lou tombe gravement malade. Atteinte de leucémie, elle mène un difficile combat pour survivre.

Un été pour mourir   12 ans+
Lowry, Lois
Tournai : Casterman, 2007. 201 p.

Meg (13 ans), Molly (15 ans) et leurs parents quitte la ville pour aller habiter à la campagne, ce qui permettra à leur père de terminer l'écriture de son livre. Meg raconte cette vie de quiétude autour de la famille et des amis jusqu'au jour où Molly, à la suite d'un malaise important, est transportée à l'hôpital. Elle apprend qu'elle a la leucémie.

Porteurs d'espoir : 25 portraits   13 ans+
Leucan
Montréal : Leucan, 2004. 61 p.

Ce recueil trace le portrait de 25 jeunes, bien guéris, qui ont eu un diagnostic de cancer lorsqu'ils étaient enfant ou adolescent. Jeunes de milieux différents, atteints de cancers différents, mais tous confrontés à de longs traitements, à des expériences douloureuses qui ont changé le cours de leur vie. Un message d'espoir pour tous ceux qui vivent l'expérience du cancer pédiatrique. Ces jeunes racontent leurs expériences, leurs peines mais aussi leurs joies. Disponible à Leucan (15 $) : 514 731-3696 ou 1 800 361-9643.

Il n'y a pas que le vélo dans la vie   14 ans+
Armstrong, Lance
Paris : Albin Michel, 2003. 324 p. (Le livre de poche)

Le témoignage du champion cycliste Lance Armstrong qui a dû interrompre sa carrière pour lutter contre un cancer à évolution ultra-rapide.

Des jeux vidéos bons pour la santé, est-ce possible ?
Une pilule, une petite granule - Télé-Québec
http://pilule.telequebec.tv/pages/Categorie-de-sujets-dun-emission/dossier-de-la-semaine.aspx?emission=90&date=2007-03-01

Reportage expliquant les bienfaits de certains jeux vidéos dans le domaine de la santé, plus particulièrement pour les enfants atteints de cancer.

La Toile du cancer de l'enfant
Centre d'information Leucan
www.centreinfo.leucan.qc.ca/fr/?page_id=4

Liens sur le cancer chez l'enfant, les différents types de cancer, les traitements, le quotidien, la vie après la maladie, les essais cliniques, la recherche, les soins palliatifs, le deuil.

Mon enfant a le cancer : comment gérer ses émotions
Hôpital de Montréal pour enfants
www.thechildren.com/fr/sante/pathologies.aspx?cID=30&scID=&iID=148

Description des émotions ressenties par les enfants atteints de cancer et conseils pour les parents selon l'âge de l'enfant.

Si votre enfant a le cancer
Société canadienne du cancer
www.cancer.ca/ccs/internet/standard/0,3182,3172_367500__langId-fr,00.html

Plusieurs textes pour guider les parents dans leurs échanges avec leur enfant au sujet de sa maladie.

Lien de sang
Parent, Dominique, réalisatrice
Montréal : Productions Fair-Play, 2007. 1 DVD (59 min.)

Le lendemain de ses 18 ans, Simon se retrouve hospitalisé et découvre qu'il a besoin d'une greffe de la moelle osseuse. À travers les témoignages de sa famille, de ses amis et du personnel soignant, on découvre le vécu d'un jeune face à son destin. Message d'espoir, ce document saura nous questionner sur l'attitude face à la maladie.

Disponible chez : CHU Sainte-Justine – Médiathèque, 514 345-4677

CAUCHEMAR

Voir aussi : Peurs, Troubles du sommeil

Mon enfant fait des cauchemars
Gratton, Nicole
Montréal : Stanké, 2000. 157 p.

Des conseils et des outils pour les parents, les éducateurs et les thérapeutes qui veulent aider les enfants à comprendre leurs mauvais rêves, surtout lorsque ceux-ci se transforment en cauchemars ou en terreurs nocturnes. (Épuisé chez l'éditeur mais disponible dans les bibliothèques publiques).

Caillou : le mauvais rêve   2 ans+
Nadeau, Nicole
Montréal : Chouette, 1998. 24 p. (Rose des vents)

Que faire avec les petits enfants qui font des cauchemars, nuit après nuit ? Un livre pour les enfants à lire avec les parents. Contient aussi des conseils aux parents.

Alexis, chevalier des nuits : un conte à lire avant d'aller au lit   3 ans+
Gratton, Andrée-Anne
Laval (Québec) : Les 400 coups, 2001. 32 p. (Bonhomme sept heures)

Quand Alexis dort sur le tapis, il est réveillé par un méchant génie. Quand il dort dans la baignoire, un requin le poursuit sans relâche. Il essaie le garde-manger, mais un ogre affamé le surprend. À chaque matin, il promet à sa maman que le soir il couchera enfin dans son lit.

Cauchemars cherchent bon lit   3 ans+
Franquin, Gérard
Laval (Québec) : Les 400 coups, 1998. 41 p.

C'est l'heure d'aller dormir et Martin rencontre un loup, un ogre, une sorcière, un monstre qui veulent tous aller se coucher avec lui.

Élie n'aime pas la nuit   3 ans+
Maraval-Hutin, Sophie
Paris : Fleurus, 2003. 25 p.

Dès que maman ferme la lumière, la chambre d'Élie se remplit de monstres, sorcières, fantômes. Mais Élie, n'écoutant que son courage et les conseils de sa maman, va chasser les monstres.

Lilou et la chasse aux monstres
3 ans+
Waechter, Philip
Toulouse : Milan, 2006. 25 p.

À toutes les nuits, Lilou fait des cauchemars et rêve à d'horribles créatures. Elle arrivera à maîtriser ses peurs grâce à sa détermination, après avoir consulté un spécialiste des rêves.

Samira fait des cauchemars
3 ans+
Lamblin, Christian
Paris : Nathan, 2005. 20 p. (Croque la vie)

Samira dort mal car elle fait des cauchemars. Durant la nuit, sa maman la rassure, le matin elle en parle avec le professeur et les enfants en parlent en classe. Un livret parent accompagne l'album.

Il y a un cauchemar dans mon placard
5 ans+
Mayer, Mercer
Paris : Gallimard, 2001. 32 p. (Folio benjamin)

Un soir, un petit garçon ouvre doucement son placard et y découvre le cauchemar qui y habite. Le cauchemar pleure et l'enfant l'invite à dormir dans son lit.

Drôle de cauchemar
6 ans+
St-Aubin, Bruno
Saint-Lambert (Québec) : Dominique et Compagnie, 2000. 32 p. (À pas de loup)

C'est l'histoire d'un petit garçon qui réussit à apprivoiser son cauchemar.

Julia et le premier cauchemar
6 ans+
Duchesne, Christiane
Montréal : Boréal, 2001. 51 p. (Boréal Maboul) (Les nuits et les jours de Julia)

Julia rêve qu'une dame, petite et grosse, la tire par les pieds, comme si elle était un tapis. Elle se réveille, elle a peur. C'est son premier cauchemar.

Le dernier cauchemar du petit géant
6 ans+
Tibo, Gilles
Montréal : Québec Amérique Jeunesse, 2007. 60 p. (Mini-Bilbo) (Petit géant)

Sylvain le petit géant aura droit à une surprise s'il ne réveille pas ses parents cette nuit. Comment faire pour passer la nuit à dormir sans cauchemar ? C'est très simple, il suffit de ne pas dormir. Il déborde d'imagination pour arriver à ses fins. Voir aussi les autres livres du même auteur, dans la collection « Petit géant ».

Lili fait des cauchemars
6 ans+
de Saint Mars, Dominique
Fribourg : Calligram, 2002. 45 p. (Max et Lili) (Ainsi va la vie)

Lili fait des cauchemars la nuit. Ses cris réveillent son frère Max, ses parents ne comprennent pas ce qui se passe, l'atmosphère de la famille est plutôt tendue. Une bande dessinée qui nous montre que les cauchemars ont aussi leur utilité parce qu'ils permettent à l'enfant d'évacuer des tensions ou d'apprivoiser des émotions.

David et les crabes noirs   7 ans+
Gravel, François
Saint-Lambert (Québec) : Dominique et Compagnie, 2004. 44 p. (Roman rouge)

Comment David arrivera-t-il à se débarrasser des cauchemars qui viennent la nuit déranger son sommeil ? Même si la nuit on s'occupe de lui, s'il en parle, prend un bain, boit de l'eau, rien n'y fait. Jusqu'au jour où il doit dessiner à l'école son pire cauchemar…

La clé des songes   7 ans+
Bergeron, Alain M.
Charlesbourg (Québec) : FouLire, 2006. 80 p.

La famille de Virginie est épuisée. Toutes les nuits, la fillette rejoint ses parents dans leur lit. Elle fait des cauchemars qui la tirent du lit et dont elle n'a aucun souvenir au réveil. Pour ses 10 ans, elle reçoit un cadeau laissé par sa grand-mère, décédée 4 ans plus tôt. Ce cadeau l'aidera à écrire ce qui hante ses nuits.

Le gardien du sommeil   8 ans+
Tibo, Gilles
Montréal : La courte échelle, 2004. 63 p. (Mon roman)

C'est l'histoire d'un petit garçon de 6 ans qui se lève toujours la nuit pour aller faire pipi dans un pot de chambre que son papa laisse sur le palier à son intention. Une nuit, son père oublie. Alors le jeune garçon descend craintivement les escaliers de sa grande maison pour se rendre aux toilettes et se retrouve sur une immense passerelle qui semble traverser la nuit ; il vient de basculer dans le monde des rêves et des cauchemars. Il surmontera ses peurs parce qu'il trouvera en lui la force de les affronter.

Le sommeil des enfants adoptés : cauchemars ou terreur nocturnes ?
Québec Adoption
www.quebecadoption.net/adoption/postadopt/sommeil1.html

Mieux comprendre l'architecture du sommeil et pourquoi elle est particulièrement altérée chez les enfants adoptés ; comment différencier les cauchemars « classiques » des terreurs nocturnes ; et finalement comment aider votre enfant en intervenant mieux auprès de lui.

Les cauchemars intenses ou les terreurs nocturnes
Fondation Investir dans l'enfance
www.investirdanslenfance.ca/DisplayContent.aspx?name=nightmares:_extreme

Quelques textes pour aider les parents à gérer les terreurs nocturnes de leur enfant.

CÉCITÉ

Voir aussi : Aides techniques, Déficience visuelle

Association québécoise des parents d'enfants handicapés visuels

10, boul. Churchill, bureau 203	) 450 465-7225
Greenfield Park (Québec) J4V 2L7	) sans frais : 1 888 849-8729
info@aqpehv.qc.ca	🖨 450 465-5129
www.aqpehv.qc.ca	

« L'AQPEHV répond aux besoins de documentation et de formation des parents ; elle favorise les rencontres de parents, l'entraide et le support ; elle intervient auprès des établissements et des ministères pour faire mieux connaître les besoins des enfants et favoriser le maintien et le développement de services de qualité. »

Institut national canadien pour les aveugles (INCA)
Division du Québec

2155, rue Guy, bureau 750	) 514 934-4622
Montréal (Québec) H3H 2R9	) sans frais pour le Québec : 1 800 563-2642
quebec@inca.ca	🖨 514 934-2131
www.inca.ca	

Entre autres services, l'INCA offre des groupes d'entraide (dans les locaux de l'INCA ou par téléphone), des appels d'amitié (appel téléphonique hebdomadaire) et le camp d'été Cafnet (camp technologique et sportif pour les adolescents vivant avec une perte de vision). Le camp qui dure une semaine permet aux jeunes d'apprendre à utiliser Windows à l'aide d'outils adaptés, à utiliser des logiciels multimédias, à naviguer sur Internet et à concevoir un site Web. « La bibliothèque permet à ses abonnés d'avoir accès à des milliers de titres en format audio, braille ou texte électronique, à des journaux et magazines en médias substituts, à des vidéos descriptifs, ainsi qu'à des services téléphoniques, des services de recherche documentaire et de nombreux services en ligne. »

Institut Nazareth et Louis-Braille

1111, rue Saint-Charles Ouest	) 450 463-1710
Tour Ouest, 2ᵉ étage	) sans frais : 1 800 361-7063
Longueuil (Québec) J4K 5G4	🖨 450 463-0243
info@inlb.qc.ca	
www.inlb.qc.ca	

« Seul centre de réadaptation exclusivement dédié à la déficience visuelle au Québec, l'Institut Nazareth et Louis-Braille offre une multitude de services à près de 9000 personnes ayant une déficience visuelle de la Montérégie, de Montréal et de Laval. Il possède, entre autres, un laboratoire de stimulations sensorielles pour les enfants vivant avec une perte de vision partielle ou totale. On y retrouve également un centre de documentation et une ludothèque . »

Regroupement des aveugles et amblyopes
du Montréal Métropolitain (RAAMM)
5215, rue Berri, bureau 200   ☏ 514 277-4401
Montréal (Québec) H2J 2S4   🖷 514 277-8961
info@raamm.org
www.raamm.org

« Le RAAMM est un organisme à but non lucratif sur le territoire de Montréal, Laval et Longueuil qui poursuit un double objectif : favoriser l'intégration à part entière des personnes ayant une déficience visuelle dans toutes les sphères de l'activité humaine ainsi que défendre leurs droits et promouvoir leurs intérêts. Il offre également différents services tels que : le Publiphone (service téléphonique interactif donnant l'accès à plus de 300 rubriques d'informations), le Service d'aide bénévole (accompagnement, lecture, etc.), le Centre communautaire (nombreuses activités, groupe d'entraide pour les diabétiques, etc.). »

Comment vivre avec un aveugle : de la naissance au 4ᵉ âge
Berveiller, Antoinette
Paris : Éditions Josette Lyon, 2005. 191 p. (Comment vivre avec)

Comment insérer l'aveugle-né dans la famille, rééduquer l'aveugle par accident ou maladie ? Comment se comporter soi-même ? Des conseils concrets d'ordre pratique, matériel et psychologique pour aider, mais aussi apprendre à vivre avec une personne aveugle.

Helen, la petite fille du silence et de la nuit   4 ans+
Marchon, Anne
Paris : Bayard, 2003. 44 p. (Les belles histoires)

C'est l'histoire d'Helen Keller, aveugle, sourde et muette depuis qu'elle est toute petite. Un jour, elle a un nouveau professeur qui invente un langage pour qu'elle puisse communiquer avec l'extérieur. Adaptation de la biographie d'Helen Keller.

Le livre noir des couleurs   6 ans+
Cottin, Menena
Voisins-le-Bretonneux (France) : Rue du monde, 2008. 23 p.

« La couleur verte sent l'herbe fraîchement coupée et elle a la saveur de la glace à la menthe. » Thomas parle des couleurs en nommant les sensations qu'elles évoquent en lui, sur chaque page de gauche. Les illustrations sérigraphiées sur la page de droite apparaissent en relief noir sur un papier soyeux au toucher. Le texte est imprimé en alphabet classique et repris en braille. En fin d'ouvrage, l'alphabet inventé par Louis Braille. Un livre qui invite à la discussion entre voyants et non-voyants.

Les yeux noirs   6 ans+
Tibo, Gilles
Saint-Lambert (Québec) : Soulières, 1999. 45 p. (Ma petite vache a mal aux pattes)

Mathieu, un garçon de 7 ans, aveugle depuis sa naissance, nous apprend à voir la vie « avec les yeux du cœur ». (Aussi aux Éditions Nord-Sud, 2005)

Du bout des doigts le bout du monde   8 ans+
Loignon, Nathalie
Saint-Lambert (Québec) : Dominique et Compagnie, 2004. 77 p. (Roman vert)

Maïa est une petite fille de 10 ans ; elle est aveugle et très heureuse avec son papa et sa maman. C'est son anniversaire, les amis arrivent et certains lui offrent des cadeaux inappropriés compte tenu de son handicap. Sa maman lui explique les raisons de telles maladresses. « Éveil à la réalité quotidienne que peuvent connaître les enfants aveugles. »

L'histoire de Louis Braille   8 ans+
Vaillancourt, Danielle
Saint-Lambert (Québec) : Soulières, 2002. 78 p. (Ma petite vache a mal aux pattes)

Un garçon de 12 ans aveugle se jure de trouver un moyen pour lire. Il invente donc un alphabet en relief. Une biographie romancée de Louis Braille qui a permis aux aveugles de s'ouvrir au monde.

Vivre avec un défaut de la vue   10 ans+
Parker, Steve et François Carlier
Tournai : Gamma Jeunesse, 1991. 32 p. (Vivre avec)

Un livre documentaire qui nous explique l'œil, son fonctionnement, ses maladies et ses défauts, les traitements et comment vivre avec la cécité.

Le Typhlophile
http://typhlophile.com

Site dédié à la déficience visuelle.

Pour tout savoir sur le braille
Institut Nazareth et Louis-Braille
www.inlb.qc.ca/braille/index.aspx

Présentation détaillée du système de lecture et d'écriture en mode tactile, le braille.

CHIRURGIE/CHIRURGIE D'UN JOUR

Voir aussi : Enfant hospitalisé

**SPARADRAP : une association pour faire le lien entre l'enfant,
ses parents et tous ceux qui prennent soin de sa santé**

48, rue de la Plaine   ☎ 00 33 (0)1 43 48 11 80
75020 Paris (France)   🖷 00 33 (0)1 43 48 11 50
contact@sparadrap.org
www.sparadrap.org

SPARADRAP a pour objectif d'aider les parents et les professionnels quand un enfant est malade ou hospitalisé. Ses activités : la création, l'édition et la diffusion de documents d'information illustrés pour expliquer les soins, les examens, les opérations aux enfants et à leur famille ; l'information et l'orientation sur le thème de l'enfant malade ou hospitalisé grâce au centre de documentation spécialisé et au site Internet ; la formation des professionnels de la santé et de l'enfance ; la recherche et la sensibilisation sur la place des parents à l'hôpital. Pour en savoir plus sur SPARADRAP, rechercher des informations, des conseils, commander les documents en ligne, rendez-vous sur le site Internet. Les enfants peuvent également y découvrir en douceur l'univers de l'hôpital à travers des rubriques ludiques et interactives.

Les opérations ORL de l'enfant
Rotenberg, Maurice
Paris : Masson, 2001. 70 p.

Une guide qui détaille les opérations ORL les plus courantes en pédiatrie : ablation des amygdales, ablation des adénoïdes, parencentèse ou myringotomie (insertion d'un petit tube pour permettre le drainage de l'oreille moyenne). Pour chacune des opérations, vous trouverez les rubriques suivantes : Introduction, Comment se préparer à l'opération, L'intervention, Après l'opération, La convalescence.

Votre enfant et sa chirurgie d'un jour
Tourigny, Jocelyne
Montréal : Méridien, 1999. 80 p. (Collection Psycho-Santé)

Votre enfant va se faire opérer en chirurgie d'un jour. Voici un guide pour répondre à toutes vos questions ; il comprend trois parties : réactions des parents et des enfants selon l'âge de l'enfant ; déroulement d'une journée en chirurgie d'un jour ; comment préparer votre enfant à sa journée de chirurgie. À la fin de chaque chapitre, vous trouverez un mini-test et des exercices pour vérifier votre compréhension du texte et un glossaire pour vous expliquer les termes médicaux.

L'hôpital ? Même pas peur !   2 ans+
Soonckindt, Édith
Champigny-sur-Marne (France) : Lito, 2006. 18 p. (Mes p'tits bobos)

Une petite fille inquiète entre à l'hôpital pour se faire opérer les amygdales. La collection « Mes p'tits bobos » raconte des histoires qui aident à grandir en dédramatisant les petits tracas de la vie quotidienne.

L'opération   2 ans+
Dolto, Catherine et Colline Faure-Poirée
Paris : Gallimard Jeunesse, 2004. 12 p. (Mine de rien) (Giboulées)

Une opération, ça fait toujours un peu peur, c'est normal. Voir aussi dans la même collection *L'hôpital* (2004) et *Les urgences* (2004). Une collection pour expliquer aux petits « ce qui se passe en eux et autour d'eux ».

L'opération de Lucas : une histoire sur... la chirurgie d'un jour   3 ans+
Boonen, Stefen
Saint-Lambert : Enfants Québec, 2007. 25 p. (Une histoire sur...) (J'apprends la vie)

Lucas doit se faire opérer dans les oreilles parce qu'il fait des otites à répétition. Une histoire pour aider les enfants à apprivoiser les chirurgies mineures. « J'apprends la vie » est une collection pour aider les enfants à affronter les difficultés de la vie ou à mieux vivre les différences. À la fin de l'album, des informations utiles pour les parents et les éducateurs.

Adénoïdectomie et/ou amygdalectomie chez l'enfant
Services Québec
www.guidesante.gouv.qc.ca/fr/fiche/7300-02.shtml

Nature, préparation et déroulement de l'intervention. Recommandations pour la convalescence à la maison.

Myringotomie avec insertion de tube chez l'enfant
Services Québec
www.guidesante.gouv.qc.ca/fr/fiche/7313-02.shtml

Nature, préparation et déroulement de l'intervention. Recommandations pour la convalescence à la maison.

Tympanoplastie chez l'enfant
Services Québec
www.guidesante.gouv.qc.ca/fr/fiche/7317-02.shtml

Nature, préparation et déroulement de l'intervention. Recommandations pour la convalescence à la maison.

Une chirurgie d'un jour pour votre enfant
Hôpital Maisonneuve-Rosemont
http://biblio.hmr.qc.ca/Publications_pdf/C/chirurgie_jour_enfant_sfe020.pdf

Informations générales sur la préparation d'un enfant qui va subir une chirurgie d'un jour.

Une journée à l'hôpital
Caron, Marie-Thérèse et Jacques Charles Ducharme, conseillers scientifiques. Montréal : Hôpital Ste-Justine. Service audio-visuel, Département de chirurgie et Direction des soins infirmiers, 1981. 1 DVD coul. (22 min.)

Document illustrant le cheminement de l'hospitalisation en court séjour d'un enfant, en chirurgie, de son admission jusqu'à son retour à l'unité des soins après l'intervention chirurgicale. Le document vise à mieux informer, à rassurer et à démystifier l'hospitalisation en chirurgie.
Disponible chez : CHU Sainte-Justine – Médiathèque, 514 345-4677

CIRCONCISION

Circoncision chez l'enfant
Services Québec
www.guidesante.gouv.qc.ca/fr/fiche/7302-02.shtml

Indication, nature, préparation et déroulement de l'intervention. Recommandations lors de la convalescence à la maison.

La circoncision… ou non ?
Bébé infos
www.bebeinfos.com/articles.php?id=594

Doit-on encore faire circoncire son enfant aujourd'hui ?
La circoncision : de l'information pour les parents
Société canadienne de pédiatrie
www.cps.ca/soinsdenosenfants/Grossesse&bebes/Circoncision.htm

Risques et bénéfices de la circoncision. Soins d'un pénis non circoncis. Soins du pénis circoncis.

L'hygiène correcte et incorrecte du pénis intact (non circoncis) de l'enfant
Info-Circoncision
www.infocirc.org/hygf.htm

Conseils aux parents sur les soins hygiéniques du pénis du bébé et du garçon.

Couper court
Guay, Evelyne, scénario et réalisation
Québec : Vidéo Femmes, 2007. 1 DVD (52 min)

« La circoncision infantile est un sujet délicat. Pour certains, il s'agit d'une loi religieuse incontournable ; pour d'autres, elle constitue un grave manquement au droit à l'intégrité physique des enfants. Ce documentaire donne l'occasion à des hommes et à des femmes concernés par cette question de s'exprimer librement. »

Disponible chez : Vidéo-Femmes : 418 529-9188
videofemmes.org/repertoire/film.asp ?id=356

CODODO

Partager le sommeil de son enfant
Didierjean-Jouveau, Claude-Suzanne
Genève : Jouvence, 2005.

Pourquoi, dans les pays occidentaux, tant de nouveaux parents se plaignent-ils de problèmes de sommeil chez leur bébé ? Est-ce culturel ? Il existe pourtant une pratique largement répandue dans l'histoire de l'humanité et toujours présente dans de nombreux pays : le sommeil partagé ou cododo. Cet ouvrage, avec des témoignages de parents, aborde la réalité du sommeil des bébés, les pour et les contre de cette pratique si répandue dans de nombreux pays.

Dormir avec son bébé
Nathalie Roques
http://cododo.free.fr/cadre.htm

Site personnel, bien documenté sur le sommeil partagé avec son enfant, connu aussi sous le nom de « cododo » ; description, avantages, témoignages, précautions à prendre et aussi documentation sociologique et scientifique sur le sujet.

Recommandations pour créer des environnements de sommeil sécuritaires pour les nourrissons et les enfants
Société canadienne de pédiatrie
www.cps.ca/francais/enonces/CP/CP04-02.pdf

Conseils aux familles qui voudraient utiliser le « cododo » avec leurs enfants afin d'assurer la sécurité du bébé et du nourrisson.

COLÈRE

Voir aussi : Pleurs

10 astuces de parents. Pour faire face à la colère de ses enfants
Paroissien, Emmanuelle
Paris : Fleurus, 2006. 78 p. (10 astuces de parents)

Des astuces pour faire face et aider l'enfant en colère. Une collection qui donne la parole aux parents. Ces livres sont réalisés à partir de rencontres de parents qui ont partagés expériences et réussites.

Ah ! non, pas une crise : les crises de colère chez les 2 à 6 ans et même plus
Gagnier, Nadia
Montréal : La Presse, 2006. 77 p. (Vive la vie… en famille)

Un guide pratique pour les parents qui contient des pistes de réflexion, des conseils, des techniques, des références. «Comment se comporter quand l'enfant est en pleine crise ? Comment diminuer la fréquence, l'intensité et la durée des crises ? Comment retrouver et maintenir un climat familial positif tout en établissant un cadre et des règlements ? »

C'est pas bientôt fini ce caprice : les calmer sans s'énerver
Brunet, Christine et Nadia Benlakhel
Paris : Albin Michel, 2005. 134 p. (C'est la vie aussi)

Comment calmer les caprices et les colères de votre enfant sans en « étouffer l'expression » ? L'auteur conseille les parents et répond à des questions telles que : À quoi servent les caprices ? Comment distinguer une colère d'une grosse peine ? Quelles attitudes adopter devant les crises ? Quels sont les caprices inévitables, comment anticiper les crises ? etc.

Conflits parents-enfants : comment maintenir le dialogue ?
Samalin, Nancy
Paris : J'ai lu, 2005. 249 p.

Les enfants sont à la fois anges et diablotins. Les parents sont souvent compréhensifs et empathiques, mais ils sentent jaillir parfois en eux la colère. Comment canaliser cette énergie qui monte en nous soudainement, comment faire pour contenir ces réactions de colère ?

L'agressivité chez l'enfant de 0-5 ans
Bourcier, Sylvie
Montréal : Éditions du CHU Sainte-Justine, 2008. 236 p.
(Collection du CHU Sainte-Justine pour les parents)

Un livre pour les parents qui veulent comprendre les gestes de leur enfant et se doter de pistes d'action pour soutenir son développement social. L'auteur tente aussi de répondre aux questions que se posent quotidiennement les éducateurs et les autres professionnels qui agissent comme second agent de socialisation de l'enfant.

L'enfant en colère : reprendre le contrôle quand votre enfant l'a perdu
Murphy, Tim
Montréal : Éditions de l'Homme, 2002. 293 p. (Parents aujourd'hui)

Les colères chez l'enfant font partie de son développement et sont normales. Mais quand la colère devient trop présente, quand l'enfant n'est jamais satisfait et grandit avec cette émotion négative, ce dernier et tout l'entourage en sont atteints. Un livre pour aider les parents à comprendre cette colère et à adopter des stratégies efficaces pour aider leurs enfants à se sortir de cet engrenage, à vivre plus sereinement en n'étant pas toujours déçus.

Les colères   2 ans+
Dolto-Tolitch, Catherine
Paris : Gallimard Jeunesse, 2006. 10 p. (Mine de rien) (Giboulées)

Pour aider les jeunes enfants à comprendre pourquoi ils sont en colère. Une collection pour expliquer aux petits « ce qui se passe en eux et autour d'eux ».

Pourquoi Malo est-il en colère ?   2 ans+
Amiot, Karine-Marie
Paris : Fleurus, 2004. 11 p. (Les premiers sentiments de la vie)

Pour découvrir les premiers sentiments de la vie ; avec Malo et son lapin. (Voir aussi les autres albums de la collection : joie, peur, tristesse, jalousie, honte).

Grosse colère   3 ans+
D'Allancé, Mireille
Paris : L'École des Loisirs, 2008. 32 p. (Lutin poche)

Une très mauvaise journée pour Robert qui doit la terminer dans sa chambre sur ordre de son père. Et là, il sent monter en lui quelque chose de terrible.

Justin est mauvais perdant   3 ans+
Robberecht, Thierry
Namur (Belgique) : Mijade, 2006. 25 p.

Quand Justin perd, il est en colère. Il refuse même de jouer quand il a peur de perdre. Sa grand-mère l'aide à penser autrement : on est nul quand on a peur de perdre, lui dit-elle, pas quand on perd.

La colère   3 ans+
Bingham, Jane
Courbevoie - France : Deux souris, 2007. 24 p.

« Qu'est-ce qui te met en colère ? Comment faire pour te calmer ? » Une définition de la colère adaptée aux tout-petits. Comment se manifeste-t-elle ? Deux courtes histoires où l'enfant apprend comment il peut maîtriser ses émotions tout en affrontant un événement contrariant. Les deux dernières pages s'adressent aux parents.

La colère du dragon   3 ans+
Robberecht, Thierry
Namur (Belgique) : Mijade, 2004. 25 p.

Un petit garçon très en colère contre sa mère boude ; plus sa colère monte, plus il se
transforme en dragon horrible qui ravage tout autour de lui. Cependant, lorsque la colère
tombe, il ne se rappelle plus la raison de sa crise et se sent triste et honteux.

La saine colère de Monsieur Cocquodet   3 ans+
Hébert, Danye
Le Gardeur : Impact, 2004. 48 p.

L'histoire de Monsieur Cocquodet aidera les enfants à comprendre un peu plus leur colère
et comment réussir à exprimer autrement ce sentiment qui les habite, quand ils ont le
goût de tout bousculer sur leur passage. Un guide à lire avec les parents, les éducateurs
et les enseignants, qui suggère des moyens efficaces et pas compliqués pour calmer les
colères de la vie quotidienne.

Maman m'embête tout le temps   3 ans+
Noël, Geneviève
Paris : Père Castor Flammarion, 2002. 25 p.

Mélanie est très en colère parce que sa mère a fait tomber ses jouets. Mélanie est souvent
fâchée, elle réagit exagérément quand elle est contrariée. Que fera sa mère pour l'aider
à s'en sortir ?

Pourquoi je suis en colère ?   3 ans+
Moses, Brian
Montréal : École active, 2007. 32 p. (Pourquoi)

Pour amener les jeunes enfants à réfléchir et à s'exprimer sur la colère. La dernière page
s'adresse aux parents ou aux intervenants et suggère des pistes pour amorcer une discussion avec les tout-petits.

Moi, je boude   4 ans+
Titus
Paris : Gautier-Languereau, 2003. 26 p.

L'auteur et l'illustrateur tracent le portrait de l'enfant boudeur, avec conseils à l'appui :
quand, comment et pourquoi bouder. Parfois, on oublie pourquoi on boude et on s'en
sort tout seul. On peut bouder pour des raisons évidentes ou parce qu'on est en colère
contre soi-même. Parfois on a de la difficulté à s'en sortir quand l'amour-propre s'en
mêle et on boude « pour ne pas montrer qu'on ne boude plus ». Pour réfléchir sur la
bouderie, la désamorcer ou tout simplement en rire.

Camille cherche la bagarre   6 ans+
Reider, Katja
Arles (France) : Actes Sud Junior, 1999. 29 p. (Les histoires de la vie)

Camille se réveille et elle est déjà de mauvaise humeur. Elle provoque, cherche la bagarre
et ne veut pas être approchée ni consolée par personne. Cette collection propose des
albums pour aider les enfants à comprendre les événements plus compliqués qui surviennent dans leur vie.

Je ne suis pas une poule mouillée 6 ans+
Roberge Blanchet, Sylvie
Saint-Lambert (Québec) : Dominique et Compagnie, 2004. 32 p. (À pas de loup)

Voici l'histoire d'une petite fille en colère qui grogne et qui tape du pied, qui n'a peur de presque rien. Enfermée dans sa chambre, elle laisse aller son imaginaire qui l'aide à calmer sa colère.

Max n'aime pas perdre 6 ans+
de Saint Mars, Dominique
Fribourg : Calligram, 1998. 45 p. (Max et Lili) (Ainsi va la vie)

S'il ne gagne pas, Max se fâche et fait des crises. Les parents de Max l'aident à développer une attitude plus positive pour qu'il apprenne à avoir aussi du plaisir à participer.

Grrr!!! Comment surmonter ta colère 8 ans+
Verdick, Elizabeth et Marjorie Lisovskis
Le Gardeur : Impact, 2008. 117 p.

C'est normal d'éprouver de la colère ; ce qui est anormal, c'est de laisser toute la place à la colère. Il faut apprendre à la surmonter, à la maîtriser, pour ne pas qu'elle gâche la vie de celui qui est en colère ou celle des autres. Ce petit guide pratique, conçu spécialement pour les jeunes entre 8 et 13 ans, propose des moyens efficaces pour y parvenir.

Les accès de colère : comment y faire face
Fondation Investir dans l'enfance
www.investirdanslenfance.ca/DisplayContent.aspx?name=temper_tantrums:_how_to_cope

Lignes de conduite à tenir devant un enfant en colère.

Les crises de colère
Santé Manitoba
www.gov.mb.ca/health/documents/temper.fr.pdf

Conseils aux parents sur la façon d'intervenir et de prévenir les crises de colère d'un jeune enfant.

Les crises de colère
PetitMonde
www.petitmonde.com/iDoc/Article.asp?id=23721

Comment les parents devraient réagir aux crises de colère de leur jeune enfant.

Être en colère
Jeunesse, j'écoute
www.jeunesse.sympatico.ca/fr/informed/sub_angry.asp?sec=3&sb=2

Conseils aux adolescents pour mieux gérer leurs émotions intenses, en particulier leurs colères.

Et la poussière retombe… When the dust settles
Johnson, Louise, scénario, réalisation, animation
Montréal : Office national du film du Canada, 1997. 1 DVD (7 min.)

« Dessins animés présentant deux marmottes assoiffées de colère et de vengeance qui vivent en mauvais voisinage. Avant la tombée de la nuit, elles auront tout détruit… même leurs terriers. Sauront-elles « recoller les morceaux » ? Ce document se veut un outil souple d'exploration des différentes manières de résoudre les conflits. Des jeunes enfants aux cadres supérieurs, chacun peut s'identifier aux protagonistes et réfléchir à des moyens différents de faire face à la colère et au conflit à l'école, à la maison, au travail ou dans la collectivité. » Tiré de CHOIXMédia.
Disponible chez : ONF, 514 283-9000 ou 1 800 267-7710
www.onf.ca/collection/films/fiche/?id=33394

D^re Nadia
Montréal : Swan productions, 2006-2007. 25 DVD.

Série du D^re Nadia, psychologue, qui rencontre des familles dans leur environnement afin d'observer les situations et qui propose des solutions concrètes pour modifier le comportement d'agressivité – colère – frustration.
Disponible chez : Nuance Bourdon, 450 465-4013

COMA

Voir aussi : Traumatisme craniocérébral

L'accident d'Hugo   3 ans+
L'équipe de neurotraumatologie du CHU Sainte-Justine
Montréal : Éditions du CHU Sainte-Justine, 2005. 31 p.

Cet album s'adresse à l'enfant qui a subi un traumatisme craniocérébral sévère et à sa famille. Ce livre, remis par l'équipe de neurotraumatologie du CHU Sainte-Justine, permet à l'enfant victime d'un TCC sévère de comprendre ce qu'il vit en lui remémorant les événements relatifs à l'accident et en lui expliquant les déficits associés, ainsi que le processus de réadaptation. Ce livre est un outil clinique dans le cadre de la thérapie en psychologie lorsque le niveau d'éveil de l'enfant le permet. Le partage et l'échange face à la situation vécue par l'enfant et sa famille favorisent l'expression des émotions et permettent la récupération d'un certain niveau de contrôle sur la situation vécue.

4 ans, 6 mois et 3 jours plus tard...   9 ans+
Bourdier, Emmanuel
Paris : Flammarion, 2004. 92 p. (Castor Poche)

4 ans, 6 mois, 3 jours de coma. Julien se réveille à presque 15 ans. Il était encore un enfant quand il est entré dans le coma. Comment se retrouver avec toutes ces nouveautés autour de lui ? Sa nouvelle tête, son corps, ses pensées, sa famille, ses amis, l'école et les filles ?

Gros dodo   9 ans+
Vignal, Hélène
Rodez (France) : Rouergue, 2007. 107 p.

La maman de Tessa et Marion a eu un accident de voiture. Depuis ce jour, elle est à l'hôpital dans le coma. Marion enregistre les bruits du quotidien pour sa maman, une crêpe dans la poêle ou des pas dans la neige, et son père apporte les cassettes à l'hôpital. À la maison, la vie continue, mais tous attendent le réveil de maman. Et un jour, elle se réveille…

L'échelle de Glasgow   12 ans+
Malte, Marcus
Paris : Syros, 2007. 122 p.

Un père fait tout ce qui est en son pouvoir pour dire à son fils qu'il faut croire en la vie. Michaël, 15 ans, a fait une tentative de suicide, il est dans le coma. Son père entreprend de lui raconter une histoire qu'il pensait ne jamais dire à personne.

Un jour ma vie s'est arrêtée   12 ans+
Leblanc, Claire
Paris : De la Martinière Jeunesse, 2004. 156 p. (Confessions)

Une collection où des auteurs de littérature jeunesse parlent de leur adolescence avec sincérité. « Ce que Manon ne sait pas, c'est que ce matin-là, quand elle est partie à l'école, elle n'est pas revenue. Une voiture la fauche à la sortie et elle tombe dans le coma. C'est cette plongée dans sa conscience que le lecteur suit pas à pas. »

CONCILIATION FAMILLE-TRAVAIL

À ce soir : concilier travail et vie de famille
Brazelton, T. Berry
Alleur : Marabout, 2000. 247 p. (Enfant éducation)

Comment maintenir une bonne relation avec ses enfants lorsque les deux parents travaillent ? L'auteur aborde également les situations où la mère vit seule avec son enfant.

Des solutions pour les familles d'aujourd'hui
Benoit, Joe-Anne
Outremont (Québec) : Quebecor, 2008. 328 p. (Collection Famille)

L'auteur s'adresse aux parents dans le but de les aider à concilier leur travail et leur rôle de parents. Elle propose des solutions concrètes pour remédier aux difficultés les plus courantes rencontrées au sein des familles. En trois parties : L'enfant d'âge préscolaire – L'enfant d'âge scolaire – Famille et société.

Guide de survie pour parents débordés : le mode d'emploi qui aurait dû être fourni avec votre enfant
Kochman, Frédéric
Paris : L'Archipel, 2004. 206 p.

Élever des enfants aujourd'hui est-il plus stressant et plus complexe qu'avant ? Pourquoi les parents sont-ils si désemparés lorsque surgissent les difficultés ? Est-ce une conséquence de la vie trépidante de la plupart des parents d'aujourd'hui ? L'auteur propose des solutions pour désamorcer les mécanismes des principales situations de crise (l'enfant tyran, insolent, l'enfant qui refuse de manger, de se coucher, qui refuse toute frustration, le parent qui donne trop d'attention à l'enfant, qui n'ose ni dire non, ni punir, qui ne se fait pas respecter, qui n'offre ni cadres, ni lois, etc.).

Les mères qui travaillent sont-elles coupables ?
Giampino, Sylviane
Paris : Albin Michel, 2000. 298 p. (Questions de parents)

Quand on veut concilier intérêt de l'enfant et travail, qu'en est-il du développement du tout-petit ? Un livre rassurant qui s'insurge contre le fait que l'épanouissement de l'enfant est lié au travail ou au non-travail de la mère. L'auteur, psychanalyste, travaille depuis plus de vingt ans auprès de jeunes enfants et de leurs familles.

Pour parents débordés et en manque d'énergie
Ferland, Francine
Montréal : Éditions du CHU Sainte-Justine, 2006. 138 p.
(Collection du CHU Sainte-Justine pour les parents)

Concilier travail, éducation des enfants, vie familiale, sociale et personnelle devient souvent un défi insurmontable. Ce livre propose divers moyens et stratégies pour aider les parents à organiser leurs activités pour se simplifier la vie, avoir plus d'énergie, moins de stress, plus d'humour, vivre pleinement le moment présent, rester zen dans le quotidien avec ses enfants, penser à soi et à son couple, bref, retrouver le plaisir d'être parent.

Y a-t-il un parent dans la salle ?
Huot, Martyne
Montréal : Transcontinental, 2006. 174 p.

« Réflexions pas banales et solutions originales pour une conciliation travail-famille optimale » ou comment trouver l'équilibre entre vie familiale et vie professionnelle. Il faut tout d'abord laisser tomber la perfection à tout prix. L'auteur donne des conseils pratiques et suggère des adresses et des ressources utiles.

Quand mon papa était le roi! 3 ans+
Robberecht, Thierry
Paris : De la Martinière Jeunesse, 2001. 24 p.

C'est l'histoire d'un petit garçon qui est triste parce que son papa est tellement occupé depuis qu'il a été nommé Roi et qu'il n'a plus de temps pour être avec lui.

Une maman en noir et blanc 3 ans+
Meyrand, Estelle et Losada, Anne
Champigny-sur-Marne (France) : Lito, 2003. 22 p. (Mes p'tits bobos)

Quand c'est l'heure de partir pour l'école, la maman d'Aglaé est transformée. Elle aussi doit partir pour aller travailler et souvent sa fillette n'est pas prête. La collection « Mes p'tits bobos » racontent des histoires qui aident à grandir en dédramatisant les petits tracas de la vie quotidienne.

Vite! Dépêche-toi! 3 ans+
Schneider, Christine
Paris : Albin Michel, 2003. 30 p.

Vite, dépêche-toi! dit la maman de Rose le matin dès l'heure du lever…

Max et Lili veulent des câlins 6 ans+
de Saint Mars, Dominique
Fribourg : Calligram, 1999. 45 p. (Max et Lili) (Ainsi va la vie)

Les parents de Max et Lili ne s'aperçoivent pas que leurs enfants ont besoin d'attention, de câlins. Ils sont très occupés. En bandes dessinées, cette collection d'une cinquantaine de titres porte sur la résolution de problèmes qui surviennent dans la vie quotidienne des enfants. À la fin de chaque titre, la section « Et toi? » a pour but de faire réfléchir les enfants sur le thème.

Papa exagère 6 ans+
D'Allancé, Mireille
Paris : L'École des Loisirs, 2002. 27 p. (Lutin poche)

Le papa d'Émile travaille tout le temps. Émile trouve qu'il exagère.

Léo à la mer 7 ans+
Pelletier, Marthe
Montréal : La courte échelle, 2003. 64 p. (Premier roman)

La petite Éléonore vit comme une princesse dans une immense maison avec sa mère qui est la reine des femmes d'affaires. Elle ne connaît pas son père qui est marin dans les Antilles. Elle vit également avec Madeline, sa gardienne qui s'occupe d'elle et qu'elle aime infiniment. Un jour, sa mère lui annonce qu'elles déménagent à New York, sans Madeline. Mais Éléonore ne peut vivre sans Madeline… C'est Madeline qui s'occupe d'elle depuis qu'elle est petite. Elle se sent comme un « bateau cassé ».

Papa n'est jamais là ! 7 ans+
Englebert, Éric
Paris : Grasset jeunesse, 2006. 45 p. (Les petits bobos de la vie)

Elsa trouve que son papa travaille trop et qu'elle ne le voit pas assez souvent. Le jour de sa fête arrive et il ne peut assister à son souper ; elle en profite pour lui dire sa déception. Mais elle est si déçue qu'elle exagère la situation. La collection « Les petits bobos de la vie » aborde des problèmes quotidiens et aide les enfants à mettre des mots sur leurs émotions pour dédramatiser les événements qui les angoissent.

Les malheurs de Pierre-Olivier 9 ans+
Vanier, Lyne
Saint-Laurent (Québec) : Pierre Tisseyre, 2006. 99 p. (Papillon)

Pierre-Olivier se sent négligé. Sa mère est accaparée par sa petite sœur, son père, par son travail. Pour conquérir ses parents, il multipliera les astuces.

12 conseils pour parents occupés et irremplaçables
PetitMonde
www.petitmonde.com/iDoc/Article.asp?id=5992

Conseils pratiques aux parents pour concilier travail et famille.

De plus en plus vite : la reconfiguration du temps familial
Institut Vanier de la famille
www.vifamily.ca/library/cft/faster_fr.html

Article très complet sur les facteurs qui contribuent à la difficulté croissante de concilier travail et famille.

Équilibre travail-famille
PetitMonde
www.petitmonde.com/iDoc/Article.asp?id=1550

Témoignage d'une journée typique d'une mère de deux jeunes enfants qui travaille.

Maintenir l'équilibre entre le travail et la vie familiale
Assistance Parents
www.parentsinfo.sympatico.ca/fr/content/topicindex/10_46_000.html

Conseils aux parents pour mieux gérer le quotidien de la vie en famille et le travail.

À bout de souffle
Montréal : Swan productions, 2007. 26 DVD.

Série ayant pour thématique la conciliation travail-famille. Marc Pistorio et son équipe de spécialistes viennent en aide aux parent « à bout ». Cette série permet de mieux identifier les obstacles qui se dressent sur le chemin de leur mieux-être familial et professionnel et qui engendrent stress et tensions.

Disponible chez : Nuance Bourdon, 450 465-4013

Pour parents débordés et en manque d'énergie
Ferland, Francine, conférencière
Montréal : CHU Sainte-Justine. Service audio-visuel, 2006. 1 DVD (76 min.)
(Les Soirées Parents du CHU Sainte-Justine)

Concilier travail, éducation des enfants, vie familiale, sociale et personnelle n'est pas une mince tâche. Est-il possible d'arriver à tout faire sans y laisser sa peau ? Francine Ferland propose divers moyens et stratégies qui aideront chacun à gérer cette tâche. Une période de questions complète la présentation.
Disponible chez : CHU Sainte-Justine – Médiathèque, 514 345-4677

CONSULTATION PSYCHOLOGIQUE

Voir aussi : Relations parents-professionnels

Association des médecins psychiatres du Québec
2, Complexe Desjardins, tour de l'Est, 30e étage ☎ 514 350-5128
Montréal (Québec) H5B 1G8   🖷 514 350-5198
ampq@fmsq.org
www.ampq.org

Pour obtenir les coordonnées d'un pédopsychiatre en bureau privé, consulter les listes des médecins psychiatres en bureau privé sur le site Internet de l'Association. Il n'y a pas de liste particulière pour les pédopsychiatres, il faut vérifier le champ d'activité de chacun.

Association des orthopédagogues du Québec
Centre 7400   ☎ 514 374-5883
7400, boul. St-Laurent, bureau 408 ☎ sans frais : 1 888 444-0222
Montréal (Québec) H2R 2Y1   🖷 514 374-5883
adoq@bellnet.ca
www.adoq.ca

Pour obtenir les coordonnées d'orthopédagogues en cabinet privé, il faut téléphoner à l'Association.

**Ordre des conseillers et conseillères d'orientation
et des psychoéducateurs et psychoéducatrices du Québec**
1600, boul. Henri-Bourassa Ouest, bureau 520 ☎ 514 737-4717
Montréal (Québec) H3M 3E2   ☎ sans frais : 1 800 363-2643
ordre@occoppq.qc.ca   🖷 514 737-2172
www.occoppq.qc.ca

Il est possible d'obtenir les coordonnées de psychoéducateurs pratiquant en cabinet privé en consultant la section « Le psychoéducateur/Consulter un psychoéducateur » du site Internet de l'Ordre.

Ordre des ergothérapeutes du Québec
2021, avenue Union, bureau 920   ☏ 514 844-5778
Montréal (Québec) H3A 2S9   ☏ sans frais : 1 800 265-5778
ergo@oeq.org   🖷 514 844-0478
www.oeq.org

Le site Internet de l'Ordre permet d'effectuer une recherche dans le répertoire des ergothérapeutes du secteur privé afin de trouver l'ergothérapeute qui réponde à vos besoins.
Il est aussi possible de rechercher un ergothérapeute dans la liste des membres de
l'Ordre.

Ordre des orthophonistes et audiologistes du Québec
235, boul. René-Lévesque Est, bureau 601   ☏ 514 282-9123
Montréal (Québec) H2X 1N8   ☏ sans frais : 1 888 232-9123
info@ooaq.qc.ca   🖷 514 282-9541
www.ooaq.qc.ca

Il est possible d'obtenir les coordonnées d'orthophonistes et d'audiologistes pratiquant
en cabinet privé en consultant la section « Où consulter ? » du site Internet de l'Ordre.

Ordre des psychologues du Québec
1100, avenue Beaumont, bureau 510   ☏ 514 738-1881
Mont-Royal (Québec) H3P 3H5   ☏ sans frais : 1 800 363-2644
info@ordrepsy.qc.ca   🖷 514 738-8838
www.ordrepsy.qc.ca

La rubrique « Trouver un psychologue » du site Internet permet de consulter la liste des
membres de l'Ordre et offre un service de référence.

Ordre professionnel des travailleurs sociaux du Québec
255, boul. Crémazie Est, bureau 520   ☏ 514 731-3925
Montréal (Québec) H2M 1M2   ☏ sans frais : 1 888 731-9420
info.general@optsq.org   🖷 514 731-6785
www.optsq.org

Le site Internet de l'Ordre permet la consultation d'un répertoire qui donne la possibilité
de trouver un membre de l'ordre en pratique autonome et dresse une liste d'endroits où
l'on retrouve des travailleurs sociaux.

Mon enfant a-t-il besoin d'un psy ? Est-ce toujours utile ? Qui voir ? Quand ? Toutes les réponses à vos questions
Poussin, Gérald
Paris : Dunod, 2005. 235 p.

L'auteur répond aux questions que les parents se posent avant d'entreprendre une telle
démarche. Illustré d'exemples pour en comprendre le bénéfice.

Œdipe toi-même ! Consultations d'un pédopsychiatre
Rufo, Marcel
Paris : Anne Carrière, 2000. 233 p.

L'auteur nous livre des psychothérapies qu'il a menées auprès d'enfants et les émotions qu'elles ont provoquées, sans entrer dans les détails des échanges. Selon Marcel Rufo, rien n'est joué avant 6 ans et ces rencontres où l'enfant et l'adolescent peuvent mettre des mots sur leurs tourments réservent d'excellentes surprises. Pour découvrir les bienfaits et les difficultés de la psychothérapie.

Psy ou pas psy ? Quand et qui consulter ?
Delaroche, Patrick
Paris : Albin Michel, 2004. 225 p. (Questions de parents)

« Ce livre a pour objectif d'aider les parents à savoir s'ils doivent consulter pour leur enfant ou leur adolescent, à choisir à qui s'adresser et à comprendre le traitement psychologique de l'enfant, si c'est celui qu'ils ont choisi. »

Santé mentale et psychiatrie pour enfants : des professionnels se présentent
Une quinzaine de professionnels de la santé, sous la direction de Bernadette Côté
Montréal : Éditions du CHU Sainte-Justine, 2005. 136 p.
(Collection du CHU Sainte-Justine pour les parents)

Qu'est ce qu'un problème de santé mentale ? Quand, pourquoi et qui consulter pour un enfant et pour un adolescent ? Comment distinguer un problème passager d'un problème plus sérieux ? Différents professionnels d'expérience présentent leur discipline et ses particularités afin de faire connaître aux parents et aux éducateurs les soins en santé mentale offerts aux enfants. Pédopsychiatre, psychologue, psychoéducateur, orthopédagogue, orthophoniste, ergothérapeute, travailleur social, psychomotricienne, infirmière ont collaboré à cet ouvrage.

Chez le psy   3 ans+
Dolto, Catherine et Colline Faure-Poirée
Paris : Gallimard Jeunesse, 2005. 23 p. (Mine de rien)

Même si on aime ses parents, on n'arrive pas toujours à tout leur dire quand ça va moins bien. Une collection pour expliquer aux tout-petits « ce qui se passe en eux et autour d'eux ».

Lili va chez la psy   6 ans+
de Saint Mars, Dominique
Fribourg : Calligram, 2001. 45 p. (Max et Lili) (Ainsi va la vie)

Le chien de Max et Lili disparaît. Même après son retour, Lili reste inquiète et même agressive. Elle veut toujours être avec sa mère. Cette histoire de Max et Lili montre qu'un enfant peut être mal dans sa peau, dans sa tête et dans son cœur sans savoir pourquoi. Il a mille façons de le montrer : mauvaise humeur, tristesse, sommeil difficile, mauvaises notes ou pipi au lit… Un psychologue peut aider à trouver les mots pour en parler, pour s'aimer un peu plus soi-même. Pour démystifier la visite chez le psy et le sentiment de honte qui accompagne souvent cette démarche.

Manu et le psy   7 ans+
Englebert, Éric
Paris : Grasset jeunesse, 2006. 42 p. (Les petits bobos de la vie)

Valentin s'aperçoit que son ami Manu est triste depuis quelques temps et qu'il performe moins en classe et au foot. Valentin explique à Manu qu'il est déjà passé par un moment difficile et que le fait d'en avoir parlé avec un psy lui avait fait du bien. La collection « Les petits bobos de la vie » aborde des problèmes courants de la vie et aide les enfants à mettre des mots sur leurs émotions pour dédramatiser les événements qui les angoissent.

Un psy, pourquoi en voir un ?   13 ans+
Martin, Sofia
Paris : De la Martinière Jeunesse, 2005. 109 p. (Hydrogène)

« Comment se passe le premier rendez-vous ? Dois-je parler à mes parents de ce que je dis à mon psy ? Comment savoir si je suis guéri ? » L'auteur écrit pour les jeunes, pour les aider à réfléchir aux différentes raisons qui peuvent les amener à voir un psy et aussi pour dédramatiser la consultation. Ponctué de témoignages d'adolescents.

La folie des pédopsys !
Doctissimo
www.doctissimo.fr/html/psychologie/mag_2002/mag0222/dossier/
pedopsychiatre_niv2.htm

Sept textes sur les pédopsychiatres et sur les thérapies pour enfants.

Le psychoéducateur, la psychoéducatrice et les services à la petite enfance
Ordre des conseillers et conseillères d'orientation et des psychoéducateurs et psychoéducatrices du Québec
www.occoppq.qc.ca/comm/pdf/depliants/psed_petite_enfance.pdf

Qui sont les psychoéducateurs ? Pourquoi et quand consulter un psychoéducateur pour un jeune enfant ? Quelles sont les interventions psychoéducatives de la petite enfance ?

L'orthopédagogue, un spécialiste des difficultés d'apprentissage
Association des orthopédagogues du Québec
www.adoq.ca/old/roledel_ortho20-04_2_screen.pdf

Profil de l'orthopédagogue : formation, compétences, expertise. Où trouve-t-on un ortho-pédagogue ?

D

Association du Québec pour enfants avec problèmes auditifs (AQEPA)
Secrétariat provincial
3700, rue Berri, bureau A 446 ☎ 514 842-8706
Montréal (Québec) H2L 4G9 Téléscripteur : 514 842-8706
aqepa@aqepa.surdite.org 🖷 514 842-4006
www.aqepa.surdite.org ☎ sans frais : 1 877 842-4006

L'AQEPA est une association regroupant les parents d'enfants vivant avec une surdité et des professionnels qui œuvrent auprès de ces jeunes. L'Association compte 11 regroupements régionaux qui offrent information, formation, soutien moral, expertise en déficience auditive, sensibilisation, etc. Communiquez avec le secrétariat provincial pour obtenir les coordonnées de votre responsable régional.

Centre québécois de la déficience auditive (CQDA)
65, rue de Castelnau Ouest, bureau 101 ☎ 514 278-8703
Montréal (Québec) H2R 2W3 Téléscripteur : 514 278-8704
info@cqda.org 🖷 514 278-8238
www.cqda.org

« Le CQDA est un organisme provincial de coordination dont le mandat est de regrouper les organismes œuvrant dans le domaine de la surdité au Québec. »

Institut Raymond Dewar
Centre de réadaptation en surdité et en communication
3600, rue Berri ☎ 514 284-2214
Montréal (Québec) H2L 4G9 ☎ 514 284-2581
ird@raymond-dewar.gouv.qc.ca Téléscripteur : 514 284-3747
www.raymond-dewar.qc.ca 🖷 514 284-5086

« Centre métropolitain de réadaptation spécialisé et surspécialisé en surdité et en communication, l'IRD possède le centre de documentation le plus important au Québec et au Canada dans le domaine de la surdité et de la réadaptation auprès des personnes sourdes, malentendantes et sourdes-aveugles. Il intègre également une importante collection en déficience du langage et de la parole. »

Alphabet de la LSQ
Centre de communication adaptée
www.surdite.org/carriere/alphabet.php

Présentation illustrée de l'alphabet LSQ (langue des signes québécoise).

Fiches d'information sur les troubles de communication
Ordre des orthophonistes et audiologistes du Québec
www.ooaq.qc.ca/Fiches/pgFiches.html

Présentation générale des différents troubles de la parole et du langage ainsi que des troubles de l'audition.

Je grandis et je communique
Ordre des orthophonistes et audiologistes du Québec
www.ooaq.qc.ca/depliant%20final%20(toise).pdf

Indices de développement de la parole, du langage et de l'audition de 0 à 5 ans.

La perte auditive
Alberta - Direction de l'éducation française
www.education.gov.ab.ca/french/adt_scol/sensibilisation/pertaudi.pdf

Comment un enseignant peut dépister et aider un enfant ayant des troubles auditifs en classe.

La santé auditive de votre enfant
Association canadienne des orthophonistes et des audiologistes
www.caslpa.ca/francais/resources/ccd.asp

Étapes du développement de l'audition chez le jeune enfant et conseils aux parents pour détecter un problème auditif.

La surdité au Québec
Centre de communication adaptée
www.surdite.org

Portail québécois sur la surdité.

Surdité : dépister, c'est soigner
Sélection Reader's Digest Canada
www.selection.ca/mag/2002/01/surdite.html

Comment dépister les troubles auditifs de son enfant.

DÉFICIENCE INTELLECTUELLE

Association de parents de l'enfance en difficulté de la Rive Sud de Montréal
360, rue Cherbourg ☏ 450 679-9310
Longueuil (Québec) J4J 4Z3 🖷 450 679-3294
apedrsm@apedrsm.org

L'Association offre plusieurs services aux parents et intervenants de la Montérégie. On y trouve des groupes d'entraide pour parents d'enfants ayant une déficience intellectuelle ou physique, pour parents d'enfants hyperactifs ainsi que pour les frères et sœurs d'enfants hyperactifs ou présentant une déficience.

Association de parents d'enfants trisomiques 21 – Lanaudière
206, chemin des Anglais ☏ 450 477-4116
Mascouche (Québec) J7L 3N9 🖷 450 477-3534
apetl@cam.org

L'APETL offre de multiples services aux parents d'enfants atteints de trisomie 21 de la région de Lanaudière et ses environs. Écoute téléphonique, ateliers et cafés rencontres, formation en gestuelle Amer'ind, formation parents-soutien, répit, Joujouthèque (s'adresse aussi aux parents d'enfants atteints d'un handicap physique ou intellectuel autre que la trisomie), activités socioculturelles et centre de documentation.

Association du Québec pour l'intégration sociale
3958, rue Dandurand ☏ 514 725-7245
Montréal (Québec) H1X 1P7 🖷 514 725-2796
www.aqis-iqdi.qc.ca

« Association qui regroupe la majorité des associations québécoises de parents et autres organisations œuvrant dans le domaine de la déficience intellectuelle. »

Fédération québécoise des CRDI
1001, rue Sherbrooke Est, bureau 430 ☏ 514 525-CRDI (2734)
Montréal (Québec) H2I 1L3 🖷 514 525-7075
info@fqcrdi.qc.ca
www.fqcrdi.qc.ca

« La Fédération québécoise des centres de réadaptation en déficience intellectuelle (CRDI) regroupe les établissements et les regroupements d'établissements publics de la santé et des services sociaux (22) qui offrent la gamme des services d'adaptation, de réadaptation et d'intégration sociale aux personnes présentant une déficience intellectuelle et aux personnes présentant un trouble envahissant du développement, et des services de soutien et d'accompagnement à leur entourage, dans un territoire spécifique, conformément au mandat qui leur a été confié par le législateur. » Un annuaire contenant les coordonnées de ces centres est accessible sur le site Internet de la Fédération.

Institut québécois de la déficience intellectuelle
3958, rue Dandurand   ☏ 514 725-2387
Montréal (Québec) H1X 1P7   🖷 514 725-2796
www.aqis-iqdi.qc.ca

L'Institut possède un centre de documentation où il est possible de consulter sur rendez-vous. Les heures d'ouverture sont du lundi au vendredi de 9 h à 17 h (8 h 30 à 16 h 30 durant juillet et août). Vous pouvez devenir membre du centre de documentation et bénéficier de certains services gratuitement (prêt de document, photocopie, recherche sur Internet).

**Regroupement de parents de personnes ayant
une déficience intellectuelle de Montréal**
5927, rue Boyer, bureau 02   ☏ 514 255-3064
Montréal (Québec) H2S 2H8   🖷 514 255-3635
marcelfaulkner@rppadim.com
http://rppadim.com

Le Regroupement offre les services suivants : accueil, information et référence, groupe d'échange et d'entraide, accompagnement à des sorties en petits groupes, service de stimulation précoce et service d'accompagnement en garderie. La section Publication du site Internet donne entre autre accès à une série de dépliants sur l'intégration scolaire.

Au-delà de la déficience physique ou intellectuelle : un enfant à découvrir
Ferland, Francine
Montréal : Éditions de l'Hôpital Sainte-Justine, 2001. 224 p.
(Collection de l'Hôpital Sainte-Justine pour les parents)

L'enfant qui présente une déficience physique, intellectuelle ou sensorielle est avant tout un enfant et ses parents sont d'abord des parents. Comment ne pas laisser la déficience prendre toute la place ? Comment favoriser le développement de l'enfant tout en répondant aux besoins de la famille ? Comment découvrir le plaisir avec lui ? Cet ouvrage répond à ces questions et contient des suggestions simples et applicables au quotidien.

La déficience intellectuelle : connaître, comprendre, intervenir
Juhel, Jean-Charles
Lyon : Chronique sociale, 2002. 395 p.

Ouvrage didactique s'adressant d'abord aux intervenants mais que les parents peuvent consulter avec profit. L'auteur passe en revue la déficience intellectuelle, son historique et les connaissances actuelles : les causes de la déficience, le développement de l'enfant, l'univers des personnes ayant une déficience intellectuelle, l'intégration, l'intervention, l'affectivité, etc. Un chapitre traite en particulier de l'enfant trisomique et la dernière partie du livre est consacrée à l'enfant autiste.

L'enfant déficient en quarante questions
Ringler, Maurice
Paris : Dunod, 2000. 179 p. (Enfances)

L'auteur répond aux questions des parents et des proches des enfants déficients. Il les amène à réfléchir sur les sentiments et les croyances qui sont à l'origine des comportements sociaux face à la déficience.

L'enfant handicapé mental
Galland, Antoine et Janine Galland
Paris : Nathan, 1993. 300 p.

Deux spécialistes, eux-mêmes parents d'un enfant handicapé, réunissent leur expérience médicale et humaine afin de donner toutes les informations nécessaires pour organiser la vie familiale après la naissance d'un enfant handicapé.

Les enfants différents : les comprendre pour mieux les aider
Ndayisaba, Joseph et Nicole de Grandmont
Montréal : Logiques, 1999. 378 p.

Les auteurs passent en revue les divers aspects de l'enfant différent : Les handicaps physique, moteur, intellectuel, sensoriel et d'origine génétique/La mésadaptation et l'inadaptation/Les enfants traumatisés et les troubles de la communication. Ils donnent des conseils pour les rendre plus autonomes. Un ouvrage pour les enseignants, les parents et les psychoéducateurs.

Monsieur Butterfly
Buten, Howard
Paris : Seuil, 2003. 249 p. (Points virgule)

Un clown sans travail décide de s'occuper d'enfants qui sont hospitalisés dans un service de psychiatrie : un schizophrène, un trisomique, un handicapé physique et un enfant battu par son père. Ils vivront tous ensemble sous le même toit. L'auteur nous livre « une réflexion sur notre société qui n'assume pas ces (ses) enfants dits déviants ». Il sait, par expérience, que l'amour seul peut les aider à progresser.

Sauvez Henri !   6 ans+
Brochu, Yvon
Saint-Lambert (Québec) : Dominique et Compagnie, 2001. 44 p. (Roman rouge)

Laurence a deux voisins : Henri, un chien qu'elle adore, et Louis, un jeune handicapé, un peu plus vieux qu'elle. Elle le trouve agaçant parce qu'il grogne, parle fort et a l'intelligence d'un enfant de 5 ans. Elle sera bien obligée de le rencontrer plus souvent qu'elle ne le pense à cause d'Henri.

Gaby, mon copain   8 ans+
Schneegans, Nicole
Paris : Bayard, 2003. 48 p. (J'aime lire)

Gaby n'est pas comme les autres, il est handicapé intellectuel. Bien qu'il ait 18 ans, il semble en avoir 3. Bastien apprend à le connaître et à l'apprécier.

Mon grand petit frère   10 ans+
Peskine, Brigitte
Paris : Bayard, 2001. 107 p. (Je bouquine)

Vincent, le plus jeune de la famille, envie souvent son grand frère Xavier d'être le plus vieux. Un jour, Xavier devient handicapé mental suite à une méningite ; les rôles sont renversés et la vie de famille modifiée. Vincent devient le grand frère.

Mon drôle de petit frère   12 ans+
Laird, Elizabeth
Paris : Gallimard, 1998. 213 p. (Folio junior)

Anna mène une double vie depuis la naissance de son petit frère hydrocéphale. À la maison, elle s'en occupe beaucoup et, à l'école, elle n'en parle pas. Ses amies apprendront la maladie de son petit frère ; c'est dur parce qu'elle devient la risée de ses amies.

Bottin des ressources communautaires de répit-dépannage de Québec pour les personnes présentant une déficience physique (DP), intellectuelle (DI) ou un trouble envahissant du développement (TED)
Centre de santé et de services sociaux de Québec-Nord
www.rop03.com/bottinressourcesrepit.php

Liste des ressources communautaires de répit-dépannage de la région de Québec.

Handicap mental
Union nationale des associations de parents et amis de personnes handicapées mentales
www.unapei.org/unapei_vous/familles/virtual/010_fam_pres_hand/
e-docs/00/00/01/6B/document_presentation.md?type=text.html

Présentation de la déficience intellectuelle : définitions, causes, conséquences.

Liste des principaux syndromes touchant la déficience intellectuelle
Centre de réadaptation en déficience intellectuelle Montérégie-Est
www.crdime.qc.ca/syndromes/tables.html

Description détaillée de plus de 35 syndromes : prévalence, caractéristiques physiques, développement, difficultés associées, causes, traitements, diagnostic, évolution, etc.

Qu'est-ce que la déficience intellectuelle ?
Association de Sherbrooke pour la déficience intellectuelle inc.
www.asdi-org.qc.ca/defdi.php

Informations de base sur la déficience intellectuelle.

Un choix de vie - A choice for life
Poiré, Martin, réalisateur.
Charlesbourg : AISQ, 2005. 1 DVD (29 min, 30 s)

« Destiné aux parents qui viennent de recevoir un diagnostic leur indiquant que l'enfant à naître aura une déficience intellectuelle, ce document veut les aider à vivre ce passage difficile. Il contient les témoignages d'un généticien, d'un auteur spécialisé en déficience intellectuelle, d'une agente de relations humaines d'un centre de réadaptation en déficience intellectuelle ainsi que d'une psychologue sur tous les aspects entourant l'annonce d'un diagnostic. » Tiré de CHOIXMédia.
Disponible chez : Association pour l'intégration sociale (Région de Québec), tél. : 418 622-4290.

DÉFICIENCE VISUELLE

Voir aussi : Aides techniques, Cécité

Association québécoise des parents d'enfants handicapés visuels

10, boul. Churchill, bureau 203   ☎ 450 465-7225
Greenfield Park (Québec) J4V 2L7   ☎ sans frais : 1 888 849-8729
info@aqpehv.qc.ca   🖷 450 465-5129
www.aqpehv.qc.ca

« L'AQPEHV répond aux besoins de documentation et de formation des parents ; elle favorise les rencontres de parents, l'entraide et le soutien ; elle intervient auprès des établissements et des ministères pour faire mieux connaître les besoins des enfants et favoriser le maintien et le développement de services de qualité. »

Institut national canadien pour les aveugles (INCA)

Division du Québec
2155, rue Guy, bureau 750   ☎ 514 934-4622
Montréal (Québec) H3H 2R9   ☎ sans frais pour le Québec : 1 800 563-2642
quebec@inca.ca   🖷 514 934-2131
www.inca.ca

Entre autres services, l'INCA offre des groupes d'entraide (dans les locaux de l'INCA ou par téléphone), des appels d'amitié (appel téléphonique hebdomadaire) et le camp d'été Cafnet (camp technologique et sportif pour les adolescents vivant avec un perte de vision). Le camp qui dure une semaine permet aux jeunes d'apprendre à utiliser Windows à l'aide d'outils adaptés, à utiliser des logiciels multimédias, à naviguer sur Internet et à concevoir un site Web. « La bibliothèque permet à ses abonnés d'avoir accès à des milliers de titres en format audio, braille ou texte électronique, à des journaux et magazines en médias substituts, à des vidéos descriptifs, ainsi qu'à des services téléphoniques, des services de recherche documentaire et de nombreux services en ligne. »

Institut Nazareth et Louis-Braille

1111, rue Saint-Charles Ouest   ☎ 450 463-1710
Tour Ouest, 2ᵉ étage   ☎ sans frais : 1 800 361-7063
Longueuil (Québec) J4K 5G4   🖷 450 463-0243
info@inlb.qc.ca
www.inlb.qc.ca

« Seul centre de réadaptation exclusivement dédié à la déficience visuelle au Québec, l'Institut Nazareth et Louis-Braille offre une multitude de services à près de 9000 personnes ayant une déficience visuelle de la Montérégie, de Montréal et de Laval. Il possède, entre autres, un laboratoire de stimulations sensorielles pour les enfants vivant avec une perte de vision partielle ou totale. On y retrouve également un centre de documentation et une ludothèque. »

**Regroupement des aveugles et amblyopes
du Montréal Métropolitain (RAAMM)**
5215, rue Berri, bureau 200   ☎ 514 277-4401
Montréal (Québec) H2J 2S4   🖷 514 277-8961
info@raamm.org
www.raamm.org

« Le RAAMM est un organisme à but non lucratif sur le territoire de Montréal, Laval et Longueuil qui poursuit un double objectif : favoriser l'intégration à part entière des personnes ayant une déficience visuelle dans toutes les sphères de l'activité humaine ainsi que défendre leurs droits et promouvoir leurs intérêts. Il offre également différents services tels que : le Publiphone (service téléphonique interactif donnant l'accès à plus de 300 rubriques d'informations), le Service d'aide bénévole (accompagnement, lecture, etc.), le Centre communautaire (nombreuses activités, groupe d'entraide pour les diabétiques, etc.). »

Manger avec aisance : guide illustrant diverses techniques d'alimentation recommandées aux personnes ayant une déficience visuelle
Cicioli, Mario et Monique Benoit
Longueuil : Institut Nazareth et Louis-Braille, 2001. 38 p.

Ce guide a été réalisé à l'intention des aidants naturels et des intervenants qui apportent chaque jour leur aide à une personne ayant une déficience visuelle. Avec une déficience visuelle, certaines difficultés peuvent survenir lors des repas et ainsi gâcher les plaisirs de la table. Le but premier de ce document est d'offrir un éventail de moyens techniques permettant aux déficients visuels d'être le plus autonome possible dans leur vie de tous les jours. Pour vous procurer ce guide : 450 463-1710

Mon enfant voit mal
Vital-Durand, François et Martine Barbeau
Bruxelles : De Boeck, 1995. 96 p. (Questions de personnes)

Un livre qui décrit ce que voit un enfant, de la naissance jusqu'à l'âge scolaire. Explique le développement normal de la vision chez le nourrisson et les anomalies du développement de l'œil, ainsi que les maladies du cerveau pouvant affecter la vision. Destiné surtout aux parents, cet ouvrage indique la marche à suivre pour aider l'enfant avec une déficience visuelle.

**Strabisme de l'enfant ; amblyopie et déficience visuelle :
guide à l'usage des parents et des personnes s'occupant des enfants**
Badoche, Jeanne-Marie
Paris : Bash, 2003. 191 p. (Nouveaux traitements)

Comment évolue le strabisme ? Est-ce que notre enfant voit double ? Pourra-t-il avoir les yeux droits, un jour ? etc. Un guide pour répondre aux questions des parents après l'annonce du diagnostic de strabisme chez leur enfant. Vous y trouverez des informations sur les méthodes diagnostiques, les exercices d'orthoptie et sur la chirurgie correctrice.

Chloé ne fait que loucher 3 ans+
Hennig, Agathe
Paris : Mango, 2005. 21 p. (Je suis comme ça)

Chloé louche, elle en a assez, car elle fait bien des choses de travers. Une collection pour aider les enfants à mieux se connaître, s'accepter comme ils sont et comprendre les autres. Voir aussi dans la même collection *Juliette n'aime pas ses lunettes*.

Hugo porte des lunettes rouge coquelicot 3 ans+
Doinet, Mymi
Trois-Ponts (France) : Lipokili, 2003. 16 p. (Les autres et moi)

Hugo ne voit pas bien, ni de loin ni de près, il voit flou. Après avoir passé un examen de la vue il se fait prescrire des lunettes. Même s'il est content de bien voir, il a peur de faire rire de lui à l'école.

Biglouche 4 ans+
Verbizh, Alyssa
Paris : L'École des Loisirs, 2007. 25 p. (Lutin poche)

Biglouche, le chat, a des yeux qui louchent. Les souris, les oiseaux, quand il les regarde, sont énormes et flous. En plus, les autres chats ne cessent de se moquer de lui. Alors Biglouche ne quitte pas le rebord de la fenêtre et passe ses journées à se lamenter. Un jour, le hibou lui parle d'un certain docteur Miro, qui habite loin, dans la forêt et qui, paraît-il, fait des miracles. Biglouche décide d'aller trouver ce docteur qui peut changer sa vie.

Pourquoi des lunettes ? 4 ans+
Delaunois, Angèle
Montréal : Isatis, 2007. 32 p. (Ombilic)

Comment est constitué l'œil ? Quelles sont les malformations de la vue qui nécessitent des lunettes ? Il y en a plusieurs : myopie, hypermétropie, presbytie, strabisme… Comment se passe l'examen de la vue ? Comment prendre soin de ses lunettes ? Le professeur Ombilic explique les mécanismes complexes du corps humain aux enfants de façon humoristique, mais rigoureuse. Tous les textes de la collection « Ombilic » sont supervisés par des médecins et sont appuyés d'illustrations qui rejoignent l'enfant dans son quotidien. Pour les 4-8 ans.

Théo veut bien voir 4 ans+
Boonen, Stefan
Saint-Lambert : Enfants Québec, 2007. 24 p. (Une histoire sur…) (J'apprends la vie)

Désormais Théo devra porter des lunettes parce qu'il est hypermétrope, c'est ce qu'il vient d'apprendre chez l'ophtalmologiste. « J'apprends la vie » est une collection pour aider les enfants à affronter les difficultés de la vie ou à mieux vivre les différences. À la fin de l'album, des informations utiles pour les parents et les éducateurs.

Julius voit rouge   7 ans+
Lajoie, Roxanne
Québec : Le Loup de gouttière, 2001. 60 p. (Les petits loups)

Que se passe-t-il lorsque les couleurs ne sont pas celles que l'on croit ? C'est ce qui se passe quand Julius emprunte le chandail de sa sœur. Une histoire pour expliquer le daltonisme aux enfants.

Le poisson dans le bocal   7 ans+
Moka
Paris : L'École des Loisirs, 2001. 47 p. (Mouche)
Les deux yeux d'Anaïs ne regardent pas dans la même direction. Avant, son strabisme ne la dérangeait pas, mais depuis que la nouvelle de la classe se moque d'elle, elle est mal dans sa peau et voudrait que la vie redevienne comme avant.

Les lunettes de Clara   8 ans+
Laflamme, Sonia K.
Montréal : Hurtubise HMH, 2007. 80 p.

Clara n'aime pas les lunettes. Elle se moque même des gens qui en portent. Un jour, elle apprend qu'elle devra en porter et elle se retrouve avec une paire de lunettes sur le bout du nez. Que fera-t-elle pour apprendre à accepter ce qu'elle déteste le plus ?

Vivre avec un défaut de la vue   10 ans+
Parker, Steve et François Carlier
Tournai : Gamma Jeunesse, 1991. 32 p. (Vivre avec)

Un livre documentaire qui nous explique l'œil, son fonctionnement, ses maladies et ses défauts, les traitements et comment vivre avec la cécité.

Les yeux du cœur   12 ans+
Benning, Elizabeth
Saint-Lambert (Québec) : Héritage, 1995. 133 p. (Un jour à la fois)

Jessica est atteinte de rétinite pigmentaire et elle perd la vue peu à peu. Sa meilleure amie l'accompagne dans son combat.

Enfants et adolescents
Institut Nazareth et Louis-Braille
www.inlb.qc.ca/enfants/onvousoffre.aspx

Plusieurs articles pour aider les parents d'enfants ayant une déficience visuelle.

Information publique sur les maladies et les problèmes oculaires
Société canadienne d'ophtalmologie
www.eyesite.ca/francais/information-publique/index.htm

Information générale sur les différentes pathologies oculaires, sur la vision au quotidien ainsi que sur les différents médecins et professionnels de la santé qui interviennent auprès des patients.

La déficience visuelle
Alberta - Direction de l'éducation française
www.education.gov.ab.ca/french/adt_scol/sensibilisation/deficien.pdf

Comment un enseignant peut dépister et aider un élève ayant une déficience visuelle en classe.

La rééducation des déficients visuels
Centre de rééducation fonctionnelle pour aveugles
ou malvoyants de Marly-le-Roi
www.crfam.net

Site web très élaboré sur les différents aspects de la déficience visuelle, ainsi qu'une présentation détaillée du système Braille.

Le strabisme
CHU Sainte-Justine
www.chu-sainte-justine.org/Famille/page.aspx?ID_Menu=668&ID_
Page=1646&ItemID=3a

Qui peut en être atteint? Quelles en sont les causes? Comment le corrige-t-on?

Le Typhlophile
http://typhlophile.com

Site dédié à la déficience visuelle.

Les yeux de votre enfant
COCNet
www.cocnet.org/Page1.html

Information sur le développement de la vision chez le nourrisson, sur le soins des yeux et sur les anomalies courantes de la vision chez les enfants.

DÉPRESSION

Voir aussi : Santé mentale

Déprimés anonymes
C.P. 215, succursale R
Montréal (Québec) H2S 3K9
danonym@cam.org
www.deprimesanonymes.org

Ligne d'écoute : 514 278-2130
514 278-5677

Service d'écoute téléphonique confidentiel, accessible de 8 h à minuit, 7 jours par semaine. Groupes d'entraide, information et référence aux services appropriés.

Revivre : Association québécoise de soutien aux personnes souffrant de troubles anxieux, dépressifs ou bipolaires

5140, rue Saint-Hubert   Ligne d'information et d'écoute : 514 738-4873
Montréal (Québec) H2J 2Y3   Ligne d'écoute sans frais : 1 866 738-4873
revivre@revivre.org   ☏ 514 529-3081
www.revivre.org   🖳 514 529-3081

Parmi ses services, l'Association offre une ligne d'écoute, d'information et de référence, des conférences, des groupes d'entraide, de la relation d'aide individuelle, un centre de documentation, un site Internet avec clavardage et forums de discussion, un programme Jeunesse destiné aux enfants et aux adolescents ainsi qu'à leurs parents. L'Association distribue gratuitement de la documentation sur les troubles anxieux, dépressifs et bipolaires et vend aussi des livres et des vidéocassettes sur la dépression et le trouble bipolaire. Un bulletin publié trois fois par année, *L'envolée*, est aussi distribué gratuitement à ses membres.

Tel-aide
dg@telaide.org   Ligne d'écoute : 514 935-1101
www.telaide.org

Service d'écoute téléphonique 24 heures par jour, 7 jours par semaine.

Aider l'enfant dépressif : guide pratique à l'intention des parents
Underwood Bernard, Martha
Montréal : Éditions de l'Homme, 2007. 272 p. (Parents aujourd'hui)

L'auteur s'adresse aux parents pour les aider à mieux comprendre les symptômes des troubles dépressifs chez leur enfant. Comment déceler ces symptômes, les évaluer ? Vaut-il mieux consulter un spécialiste ? Si oui, comment collaborer efficacement et intervenir pour soutenir les intervenants (psychologues, médecins, enseignants, etc.) ?

Comment vivre avec un enfant déprimé
Ferrari, Pierre
Paris : Éditions Josette Lyon, 2000. 169 p. (Comment vivre avec)

Quelles sont les causes de la dépression et les symptômes qui doivent guider les parents ? L'auteur, pédopsychiatre, donne des conseils pratiques aux parents pour aider l'enfant au quotidien.

La souffrance des adolescents. Quand les troubles s'aggravent : signaux d'alerte et prise en charge
Jeammet, Phillipe et Denis Bochereau
Paris : La Découverte, 2007. 223 p.

Le but de ce livre : « Décrypter au mieux les bouleversements de l'adolescence, savoir repérer certains signaux d'alerte pour lesquels il est préférable de consulter. Troubles du comportement, dépression, attitude suicidaire, anorexie, troubles de l'humeur ou schizophréniques… » Pour aider les parents à accompagner leur adolescent quand celui-ci a un cheminement difficile.

L'enfant déprimé
Messerschmitt, Paul et Danièle Legrain
Paris : Fayard, 2000. 337 p.

Comment reconnaître le mal-être des enfants ? Ils n'ont pas de mots pour exprimer leur souffrance qui se manifeste de plusieurs façons : anxiété, agressivité, échecs scolaires, manque d'appétit, violence, difficulté de sommeil, etc. L'auteur explique les différents types de dépression selon les âges, de la tendre enfance à l'adolescence ; il renseigne les parents sur les comportements et les attitudes à adopter, parle du rôle de l'école, des différents traitements pour soigner l'enfant, etc.

Mon enfant est triste : comprendre et aider l'enfant déprimé
Vera, Luis
Paris : Odile Jacob, 2001. 262 p. (Guides pour s'aider soi-même)

« Comment savoir si votre enfant est déprimé ou risque de le devenir ? Quels sont les signes alarmants ? Quelles sont les thérapies les plus efficaces ? » L'auteur passe en revue les principaux signes de la dépression : tristesse, agressivité, anxiété, mauvaise estime de soi, etc. Il donne des pistes pour aider l'enfant à changer sa façon de penser quand il voit tout noir.

Ne sois pas triste mon enfant : comprendre et soigner la dépression au cours des premières années de la vie
Clerget, Stéphane
Alleur : Marabout, 2003. 190 p. (Enfant éducation)

L'auteur, pédopsychiatre, donne aux parents des moyens qui les aideront à reconnaître les signes et les symptômes de la dépression chez les bébés et les enfants d'âge scolaire. Il suggère des psychothérapies comme traitement.

Pour aider votre enfant à retrouver le sourire
Vera, Luis
Paris : Odile Jacob, 2008. 264 p. (Guides pour s'aider soi-même)

Votre enfant est anxieux, irritable, il se renferme, dort mal, mange peu. Bref, son comportement vous inquiète et vous vous sentez désarmé. Comment réagir face à sa tristesse ou son agressivité ? Quels sont les mots à trouver, les attitudes à adopter ? Comment savoir s'il vaut mieux consulter ? Cet ouvrage vous propose des pistes pour aider votre enfant à devenir plus serein : comment l'aider à changer sa façon de penser, à être plus optimiste, à avoir une plus grande confiance en lui, à gérer les difficultés de la vie, à l'école et dans ses relations avec les autres.

Quand l'adolescent va mal : l'écouter, le comprendre, l'aimer
Pommereau, Xavier
Paris : J'ai lu, 2003. 250 p. (J'ai lu bien-être)

Angoisses, dépressions, plaintes corporelles, retrait relationnel, troubles des conduites alimentaires, consommation de drogues, conduites à risque, violences, fugues, conduites suicidaires. Voilà les comportements qui signalent un malaise chez l'adolescent. Comment détecter, écouter et comprendre l'adolescent qui va mal ? L'auteur propose un modèle de relation fondé sur la confiance, la communication et la remise en question pour aider l'adolescent et sa famille à s'en sortir.

Le nuage de Clara   4 ans+
Hayat, Candice
Rodez (France) : Rouergue, 2006. 35 p.

L'auteur aborde avec ce roman la dépression chez l'enfant. Clara n'a plus d'entrain, elle pleure souvent et rien ne lui ramène le sourire. Sa famille et ses amis s'inquiètent, personne ne comprend ce qui se passe dans sa tête. En dernier recours, ses parents l'amènent voir un psychologue, monsieur Cumulus. Avec lui, Clara va parvenir peu à peu à parler de ses peines et de ses peurs et va retrouver sa joie de vivre.

Que se passe-t-il Théophile ?   4 ans+
Dubois, Claude K.
Paris : L'École des Loisirs, 2004. 33 p. (Pastel)

Le nouveau prince Théophile a une belle chambre dans le palais, beaucoup de beaux jouets, plusieurs personnes pour le servir mais il ne sourit pas, ne mange pas et ne joue pas non plus. Sa mère s'inquiète, le médecin diagnostique une dépression. Il prescrit présence, tendresse et câlins, le petit prince a besoin de sa maman.

Quand tout devient sombre et triste !   6 ans+
Chovil, Nicole
Montréal : Société québécoise de la schizophrénie, 2003.
(Comprendre la maladie mentale dans la famille)

Brochure qui explique aux enfants ce qu'est la dépression, ce qui la cause et si elle peut être soignée. Pour aider les enfants qui ont un parent ou un proche atteint de cette maladie mentale et qui ne comprennent pas son comportement. À lire avec les parents ou un adulte.
Brochure disponible à la Société québécoise de la schizophrénie au numéro suivant : 1 866 888-2323.

Dépression et santé mentale   9 ans+
Sanders, Pete
Montréal : École active, 2000. 32 p. (Mieux comprendre)

Cette collection aborde un problème de société qui concerne les jeunes lecteurs. Une bande dessinée met en scène des enfants qui font face à une difficulté. En complément, des textes faciles à comprendre qui expliquent comment se développe une situation et comment on peut l'améliorer.

Coup de blues   13 ans+
Sargueil-Chouery, Sylvie
Paris : De la Martinière Jeunesse, 2005. 107 p. (Hydrogène)

« Du blues nécessaire à la vraie déprime, comment savoir ce qui se passe ? » Information et témoignages d'adolescents pour mieux comprendre la dépression à cet âge, ce qui distingue la vraie dépression d'un vague à l'âme, comment s'en sortir ? Est-il nécessaire de consulter ? « Hydrogène » est une collection pour les adolescents. S'adresse également aux parents, pour amorcer des discussions ou mieux comprendre la culture adolescente.

Trouble tête : journal intime d'une dépression 14 ans+
Monaque, Mathilde
Paris : Les Arênes, 2006. 210 p.

Récit d'une adolescente qui a vécu une dépression à 14 ans. Mathilde est responsable, sage, aidante, douée, perfectionniste et un jour elle craque, elle n'en peut plus de jouer le jeu des autres. Elle refuse de s'alimenter convenablement, elle doit être hospitalisée. Elle raconte au quotidien ce qu'elle vit et comment l'espoir surgit dans sa maladie. La postface est écrite par la psychologue qui l'a suivie, elle explique ce qu'est l'adolescence et les particularités de la dépression à cet âge.

Les enfants déprimés
Fondation Investir dans l'enfance
**www.investirdanslenfance.ca/display_content.aspx?name=depression :
_how_to_help**

Conseils aux parents pour les aider à détecter les signes de dépression chez un enfant et à intervenir rapidement.

Les jeunes et les troubles dépressifs
Revivre
www.revivre.org/default.aspx?page=42

Comment détecter les symptômes de la dépression chez les jeunes et comment intervenir auprès d'eux.

Solidaires pour la vie
Fondation des maladies mentales
**www.fondationdesmaladiesmentales.org/fr/p/aider-une-personne/
nos-programmes-daide/pour-les-jeunes**

Programme de sensibilisation à la dépression chez les adolescents.

Jeunesensante.ca
Association canadienne pour la santé des adolescents
www.jeunesensante.ca/acsa

Information sur tous les aspects de la santé des adolescents : sexualité, relations avec les parents, drogues et dépendances, sports, tatouage, comportements alimentaires. Quiz sur ces thèmes et jeux vidéos.

Suis-je déprimé ?
Jeunesse, j'écoute
http://jeunesse.sympatico.ca/fr/informed/sub_depressed.asp?sec=3&sb=2

Comment faire pour détecter les symptômes de la dépression et trouver de l'aide.

La dépression chez les jeunes

Maher, Jean-Pierre, réalisateur. Monique Fournier, conseiller scientifique
Montréal : Sogestalt 2001 inc., 1998. 1 DVD (53 min.)

Les jeunes disent leurs souffrances, mais bien souvent les adultes n'entendent pas leur message. Alors la dépression chez les jeunes mène fréquemment au suicide. Ce document vise à faire de l'éducation et de la prévention en sensibilisant les jeunes et les intervenants à cette réalité. À l'aide de nombreux témoignages d'intervenants, de jeunes et de parents, nous aurons une meilleure compréhension et il sera plus facile d'aider les jeunes.
Disponible chez : www.revivre.org/default.aspx ?page=166 et au CHU Sainte-Justine pour les organismes. Médiathèque 514 345-4677

DÉPRESSION POSTPARTUM

Dispensaire diététique de Montréal

2182, avenue Lincoln   ☎ 514 937-5375
Montréal (Québec) H3H 1J3   🖷 514 937-7453
ddmdd@qc.aira.com
www.ddm-mdd.org

Le Dispensaire diététique offre aux femmes démunies des services de *counseling* nutritionnel et de soutien durant la grossesse et la période d'allaitement et leur fournit au quotidien une aide alimentaire (un litre de lait, un œuf, une cuillère à table de graines de lin moulues et des vitamines). Le Dispensaire offre également à chaque jour des activités de groupe visant à préparer à l'accouchement, à l'allaitement et à l'alimentation du nourrisson de même qu'à favoriser les habiletés parentales et les échanges culturels. Au cours de ces activités, un service de halte-garderie est mis à la disposition des mères.

Fondation de la visite

11832, rue Bellevois   ☎ 514 329-2800
Montréal-Nord (Québec) H1H 3G1   🖷 514 329-4522
delavisite@videotron.ca
http://delavisite.org

La Fondation de la visite apporte un soutien affectif et informatif aux familles de nouveau-nés des quartiers Montréal-Nord, Bordeaux-Cartierville, Hochelaga-Maisonneuve, Lachine/Dorval, Notre-Dame-de-Grâce et Côte Saint-Luc/Hampstead (secteur René-Cassin). La demande d'aide doit se faire durant la grossesse. Le service est gratuit et les mères visiteuses sont recrutées dans le quartier de résidence des familles.

Groupe d'entraide maternelle de La Petite Patrie

6848, av. Christophe Colomb   ☎ 514 495-3494
Montréal (Québec) H2S 2H2   🖷 514 495-9317
groupedentraide@bellnet.ca

Le Groupe d'entraide maternelle de La Petite Patrie s'adresse aux mères d'enfants de 0 à 5 ans. On y offre plusieurs activités visant à briser l'isolement, favoriser l'entraide, enrichir l'expérience parentale et favoriser le bien-être et le développement des enfants. Entre autres services, soulignons GEM Garder (réseau d'échange de gardiennage) et le réseau de marraines. Ce dernier apporte soutien, écoute et aide dans les tâches quotidiennes aux mères seules ou ayant peu de personnes significatives autour d'elles. La marraine informe aussi sur les ressources utiles et peut même accompagner la nouvelle mère lors de son accouchement.

Regroupement Naissance-Renaissance
110, rue Sainte-Thérèse, bureau 503) 514 392-0308
Montréal (Québec) H2Y 1E6
info@naissance-renaissance.qc.ca
www.naissance-renaissance.qc.ca

Regroupement provincial d'organismes œuvrant à «l'humanisation de la naissance et des services en périnatalité». Les futurs parents à la recherche de cours prénatals, de services de relevailles, de soutien à l'allaitement et de tout autre service en périnatalité peuvent y obtenir les coordonnées des groupes de leur région.

La dépression postnatale
Hanzak, Elaine A.
Bruxelles : De Boeck, 2007. 292 p. (Comprendre)

Récit autobiographique qui relate la souffrance et le chemin vers la guérison d'une jeune femme, mère pour la première fois, qui va vivre une psychose puerpérale. L'auteur livre son vécu étape par étape, mois par mois : son accouchement, ses doutes sur ses capacités maternelles. Elle décrit l'émergence de l'épuisement en lien avec un enfant qui a du mal, dans ce contexte, à s'adapter et l'apparition des symptômes dépressifs et psychotiques qui l'entraîneront dans la maladie. Ensuite, elle raconte sa remontée et tout ce qui a progressivement contribué à la guérison de sa dépression et de la relation perturbée avec son fils.

Mal de mère, mal d'enfant : angoisse et bonheur de la maternité
Garnier-Petit, Catherine
Paris : Albin Michel, 1999. 247 p.

Bien des mères éprouvent des sentiments mitigés dans leur nouveau rôle. Des moments de grand bonheur se mêlent à de l'inquiétude, aux doutes et aux angoisses, qui peuvent dégénérer en blues ou en dépression. L'auteur, psychologue clinicienne, parle des femmes qui la consultent.

Maman, pourquoi tu pleures ? Les désordres émotionnels de la grossesse et de la maternité
Dayan, Jacques
Paris : Odile Jacob, 2002. 301 p.

Il y a la joie d'être mère et il y a aussi des inquiétudes passagères qui accompagnent la maternité : angoisse, tristesse, fatigue ou découragement. L'auteur décrit les désordres émotionnels de la grossesse. Il tente de répondre aux questions des mères pour les aider à sortir de ces moments de tourments.

Dépression du postpartum
Association médicale canadienne
www.cma.ca/public/DiseaseLibrary/patientInfo.asp?diseaseid=106

Informations détaillées : description, causes, symptômes, complications, diagnostic, traitement et prévention.

Dépression postpartum
Association canadienne pour la santé mentale
www.cmha.ca/bins/content_page.asp?cid=3-86-87-88&lang=2

Définition, causes et facteurs de risques, suggestions pour prévenir cet état dépressif.

Les réactions dépressives du postaccouchement
GyneWeb
www.gyneweb.fr/Sources/gdpublic/post-partum/depression.htm

Descriptions détaillées du « baby blues », de la déprime passagère, de la dépression postnatale et de la psychose puerpérale.

DEUIL PÉRINATAL

Voir aussi : Fausse couche, Mort subite du nourrisson, Mort d'un enfant

Centre de soutien au deuil périnatal   ) (boîte vocale) : 1 866 990-2730
info@csdeuilperinatal.ca
www.csdeuilperinatal.ca

Les services offerts par le Centre de soutien sont les suivants : soutien et accompagnement téléphonique pour les familles et les intervenants touchés par un deuil périnatal, soutien aux ressources, formation aux intervenants et à la population, publication du journal Le *Papillon* et soutien à la fête des anges. Le Centre offre aussi une liste de ressources sur son site Internet. Vous y trouverez les informations relatives aux différents groupes d'entraide de la province.

Centre Jérémy Rill
Hôpital de Montréal pour enfants
2300, rue Tupper, bureau C-833   ) 514 412-4400, poste 23143
Montréal (Québec) H3H 1P3   ☎ 514 412-4356

Centre de recherche et de traitement sur le syndrome de mort subite, l'apnée et les troubles respiratoires du sommeil chez l'enfant. Les parents dont l'enfant est décédé du syndrome de mort subite du nourrisson peuvent y rencontrer une infirmière et être jumelés à des parents ayant vécu la même expérience il y a quelques années.

**Fondation canadienne pour l'étude de la mortalité infantile /
Canadian Foundation for the Study of Infant Deaths**
60, James Street, suite 403   **)** 905 688-8884
St. Catharines (Ontario) L2R 7E7   **)** sans frais : 1 800 363-7437
sidsinfo@sidscanada.org   905 688-3300
www.sidscanada.org

La Fondation est le seul organisme canadien se vouant uniquement à la recherche sur la mort subite du nourrisson et ses effets sur les familles. Vous pouvez y obtenir des brochures.

À vous qui venez de perdre un bébé
Groupe de travail sur le deuil périnatal
Montréal : Éditions du CHU Sainte-Justine, 2001. 24 p.

Nombreux sont les parents qui affirment que le décès de leur enfant a été l'événement le plus difficile à vivre. Cette brochure n'a pas la prétention de soulager votre peine ou d'enlever votre douleur ; cependant, les renseignements qu'elle contient peuvent vous aider à mieux comprendre ce qui vous arrive.

Bébé est mort
Clerget, Joël
Ramonville-Saint-Agne (France) : Érès, 2005. 99 p. (Mille et un bébés)

L'auteur et ses collaborateurs ont choisi pour aborder ce terrible événement de donner la parole à des parents et à des praticiens qui côtoient ou assistent les parents qui vivent ce cauchemar.

Congé maternité sans bébé
Trichard-Gautier, Béatrice
Le Faouët (France) : Liv'Éditions, 2001. 155 p.

Témoignage d'une mère qui a pris, avec son mari, la terrible décision d'interrompre sa grossesse à 7 mois et demi, sa petite fille ayant une hernie diaphragmatique. Elle raconte leurs interrogations, hésitations, scrupules, impuissance, colère.
Ce livre est distribué par l'association Sparadrap. À l'adresse suivante, vous trouverez tous les détails pour commander en ligne ou pour télécharger tarifs et bons de commande.
www.sparadrap.org/asp/catalogue.asp

La cérémonie des anges
Laberge, Marie
Montréal : Boréal, 1998. 342 p.

Un roman de Marie Laberge dans lequel Laurent et Nathalie viennent de perdre subitement leur fille à 9 semaines. Sous forme de journal, les réactions de l'un et de l'autre face à cette perte tragique qui a bouleversé leur vie.

La chambre vide : perdre un enfant à la naissance
Paquin, Caroline
Boucherville : Éditions de Mortagne, 2005. 176 p.

L'auteur, qui a perdu sa petite fille à la naissance, témoigne de ce difficile événement, de son deuil qu'elle a traversé avec douleur puis, peu à peu, de sa renaissance.

Le deuil de maternité
Flis-Trèves, Muriel
Paris : Calmann-Levy, 2004. 166 p.

L'auteur, psychiatre dans un service de néonatalogie, aide les parents à traverser la diffi-cile épreuve qui survient lorsqu'un enfant n'arrive pas à terme. Comment accompagner les parents ? « Ce livre est écrit pour permettre à ceux qui veulent être parents de dénouer la perte pour espérer à nouveau. »

Le deuil périnatal : le vivre et l'accompagner
Haussaire-Niquet, Chantal
Barret sur Méouge (France) : Le souffle d'or, 2004. 158 p. (Champ d'idées)

Comment faire son deuil de ce qui n'a pas existé ? Comment se dire parent d'un enfant sans nom ? L'auteur, à partir de son expérience personnelle et professionnelle, a écrit ce livre pour que soit enfin reconnu la légitimité de l'enfant décédé en cours de gestation ou à la naissance. « À travers quatre rencontres cliniques, elle décrit le cheminement douloureux et les problématiques traversées par les parents dans ce deuil interdit. Elle présente des outils qui aideront les professionnels dans leur accompagnement et per-mettront aux parents d'intégrer le vécu de l'événement dans toutes les dimensions de leur être. » Voir aussi du même auteur, chez Flammarion : *L'enfant interrompu* (1998).

Les rêves envolés : traverser le deuil d'un tout petit bébé
Fréchette-Piperni, Suzy
Boucherville : Éditions de Mortagne, 2005. 463 p.

L'auteur est infirmière spécialisée en deuil périnatal. Elle a écrit cet ouvrage pour venir en aide aux parents endeuillés et à leurs proches. Elle y aborde les aspects techniques et pratiques, émotifs et relationnels du deuil périnatal. L'ouvrage est destiné également aux intervenants (infirmières, médecins ou autres professionnels) qui se sentent mal préparés pour soutenir les parents qui vivent ce chagrin insurmontable.

Un enfant pour l'éternité
de Mézerac, Isabelle
Monaco : Éditions du Rocher, 2004. 120 p. (Documents)

Témoignage d'une mère qui décide de mener à terme sa grossesse, malgré le diagnostic prénatal de la trisomie 18, qui confirme la mort certaine de son bébé à naître. Emmanuel vivra une heure. En famille, avec son mari et ses quatre autres enfants, la mère vivra le deuil. « Une lecture qui met en relief le malaise qui entoure la pratique et l'annonce du diagnostic prénatal. En cas de malformation grave, les parents sont extrêmement vulné-rables et l'avortement est en effet la norme, la poursuite de la grossesse est une alternative rarement proposée. »

Bébé ourson est mort   3 ans+
Mantha, Ginette
Longueuil : Préma-Québec, 12 p.

Une histoire à colorier conçue pour les frères et sœurs d'un bébé décédé à la naissance ou dans les premières semaines de vie. Il permettra aux enfants comme aux parents de parler des sentiments qu'ils éprouvent suite à ce difficile événement. Vous pouvez obtenir ce document à Préma-Québec (L'Association québécoise pour les enfants prématurés) au numéro suivant : 450 651-4909 ou sans frais au 1 888 651-4909.

Fausse couche et perte de grossesse

Women's College Hospital / Women's College Research Institute

www.femmesensante.ca/ressources/show_res.cfm?id=42368

La fausse couche : signes, symptômes, causes possibles, implications physiques et émotives.

Le deuil périnatal

Mamanpourlavie.com

**www.mamanpourlavie.com/mem/fr/grossesse_maternite/maman_fatigue/
statique/deuil_perinatal.html**

Quels sont les impacts et les conséquences psychologiques suite à un deuil périnatal.

DEVOIRS ET LEÇONS

Allô Prof
www.alloprof.qc.ca

❭ pour Montréal : 514 527-3726
❭ pour Québec : 418 843-5355
❭ sans frais : 1 888 776-4455

Services confidentiels et gratuits d'aide aux devoirs pour les élèves du primaire et du secondaire du Québec. Il y a quatre services : le service téléphonique (pour les élèves ayant besoin d'aide ainsi que pour les parents ayant des questions sur un aspect du programme ou un devoir en particulier et voulant suivre le cheminement de leur enfant. Les enseignants sont disponibles du lundi au jeudi de 17 h à 20 h), les cyberclasses (clavardage privé), des forums et une bibliothèque virtuelle.

Centre franco-ontarien de ressources pédagogiques (CFORP)
435, rue Donald
Ottawa (Ontario) K1K 4X5
cforp@cforp.on.ca
www.cforp.on.ca

❭ 613 747-8000
❭ sans frais en Ontario : 1 877 742-3677
🖷 613 747-2808

Centre multiservices en éducation, le CFORP s'adresse à toute la francophonie canadienne. Le Centre élabore du matériel éducatif, sous forme d'imprimés ou de logiciels, et possède une librairie impressionnante de matériel éducatif : livres, logiciels, documents audio-visuels, jeux, affiches, drapeaux. Les catalogues virtuels de ces diverses collections présentent un court résumé de chaque élément de matériel et offrent la possibilité de commander en direct.

Mouvement SEM (Sensibilisation pour une enfance meilleure)
165 A, Saint-Paul, 2ᵉ étage　　　　　　　　　) 450 348-0209
Saint-Jean-sur-Richelieu (Québec) J3B 1Z8　　🖨 450 348-9665
sem@bellnet.ca
www.mouvementsem.com

« Le mouvement SEM est un organisme sans but lucratif dont la mission vise à promouvoir le respect de l'enfant par des activités de prévention, d'éducation et d'intervention.»
Desservant la Montérégie, cet organisme vient en aide aux parents dont l'enfant a été
victime d'agression sexuelle et aux familles aux prises avec des difficultés parentales. Les
services suivants y sont offerts : aide au signalement, Contact-SEM (service de référence
ou consultation pour toute personne préoccupée par l'enfance en difficulté), conférences
selon les besoins des groupes qui en font la demande, prévention des abus sexuels (formation offerte aux enseignants du primaire et soirées d'information à l'intention des
parents), prévention en milieu de garde (programme offert selon la disponibilité des
ressources), SEM au secondaire (programme de prévention en Montérégie à l'intention
des étudiants(es) du niveau secondaire), SEM Connexion (visites à domicile d'un aidant
naturel qui partage avec les parents des trucs pour l'éducation des enfants. L'aide aux
devoirs, le parrainage, la stimulation préscolaire, l'inscription à des camps de vacances
et/ou à des loisirs sont des services complémentaires à l'intervention à domicile).

10 astuces de parents pour aider ses enfants à faire leurs devoirs
Rémond-Dalyac, Emmanuelle
Paris : Fleurus, 2007. 77 p.

« L'heure des devoirs a sonné mais votre enfant traîne les pieds ou ne comprend rien et
s'énerve. Comment le motiver, l'aider, le rassurer, valoriser son travail et surtout éviter
de perdre patience ? Comment vous organiser si vous ne pouvez pas être présents à la
sortie des classes ? » Voici une collection qui donne la parole aux parents. Ces livres sont
réalisés à partir de rencontres de parents qui ont partagé expériences et réussites.

À l'heure des devoirs et des leçons : des outils pour accompagner son enfant
Carrier, Gilles
Lévis (Québec) : L'envolée, 2006. 43 p.

Un guide pour les parents d'élèves du primaire afin de les aider à accompagner leur enfant
dans leurs travaux scolaires. Des conseils et des outils présentés de façon claire et sché-
matisée pour faciliter les devoirs et les leçons à la maison.

Au retour de l'école… la place des parents dans l'apprentissage scolaire
Béliveau, Marie-Claude
Montréal : Éditions du CHU Sainte-Justine, 2004. 280 p.
(Collection du CHU Sainte-Justine pour les parents)

L'auteur, orthopédagogue et psychoéducatrice, propose aux parents une vision originale
de leur rôle d'éducateurs. Leur fournit aussi une panoplie de moyens concrets pour soutenir l'enfant dans ses devoirs et leçons et l'encourager à intégrer dans son quotidien ce
qu'il apprend à l'école.

Devoirs simplifiés pour parents débordés : de l'aide aux devoirs
St-Pierre, Louise
Outremont (Québec) : Quebecor, 2007. 144 p. (Collection Famille)

Un livre pour aider votre enfant qui est au primaire à faire ses devoirs, si vous manquez d'idées et d'énergie. Vous y trouverez : des stratégies gagnantes pour stimuler votre enfant ; des idées pour développer la complicité avec votre enfant ; des trucs pour créer une ambiance propice ; des trouvailles pour rendre agréable l'apprentissage de la lecture, de l'écriture et des mathématiques ; des façons simples d'observer et de connaître le style d'apprentissage de votre enfant, etc.

Guider mon enfant dans sa vie scolaire
Duclos, Germain
Montréal : Éditions du CHU Sainte-Justine, 2006. 280 p.
(Collection du CHU Sainte-Justine pour les parents)

Cet ouvrage aborde les questions qui reflètent les inquiétudes de la plupart des parents par rapport à la vie scolaire de leur enfant : motivation, autonomie, devoirs et leçons, créativité, sentiment d'appartenance, relations parents-intervenants, difficultés d'adaptation ou d'apprentissage, stress de performance, etc. L'auteur invite les parents à accompagner l'enfant dans son parcours scolaire et à jouer un rôle actif dans la résolution des difficultés qu'il rencontre.

J'apprends à penser, je réussis mieux
Racicot, José
Montréal : Éditions du CHU Sainte-Justine, 2008. 136 p. (Univers Parents)

Comment mon enfant apprend-t-il ? Comment puis-je l'aider à prendre conscience de sa façon d'apprendre ? Comment rendre son apprentissage plus efficace ? Telles sont les questions auxquelles l'approche pédagogique des gestes mentaux apporte des réponses. L'auteur présente cette approche aux parents pour leur permettre de mieux soutenir l'enfant dans ses apprentissages autant scolaire que lors de ses activités sociales et familiales.

Les devoirs à la maison : parents, enfants, enseignants, pour en finir avec ce casse-tête
Meirieu, Philippe
Paris : La Découverte, 2004. 156 p.

L'auteur, enseignant, animateur et formateur de renom, croit à l'importance du travail scolaire à la maison. Il donne des moyens pour favoriser la collaboration parents-enfants en rappelant à chacun ses responsabilités. Il suggère des outils pour apprendre à travailler efficacement et des propositions que chacun pourra mettre en application immédiatement.

Les devoirs et les leçons à la maison : mission possible !
Bourque, Jean et Robert Darche
Laval : Services Éducatifs sur la Réussite Scolaire (S.E.R.S.), 2000. 24 p.
(Cahiers de stratégies à l'intention des parents)

Les auteurs, qui sont respectivement orthopédagogue et enseignant, ont écrit ce cahier de stratégies pour venir en aide aux parents pour qui le temps des devoirs et des leçons est une période de cauchemar, une corvée, source de tensions ou de conflits familiaux ou pour ceux qui se sentent tout simplement dépassés face aux méthodes et aux programmes d'enseignement. Pour aider les parents à motiver, organiser et planifier cette période avec leur enfant. Vous pouvez obtenir ce document au S.E.R.S., 450 966-1651 ou envoyer un courriel à robert.darche@videotron.ca

Stressante la rentrée scolaire ?
Croteau, Sylvie et Hélène Chagnon
Saint-Hubert (Québec) : Mélonic, 2005. 140 p.

Comment votre enfant apprend-il à lire ? Que doit-il savoir à la fin du premier cycle ?
Comment pouvez-vous l'aider avec ses devoirs et ses leçons ? Voilà quelques-unes des
questions auxquelles les parents trouveront des réponses, dès la rentrée en maternelle.

Les devoirs et les leçons
Béliveau, Marie-Claude
Montréal : Éditions du CHU Sainte-Justine, 2008. 80 p.
(Questions/Réponses pour les parents)

L'auteur répond à une trentaine de questions qui sont le plus fréquemment posées sur
les devoirs et les leçons. Le rôle que doivent jouer les parents au cours de la période des
travaux scolaires y est pleinement expliqué.

Choupette et tante Tartine   6 ans+
Tibo, Gilles
Saint-Lambert (Québec) : Dominique et Compagnie, 2008. 42 p. (Roman rouge)

Tante Tartine va aider Choupette à faire ses devoirs parce qu'avec ses parents, ça ne fonctionne pas. Avec elle, Choupette fera certainement d'énormes progrès en français, en
mathématique et en bien d'autres choses. Peut-être deviendra-t-elle savante ? Parce qu'apprendre avec sa tante c'est amusant, aussi amusant qu'un jeu d'enfant.

Max et Lili ne font pas leurs devoirs   6 ans+
de Saint Mars, Dominique
Fribourg : Calligram, 2002. 45 p. (Max et Lili) (Ainsi va la vie)

Après l'école, Max et Lili font tout sauf leurs devoirs. Quand le soir arrive, toute la famille
est stressée. Comment faire pour s'en sortir ? Se termine par « Les petits trucs de Max et
Lili », pour aider les enfants à être plus efficaces quand ils font leurs devoirs et leçons le
soir à la maison.

Les devoirs, à quoi ça sert ?   11 ans+
Bresdin, Sophie
Paris : De la Martinière Jeunesse, 2007. 106 p. (Oxygène)

Les jeunes se passeraient volontiers des devoirs. L'auteur tente de leur expliquer à quoi
ils servent vraiment, comment bien s'organiser et travailler efficacement. « Oxygène » est
une collection qui est conçue pour aider les adolescents à apprivoiser et dédramatiser ce
qu'ils vivent au quotidien.

Réussir, ça s'apprend ! Trucs et conseils d'un étudiant qui réussit   12 ans+
Lapointe, Étienne
Québec : Septembre, 2006. 80 p.

L'auteur est un jeune étudiant qui réussit bien malgré sa vie sociale bien remplie. Il est
d'avis que sa réussite réside dans une bonne organisation de son temps. Il devient malgré
lui une référence pour les étudiants de sa classe. Il décide alors d'écrire un livre pour que
les autres puissent profiter de ses trucs et conseils en vue de la réussite.

Conseils de pros à l'heure des devoirs
PetitMonde
www.petitmonde.com/iDoc/Article.asp?id=22021

Conseils pratiques aux parents pour faciliter l'heure fatidique des travaux à la maison.

Le rôle des parents dans les devoirs et les leçons à la maison
Carrefour familles
www.carrefourfamilles.com/index.php?action=rechercher&option=recherche&
affichage=true&noRecherche=&pos=0&AffUnArtc=true&noArticle=4603

Série de trois articles dont le but est d'aider les parents dans la supervision des devoirs et des leçons à la maison.

Les devoirs : 3 problèmes et leurs solutions
PetitMonde
www.petitmonde.com/iDoc/Article.asp?id=9557

Trois problèmes d'indiscipline fréquents et leurs solutions : l'enfant qui ne fait pas de son mieux ; l'enfant qui refuse de faire ses devoirs ; l'enfant qui oublie d'apporter ses devoirs à la maison.

Je réussis
Jereussis.com
www.jereussis.com

Site d'aide à l'apprentissage offrant un encadrement pédagogique pour les élèves du secondaire dans plusieurs matières. L'aide est offerte sous forme de forums, de classes virtuelles et de vidéoconférences.

Guider mon enfant dans sa vie scolaire
Duclos, Germain, conférencier
Montréal : Hôpital Sainte-Justine. Service audio-visuel, 2002. 1 DVD (118 min.)
(Les Soirées Parents de l'Hôpital Sainte-Justine)

Cette conférence aborde les questions qui reflètent les inquiétudes de la plupart des parents par rapport à la vie scolaire de leur enfant : motivation, créativité, devoirs… Germain Duclos invite donc les parents à accompagner l'enfant dans son parcours scolaire et à jouer un rôle actif dans la résolution des difficultés qu'il risque de rencontrer.
Disponible chez : CHU Sainte-Justine – Médiathèque, 514 345-4677

DIABÈTE

Association Diabète Québec

8550, boul Pie-IX, bureau 300   ☎ 514 259-3422
Montréal (Québec) H1Z 4G2   ☎ sans frais : 1 800 361-3504
info@diabete.qc.ca   🖷 514 259-9286
www.diabete.qc.ca

Organisme regroupant les personnes diabétiques du Québec et offrant des services d'information et d'entraide (ex. : Diabétaide, InfoDiabète…). L'Association publie la revue trimestrielle *Plein Soleil*, vend quelques livres et cassettes vidéos ainsi que le jeu Memo-Diabète Plus qui s'adresse aux enfants diabétiques de 4 ans et plus. Il y a 45 associations affiliées dans les différentes régions du Québec.

Fondation du diabète juvénile Canada

Division de Montréal
2155, rue Guy, bureau 1120   ☎ 514 744-5537
Montréal (Québec) H3H 2R9   🖷 514 744-0516
montreal@jdrf.ca   ☎ sans frais : 1 877 634-2238
www.jdrf.ca

La Fondation amasse des fonds pour subventionner la recherche sur le diabète. La section « Vivre avec le diabète » du site Internet contient plusieurs textes explicatifs.

Fondation pour enfants diabétiques / Camp Carowanis

785, rue Plymouth, bureau 210   ☎ 514 731-9683
Mont-Royal (Québec) H4P 1B3   🖷 514 731-2683
info@diabete-enfants.ca   ☎ sans frais : 1 800 731-9683
www.diabete-enfants.ca

Le Comité de parents de la Fondation offre soutien, entraide et enseignement aux parents d'enfants diabétiques. La Fondation soutient financièrement le camp d'été Carowanis destiné exclusivement aux enfants diabétiques.

Le diabète chez l'enfant et l'adolescent

Geoffroy, Louis et Monique Gonthier
Montréal : Éditions du CHU Sainte-Justine, 2003. 350 p.
(Collection du CHU Sainte-Justine pour les parents)

Ce livre fait la somme des connaissances actuelles sur le diabète de type 1 chez l'enfant et l'adolescent, autant du point de vue du traitement médical que du point de vue psychologique et social. Il est destiné principalement aux parents des enfants diabétiques de même qu'aux adolescents qui souffrent de cette maladie. Très utile pour tous les intervenants : enseignants, entraîneurs sportifs, intervenants sociaux, etc. Les professionnels de la santé y puiseront aussi de précieux renseignements pour faciliter la prise en charge de leurs jeunes patients.

Mon enfant a du diabète
Robert, Jean-Jacques
Paris : Cherche midi, 2006. 108 p. (Les maladies de nos enfants)

L'auteur, pédiatre et spécialiste du diabète, a écrit pour les parents cet ouvrage en quatre parties : Comment développe-t-on un diabète ? – La vie de mon enfant et sa maladie – La recherche dans le diabète de type 1 – Conseils pratiques.

Le diabète chez l'enfant
Geoffroy, Louis et Monique Gonthier
Montréal : Éditions du CHU Sainte-Justine, 2009. 88 p.
(Questions/Réponses pour les parents)

Les auteurs répondent aux questions les plus fréquentes qui sont posées par les parents. Qu'est-ce que le diabète ? Le traitement. La surveillance du diabète. Exercice physique. Les aspects psychosociaux.

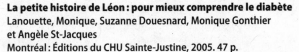

La petite histoire de Léon : pour mieux comprendre le diabète   3 ans+
Lanouette, Monique, Suzanne Douesnard, Monique Gonthier
et Angèle St-Jacques
Montréal : Éditions du CHU Sainte-Justine, 2005. 47 p.

Album remis aux parents d'enfants atteints de diabète à la clinique de diabète du CHU Sainte-Justine. Pour aider les enfants à comprendre la maladie et à s'y adapter. Aussi en version anglaise : *Leon's Story : Understanding Diabetes*.

Le dragon à la dent sucrée   4 ans+
Marleau, Brigitte
Terrebonne (Québec) : Boomerang, 2008. 24 p. (Au cœur des différences)

Léon est diabétique. Il doit prendre de l'insuline sinon le sucre reste dans son sang. Il doit aussi faire de l'exercice et surveiller son alimentation. La série « Au cœur des différences » permet aux parents et aux éducateurs de sensibiliser les enfants à la richesse des différences.

Agathe Saugrenu : je suis un monstre !   8 ans+
Zabus, Vincent
Bruxelles : Dupuis, 2007. 46 p.

Agathe, 8 ans, se sent différente des autres enfants puisqu'elle est diabétique. Elle ne veut pas parler de sa maladie à personne et elle a l'impression que les enfants ne veulent plus jouer avec elle, comme si elle était un monstre. Elle se réfugie dans un monde fantastique où elle espère se faire des amis. En bandes dessinées.

Pour en finir avec le chocolat   9 ans+
Hardy, Marguerite
Saint-Alphonse-de-Granby (Québec) : Éditions de la Paix, 2008. 133 p.

C'est bientôt la classe verte de fin d'année, les élèves ont hâte, sauf Olivier à cause de sa maladie. Il est diabétique et il est obligé de suivre une diète sévère et de prendre de l'insuline tous les jours. Comment fera-t-il seul, loin de ses parents qui veillent sur lui constamment ?

Privée de bonbecs   9 ans+
Gauthier, Mayah et Susie Morgenstern
Paris : L'École des Loisirs, 2002. 146 p. (Neuf)

À 10 ans, Myriam apprend qu'elle a le diabète. Elle devra apprivoiser sa maladie avec sa
famille. Ce livre, à travers la fiction, peut aider l'enfant diabétique à mieux comprendre
sa maladie et l'importance du traitement.

Conseils pratiques pour l'enfant diabétique en garderie
Association Diabète Québec
www.diabete.qc.ca/html/vivre_avec_diabete/quotidien/pdf/garderie.pdf

Texte préparé par la Clinique du diabète de l'Hôpital Sainte-Justine en 1997 et révisé en
2004.

Conseils pratiques pour l'enfant diabétique en milieu scolaire
Association Diabète Québec
www.diabete.qc.ca/html/vivre_avec_diabete/quotidien/pdf/milieuscolaire.pdf

Texte préparé par la Clinique du diabète de l'Hôpital Sainte-Justine en 1997 et révisé en
2004.

Être parent d'un enfant diabétique… c'est aussi tout un défi !
Centre hospitalier Baie-des-Chaleurs
www.chbc.qc.ca/diabete/psychologie/enfant.htm

Conseils pour faciliter le cheminement des parents d'enfants diabétiques.

Les rencontres du groupe GlucoMaître
http://drsamuel.cyberquebec.com

Site personnel très élaboré d'une mère sur le quotidien d'un enfant diabétique. On y
traite d'alimentation, de pompe à insuline, d'école, de crédits d'impôts, de santé dentaire,
etc.

J'ai le diabète… Pis après ?
Association Diabète Québec
www.diabete.qc.ca/jeunesse

Réponses à différentes questions que se posent les jeunes diabétiques durant leur adolescence, par exemple à propos des sorties, des sports, de l'alcool, du tabac, de la sexualité,
etc.

Le diabète - Page des enfants
Centre hospitalier Baie-des-Chaleurs
www.chbc.qc.ca/diabete/enfants/default.htm

Histoire illustrée de Samuel qui est atteint du diabète.

Qu'est-ce que le diabète ?
Parlons de diabète
http://caf.novonordisk.ca/documents/article_page/document/for_kids.asp

Explication du diabète aux jeunes enfants et conseils pour les aider à affronter différentes situations à l'école, avec les amis et dans les occasions spéciales.

DIAGNOSTIC PRÉNATAL

Voir aussi : Accueil de l'enfant différent

Échographie, mode d'emploi : un voyage unique, en trois dimensions, semaine après semaine, dans le ventre d'une future maman
Campbell, Stuart
Alleur : Marabout, 2005. 115 p. (Marabout pratique)

En plus d'être un outil pour le diagnostic prénatal, l'échographie permet de suivre le développement du fœtus semaine après semaine. L'auteur, spécialiste en diagnostic par ultrasons, vous fait découvrir la vie du bébé avant sa naissance.

Le diagnostic anténatal et ce qu'on peut en attendre
Fondacci, Clarisse
Paris : Albin Michel, 2002. 262 p.

« De la surveillance de routine aux analyses sophistiquées, le diagnostic anténatal éclaire aujourd'hui une partie des mystères du fœtus et les incertitudes qui le concernent. Quelle est la différence entre congénital, héréditaire et génétique ? Quels sont les examens de diagnostic anténatal, en quoi consistent-ils et présentent-ils des risques ? Quelles pathologies ce diagnostic permet-il de soigner, dès la naissance ou même avant ? Dans quels cas envisage-t-on une interruption médicale de grossesse et quelles en sont les suites ? » L'auteur répond aux parents qui se questionnent sur la santé de l'enfant à venir.

Le fœtus et son image : un exposé pour comprendre, un essai pour réfléchir
Sarramon, Marie-France et Hélène Grandjean
Paris : Flammarion, 1998. 125 p. (Domino)

L'échographie est devenue un examen de routine qui permet de suivre le développement du fœtus. Cet examen est attendu avec joie et permet aux parents de découvrir leur enfant avant la naissance. Mais son objectif est avant tout le dépistage des anomalies chez le fœtus. Les auteurs exposent les conséquences psychologiques et éthiques de cette technologie.

L'échographie obstétricale expliquée aux parents
Soler, André
Ramonville-Saint-Agne (France) : Érès, 2005. 159 p. (Mille et un bébés)

Des réponses aux questions des parents sur l'échographie. Que sont ces ondes ultra-sonores ? Sont-elles nocives pour le fœtus ? Que peuvent vraiment attendre les parents de cet examen ? Faut-il laisser les frères et sœurs y assister ?

Amniocentèse
Services Québec
www.guidesante.gouv.qc.ca/fr/fiche/7027-01.shtml

Qu'est-ce que l'amniocentèse ? Utilité, risques, précautions, préparation et déroulement de l'examen. Que surveiller suite à l'examen ?

Dépistage et diagnostics prénatals
PetitMonde
www.petitmonde.com/iDoc/Article.asp?id=26982

Information sur les différents tests, examens de dépistage et diagnostics prénatals qui permettent à la future mère de connaître l'état de santé de son futur bébé.

Diagnostic prénatal
Société des obstétriciens et gynécologues du Canada
www.sogc.org/health/pdf/prenatal_f.pdf

Brochure d'éducation publique sur l'amniocentèse et le prélèvement des villosités choriales.

Une échographie précoce pour mieux dépister la trisomie
Forum - Université de Montréal
www.iforum.umontreal.ca/Forum/ArchivesForum/2002-2003/020923/
article1429.htm

Explication du test de la clarté nucale, réalisé au moment de l'échographie du premier trimestre.

DIFFICULTÉ SCOLAIRE

Voir aussi : Troubles d'apprentissage, Troubles du comportement

À chacun sa façon d'apprendre
Levine, Mel
Varennes (Québec) : AdA, 2003. 509 p.

« Personne n'apprend de la même façon. » L'auteur montre aux parents et aux intervenants comment reconnaître les mécanismes d'apprentissage individuels pour encourager les forces des enfants et contourner leurs faiblesses : cette façon d'enseigner mène à la satisfaction et à la réussite plutôt qu'à l'échec et à la frustration. Voir aussi du même auteur, chez le même éditeur *Le mythe de la paresse* où l'auteur suggère des stratégies de soutien au rendement scolaire (2004).

Aider l'enfant en difficulté scolaire
Siaud-Facchin, Jeanne
Paris : Odile Jacob, 2006. 363 p.

Résultats catastrophiques, manque de motivation, ne tient pas en place, travail bâclé, trop lent, ne veut pas aller à l'école, pourquoi tous ces problèmes à l'école ? Et si tous ces comportements cachaient une difficulté réelle : troubles de l'attention, de la mémoire, du raisonnement, manque de confiance en soi, mal-être, problème affectif qui empêche de se concentrer ? L'auteur, psychologue clinicienne, donne des pistes aux parents pour les aider à mieux comprendre leur enfant et des conseils pour agir concrètement afin de permettre à l'enfant de s'épanouir à l'école.

Chagrin d'école
Pennac, Daniel
Paris : Gallimard, 2007. 304 p.

« Donc j'étais un mauvais élève. Chaque soir de mon enfance je rentrais à la maison poursuivi par l'école. Mes carnets disaient la réprobation de mes maîtres. Quand je n'étais pas le dernier de ma classe, c'est que j'en étais l'avant-dernier… je rapportais à la maison des résultats pitoyables que ne rachetaient ni la musique, ni le sport, ni d'ailleurs aucune activité parascolaire. » Daniel Pennac écrit sur ce qui ne change jamais à l'école, la douleur de celui qui échoue, partagée par ses parents et ses professeurs, douleur mélangée avec la soif d'apprendre. Il était lui-même cancre à l'école, il est devenu professeur et auteur. Voir aussi du même auteur, *Comme un roman*, (1998).

Il a du mal à apprendre à lire : comment l'aider
Chauveau, Gérard et Carine Mayo
Paris : Albin Michel, 2004. 136 p. (C'est la vie aussi)

Pour certains enfants, c'est difficile d'apprendre à lire. Quand faut-il s'inquiéter ? Quel rôle le parent a-t-il à jouer ? L'auteur explique le mécanisme de la lecture et propose aux parents des jeux pour aider l'enfant dans son processus d'apprentissage. Il insiste sur la nécessité du support psychologique des parents et sur l'importance de ne pas dramatiser la difficulté.

Il a du mal à l'école : un peu, beaucoup, trop… comment l'aider ?
Chevalier, Brigitte
Paris : Albin Michel, 2003. 198 p. (Questions de parents)

Sommaire du livre : Des difficultés de compréhension. Les leçons ne sont pas sues. D'importants blocages : il faut réagir. Doit dépasser le stade du déchiffrage. Lecture peu précise. Lecture trop lente. Trop de fautes d'orthographe. Étourdi : trop d'erreurs, trop d'oublis. Doit faire des efforts en rédaction. Voici un éventail des difficultés qu'un enfant peut rencontrer à l'école primaire. Un livre concret pour aider parents et enseignants à guider les enfants selon leur mode d'apprentissage, leur âge et leur personnalité.

Il n'aime pas l'école
Olivier, Christiane
Paris : Fayard, 2001. 90 p.

Pour aider les parents à comprendre pourquoi leur enfant n'aime pas l'école. Sommaire : Qu'est-ce que l'école pour l'enfant ? – Les troubles du comportement – Les symptômes scolaires – Qu'est devenue l'école ? – Les parents et l'école.

J'ai mal à l'école : troubles affectifs et difficultés scolaires
Béliveau, Marie-Claude
Montréal : Éditions du CHU Sainte-Justine, 2002. 168 p.
(Collection du CHU Sainte-Justine pour les parents)

Des enfants se lèvent, jour après jour, avec le mal d'école sans qu'on puisse pour autant diagnostiquer de réels troubles d'apprentissage. La nature de leurs problèmes scolaires est tout autre ; ces enfants ont du mal à apprendre ou à s'adapter à l'école pour des raisons d'ordre affectif qui influencent souvent leur potentiel cognitif. Cet ouvrage illustre différentes problématiques scolaires liées en tout ou en partie à l'affectivité de l'enfant (immaturité, anxiété, inhibition intellectuelle, opposition, névrose d'échec…) et propose aux parents des pistes pour aider leur enfant à mieux vivre l'école.

J'apprends à penser, je réussis mieux
Racicot, José
Montréal : Éditions du CHU Sainte-Justine, 2008. 136 p. (Univers Parents)

Comment mon enfant apprend-t-il ? Comment puis-je l'aider à prendre conscience de sa façon d'apprendre ? Comment rendre son apprentissage plus efficace ? Telles sont les questions auxquelles l'approche pédagogique des gestes mentaux apporte des réponses. L'auteur présente cette approche aux parents pour leur permettre de mieux soutenir l'enfant dans ses apprentissages autant scolaire que lors de ses activités sociales et familiales.

Même pas grave ! L'échec scolaire ça se soigne
Revol, Olivier
Paris : JC Lattès, 2008. 284 p.

« Les notes baissent, l'école n'en veut plus, à la maison la tension monte. Tout le monde est à bout. » Selon l'auteur, pédopsychiatre, on peut guérir de l'échec scolaire en autant que le bon diagnostic soit posé. Il propose aux parents, avec ce guide pratique, des pistes pour les aider à repérer les signes d'alerte chez les enfants en difficulté. Des exemples tirés de sa pratique, à l'appui.

Moi, j'aime pas trop l'école : le comprendre, l'aider
Valet, Gilles-Marie et Anne Lanchon
Paris : Albin Michel, 2005. 136 p. (C'est la vie aussi)

Pourquoi certains enfants vont à l'école à reculons ? Les auteurs exposent les différentes raisons qui peuvent être à l'origine de ce rejet et suggèrent aux parents des moyens d'aider leur enfant à se réconcilier avec l'école : est-ce qu'il s'ennuie, a du mal à s'adapter, manque de motivation, a de la difficulté à suivre le programme, il est trop agité ou agressif, solitaire ou surdoué, manque de confiance en lui, stressé, recule devant l'effort, etc. ?

Mon enfant perd pied en classe : guide pratique pour les parents et les enseignants du primaire
Bousser, Jocelyne et Phillipe Deval
Bruxelles : De Boeck, 2007. 165 p. (Comprendre)

Cet ouvrage est construit autour de chroniques d'enfants ayant rencontré des difficultés scolaires, troubles de l'apprentissage ou du comportement. Son objectif est d'aider parents et enseignants à démythifier certaines situations et ne plus créer d'opposition parent/enseignant. Les auteurs veulent redonner sa place à l'enfant, c'est-à-dire que c'est lui qui doit être au cœur de ses apprentissages, les adultes autour de lui doivent apprendre à l'écouter davantage dans ses souffrances et ses victoires.

Peut mieux faire : remotiver son enfant à l'école
Pleux, Didier
Paris : Odile Jacob, 2008. 288 p. (Guides pour s'aider soi-même)

Des conseils pour réconcilier votre enfant avec l'école et que son potentiel puisse enfin voir le jour. En 13 chapitres, dont : Votre enfant est-il démotivé ? Pourquoi a-t-il des difficultés scolaires ? Dédramatiser. Comment réagir face à la démotivation ? Des projets, des objectifs, des rêves pour être motivé. L'élève anxieux. L'élève qui se dévalorise. L'élève intolérant aux frustrations. Etc.

Les bobos de Lili Bobo   6 ans+
Brami, Élizabeth
Paris : Seuil Jeunesse, 1999. 28 p.

Quand il y a de l'école, Lili Bobo a mal partout. Les jours de congé, elle est vraiment en forme.

C'est la vie Lulu ! L'école c'est pas facile !   7 ans+
Duval, Stéphanie
Paris : Bayard jeunesse, 2008. 45 p. (Lulu !)

Ce mois-ci les notes de Lulu ont bien baissé dans son bulletin. Elle n'écoute pas bien en classe, comprend mal ses leçons et panique devant les contrôles. Avec ses parents elle va essayer de comprendre ce qui se passe.

35 kilos d'espoir   10 ans+
Gavalda, Anna
Paris : Bayard, 2007. 111 p.

Grégoire a déjà doublé deux fois. Il n'aime pas l'école. Ce qu'il aime, c'est bricoler et se réfugier avec son grand-père loin de tout. Mais son grand-père sévit quand il apprend que Grégoire est renvoyé de l'école et il le force à se prendre en main, il est temps que Grégoire accepte de grandir.

Comment survivre à l'école   10 ans+
Beller, Rolland et Bernadette Costa-Prades
Paris : Albin Michel, 2002. 176 p. (Comment survivre)

Sur la page couverture : « Je m'ennuie en classe. Il y a des profs qui ne peuvent pas me voir. J'ai la trouille de parler devant tout le monde. J'ai trafiqué mon carnet de notes. J'ai peur d'être racketté à la sortie. Le soir je n'arrive pas à me mettre à mes devoirs. Ma meilleure amie m'a laissé tomber. Je suis nouveau et personne ne me parle… » Des conseils astucieux pour aider les jeunes qui rencontrent des difficultés de toutes sortes à l'école.

Moi aussi, je réussis en classe !   10 ans+
Fradin, Natacha et Isabelle Maroger
Toulouse : Milan, 2007. 48 p. (Les guides complices)

Un guide complice utile à ceux qui se sentent en échec scolaire : ceux qui sont découragés, qui s'ennuient en classe, qui ont de mauvaises notes ou qui ne comprennent plus l'intérêt d'aller à l'école. Un livre pour aider les enfants à réagir avant qu'il ne soit trop tard. « Les guides complices » est une collection pour les 10-12 ans dans laquelle les auteurs conseillent les jeunes pour leur permettre de mieux comprendre les réactions de leurs parents face à certains événements ou par rapport à certains sujets. Ils veulent ainsi aider les jeunes à se responsabiliser et favoriser la communication entre parents et enfants.

Pas envie d'aller à l'école   11 ans+
Longhi, Gilbert et Ariane Morris
Paris : De la Martinière, 2004. 109 p. (Oxygène)

« Depuis quelque temps, le matin, vous ressentez comme un malaise à l'idée de partir au collège. Pourtant, vous n'êtes pas particulièrement mauvais élève. Alors, que se passe-t-il ? Peur des profs ? Du regard des autres ? Difficulté passagère à supporter la pression scolaire ? Quoi qu'il en soit, il est temps que vous réagissiez ! Pour essayer de comprendre bien sûr, mais aussi pour trouver des solutions qui vous aideront, sinon à aimer l'école (il ne faut pas rêver !), au moins à ne plus la subir. » « Oxygène » est une collection qui est conçue pour aider les adolescents à apprivoiser et dédramatiser ce qu'ils vivent au quotidien.

Redoubler et alors ?   11 ans+
Bouchard, Corinne
Paris : De la Martinière Jeunesse, 2006. 108 p. (Oxygène)

Comment tirer profit du redoublement ou comment l'éviter ? L'auteur veut aider les jeunes aux prises avec cette problématique à ne pas vivre le redoublement comme une honte. Appuyé de témoignages d'adolescents qui ont redoublé leur classe. « Oxygène » est une collection qui est conçue pour aider les adolescents à apprivoiser et dédramatiser ce qu'ils vivent au quotidien.

Celui qui n'aimait pas lire   12 ans+
Ollivier, Mikaël
Paris : De la Martinière Jeunesse, 2004. 189 p. (Confessions)

Les auteurs de la collection « Confessions » racontent, sous forme de romans, leur adolescence. Ils sont devenus de grands auteurs de la littérature jeunesse. Avec sincérité ils parlent de difficultés ou de complexes qu'ils ont réussi à surmonter. Dans ce livre l'auteur nous raconte son adolescence quand il n'aimait ni l'école, ni la lecture, ni les livres et les émotions qui le tourmentaient à cette époque. « Parfois, je me dis qu'il suffirait d'interdire les livres aux enfants pour leur donner envie de lire… »

DISCIPLINE

Voir aussi : Enfant roi, Relations parents-enfants, Relations parents-adolescents

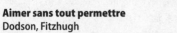

Aimer sans tout permettre
Dodson, Fitzhugh
Alleur : Marabout, 2007. 350 p. (Enfant éducation)

Réédition d'un ouvrage paru en 1979 où l'auteur dénonce un trop grand laxisme dans l'éducation des enfants. Il parle en faveur d'un retour à une discipline adaptée aux phases de développement de l'enfant.

C'est comme ça, un point c'est tout ! Quelle autorité dans la petite enfance ?
Aubourg, Frédérick et Nadia Mila
Paris : Albin Michel, 2007. 134 p. (C'est la vie aussi)

Des réponses aux questions les plus courantes des parents quand ils sont dépassés par le comportement de leur enfant. À quel âge le pot ? Comment arrêter une crise ? Le sommeil, la politesse, les mensonges … L'auteur explique la réaction de l'enfant et comment le parent doit rapidement imposer des limites. « C'est le rôle de l'enfant de discuter les limites, celui des parents de tenir bon. »

Cet enfant qui n'écoute jamais
Aubert, Jean-Luc
Paris : Albin Michel, 2006. 146 p. (Questions de parents)

Un enfant qui écoute peu ou pas, à la maison ou à l'école, n'est pas toujours un enfant qui fait preuve de mauvaise volonté. Dans ce livre, l'auteur explique aux parents que dans certains cas il est bon d'en comprendre les raisons pour dépasser l'inquiétude, l'agacement et l'exaspération que ce comportement peut susciter et pour arriver à se faire comprendre. Il répond à des questions telles que : Pourquoi n'écoute-t-il pas ? Peut-on parler d'autorité naturelle ? Comment l'aider à écouter ? Que faut-il lui interdire ? Pourquoi ? Comment gérer les crises ?… Il insiste aussi sur le fait qu'au-delà de la question de l'obéissance, c'est celle de l'intérêt porté au monde et aux autres qui est en jeu.

Éduquer sans punir : apprendre l'autodiscipline aux enfants
Gordon, Thomas
Montréal : Éditions de l'Homme, 2005. 246 p. (Parents aujourd'hui)

La discipline est toujours une préoccupation pour les parents ou les éducateurs, qu'elle soit basée sur l'autorité ou sur la permissivité. L'auteur expose de nouveaux moyens susceptibles d'amener les enfants à modifier leurs comportements sans avoir recours aux punitions ou aux récompenses ; il prône l'autodiscipline. L'auteur a écrit également *Parents efficaces* et *Enseignants efficaces*. Voir aussi chez le même éditeur et dans la même collection : *Se faire obéir des enfants sans frapper et sans crier* (2005), de Jerry Wyckoff et Barbara C. Unell.

Je m'en fiche, j'irai quand même ! Quelle autorité avec un adolescent ?
Huerre, Patrice et Anne Lamy
Paris : Albin Michel, 2006. 146 p. (C'est la vie aussi)

Un jour ou l'autre, l'adolescent va tenter de repousser les limites imposées. Il peut provoquer ou défier l'autorité. Comment trouver la juste mesure comme parents entre sévérité et laisser-aller ?

La discipline, un jeu d'enfant
Racine, Brigitte
Montréal : Éditions du CHU Sainte-Justine, 2008. 136 p.
(Collection du CHU Sainte-Justine pour les parents)

Comment enseigner et faire respecter les limites et les règles de vie à l'enfant afin de vivre harmonieusement au sein de la famille et en société. L'auteur privilégie la discipline incitative.

L'autorité expliquée aux parents
Halmos, Claude
Paris : Nil, 2008. 167 p.

Aujourd'hui, l'autorité effraye les parents. Autrefois, autorité rimait plus avec soumission des enfants au pouvoir des adultes, elle était susceptible de porter atteinte à sa liberté, à sa personnalité et à sa créativité. Or, une autre autorité existe qui ne détruit pas les enfants mais qui constitue le point d'appui essentiel de leur développement et de leur épanouissement. L'auteur explique aux parents cette nouvelle autorité et pourquoi leur autorité est indispensable à leur enfant.

L'autorité, pourquoi ? comment ? De la petite enfance à l'adolescence
Bacus, Anne
Alleur : Marabout, 2005. 286 p.

Comment exercer son autorité aujourd'hui ? Pourquoi est-il si difficile d'imposer des limites aux enfants ? Pour l'auteur, discipliner signifie enseignement et non pas souffrance et punition. L'auteur propose des techniques concrètes pour aider le parent à adopter la meilleure attitude éducative en fonction de la situation, de la personnalité de l'enfant et de la culture familiale. En sept parties : L'autorité bien comprise – Ce qu'il faut dire aux parents – Ce qu'il faut savoir des enfants – Les outils de l'autorité – Comment faire cesser un comportement négatif – Comment susciter (ou développer) un comportement positif – L'autorité âge par âge.

Le défi de la discipline familiale
Benoit, Joe-Ann
Outremont (Québec) : Quebecor, 2007. 253 p. (Famille)

L'auteur rappelle aux parents la grande importance de la discipline dans la famille. Avec une approche positive où les enfants sont toujours certains de l'estime de leurs parents. Voir aussi chez le même éditeur *Savoir dire non aux enfants* (2002), de Robert Langis.

L'enfant qui dit non : aidez votre enfant à traverser la phase du non
Wyckoff, Jerry et Barbara Unell
Montréal : Éditions de l'Homme, 2005. 358 p. (Parents aujourd'hui)

L'apprentissage de la discipline se fait au quotidien. Quand l'enfant est dans sa phase du non, quelles stratégies adopter pour que les effets soient positifs ? En dix chapitres : Les déplacements – L'habillage – Les repas – Les bonnes manières – Les jeux – L'hygiène – Le jardin d'enfants – L'heure du coucher – L'apprentissage de la sagesse – La santé.

Mal élevé : le drame de l'enfant sans limites
Robert-Ouvray, Suzanne B.
Paris : Desclée de Brouwer, 2003. 237 p. (Psychologie)

L'auteur explique aux parents les causes du comportement des enfants « tyrans » et le rôle important des limites dans la construction personnelle de l'enfant. En particulier, les limites émotionnelles qui posent le plus de problèmes, car elles réveillent chez les parents des souffrances précoces oubliées.

Parents, osez vous faire obéir !
Clerget, Stéphane et Bernadette Costa-Prades
Paris : Albin Michel, 2007. 109 p.

Un petit livre bien synthétisé où l'auteur explique pourquoi l'enfant n'obéit pas et donne des pistes simples et efficaces aux parents pour qu'ils se fassent obéir dans le respect mutuel.

Responsabiliser son enfant
Duclos, Germain et Martin Duclos
Montréal : Éditions du CHU Sainte-Justine, 2005. 188 p.
(Collection du CHU Sainte-Justine pour les parents)

Qu'en est-il aujourd'hui du sens des responsabilités chez les enfants ? Parents et éducateurs, dépassés et même impuissants devant les comportements et les attitudes des enfants, déplorent souvent qu'ils manquent de discipline, de respect et de persévérance. Quels sont les obstacles qui empêchent les parents d'exercer leur autorité et d'inculquer à leurs enfants un vrai sens des responsabilités ? Les auteurs fournissent des pistes de réflexion et d'action ainsi que des conseils pratiques pour aider les parents à faire preuve d'une saine autorité et d'une discipline incitative.

Se faire obéir par les enfants sans se fâcher : 100 trucs efficaces
Leclerc, Isabelle
Outremont (Québec) : Quebecor, 2007. 168 p. (Psychologie)

Une centaine de conseils efficaces, pratiques et non-violents pour guider et discipliner les enfants au quotidien. Les enfants doivent apprendre à accepter les interdits ou bien à vivre avec des désirs non-satisfaits, à avoir des responsabilités, à écouter leurs parents qui détiennent l'autorité, sans qu'ils soient étouffés ou blessés dans leur amour-propre.

Les bêtises   2 ans+
Dolto-Tolitch, Catherine
Paris : Gallimard Jeunesse, 1994. 10 p. (Mine de rien) (Giboulées)

Même si les enfants se font punir quand ils font des bêtises, les parents les aiment quand même. Punir ou gronder n'empêche pas d'aimer.

Les affreux parents d'Arthur   3 ans+
Gratton, Andrée-Anne
Laval (Québec) : Les 400 coups, 2004. 32 p.

Arthur, gentil lapin un peu turbulent, exaspère souvent ses parents. Par exemple, il ne termine pas son assiette ou laisse traîner sa trottinette. Les parents d'Arthur, plutôt intransigeants, exercent leur autorité par de multiples avertissements empreints de peur et de menaces. Mais est-ce la meilleure façon de se faire entendre comme parents ? Un jour Arthur décide de faire comme eux.

Son altesse Camille 1ʳᵉ   3 ans+
Sophie-Luce
Mont-Royal (Québec) : Modulo Jeunesse, 2000. 22 p. (Le Raton Laveur)

Camille veut être une princesse et faire tout ce qu'elle veut quand elle le veut. Plus question d'obéir à quiconque. Mais elle oublie que, si elle est princesse, son père et sa mère sont roi et reine. Alors, comme le dit sa mère, tout restera comme avant.

Lili, capricieuse petite sorcière   4 ans+
Barou, Marie-Christine
Francheville (France) : Balivernes, 2006. 29 p.

Lili fait à sa tête, elle ne veut pas écouter ses parents qui lui demandent de ranger sa chambre. Elle use de magie et les rend minuscules. Mais une fois calmée, elle regrette son geste. Saura-t-elle trouver la formule magique pour qu'ils redeviennent comme avant ?

Pourquoi je ne suis pas sage ?   4 ans+
Witschger, Anne-Laure
Tournai : Casterman, 2000. 26 p. (Pas comme il faut) (Histoires Casterman)

Ce n'est pas aussi facile que papa et maman le pensent de devenir sage et parfait.

Viens ici, Noémie !   4 ans+
Simmons, Jane
Paris : Gautier-Languereau, 1998. 35 p.

Noémie se décide à écouter sa mère seulement lorsqu'elle est en danger.

Mais moi, je veux !   6 ans+
Rühmann, Karl
Zurich : Nord-Sud, 2002. 26 p. (Un livre d'images Nord-Sud)

« Moi je veux faire ce qui me plaît, mais maman dit toujours non. Alors je vais l'envoyer balader sur la lune… » Mais qui lui racontera son histoire du soir ?

Maman ne sait pas dire non   6 ans+
Hoestlandt, Jo et Jean-François Dumont
Paris : Flammarion, 2003. 45 p. (Castor benjamin)

La maman de Sami dit toujours oui. Après la naissance de son deuxième enfant, elle se rend compte qu'elle doit aussi dire non.

Max et Lili veulent tout tout de suite   6 ans+
de Saint Mars, Dominique
Fribourg : Calligram, 2000. 45 p. (Max et Lili) (Ainsi va la vie)

Max veut acheter tout de suite ce qu'il aime. Sa maman cède facilement à sa manipulation. Lili fait de même avec sa grand-mère. Après discussion, les parents décident de ne plus hésiter à dire non à leurs enfants, surtout quand ils ont la certitude d'avoir raison au départ.

Max n'en fait qu'à sa tête   6 ans+
de Saint Mars, Dominique
Fribourg : Calligram, 2004. 45 p. (Max et Lili) (Ainsi va la vie)

Max a plein d'idées et d'imagination mais il n'écoute rien, discute, et ne supporte pas d'être commandé. Les parents devront user d'autorité pour se faire entendre avec une douce fermeté.

Pourquoi toujours obéir ?   8 ans+
Teboul, Roger
Paris : Éditions Louis Audibert, 2002. 45 p. (Brins de psycho)

La collection « Brins de psycho » s'adresse aux 8-13 ans et à leurs parents pour les aider à affronter certaines situations et à répondre à des questions délicates. Dans ce livre, une discussion autour de l'indispensable autorité, qui est importante dans le développement de la personnalité de l'enfant.

La discipline
Santé Manitoba
www.gov.mb.ca/health/documents/discipline.fr.pdf

Comment gérer la discipline et les punitions avec les enfants.

La discipline et le contrôle des comportements
Fondation Investir dans l'enfance
www.investirdanslenfance.ca/Pages/MyChild/AnswersForParents aspx?
topic=Discipline/Guiding%20Behaviour

Plusieurs textes sur différents aspects de la discipline, en particulier sur la définition des limites.

La discipline une question de dosage
Centres d'excellence pour le bien-être des enfants
www.enfant-encyclopedie.com/pages/PDF/DisciplineFRmc.pdf

Que savons-nous de la discipline ? Que peut-on faire face aux comportements que l'on veut voir changer chez l'enfant, comment encourager les bons comportements, comment gérer une perte de contrôle chez l'enfant ?

La discipline : mode d'emploi
PetitMonde
www.petitmonde.com/iDoc/Article.asp?id=9564

Présentation de différentes méthodes de discipline et de quelques histoires de cas d'enfants avec des comportements inacceptables. Des solutions sont proposées.

Lorsque votre enfant se conduit mal :
des conseils pour une discipline efficace
Société canadienne de pédiatrie
www.soinsdenosenfants.cps.ca/Comportement&parents/Lorsque.htm

Conseils aux parents pour bien encadrer les comportements de leurs enfants.

La discipline… un jeu d'enfant, I et II
Racine, Brigitte, conseillère scientifique
Laprairie, Québec : Éducœur, 2004. Coffret de 2 DVD (160 min.)

1er DVD : 1. La discipline : où, quand, comment, pourquoi ? 2. Pourquoi je n'y arrive pas ? 3. Comment cesser de répéter 4. Comment donner le goût de collaborer 5. Le temps d'exclusivité 6. Dix exercices pour donner le goût de collaborer. Des mises en situations complètent la présentation.

2e DVD : 1. À quoi ressemble une discipline punitive ou une incitative ? 2. Quand, comment et pourquoi réparer ? 3. C'est quoi une conséquence logique ? 4. Comment aider mon enfant

qui vit des difficultés à l'école? 5. Comment aider mon enfant qui vit des difficultés à la maison? - Des questions et des mises en situation complètent la présentation.
Disponible chez: Éducœur – Pour les parents – 514 392-4755 www.educoeur.ca
CHU Sainte-Justine – Pour les organismes – Médiathèque, 514 345-4677

Quand discipline rime avec estime I et II
Racine, Brigitte, conseillère scientifique
Laprairie (Québec): Éducœur, 2007. Coffret de 2 DVD (173 min.)

1er DVD: L'enfant qui ne répond pas à vos demandes. Les deux étapes de base d'une discipline incitative. Intervenir avec cœur dans les situations difficiles. Privilégier la réparation au retrait. Quand l'adulte a tort. L'enfant qui refuse de réparer. La punition corporelle. L'enfant puni à la garderie, à l'école. L'utilisation du tableau à l'école. Les récompenses. Les erreurs. L'utilisation du non. L'attribution des tâches. Les compliments.

2e DVD: Intervenir avec cœur dans les situations difficiles. Le matin. Les repas. Le coucher. Le rangement. L'hygiène personnelle. Comment intervenir lors de crises et de cris, lors de colère et manque de respect. Les conflits entre enfants.
Disponible chez: Educœur – Pour les parents – 514 392-4755 www.educoeur.ca
CHU Sainte-Justine – Pour les organismes – Médiathèque, 514 345-4677

Se situer en tant que parent face à la difficile question de l'autorité envers l'enfant
Lemay, Michel, conférencier
Montréal : Hôpital Sainte-Justine. Service audio-visuel, 2005. 1 DVD (92 min.)
(Les Soirées Parents de l'Hôpital Sainte-Justine)

De nombreux changements sont apparus par rapport à la fonction d'autorité parentale. Comment chaque parent peut-il se situer face à cette double obligation? En quoi consiste l'autorité? Quel est son rôle dans la construction d'une personnalité? Du petit enfant à l'adolescent, comment rappeler des limites, comment transmettre des valeurs, comment, s'il le faut, sanctionner? Comment permettre au jeune d'avoir ses points de repère, ses références, son projet de vie tout en tenant compte de la communauté au sein de laquelle il est inscrit?
Disponible chez: CHU Sainte-Justine – Médiathèque, 514 345-4677

Dre Nadia
Montréal : Swan productions, 2006-2007. 22 DVD.

Série du Dre Nadia, psychologue, qui rencontre des familles dans leur environnement afin d'observer les situations et qui propose des solutions concrètes pour modifier le comportement: discipline/autorité parentale.
Disponible chez: Nuance Bourdon, 450 465-4013

DOULEUR

Comprendre et vaincre la douleur chronique de votre enfant
Zeltzer, Lonnie et Christina Blackett Schlank
Paris: Retz, 2007. 288 p. (Savoirs pratiques éducation)

Un livre pour aider parents et personnel soignant à reconnaître, évaluer, gérer et traiter la douleur chronique de l'enfant. Les auteurs clarifient ce qu'est la douleur chronique et comment et dans quels contextes elle se manifeste. Ils donnent des repères pour identifier les éléments prédisposant à la douleur chronique ou pouvant l'aggraver (anxiété, problèmes de sommeil…) et proposent des stratégies pratiques permettant de soulager les enfants. Traitements pharmaceutiques, psychothérapie, médecines complémentaires (hypnothérapie, acupuncture, yoga…), techniques de méditation se côtoient et se complètent pour une prise en charge pluridisciplinaire de la douleur.

L'enfant et la douleur : familles et soignants
Cook, Jon et Anne Tursz
Paris : Syros, 1998. 224 p. (Enfances et sociétés)

Face au problème de la douleur, l'enfant occupe une place particulière, notamment parce qu'il n'est pas toujours en mesure de décrire ce qu'il ressent et aussi parce que l'on ne dispose pas dans tous les cas de médicaments spécialement adaptés. Un livre pour aider à combler le manque d'information et de communication entre l'enfant, la famille et les soignants.

Soulager la douleur de l'enfant : guide à l'intention des infirmières et des professionnels de la santé
Pilon, Céline
Montréal : Éditions du CHU Sainte-Justine, 1999. 102 p.

Vous trouverez dans cet ouvrage les principes généraux de soulagement de la douleur qui devraient être utilisés dans la pratique quotidienne. Sont décrits les mythes, les peurs et les réalités qui entourent la douleur. Un chapitre est consacré à l'expression de la douleur chez l'enfant, un autre à l'évaluation de cette douleur. Enfin, on nous présente les moyens pharmacologiques pour la soulager ainsi que les moyens non pharmacologiques (relaxation, hypnose, imagerie mentale, distraction, etc.).

T'as pas de raison d'avoir mal ! Le combat d'un médecin contre la douleur de l'enfant
Annequin, Daniel
Paris : De la Martinière, 2002. 204 p.

Depuis plusieurs années, l'auteur, anesthésiste et psychiatre, se bat pour que soit reconnue la douleur des enfants soignés à l'hôpital. Il raconte ses réussites, son combat et aussi ses échecs pour apaiser la douleur et les souffrances des enfants, que cette douleur soit causée par une migraine, une simple fracture ou par un malaise plus profond.

Oscar s'est fait très mal
De Lasa, Catherine
Fribourg : Calligram, 1999. 29 p. (Callimage)

3 ans+

Oscar a reçu de l'huile bouillante sur son bras et il faut le conduire à l'hôpital. Les livres de cette collection aident l'enfant à mieux vivre les petits drames quotidiens, à faire face à leurs émotions. Ils se terminent par une page d'information aux parents.

Pourquoi j'ai mal ?
Aladjidi, Virginie
Paris : Nathan, 2008. 27 p.

5 ans+

Adibou s'amuse avec ses amis et Bouzzy lui pince le bras. Pourquoi ça fait mal ? Avec Adibou, les enfants partent à la découverte des mystères du corps humain.

J'ai mal...   8 ans+
Alaméda, Antoine
Paris : Éditions Louis Audibert, 2003. 45 p. (Brins de psycho)

Avoir mal sans être malade, c'est possible. Stress, douleur psychologique, anxiété, angoisse peuvent causer des douleurs sur lesquelles il est difficile de mettre des mots. La collection « Brins de psycho » s'adresse aux 8-13 ans et à leurs parents pour les aider à affronter certaines situations et à répondre à des questions délicates. L'auteur, pédopsychiatre, propose une réflexion sur les douleurs psychosomatiques.

Aider l'enfant à réagir à la douleur
Maman pour la vie
www.mamanpourlavie.com/fr/editoriaux/statique/editoriaux_624.html

Comment reconnaître et traiter la douleur de l'enfant de telle sorte qu'il se sente mieux et se rétablisse plus rapidement d'une maladie.

Évaluation de la douleur
Enfant-Do.net
www.chu-toulouse.fr/enfantdo/spip.php?rubrique7

Présentation des principales échelles d'évaluation de la douleur pour les nouveau-nés, les jeunes enfants et les enfants de plus de 5 ans.

La douleur chez l'enfant
Enfant-Do.net
www.chu-toulouse.fr/enfantdo/spip.php?rubrique6

Information aux parents sur le soulagement de la douleur chez le jeune enfant.

L'enfant et la douleur
Tiboo, le rendez-vous des jeunes parents
www.tiboo.com/contenu/sante/douleu00.htm

Dossier très détaillé sur les différents aspects de la douleur chez le jeune enfant.

DROGUES

Voir aussi : Toxicomanie

Drogue : aide et référence
dar@info-reference.qc.ca
www.drogue-aidereference.qc.ca/index.html

Ligne d'information, d'écoute et de référence :
514 527-2626 (pour le Grand Montréal)
Ligne d'information, d'écoute et de référence :
1 800 265-2626 (sans frais pour le Québec)
514 527-9712

Offre information, référence ainsi qu'écoute et soutien aux personnes concernées par la toxicomanie à travers le Québec. Gratuit et confidentiel, accessible 24 heures par jour, 7 jours par semaine.

Motherisk : consommation d'alcool et de drogues durant la grossesse
www.motherisk.org/index.jsp   ) 1 877 327-4636

Ligne d'aide bilingue sur les effets de la consommation d'alcool et de drogues à usage récréatif pour les femmes enceintes ou qui allaitent. Référence vers des services locaux si nécessaire. Ce service est offert par le programme Motherisk de l'Hôpital pour enfants de Toronto.

Cannabis et adolescence : les liaisons dangereuses
Huerre, Patrick et François Marty
Paris : Albin Michel, 2004. 363 p.

C'est facile de se procurer du cannabis même si c'est illicite d'en consommer. Les cliniciens s'alarment : quand un adolescent va mal, le cannabis renforce sa pathologie et met en péril le projet de soin. Des spécialistes mettent en commun leur savoir pour dresser l'état des lieux et réfléchir aux avancées de leur pratique. Sommaire : Le cannabis et les adolescents – Le cannabis, un bien de consommation – Les effets du cannabis – Aider et soigner – Quand les adolescents vont mal.

Drogues et adolescence : réponses aux questions des parents
Gaudet, Étienne
Montréal : Éditions du CHU Sainte-Justine, 2002. 121 p.
(Collection du CHU Sainte-Justine pour les parents)

L'auteur n'offre pas de solutions magiques, mais il propose, sous forme de questions-réponses, un cadre pour entreprendre une démarche de communication avec son enfant. Les parents veulent comprendre pourquoi leur jeune consomme et les jeunes sont à la recherche de nouvelles expériences, d'indépendance et de liberté.

Les drogues et vos enfants
Rogers, Peter D. et Lea Goldstein
Saint-Constant (Québec) : Broquet, 2008. 221 p. (Guide de survie)

L'objectif des auteurs est d'informer les parents sur l'alcool et les différentes drogues et de les conseiller en leur donnant des stratégies de communication pour qu'ils puissent discuter avec leurs enfants et intervenir auprès d'eux efficacement.

Drogues, mythes et dépendance : en parler avec nos enfants
Beauchesne, Line
Montréal : Bayard Canada, 2005. 100 p.

Pour prévenir la consommation de drogues chez les jeunes, l'auteur privilégie une approche éducative basée sur l'apprentissage des choix plutôt que sur la répétition d'un discours dissuasif de la part des parents ou des éducateurs. En apprenant à choisir, l'enfant participe à son bien-être. Mais, pour jouer un rôle éducatif de premier plan, les parents et les éducateurs doivent être conscients de leurs comportements en matière de consommation de produits psychotropes. Un guide pratique pour les parents, les éducateurs et les intervenants.

Drogues, savoir plus, risquer moins
Comité permanent de lutte à la toxicomanie
Montréal : Comité permanent de lutte à la toxicomanie, 2003. 205 p.

« Ce qu'il faut savoir : alcool, amphétamines, cannabis, cocaïne, ecstasy, GHB, héroïne, kétamine, LSD, médicaments psychoactifs, mescaline, méthadone, nexus, PCP, psilicy-bine, substances dopantes, substances volatiles, tabac. » Ce livre informe sur les produits et leurs effets, les traitements et le soutien. Disponible en librairie et en pharmacie.

Qu'est-ce que ça sent dans ta chambre ? Votre ado fume-t-il du hasch ?
Marcelli, Daniel
Paris : Albin Michel, 2006. 136 p. (C'est la vie aussi)

Comment réagir devant les « drogues douces » ? Les auteurs conseillent les parents en répondant à toutes les questions qu'ils se posent : Doit-on tolérer cette substance banalisée ? Quels sont les vrais dangers ? Que penser du cannabis aujourd'hui ? Comment aborder le sujet avec notre adolescent ? Comment l'aider à dire non ? etc.

Tu ne seras pas accro, mon fils : peut-on éviter à nos enfants de devenir dépendants ?
Matysiak, Jean-Claude
Paris : Albin Michel, 2002. 156 p. (Questions de parents)

L'auteur invite les parents à s'interroger sur leurs propres dépendances et répond à leurs questions : Quelles sont les différentes dépendances ? Pourquoi commencent-elles souvent à l'adolescence ? Existe-t-il des prédispositions ? Comment répondons-nous aux problèmes de nervosité ou de sommeil de l'enfant : médicament ? bonbon ? Cet ouvrage « encourage les parents à comprendre ce qui favorise l'entrée dans la dépendance et les invite à aider leurs enfants à devenir autonomes, c'est-à-dire capables de se limiter ou de refuser une tentation. »

Le cousin de Max et Lili se drogue
6 ans+
de Saint Mars, Dominique
Fribourg : Calligram, 2002. 45 p. (Max et Lili) (Ainsi va la vie)

Max et Lili passent la fin de semaine avec leur cousin Victor. Mais Victor a changé, il a grandi et ne s'intéresse plus aux jeux de ses petits cousins. Max et Lili découvrent qu'il prend de la drogue, vole un peu d'argent et s'isole. Le père de Max et de Lili saura écouter et l'aider.

C'est de la drogue ! produits psychoactifs et dépendance
9 ans+
Pontegnier, Delphine, Jean-François Martin, Gérard Moncomble et al.
Paris : Autrement Jeunesse, 2006. 45 p. (Autrement junior) (Société)

Un livre sur les drogues qui s'adresse aux jeunes de 9-13 ans. Des réponses à leurs questions, à leurs inquiétudes et des pistes pour les aider à réfléchir sur les mécanismes de la dépendance.

Cannabis, mieux vaut être informé
11 ans+
Pouilloux, David et Jacques Azam
Paris : De la Martinière Jeunesse, 2004. 106 p. (Oxygène)

« Le cannabis, c'est sûr, vous en avez entendu parler mais là, vous ne savez plus quoi penser. J'essaie ? J'essaie pas ? Je fais comme les autres ? Et si j'en prends, qu'est-ce que ça va me faire ? Quels sont les dangers ? Ce livre propose des réponses aux questions qu'il faut vous poser sur le cannabis. » « Oxygène » est une collection qui est conçue pour aider les adolescents à apprivoiser et à dédramatiser ce qu'ils vivent au quotidien.

Le passage : les conduites à risque à l'adolescence
13 ans+
Rufo, Marcel et collaborateurs
Paris : Anne Carrière, 2006. 60 p.

Nassama, Dom et Jules vivent un mal-être, des difficultés amoureuses, des conflits avec les parents ou l'absence d'un parent, de la pression sociale, etc. Pour échapper à ces difficultés, ils recourent à l'alcool, aux drogues, au piercing, à la tentative de suicide, etc. Chacun sortira indemne de ce passage difficile avec l'aide et la disponibilité de leurs parents, des professeurs, du réseau de soutien mis à leur disposition. Cette bande dessinée est un moyen parmi d'autres pour aider à la prévention du suicide chez les jeunes. Les auteurs ont réservé les 15 dernières pages aux parents ; ils leur donnent des pistes pour faciliter la communication avec leur adolescent.

Se droguer, c'est risqué
13 ans+
Auderset, Marie-José
Paris : De la Martinière Jeunesse, 2001. 109 p. (Hydrogène)

« Pour connaître les effets et les dangers du tabac, de l'alcool, du cannabis et des médicaments. » L'auteur explique, sans faire de morale, que la consommation d'alcool ou de drogues ne produit pas toujours des sensations agréables.

Vers des jours meilleurs   13 ans+
Cantin, Marc
Paris : Thierry Magnier, 2002. 139 p. (Roman)

Zack, 16 ans, fume régulièrement. Un jour, on lui propose de passer à autre chose, de l'ecstasy avec un peu de cocaïne en cadeau. L'auteur trace le portrait d'un adolescent ordinaire travaillant bien en classe et le parcours qui l'amène à sombrer dans la drogue.

De la poudre aux yeux   14 ans+
Bergevin, Dominique
Montréal : Éditions SMBi, 1996. 160 p. (S.O.S.)

Biographie romancée. Stéphanie entre dans l'univers de la cocaïne à l'adolescence pour échapper aux difficultés de la vie (foyer instable, parents négligents, abus…). Les vingt dernières pages sont écrites par un intervenant en toxicomanie à la Clinique du Nouveau Départ à Montréal sous le titre : « Guide d'aide et d'intervention sur la cocaïne », par Ronald Toupin. Épuisé mais disponible dans les bibliothèques publiques.

Héroïne, cocaïne : voyage interdit   14 ans+
Auderset, Marie-Josée, Jean-Blaise Held et Jean-François Bloch-Lainé
Paris : De la Martinière Jeunesse, 2001. 109 p. (Hydrogène)

Quels sont les effets et les méfaits des drogues dures, avec témoignages à l'appui. « Un livre qui informe, dénonce et prend position. »

Les drogues, un piège   14 ans+
Auderset, Marie-Josée
Paris : De la Martinière, 2005. 241 p. (Ados)

Un livre pour aider les jeunes à prendre conscience des risques et agir en connaissance de cause. Les différentes drogues sont décrites une à une avec leurs effets.

Guide pour les parents - Problèmes de drogues
Fédération des organismes communautaires et bénévoles d'aide
et de soutien aux toxicomanes du Québec
www.fccid.qc.ca/public/index.html

Réflexions sur les attitudes et les peurs des parents face à la consommation de drogues. Voir la section Documentation.

Je m'informe sur l'alcool, les drogues, les médicaments, le jeu
ToxQuébec
www.toxquebec.com/verticale/alcool.ch2

Site très complet d'information pertinente sur l'alcool, la drogue, l'abus de médicaments et le jeu pathologique : tests d'autoévaluation, questions-réponses, ressources de traitement et d'entraide, témoignages, forums de discussion, etc.

La drogue… si on en parlait ?
Ministère de la Santé et des Services sociaux du Québec
http://publications.msss.gouv.qc.ca/acrobat/f/documentation/2007/07-831-01F.pdf

Brochure d'information générale traitant du phénomène de la consommation de drogues à l'adolescence.

Parlons drogue
Ministère de la Santé et des Services sociaux du Québec
www.parlonsdrogue.org

Site web interactif pour les jeunes, les parents et les intervenants. Le site comprend de l'information, des clips vidéo, des questions-réponses et des jeux.

Alcool / Drogues
Jeunesse J'écoute
http://jeunesse.sympatico.ca/fr/informed/sub_drugs.asp?sec=3&sb=2

Questions que tous les adolescents devraient se poser sur leur consommation d'alcool ou de drogues.

Dépendances : Drogue
Tel-jeunes
http://teljeunes.com/menu/index.php?lang=fr&choix=informe

Informations et conseils aux ados sur la consommation de drogues.

Drogues et alcool
Groupe IDITAE des technologies de l'apprentissage
Université de Moncton
www.adosante.org/Drogues/01.shtml

Plusieurs textes regroupés sous les chroniques suivantes : Compréhension de tes sentiments, Ce que tu peux et ne peux pas contrôler, Reconnaître ta valeur, Gestion de tes pensées, Sobriété, Distinguer entre tes sentiments et les faits, Rencontrer mes besoins. Contient aussi un court vidéo en dessins animés.

Guide pour les jeunes - La recherche du bien-être et des plaisirs
Fédération des organismes communautaires et bénévoles d'aide et de soutien
aux toxicomanes du Québec
www.fccid.qc.ca/public/index.html

Réflexions sur la consommation d'alcool et de drogues et les risques de dépendance. Voir la section Documentation.

Jeunesensante.ca
Association canadienne pour la santé des adolescents
www.jeunesensante.ca/acsa

Informations sur tous les aspects de la santé des adolescents : sexualité, relations avec les parents, drogues et dépendances, sports, tatouage, comportements alimentaires… Quiz sur ces thèmes et jeux vidéos.

Les jeunes et les drogues de synthèse
Service de toxicomanie. Ministère de la Santé et des Services Sociaux du Québec et GRIP Montréal
http://publications.msss.gouv.qc.ca/acrobat/f/documentation/2007/
06-001-32F.pdf

Document expliquant ce que sont les drogues de synthèse : leur composition, les formes sous lesquelles elles se présentent et leurs effets physiques et psychologiques. Signes permettant de croire que quelqu'un a un problème de consommation.

Parlons drogue
Santé et Services sociaux Québec
www.parlonsdrogue.org

Site web interactif pour les jeunes, les parents et les intervenants. Le site comprend de l'information, des clips vidéo, des questions-réponses et des jeux.

Drogues et adolescence
Gaudet, Etienne, conférencier
Montréal : Hôpital Sainte-Justine. Service audio-visuel, 2004. 1 DVD (96 min.)
(Les Soirées Parents de l'Hôpital Sainte-Justine)

Comment aborder le thème de la consommation de drogue et d'alcool avec mon enfant ? Déjà, vers la fin du primaire, des doutes peuvent s'installer dans nos têtes de parents : est-ce que je peux prévenir la consommation de drogue chez mon enfant ? Quelle position dois-je prendre : tolérance ou interdiction ? Qu'est-ce qui est problématique dans la consommation ? Quel est le rôle du groupe d'amis dans la consommation à l'adolescence ? Quelles sont les substances consommées ? Comment dépister la consommation chez mon enfant ? Quelles sont les pistes pouvant m'aider à intervenir auprès de lui ? Quelles sont les ressources existantes ? Une période de questions complète la présentation.
Disponible chez : CHU Sainte-Justine – Médiathèque, 514 345-4677

Enfer et contre tous !
Cazabon, Andrée, scénario, recherche et réalisation,
Montréal : Office national du film du Canada, 1999. 1 DVD
(51 min, 57 s) + 1 livret (24 p.).

« La rage, la frustration, le désespoir. Trois mots qui reviennent sans cesse dans les propos des jeunes de la rue, mais qui évoquent aussi les sentiments des parents des toxicomanes, souvent jugés et condamnés avant d'être entendus. C'est pour eux que la cinéaste a voulu réaliser ce film et revivre son propre passé. Pour ce faire, elle s'est attachée au parcours de Cathy et Laurent. Elle les a suivis de longs mois sans rien cacher de leur existence ravagée ni des rechutes qu'ils accumulent, pendant que leurs parents affrontent avec angoisse un système qui leur refuse un véritable soutien. » Tiré de CHOIXMédia.
Disponible chez : ONF, 514 283-9000 ou 1 800 267-7710
www.onf.ca/collection/films/fiche/ ?id=33890

Le déclic
Seaborn, J-Laurence, réalisation
Québec : Centre de réadaptation Ubald-Villeneuve, 2006. 1 DVD + 1 guide
d'animation (12 p.).

« Neuf jeunes partagent un bout de leur vie. Témoignage de leur cheminement dans leur consommation. […] Du début de leur consommation jusqu'à leur déclic, moment où ils ont pris conscience de leur dépendance, des problèmes que causaient leur consommation et leur « après », ce qui aujourd'hui passionne leur vie. »
Disponible chez : Centre de réadaptation Ubald-Villeneuve, 418 663-5008, p. 4908

Les émotions ivres
Daigle, Hélène A., recherche, scénario et réalisation
Montréal : Office national du film du Canada, 1999. 1 DVD (26 min, 2 s)

« Quand les émotions deviennent à ce point intenses qu'elles lacèrent le cœur, il peut être difficile de résister à l'attrait des paradis artificiels. Le document présente trois témoignages sur la toxicomanie et son cercle infernal. Bert, Antoinette et Rita nous confient leur descente aux enfers de la dépendance. Tous les trois ont réussi à s'en sortir et sont aujourd'hui artisans de leur bonheur. Ils revisitent pour nous le périple parfois douloureux qui les a changés. » Tiré de CHOIXMédia.
Disponible chez : ONF, 514 283-9000 ou 1 800 267-7710
www.onf.ca/collection/films/fiche/ ?id=33958

DYSLEXIE

Voir aussi : Troubles d'apprentissage

Association canadienne de la dyslexie
207, avenue Bayswater ☏ 613 722-4777
Ottawa (Ontario) K1Y 2G5 🖷 613 722-4799
info@dyslexiaassociation.ca
www.dyslexiaassociation.ca

« Le mandat de l'Association canadienne de la dyslexie est de sensibiliser le public et de mettre en œuvre une série de programmes multisensoriels permettant d'améliorer la qualité de vie des Canadiens touchés par la dyslexie. » Le site Internet contient quelques textes sur le sujet.

Dyslexie et autres maux d'école
Béliveau, Marie-Claude
Montréal : Éditions du CHU Sainte-Justine, 2007. 296 p.
(Collection du CHU Sainte-Justine pour les parents)

La dyslexie et d'autres « maux d'école » (dysorthographie, dyspraxie, dyscalculie, trouble déficitaire de l'attention, dysfonctions non verbales…) nuisent aux apprentissages de 10 à 15 % des enfants. En dépit du manque de ressources en milieu scolaire et médical, les parents veulent qu'on trouve des moyens d'intervenir rapidement et efficacement, que la nature du problème de l'enfant soit clairement identifiée ou non. L'ouvrage propose une approche simple et pragmatique qui a pour objectif de permettre aux parents et aux différents intervenants de faire une lecture, fondée sur les styles cognitifs, des forces et des difficultés de l'enfant. Bref, l'approche préconisée dans ce livre vise à remettre l'enfant en piste sur le plan scolaire en lui donnant des moyens de réussir malgré tout et de se développer à la pleine mesure de ses capacités.

La dyslexie
Dumont, Annie
Paris : Solar, 2003. 238 p. (Réponses à 100 questions sur)

« Reconnaître et traiter la dyslexie chez l'enfant, comprendre et faire accepter ce trouble, aider l'enfant à vivre avec la dyslexie et à la surmonter. » L'auteur est orthophoniste et la dyslexie est au cœur de sa pratique clinique.

La dyslexie
Vincent, Elisabeth
Toulouse : Milan, 2007. 63 p. (Les essentiels Milan)

Les répercussions de la dyslexie, trouble spécifique de l'apprentissage du langage écrit, sont considérables, tant sur le plan personnel, scolaire que social. Ce livre propose une synthèse des connaissances actuelles concernant ce trouble et les modes d'intervention possibles (prévention, traitements, soutien).

Le don d'apprendre
Davis, Ronald
Paris : La Méridienne/Desclée de Brouwer, 2004. 326 p.

L'auteur présente des stratégies pour corriger les problèmes liés à la dyslexie, qu'ils soient d'apprentissage ou comportementaux (troubles de l'attention, dyscalculie, dysorthographie). L'auteur a écrit en 1995 *Le don de dyslexie* chez le même éditeur.

Les malheurs d'un enfant dyslexique
Plantier, Gisèle
Paris : Albin Michel, 2002. 237 p.

Le témoignage d'une mère qui raconte le quotidien pas toujours facile de son enfant dyslexique : sa famille, son école, son affectivité, ses difficultés. Elle parle aussi de ses années de collaboration avec un orthophoniste qui lui ont permis de mieux connaître la dyslexie et de la combattre plus efficacement avec son enfant.

Petit dyslexique deviendra grand
Duvillié, Rebecca
Alleur : Marabout, 2004. 246 p.

Définition, causes, dépistage, vie quotidienne, vie scolaire, vie familiale, solution, traitements, etc. Des informations et des conseils aux parents et enseignants pour aider les enfants dyslexiques.

Aladin   5 ans+
Wolek, Katia et Anne Sorin
Paris : Danger Public, 2006. 69 p. (Les mots à l'endroit)

Aladin, un adolescent rebelle et indiscipliné orphelin de père, vit avec sa mère dans une petite ville d'Orient. Il traîne dans les rues avec son caméléon Moussa et ses copains, volant les marchands pour se nourrir. Un jour, il fait la rencontre du sorcier Mabé qui veut devenir le maître du monde… La collection « Les mots à l'endroit » est la première collection de livres destinée aux enfants dyslexiques. Son objectif est d'aider les enfants dyslexiques à garder intact le plaisir de la lecture. Voir les autres titres de la collection : *L'enfant et l'oiseau, La Barbe Bleue, Le Chat botté.*

Benjamin n'aime pas lire : une histoire sur… la dyslexie   5 ans+
Dieltiens, Kristien
Saint-Lambert : Enfants Québec, 2007. 25 p. (Une histoire sur…) (J'apprends la vie)

Benjamin n'aime pas lire parce qu'il n'arrive pas à écrire les mots qu'il voit au tableau, parce qu'il se trompe dans ses lettres sans le remarquer et parce qu'il ne lit pas comme les autres élèves de sa classe. « J'apprends la vie » est une collection pour aider les enfants à affronter les difficultés de la vie ou à mieux vivre les différences. À la fin de l'album, des informations utiles pour les parents et les éducateurs.

J'ai attrapé la dyslexie   5 ans+
Sazonoff, Zazie
Rodez (France) : Rouergue, 2005. 21 p.

Une maman cherche ce qui ne va pas avec sa fillette qui ne sait ni lire, ni écrire et la maîtresse lui répète qu'elle court au redoublement. L'orthophoniste trouve le hic, la fillette est dyslexique. Elles travailleront ensemble pour apprivoiser la dyslexie.

Herman ou La merveilleuse histoire d'un petit garçon dyslexique   6 ans+
Poncelet, Pascale
Versailles : Alban jeunesse, 2004. 37 p.

Herman a un problème avec la lecture, il n'est pas capable d'apprendre comme ses amis. Après avoir consulté l'orthophoniste, lui et ses parents apprennent qu'il est dyslexique. Il entreprend un programme de rééducation. À la fin du livre, des explications sur la dyslexie peuvent favoriser la discussion entre parents et enfants.

Un enfant très spécial   6 ans+
Ortiz-Brulot, Milagros
Montréal : Guérin, 2001. 25 p. (Jeunesse)

Thierry raconte sa dyslexie, ses difficultés scolaires et sa peur d'être rejeté à cause de son trouble d'apprentissage. Il trouve des moyens pour surmonter son handicap. Le texte est aussi en anglais et en espagnol.

Gros sur la tomate   7 ans+
Brisson, Dominique
Paris : Syros, 2007. 89 p. (Tempo)

Bob est un petit garçon qui déforme tout, mélange tout, confond tout : les chiffres, les lettres, les mots, les idées… À l'école, il réinterprète à sa façon les énoncés des exercices et collectionne les blâmes. Heureusement, il y aussi 1 001 petites choses que Bob adore et surtout, quoi qu'il arrive, Bob peut compter sur sa mère pour l'aider à tout remettre d'aplomb.

Comment vivre avec la dyslexie   13 ans+
Donnelly, Karen
Montréal : Logiques, 2002. 181 p. (Ados)

Un livre pour les adolescents qui démystifie ce trouble d'apprentissage qu'est la dyslexie. On passe en revue les principaux symptômes, leurs implications et les façons de se prendre en main. De plus, un chapitre sur les ressources éducatives disponibles et les moyens de se préparer aux études supérieures.

Espace parents et familles
Orthomalin - Le portail des orthophonistes malins
www.orthomalin.com/accueil/index.php?m=parents

Documents écrits et extraits sonores pour les parents qui ont des enfants avec des troubles d'apprentissage, en particulier la dyslexie.

La dyslexie
Association québécoise pour les troubles d'apprentissage
www.aqeta.qc.ca/francais/generale/dyslexie.htm

Définition, manifestations, causes, dépistage, diagnostic et rééducation.

La dyslexie : un problème mal connu !
Une pilule, une petite granule - Télé-Québec
http://pilule.telequebec.tv/pages/Categorie-de-sujets-dun-emission/
dossier-de-la-semaine.aspx?emission=92&date=2007-03-15

Témoignages de personnes dyslexiques ainsi qu'une description de la dyslexie.

DYSPHAGIE

La dysphagie : votre guide d'alimentation
Fournier, France, Micheline Frenette, Christiane Gallini Khoury et al.
Montréal : CECOM, Hôpital Rivière-des-Prairies, 2002. 56 p.

Ce guide s'adresse à toute personne confrontée à des problèmes de dysphagie. Il est rédigé par des diététistes-nutritionnistes qui donnent « des conseils concrets et des trucs culinaires afin d'adapter la texture des aliments et la consistance des liquides ; des illustrations aidant à comprendre ce qu'est une déglutition normale avant d'aborder les causes et les conséquences de la dysphagie ; des informations destinées à la personne qui en alimente une autre ; des références pour l'achat de produits alimentaires spécialisés ; des renseignements supplémentaires sous forme de tableaux à compléter par la diététiste-nutritionniste, selon les besoins particuliers de chacun. Des témoignages accompagnés de photos complètent les nombreuses informations qui font de ce guide un véritable coffre à outils. »

Voici les coordonnées pour se procurer ce document : CECOM, Hôpital Rivière-des-prairies, tél : 514 328-3503 ; cecom.hrdp@ssss.gouv.qc.ca

Qu'est-ce que la dysphagie ?
Association professionnelle des nutritionnistes experts en dysphagie
www.apned.info/default.aspx?page=19

Description de la maladie et de ses principales causes. Le site contient aussi d'autres textes sur le traitement de la dysphagie et le rôle du nutritionniste.

DYSPHASIE

Association Dysphasie +
384-A, boul. Curé-Labelle
Chomedey, Laval (Québec) H7V 2S3
info@dysphasieplus.com
www.dysphasieplus.com/index.htm

☎ 450 687-7639
☎ sans frais : 1 877 687-7639
🖷 450 687-9369

L'Association vient en aide aux personnes atteintes de dysphasie, particulièrement les enfants et leur entourage. Elle offre des activités d'information, de répit et de stimulation pour les jeunes ainsi que des rencontres sociales. Il est aussi possible de s'y procurer de la documentation sur la dysphasie.

Association québécoise de la dysphasie /
Association québécoise pour les enfants atteints d'audimutité
Siège social
3958, rue Dandurand
Montréal (Québec) H1X 1P7
www.aqea.qc.ca

☎ 514 495-4118
☎ sans frais : 1 800 495-4118
🖷 514 495-8637

L'Association offre information et soutien aux parents d'enfants audimuets et aux professionnels concernés. Un centre de documentation est accessible sur rendez-vous. Les membres peuvent aussi bénéficier d'un service de prêt de vidéocassettes traitant de dysphasie et d'audimutité. L'Association publie aussi un journal trimestriel, *Ses yeux parlent*. Il y a 10 sections régionales.

Institut Raymond Dewar
Centre de réadaptation en surdité et en communication
3600, rue Berri   ☏ 514 284-2214
Montréal (Québec) H2L 4G9   ☏ 514 284-2581
ird@raymond-dewar.gouv.qc.ca   Téléscripteur : 514 284-3747
www.raymond-dewar.qc.ca   🖨 514 284-5086

« Centre métropolitain de réadaptation spécialisé et surspécialisé en surdité et en communication, l'IRD possède le centre de documentation le plus important au Québec et
au Canada dans le domaine de la surdité et de la réadaptation auprès des personnes
sourdes, malentendantes et sourdes-aveugles. Il intègre également une importante collection en déficience du langage et de la parole. »

Des enfants sans langage : de la dysphasie à l'autisme
Danon-Boileau, Laurent
Paris : Odile Jacob, 2002. 284 p.

Pourquoi certains enfants ne parlent pas ? Comprennent-ils les codes du langage ?
Souffrent-ils de troubles psychiques particuliers ? L'auteur passe en revue les hypothèses
sérieuses sur la question et explique ses interventions avec ces enfants silencieux.

Des trous dans la tête
Mainguy, Suzanne
Montréal : XYZ, 1999. 135 p.

Félix est dysphasique. Il ne trouve pas les sons qui vont avec les mots. Il communique avec
sa mère par le dessin jusqu'à ce que les mots finissent par sortir. L'auteur, la mère de Félix,
a écrit ce roman pour que les parents d'enfants dysphasiques ne perdent pas espoir.

Le voyage d'Anton
Loupan, Marina
Paris : Presses de la Renaissance, 2003. 225 p.

Le témoignage de la mère d'un petit garçon, Anton, qui naît avec un syndrome neurologique qui affecte non seulement sa motricité, mais aussi sa parole. Syndrome de cause
inconnue et pronostic pessimiste et vague. Sa famille se bat pour son droit à l'éducation,
à l'intégration, son droit à la vie.

L'enfant dysphasique
Gérard, Christophe-Loïc
Bruxelles : De Boeck, 1993. 138 p.

Propose des outils d'analyse et de traitement. Montre comment les connaissances issues
de la neuropsychologie peuvent aider à rendre plus logiques et plus cohérentes les actions
pédagogiques, psychologiques et éducatives pour les enfants incapables de maîtriser le
langage par leurs propres ressources. Contient des termes techniques.

Les mésaventures d'Odyme Huet
Tremblay, Larry
Outremont : Association québécoise pour les enfants dysphasiques (audimuets), 2001. 43 p.

Odyme est né en 1958. Voici les péripéties d'un enfant dysphasique au temps où la dysphasie n'était pas connue. Ce livre est destiné aux parents d'enfants atteints du syndrome dysphasique et à ceux qui en souffrent. Pour faire connaître et dédramatiser la dysphasie.

Le secret de Jeannot   5 ans+
Adam, Éric
Laval : Dysphasie +, 2007. 15 p.

Un conte pour expliquer le syndrome dysphasique aux enfants. Jeannot est dysphasique et trouve difficile de se faire des amis. Il n'ose pas parler de son handicap. Il amène des nouveaux amis à la maison et sa mère leur explique ce qu'est la dysphasie. Vous pouvez obtenir cet album à l'Association : 450 687-7639.

Gros sur la tomate   7 ans+
Brisson, Dominique
Paris : Syros, 2007. 89 p. (Tempo)

Bob est un petit garçon qui déforme tout, mélange tout, confond tout : les chiffres, les lettres, les mots, les idées… À l'école, il réinterprète à sa façon les énoncés des exercices et collectionne les blâmes. Heureusement, il y aussi 1 001 petites choses que Bob adore et surtout, quoi qu'il arrive, Bob peut compter sur sa mère pour l'aider à tout remettre d'aplomb.

Et s'il était dysphasique ?
Réseau suisse pour la dysphasie
www.dysphasie.ch/dysphasie.shtml

Présentation de ce trouble spécifique de l'apprentissage du langage : diagnostic précoce, scolarisation, témoignages, questions-réponses, lexique, etc.

La dysphasie : trouble spécifique du langage
Clinique d'évaluation neuropsychologique et des troubles d'apprentissage de Montréal
www.centam.ca/dysphasie.htm

Explications sur ce qu'est la dysphasie ainsi que sur les différents types de dysphasie et leurs impacts sur l'apprentissage.

Qu'est-ce que la dysphasie ?
Association Dysphasie +
www.dysphasieplus.com/index_fichiers/page7.htm

Présentation détaillée de la dysphasie, parfois aussi appelée «aphasie congénitale» ou «audimutité».

Je veux te dire
AQEA Chapitre Estrie avec le Centre de réadaptation de l'Estrie, 2006.
1 DVD (30 min.)

Le DVD s'adresse aux parents en attente d'un diagnostic, aux familles entourant les enfants dysphasiques, aux intervenants en CPE, CLSC et dans le milieu scolaire. C'est un outil de familiarisation abordant la compréhension et l'expression du système langagier. On y trouve des trucs afin de faciliter la communication.
Disponible auprès de l'AQEA au 1 800 495-4118.

Toi moi aime
Montréal : Association québécoise pour les enfants dysphasiques (audimuets), 2000. 1 DVD (27 min.)

Document de sensibilisation sur la dysphasie. On y retrouve des témoignages de parents qui nous parlent avec émotion des différentes étapes vécues du langage jusqu'à l'intégration scolaire. On y présente également des enfants, une adolescente et un adulte qui ont réussi. Une orthophoniste rejoint le groupe pour nous présenter une description vulgarisée de la chaîne de communication verbale.
Disponible chez : Association québécoise pour les enfants dysphasiques (audimuets), 514 495-4118

DYSPRAXIE

Association québécoise pour les enfants dyspraxiques
C.P. 26024   ☏ (boîte vocale) : 819 829-0594
Sherbrooke (Québec) J1G 4J9
dyspraxie@sympatico.ca

L'Association soutient les parents d'enfants dyspraxiques en organisant des réunions, des rencontres, des conférences, des ateliers et des activités sociales. L'Association publie aussi le *Bulletin Info-dyspraxie*.

La dyspraxie : une approche clinique et pratique
Pannetier, Évelyne
Montréal : Éditions du CHU Sainte-Justine, 2007. 128 p. (Intervenir)

L'auteur définit ce qu'est la dyspraxie et ce qui la distingue des autres pathologies du développement. Elle propose des outils d'évaluation simples pour les intervenants de première ligne dans le diagnostic et l'orientation des enfants et adolescents dyspraxiques et, enfin, elle décrit les différentes étapes de la prise en charge de ces enfants.

Le trouble de l'acquisition de la coordination : évaluation et rééducation de la maladresse chez l'enfant
Geuze, Reint-H.
Marseille : Solal, 2005. 236 p.

Les enfants atteints du trouble de l'acquisition de la coordination (TAC) sont l'objet de ce livre. Ce trouble est désigné sous diverses appellations telles que la maladresse, la dyspraxie ou les difficultés d'intégration sensori-motrice. Cet ouvrage a pour objectif d'informer le lecteur, soignant ou parent, des derniers acquis de la recherche. Sommaire : Caractéristiques de ce trouble, difficultés et pronostic d'évolution – Démarches diagnostiques – Déficits sous-jacents – Prise en charge.

Mon cerveau ne m'écoute pas : comprendre et aider l'enfant dyspraxique
Léger, France et Sylvie Breton
Montréal : Éditions du CHU Sainte-Justine, 2007. 188 p.
(Collection du CHU Sainte-Justine pour les parents)

Une présentation des différentes étapes et des multiples aspects de l'accompagnement d'un enfant dyspraxique ainsi que de judicieux repères et de précieuses clés pour penser et mettre en œuvre un accompagnement sur mesure.

Max est maladroit   6 ans+
de Saint Mars, Dominique
Fribourg : Calligram, 1996. 45 p. (Max et Lili) (Ainsi va la vie)

Les responsabilités et la confiance en soi viendront-elles à bout de la maladresse de Max ? Fait partie d'une collection d'une cinquantaine de titres portant sur la résolution des problèmes qui surviennent dans la vie quotidienne des enfants. À la fin de chaque titre, la section « Et toi ? » a pour but de faire réfléchir les enfants sur le thème.

Dyspraxie Info
Dyspraxique mais fantastique
www.dyspraxie.info

Site web français dont l'objectif est de rassembler, d'informer et d'aider toutes les familles touchées par la dyspraxie.

La dyspraxie
Association québécoise des troubles d'apprentissage
www.aqeta.qc.ca/francais/document/dyspraxi.htm

Présentation de la dyspraxie qui est un trouble de la coordination, de l'organisation et de l'exécution motrice, d'origine neurologique et présent dès la naissance.

La dyspraxie : un trouble du comment faire
PetitMonde
www.petitmonde.com/Doc/Article/La_dyspraxie_un_trouble_du_comment_faire

Présentation de la dyspraxie, un trouble de la planification et de la coordination des mouvements nécessaires afin d'accomplir un acte moteur.

ÉDUCATION SEXUELLE

Voir aussi : Identité sexuelle, Infection transmissible sexuellement

Bureau de consultation jeunesse
Casier postal 97554   ☎ 514 274-9887
4061, av. Wellington   Ligne d'intervention : 514 270-9760
Verdun (Québec) H4G 3M6   🖷 514 271-3370
info@bcj14-25.org
www.bcj14-25.org

Consultation, information et référence pour les jeunes et les adultes en difficulté (14-25 ans). Suivi individuel, groupes jeunes mères, groupes jeunes pères, appartements supervisés pour les 17-22 ans.

Clinique des jeunes Saint-Denis
1250, rue Sanguinet   ☎ 514 844-9333
Montréal (Québec) H2X 3E7   🖷 514 847-0683

La Clinique offre des services d'intervention médicale et psychosociale pour les jeunes de moins de 18 ans. Il est aussi possible d'y obtenir de l'information concernant la sexualité en parlant à une infirmière ou à une sexologue. Le service d'avortement est offert aux jeunes filles de moins de 18 ans. Des dépliants sur la contraception, les MTS et la grossesse sont aussi disponibles.

Fédération du Québec pour le planning des naissances
Maison Parent-Roback   ☎ 514 866-3721
110, rue Sainte-Thérèse, bureau 405   🖷 514 866-1100
Montréal (Québec) H2Y 1E6
info@fqpn.qc.ca
www.fqpn.qc.ca

Regroupement féministe de groupes et d'individus, la Fédération a publié plusieurs dépliants et documents d'information sur les différentes méthodes de contraception et la santé sexuelle des femmes. Une liste de publications est disponible sur demande ; il est aussi possible de la consulter sur le site web.

Jeunesse j'écoute
www.jeunesse.sympatico.ca   Ligne d'écoute : 1 800 668-6868
     🖷 416 586-0651

Service national de consultation professionnelle gratuit, confidentiel et anonyme s'adressant spécifiquement aux jeunes. Accessible 24 heures par jour, 7 jours par semaine, Jeunesse j'écoute offre des services d'évaluation, de soutien affectif, de thérapie brève, de renseignement et de référence vers des services locaux. Le site Internet permet de poser des questions à un conseiller et contient plusieurs textes informatifs pour les jeunes.

Seréna Québec
6646, rue St-Denis   ☏ 514 273-7531
Montréal (Québec) H2S 2R9   ☏ sans frais : 1 866 273-7362
info@serena.ca   🖷 514 273 7532
www.serena.ca/fr

Seréna se spécialise dans l'enseignement de la planification familiale naturelle par la méthode sympto-thermique.

Au-delà du plaisir : guide canadien sur la contraception
Société des obstétriciens et gynécologues du Canada
Ottawa : Société des obstétriciens et gynécologues du Canada, 2006. 160 p.

Un guide pratique « sur la façon de vivre sa sexualité en toute sécurité », 2e édition. Toutes les méthodes contraceptives y sont décrites sous forme de questions-réponses. Un bon outil pour vous guider dans le choix d'une méthode adaptée à vos besoins. Pour vous le procurer, visitez le site web de la Société des obstétriciens et gynécologues du Canada : http://www.sogc.org/audeladuplaisir/buy.html. Disponible aussi en librairie.

Entre les transformations, les frissons, les passions… et toutes les questions. Petit guide à l'usage des parents pour discuter de sexualité avec leur adolescent
Sous la coordination de Richard Cloutier
Québec : Publications du Québec, 2007. 44 p.

Ce document propose des pistes et des outils pour aider les parents à discuter sexualité avec leurs adolescents. En sept sections : 1-Les jeunes d'aujourd'hui : une brève incursion 2-Se préparer à faire l'éducation à la sexualité de son adolescent 3-Encore plus de pistes pour faire l'éducation à la sexualité 4-Éviter certains accidents de parcours 5-Petit survol de la contraception 6-Les infections transmissibles sexuellement 7-Des ressources. Aussi sur le web :
http://publications.msss.gouv.qc.ca/acrobat/f/documentation/2006/06-307-01.pdf

La sexualité de l'enfant expliquée aux parents
Saint-Pierre, Frédérique et Marie-France Viau
Montréal : Éditions du CHU Sainte-Justine, 2006. 197 p.
(Collection du CHU Sainte-Justine pour les parents)

Quelle place occupe la sexualité dans le développement normal et global de l'enfant de 0 à 12 ans ? Les auteurs présentent les différentes étapes physiques, psychologiques et sociales et relèvent les principaux enjeux tant du point de vue du parent que de celui de l'enfant. Comment répondre aux questions des enfants, comment réagir, encadrer, rassurer, éduquer ? Que penser d'un comportement particulier ? Les jeux sexualisés sont-ils acceptables ? etc.

La sexualité des enfants n'est pas l'affaire des grands
Lauru, Didier et Laurence Delpierre
Paris : Hachette Pratique, 2008. 135 p.

Aujourd'hui, dans notre société, les enfants sont confrontés très tôt à des images, des attitudes et des discours « ouvertement sexuels, crus et impudiques ». Selon l'auteur, psychiatre, cette hypersexualisation arrive trop tôt pour que l'enfant se construise harmonieusement et elle peut se traduire par certaines pathologies, troubles du comportement et hyperactivité. « Les enfants ne sont pas des adultes en miniature. Leur sexualité doit rester une affaire privée et intime. »

L'enfant et sa sexualité
Olivier, Christiane
Paris : Fayard, 2001. 119 p.

Un livre pour comprendre le développement sexuel et affectif de l'enfant qui devrait permettre à chaque parent d'amorcer avec son enfant le dialogue sur la sexualité. Comprend : le développement sexuel et psycho-affectif, le stade phallique, le complexe d'Œdipe, les jeux sexuels, les périodes de latence, l'inceste et les abus sexuels.

Parlez-leur d'amour et de sexualité
Robert, Jocelyne
Montréal : Éditions de l'Homme, 2005. 185 p.

Pour inciter les parents à prendre leur véritable place dans l'éducation sexuelle de leurs enfants. L'auteur leur suggère d'aborder la sexualité différemment, en leur parlant aussi des aspects positifs : désir, plaisir, attrait pour l'autre, amour. Trop souvent on ne leur parle que des dangers de grossesse, de maladie, du sida et d'abus. L'auteur couvre l'enfance et l'adolescence : petite enfance, enfance, puberté et adolescence jusqu'à la vingtaine.

Pour l'amour des enfants... la découverte de la sexualité et ses mystères
Lessard, Sophia
Laval : Sexprime, 2002. 103 p.

Toutes les questions délicates que les enfants peuvent poser en matière de sexualité sont abordées dans ce livre. Dans un langage simple et clair, bien illustré, l'auteur vient en aide aux parents qui restent sans voix devant certaines questions.
Il est disponible en version française et anglaise à Sexprime, C.P. 18008, Laval, Québec, H7L 1L5. Tél : 450 979-0431 ou par courriel (info@sexprime.biz).

Que savoir sur la sexualité de mon enfant ?
Saint-Pierre, Frédérique et Marie-France Viau
Montréal : Éditions du CHU Sainte-Justine, 2008. 78 p.
(Questions/Réponses pour les parents)

Les auteurs, respectivement psychologue clinicienne et travailleuse sociale au CHU Sainte-Justine, répondent aux questions que vous vous posez sur la sexualité de votre enfant et à celles que vos enfants vous posent.

Tout ce que vous ne devriez jamais savoir sur la sexualité de vos enfants
Rufo, Marcel
Paris : Anne Carrière, 2003. 268 p.

Le bébé naît ignorant de son identité sexuelle. Peu à peu, à travers des expériences fondamentales, il découvrira qu'il est un petit garçon ou une petite fille : premier sourire, allaitement, apprentissage de la propreté, période de l'Œdipe, de latence, puberté, premières expériences sexuelles, etc. L'auteur raconte ce parcours avec les conquêtes de l'enfant, mais insiste aussi sur les obstacles qui peuvent entraver le bon développement de l'identité sexuelle et entraîner des troubles : attouchements, viol, maladie, handicap, etc. Il répond aussi aux questions concrètes des parents : Est-ce normal qu'un enfant se masturbe ? Peut-on prendre un bain avec son enfant ? Que faire s'il refuse d'aller sur le pot ? etc.

Ma sexualité de 0 à 6 ans
Robert, Jocelyne
Montréal : Éditions de l'Homme, 2005. 80 p.

3 ans+

Répond aux questions et aux préoccupations des petits enfants. Illustré avec humour par Gilles Tibo. Se termine par une note aux parents et aux éducateurs.

Dis-moi, d'où viennent les bébés ?
Saint-Lambert (Québec) : Héritage, 1997. 36 p.

4 ans+

Anatomie, physiologie de la femme et de l'homme, conception, naissance. Questions expliquées clairement et simplement aux petits.

La naissance
Rosenstiehl, Agnès
Paris : Autrement Jeunesse, 2008. 42 p.

4 ans+

Sous forme de bande dessinée, l'auteur met en scène les interrogations qui s'expriment quand s'annonce une naissance, occasion d'évoquer plus largement des sujets touchant à l'amour et à la sexualité. Les points de vue s'échangent, à partir des explications des parents et de ce que les enfants imaginent de leur vie future. La conversation porte sur la maternité ou le mariage, la grossesse, l'accouchement, les changements du corps de l'enfance à l'âge adulte, les différences entre les hommes et les femmes… Pourquoi s'aime-t-on ? Comment naissent les enfants ? Comment vit le bébé dans le ventre de sa mère ? L'auteur répond simplement à ces questions sans tenter de les élucider complètement : il donne une information précise mais qui provoque de nouvelles questions qui amènent l'enfant à découvrir sa propre sexualité.

Ma sexualité de 6 à 9 ans
Robert, Jocelyne
Montréal : Éditions de l'Homme, 2004. 62 p.

6 ans+

Répond aux questions et aux préoccupations des enfants de 6 à 9 ans. Illustré avec humour par Gilles Tibo. Se termine par une page destinée aux parents et aux éducateurs.

Max et Lili veulent tout savoir sur les bébés
de Saint Mars, Dominique
Fribourg : Calligram, 1999. 45 p. (Max et Lili) (Ainsi va la vie)

6 ans+

Après la naissance d'un petit veau à la ferme de leurs amis, Max et Lili veulent tout savoir sur les bébés. Kim et Lola, leurs amis, leur parlent de la reproduction. Maintenant qu'ils sont mieux informés sur l'amour et la façon de faire des bébés, ils vont voir leurs parents, qui sont embarrassés… Sous forme de bandes dessinées, cette collection d'une cinquantaine de titres porte sur la résolution de problèmes qui surviennent dans la vie quotidienne des enfants. À la fin de chaque livre, la section « Et toi ? » est là pour aider l'enfant à réfléchir sur le thème.

Poils partout 6 ans+
Cole, Babette
Paris : Seuil Jeunesse, 1999. 40 p.

Un ourson explique à une petite fille ce qui se passera sur son corps et dans son corps quand elle commencera à être grande. C'est monsieur et madame Hormones qui se réveillent et transforment peu à peu les enfants en grandes personnes. C'est pourquoi il y a des seins, des érections, des changements d'humeur, des règles, des voix qui muent et des poils partout.

Le sexe ? parlons-en ! La croissance, les transformations 9 ans+
physiques, le sexe et la santé sexuelle
Harris, Robie H.
Saint-Lambert (Québec) : Héritage, 2001. 92 p.

Ce livre répond aux mille et une questions des enfants sur la sexualité et le sexe. Il comprend six sections : qu'est-ce que le sexe ; notre corps ; la puberté ; les familles et les bébés ; les décisions ; la santé avant tout. Ce livre est abondamment illustré et les dessins sont attrayants, amusants et précis. Pour les enfants et leurs parents.

Ma sexualité de 9 à 11 ans 9 ans+
Robert, Jocelyne
Montréal : Éditions de l'Homme, 2003. 63 p.

L'auteur invite l'enfant à mieux comprendre ce qui se passe en lui à l'aube de la puberté, sur les plans physique, émotif, psychologique. Également des pistes pour aider les parents à discuter sexualité avec leurs enfants.

Le zizi, questions et réponses 11 ans+
Sargueil-Chouery, Sylvie
Paris : De la Martinière Jeunesse, 2006. 112 p. (Oxygène)

L'auteur répond avec précision aux interrogations et préoccupations des adolescents autour de la puberté. En 7 chapitres : Taille et forme du zizi – Érection et éjaculation – Poils en tout genre – Testicules – Anomalies et accidents de parcours – Plaisir et désir – Zizi, culture et société. Illustré avec humour. « Oxygène » est une collection qui est conçue pour aider les adolescents à apprivoiser et dédramatiser ce qu'ils vivent au quotidien.

Questions intimes de filles 11 ans+
Sargueil-Chouery, Sylvie
Paris : De la Martinière Jeunesse, 2007. 106 p. (Oxygène)

L'auteur répond aux interrogations et préoccupations des jeunes filles avec précision en donnant si nécessaire des conseils ou des solutions simples. Comme toujours dans cette collection pour ados, ce livre est illustré avec humour. En sept chapitres : Les organes génitaux et leurs transformations – Autour des seins – Poils en tout genre – Hygiène féminine et règles – Quelque chose ne tourne pas rond – Plaisir et désir – Sexe féminin, cultures et société. « Oxygène » est une collection qui est conçue pour aider les adolescents à apprivoiser et dédramatiser ce qu'ils vivent au quotidien.

Ça roule ! Guide pratique pour que tout roule 12 ans+
plus facilement à l'adolescence
Beaulieu, Danie
Le Gardeur : Impact, 2008. 335 p.

Ce guide passe en revue toutes les étapes et les défis de l'adolescence, que ce soit au niveau physique, psychologique, sexuel ou social. Dans un langage accessible, l'auteur s'adresse aux jeunes qui se sentent parfois «poche, moche ou croche», à ceux qui cherchent des moyens de se faire des amis, d'avoir des relations plus harmonieuses avec leurs parents, ceux qui veulent s'affirmer davantage et prendre leur vie en main, ceux qui veulent en savoir plus sur les relations sexuelles, etc., bref à tous les adolescents qui s'interrogent à cette période de leur vie.

La sexualité, les filles et moi : questions de garçons   13 ans+
Vaisman, Anne
Paris : De la Martinière, 2008. 107 p. (Hydrogène)

L'auteur répond aux questions sur la sexualité que les garçons se posent à l'adolescence pour les aider à y voir plus clair et à mieux se sentir dans leur peau.

Premières expériences sexuelles   13 ans+
Vaisman, Anne
Paris : De la Martinière Jeunesse, 2000. 109 p. (Hydrogène)

Des premiers tête-à-tête aux gestes de l'amour, un livre qui guide les ados dans leur vie sentimentale et sexuelle. Voir aussi dans la même collection, *La Première fois*, 2002.

Full sexuel : la vie sexuelle des adolescents   14 ans+
Robert, Jocelyne
Montréal : Éditions de l'Homme, 2002. 191 p.

Des réponses aux questions et aux préoccupations des adolescents et adolescentes autour de la sexualité : l'attrait, le plaisir, le désir, la relation, l'amour. Suis-je normal ? Suis-je belle ? Comment savoir si je suis prête ? Comment va-t-elle me trouver ? Comment dire non sans passer pour une arriérée ? etc. L'auteur veut aider les adolescents à mieux vivre leur vie sexuelle, affective et amoureuse.

Sexo ados   15 ans+
Solano, Catherine
Alleur : Marabout, 2004. 222 p. (L'adolescence en question)

Pour répondre aux questions des adolescents que soulève la découverte de la sexualité et de l'amour. L'information est divisée en cinq grands thèmes : puberté ; les règles et les seins ; la masturbation, le plaisir et les premières expériences sexuelles ; la contraception et les pratiques sexuelles ; les agressions sexuelles. Sous forme de questions-réponses, avec témoignages.

Comment parler de sexualité avec votre enfant
Ville d'Ottawa - Santé
http://ottawa.ca/residents/health/families/birth_6/emotional/sexuality/
talk_children_fr.html

Trucs aux parents pour faciliter la communication avec leurs enfants sur la sexualité.

Parler de contraception et de sexualité avec votre ado
Société des obstétriciens et gynécologues du Canada
www.sexualityandu.ca/parents/parler%2D5.aspx

Comment aborder le sujet sainement avec les adolescents.

Sexualisation précoce : guide d'accompagnement pour les parents des filles préadolescentes
YWCA - Y des femmes de Montréal
www.ydesfemmesmtl.org/documents/fr_sexualization.pdf

Sept situations liées à la sexualisation précoce des filles de 8 à 12 ans. Les exemples sont suivis de trois réactions possibles de la part des parents ainsi que d'un exemple de réponse et d'une piste d'action.

En savoir plus sur la sexualité
Tel-Jeunes
http://teljeunes.com/menu/index.php?lang=fr&choix=informe

De nombreux textes sur le développement physique, les relations sexuelles, les pratiques sexuelles à risque, l'orientation sexuelle, la contraception et les maladies transmises sexuellement.

Jcapote.com
Ministère de la Santé et des Services sociaux du Québec
http://jcapote.com

Information sur l'usage du condom et « Trousse de survie pour amoureux futés ».

Jeunesensante.ca
Association canadienne pour la santé des adolescents
www.jeunesensante.ca/acsa

Information sur tous les aspects de la santé des adolescents : sexualité, relations avec les parents, drogues et dépendances, sports, tatouage, comportements alimentaires. Quiz sur ces thèmes et jeux vidéos.

Masexualité.ca - Adolescents
Société des obstétriciens et gynécologues du Canada
www.sexualityandu.ca/adolescents/index.aspx

Site très élaboré sur tous les aspects de la santé sexuelle des adolescents.

Santé sexuelle
Groupe IDITAE des technologies de l'apprentissage. Université de Moncton
www.adosante.org/Sante_sexuelle/06.shtml

Plusieurs textes regroupés sous les chroniques suivantes : Les relations, Prendre soin de sa santé, La grossesse, Amour et sexualité, Les infections transmissibles sexuellement, Identité et orientation, Les méthodes de contraception. Contient aussi un court vidéo en dessins animés.

Sexualité et fréquentations
Jeunesse, j'écoute
www.jeunesse.sympatico.ca/fr/informed/sub_sexuality.asp?sec=3&sb=2

Réponses aux questions les plus courantes des jeunes sur la manière d'aborder la sexualité au moment des premières fréquentations.

Sexy inc. Nos enfants sous influence
Bissonnette, Sophie, recherche, scénario et réalisation
Montréal : Office national du film du Canada, 2007. 1 DVD (35 min. 24 sec.)
« Ce film analyse l'hypersexualisation de notre environnement ainsi que ses effets nocifs
sur les jeunes. À travers le point de vue de plusieurs spécialistes et intervenants, ce documentaire dénonce la culture malsaine dans laquelle baignent les enfants et les adolescents…
Exposés prématurément à une vision dégradante de la sexualité via Internet, plusieurs en
viennent à confondre relations sexuelles et pornographie. Proposant plusieurs pistes d'action afin de lutter contre l'hypersexualisation et l'érotisation de l'enfance, *Sexy inc.* nous
invite à nous mobiliser pour mettre un terme à ce phénomène inquiétant. » Contient un
guide d'animation. Ce film s'adresse aux enseignants, aux intervenants de la santé, aux
parents et aux jeunes adultes. Il ne convient pas aux jeunes de moins de 15 ans.
Disponible chez : ONF, 514-283-9000 1-800 267-7710
http://www.onf.ca/collection/films/fiche/?id=55143

La sexualité de l'enfant
Saint-Pierre, Frédérique et Marie-France Viau, conférencières
Montréal : CHU Sainte-Justine. Service audio-visuel, 2006. (99 min.)
(Les Soirées Parents du CHU Sainte-Justine)

Les enfants, quel que soit leur âge, étonnent parfois les adultes par des comportements
ou des commentaires relatifs à la sexualité. On se demande que penser d'un comportement particulier ? Que répondre aux questions posées par les enfants et comment les
encadrer pour qu'ils développent un sentiment de liberté tout en connaissant les limites ?
Quand s'inquiéter devant les conduites sexualisées ? C'est à ces questions qu'on tente de
répondre en décrivant les étapes du développement psychosexuel normal des enfants de
0 a 12 ans.
Disponible chez : CHU Sainte-Justine – Médiathèque, 514 345-4677

ENCOPRÉSIE

Voir aussi : Enurésie

Encoprésie
Doctissimo
www.doctissimo.fr/html/sante/encyclopedie/sa_1281_encopresie.htm
Définition, symptômes et traitement de l'encoprésie chez l'enfant.

Encoprésie / souillage
North American Society for Pediatric Gastroenterology and Hepatology, and
Nutrition
www.naspghan.org/user-assets/Documents/pdf/diseaseInfo/Encopresis-F.pdf
Symptômes et causes de l'encoprésie chez l'enfant.

Traitement de l'encoprésie / du souillage
North American Society for Pediatric Gastroenterelogy and Hepatology, and Nutrition
www.naspghan.org/user-assets/Documents/pdf/diseaseInfo/
TreatmentOfEncopresis-F.pdf

Traitement, guérison, thérapie d'entretien.

ENFANT DOUÉ

Doué, surdoué, précoce : l'enfant prometteur et l'école
Côté, Sophie
Paris : Albin Michel, 2002. 185 p. (Questions de parents)

Les enfants doués peuvent avoir des difficultés à s'épanouir à l'école et ils peuvent présenter des problèmes de comportement, des échecs ou des difficultés d'intégration. Avec ce livre, l'auteur aborde avec les parents toutes les questions touchant la précocité chez l'enfant, afin d'aider ce dernier à s'épanouir malgré ses différences et pour faciliter son intégration au monde de l'enfance. Voir aussi la suite *Petit surdoué deviendra grand : de l'enfant précoce à l'adulte surdoué*, (2003) chez le même éditeur.

Le livre de l'enfant doué : le découvrir, le comprendre, l'accompagner sur la voie du plein épanouissement
Adda, Adrielle
Paris : Solar, 2008. 334 p. (Solar famille)

Un enfant doué est différent parce qu'il apprend vite, a une intelligence supérieure à la moyenne et est doté d'une grande sensibilité. L'auteur conseille les parents pour qu'ils comprennent bien leurs enfants, pour que ceux-ci ne vivent pas l'isolement et l'échec scolaire, pour qu'ils puissent s'épanouir et devenir des adultes qui s'estiment.

L'enfant surdoué : l'aider à grandir, l'aider à réussir
Siaud-Facchin, Jeanne
Paris : Odile Jacob, 2002. 252 p. (Guides pour s'aider soi-même)

Guide pratique pour aider au dépistage de la précocité chez l'enfant. Comment l'aider à s'épanouir tout en mettant à profit ses immenses capacités ? Comment l'aider à organiser sa vie au quotidien ?

Mon enfant est précoce : comment l'accompagner
Beylouneh, Clotilde
Alleur : Marabout, 2008. 282 p. (Marabout éducation)

Qu'est-ce que la précocité et comment la détecter ? Comment répondre aux questions de votre enfant ? Pense-t-il différemment des autres ? Comment réagit-il avec ses professeurs et ses camarades ? Est-il fragile ? Faut-il lui parler de sa précocité ? etc. L'auteur répond aux questions des parents.

Mon enfant est-il précoce ? Comment l'aider et l'intégrer en famille et à l'école
Louis, Jean-Marc
Paris : Interéditions, 2007. 167 p.

Même si l'enfant doué présente des potentialités supérieures dans certains domaines, l'auteur insiste sur le fait que cet enfant ne doit pas être considéré comme un adulte en miniature, mais comme un enfant qui doit jouer et rêver et qui a besoin de sécurité, d'amour et d'encadrement. Comment empêcher que ses capacités intellectuelles qui font rêver les parents freinent son développement social et affectif ? Quel est le rôle de la famille, de l'école ?

Le petit Brillant   3 ans+
James, Simon
Montréal : Imagine, 2004. 24 p.

Brillant est un bébé extraordinaire. Déjà avant sa naissance, ses parents lui lisaient des histoires, lui faisaient écouter de la musique, des cours de langue, le téléjournal… (Aussi publié sous le titre *Bébé Génie*, École des loisirs, Pastel, 2005).

Herman ou La merveilleuse histoire d'un petit garçon surdoué   6 ans+
Poncelet, Pascale
Versailles : Alban jeunesse, 2005. 39 p.

À 6 ans, Herman lit Jules Verne. Sa grand-mère en est éblouie, ses parents aussi. Cependant, il s'ennuie à l'école, il voudrait être comme ses amis. Il rencontre un psychologue qui l'aide à développer son don de façon positive. Le livre se termine par des informations et des ressources pour aider les parents.

Toute la vérité sur Sam   8 ans+
Lowry, Lois
Paris : L'École des Loisirs, 1999. 182 p. (Neuf)

Le cerveau de Sam Krupnik « carbure à la vitesse de la lumière ». Il a une sœur, Anasthasia, qui est au début de l'adolescence, et des parents qui sont normalement à l'écoute de leurs enfants. Le petit Sam, surdoué, nous raconte ici les grands moments de sa vie. Sam a 3 ans.

Enfants surdoués : documents de référence
Société pour enfants doués et surdoués de l'Ontario
www.abcottawa.cyberus.ca/resources/reference_docs_f.htm

Plusieurs textes pour les parents et les professeurs afin de mieux encadrer les enfants surdoués.

Enfants surdoués : comment les aider ?
Doctissimo
www.doctissimo.fr/html/psychologie/mag_2003/mag0620/dossier/
enfants_surdoues_niv2.htm

Plusieurs articles sur différents aspects de la douance chez les enfants.

Enseigner aux élèves doués et talentueux
Alberta - Direction de l'éducation française
www.education.gov.ab.ca/french/adt_scol/doues_talent/doue_talent.asp

On y présente différents modèles explicatifs de la douance. On y traite aussi de l'identification des élèves doués et talentueux ainsi que de programmes adaptés aux besoins de
ces élèves.

ENFANT HANDICAPÉ

Voir aussi : Accueil de l'enfant différent, Aides techniques, Logement adapté

Association de parents de l'enfance en difficulté de la Rive Sud de Montréal
360, rue Cherbourg   ☎ 450 679-9310
Longueuil (Québec) J4J 4Z3   🖷 450 679-3294
apedrsm@apedrsm.org

L'Association offre plusieurs services aux parents et intervenants de la Montérégie. On
y trouve des groupes d'entraide pour parents d'enfants ayant une déficience intellectuelle
ou physique, pour parents d'enfants hyperactifs ainsi que pour les frères et sœurs d'enfants hyperactifs ou présentant une déficience.

Association de parents d'enfants trisomiques 21 – Lanaudière
206, chemin des Anglais   ☎ 450 477-4116
Mascouche (Québec) J7L 3N9   🖷 450 477-3534
apetl@cam.org

L'APETL offre de multiples services aux parents d'enfants atteints de trisomie 21 de la
région de Lanaudière et ses environs. Écoute téléphonique, ateliers et cafés rencontres,
formation en gestuelle Amer'ind, formation parents-soutien, répit, Joujouthèque
(s'adresse aussi aux parents d'enfants atteints d'un handicap physique ou intellectuel
autre que la trisomie), activités socio-culturelles et centre de documentation.

**Association des établissements de réadaptation en déficience
physique du Québec**
1001, boul. de Maisonneuve Ouest, bureau 430   ☎ 514 282-4205
Montréal (Québec) H3A 3C8   🖷 514 847-9473
info@aerdpq.org
www.aerdpq.org

Association qui regroupe les centres de réadaptation du Québec. Le site Internet nous
offre les coordonnées des établissements, une liste d'activités et de publications.

Association multi-ethnique pour l'intégration des personnes handicapées du Québec

6462, boul. Saint-Laurent   ☎ 514 272-0680
Montréal (Québec) H2S 3C4   ☎ sans frais : 1 866 318-0680
ameiph@ameiph.com   🖶 514 272-8530
www.ameiph.com

« L'Association multi-ethnique pour l'intégration des personnes handicapées est un organisme sans but lucratif qui regroupe des personnes handicapées de toute origine ethnoculturelle, quel que soit leur âge, leur type de déficience ou leur statut, ainsi que les parents
et les membres de la famille d'une personne handicapée d'origine ethnoculturelle. C'est
une ressource capable de les soutenir dans leurs démarches d'intégration à tous les
niveaux et de les orienter vers les ressources qui répondent à leurs besoins. »

Centre de documentation

Centre de réadaptation Marie Enfant
5200, rue Bélanger, local C-SS-036   ☎ 514 374-1710, poste 8033 ou 8268
Montréal (Québec) H1T 1C9   🖶 514 374-6803
maryse.boyer.hsj@ssss.gouv.qc.ca
http://cidg2.no-ip.info :8080/~marienf/k/catabib.htm

Centre de documentation spécialisé en réadaptation comprenant environ 2 000 livres
médicaux, une quarantaine de périodiques courants et une collection de 200 livres de
vulgarisation plus particulièrement destinés aux parents. L'accès au service du prêt est
réservé au personnel de CRME et aux parents qui ont un enfant traité au CRME. Les
personnes de l'extérieur peuvent consulter sur place les livres et revues du centre de
documentation.

Emmanuel, l'amour qui sauve

C.P. 352   ☎ (répondeur) : 819 395-4889
Drummondville (Québec) J2B 6W3   🖶 819 395-6411
emmanuel01@sympatico.ca
www.emmanuel.qc.ca

« Association en faveur de l'adoption d'enfants ayant une déficience intellectuelle, physique ou sensorielle et, pour cette raison, réputés inadoptables. Soutient les parents biologiques à la naissance d'un enfant handicapé. Si nécessaire, leur apporte du soutien dans
leur démarche d'adoption. Trouve des parents intéressés à adopter de tels enfants réputés
inadoptables. Favorise l'entraide et suscite des rencontres entre familles adoptives. »

Fondation d'aide aux handicapés du Québec

4058, rue Monselet, suite 106   ☎ 514 328-0063
Montréal (Québec) H1H 2C5   ☎ sans frais : 1 866 328-0063
info@fahquebec.org
www.fahquebec.org

La Fondation d'aide aux handicapés du Québec, dont la mission est d'améliorer la qualité de vie des personnes présentant une incapacité, a mis en place un programme de
collecte d'appareils et de matériel médical pouvant être remis gratuitement.

Institut de réadaptation en déficience physique de Québec
525, boul. Wilfrid-Hamel   ☎ 418 529-9141
Québec (Québec) G1M 2S8   🖷 418 649-3703
communications@irdpq.qc.ca   ATME : 418 649-3733
www.irdpq.qc.ca

En plus des services de réadaptation, l'Institut offre des documents d'information en format PDF destinés au grand public.

Office des personnes handicapées du Québec (OPHQ)
Direction de l'intervention collective régionale de l'Ouest
500, boul. René-Lévesque Ouest, bureau 15.700   ☎ 514 873-3905
Montréal (Québec) H2Z 1W7   ☎ sans frais : 1 888 873-3905
dicro@ophq.gouv.qc.ca   🖷 514 873-4299
www.ophq.gouv.qc.ca   Téléscripteur : 514 873-9880

Organisme gouvernemental œuvrant à promouvoir les intérêts des personnes handicapées, à faciliter leur intégration scolaire, professionnelle et sociale, à coordonner les services qui leur sont dispensés et à les informer et les conseiller. L'Office possède un centre de documentation situé à Montréal et accessible à tous.

Office des personnes handicapées du Québec (OPHQ)
Centre de documentation
500, boul. René-Lévesque Ouest, bureau 15.600   ☎ 514 873-3574
Montréal (Québec) H2Z 1W7   ☎ sans frais : 1 888 264-2362
documentation@ophq.gouv.qc.ca   🖷 514 873-9706
www.ophq.gouv.qc.ca/documentation

« Le Centre de documentation de l'Office des personnes handicapées du Québec est ouvert au public et il offre des services de consultation, de référence, de prêt et de conseil documentaire dans le domaine des déficiences, des incapacités et des situations de handicap. » Les heures d'ouverture sont du lundi au vendredi de 8 h 30 à 12 h et de 13 h à 16 h 30.

Société pour les enfants handicapés du Québec
2300, boul. René-Lévesque Ouest   ☎ 514 937-6171
Montréal (Québec) H3H 2R5   ☎ sans frais : 1 877 937-6171
sehq@enfantshandicapes.com   🖷 514 937-0082
www.enfantshandicapes.com

La Société aide les parents à garder leur enfant handicapé en milieu familial. Les services offerts sont : l'Auberge et la Résidence Papillon (résidences répit recevant les jeunes handicapés et multihandicapés de 5 à 25 ans pour des séjours à court terme), le Camp Papillon (camp de vacances tout au long de l'année pour des séjours de 10 jours, des vacances famille, des journées plein air et des séjours de fins de semaine), Caravane Papillon/Nous aidons (camp de vacances itinérant pour enfants handicapés vivant dans des régions où ils ne peuvent pas profiter d'un camp de vacances spécialisé), Colonie Les Bosquets (camp de vacances situé en Montérégie, résidence loisirs-répit et camp de jour), Garderie Papillon, Gardiennage Papillon (gardiennage et accompagnement pour enfants et adultes handicapés), Jardin des Papillons (centre de stimulation précoce), Papillon de jour (camp de jour pour enfants multihandicapés), Transport Papillon (transport des enfants handicapés fréquentant les services de la Société), Carrefour Papillon (service de référence et d'information pour les parents) et Ressource Papillon (programme favorisant la promotion de l'intégration des enfants handicapés dans les garderies et centres de la petite enfance de Montréal, de Laval et de la Rive-Sud).

Solidarité de parents de personnes handicapées inc.
5095, 9ᵉ avenue, bureau 101   ❨ 514 254-6067
Montréal (Québec) H1Y 2J3   🖥 514 254-7983
info@spph.net
www.spph.net

Cet organisme offre des services de soutien, d'information, de référence, de répit et d'accompagnement aux parents de personnes handicapées ou multihandicapées de 0 à 30 ans.

Au-delà de la déficience physique ou intellectuelle : un enfant à découvrir
Ferland, Francine
Montréal : Éditions de l'Hôpital Sainte-Justine, 2001. 224 p.
(Collection de l'Hôpital Sainte-Justine pour les parents)

L'enfant qui présente une déficience physique, intellectuelle ou sensorielle est avant tout un enfant et ses parents sont d'abord des parents. Comment ne pas laisser la déficience prendre toute la place ? Comment favoriser le développement de l'enfant tout en répondant aux besoins de la famille ? Comment découvrir le plaisir avec lui ? Cet ouvrage répond à ces questions et contient des suggestions simples et applicables au quotidien.

Aux marges de la vie : être parent d'un bébé mort, fragile ou handicapé
Authier-Roux, Frédérique, Patrick Ben Soussan, Anne-Marie Darras, et al.
Ramonville-Saint-Agne (France) : Érès, 1999. 64 p. (Mille et un bébés)

Comment devenir parent d'un bébé handicapé ou malade, comment l'investir et l'aimer ? Des spécialistes témoignent de leur travail d'accompagnement auprès des parents, des enfants et de l'équipe soignante.

Comprendre votre enfant handicapé
Sinason, Valérie
Paris : Albin Michel, 2001. 105 p. (Les guides du Centre Tavistock)

Un guide pour répondre aux questions essentielles que les parents se posent au quotidien. En sept chapitres : La grossesse et la crainte d'avoir un enfant handicapé – Votre bébé handicapé – Les problèmes quotidiens – Les handicaps spécifiques – L'intervention médicale – L'école – L'enfant adulte.

Je serai toujours là pour toi. Des parents d'enfants handicapés témoignent
Solidarité de parents de personnes handicapées
Montréal : Éditions du CHU Sainte-Justine, 2008. 116 p. (Univers Parents)

Cet ouvrage regroupe une quinzaine de témoignages émouvants de parents sur leur expérience de vie, appuyés de photos.

L'enfant citron-miel
Jacquet, Mariette
Paris : Desclée de Brouwer, 1997. 188 p. (Handicaps)

Après la naissance d'un bébé handicapé, comment vivre la vie de couple, la vie de famille, la vie de l'enfant ? Une mère nous raconte comment sa vie paisible a basculé, comment elle a apprivoisé cette nouvelle vie et les changements que cette naissance a provoqués en elle et dans sa famille. Au terme de cette épreuve, elle nous parle d'une véritable renaissance.

L'enfant déficient en quarante questions
Ringler, Maurice
Paris : Dunod, 2000. 179 p. (Enfances)

L'auteur répond aux questions des parents et des proches des enfants déficients. Il les amène à réfléchir sur les sentiments et les croyances qui sont à l'origine des comportements sociaux face à la déficience.

L'enfant différent : accepter un enfant handicapé
Ringler, Maurice
Paris : Dunod, 2001. 161 p. (Enfances)

Les familles qui vivent avec un enfant handicapé rencontrent inévitablement des problèmes. Quels sont-ils ? Quelles conditions devraient être mises en place pour que l'enfant et la famille s'épanouissent le mieux possible ? L'auteur insiste sur l'importance du contexte affectif dans la famille, qui sera le moteur positif ou négatif des actions entreprises pour vivre le mieux possible avec ce handicap.

Les enfants différents : les comprendre pour mieux les aider
Ndayisaba, Joseph et Nicole de Grandmont
Montréal : Logiques, 1999. 378 p.

Les auteurs passent en revue les divers aspects de l'enfant différent : Les handicaps physique, moteur, intellectuel, sensoriel et d'origine génétique/La mésadaptation et l'inadaptation/Les enfants traumatisés et les troubles de la communication. Ils donnent des conseils pour les rendre plus autonomes. Un ouvrage pour les enseignants, les parents et les psychoéducateurs.

Mon enfant est différent
Lachenal, Marielle
Paris : Fayard, 2000. 356 p. (Les enfants du fleuve)

Ce livre tente de répondre au désarroi des parents qui apprennent que leur enfant sera différent. Beaucoup de témoignages qui font surtout ressortir la solitude des parents depuis la découverte du handicap et, par la suite, dans la vie de tous les jours, à mesure que l'enfant grandit. Mais il contient aussi des témoignages d'espérance qui montrent comment l'épreuve fait grandir et cimente les liens familiaux autour de l'enfant différent. Belles confidences des parents, frères et sœurs.

Monsieur Butterfly
Buten, Howard
Paris : Seuil, 2003. 249 p. (Points virgule)

Un clown sans travail décide de s'occuper d'enfants qui sont hospitalisés dans un service de psychiatrie : un schizophrène, un trisomique, un handicapé physique et un enfant battu par son père. Ils vivront tous ensemble sous le même toit. L'auteur nous livre « une réflexion sur notre société qui n'assume pas ces (ses) enfants dits déviants ». Il sait, par expérience, que l'amour seul peut les aider à progresser.

Nés deux fois
Pontiggia, Giuseppe
Paris : Seuil, 2002. 233 p.

Ce livre raconte l'histoire émouvante entre un père et son fils handicapé depuis la naissance. L'un et l'autre apprendront à s'aimer au-delà de leurs différences.

Regards croisés sur le handicap
Leprêtre, Luc et Marcel Rufo
Paris : Anne Carrière, 2008. 239 p.

À 15 ans, Luc Leprêtre a un accident, il reste handicapé, il apprend qu'il ne pourra plus jamais marcher. Comment envisager l'avenir, comment se reconstruire, comment avancer malgré cet encombrant fauteuil roulant ? Il est devenu un homme épanoui qui est parvenu à faire oublier son handicap. Son expérience et les analyses du pédopsychiatre aideront ceux qui traversent une telle épreuve, qui cherchent des réponses à leurs questions ou qui sont envahis par la détresse.

Vivre au quotidien avec un enfant gravement malade : renseignements pratiques et ressources
Côté, Sophie
Montréal : Éditions du CHU Sainte-Justine, 2006. 244 p.

Ce guide a pour objectif d'aider les familles qui s'occupent d'enfants gravement malades ou handicapés à se retrouver dans le dédale des services disponibles. La première partie contient des renseignements pratiques sur le soutien médical, la vie quotidienne, le développement de l'enfant, le soutien à la famille, le soutien au transport, le soutien économique et le soutien légal. Dans la deuxième partie vous trouverez, pour chaque région du Québec, les ressources relatives à différents types de déficiences ou de pathologies. L'auteur, mère d'un enfant gravement malade, a rédigé cet ouvrage pour l'organisme *Le Phare, Enfants et Familles*, qui offre des services de répit et de soins palliatifs aux enfants atteints d'une maladie dégénérative et terminale.

Vivre avec un enfant différent : comprendre et soutenir les parents de l'enfant handicapé et malade
Restoux, Pauline
Alleur : Marabout, 2007. 128 p. (Marabout éducation)

Souvent, après l'annonce du handicap ou de la maladie grave, les liens familiaux et amicaux s'estompent. L'auteur, en collaboration avec l'organisme Handicap International, destine cet ouvrage à la famille et aux amis des parents d'enfants handicapés pour les sensibiliser et les aider à épauler ces parents et les sortir de leur isolement. En trois parties. Connaître : l'enfant différent est aussi un enfant /Comprendre : pour expliquer d'où nous vient ce rejet de la différence… /Agir et construire : l'entourage peut aider le parent en accueillant l'enfant différent comme un enfant ordinaire. Avec tendresse…

Vivre avec un handicap   2 ans+
Dolto, Catherine et Colline Faure-Poirée
Paris : Gallimard jeunesse, 2008.

Quand on n'est pas comme les autres, quand on a un handicap, c'est difficile à vivre. Mais avec l'aide de ses parents, de son entourage, il est possible de trouver la force de vivre à sa manière, d'accomplir les grandes et les petites choses de la vie.

Alice sourit
3 ans+

Willis, Jeanne
Paris : Gallimard Jeunesse, 2002. 28 p. (Folio benjamin)

Alice est comme tous les enfants du monde, elle rit, elle pleure, elle est triste, elle nage, elle crie, elle boude, elle a peur, elle sourit, elle aime se faire raconter des histoires, même si elle doit se déplacer en fauteuil roulant.

Joséphine à la piscine
3 ans+

Lecerf, Laurence
Toulouse : Milan, 2001. 15 p.

Joséphine est en fauteuil roulant. Elle ne se déplace pas autrement. Mais elle aime bien aller à la piscine. Là, tout le monde est pareil et chacun oublie ses petits défauts.

Vroum !
3 ans+

Munsch, Robert
Markham (Ontario) : Scholastic, 2003. 30 p.

Laurie a besoin d'un nouveau fauteuil roulant. Son seul critère, c'est de rouler vite. Elle va magasiner avec sa mère et la vendeuse lui en propose un à 92 vitesses ; elle peut l'avoir pour la journée, à l'essai.

Helen, la petite fille du silence et de la nuit
4 ans+

Marchon, Anne
Paris : Bayard, 2003. 44 p. (Les belles histoires)

C'est l'histoire d'Helen Keller, aveugle, sourde et muette depuis qu'elle est toute petite. Un jour, elle a un nouveau professeur qui invente un langage pour qu'elle puisse communiquer avec l'extérieur. Adaptation de la biographie d'Helen Keller.

Pourquoi je suis différente
4 ans+

Green, Jen
Montréal : École active, 2006. 32 p. (Pourquoi)

Cet album illustré présente diverses situations vécues par de jeunes enfants handicapés. On y traite des préjugés envers les personnes différentes et des émotions ressenties par les enfants avec une déficience motrice, auditive ou visuelle.

Roland Rouleur
4 ans+

Garth, Tony
Paris : Mango Jeunesse, 2004. 24 p. (Les Petits monstres)

Roland vit sur des roulettes, toutefois rien ne l'arrête. En été, Roland joue au tennis et, en hiver, il excelle au basketball en fauteuil roulant.

Le lapin à roulettes
5 ans+

Solotareff, Grégoire
Paris : L'École des Loisirs, 2002. 36 p.

Jil le lapin a des jambes qui ne marchent pas. Alors son père lui a fabriqué des bottes munies de roues et de freins. Pour se lever, il s'aide à l'aide de béquilles. Un jour, Jil part faire un tour plus loin que d'habitude, se voit obligé de dormir dans une grotte. Un ours malveillant lui volera ses bottes durant la nuit mais pris de remords, l'ours saura se faire pardonner et sauvera la vie de Jil.

Mimi l'oreille   5 ans+
Solotareff, Grégoire
Paris : L'École des Loisirs, 2005. 36 p. (Lutin poche)

Mimi Lapin, né avec une seule oreille, s'attriste d'être différent des autres lapins. Mimi décide de subir une chirurgie et s'en va de par le monde en quête d'une oreille à se faire greffer. Après avoir rencontré Julie Lapie à une seule patte et plusieurs autres amis, Mimi décide de rester comme il est et de se faire appeler dorénavant Mimi l'oreille.

Alex est handicapé   6 ans+
de Saint Mars, Dominique
Fribourg : Calligram, 1998. 45 p. (Max et Lili) (Ainsi va la vie)

Max apprend à connaître Alex, le nouveau de la classe. Il est en chaise roulante. Aide à faire comprendre aussi aux enfants le défi quotidien qu'ont à vivre les personnes qui ont un handicap. En bande dessinée.

Ça roule avec Charlotte   6 ans+
Giroux, Dominique
Saint-Lambert (Québec) : Soulières, 1999. 54 p. (Ma petite vache a mal aux pattes)

Charlotte se déplace en chaise roulante. Elle tente de convaincre ses parents de la laisser aller au camp avec sa classe.

Espèce de coco   6 ans+
Bergeron, Alain M.
Saint-Laurent (Québec) : Pierre Tisseyre, 2002. 57 p. (Sésame)

C'est la fin de la journée d'école et Chloé n'est pas pressée de s'en aller car elle sait que sa maman viendra la chercher avec son petit frère Marco. Elle espère que personne ne la verra parce qu'elle a honte de son frère qui ne fait pas grand-chose pour 2 ans. Elle l'aime bien mais seulement à la maison, parce qu'il est trop différent.

Sauvez Henri !   6 ans+
Brochu, Yvon
Saint-Lambert (Québec) : Dominique et Compagnie, 2001. 44 p. (Roman rouge)

Laurence a deux voisins : Henri, un chien qu'elle adore, et Louis, un jeune handicapé, un peu plus vieux qu'elle. Elle le trouve agaçant parce qu'il grogne, parle fort et a l'intelligence d'un enfant de 5 ans. Elle sera bien obligée de le rencontrer plus souvent qu'elle ne le pense à cause d'Henri.

Un baiser pour Julos   6 ans+
Duchesne, Christiane
Saint-Lambert (Québec) : Dominique et Compagnie, 2000. 32 p. (À pas de loup)

Julos est différent des autres, il est petit, ne court pas, il n'attrape pas le ballon non plus. Il explique à Lola, la nouvelle de la classe, que ses jambes sont malades. Lola accepte naturellement Julos avec sa différence.

Un parfum de mystère   7 ans+
Côté, Denis
Montréal : La courte échelle, 1999. 61 p. (Premier roman)

Patrick a un accident au hockey et devient paraplégique. Il s'enferme, il ne veut plus voir ses amis. Et un jour, il s'aperçoit qu'il n'a pas perdu le don de rêver…

Entre ciel et terre
8 ans+
Sanvoisin, Éric
Toulouse : Milan, 2004. 38 p. (Tranche de vie)

Killian est handicapé et veut faire de l'alpinisme. Il en a assez d'être toujours raisonnable.

Le nouveau de la classe
8 ans+
Gervais, Jean
Montréal : Boréal, 1992. 47 p. (Dominique)

Le nouveau de la classe, Benoît, a une paralysie cérébrale. Comment les enfants et les adultes qui le côtoient chaque jour l'aideront-il à s'intégrer ? L'histoire est suivie de conseils pratiques pour les parents et les éducateurs.

Le seul ami
8 ans+
Meunier, Sylvain
Montréal : La courte échelle, 2002. 93 p. (Roman jeunesse)

Après l'école, Germain va visiter Michel qui est toujours tout seul chez lui parce qu'il est très malade. Il est paraplégique et il est toujours disponible parce que Germain est son seul ami. Mais l'état de Michel s'aggrave, il va bientôt mourir. Germain n'ose plus aller le voir parce que l'idée de la mort le gêne. Il ira tout de même le visiter.

Les handicapés
8 ans+
Sanders, Pete
Tournai : Gamma Jeunesse, 1992. 32 p. (Parlons-en !)

Sous forme de questions et de réponses, des informations pour que les enfants comprennent les causes physiologiques des handicaps physiques, comme la paralysie, la surdité, la cécité. On y parle également des sentiments qu'on éprouve devant les handicapés.

L'hiver de Léo Polatouche
8 ans+
Leroux, Nicole
Montréal : Boréal, 2003. 140 p. (Boréal junior)

Léo, écureuil volant, se sent nul parce qu'il est différent des autres, il a une patte plus petite que l'autre et ne peut pas exceller, à l'instar de ses frères et sœurs, comme voltigeur. Un jour, en colère contre son père qui le trouve nul, il quitte sa famille, se perd et est accueilli par monsieur et madame Taupe qui vivent comme toutes les taupes sous la terre. Réussiront-ils à vivre ensemble avec leurs différences ?

Ma meilleure copine
8 ans+
Clément, Claire
Paris : Père Castor Flammarion, 1998. 57 p. (Faim de loup)

Sara, qui excellait en gymnastique, a un accident et elle est paralysée depuis. Son amie Léa essaie par tous les moyens de l'aider à retrouver sa joie de vivre.

Vas-y ! Handicap ou pas
8 ans+
Baussier, Sylvie
Paris : Syros, 2001. 30 p. (Souris)

Un petit livre pour apprendre à dépasser ses préjugés face aux handicaps. Des conseils et des histoires illustrées avec humour.

Klonk   9 ans+
Gravel, Francois
Montréal : Québec Amérique, 1993. 94 p. (Bilbo) (Klonk)

Un garçon de 11 ans qui a la jambe cassée rencontre Klonk, jeune handicapé de son âge. Klonk lui montrera les plaisirs de la lecture.

Qu'est-ce qu'il a ? Le handicap   9 ans+
Rubio, Vanessa
Paris : Autrement Jeunesse, 2002. 47 p. (Autrement junior) (Société)

Des textes, des exemples, des anecdotes, des extraits de livres pour lever le voile sur les interrogations, les préjugés et la méfiance que suscitent les handicaps physiques, sensoriels ou mentaux au sein de la société.

Rouli-roulant, rouli-roulante   9 ans+
Legault, Mimi
Saint-Laurent (Québec) : Pierre Tisseyre, 1991. 100 p. (Papillon)

Ariane, 12 ans, se déplace en fauteuil roulant et son voisin, Guillaume, roule en rouli-roulant. Un jour, Guillaume prend la défense d'Ariane dans la cour d'école. Ariane est furieuse, elle ne veut surtout pas qu'on la prenne en pitié. Une intrigue autour de la disparition du chien de Guillaume provoquera un rapprochement entre les deux.

Coup de foudre   10 ans+
Gillot, Laurence
Paris : Bayard jeunesse, 2001. 75 p. (Je bouquine)

Jérémy n'arrête pas de penser au jolie visage de Lulla qu'il a entrevue en voiture ; il repasse sans cesse au même endroit pour la revoir jusqu'au jour où ils se rencontrent. Lulla est handicapée. Malgré la surprise causée par le handicap, Jérémy l'aime tout autant.

Handicap, même pas peur !   10 ans+
Boutaudou, Sylvie et Sophie Lebot
Toulouse : Milan, 2007. 43 p. (Les guides complices)

Tu es handicapé et tu te poses diverses questions sur ton handicap ? Alors, ce petit guide est pour toi. Il répond en toute simplicité à tes interrogations et te donne plusieurs conseils pour t'aider à surmonter ta peur du handicap. « Les guides complices » est une collection pour les 10-12 ans dans laquelle les auteurs conseillent les jeunes pour leur permettre de mieux comprendre les réactions de leurs parents face à certains événements ou par rapport à certains sujets. Ils veulent ainsi aider les jeunes à se responsabiliser et favoriser la communication entre parents et enfants.

Je redessinerai le bleu de tes yeux   10 ans+
Mazard, Claire
Paris : Pocket Jeunesse, 2002. 78 p. (Pocket Junior)

Franck devient paralysé à la suite d'un accident de voiture. Il a 13 ans et se déplace désormais en fauteuil roulant. Depuis, il a perdu son sourire. Grâce à l'amour de son père et à l'arrivée d'un nouveau compagnon, il trouvera la force de se battre et retrouvera son sourire et le goût de la vie.

Le géant inconnu · 10 ans+
Loude, Jean-Yves
Montauban (Paris) : Tertium, 2005. 187 p. (Volubile)

Benjamin Carpeux est un petit garçon handicapé. Il a une maladie rare qui empêche ses muscles de se développer. Faisant partie de la grande famille des porteurs de géants de la ville de Douai depuis des générations, il sait très bien qu'il ne pourra jamais réaliser ce rêve en raison de son handicap. Alors, il s'invente de fabuleuses aventures en compagnie de ses amis…

Un copain pas comme les autres · 11 ans+
Allemand-Baussier, Sylvie
Paris : De la Martinière Jeunesse, 2000. 105 p. (Oxygène)

« C'est vrai, il est handicapé. Mais pour moi, c'est surtout Raphaël. » Voici des réflexions pour aider les adolescents à voir autrement le handicap, réflexions qui viennent autant de personnes atteintes que de personnes valides. « Oxygène » est une collection qui est conçue pour aider les adolescents à apprivoiser et dédramatiser ce qu'ils vivent au quotidien.

L'histoire d'Helen Keller · 12 ans+
Hickok, Lorena A.
Paris : Pocket Jeunesse, 1997. 226 p. (C'est ça la vie)

Biographie d'Helen Keller qui est sourde, muette et aveugle. Elle réussira à communiquer avec les gens qui l'entourent grâce à l'admirable travail d'Ann Sullivan qui lui a consacré sa vie. Elle apprendra le braille, l'écriture et même à parler.

Handicap… le guide de l'autonomie · 13 ans+
Allemand-Baussier, Sylvie
Paris : De la Martinière Jeunesse, 2008. 119 p. (Hydrogène)

« Études, copains, avenir. Vous êtes un ado comme les autres, avec vos envies, vos doutes, vos questions. » Un livre encourageant, rempli de conseils pertinents pour les jeunes handicapés qui acceptent difficilement leur différence, qu'elle soit motrice ou sensorielle. Témoignages, conseils pratiques pour accroître l'autonomie et l'acceptation de soi et des autres. Les livres de la collection « Oxygène » ont pour but d'aider les adolescents à vivre, apprivoiser et dédramatiser ce qu'ils vivent au quotidien.

Prêt ! Pas prêt ! Je vieillis ! · 14 ans+
Tétreault, Sylvie et Monique Carrière
Québec : Institut de réadaptation en déficience physique de Québec (IRDPQ), 2006. 249 p.

« Le guide *Prêt ! Pas prêt ! Je vieillis !* est un outil destiné aux adolescents ayant une incapacité motrice, à leurs parents et aux intervenants. Il vise à faciliter la transition vers le monde adulte et la pleine participation sociale de l'adolescent. » Ce document peut être téléchargé sur le site de l'IRDPQ : www.irdpq.qc.ca/communication/publications/documents_disponibles.html. Pour obtenir un exemplaire gratuitement : 418 529-9141.

Avoir un enfant différent
Association Une Souris Verte
www.enfantdifferent.org

Chroniques, articles et ressources pour les parents d'un enfant différent.

Bottin des ressources communautaires de répit-dépannage de Québec pour les personnes présentant une déficience physique (DP), intellectuelle (DI) ou un trouble envahissant du développement (TED)
Centre de santé et de services sociaux de Québec-Nord
www.rop03.com/bottinressourcesrepit.php

Liste des ressources communautaires de répit-dépannage de la région de Québec.

La famille ayant un enfant handicapé
Regroupement inter-organismes pour une politique familiale au Québec
www.familis.org/riopfq/publication/pensons36/enfant.handicape.html

Impact sur la famille de la naissance d'un enfant handicapé.

Laccompagnateur.org
Fondation S.O.S. Enfants
www.laccompagnateur.org

Un site d'aide pour parents d'enfants handicapés. On y recense des informations sur les ressources humaines, financières et matérielles, sur les loisirs adaptés, etc.

Le guide des besoins en soutien à la famille :
pour les parents d'un enfant handicapé
Office des personnes handicapées du Québec
www.ophq.gouv.qc.ca/guide_besoins/guide_besoins.htm

Guide pour aider les parents ayant un enfant handicapé à identifier leurs besoins.

Les enfants handicapés et leurs familles : ont-ils des ressources suffisantes ?
Une pilule, une petite granule - Télé-Québec
http://pilule.telequebec.tv/pages/Categorie-de-sujets-dun-emission/
dossier-de-la-semaine.aspx?emission=78&date=2006-11-16

Reportages et entretiens au sujet des ressources existantes et des besoins pour les enfants handicapés et leurs parents. Présentation du Centre de répit Philou et de l'école spécialisée Victor-Doré.

Personnes handicapées
Services Québec - Citoyens. Gouvernement du Québec
www.personneshandicapees.info.gouv.qc.ca/fr/index.asp

Portail sur tous les aspects de la vie quotidienne des personnes handicapées.

Personnes handicapées en direct
Services Canada
www.pwd-online.ca/pwdhome.jsp?lang=fr

« L'accès aux services ainsi que l'information pour les personnes handicapées, les membres de la famille, les fournisseurs de soins et tous les canadiens. »

Services pour les personnes handicapées
Service Canada
www.servicecanada.gc.ca/fr/auditoires/handicap/index.shtml

Programmes gouvernementaux pour les personnes handicapées.

À la manière de Marie-Claude
Montréal : Association des Amputés de guerre, 2008. 1 DVD (28 min.)

Marie-Claude rêvait de devenir championne de patinage artistique, mais sa vie a basculé. À l'âge de 6 ans, elle a dû être amputée aux jambes et aux doigts en raison d'une méningite. Elle s'est toutefois courageusement adaptée à sa nouvelle réalité et souhaite ardemment se remettre à patiner.

Un an après la maladie, elle a réussi. Elle porte ses premières jambes artificielles conçues pour le patin et fait le tour de la patinoire. Ses parents, qui l'ont toujours fortement appuyée, la regardent, remplis d'émotion et d'espoir pour l'avenir. Ils savent désormais que rien ne l'arrêtera.

À la manière de Marie-Claude brosse le portrait d'une jeune femme qui mord dans la vie et relève les défis qu'elle rencontre. Son sourire radieux en témoigne.

**Disponible chez : Association des Amputés de guerre 514 398-0759 ou 1 800 250-3030
Plusieurs autres titres de témoignages sont disponibles dans la série *Les vainqueurs*
www.amputesdeguerre.ca/vainq/video/cercle.html**

La natation adaptée, moi aussi je m'amuse
Viau, Jacques, réalisateur ; Boulard, Anne-Marie, Judith Gareau et Annie Jacques, conseillères scientifiques
Montréal : CHU Sainte-Justine. Centre de réadaptation Marie Enfant, 2008. 1 DVD (22 min.)

Ce DVD s'adresse aux parents qui ont des enfants ou adolescents en difficulté ou handicapés, qui ne réussissent pas dans les cours de natation conventionnels, ainsi qu'aux éducateurs et aux moniteurs. On y retrouve des activités et exercices en piscine (publique ou à domicile) dans un contexte ludique pour les jeunes de 0 à 18 ans. À leur rythme, ils apprendront graduellement à nager en ayant le plaisir de devenir autonome.

Disponible chez : CHU Sainte-Justine. Médiathèque, 514 345-4677

ENFANT HANDICAPÉ -
ACTIVITÉ PHYSIQUE ET SPORT

Viomax
Secteur jeunesse   ) 514 527-4527 poste 2681
2275, av. Laurier Est   ) 514 482-0500 poste 453
Montréal (Québec) H2H 2N8   ☐ 514 527-0979 (inscrire : Secteur jeunesse)
jeunesse@viomax.org
www.viomax.org/Secteur_Jeunesse.html

« Le secteur jeunesse de Viomax a pour mission générale de faire vivre des moments positifs d'activités physiques aux jeunes. Les activités se déroulent en gymnase et en piscine et parfois à l'extérieur (sorties sportives et de plein air). »

Répertoire des ressources en sports et activités physiques adaptés
Centre de réadaptation Lucie-Bruneau
www.luciebruneau.qc.ca/pdf/Guide_act_phys_CRLB.pdf

Ressources en sports et activités physiques adaptés de la province de Québec.

La natation adaptée, moi aussi je m'amuse.
Viau, Jacques, réalisateur ; Boulard, Anne-Marie, Judith Gareau et Annie Jacques, conseillères scientifiques
Montréal : CHU Sainte-Justine. Centre de réadaptation Marie Enfant, 2008.
1 DVD (22 min.)

Ce DVD s'adresse aux parents qui ont des enfants ou adolescents en difficulté ou handicapés, qui ne réussissent pas dans les cours de natation conventionnels, ainsi qu'aux éducateurs et aux moniteurs. On y retrouve des activités et exercices en piscine (publique ou à domicile) dans un contexte ludique pour les jeunes de 0 à 18 ans. À leur rythme, ils apprendront graduellement à nager en ayant le plaisir de devenir autonome.
Disponible chez : CHU Sainte-Justine. Médiathèque, 514 345-4677

ENFANT HANDICAPÉ - CAMP DE VACANCES/CAMP DE JOUR

Société pour les enfants handicapés du Québec
2300, boul. René-Lévesque Ouest
Montréal (Québec) H3H 2R5
sehq@enfantshandicapes.com
www.enfantshandicapes.com

☏ 514 937-6171
☏ sans frais : 1 877 937-6171
🖷 514 937-0082

La Société aide les parents à garder leur enfant handicapé en milieu familial. Les services offerts sont : l'Auberge et la Résidence Papillon (résidences répit recevant les jeunes handicapés et multi handicapés de 5 à 25 ans pour des séjours à court terme), le Camp Papillon (camp de vacances tout au long de l'année pour des séjours de 10 jours, des vacances famille, des journées plein air et des séjours de fins de semaine), Caravane Papillon/Nous aidons (camp de vacances itinérant pour enfants handicapés vivant dans des régions où ils ne peuvent pas profiter d'un camp de vacances spécialisé), Colonie Les Bosquets (camp de vacances situé en Montérégie, résidence loisirs-répit et camp de jour), Garderie Papillon, Gardiennage Papillon (gardiennage et accompagnement pour enfants et adultes handicapés), Jardin des Papillons (centre de stimulation précoce), Papillon de jour (camp de jour pour enfants multi handicapés), Transport Papillon (transport des enfants handicapés fréquentant les services de la Société), Carrefour Papillon (service de référence et d'information pour les parents) et Ressource Papillon (programme favorisant la promotion de l'intégration des enfants handicapés dans les garderies et centres de la petite enfance de Montréal, Laval et la Rive-Sud).

Viomax
Secteur jeunesse
2275, av. Laurier Est
Montréal (Québec) H2H 2N8
jeunesse@viomax.org
www.viomax.org/Secteur_Jeunesse.html

☏ 514 527-4527 poste 2681
☏ 514 482-0500 poste 453
🖷 514 527-0979 (inscrire : Secteur jeunesse)

« Le secteur jeunesse de Viomax a pour mission générale de faire vivre des moments positifs d'activités physiques aux jeunes. Les activités se déroulent en gymnase et en piscine et parfois à l'extérieur (sorties sportives et de plein air). »

Camps d'été et service de répit
Consortium en paralysie cérébrale
www.consortiumpc.ca/camps.html

« Liens vers différentes ressources liées aux camps d'été et aux services de répit pour les enfants handicapés. »

ENFANT HANDICAPÉ - LOISIRS ET TOURISME

Kéroul
4545, av. Pierre-De Coubertin
C.P. 1000, succursale M
Montréal (Québec) H1V 3R2
infos@keroul.qc.ca
www.keroul.qc.ca

) 514 252-3104
514 254-0766

Organisme sans but lucratif qui informe, représente, développe et fait la promotion du tourisme et de la culture accessibles aux personnes à capacité physique restreinte par l'entremise de la revue *Le Baladeur*, du guide touristique *Le Québec accessible* et d'une base de données sur l'accessibilité pour les personnes handicapées qui désirent voyager.

AccessiB : la route pour tous
Kéroul
www.keroul.qc.ca/fr/accessib

Série de brochures régionales indiquant les attraits touristiques et les établissements ayant des infrastructures adaptées et des services répondant aux besoins des personnes handicapées. À la fin de chaque brochure se trouve une liste de services adaptés disponibles dans la région (ex.: location d'équipement, transport).

Jeux et articles de sports adaptés
Consortium en paralysie cérébrale
www.consortiumpc.ca/jeux.html

«Liens vers des sites web contenant de l'information sur les jeux et les articles de sport adaptés pour les enfants handicapés.»

Loisirs adaptés
L'Accompagnateur.org : un site d'aide pour parents d'enfants handicapés
www.laccompagnateur.org/fr/loisirsAdaptes/loisirs.php?PHPSESSID=
8e2807a18sjoaf5vth2kc172b7

Liste d'organismes offrant des activités de loisirs adaptés.

Répertoire des activités de loisir offertes aux personnes handicapées
AlterGo
www.altergo.net/repervmp/indexrep.htm#

Outil de référence présentant les activités de loisir offertes aux personnes handicapées sur l'île de Montréal.

ENFANT HOSPITALISÉ

Voir aussi : Chirurgie, Chirurgie d'un jour, Douleur, Enfant malade

Centre d'information du CHU Sainte-Justine

CHU Sainte-Justine
3175, chemin de la Côte-Sainte-Catherine
5ᵉ étage, bloc 9
Montréal (Québec) H3T 1C5
michele_gagnon@ssss.gouv.qc.ca
www.chu-sainte-justine.org/fr/famille/cise

☎ 514 345-4678
🖷 514 345-4806

Le Centre d'information du CHU Sainte-Justine répond aux demandes documentaires des parents et des intervenants. On y assure aussi la référence vers différentes associations et groupes d'entraide. Le site Internet du Centre offre la version électronique du *Guide Info-Famille*. Le Centre est ouvert à tous pour consultation.

Fondation Tommy Harvey

3716, rue de l'Alsace, appartement 3
Jonquière (Québec) G7X 0B4
admin@fondationtommyharvey.ca
www.fondationtommyharvey.ca

☎ 418 542-8402

La Fondation vient en aide aux parents de la région du Saguenay Lac Saint-Jean ayant un enfant hospitalisé à l'extérieur de la région.

SPARADRAP : une association pour faire le lien entre l'enfant, ses parents et tous ceux qui prennent soin de sa santé

48, rue de la Plaine
75020 Paris (France)
contact@sparadrap.org
www.sparadrap.org

☎ 00 33 (0)1 43 48 11 80
🖷 00 33 (0)1 43 48 11 50

SPARADRAP a pour objectif d'aider les parents et les professionnels quand un enfant est malade ou hospitalisé. Ses activités : la création, l'édition et la diffusion de documents d'information illustrés pour expliquer les soins, les examens, les opérations aux enfants et à leur famille ; l'information et l'orientation sur le thème enfant malade ou hospitalisé grâce au centre de documentation spécialisé et au site Internet ; la formation des professionnels de la santé et de l'enfance ; la recherche et la sensibilisation sur la place des parents à l'hôpital. Pour en savoir plus sur SPARADRAP, rechercher des informations, des conseils, commander les documents en ligne, rendez-vous sur le site Internet. Les enfants peuvent également y découvrir en douceur l'univers de l'hôpital à travers des rubriques ludiques et interactives.

Le séjour de mon enfant à l'hôpital
Amyot, Isabelle, Isabelle Papineau et Anne-Claude Bernard-Bonnin
Montréal: Éditions du CHU Sainte-Justine, 2004. 117 p.
(Collection du CHU Sainte-Justine pour les parents)

Ce livre a pour objectif d'aider les parents à apprivoiser le séjour de leur enfant à l'hôpital et de les familiariser avec les différentes facettes que comporte l'hospitalisation: l'arrivée à l'hôpital, l'unité d'hospitalisation, la cohabitation des parents avec leur enfant, les appareils utilisés, les responsables des soins, la chirurgie, le soulagement de la douleur, la prévention des infections. Les aspects psychologiques sont également abordés: le jeu comme outil thérapeutique, la réaction des enfants à l'hospitalisation et les impacts sur les parents et la fratrie ainsi que le retour à la maison.

SOS enfant malade
Pericchi, Colette
Paris: Albin Michel, 2003. 190 p. (Le métier de parents)

Comment l'enfant vit-il la maladie, l'hospitalisation? Comment aborder la maladie avec lui ou son prochain séjour à l'hôpital en évitant de lui transmettre notre état de panique? Ce livre apporte une aide précieuse aux parents, éducateurs ou personnel soignant qui ont de la difficulté à aborder ce sujet avec l'enfant. L'auteur explique comment l'enfant vit la maladie, parce qu'il la vit autrement que l'adulte. En le comprenant mieux, il est plus facile de répondre à ses besoins.

**T'as pas de raison d'avoir mal! Le combat d'un médecin
contre la douleur de l'enfant**
Annequin, Daniel
Paris: De la Martinière, 2002. 204 p.

Depuis plusieurs années, l'auteur, anesthésiste et psychiatre, se bat pour que soit reconnue la douleur des enfants soignés à l'hôpital. Il raconte ses réussites, son combat et aussi ses échecs pour apaiser la douleur et les souffrances des enfants, que cette douleur soit causée par une migraine, une simple fracture ou par un malaise plus profond.

L'hôpital? Même pas peur!   2 ans+
Soonckindt, Édith
Champigny-sur-Marne (France): Lito, 2006. 18 p. (Mes p'tits bobos)

Une petite fille inquiète entre à l'hôpital pour se faire opérer les amygdales. La collection «Mes p'tits bobos» raconte des histoires qui aident à grandir en dédramatisant les petits tracas de la vie quotidienne.

Benjamin va à l'hôpital   3 ans+
Bourgeois, Paulette
Markham (Ontario): Scholastic, 2000. 30 p. (Benjamin)

En jouant au soccer avec ses amis, Benjamin reçoit le ballon si fort sur le ventre qu'il doit aller à l'hôpital pour faire réparer sa carapace. Il est hospitalisé et se fait opérer.

Eddy va à l'hôpital 3 ans+
Lamblin, Christian
Paris : Nathan, 2001. 20 p. (Croque la vie)

Eddy entre à l'hôpital à la suite d'un accident. Il découvre l'hôpital et d'autres enfants qui y sont pour différentes raisons. Accompagné d'un livret-parents.

Je ne veux pas aller à l'hôpital 3 ans+
Ross, Tony
Paris : Gallimard Jeunesse, 2004. 36 p. (Folio benjamin)

La petite princesse doit aller à l'hôpital parce qu'elle a mal au nez. Elle refuse d'y aller ; elle y est donc envoyée contre son gré. À son retour, elle espère juste y retourner parce qu'elle aime être traitée en princesse à l'hôpital.

L'hôpital 3 ans+
Dolto, Catherine
Paris : Gallimard Jeunesse, 2004. 10 p. (Mine de rien) (Giboulées)

Pour aider les tout-petits à dédramatiser l'hôpital et ce qui s'y passe. Voir aussi dans la même collection *L'opération* et *Les urgences*. Une collection pour expliquer aux petits « ce qui se passe en eux et autour d'eux ».

Solo à l'hôpital 3 ans+
Bernheim, Cathy
Paris : L'École des Loisirs, 2002. 39 p. (Pastel)

Antoine s'est cassé le tibia. Il est hospitalisé et doit se faire opérer. Solo, son éléphant en peluche, raconte l'examen, les radiographies, le plâtre et aussi les rencontres intéressantes qu'on peut faire à l'hôpital.

L'hôpital 4 ans+
de Guibert, Françoise
Toulouse : Milan, 2003. 40 p.

Pour dédramatiser les séjours à l'hôpital, ouvrage documentaire très illustré qui répond à toutes les questions des enfants.

L'infirmière 4 ans+
de Bourgoing, Pascale
Fribourg : Calligram, 2002. 25 p. (À travers la fenêtre)

En suivant la journée de Nadia à l'hôpital, les enfants découvriront le métier d'infirmière. Nadia s'occupe de bébés et d'enfants malades qui subiront de graves opérations.

Yola 5 ans+
Ashbé, Jeanne
Paris : L'École des Loisirs, 2001. 40 p. (Pastel)

Yola tombe gravement malade, elle doit être hospitalisée. L'auteur raconte la maladie, la douleur, l'hospitalisation sans nommer les mots. Elle insiste sur les besoins de tendresse de l'enfant dans ces moments difficiles, tendresse qui aidera au mieux-être et à la guérison.

Max va à l'hôpital   6 ans+
de Saint Mars, Dominique
Fribourg : Calligram, 1993. 45 p. (Max et Lili) (Ainsi va la vie)

Max a la jambe cassée parce qu'il s'est fait frapper par une automobile. Alors, on le conduit à l'hôpital. En bandes dessinées.

Guillaume restera   7 ans+
Alméras, Arnaud
Paris : Nathan, 2002. 42 p. (Demi-lune)

Guillaume doit aller à l'hôpital parce qu'il a très mal au genou. Il est hospitalisé et son séjour se prolonge. Antonin, son frère, est inquiet parce qu'il ne sait pas ce qui arrive à son petit frère.

Sophie fait des folies   7 ans+
Leblanc, Louise
Montréal : La courte échelle, 2002. 60 p. (Premier roman)

Sophie entre à l'hôpital parce qu'elle a une gastro-entérite. Elle devient amie avec un petit garçon qui a le cancer. Mais l'école, sa maison et ses amis lui manquent. Elle veut retourner chez elle, mais elle veut aussi rester à l'hôpital, car il y aura une grande fête, et son nouvel ami y assistera.

Motordu a pâle au ventre   8 ans+
Pef
Paris : Gallimard Jeunesse, 2003. 35 p. (Folio cadet)
(Les aventures de la famille Motordu)

Motordu est tordu tellement il a mal au ventre. Il doit aller à l'hôpital pour se faire opérer de l'appendicite.

Annuaire d'organismes
SPARADRAP - Centre national de ressources sur l'enfant et l'hôpital
www.sparadrap.org/asp/annuaire_organismes.asp?the_id=1&i_lang=1

Cet annuaire recense plus de 350 organismes français et internationaux (associations, fondations, centres spécialisés, etc.) qui œuvrent auprès des enfants hospitalisés. Il est compilé et mis à jour régulièrement par l'Association Sparadrap.

Charte de l'enfant hospitalisé
Ser Santé
www.sersante.com/charte-enfant

Présentation et explications des 10 articles de la Charte européenne de l'enfant hospitalisé, adoptée par plusieurs pays européens en 1988.

Préparez votre enfant à une hospitalisation
Association P.A.S. de Lausanne
www.lepas.ch/conseilParents1.php

Conseils aux parents sur la préparation psychologique de l'enfant qui va subir une hospitalisation.

ENFANT MALADE

Voir aussi : Enfant hospitalisé

Centre d'information du CHU Sainte-Justine
CHU Sainte-Justine   ☎ 514 345-4678
3175, chemin de la Côte-Sainte-Catherine   🖷 514 345-4806
5ᵉ étage, bloc 9
Montréal (Québec) H3T 1C5
michele_gagnon@ssss.gouv.qc.ca
www.chu-sainte-justine.org/fr/famille/cise

Le Centre d'information du CHU Sainte-Justine répond aux demandes documentaires des parents et des intervenants. On y assure aussi la référence vers différentes associations et groupes d'entraide. Le site Internet du Centre offre la version électronique du *Guide Info-Famille*. Le Centre est ouvert à tous pour consultation.

SPARADRAP : une association pour faire le lien entre l'enfant, ses parents et tous ceux qui prennent soin de sa santé
48, rue de la Plaine   ☎ 00 33 (0)1 43 48 11 80
75020 Paris (France)   🖷 00 33 (0)1 43 48 11 50
contact@sparadrap.org
www.sparadrap.org

SPARADRAP a pour objectif d'aider les parents et les professionnels quand un enfant est malade ou hospitalisé. Ses activités : la création, l'édition et la diffusion de documents d'information illustrés pour expliquer les soins, les examens, les opérations aux enfants et à leur famille ; l'information et l'orientation sur le thème enfant malade ou hospitalisé grâce au centre de documentation spécialisé et au site Internet ; la formation des professionnels de la santé et de l'enfance ; la recherche et la sensibilisation sur la place des parents à l'hôpital. Pour en savoir plus sur SPARADRAP, rechercher des informations, des conseils, commander les documents en ligne, rendez-vous sur le site Internet. Les enfants peuvent également y découvrir en douceur l'univers de l'hôpital à travers des rubriques ludiques et interactives.

Aux marges de la vie : être parent d'un bébé mort, fragile ou handicapé
Authier-Roux, Frédérique, Patrick Ben Soussan, Anne-Marie Darras, et al.
Ramonville-Saint-Agne (France) : Érès, 1999. 64 p. (Mille et un bébés)

Comment devenir parent d'un bébé handicapé ou malade, comment l'investir et l'aimer ? Des spécialistes témoignent de leur travail d'accompagnement auprès des parents, des enfants et de l'équipe soignante.

Droit de savoir, savoir dire : l'enfant malade
Dommergues, Jean-Paul, Guy Leverger et Danièle Rapoport
Paris : Belin, 2003. 347 p. (Naître, grandir, devenir)

Pour un enfant, avoir accès aux informations sur les événements qui jalonnent son histoire est un droit qu'on lui reconnaît de plus en plus, mais qu'en est-il lorsqu'il s'agit
d'une information médicale complexe ? Comment respecter le droit de savoir de l'enfant
malade ? Comment mettre à sa portée l'information médicale en fonction de son âge, de
son histoire familiale, des spécificités de sa maladie ?

L'adolescent malade, ce qu'il faut savoir : violence des secrets,
secrets des violences
Courtecuisse, Victor
Paris : Armand Colin, 2005. 320 p.

Comment établir une relation thérapeutique positive avec l'adolescent malade ? L'auteur,
un des fondateurs de la médecine de l'adolescence en France, décrit le patient et sinueux
cheminement de la rencontre avec l'adolescent, avec ses dérives, ses embûches. S'adresse
aux parents et aux différents intervenants qui travaillent auprès des adolescents malades.

L'enfant malade : répercussions et espoirs
Boivin, Johanne, Sylvain Palardy et Geneviève Tellier
Montréal : Éditions du CHU Sainte-Justine, 2000. 89 p.
(Collection du CHU Sainte-Justine pour les parents)

L'enfant malade parle de la douleur qui est la sienne, de sa peur qui devient la nôtre et
de sa vie qu'il voudrait la plus heureuse possible. Les parents témoignent des répercussions de la maladie de l'enfant sur la vie de famille. Ce livre s'adresse aux adultes qui
vivent la maladie d'un enfant, avec tous les défis et toutes les inquiétudes qu'elle suscite.
Il invite aussi le soignant à mieux comprendre l'enfant atteint et la famille qui n'a parfois
plus de recours et qui ressent intensément son impuissance.

Le père dont l'enfant vit un problème de santé
Plouffe, Jean-Pierre
Montréal : Éditions du CHU Sainte-Justine, 2008. 60 p.

Le présent ouvrage brosse un portrait du père dans un contexte où l'enfant est malade
ou a subi une blessure. Comment le père devrait interagir avec son enfant et comment
peut-il s'adapter à la condition médicale de son enfant ?

Les soins du développement : des soins sur mesure pour le nouveau-né
malade ou prématuré
Martel, Marie-Josée et Isabelle Milette
Montréal : Éditions du CHU Sainte-Justine, 2006. 200 p. (Intervenir)

Les soins du développement constituent une nouvelle approche de soins individualisés qui
considèrent le nouveau-né et sa famille comme étant au cœur de l'expérience vécue dans
une unité néonatale. De façon concrète, ces soins visent à réduire le stress du nouveau-né
malade ou prématuré et à lui offrir des conditions optimales pour son développement.

SOS enfant malade
Pericchi, Colette
Paris : Albin Michel, 2003. 190 p. (Le métier de parents)

Comment l'enfant vit-il la maladie, l'hospitalisation ? Comment aborder la maladie avec
lui ou son prochain séjour à l'hôpital en évitant de lui transmettre notre état de panique ?
Ce livre apporte un aide précieuse aux parents, éducateurs ou personnel soignant qui

ont de la difficulté à aborder ce sujet avec l'enfant. L'auteur explique comment l'enfant vit la maladie, parce qu'il la vit autrement que l'adulte. En le comprenant mieux, il est plus facile de répondre à ses besoins.

Urgences médicales et maladies infantiles : de la naissance à l'âge de trois ans
Shore, Penny A. et William Sears
Outremont (Québec) : Trécarré, 2002. 111 p. (Parents avertis)

Ce livre est divisé en trois sections : 1- Urgences médicales : pour les situations d'urgence les plus courantes chez les petits, vous aurez une brève description et les procédures à suivre. 2- Maladies infantiles : brève description des symptômes, du traitement et quelques remarques particulières pour chaque maladie, les plus courantes chez les tout-petits. 3- Le journal santé de votre enfant. Cette dernière partie vous permet de noter les vaccins, les visites médicales importantes, les allergies, les maladies de votre enfant, des références médicales, etc.

Vivre au quotidien avec un enfant gravement malade : renseignements pratiques et ressources
Côté, Sophie
Montréal : Éditions du CHU Sainte-Justine, 2006. 244 p.

Ce guide a pour objectif d'aider les familles qui s'occupent d'enfants gravement malades ou handicapés à se retrouver dans le dédale des services disponibles. La première partie contient des renseignements pratiques sur le soutien médical, vie quotidienne, développement de l'enfant, soutien à la famille, soutien au transport, soutien économique et soutien légal. Dans la deuxième partie vous trouverez, pour chaque région du Québec, les ressources relatives à différents types de déficiences ou de pathologies. L'auteur, mère d'un enfant gravement malade, a rédigé cet ouvrage pour l'organisme *Le Phare, Enfants et Familles*, qui offre des services de répit et de soins palliatifs aux enfants atteints d'une maladie dégénérative et terminale.

Léo est malade   2 ans+
Clément, Claire
Paris : Bayard, 2006. 16 p. (Léo et Popi)

Léo est malade et tout le monde autour s'occupe bien de lui.

Les bobos des animaux   2 ans+
Tibo, Gilles
Saint-Lambert (Québec) : Dominique et Compagnie, 2005. 24 p.

Qu'arrive-t-il aux animaux quand ils sont malades ou qu'ils se font très mal ? Tous les animaux de l'album ont des petites maladies ou des petits embêtements qui les dérangent : varicelle, hoquet, fièvre, rhume, mal de tête, etc.

Rosalie est malade   2 ans+
Bie, Linne
Namur (Belgique) : Mijade, 2007. 20 p. (Petit train)

Aujourd'hui, Rosalie ne se sent pas bien, elle a chaud, elle a froid. Maman s'occupe bien d'elle.

Celui qui est malade   3 ans+
Petit, Olivier
Darnetal (France) : Petit à Petit, 2003. 32 p. (Mine de rien)

Dans la classe, on ne parle que de celui qui est malade. Il paraît qu'il est à l'hôpital et ça fait peur. L'auteur traite de la maladie de l'enfant avec simplicité.

Grippé !   4 ans+
Titus
Paris : Gautier-Languereau, 2004. 33 p.

Un petit garçon entend ses parents qui se parlent doucement : « Le petit est malade, il a une fièvre de cheval. » Dans cet album, il raconte sa grippe, sa grosse fièvre, qu'il a dû rester alité, qu'il a reçu des bons soins, etc. Mais est-ce que c'est en jouant aux petits chevaux qu'on attrape une fièvre de cheval ?

Guéris vite, Petit Dinosaure   4 ans+
Yolen, Jane
Paris : Gallimard jeunesse, 2006. 32 p. (Folio benjamin)

Que fait un dinosaure quand il attrape la grippe ? Pleurniche-t-il, gémit-il entre deux éternuements, en semant ses mouchoirs dans toute la maison ? Renverse-t-il son sirop ? « La solution pour aborder avec le sourire la maladie, le docteur et les médicaments... »

Grain de riz   5 ans+
Terral, Anne
Tournai : Casterman, 2003. 32 p. (Les albums Duculot)

C'est l'histoire d'une petite fille qui est alitée parce qu'elle est malade. Dehors, c'est l'été, les vacances, on entend des rires et des cris. Au fond de son lit, la petite fille se sent seule, elle se sent rétrécir jusqu'à devenir petite comme un grain de riz. L'auteur met en relief ce sentiment d'être hors de la réalité lorsqu'on est malade.

Yola   5 ans+
Ashbé, Jeanne
Paris : L'École des Loisirs, 2001. 40 p. (Pastel)

Yola tombe gravement malade, elle doit être hospitalisée. L'auteur raconte la maladie, la douleur, l'hospitalisation sans nommer les mots. Elle insiste sur les besoins de tendresse de l'enfant dans ces moments difficiles, tendresse qui aidera au mieux-être et à la guérison.

Max et Lili sont malades   6 ans+
de Saint Mars, Dominique
Fribourg : Calligram, 2001. 45 p. (Max et Lili) (Ainsi va la vie)

Lili est malade, elle doit garder le lit. Son frère Max la trouve chanceuse parce qu'elle reçoit plus d'attention et qu'elle ne va pas à l'école. En bandes dessinées.

Les jours de Sarah   7 ans+
Nicolas, Sylvie
Québec : Le Loup de gouttière, 1999. 40 p. (Les petits loups)

Sarah est à l'hôpital. Grâce à un oiseau-oreiller, nous voyageons avec elle dans son imaginaire où tous les jours sont joliment nommés et correspondent à ses états d'âme : jour des silences, jour des cheveux qui allongent, jours des peurs, des corbeaux qui avalent des cauchemars, jours des plumes qui chatouillent la lune, etc. Elle avance lentement vers la guérison.

Annuaire d'organismes
SPARADRAP - Centre national de ressources sur l'enfant et l'hôpital
www.sparadrap.org/asp/annuaire_organismes.asp?the_id=1&i_lang=1

Cet annuaire recense plus de 350 organismes français et internationaux (associations, fondations, centres spécialisés, etc.) qui œuvrent auprès des enfants hospitalisés. Il est compilé et mis à jour régulièrement par l'Association Sparadrap.

Associations spécialisées
Centre de rééducation fonctionnelle pour aveugles ou mal-voyants de Marly-le-Roi
www.crfam.net

Répertoire d'associations francophones relatives aux personnes handicapées physiques.

Un enfant malade, la souffrance de toute une famille
Une pilule, une petite granule - Télé-Québec
http://pilule.telequebec.tv/pages/Categorie-de-sujets-dun-emission/dossier-de-la-semaine.aspx?emission=161&date=2008-02-14

Témoignages de parents d'enfants malades.

L'enfant malade : répercussions et espoirs
Boivin, Johanne et Sylvain Palardy et Geneviève Tellier, conférenciers
Montréal : Hôpital Ste-Justine. Service audio-visuel, 2001. 1 DVD (116 min.)
(Les Soirées Parents de l'Hôpital Sainte-Justine)

Cette présentation aborde le point de vue de l'enfant malade : Que comprend-il et que vit-il en fonction de son âge ? Comment réagit-il à sa maladie ? La maladie peut-elle avoir des répercussions sur son développement ou sur sa vie future ? De façon parallèle le point de vue du parent et de la fratrie sera abordé à partir de questions d'un des présentateurs, lui-même parent d'un enfant malade.

Disponible chez : CHU Sainte-Justine – Médiathèque, 514 345-4677

ENFANT MALTRAITÉ

Voir aussi : Violence, Résilience

Centre jeunesse de Montréal
Institut universitaire   ) 514 896-3396
Bibliothèque   📠 514 896-3483
1001, boul. de Maisonneuve Est, 5ᵉ étage
Montréal (Québec) H2L 4R5
bibliotheque@cjm-iu.qc.ca
www.centrejeunessedemontreal.qc.ca/bibliotheque/default.htm

Sur son site web, la bibliothèque des Centres jeunesse de Montréal nous présente plusieurs bibliographies sur la violence ainsi qu'une section portant sur la grossesse à l'adolescence. Les ouvrages mentionnés peuvent être empruntés en utilisant le service de prêt entre bibliothèques.

Centre national d'information sur la violence dans la famille
Unité de prévention de la violence familiale   ) 613 957-2938
Division de la santé des collectivités   ) sans frais : 1 800 267-1291
Agence de santé publique du Canada   📠 613 941-8930
200, promenade Eglantine   ATME : 613 952-6396
Indice de l'adresse : 1909D1   ATME sans frais : 1 800 561-5643
9ᵉ étage, Immeuble Jeanne Mance Pré Tunney
Ottawa (Ontario) K1A 1B4
ncfv-cnivf@phac-aspc.gc.ca
www.phac-aspc.gc.ca/ncfv-cnivf/violencefamiliale/index.html

Organisme fédéral canadien offrant gratuitement information, documentation et référence sur l'agression sexuelle d'enfants ainsi que sur toute forme de violence familiale. Le site web contient plusieurs répertoires de services, tel le « Répertoire national des programmes de traitement pour auteurs d'agressions sexuelles sur les enfants ».

Fondation Marie-Vincent
Maison Huguette-Bertrand   ) 514 362-6226
4689, av. Papineau, 3ᵉ étage, local B   📠 514 748-1547
Montréal (Québec) H2H 1V4
info@marie-vincent.org
www.marie-vincent.org/francais.html

« La Fondation Marie-Vincent a pour mission de venir en aide aux enfants québécois de moins de 12 ans qui sont victimes de maltraitance et plus particulièrement d'agression sexuelle. Elle recueille des fonds destinés à financer des activités de prévention, d'éducation et d'aide aux jeunes victimes et à leurs proches. »

Mouvement SEM (Sensibilisation pour une enfance meilleure)
165 A, rue Saint-Paul, 2ᵉ étage) 450 348-0209
Saint-Jean-sur-Richelieu (Québec) J3B 1Z8   450 348-9665
sem@bellnet.ca
www.mouvementsem.com

« Le mouvement SEM est un organisme sans but lucratif dont la mission vise à promouvoir le respect de l'enfant par des activités de prévention, d'éducation et d'intervention. » Desservant la Montérégie, cet organisme vient en aide aux parents dont l'enfant a été victime d'agression sexuelle et aux familles aux prises avec des difficultés parentales. Les services suivants y sont offerts : aide au signalement, Contact-SEM (service de références ou consultations pour toute personne préoccupée par l'enfance en difficulté), conférences selon les besoins des groupes qui en font la demande, prévention des abus sexuels (formation offerte aux enseignants du primaire et soirées d'information à l'intention des parents), prévention en milieu de garde (programme offert selon la disponibilité des ressources), SEM au secondaire (programme de prévention en Montérégie à l'intention des étudiants(es) du niveau secondaire), SEM Connexion (visites à domicile d'un aidant naturel qui partage avec les parents des trucs pour l'éducation des enfants. L'aide aux devoirs, le parrainage, la stimulation préscolaire, l'inscription à des camps de vacances et/ou à des loisirs sont des services complémentaires à l'intervention à domicile).

Regroupement des organismes Espace du Québec
59, rue Monfette, bureau 218) 819 751-1436
Victoriaville (Québec) G6P 1J8   819 751-1586
roeq@roeq.qc.ca
www.roeq.qc.ca

Les organismes Espace sont des organismes communautaires qui travaillent à la prévention de la violence faite aux enfants. Le programme Espace est offert aux enfants du préscolaire et du primaire, ainsi qu'aux adultes de leur milieu. Vous pouvez contacter le Regroupement ou consulter son site web pour connaître les coordonnées de l'organisme de votre région.

Croissance et développement : indice d'abus et de négligence chez l'enfant de la naissance à cinq ans
Diorio, Geneviève et Gilles Fortin
Montréal : Éditions du CHU Sainte-Justine, 1999. 32 p.

Cette brochure s'adresse plus particulièrement aux personnes appelées à intervenir auprès des enfants et des familles à risque d'abus et de négligence. Elle donne les principaux points de repère qui caractérisent la croissance et le développement de l'enfant, les éléments importants concernant les soins usuels et préventifs et certains indices suggestifs d'un retard de développement ou d'une situation d'abus, de négligence.

Enfance brisée : comment se reconstruire
James, Oliver
Alleur : Marabout, 2007. 351 p.

Comment expliquer la réussite des uns et l'échec des autres suite à un même traumatisme ? L'auteur met en lumière le rôle déterminant de l'éducation parentale dans le devenir d'un individu pendant les six premières années de sa vie. Il utilise pour sa démonstration des cas cliniques, mais aussi l'histoire de personnalités célèbres, ayant grandi dans des familles très exposées au stress ou bien ayant subi des maltraitances, des abus sexuels, engendrant ainsi une destruction psychologique et physique de leur être. Comment en guérir et surtout ne pas reproduire ce processus avec ses propres enfants ?

Enfances blessées, sociétés appauvries : drames d'enfants aux conséquences sérieuses
Julien, Gilles
Montréal : Éditions de l'Hôpital Sainte-Justine, 2005. 240 p.
(Collection de l'Hôpital Sainte-Justine pour les parents)

Ce livre raconte des histoires bouleversantes de petits et grands drames d'enfants qui ont tous des conséquences sérieuses. L'auteur, pédiatre social, rencontre tous les jours des enfants qui souffrent de ne pas avoir de place, de ne pas pouvoir se développer adéquatement, de se faire voler leur enfance. Un livre qui affirme qu'une société doit par dessus tout aimer et soutenir ses enfants, un livre qui plaide pour l'espoir et pour un monde où l'enfant reviendrait au premier plan.

Enfant qui a mal, enfant qui fait mal ? Grands enfants, adolescents : conseils pour les parents adoptifs et les parents d'accueil
Archer, Caroline
Bruxelles : De Boeck, 2007. 304 p. (Parentalités)

« Explique les particularités des enfants adoptés plus âgés ainsi que les difficultés auxquelles les parents peuvent se heurter et propose de nombreuses pistes concrètes pour favoriser l'intégration de l'enfant dans sa nouvelle famille. » Ces parents adoptent ou accueillent des enfants qui ont pu être négligés ou maltraités. Comment aider les parents à comprendre et à intervenir devant des comportements de colère, d'agressivité, de mensonge, de vol, de violences, etc. Ouvrage préfacé, entre autres, par Jean-François Chicoine et Johanne Lemieux.

Guérir de son enfance
Lecomte, Jacques
Paris : Odile Jacob, 2004. 382 p.

Comment survivre aux violences physiques ainsi qu'à la maltraitance psychologique ? Comment surmonter le malheur ? Bâti autour des témoignages de ceux qui ont su transformer la souffrance en force, s'appuyant sur de multiples recherches scientifiques, ce livre nous décrit le processus de résilience : comment, à l'aide d'un professeur, d'un parent ou même parfois d'un animal, on peut guérir les blessures. Un message d'espoir pour ceux qui souffrent ou ont souffert de maltraitance, qui ont été touchés par des traumatismes ou des maladies graves.

La maltraitance, une réalité qui bouleverse : des personnalités et des cliniciens prennent la parole
Montréal : Éditions du CHU Sainte-Justine, 2007. 113 p.

Une quarantaine de personnalités et de cliniciens prennent la parole pour composer cette œuvre collective. Un livre pour lever le voile sur cette problématique et sur les différentes facettes qu'elle revêt : la négligence, la violence familiale, la violence psychologique, les sévices physiques et l'abus sexuel.

Après la pluie, le beau temps 3 ans+
Gagnon, Cécile
Saint-Hubert (Québec) : Éditions du Raton Laveur, 1995. 21 p.
(Collection 3 à 8 ans)

Des petits frères et des petites sœurs lapins sont maltraités par leurs parents. Un des petits lapins découvre une famille où l'on se chamaille et s'amuse. Là, il connaîtra l'amitié et les caresses, lui qui ne connaît que les coups et l'agressivité.

Est-ce que tu as un secret ? Vivre la confiance 3 ans+
Moore-Mallinos, Jennifer
Saint-Lambert (Québec) : Héritage Jeunesse, 2006. 31 p. (Parlons-en !)

Avoir un bon secret, c'est amusant et même excitant parce que ça ne fait de mal à personne. Être obligé de garder un mauvais secret, ça rend triste, inquiet ou bien ça fait peur. Alors il faut en parler à quelqu'un en qui on a confiance, quelqu'un qui nous aidera à résoudre le problème pour qu'enfin on se sente mieux.

Jean n'est pas méchant 5 ans +
Le Picard, Clara
Paris : Albin Michel Jeunesse, 2001. 36 p. (La vie comme elle est)

Un livre sur la violence familiale et les enfants battus. Le papa de Jean est violent à la maison, avec sa mère et avec lui. Jean a lui aussi parfois des comportements violents ; il fait comme il a appris. Lors de la visite médicale à l'école, il est le seul à avoir des bleus sur le corps. Son professeur et ses grands-parents lui feront comprendre que cette situation n'est pas normale. Une collection qui aborde des problèmes graves et difficiles à expliquer aux enfants. À lire avec eux.

L'enfant silence 5 ans+
Roumiguière, Cécile
Paris : Seuil Jeunesse, 2008. 23 p.

Une petite fille silencieuse et triste est confiée à une « dame qui sent bon la banane et le pain grillé ». Cette dame tentera avec douceur de la faire sortir de son lourd silence, pour qu'elle raconte ses secrets si pesants. Mais la petite fille a peur, peur de perdre ses parents si effrayants. L'enfant acceptera de parler avec la dame thérapeute, pourra-t-elle vivre enfin sa vie de petite fille ?

Les interdits des petits et des grands 5 ans +
Pittau, Francesco
Paris : Seuil Jeunesse, 2003. 71 p.

Les enfants font des bêtises par ignorance. Certains adultes profitent de l'ignorance des enfants pour leur faire subir des mauvais traitements, tels que les enfermer dans le noir, les battre ou leur faire des attouchements sexuels. Un livre pour inviter les enfants à dénoncer ces gestes, comme par exemple à Jeunesse J'écoute. « Savoir, c'est combattre l'ignorance. »

Coups durs pour une sorcière   6 ans+
Brousseau, Linda
Saint-Laurent (Québec) : Pierre Tisseyre, 1992. 24 p. (Coccinelle)

Nathalie est maltraitée par sa mère. Elle vit dans un centre d'accueil et se crée un personnage pour mieux passer à travers son drame, celui des enfants battus. Elle reçoit de l'aide de l'infirmière de l'école.

Jérémy est maltraité   6 ans+
de Saint Mars, Dominique
Fribourg : Calligram, 1997. 45 p. (Max et Lili) (Ainsi va la vie)

Jérémy arrive souvent à l'école avec des bleus sur le corps. Il se fait frapper à la maison lorsqu'il revient avec des mauvaises notes. Il en parle à son ami Max.

Les contes d'Audrey-Anne : contes philosophiques   6 ans+
Daniel, Marie-France
Québec : Le Loup de gouttière, 2002. 109 p. (Les petits loups)

Seize contes mettant en vedette des enfants face à diverses situations de violence ou d'abus. Basé sur l'approche de la philosophie pour enfants développée aux États-Unis par M. Lipman et A. M. Sharp pour initier la réflexion, le jugement, le sens critique et la discussion chez l'enfant. Contes pour enfants mais à lire avec un adulte. Accompagné d'un guide d'activités et de plans de discussion : *Dialoguer sur le corps et la violence : un pas vers la prévention*, pour amener l'enfant à repérer la violence dont il pourrait être victime, la violence autour de lui ou reconnaître sa propre violence.

Maltraitance non !   7 ans+
de Saint Mars, Dominique
Paris : Bayard, 2004. 37 p. (Petits guides pour dire non)

Pour aider l'enfant à s'affirmer et à se défendre contre la maltraitance, qu'elle soit légère ou sévère. Un guide pour la prévention, à lire en famille.

Abus et négligence   8 ans+
Berry, Joy
Québec : Jean-Paul Saint-Michel, 1997. 56 p. (Avertir les enfants du danger, c'est déjà les protéger)

Il arrive parfois que des adultes qui sont responsables d'enfants les négligent ou bien les maltraitent. Comment réagir dans ces situations ? Fait en collaboration avec la Commission des droits de la personne et des droits de la jeunesse du Québec.

Le redoublant   9 ans+
Mazard, Claire
Paris : Nathan, 2003. 88 p. (Pleine lune)

Sylvestre ne parle pas et ne sourit jamais. Il agace Romain, qui le provoque souvent. Un jour, il découvre que Sylvestre a des bleus sur le corps. Romain comprend alors son attitude, il devient son ami et cherche à l'aider.

Tam et Cam   10 ans+
Gagnon, Cécile
Montréal : Isatis, 2008. 71 p.

Tam doit lutter contre la méchanceté de sa belle-mère et de sa demi-sœur depuis la mort de son père, tout comme la Cendrillon que nous connaissons. Ce n'est pas une fée qui l'aidera, mais Bouddha viendra à son secours. Un conte traditionnel vietnamien.

Moi, Delphine, 13 ans 11 ans+
Peskine, Brigitte
Paris : Pocket Jeunesse, 2004. 141 p.

Pas facile la vie pour Delphine. Elle vient d'être placée dans un foyer de groupe. Tout est lourd à supporter : le souvenir des coups et de l'alcoolisme de ses parents, l'incompréhension des élèves du collège, la cohabitation avec ses frères et sœurs qu'elle connaît peu ou mal… Pour ne pas plonger dans le désespoir, Delphine écrit. Ses lettres à Audrey sont comme des bouteilles à la mer. Grâce à elles et à sa nouvelle vie, Delphine reprend espoir.

J'entends pleurer la nuit 12 ans+
Peskine, Brigitte
Tournai : Casterman, 2006. 108 p. (J'ai lu jeunesse)

William et ses parents, déménagés depuis peu, ont des voisins insupportables. La nuit, ils entendent des bruits et sont certains que les enfants sont maltraités. Les parents de William interviennent mais sont menacés de poursuite. William décide d'agir malgré tout. En postface, un texte sur l'enfance maltraitée.

Le ciel tombe à côté 14 ans+
Hébert, Marie-Francine
Montréal : Québec Amérique Jeunesse, 2003. 122 p. (Titan)

« Une petite maison isolée au bord du chemin. À l'intérieur, des parents qui manquent de tout sauf d'enfants. Mona, l'aînée, qui passe son année, mais juste. Angélique, sa jeune sœur, qui ne peut s'empêcher de grimper aux arbres pour faire l'oiseau… Un patelin isolé où vit Suson, trop belle, trop riche. Et puis Jon, un nouveau voisin intrigant, mais avec lequel on interdit aux deux sœurs de fraterniser… Une petite vie isolée où le cœur de Mona se débat derrière la clôture. Elle a tellement peur que le camion de la chance, du bonheur et de l'amour ne livre pas chez elle. » Les héros de ce roman sont des enfants qui souffrent, des enfants qui n'ont jamais été « choisis, accueillis, aimés, consolés ». Pauvreté, racisme, injustice, inceste, lourds secrets, comme si un mauvais sort avait été lancé sur eux. Mais dans ce roman, on parle aussi d'espoir.

Intervenir en cas de mauvais traitements envers les enfants
Colombie britannique - Ministère de l'Éducation
www.bced.gov.bc.ca/specialed/child_abuse_f.pdf

Guide destiné au personnel scolaire afin de faciliter leur intervention lors de suspicion de mauvais traitements envers un élève.

Jeunes : guide virtuel
Commission des droits de la personne et des droits de la jeunesse
www.cdpdj.qc.ca/fr/guides/jeunes.asp?noeud1=2&noeud2=19&cle=62

Que faire lorsqu'un enfant est victime d'abus ? Qu'est-ce qu'un signalement à la DPJ ? Quand et comment faire un signalement ?

On a signalé la situation de votre enfant au DPJ.
Que devez-vous savoir maintenant ?
Ministère de la Santé et des Services sociaux du Québec
http://publications.msss.gouv.qc.ca/acrobat/f/documentation/2007/07-838-02.pdf

Explique l'intervention du DPJ étape par étape ainsi que les droits des parents et des enfants durant ce processus.

La violence / les mauvais traitements
Jeunesse J'écoute
www.jeunessejecoute.ca/fr/informed/violence.asp?sec=3&sb=2

Explications destinées aux ados sur la problématique de la violence sexuelle et des comportements abusifs ainsi que les différents recours et services d'aide disponibles.

ENFANT ROI

Voir aussi : Discipline

De l'enfant roi à l'enfant tyran
Pleux, Didier
Paris : Odile Jacob, 2006. 300 p.

Comment faire avec un enfant qui veut décider de tout, un enfant qui a toujours eu tout ce qu'il voulait, qui ne respecte pas les autres autour de lui ? Ce livre vient en aide aux parents qui ont de la difficulté avec l'autorité, mais qui veulent mettre un terme à la tyrannie pour aider leur enfant à s'épanouir.

Enfants-rois, plus jamais ça !
Olivier, Christiane
Paris : Albin Michel, 2002. 210 p.

Christiane Olivier prône un retour à la fermeté, indispensable à l'éducation des enfants. Elle blâme les parents d'aujourd'hui qui, dans le but de rendre leurs enfants heureux, ne leur refusent rien, leur évitent frustrations et mécontentement. Selon elle, ce laisser-aller a comme résultat des générations d'enfants et d'adolescents qui ne connaissent plus le désir, n'ont pas de créativité et apprennent très jeunes à baisser les bras devant les contraintes de la vie.

Le drame de l'enfant-roi : quand l'amour de l'enfant se mue en bêtise
Lewis, Luc
Montréal : Éditions nouvelles, 2008. 158 p.

Ce livre est une réflexion sur l'émergence de l'enfant-roi dans notre société. Sommaire : Qui est cet enfant-roi ? Ces enfants sont-ils nombreux ? Un peu d'histoire. Comment reconnaître un enfant-roi ? Le caractère de l'enfant-roi. Les causes de l'émergence de l'enfant-roi. Le devenir de l'enfant-roi. L'auteur est chargé de cours au Département des sciences de l'éducation de l'Université du Québec à Montréal.

L'enfant tyran : savoir dire non à l'enfant-roi
Samson, Guy
Outremont (Québec) : Quebecor, 2004. 128 p. (Famille)

Comment user d'autorité devant un enfant qui veut tout décider et refuse toutes consignes familiales ? Comment lui montrer à s'épanouir tout en respectant les autres ? « C'est en prenant conscience de nos préjugés et de nos difficultés face à l'autorité que nous pouvons éviter cette tyrannie ou y mettre fin. Car aimer, c'est aussi savoir dire non… »

T'es plus ma maman   3 ans+
Abécassiss, Éliette
Paris : Thomas jeunesse, 2008. 40 p. (Astalik)

Comme tous les matins, Astalik ne veut pas faire les choses comme tout le monde… s'habiller, se coiffer, manger, tout est un combat permanent pour sa maman qui use de stratégies pour contourner les caprices de sa fille. Astalik est tyrannique mais attachante, elle est l'enfant-roi par excellence. « Cet album drôle donne aux parents des clés pour maîtriser la tyrannie de l'enfant-roi, dédramatiser les situations de conflits parents-enfants tout en remettant les pendules à l'heure. Un livre pour les parents dociles et les enfants terribles. »

Mélanie Pilou   3 ans+
Chapouton, Anne-Marie
Paris : Bayard, 2003. 29 p. (Les belles histoires)

Dès qu'elle n'est pas satisfaite, Mélanie hurle, crie, insiste. Le pire, c'est qu'elle est souvent contrariée parce qu'elle veut toujours tout : les plus beaux jouets, les plus gros gâteaux, effacer le tableau… Elle crie toujours « moi, moi, moi ».

Son altesse Camille 1re   3 ans+
Sophie-Luce
Mont-Royal (Québec) : Modulo Jeunesse, 2000. 22 p. (Le Raton Laveur)

Camille veut être une princesse et faire tout ce qu'elle veut quand elle le veut. Plus question d'obéir à quiconque. Mais elle oublie que, si elle est princesse, son père et sa mère sont roi et reine. Alors, comme le dit sa mère, tout restera comme avant.

Je veux !   4 ans+
Simard, Danielle
Montréal : Imagine, 2007. 32 p.

Pour réclamer ses jouets préférés, Napoléon crie aussi fort qu'une sirène de pompier. Normal, il ne sait pas encore parler. Un jour, Napoléon prononce enfin ses premiers mots : JE VEUX ! Ses parents sautent de joie, mais leur bonheur est de courte durée… Que feront Léo et Léa avec leur enfant-roi ?

Les caprices du petit prince   6 ans+
Dupriez, Dominique
Toulouse : Milan, 2004. 23 p.

Le petit prince voit tous ses caprices exaucés par ses parents, le roi et la reine. Cependant, le jour où il veut remplacer son père sur le trône, il fait face à un non.

ENFANT UNIQUE

Enfants uniques : des petites familles sous le regard des autres
Laufer, Danièle
Paris : Bayard, 1999. 181 p.

Accorde-t-on, à tort ou à raison, les qualificatifs égoïste, solitaire, triste, trop choyé, aux enfants uniques ? À partir de témoignages d'enfants uniques devenus grands ou de parents qui n'ont qu'un seul enfant, l'auteur dénonce bien des idées reçues sur ces enfants, leur psychologie et leur devenir.

L'enfant unique : les pièges qu'il faut éviter pour mieux l'éduquer
Whyte, Carolyn
Montréal : Éditions de l'homme, 2008. 208 p. (Parents aujourd'hui)

L'auteur donne une série des conseils pratiques et souvent amusants pour éviter les pièges les plus courants qui attendent les parents d'enfant unique.

L'enfant unique : atouts et pièges
Pickhardt, Carl E.
Paris : Albin Michel, 1999. 229 p. (Questions de parents)

Il y a des avantages et des inconvénients à être enfant unique. L'auteur s'adresse aux parents pour qu'ils évitent certains pièges : donner trop d'attention, trop favoriser son développement intellectuel au détriment de son développement affectif, l'engager trop souvent dans les discussions d'adultes, trop attendre de lui qu'il plaise, être trop déçu s'il ne répond pas aux attentes. Parce qu'il est unique, il a souvent une attention exclusive.

Malik est fils unique   2 ans+
Texier, Ophélie
Paris : L'École des Loisirs, 2004. 20 p. (Les petites familles) (Loulou et Cie)

C'est comment être enfant unique ? Malik présente les avantages et les inconvénients. La série « Les petites familles » permet de faire connaître aux tout-petits les différents types de famille qui existent aujourd'hui.

Mon meilleur ami   8 ans+
Hoestlandt, Jo
Tournai : Casterman, 2003. 80 p.

Paul est enfant unique et déménage souvent. C'est difficile et, en plus, il n'a pas de meilleur ami. Il aimerait beaucoup avoir un ami avec qui il pourrait partager des souvenirs.

Comment survivre quand on est enfant unique   10 ans+
Auffret-Pericone, Marie et Emmanuelle Rigon
Paris : Albin Michel, 2006. 150 p. (Comment survivre)

Des réponses, des réflexions et des conseils autour des interrogations que peuvent avoir les enfants uniques. Par exemple : ne pas avoir ni frère, ni sœur ou être trop le centre d'attraction des parents.

Les enfants uniques
PetitMonde
www.petitmonde.com/iDoc/Article.asp?id=6931

Présentation de la vie familiale avec les enfants uniques et de leur développement social.

ÉNURÉSIE

Voir aussi : Encoprésie, Troubles du sommeil

Les pipis font de la résistance : comment aider l'enfant à devenir propre
Clerget, Stéphane et Carine Mayo
Paris : Albin Michel, 2006. 140 p. (C'est la vie aussi)

La propreté peut s'installer rapidement, progressivement ou lentement. Parfois, on a l'impression que l'enfant recule et tout est à recommencer. Chose certaine, trop insister provoque souvent de la résistance de la part de l'enfant. Les auteurs rassurent les parents, leur donnent des conseils pratiques et faciles à suivre sur la propreté diurne et nocturne. Également des indices pour déceler une véritable énurésie.

Pipi au lit, ça se soigne !
Cymes, Michel et Rosine Depoix
Paris : Jacob-Duvernet, 2003. 112 p. (Guide France-Info)

Un guide qui présente des solutions pratiques pour remédier aux troubles de l'énurésie chez les enfants, troubles qui se présentent autour de 5 à 10 ans. Pour une meilleure prise en charge et une réduction rapide du problème, les auteurs suggèrent d'essayer d'identifier les causes plutôt que d'attendre que le problème passe tout seul : antécédents familiaux, profondeur du sommeil, perturbations psychologiques, facteur hormonal, etc.

Pipi au lit   **3 ans+**
Dolto, Catherine
Paris : Gallimard, 2006. 16 p. (Giboulées) (Mine de rien)

« Faire pipi au lit c'est comme un petit drame. On est vexé, triste même si on sait qu'on n'a rien fait de mal. » En parler fait du bien, il existe aussi des solutions pour que cela arrive moins souvent. Un jour, ça finit par s'arranger. Une collection pour expliquer aux petits « ce qui se passe en eux et autour d'eux ».

Samira a fait pipi dans sa culotte   3 ans+
Lamblin, Christian
Paris : Nathan, 2001. 20 p. (Croque la vie)

Samira doit aller faire pipi. Mais parce qu'elle est trop occupée, elle se retient et c'est la catastrophe. Que vont dire les amis ? Le professeur ? Un livret parent accompagne l'album.

Est-ce que les sirènes font pipi au lit ?   4 ans+
Willis, Jeanne
Paris : Hachette Jeunesse, 2000. 29 p.

Cécilia a un problème, elle fait pipi au lit. Une nuit, une sirène l'emmène jouer avec elle. Pour dédramatiser le pipi au lit.

Le secret de Simon   6 ans+
Gratton, Andrée-Anne
Saint-Laurent (Québec) : Pierre Tisseyre, 2003. 68 p. (Sésame)

Simon doit partir en classe verte et, pour lui, c'est l'horreur. Il mouille encore son lit à 8 ans et il pense à tous ses camarades de classe qui vont se moquer de lui. C'est son plus gros secret et il ne veut pas le dévoiler à personne.

Max fait pipi au lit   6 ans+
de Saint Mars, Dominique
Fribourg : Calligram, 2002. 45 p. (Max et Lili) (Ainsi va la vie)

Max part en classe neige avec l'école. Il est très inquiet parce qu'il mouille encore son lit. Il a honte et a peur de la moquerie. En bandes dessinées.

Le secret de Dominique   8 ans+
Gervais, Jean
Montréal : Boréal, 1991. 43 p. (Dominique)

Dominique est frustré parce qu'il fait encore pipi au lit. L'attitude de ses parents n'aide pas Dominique à s'aimer beaucoup. Suivi d'explications et de conseils aux parents.

Tu seras la risée du monde   11 ans+
Nozière, Jean-Paul
Paris : De la Martinière Jeunesse, 2004. 208 p. (Confessions)

Une collection où des auteurs de littérature jeunesse parlent de leur adolescence avec sincérité. Jean-Paul Nozière parle de son énurésie. Il avait 12 ans, et vivait un véritable cauchemar. Il aurait aimé être interne à son collège comme les autres, mais il ne voulait surtout pas devenir la risée du monde. Son univers était fait de mensonges et de non-dits. « Pour guérir j'ai avalé des pharmacies entières… on m'a engueulé des milliers de fois, encouragé des milliers de fois… » Voir la suite *Mais qu'est-ce qu'on va bien faire de toi ?* (2005).

L'énurésie nocturne
Association médicale canadienne
www.cma.ca/public/DiseaseLibrary/patientInfo.asp?diseaseid=18

Information détaillée : description, causes, symptômes, complications, diagnostic, traitement et prévention.

L'incontinence nocturne
Santé Manitoba
www.gov.mb.ca/health/documents/bedwet.fr.pdf

Conseils aux parents d'enfants qui mouillent leur lit.

Mouiller son lit (l'énurésie nocturne)
Société canadienne de pédiatrie
www.soinsdenosenfants.cps.ca/grandir&apprendre/enuresie.htm

Conseils aux parents pour expliquer aux enfants pourquoi ils mouillent leur lit.

Pipi au lit, c'est plus un souci !
Laboratoire Ferring
www.pipi-au-lit.net

Site pour les parents et les enfants sur l'énurésie. Description, conseils, témoignages de parents et d'enfants. Comprend un blog.

Pipi au lit, c'est plus un souci !
Laboratoire Ferring
www.pipi-au-lit.net

Site pour les parents et les enfants sur l'énurésie. Description, conseils, témoignages de parents et d'enfants. Comprend un blog.

ÉPILEPSIE

Association québécoise de l'épilepsie
1015, Côte du Beaver Hall, bureau 111
Montréal (Québec) H2Z 1S1
aqe@cooptel.qc.ca
www.cam.org/~aqe

☎ 514 875-5595
🖷 514 875-6734

L'Association met sur pied différents projets d'intégration sociale et fournit soutien, référence, documentation écrite et audiovisuelle aux personnes épileptiques et leur famille par l'intermédiaire de ses 12 associations régionales. La liste et les coordonnées des associations régionales sont disponibles sur le site Internet de l'Association.

Épilepsie Canada
2255B Queen St E, Suite 336
Toronto (Ontario) M4E 1G3
epilepsy@epilepsy.ca
www.epilepsy.ca

☎ 905 764-5099
☎ sans frais : 1 877 734-0873
🖷 905 764-1231

Organisme national à but non lucratif, Épilepsie Canada met sur pied des programmes de recherche et d'éducation sur l'épilepsie. Le site Internet est une bonne source d'information sur le diagnostic, le traitement et les différents types de crises d'épilepsie ainsi que sur le quotidien des personnes atteintes. Des brochures sont disponibles gratuitement pour les personnes qui en désirent un exemplaire.

Épilepsie Montréal Métropolitain
3800, rue Radisson   ) 514 252-0859
Montréal (Québec) H1M 1X6   ⎙ 514 252-0598
epimtl@cam.org
www.arrondissement.com/?module=directory&type=1&uid=336

« Épilepsie Montréal Métropolitain est un organisme sans but lucratif qui offre de
l'écoute, de l'information, du soutien dans la démarche d'intégration à la vie sociale,
scolaire et au travail. Journée annuelle d'information, regroupements d'adultes et de
parents, sensibilisation dans les écoles et au travail. Documentation et documents audio-
visuels. Sorties de groupe pour les familles et les adultes. Organisme membre de l'Alliance
canadienne de l'épilepsie.» La page Internet fait partie du Bottin des ressources du site
de l'arrondissement Mercier-Hochelaga-Maisonneuve.

Comment vivre avec une personne atteinte d'épilepsie
Fédération française pour la recherche sur l'épilepsie
Paris : Éditions Josette Lyon, 2003. 150 p. (Comment vivre avec)

Ce livre répond aux questions, même les plus délicates, au sujet de l'épilepsie et couvre
l'enfance, l'adolescence et l'âge adulte. La Fédération française pour la recherche sur
l'épilepsie offre accueil, information et soutien aux familles. Cet ouvrage est le fruit des
expériences quotidiennes de ces familles.

Diète cétogène
Épilepsie Canada
Montréal : Épilepsie Canada, 2004. 16 p.

« Le régime cétogène a pour but de maîtriser les crises en modifiant l'alimentation. La
brochure détaille le régime cétogène, les avantages et effets secondaires.» Ce régime peut
être recommandé pour les enfants âgés de 1 à 12 ans souffrant d'épilepsie plus difficile
à maîtriser avec les anticonvulsivants. Vous pouvez voir la brochure ou la commander
sur le web : www.epilepsy.ca/fran/content/epicanmatFR.html

L'enfant foudroyé : comprendre l'enfant épileptique
Soulayrol, René
Paris : Odile Jacob, 1999. 365 p.

Un livre sur l'enfant épileptique, son fonctionnement psychologique, sa vie intellectuelle
et affective. Bien que contrôlée par les médicaments, l'épilepsie demande à l'enfant des
efforts d'adaptation pour bien vivre en famille, à l'école et en société.

L'épilepsie chez l'enfant et l'adolescent
Sous la direction de Anne Lortie et Michel Vanasse
Montréal : Éditions du CHU Sainte-Justine, 2007. 212 p.
(Collection du CHU Sainte-Justine pour les parents)

L'objectif du livre est de permettre aux familles et aux professionnels qui s'occupent
d'enfants et d'adolescents épileptiques de mieux comprendre cette maladie et d'aider ces
derniers à mieux profiter de la vie. Les auteurs abordent tous les aspects médicaux et
psychosociaux de ce trouble neurologique : types d'épilepsie, méthodes diagnostiques,
génétique, traitements, recherche, développement, apprentissage, aspects psychologiques,
soutien communautaire et psychosocial.

Un orage dans ma tête : l'épilepsie 3 ans+
Marleau, Brigitte
Terrebonne (Québec) : Boomerang, 2007. 24 p. (Au cœur des différences)

Mathilde fait des crises d'épilepsie et les compare à des orages survenant dans sa tête. Adrien, lui, tombe par terre et son corps tremble. Heureusement, ses parents sont là, son médecin cherche le meilleur médicament pour lui et il peut se réconforter avec son petit singe en peluche. La série « Au cœur des différences » permet aux parents et aux éducateurs de sensibiliser les enfants à la richesse des différences.

Le secret de Jérémy 9 ans+
Hermes, Patricia
Paris : Père Castor Flammarion, 1998. 210 p. (Castor Poche)

Jérémy est épileptique. C'est une petite fille joyeuse, qui vit dans un environnement qu'elle connaît bien. Mais la perspective de changer d'école l'angoisse ; si elle faisait une crise devant des gens qu'elle ne connaît pas ?

Plus de gym pour Dany 9 ans+
Young, Helen
Paris : Flammarion, 2001. 144 p. (Castor Poche)

Dany, jeune sportif épileptique, est incommodé par sa maladie. Mais il souffre surtout des jugements que les adultes entretiennent au sujet de l'épilepsie. Il se fait interdire tous les sports par son nouveau professeur de gymnastique qui craint les accidents.

Une cicatrice dans la tête 14 ans+
Pineau-Valencienne, Valérie
Paris : Pocket Jeunesse, 2003. 222 p. (Pocket jeunes adultes)

Récit autobiographique. Valérie souffre d'épilepsie depuis l'âge de 8 ans. Elle raconte son combat avec la maladie ainsi que sa soif de vivre.

Épilepsie et grossesse
Bureau français de l'épilepsie
www.bfe.asso.fr/modules.php?name=News&file=article&sid=17

Précautions à prendre, risques pendant la grossesse et impacts possibles sur l'enfant à naître.

L'épilepsie
Alberta - Direction de l'éducation française
www.education.gov.ab.ca/french/adt_scol/sensibilisation/epileps.pdf

Informations aux professeurs afin de mieux gérer l'enfant épileptique en classe.

Les enfants et les crises épileptiques :
guide pour garder des enfants épileptiques
Association suisse de parents d'enfants épileptiques
www.prevention.ch/lescrisesepileptiques.htm

Précautions à prendre et premiers soins à connaître pour les gardiennes d'enfants épileptiques.

Guide de l'épilepsie pour les enfants
Épilepsie Canada
www.epilepsy.ca/fran/mainSetFR.html

Information générale destinée aux enfants sur l'épilepsie : crises, médicaments, premiers soins, etc. Le Guide se trouve dans la section « Le Coin des jeunes ».

Les ados et l'épilepsie
Épilepsie Canada
www.epilepsy.ca/fran/mainSetFR.html

Plusieurs pages sur les précautions que les adolescents doivent prendre pour vivre pleinement leur vie quotidienne malgré cette maladie. Voir section « Le Coin des ados ».

L'épilepsie et le traitement cétogène
Benoît, Stéphanie et Dominic Charland, conseillers scientifiques
Montréal : Hôpital Sainte-Justine. Service audio-visuel, 2004. 1 DVD (33 min.)

Présentation du traitement cétogène pour les enfants épileptiques. On y décrit la composition de la diète elle-même et de son impact sur la physiologie. Plusieurs parents viennent témoigner ainsi que des professionnels de la santé. On y parle entre autres de l'expérience vécue à l'Hôpital Sainte-Justine, des rencontres prétraitement qui ont lieu et on répond à la plupart des questions relatives à ce traitement.
Disponible chez : CHU Sainte-Justine – Médiathèque, 514 345-4677

Le grand mal
Caron, Christiane, scénario et réalisation
Québec : Vidéo Femmes, 2003. 1 DVD (24 min.)

« Après une recherche intensive pour trouver des solutions face à l'épilepsie rebelle de sa fille, la réalisatrice pose un regard nouveau sur ce mal dérangeant. Elle questionne le psychanalyste Guy Corneau et l'épileptologue français Dr Gilbert Diebold sur le psychisme, l'épilepsie, la souffrance et la guérison. Un document porteur d'un message d'espoir où on peut également voir la danseuse et chorégraphe Lydia Wagerer créer la danse de l'arbre de vie sur les témoignages d'une mère et de sa fille. » Tiré de CHOIX-media
Disponible chez : Vidéo Femmes, 418 529-9188
www.videofemmes.org/repertoire/film.asp?id=264

ESTIME DE SOI

Comment augmenter la confiance en soi de vos enfants
Clark, Silvana
Outremont (Québec) : Trécarré, 2001. 163 p.

Un livre rempli de trucs, même loufoques, pour apprendre aux parents comment augmenter la confiance en soi de leurs enfants. Par exemple, respectez l'opinion de votre enfant, complimentez autant les réussites que les efforts, présentez vos enfants aux étrangers de la même façon que vous le feriez pour un ami, etc. Chaque page présente une idée qui est complétée par une anecdote, approuvée par des parents.

Développez l'estime de soi de votre enfant
Pickhardt, Carl E.
Montréal : Éditions de l'Homme, 2001. 216 p. (Parents aujourd'hui)

L'auteur, se basant sur la thèse qui soutient que l'estime de soi ne serait pas innée, propose des stratégies aux parents pour qu'ils apprennent très tôt à leurs enfants à renforcer leur caractère, à faire face au stress et à la compétition, à résoudre les conflits et à développer leurs compétences et leur créativité. Également, comment préserver ses acquis à l'adolescence ? Quel est le rôle de l'école ? Qu'est-ce qui peut endommager l'estime de soi ?

Favoriser l'estime de soi des 0-6 ans
Laporte, Danielle
Montréal : Éditions du CHU Sainte-Justine, 2002. 104 p.
(Collection du CHU Sainte-Justine pour les parents)

De la naissance à 6 ans, le tout-petit se forge une image de lui-même au contact de ses parents. Ceux-ci sont les mieux placés pour l'aider à développer des attitudes de base qui lui permettront d'acquérir peu à peu une bonne estime de soi. Comment amener le tout-petit à se sentir en sécurité ? Comment l'aider à développer son identité ? Comment lui apprendre à vivre en société ? Comment le guider pour qu'il connaisse des réussites ? Ce livre répond à ces grandes questions et permet de suivre les progrès que le tout-petit accomplit dans le développement d'une identité positive. Édition nouvelle et abrégée du guide pratique *Pour favoriser l'estime de soi des tout-petits* (1997).

L'estime de soi, un passeport pour la vie
Duclos, Germain
Montréal : Éditions du CHU Sainte-Justine, 2004. 248 p.
(Collection du CHU Sainte-Justine pour les parents)

L'estime de soi est le plus précieux héritage qu'on peut léguer à un enfant, cadeau merveilleux qui lui servira en quelque sorte de passeport pour la vie. Cette nouvelle édition décrit les quatre composantes de l'estime de soi (sentiment de confiance, d'appartenance, de compétence et la connaissance de soi) et les attitudes qui les favorisent. Elle comporte en plus un chapitre inédit sur le sentiment de compétence parentale.

La confiance en soi
Chicaud, Marie-Bernard
Paris : Bayard, 2002. 139 p. (La vie de famille : des repères pour vivre
avec vos enfants de 0-7 ans)

L'auteur énonce des problématiques aux parents et leur propose des solutions pour aider les enfants à se construire une bonne confiance en soi. Selon cet auteur, la confiance en soi est un élément fondamental de la personnalité et, bien qu'elle s'installe très tôt dans la vie, il y a toujours moyen d'aider les enfants à s'affirmer. Elle insiste aussi sur le fait que « confiance en soi ne se confond pas avec l'auto-affirmation et qu'elle suppose aussi acceptation d'autrui et confiance en la vie ».

L'estime de soi des 6-12 ans
Laporte, Danielle et Lise Sévigny
Montréal : Éditions du CHU Sainte-Justine, 2002. 112 p.
(Collection du CHU Sainte-Justine pour les parents)

Ce livre, qui veut aider les parents à vivre en harmonie avec leur enfant, leur propose une démarche simple mais complète : connaître son enfant et reconnaître ses forces et ses qualités ; le traiter avec considération et respect ; l'aider à s'intégrer dans la famille, le groupe, la société ; lui faire vivre des succès. Édition nouvelle et abrégée de l'ouvrage *Comment développer l'estime de soi de nos enfants : guide pratique à l'intention des parents d'enfants de 6 à 12 ans.*

L'estime de soi des adolescents
Duclos, Germain, Danielle Laporte et Jacques Ross
Montréal : Éditions du CHU Sainte-Justine, 2002. 96 p.
(Collection du CHU Sainte-Justine pour les parents)

Les adolescents sont en quête de leur identité et ont besoin, sur ce chemin parfois ardu, d'une bonne estime de soi. Cet ouvrage est destiné d'abord aux parents afin qu'ils puissent mieux les aider à y parvenir. Comment faire vivre un sentiment de confiance à son adolescent ? Comment l'aider à se connaître ? Comment lui apprendre à coopérer ? Comment le guider dans la découverte de stratégies menant au succès ? En répondant à ces grandes questions, ce livre contribue à l'établissement de meilleures relations entre parents et adolescents. Édition nouvelle et abrégée du guide pratique *L'estime de soi de nos adolescents* (1995).

L'estime de soi en famille
Thériault, Chantal
Outremont (Québec) : Quebecor, 2007. 168 p. (Psychologie)

L'estime de soi représente la valeur que nous nous accordons. Plus elle est équilibrée, plus nous faisons voir aux autres notre vrai moi. Ce livre est une invitation à comprendre les composantes qui influencent l'émergence du moi et les différentes étapes menant à l'acceptation de soi.

Maman, j'y arriverai jamais : face à la peur de l'échec, comment redonner confiance à votre enfant
Litière, Marc
Bruxelles : De Boeck, 2004. 244 p. (Comprendre)

Que faut-il faire et éviter de faire devant un enfant qui renonce facilement ? L'auteur invite les parents à être plus à l'écoute de leur enfant pour mieux comprendre l'origine de ce comportement. Il leur donne des conseils pratiques pour qu'ils soient plus en mesure d'aider leur enfant à augmenter sa confiance pour ne plus craindre l'échec. Aussi pour les éducateurs.

Papa, maman, j'y arriverai jamais ! Comment l'estime de soi vient aux enfants
Rigon, Emmanuelle
Paris : Albin Michel, 2001. 181 p. (Questions de parents)

Pour aider l'enfant à s'aimer, à s'estimer et lui donner confiance pour franchir les étapes de la vie. L'auteur conseille les parents pour qu'ils encouragent leur enfant qui manque d'assurance, qui démissionne facilement devant l'effort et qui ne s'aime pas.

Que savoir sur l'estime de soi de mon enfant ?
Duclos, Germain
Montréal : Éditions du CHU Sainte-Justine, 2008. 71 p.
(Questions/Réponses pour les parents)

L'auteur répond aux questions que vous vous posez sur l'estime de soi. Quels sont les éléments qui composent l'estime de soi ? En quoi consiste le sentiment de sécurité ? Les attentes des adultes peuvent-elles être nuisibles ? Sont-elles parfois exagérées ?...

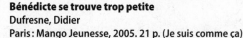

Bénédicte se trouve trop petite   3 ans+
Dufresne, Didier
Paris : Mango Jeunesse, 2005. 21 p. (Je suis comme ça)

Les fourmis sont minuscules. Cela ne plaît pas à Bénédicte, la fourmi qui voudrait être grande comme une sauterelle et forte comme un scarabée. Heureusement, elle a de grandes idées. Une collection pour aider les enfants à mieux se connaître, s'accepter comme ils sont et comprendre les autres. Voir aussi les autres titres de la collection : *Astrid est trop timide* ; *Chloé ne fait que loucher* ; *Éliot zozote* ; *Gaétan se trouve trop grand* ; *Josué n'arrête pas de bégayer* ; *Juliette n'aime pas ses lunettes* ; *Ophélie est étourdie* ; *Roberto se trouve trop gros* ; *Timothée a les oreilles décollées* ; *Gaston est mollasson*.

Caramba   3 ans+
Gay, Marie-Louise
Saint-Lambert (Québec) : Dominique et Compagnie, 2005. 32 p.

Le chat Caramba est incapable de voler ; pourtant, dans son pays, tous les chats volent. Pas facile de s'accepter quand on est différent.

Miss fraise   3 ans+
Moore, Julianne
Paris : Albin Michel Jeunesse, 2008. 32 p.

Si tu as des taches de rousseur, tu peux essayer de les effacer, de les recouvrir, de te cacher ou bien, et c'est la solution la plus simple, vivre avec.

Moi, je m'aime   3 ans+
Beaumont, Karen
Markham (Ontario) : Scholastic, 2006. 30 p.

Une petite fille bien dans sa peau dit, dans un texte rythmé, qu'elle aime qui elle est, ce qui va, ce qui ne va pas, qu'elle n'aimerait pas être quelqu'un d'autre.

Oscar en veut toujours plus!   3 ans+
Theobald, Joseph
Zurich : Nord-Sud, 2006. 24 p.

Oscar se trouve trop petit quand il se compare aux autres. Il court moins vite, saute moins haut… Alors, il mange et en veut toujours plus, il n'est jamais content.

Ritou : le raton rêveur   3 ans+
Tibo, Gilles
Saint-Lambert (Québec) : Dominique et Compagnie, 2007. 32 p. (Estime de soi)

Ritou s'est mis en tête d'inventer un robot pour faire le ménage de sa chambre. Cependant, il a besoin de beaucoup de persévérance pour que son engin fonctionne parfaitement. Il doit travailler sans se décourager et parfois même recommencer. « Estime de soi » est une collection qui propose des histoires fantaisistes où les personnages développent les grandes composantes de l'estime de soi : confiance en soi, connaissance de soi, sentiment d'appartenance, sentiment de compétence. Préfacé par Germain Duclos, psychoéducateur et orthopédagogue. Voir les autres titres de la collection : *Yoyo : moi aussi je suis capable*, *Yoyo : il n'y en a pas deux comme moi*, *Petite ourse : tu m'aimes pour toujours?*, *Petite ourse : une amie pas comme les autres*, *Mimo : je n'ai pas peur*, *Moka : le chat qui voulait voler comme un oiseau*, *Ritou : le raton qui n'aimait pas la pluie*.

Comment devenir une parfaite princesse en 5 jours   4 ans+
Dubé, Pierrette
Montréal : Imagine, 2006. 32 p.

Échalote est maladroite, pressée, échevelée, elle est aussi championne de course à pied. Sa mère, la voulant sage, disciplinée, respectable et soignée, l'envoie à l'école où l'on forme des petites princesses parfaites. Échalote accumule catastrophe sur catastrophe, avec ses grandes jambes qui ne tiennent pas en place. Sa joie de vivre et son enthousiasme sont ce qui la rend authentique. Un récit sur l'estime de soi et la différence raconté avec humour.

Le secret de Petit Poilu   5 ans+
Demers, Dominique
Montréal : Imagine, 2007. 32 p.

Petit Poilu rêve qu'il est le plus fort et le plus courageux de tous les Poilus, les habitants de son pays. Un jour, son meilleur ami disparaît, il a été enlevé. Petit Poilu trouvera en lui la force et le courage d'aller à sa recherche et réussira à le sauver. Tout au long de son périple, il entend toujours cette petite voix intérieure qui sans cesse l'encourage. Un conte sur la confiance en soi.

Max se trouve nul   6 ans+
de Saint Mars, Dominique
Fribourg : Calligram, 2007. 45 p. (Max et Lili) (Ainsi va la vie)

La rentrée scolaire démarre mal pour Max, il renverse son bol de lait, se ridiculise en classe, il entend des remarques sur lui et, soudain, il se sent nul et pense qu'il n'arrivera jamais à rien. S'en sortira-t-il? Ce livre de Max et Lili parle de la confiance en soi, qu'il est facile de perdre et difficile de retrouver.

Moi, c'est moi ! 6 ans+
Reynolds, Peter H.
Toulouse : Milan, 2005. 32 p.

Joël chiffonne tous ses dessins parce que son frère se moque de lui. Heureusement, sa petite sœur aime ce qu'il fait et affiche tous les dessins froissés dans sa chambre. Il décide de dessiner à nouveau en laissant aller son imagination, sans se préoccuper des moqueries.

Petit Thomas et monsieur Théo 6 ans+
Latulippe, Martine
Saint-Lambert (Québec) : Dominique et Compagnie, 2007. 64 p.

Depuis que Thomas a rencontré monsieur Théo, sa vie a changé. Avant il n'aimait pas l'école, il était la cible des railleries. Maintenant, monsieur Théo l'attend à la sortie de l'école et avec lui tout devient possible. Il est champion olympique, chercheur d'or ou savant fou. Monsieur Théo donne à Thomas les moyens pour se défendre pacifiquement des moqueries et lui fait comprendre que la valeur des gens n'est pas du tout liée aux caractéristiques physiques. Un jour, monsieur Théo ne revient plus, Thomas a maintenant en lui tout ce qu'il faut pour aller de l'avant.

C'est la vie Lulu ! Je me trouve nulle 7 ans+
Dutruc-Rosset, Florence
Paris : Bayard jeunesse, 2006. 39 p. (Lulu !)

Comme elle se trouve nulle, Lulu ! Elle se trouve trop maigre, les cheveux trop frisés, trop de taches de rousseur, elle n'aime pas ses mollets, bref elle ne s'aime pas du tout. En plus, elle a été minable au cours de gym. Pourquoi n'est-elle pas parfaite comme son amie Mélissa ? La collection « Lulu » met en scène une petite fille qui fait face à des problèmes de la vie quotidienne. Une histoire, un dossier documentaire et des conseils judicieux terminent l'ouvrage.

Journal d'un petit héros 7 ans+
Montour, Nancy
Saint-Lambert (Québec) : Dominique et Compagnie, 2006. 57 p. (Roman lime)

Léonard a toujours été le héros, le meilleur aux yeux de sa maman. À l'école, cependant, il est lunatique et souvent le plus lent. Il craint de décevoir ses parents et il confie ses angoisses à son journal intime : pourquoi faut-il toujours être le meilleur ? Il apprend à s'accepter tel qu'il est et à reconnaître ses points forts.

Nulle ! 7 ans+
Ben Kemoun, Hubert
Tournai : Casterman, 2002. 58 p. (Comme la vie)

Caroline trouve sa vie bien ordinaire avec des parents ordinaires ; bref, elle se trouve nulle. Comment pourrait-elle devenir intéressante pour épater ses amis ? Elle n'est cependant pas prête à les émerveiller à n'importe quel prix, elle veut aussi rester elle-même.

Le vieil arbre et l'oiseau 8 ans+
Boily, Diane
Québec : Septembre, 2007. 32 p.

Le vieil arbre et l'oiseau est un conte allégorique qui aborde l'estime de soi des enfants, l'intimidation et le respect des différences. Il permet de pénétrer l'univers de l'enfant dévalorisé, qui doute de lui et ne se fait pas confiance. C'est l'histoire d'un oiseau né avec une petite voix intérieure négative qui l'empêche d'avoir la confiance nécessaire pour prendre son premier envol. Paralysé par sa peur qui l'empêche de migrer avec les siens, il se retrouve seul dans son nid, face à sa vie. Que faire dans la vie quand on ne croit pas posséder ce qu'il faut pour y faire face? Comment l'Oiseau moqueur arrivera-t-il à découvrir ses talents, à bien les utiliser, à faire grandir sa confiance et son estime de lui-même et à gagner l'estime des autres?

L'être et l'apparence   8 ans+
Labbé, Brigitte
Toulouse : Milan, 2005. 39 p. (Les goûters philo)

«C'est inquiétant cette histoire de différence entre l'être et l'apparence : si les apparences ne montrent pas vraiment ce que sont les choses, les gens, comment on s'y retrouve?» C'est difficile de savoir qui on est, qui on veut être et de bien se connaître. C'est en vivant, en faisant des expériences au quotidien que nous apprenons à bien nous percevoir. Et cette découverte de soi, elle n'arrête jamais. Les «goûters philo» c'est une série de petits livres pour aider les enfants âgés de 8 ans et + à réfléchir…

Comment survivre quand on se trouve nul   10 ans+
Rigon, Emmanuelle et Sylvie Baussier
Paris : Albin Michel, 2004. 162 p. (Comment survivre)

Les auteurs conseillent et donnent des idées aux jeunes de 10 à 13 ans pour les aider à s'aimer, à s'affirmer davantage, à avoir confiance en eux, bref à être plus sympathique avec eux-mêmes. Elles connaissent bien les jeunes, l'une est psychothérapeute et l'autre est auteur de documentaires pour les enfants. Elles s'adressent à ce groupe d'âge, car avec leur expérience elles s'aperçoivent que le passage à l'adolescence est souvent plus difficile aujourd'hui qu'avant.

Marre de mes complexes   10 ans+
Piot, Anna
Toulouse : Milan, 2008. 43 p. (Les guides complices)

C'est souvent avec l'entrée dans la puberté, période de transformations physiques et psychiques que les complexes font leur apparition ou s'installent. Le préadolescent fait face à des sensations nouvelles : peur du regard des autres, sentiment d'infériorité, manque de confiance en soi, etc. L'auteur donne des conseils pour se débarrasser des complexes et ainsi gagner plus de confiance en soi. «Les guides complices» est une collection pour les 10-12 ans dans laquelle les auteurs conseillent les jeunes pour leur permettre de mieux comprendre les réactions de leurs parents face à certains événements ou par rapport à certains sujets. Ils veulent ainsi aider les jeunes à se responsabiliser et favoriser la communication entre parents et enfants.

La confiance en soi ça se cultive   11 ans+
Auderset, Marie-Josée
Paris : De la Martinière Jeunesse, 2007. 112 p. (Oxygène)

L'auteur analyse ce qui cause le manque de confiance et suggère des exercices pour que chacun découvre le potentiel qui se cache au fond de lui. «Vous êtes formidable et vous ne le savez pas.» «Oxygène» est une collection qui est conçue pour aider les adolescents à apprivoiser et dédramatiser ce qu'ils vivent au quotidien. Voir aussi dans la même collection *J'ose pas dire non* (2003).

En finir avec vos complexes   13 ans+
Lanchon, Anne
Paris : De la Martinière, 2003. 110 p. (Hydrogène)

«Des complexes, vous en avez, comme tout le monde. Alors d'où viennent-t-ils? Et comment les surmonter?» Une collection qui a pour but d'aider les adolescents à répondre à leurs questions.

Intervention enfance famille : guide-ressources pour favoriser la croissance des enfants - 5e livret : L'estime de soi
Les Services d'aide à la famille juive de l'Institut Baron de Hirsch
www.phac-aspc.gc.ca/dca-dea/pubs/ffc-ief/pdf/ief_estime_de_soi.pdf

Qu'est-ce que l'estime de soi ? Comment se développe-t-elle chez l'enfant de la naissance à 6 ans ? Facteurs influençant son développement, pistes servant à évaluer le risque de développer de sérieux problèmes d'estime. Stratégies et activités pour favoriser une bonne estime de soi chez les enfants.

Les enfants et l'estime de soi
Association canadienne pour la santé mentale
www.cmha.ca/bins/content_page.asp?cid=2-29-68&lang=2

Présentation du concept et conseils aux parents pour favoriser l'estime de soi chez les enfants.

La santé des filles : l'image du corps et l'image de soi
Jeunesse, j'écoute
http://jeunesse.sympatico.ca/fr/informed/sub_giimage.asp?sec=3&sb=2

Conseils pour améliorer l'estime de soi et facteurs influençant l'image de soi.

Santé mentale
Groupe IDITAE des technologies de l'apprentissage. Université de Moncton
www.adosante.org/Sante_mentale/01.shtml

Plusieurs textes regroupés sous les chroniques suivantes : L'équilibre, Le stress, L'estime de soi, Bonne forme mentale, Les pensées, Les problèmes de santé mentale. Contient aussi un court vidéo en dessins animés.

L'estime de soi : un passeport pour la vie
Duclos, Germain, conférencier
Montréal : Hôpital Sainte-Justine. Service audio-visuel, 2000. 1 DVD (59 min.)

L'estime de soi doit être nourrie dès le plus jeune âge par les parents et les éducateurs. Dans cette conférence, M. Duclos nous entretient de l'importance de l'estime de soi en nous parlant de quelques-unes de ses composantes. À travers la réalité d'enfants et d'adultes, il nous motivera à inclure l'estime de soi dans la liste de nos besoins essentiels et de ceux de l'enfant.
Disponible chez : CHU Sainte-Justine – Médiathèque, 514 345-4677

Être un parent compétent : est-ce encore possible aujourd'hui ?
Duclos, Germain, conférencier
Montréal : Hôpital Sainte-Justine. Service audio-visuel, 2001. 1 DVD (69 min.)
(Les Soirées Parents de l'Hôpital Sainte-Justine)

Être un parent « acceptable » disait Bruno Bettleheim, ce n'est pas une fin en soi mais un long cheminement personnel. Entre le sentiment d'incompétence et de culpabilité vécu par plusieurs parents, Germain Duclos guide ceux-ci dans leur questionnement sur leur compétence parentale en favorisant une bonne estime de soi chez leurs enfants.
Disponible chez : CHU Sainte-Justine – Médiathèque, 514 345-4677

ÉVEIL À LA LECTURE

Aimer lire : guide pour aider les enfants à devenir lecteurs
Boniface, Claire, Frédérique Lorenceau, Marie Lallouet et Delphine Saulière
Paris : Bayard, 2004. 155 p.

Pour tous les parents et éducateurs, une cinquantaine de spécialistes font le point sur les principales questions qui traversent les pratiques de lecture des enfants, de la naissance à l'adolescence, dans leur vie familiale et leur vie scolaire.

Comme un roman
Pennac, Daniel
Paris : Gallimard, 1995. 197 p. (Folio)

Ainsi commence son livre : « Le verbe lire ne supporte pas l'impératif. » Aversion qu'il partage avec quelques autres : le verbe « aimer », le verbe « rêver »... L'auteur a écrit cet essai sur les livres, la lecture et les lecteurs, comme un roman. Il tente de nous expliquer pourquoi les jeunes lisent si peu. Pourquoi s'obliger à lire un livre qu'on n'aime pas ? Pourquoi obliger les enfants ? Les adultes (enseignants, parents) devraient plutôt partager avec l'enfant leur plaisir de lire.

Il a du mal à apprendre à lire : comment l'aider
Chauveau, Gérard et Carine Mayo
Paris : Albin Michel, 2004. 136 p. (C'est la vie aussi)

Pour certains enfants, c'est difficile d'apprendre à lire. Quand faut-il s'inquiéter ? Quel rôle le parent a-t-il à jouer ? L'auteur explique le mécanisme de la lecture et propose aux parents des jeux pour aider l'enfant dans son processus d'apprentissage. Il insiste sur la nécessité du soutien psychologique des parents et sur l'importance de ne pas dramatiser la difficulté.

Lire à des enfants et animer la lecture : guide pour parents et éducateurs
Rousseau, Lina et Robert Chiasson
Montréal : ASTED, 2004. 143 p.

Parce que le livre et la lecture sont importants pour le développement de l'enfant et ses apprentissages, les auteurs vous proposent dans cet ouvrage de référence des activités, des trucs et conseils pour animer et raconter des histoires aux enfants, dès son plus jeune âge. S'adresse à tous ceux qui sont intéressés par le plaisir de lire des livres ou de raconter des histoires aux enfants : parents, grands-parents, éducateurs, animateurs, professeurs, etc.

Lire des livres à des bébés
Rateau, Dominique
Ramonville-Saint-Agne (France) : Érès, 2007. 96 p. (1001 BB)

L'auteur, orthophoniste, explique les bienfaits de lire des livres aux bébés.

Qui lit petit lit toute sa vie : comment donner le goût de lire aux enfants de la naissance à l'adolescence
Causse, Rolande
Paris : Albin Michel, 2005. 345 p. (Questions de parents)

La lecture permet de maîtriser la langue, de développer l'imaginaire, de structurer la pensée, d'accéder au savoir. C'est pourquoi parents et enseignants se plaignent lorsque les enfants ne lisent pas et les ados encore moins. Les enfants peuvent lire, si seulement on leur en donne le goût. Tel est le message de l'auteur, spécialiste de la lecture chez l'enfant et l'adolescent. En s'appuyant sur les meilleurs livres pour la jeunesse, elle explique comment éveiller la curiosité des tout-petits comme des plus grands, leur donner le sens de l'écrit et le plaisir de lire. À la fin du livre, l'auteur propose une bibliothèque idéale, de la petite enfance à l'adolescence.

Raconte-moi une histoire. Pourquoi ? Laquelle ? Comment ?
Ferland, Francine
Montréal : Éditions du CHU Sainte-Justine, 2007. 144 p.
(Collection du CHU Sainte-Justine pour les parents)

Le point sur le rôle des histoires dans la vie de l'enfant et sur la fascination qu'elles exercent, sur leur contribution à son développement, sur leur utilisation dans les milieux de garde, etc.

Que lit Galette à la bibliothèque ?   3 ans+
Rousseau, Lina
Montréal : ASTED, 2006. 21 p.

Galette est à la bibliothèque et elle cherche un livre qui lui convient. Une série pour sensibiliser les tout-petits au plaisir de la lecture. Autres albums de la série : *Que fait Galette à la garderie ?*, *Que cherche Galette dans la maison ?*, *Que cache Galette dans sa salopette ?*, *Une journée avec Galette*, etc.

Les Ontoulu ne mangent pas les livres   4 ans+
Gratton, Andrée-Anne
Laval (Québec) : Les 400 coups, 2006. 32 p. (Grimace)

Dans la famille Ontoulu, on aime les livres. Les parents Ontoulu en lisent, en écrivent, en collectionnent, ce sont leurs trésors. Le drame, c'est que leur petit garçon Lulu ne semble pas les aimer, ni aimer se faire raconter des histoires. Dès qu'il a un livre dans les mains, Lulu le mord, dessine dedans ou arrache les pages. Et si c'était vrai, s'il n'aimait pas les livres ? Tout ça rend son père malade.

Des livres pour Nicolas!   6 ans+
Tibo, Gilles
Markham (Ontario) : Scholastic, 2003. 30 p.

Chaque fois que Nicolas veut faire quelque chose, quelqu'un lui donne un livre documentaire pour lui montrer comment. Mais, après une visite à la bibliothèque de son quartier, Nicolas apprend que les livres peuvent être aussi amusants.

La vache qui lit   6 ans+
Mérola, Caroline
Saint-Lambert (Québec) : Soulières, 2004. 64 p. (Ma petite vache a mal aux pattes)

Angélique la vache sait lire. C'est mal, s'inquiète l'âne? Devra-t-il apprendre à lire lui aussi?

L'oiseau-livre   6 ans+
Brami, Elizabeth
Tournai : Casterman, 2003. 25 p. (Les albums Duculot)

Un oiseau-livre invite un enfant à voyager dans le « pays imaginaire de l'apprentissage de la lecture ».

Max n'aime pas lire   6 ans+
de Saint Mars, Dominique
Fribourg : Calligram, 1997. 43 p. (Max et Lili) (Ainsi va la vie)

À chaque fois que Max va à la bibliothèque, il emprunte le même livre et il ne le termine jamais. Comment arriver à aimer la lecture?

La mystérieuse bibliothécaire   8 ans+
Demers, Dominique
Montréal : Québec Amérique Jeunesse, 1997. 123 p. (Bilbo)

Mademoiselle Charlotte est une extravagante bibliothécaire. Mais la bibliothèque où elle travaille est pleine de livres ennuyants. Comment, sans argent, y attirer les enfants pour la réorganiser? Comme elle est persuadée que les livres sont essentiels, mademoiselle Charlotte trouvera des idées géniales pour transformer cet endroit en un véritable coffre aux trésors et donner aux jeunes le goût de lire.

Panique à la bibliothèque   8 ans+
Colfer, Eoin
Paris : Gallimard, 2004. 100 p. (Folio cadet)

Aînés d'une famille de cinq frères turbulents, Will et Marty passeront leurs vacances à la bibliothèque. Ainsi en ont décidés leurs parents. Une histoire trépidante où la lecture se révèle la plus belle des découvertes pour inciter les garçons à la lecture, sans morale.

Mon pire prof   10 ans+
Mercier, Johanne
Charlesbourg (Québec) : FouLire, 2006. 127 p. (Le trio rigolo)

Le trio rigolo, Laurence, Yo et Daphné décrivent leur pire prof, chacun à sa manière. La maison d'édition a comme objectif avec ses livres de développer le goût de la lecture chez les jeunes, surtout chez les non-lecteurs. Voir aussi les autres livres de la collection.

Ne lisez pas ce livre 11 ans+
Boisvert, Jocelyn
Saint-Lambert (Québec) : Soulières, 2006. 128 p. (Graffiti)

Un livre pour donner le goût de la lecture à ceux qui n'aiment pas lire. L'auteur décrit avec humour et passion l'expérience d'un adolescent non-lecteur devenu boulimique de la lecture après avoir lu un « livre maudit », livre qui lui a été remis par un étrange bibliothécaire, un clochard sympathique.

ÉVEIL MUSICAL

L'éveil du bébé aux sons et à la musique
Malenfant, Nicole
Sainte-Foy (Québec) : Presses de l'Université Laval, 2004. 354 p.

« Un guide utile et pratique qui propose une mine de renseignements, d'idées et d'activités pour soutenir la curiosité naturelle du bébé face aux sons, aux chansons et à la musique. » Comment développer le sens musical des bébés sans connaître la musique ? Comment savoir si le bruit nuit aux bébés ? Est-ce que l'éveil sonore aide au développement du cerveau de l'enfant ? À quel âge amorcer l'apprentissage d'un instrument de musique ? Pour les parents, éducateurs et éducatrices. Un disque compact avec chansons et comptines pour les 0-2 ans.

Musique, musicothérapie et développement de l'enfant
Vaillancourt, Guylaine
Montréal : Éditions de l'Hôpital Sainte-Justine, 2005. 175 p.
(Collection de l'Hôpital Sainte-Justine pour les parents)

La première partie de cet ouvrage traite de l'éveil sonore et musical. Quelle est la place de la musique dans le développement global de l'enfant ? La deuxième partie est consacrée à la musicothérapie pour comprendre comment l'utilisation judicieuse de la musique peut restaurer, maintenir ou améliorer le bien-être physique et psychologique de l'enfant.

Musicothérapie
Passeportsanté.net
www.passeportsante.net/fr/therapies/guide/fiche.aspx?doc=musicotherapie_th

Qu'est-ce que la musicothérapie et quelles sont ses applications thérapeutiques ?

Musicothérapie
École secondaire Joseph Charbonneau
www.csdm.qc.ca/musicotherapie/musicothérapie.htm

Définition et application de la musicothérapie auprès d'enfants handicapés. Témoignages d'interventions auprès d'enfants dysphasiques.

F

FAMILLE D'ACCUEIL

Fédération des familles d'accueil du Québec
245, rue Soumande
Québec (Québec) G1M 3H6
info@ffaq.ca
www.ffaq.ca

☏ 418 529-4734
🖶 418 529-0456

En plus de représenter les familles d'accueil auprès du gouvernement, la Fédération leur offre de la formation et de l'information. Publié trois fois par année, le bulletin *Inform'Accueil* aborde différents thèmes et souligne l'existence de publications susceptibles d'aider les parents. La Fédération chapeaute 15 associations régionales.

Attachement et adoption : outils pratiques pour les parents
Gray, Deborah
Bruxelles : De Boeck, 2007. 378 p. (Parentalités)

Un livre pour les parents adoptifs et d'accueil où l'auteur présente d'une façon claire les différentes étapes du développement de tout enfant, puis explique comment ces étapes peuvent être franchies quand l'enfant a vécu l'abandon par sa mère naturelle. Plusieurs conseils pratiques et suggestions qui reposent sur des bases théoriques solides concernant l'attachement, le développement et le traumatisme précoce. Voir aussi dans la même collection *L'enfant adopté : comprendre la blessure primitive* de Nancy Newton Verrier (2007).

Enfant qui a mal, enfant qui fait mal ? Grands enfants, adolescents : conseils pour les parents adoptifs et les parents d'accueil
Archer, Caroline
Bruxelles : De Boeck, 2007. 304 p. (Parentalités)

« Explique les particularités des enfants adoptés plus âgés ainsi que les difficultés auxquelles les parents peuvent se heurter et propose de nombreuses pistes concrètes pour favoriser l'intégration de l'enfant dans sa nouvelle famille. » Des parents adoptent ou accueillent des enfants qui ont pu être négligés ou maltraités. Comment aider ces parents à comprendre et à intervenir devant des comportements de colère, d'agressivité, de mensonge, de vol, de violences, etc. Ouvrage préfacé, entre autres, par Jean-François Chicoine et Johanne Lemieux.

Le moindre mal : la question du placement de l'enfant
Steinhauer, Paul D.
Montréal : Presses de l'Université de Montréal, 1996. 463 p.

L'auteur fait une analyse en profondeur des divers aspects du placement et de l'adoption de l'enfant : historique et séquelles de la séparation, suivi de recommandations. Pour public averti. Épuisé chez l'éditeur mais disponible dans les bibliothèques.

Me feriez-vous une place ? Les enfants en famille d'accueil : mieux les comprendre pour mieux les accueillir
Paquin, Marc
Montréal : Éditions du CHU Sainte-Justine, 2003. 87 p.
(Contes, nouvelles, et autres récits)

Avec ce livre, les parents d'accueil sauront un peu plus à quoi s'attendre et « comment composer avec des enfants qui ont plus de gestes que de mots pour exprimer ce qu'ils ressentent ». Les intervenants qui côtoient ces enfants puiseront dans cet ouvrage une réflexion très riche sur l'expérience de placement et sur le rôle déterminant de ces familles qui s'engagent auprès de ces enfants.

Un enfant entre deux familles : le placement familial, du rêve à la réalité
Germain, Jean-Guy
Montréal : Sciences et Culture, 2002. 168 p.

Ce guide explique les diverses étapes du processus de placement.

Un nid pour Wazou   3 ans+
Hatzfeld, Remi
Bruxelles : Renaissance du livre, 2004. 35 p.

Depuis que papa oiseau est parti, maman n'arrive plus à s'occuper seule du quotidien et de son petit Wazou. Elle devra réapprendre à voler et pendant ce temps, Wazou vivra dans une famille d'accueil.

Sur les genoux de Mamou   5 ans+
Arrivé-Franco, Rose-Marie
Paris : Nathan, 2004. 29 p. (Première lune)

Paul arrive hésitant chez Mamou, sa nouvelle famille d'accueil. Il y a déjà cinq demi-frères et sœurs, sans compter Papou. Y aura-t-il de la place pour lui ? Il aimerait bien être cajolé lui aussi.

Ma langue de fer   7 ans+
Férey, Caryl
Paris : Thierry Magnier, 2007. 48 p. (Petite poche)

Benji vit en foyer d'accueil. Il a décidé qu'il ne parlerait plus, à moins de retrouver ses parents. Tant pis si tout le monde se moque de lui. En classe de neige, il rencontre Maria. Elle non plus ne cause pas beaucoup ; forcément, cela les rapproche. En randonnée dans la forêt, il aperçoit un ours qui semble foncer sur Maria. Pour la sauver, il se met à parler à l'ours, qui s'évanouit dans le brouillard comme il est apparu… Benji sortira-t-il enfin de son mutisme ?

L'hiver de Léo Polatouche   8 ans+
Leroux, Nicole
Montréal : Boréal, 2003. 140 p. (Boréal junior)

Léo, écureuil volant, se sent nul parce qu'il est différent des autres ; il a une patte plus
petite que l'autre et ne peut pas exceller, à l'instar de ses frères et sœurs, comme voltigeur.
Un jour, en colère contre son père qui le trouve nul, il quitte sa famille, se perd et est
accueilli par monsieur et madame Taupe qui vivent comme toutes les taupes sous la terre.
Réussiront-ils à vivre avec leurs différences ?

Elle danse dans la tourmente   9 ans+
Little, Jean
Markham (Ontario) : Scholastic, 2007. 234 p.

Min, 10 ans, passe d'une famille d'accueil à l'autre depuis qu'elle a été abandonnée à l'âge
de 3 ans. Jess Hart, médecin anciennement à l'emploi des Services de l'aide à l'enfance,
connaît Min depuis longtemps et décide de la prendre chez elle. Elle sait voir au-delà de la
carapace que la jeune fille s'est forgée au fil des ans. Lorsque Jess et Min recueillent un chiot
en fuite, menacé de mort, la jeune fille, à l'exemple du petit animal, apprend à s'ouvrir et
à faire confiance. Se pourrait-il que Min et Jess forment désormais une vraie famille ?

Marélie de la mer   9 ans+
Brousseau, Linda
Saint-Laurent (Québec) : Pierre Tisseyre, 1993. 90 p. (Papillon)

Marélie vient de quitter sa quinzième famille d'accueil ; elle se promène de famille en
famille depuis sa naissance. Et là, pour la seizième fois, elle déménage et va chez les Lucas.
Cette fois-ci, ils sont venus la chercher. Elle a toujours cette grosse boule dans la gorge
qui l'empêche de parler. Voir aussi, du même auteur, *Le vrai père de Marélie*.

Une famille pour de bon   9 ans+
Ribeiro, Cathy
Arles (France) : Actes Sud Junior, 2006. 70 p. (Cadet)

Valentin est orphelin, il a souvent changé de famille. Maintenant il vit avec Maurice et
Juliette, un couple d'un certain âge, et il se sent bien avec eux. Un jour, il surprend une
conversation où il croit comprendre que sa nouvelle famille ne veut plus de lui. Il décide
de fuir parce qu'il ne peut plus supporter ces abandons. Maurice et Juliette partent à sa
recherche ; ils trouvent Valentin et celui-ci s'aperçoit qu'il n'avait pas du tout saisi le sens
de la conversation.

Un toit pour nous trois   11 ans+
Koller, Jachie French
Paris : Hachette Jeunesse, 2003. 283 p. (Le livre de poche jeunesse)

Le jour où la mère d'Anna disparaît, la jeune fille doit faire face à la situation. À 15 ans,
elle est l'aînée d'une famille de trois enfants et doit continuer à faire vivre son frère et sa
sœur. Plus que tout, elle veut garder sa famille unie. Mais qui voudrait adopter trois
enfants dont une adolescente noire ? Elle prend alors la décision la plus difficile, soit de
dissimuler à tous la terrible vérité, la disparition de sa mère.

Le fugueur   12 ans+
Proulx, Luc
Saint-Lambert (Québec) : Héritage, 1996. 210 p. (Échos)

Des jeunes qui contreviennent aux lois de la société en faisant quelques délits se retrouvent en centre d'accueil ou en famille d'accueil. Le livre est épuisé chez l'éditeur, mais
disponible dans certaines bibliothèques publiques. Voir aussi la suite du même auteur :
Le fugueur 2.

Sara la farouche 12 ans+
Johnston, Julie
Paris : Hachette Jeunesse, 1997. 350 p. (Mon bel oranger)

Sara est passée plusieurs fois d'une famille d'accueil à une autre. Elle a 15 ans et n'a plus vraiment d'attente. Mais dans sa nouvelle famille d'accueil, elle connaîtra la chaleur d'une vraie famille.

Code d'éthique de la famille d'accueil
Fédération des familles d'accueil du Québec
www.ffaq.ca/codeEthique.html

Code permettant d'encadrer, de comprendre et de respecter le rôle spécifique des familles d'accueil auprès des jeunes qui leur sont confiés.

Être famille d'accueil c'est quoi ?
Fédération des familles d'accueil du Québec
www.ffaq.ca/etreFamille.html

Explication du rôle et des exigences requises pour devenir une famille d'accueil au Québec.

FAMILLE HOMOPARENTALE

Voir aussi : Homosexualité

Association des mères lesbiennes du Québec
info@aml-lma.org) 514 846-1543
www.aml-lma.org

L'Association est un groupe bilingue de mères et futures mères lesbiennes fondé pour former une collectivité, échanger de l'information, partager des ressources et offrir des activités familiales. Elle a publié un *Guide sur les nouvelles lois québécoises concernant les familles homoparentales*. Il est possible de contacter l'Association du lundi au vendredi de 9 h à 17 h.

Association des pères gais de Montréal
C.P. 476, succursale C) 514 528-8424
Montréal (Québec) H2L 4K4 ⌨ 514 528-9708
peresgais@iquebec.com
www.algi.qc.ca/asso/apgm

L'Association propose des rencontres en groupe restreint d'une durée de huit semaines et des réunions de groupe hebdomadaires permettant aux pères gais de s'entraider. Des activités sociales, culturelles ou sportives sont aussi organisées.

Gai écoute inc.
C.P. 1006, succursale C   Ligne d'écoute : 514 866-0103
Montréal (Québec) H2L 4V2   Ligne d'écoute sans frais : 1 888 505-1010
courrier@gaiecoute.org   ☽ (administration) : 514 866-6788
www.gaiecoute.org   ▤ 514 866-8157

Service d'écoute téléphonique et de référence. Confidentiel, anonyme et gratuit, ce service est accessible tous les jours, de 8 h le matin à 3 h la nuit, pour toutes les questions relatives à l'homosexualité. Pour les personnes qui le préfèrent, il est aussi possible d'utiliser le courriel pour obtenir de l'aide.

Des parents comme les autres : homosexualité et parenté
Cadoret, Anne
Paris : Odile Jacob, 2002. 240 p.

L'auteur, ethnologue, jette un regard inédit sur ces familles nouvelles composées de parents de même sexe. « Si on peut avoir plusieurs figures de père ou de mère, si les pères et les mères ne vivent pas toujours ensemble, si des enfants de plusieurs lits cohabitent, n'est-ce pas le signe que la famille traditionnelle n'est plus la seule possible ? Dès lors, gays et lesbiennes ne peuvent-ils devenir « des parents comme les autres » ? Comment ces familles se mettent-elles en place ? »

Deux papas, deux mamans, qu'en penser ? Débat sur l'homoparentalité
Antier, Edwige et Martine Gross
Paris : Calmann-Lévy, 2007. 332 p.

Les enfants qui grandissent dans un foyer homosexuel sont-ils heureux et équilibrés ? Risquent-ils de souffrir du regard des autres à l'école par exemple ? Cela fait-il une différence pour un enfant d'être élevé par deux hommes ou par deux femmes ? Cet enfant aura-t-il des difficultés à construire son identité sexuelle ? Dans ce livre, sous forme de dialogue, deux conceptions de la famille s'affrontent, deux façons de penser la parentalité, à travers un certain nombre de questions concrètes.

Homoparentalité : une nouvelle chance pour la famille ?
Nadaud, Stéphane
Paris : Fayard, 2002. 334 p.

La réalité des familles homosexuelles soulève bien des questions : « Quel peut être le développement psychologique des enfants élevés dans ce milieu ? Doit-on voir là le symptôme d'une crise généralisée de la famille dans la société occidentale ? Quelle doit être, dans ce contexte, la position du législateur vis-à-vis de l'adoption d'enfants par des homosexuels ? » Bien des homosexuels sont parents ; devrait-on alors redéfinir la notion de famille pour bien comprendre l'homoparentalité ?

J'ai 2 mamans c'est un secret. Foyers homos : des enfants racontent
Breton, Claire
Paris : Leduc.S Éditions, 2005. 192 p.

L'auteur a 3 ans quand sa mère quitte son père pour une femme. Pendant plusieurs années, elle croit qu'elle vit avec sa tante. À 15 ans, elle apprend par hasard l'homosexualité de sa mère. Avec ce livre, elle témoigne de l'effet du non-dit et des mensonges sur son équilibre. Elle enquête aussi auprès de jeunes qui vivent dans une famille homoparentale pour savoir s'ils ont connu aussi les mêmes difficultés dues aux mensonges pour protéger le couple, les enfants, la famille du regard des autres.

Maman, mamour, ses deux mamans : grandir dans une famille homoparentale
Célier, Brigitte
Paris : Anne Carrière, 2008. 197 p.

Entre émotion et réflexions, l'auteur nous offre le témoignage d'une expérience parentale singulière, finalement toute simple : la vie de famille d'une jeune fille d'aujourd'hui, âgée de 20 ans, bien armée pour la vie, épanouie, avec ses deux mamans.

Jean a deux mamans
3 ans+
Toxier, Ophélie
Paris : L'École des Loisirs, 2005. 20 p. (Loulou et Cie) (Les petites familles)

Jean vit avec deux mamans. Oui, c'est différent. Mais lui qu'en pense-t-il ? La série « Les petites familles » permet de faire connaître avec simplicité aux tout-petits les différents types de familles qui existent aujourd'hui.

Ulysse et Alice
3 ans+
Bertouille, Ariane
Montréal : Éditions du Remue-ménage, 2006. 32 p.

Ulysse tente de convaincre par tous les moyens ses deux mamans d'accepter à la maison Alice, une petite souris pleine d'imagination. Une tranche de vie quotidienne d'un petit garçon qui vit dans une famille homoparentale.

Marius
5 ans+
Alaoui, M. Latifa
Laval (Québec) : Les 400 coups, 2001. 25 p.

Marius a 5 ans. Ses parents sont séparés. Sa maman vit avec un autre homme et son papa aussi. Ce n'est pas toujours facile de vivre avec deux hommes ; parfois, il se fait dire par d'autres que « deux hommes ensemble c'est pas bien ». Marius en parle avec ses parents et ceux-ci lui expliquent pourquoi les gens pensent ainsi.

J'ai 2 papas qui s'aiment
7 ans+
David, Morgane
Paris : Hatier, 2007. 32 p. (Éthique et toc !)

Titouan a deux papas qui s'aiment. C'est différent des autres familles, comment faire accepter sa situation à ses amis ? Il n'aime pas qu'on se moque de lui. Le droit à la différence et le devoir d'accepter l'autre sont les messages véhiculés par la collection « Éthique et toc ! ». Les textes permettront aux parents d'amorcer le dialogue avec leur enfant sur des sujets difficiles à aborder.

Je ne suis pas une fille à papa
7 ans+
Honoré, Christophe
Montréal : Stanké, 1999. 77 p.

Lucie a deux mamans, Delphine et Solange. Le jour de ses 7 ans, ses mamans veulent lui annoncer qui, des deux, est la vraie maman, c'est-à-dire celle qui a accouché. Lucie ne tient absolument pas à le savoir.

Annie a deux mamans
10 ans+
Paquette, Denise
Moncton (Nouveau-Brunswick) : Bouton d'or Acadie, 2003. 131 p. (Météore)

« Un roman qui traite habilement de l'homosexualité féminine. À travers les yeux d'Annie nous suivons le cheminement qui mène à la découverte de la différence, à l'acceptation et au bonheur retrouvé. »

Vivre avec un père gai ou une mère lesbienne
13 ans+
Miller, Deborah A.
Montréal : Logiques, 2002. 197 p. (Ados)

Un livre qui répond aux questions des adolescents qui vivent dans des familles avec des parents de même sexe et qui doivent s'adapter à leur nouvelle réalité.

Oh, boy !
14 ans+
Murail, Marie-Aude
Paris : L'École des Loisirs, 2000. 207 p. (Médium)

Siméon, 14 ans, Morgane, 8 ans, et Venise, 5 ans, se retrouvent orphelins suite au départ de leur père et au suicide de leur mère. Ils veulent à tout prix rester ensemble et vivent de nouveau en famille. Ils seront adoptés par un demi-frère inconnu, qui est homosexuel et découragé par cette tuile qui lui tombe dessus.

Nous, enfants d'homos : homoparentalité, une génération témoigne
15 ans+
Kaim, Stéphanie
Paris : De la Martinière Jeunesse, 2006. 171 p.

À partir d'une enquête menée en France et en Californie, l'auteur décrit les conditions d'accession à l'homoparentalité, depuis le milieu des années 1970. Elle donne la parole à de jeunes adultes élevés par des homosexuels pour mieux poser la question de l'éducation et de l'orientation sexuelle de ces enfants. Elle a rencontré des enfants de différentes générations, de différents milieux, qui racontent comment ils se sont construits et qui répondent sans fausse pudeur à des questions cruciales.

Homoparentalité, le site de la famille homoparentale
Homoparentalité
www.homoparentalite.com

Site web sur tous les aspects de la famille homoparentale en France : conseils, échanges, débats, témoignages et aussi un dossier très complet, sous forme de questions-réponses, sur les préjugés à l'encontre de ces familles.

Le respect et l'estime de soi : parler de l'orientation et de l'identité sexuelle avec nos enfants
Association des mères lesbiennes du Québec
www.aml-lma.org/docs/fr_homoparentalite.pdf

Conseils aux parents « sur la façon d'aborder la question de leur orientation et de leur identité sexuelle avec leurs enfants ».

Les familles homoparentales
Regroupement inter-organismes pour une politique familiale au Québec
www.familis.org/riopfq/activites/familleshomoparentales.html

Quatre articles présentant l'état de la situation des familles homoparentales au Québec.

FAMILLE MONOPARENTALE

**Fédération des associations de familles monoparentales
et recomposées du Québec – FAFMRQ**
584, rue Guizot Est ☎ 514 729-6666
Montréal (Québec) H2P 1N3 🖷 514 729-6746
fafmrq.info@videotron.ca
www.fafmrq.org

La Fédération intervient auprès des différentes instances afin d'assurer le financement de ses associations membres et d'améliorer les conditions de vie des familles monoparentales et recomposées. Elle apporte aide et soutien à ces associations, visant à leur assurer une autonomie financière. Elle réfère les familles monoparentales et recomposées ayant besoin de soutien à l'une de ses cinquante associations réparties partout au Québec. Elle défend aussi les droits et les intérêts de ces familles.

Grands frères et grandes sœurs du Grand Montréal
3740, rue Berri, suite 300 ☎ 514 842-9715
Montréal (Québec) H2L 4G9 🖷 514 842-2454
info@gfgsmtl.qc.ca
www.gfgsmtl.qc.ca

«L'Association Grands frères grandes sœurs du Grand Montréal a pour mission de jumeler des bénévoles avec des jeunes qui ont besoin d'une présence significative dans leur vie.»

**Institut de formation d'aide communautaire à l'enfant
et à la famille (IFACEF)**
Saint-Jérôme ☎ 450 438-7708
76 rue de la Gare, bureau 207
Saint-Jérôme (Québec) J7Z 2B8
ifacef@ifacef.org
www.ifacef.org

Montréal ☎ pour Montréal : 514 388-7216
241, rue Fleury Ouest, bureau 6
Montréal (Québec) H3L 1V2
info@maisondesparents.com
www.maisondesparents.com

L'IFACEF assiste les familles en difficulté et offre une série de formations postgraduées aux intervenants sociaux et professionnels. Les services offerts à la famille sont les suivants : thérapie familiale, thérapie de couple, psychothérapie individuelle ou de groupe, soutien éducatif dans le milieu de vie et soutien scolaire.

Guide de survie du père célibataire
Quilien, Christophe
Paris : Hachette, 2004. 198 p.

Ce guide donne des conseils, des astuces et des trucs au père pour affronter le quotidien avec ses enfants : préoccupations très concrètes (vacances, cuisine, santé…) et interrogations sur l'éducation, la vie sociale, la vie familiale, etc.

J'élève seule(e) mon enfant
Nogaret, Anne-Sophie
Paris : Hachette, 2005. 215 p.

« Vivre avec un seul parent : est-ce un handicap pour l'enfant ? Comment ménager une place au parent que l'enfant ne voit qu'un week-end sur deux ? Comment s'en sortir au quotidien avec un tout-petit ? » L'auteur propose des pistes et des solutions pratiques pour aider le parent seul à résoudre les questions d'éducation ou d'autorité, entrecoupé de témoignages.

Moi aussi je m'occupe de mon enfant !
Le guide du père de famille monoparentale
Brott, Armin
Boisbriand (Québec) : Momentum, 2003. 423 p.

« Pour tous les pères à la recherche de repères. » Couvre tous les aspects de la vie de famille, divorce compris : discipline, développement de l'enfant, droits de visite, finances après le divorce, tout ce que doit contenir une cuisine… rien n'est épargné. Un livre pour les pères seuls, qu'ils soient séparés, veufs, célibataires ou homosexuels, qui veulent garder le contact avec leurs enfants et bien vivre cette relation. Révisé et adapté pour le Québec.

Un seul parent à la maison : assurer au jour le jour
Dahan, Jocelyne et Anne Lamy
Paris : Albin Michel, 2005. 136 p. (C'est la vie aussi)

Les auteurs veulent rassurer et conseiller le parent qui vit seul avec ses enfants en lui proposant des pistes et des conseils pour vivre au quotidien. Contrairement aux idées reçues, les enfants vivant avec un seul parent ne développeront pas forcément des problèmes. Vous trouverez des réponses à des questions qui vous tracassent : « Comment ne pas s'enfermer dans un duo trop fusionnel ? Comment laisser sa place au parent absent ? Comment ne pas oublier sa propre vie ? Comment éviter le piège de la surprotection ? Comment assumer seul(e) l'autorité ? Comment se débrouiller avec un budget serré ? Quels sont les risques pour l'identité sexuée de l'enfant ? Comment aborder l'adolescence ? », etc.

La maman d'Eddy a un amoureux   3 ans+
Lamblin, Christian et Edwige Antier
Paris : Nathan, 2003. 20 p. (Croque la vie)

Depuis que sa mère a un nouvel amoureux, Eddy est content, mais aussi inquiet. Accompagné d'un livret pour les parents pour aider à amorcer la discussion avec les tout-petits.

Vivre seul avec papa ou maman
3 ans+
Dolto-Tolitch, Catherine
Paris : Gallimard Jeunesse, 2006. 23 p. (Mine de rien) (Giboulées)

Comment est la vie quand on est enfant unique et qu'on vit seul avec un de ses parents ? Une collection pour expliquer aux petits « ce qui se passe en eux et autour d'eux ».

Marguerite veut un papa
4 ans+
Le Picard, Clara
Paris : Albin Michel Jeunesse, 2005. 37 p. (La vie comme elle est)

« Comment je suis née ? » demande Marguerite à sa maman. Elle n'a pas de papa dans sa vie et elle veut savoir pourquoi. Sa maman lui explique. Une collection qui aborde des problèmes graves et difficiles à expliquer aux enfants. À lire avec eux.

Choupette et son petit papa
6 ans+
Tibo, Gilles
Saint-Lambert (Québec) : Dominique et Compagnie, 2002. 43 p. (Roman rouge)

C'est aujourd'hui le premier jour d'école et Choupette, qui se réveille, doit aussi réveiller son père.

L'arbre de joie
6 ans+
Bergeron, Alain M.
Saint-Lambert (Québec) : Soulières, 1999. 45 p. (Ma petite vache a mal aux pattes)

C'est l'histoire de Patricia, qui vit avec sa mère et son petit frère Simon. Ils n'ont pas d'argent et c'est bientôt Noël. Patricia travaille à la collecte des paniers de Noël au centre commercial et y amène son petit frère. Un arbre de Noël très spécial attire leur regard. Une histoire où l'image de la famille monoparentale et la pauvreté sont redorées : c'est une famille où règne la générosité, la bonté et l'honnêteté, valeurs trop souvent ignorées aujourd'hui.

Il y a des heures qui durent longtemps
7 ans+
Brami, Élisabeth
Paris : Thierry Magnier, 2003. 44 p. (Petite poche)

Thomas vit seul avec sa mère. Mina, sa gardienne, bien qu'elle soit gentille, n'arrive pas à combler l'absence laissée par sa mère quand celle-ci travaille. Les heures qu'il passe à l'attendre lui semblent bien longues. Quand Thomas apprend que sa mère a rencontré quelqu'un, l'inquiétude le ronge encore plus.

Les chats d'Aurélie
8 ans+
Gingras, Charlotte
Montréal : La courte échelle, 2007. 90 p. (Aurélie)

Aurélie habite seule avec sa maman qui n'a pas beaucoup d'argent. Elle trouve un chat noir que sa mère refuse de garder faute de temps et d'argent. Monsieur Tremblay, le voisin, réussit à la convaincre qu'un petit chat comblerait un grand vide dans la vie d'Aurélie qui n'a ni frères ni sœurs ou amis près de la maison. Voir aussi les autres livres de la collection « Aurélie ».

La vie avec un seul parent   13 ans+
Auderset, Marie-José
Paris : De la Martinière, 2003. 109 p. (Hydrogène)

« Vivre avec un seul parent, vous ne l'avez pas vraiment choisi et pourtant c'est ce que vous vivez aujourd'hui ? Que nos parents soient divorcés, séparés, ou bien plus là, votre quotidien n'est pas toujours simple. Vous devez souvent jongler entre votre envie d'indépendance et votre besoin d'affection, votre relation avec les copains et votre nouvelle vie de famille, votre loyauté à l'égard de l'un et de l'autre parent. Comment gérer au mieux ces relations en tandem et réapprendre à vivre ensemble ? »

Vivre dans une famille monoparentale   13 ans+
Wagonseller, Bill R.
Montréal : Logiques, 2001. 179 p. (Ados)

« Comment vit-on une vie harmonieuse dans une famille monoparentale ? » Sans offrir de réponses toutes faites, l'auteur propose des réponses aux questions que les adolescents se posent suite à un divorce, à un abandon, à la mort ou à la maladie d'un parent ou encore au fait de vivre avec un parent seul.

Des femmes seules qui choisissent de devenir mère !
Une pilule, une petite granule - Télé-Québec
http://pilule.telequebec.tv/pages/Categorie-de-sujets-dun-emission/
dossier-de-la-semaine.aspx?emission=93&date=2007-03-22

Témoignages de femmes seules qui ont recours à l'insémination artificielle. Description de la manière dont les donneurs sont proposés aux futures mamans ainsi que l'impact que ce choix pourrait avoir sur les enfants conçus de cette manière.

Les parents seuls et leurs enfants
Institut Vanier de la famille
www.vifamily.ca/library/transition/291/291_fr.html

Plusieurs articles sur l'état des familles monoparentales au Canada et sur la vie des enfants dans ce type de famille.

Père de famille monoparentale : une espèce en voie… d'apparition !
PetitMonde
www.petitmonde.com/iDoc/Article.asp?id=17622

Le quotidien de deux pères qui assument leur nouveau rôle de « père monoparental ».

Quand la mère joue aussi au père !
PetitMonde
www.petitmonde.com/iDoc/Article.asp?id=25545

Comment les mères et les enfants vivent leurs émotions en situation de famille monoparentale.

FAMILLE RECOMPOSÉE

**Fédération des associations de familles monoparentales
et recomposées du Québec – FAFMRQ**
8059, boul. Saint-Michel   ☎ 514 729-6666
Montréal (Québec) H1Z 3C9   🖷 514 729-6746
fafmrq.info@videotron.ca
www.fafmrq.org

La Fédération intervient auprès des différentes instances afin d'assurer le financement de ses associations membres et d'améliorer les conditions de vie des familles monoparentales et recomposées. Elle apporte aide et soutien à ces associations, visant à leur assurer une autonomie financière. Elle réfère les familles monoparentales et recomposées ayant besoin de soutien à l'une de ses 50 associations réparties partout au Québec. Elle défend aussi les droits et les intérêts de ces familles.

**Institut de formation d'aide communautaire à l'enfant
et à la famille (IFACEF)**
Saint-Jérôme   ☎ 450 438-7708
76, rue de la Gare, bureau 207
Saint-Jérôme (Québec) J7Z 2B8
ifacef@ifacef.org
www.ifacef.org

Montréal   ☎ 514 388-7216
241, rue Fleury Ouest, bureau 6
Montréal (Québec) H3L 1V2
info@maisondesparents.com
www.maisondesparents.com

L'IFACEF assiste les familles en difficulté et offre une série de formations postgraduées aux intervenants sociaux et professionnels. Les services offerts à la famille sont les suivants : thérapie familiale, thérapie de couple, psychothérapie individuelle ou de groupe, support éducatif dans le milieu de vie et soutien scolaire.

D'abord, t'es pas ma mère ! Quelle place pour une belle-mère ?
Vallejo, Marie-Claude et Mireille Fronty
Paris : Albin Michel, 2006. 130 p. (C'est la vie aussi)

« Pourquoi le rôle de la belle-mère est-il si compliqué ? Comment trouver sa juste place, ni trop copine, ni trop distante, ni trop rigide ? Comment exercer une autorité sans se substituer à la mère des enfants ? Comment s'inscrire dans une histoire qui a commencé avant soi ? Quel est le rôle du père des enfants ? Comment élever les enfants de son compagnon et les siens, notamment quand on ne leur donne pas la même éducation ? Comment gérer l'arrivée d'un nouveau bébé ? Comment réagir face à un adolescent ? Et si la mère est décédée ? »

Du nouvel amour à la famille recomposée : la grande traversée
Larouche, Gisèle
Montréal : Éditions de l'Homme, 2001. 258 p.

L'auteur est, entre autres, médiatrice familiale, conférencière et anime des ateliers destinés aux couples vivant en famille recomposée. Elle guide les nouveaux conjoints dans la reconstruction d'une famille, ce qui ne va pas sans heurt évidemment. Elle propose des pistes d'action et des exercices pratiques pour aider les couples à maintenir le cap.

Familles recomposées, un défi à gagner
Cadolle, Sylvie
Alleur : Marabout, 2006. 221 p.

« Pour permettre à chacun de trouver sa place et de s'épanouir. » L'auteur est sociologue et spécialiste de la famille recomposée. Elle donne des conseils pratiques pour réussir la recomposition. Il y a des obstacles à surmonter, c'est inévitable, il y a aussi des atouts qu'il faut reconnaître.

Familles recomposées : guide pratique
Linder, Marie-Dominique et Théo Linder
Paris : Hachette, 2005. 263 p.

Les auteurs s'appuient sur des expériences vécues et tentent de comprendre le réseau de relations qui existe dans ces nouvelles familles. Ils ont écrit ce livre pour « aider parents et enfants à dénouer des situations parfois délicates, présenter des propositions pour mieux vivre en famille recomposée et plus largement ouvrir des pistes de réflexion sur la pluriparentalité. »

Ils recomposent, je grandis : répondre au défi de la famille recomposée
Jousselme, Catherine
Paris : Robert Laffont, 2008. 300 p. (Réponses)

La tentation est forte de vouloir offrir à tout prix une vie heureuse aux enfants qui vivent dans une famille recomposée. Les recettes miracles n'existent pas, il faut « tricoter » au jour le jour avec les événements, les émotions et réactions de tous ceux qui composent la famille. Étape par étape, l'auteur analyse pour nous les demandes bien particulières de ces enfants au fil de leur développement. Elle ouvre la voie pour des relations parents/ enfants plus souples, plus empathiques, et peut-être plus respectueuses des états d'âmes et de la complexité de chacun.

La famille recomposée : une famille composée sur un air différent
Saint-Jacques, Marie-Christine et Claudine Parent
Montréal : Éditions du CHU Sainte-Justine, 2002. 172 p.
(Collection du CHU Sainte-Justine pour les parents)

« Traitant autant de la situation de l'enfant que de celle de l'adulte dans son rôle de parent, de beau-parent ou de conjoint, les auteurs abordent les questions suivantes : les caractéristiques de la famille recomposée, les grandes étapes jusqu'à son épanouissement, les conséquences sur les enfants, les défis des nouveaux conjoints, les difficultés les plus courantes et ce qui favorise l'harmonie. »

Camille a deux familles   2 ans+
Texier, Ophélie
Paris : L'École des Loisirs, 2004. 20 p. (Les petites familles) (Loulou et Cie)

Camille raconte ce qu'elle aime dans la famille de son papa et ce qu'elle aime dans celle de sa maman. Une collection pour faire connaître aux tout-petits les différents types de famille qui existent aujourd'hui.

Ma famille, c'est pas compliqué !   3 ans+
Francotte, Pascale
Bruxelles : Alice Jeunesse, 2006. 25 p.

« J'ai un Papa, une Belle-Maman et une Belle-Sœur. J'ai aussi une Maman qui est belle et un Beau-Papa. Et bientôt une demi-sœur qui sera belle aussi. Je lui expliquerai tout. Parce que la famille, c'est comme la vie, c'est chouette, mais c'est compliqué ! » Voir aussi du même auteur, chez le même éditeur, *La séparation*.

Papa se marie   3 ans+
Moore-Mallinos, Jennifer
Saint-Lambert (Québec) : Héritage Jeunesse, 2007. 31 p. (Parlons-en !)

C'est l'histoire d'une petite fille qui est triste et en colère suite à la séparation de ses parents, et encore plus quand papa lui présente celle qui deviendra sa nouvelle conjointe. « Parlons-en ! » est une collection d'albums pour inciter les jeunes enfants à parler de leurs émotions quand ils vivent une situation troublante, en donnant aux parents des pistes pour amorcer une discussion.

Une nouvelle amie   4 ans+
Dænen, Frank
Paris : Magnard, 2006. 25 p.

Papa a une nouvelle amie, mais Hector a de la difficulté à s'y habituer parce qu'elle prend la place de sa maman. Peu à peu, Hector apprend à l'aimer, mais rien n'est plus comme avant.

Le cœur au vent   7 ans+
Montour, Nancy
Saint-Lambert (Québec) : Dominique et Compagnie, 2003. 45 p. (Roman rouge)

Avant, Mélia avait une vraie famille, elle était bien. Maintenant que son père est parti, c'est comme s'il y avait toujours une tempête dans son cœur. Elle doit aussi s'habituer au nouvel ami de sa mère, mais son cœur s'y refuse. L'auteur raconte avec sensibilité la problématique des familles qui se recomposent.

La grève de la vie   8 ans+
Couture, Amélie
Arles (France) : Actes Sud Junior, 2002. 77 p. (Les premiers romans)

Lucie vivait une existence heureuse avec sa grand-mère ; sa mère est morte à sa naissance et son père ne pouvait pas s'occuper d'elle car il était trop triste. Mais voilà que sa grand-mère meurt et qu'elle doit aller vivre avec son père qui a repris goût à la vie, sa belle-mère Isabelle et son demi-frère, le bébé Lucas.

Lili et moi   8 ans+
Stanké, Claudie
Montréal : Hurtubise HMH, 2001. 70 p. (Collection Plus)

Une petite fille qui vit avec sa mère voit d'un mauvais œil l'arrivée de Lili, la fille de l'amoureux de sa mère, dans sa vie. Elle aimerait bien s'en débarrasser.

C'est ça la vie ?   9 ans+
Champagne, Louise
Montréal : Québec Amérique Jeunesse, 2003. 126 p. (Gulliver)

Claudie, 12 ans, s'adapte difficilement à sa nouvelle famille. Elle se trouve coincée entre l'amoureux de sa mère, sa nouvelle maison au fond d'un rang à la campagne et son besoin d'ouvrir ses horizons. Sa marraine la sortira pour un temps de son univers et aidera Claudie à voir sa nouvelle vie différemment.

Des vacances à histoires   9 ans+
Pernusch, Sandrine
Paris : Rageot, 1999. 124 p. (Cascade)

Caroline a perdu sa mère quand elle était très jeune. Elle a 11 ans et son père se remarie. Elle passe ses vacances avec sa belle-mère et son père, et elle n'a pas le goût d'être agréable. Mais, malgré elle, les vacances seront bonnes.

La 42e sœur de Bébert   9 ans+
Duchesne, Christiane
Montréal : Québec Amérique Jeunesse, 1993. 121 p. (Gulliver jeunesse)

Le père de Bébert se marie encore, c'est la cinquième fois. Et c'est à cause de tous ces mariages que Bébert a beaucoup de sœurs. Il veut bien s'adapter aux épouses, mais de là à renoncer à ses privilèges de fils unique, jamais !

Ma mère se remarie : la famille recomposée   9 ans+
Rubio, Vanessa
Paris : Autrement Jeunesse, 2001. 47 p. (Autrement junior)

Cette série pour les 9-13 ans a pour but de « sensibiliser les enfants aux problèmes de société, leur faire comprendre qu'ils ont un rôle à jouer et les aider à former leur propre jugement ». L'auteur explique aux enfants qu'il n'est pas toujours facile de vivre avec un beau-père ou une belle-mère mais que chacun a un rôle à jouer pour que cela fonctionne. Un livre documentaire commençant par une courte histoire.

Une nouvelle famille, c'est pas facile   11 ans+
Bonneton, France
Paris : De la Martinière Jeunesse, 2001. 103 p. (Oxygène)

« Divorce, remariage, demi-frères, quasi-sœurs, quand la famille se recompose. » L'auteur veut dire aux adolescents que toutes leurs difficultés à vivre ces événements sont légitimes et qu'ils peuvent avoir peur, être tristes ou révoltés parce que la vie dans une famille recomposée n'a rien de simple. L'auteur propose aux jeunes adolescents des pistes de solution pour les aider dans leur nouvelle vie.

Une famille et demie   12 ans+
Poudrier, Elyse
Montréal : Québec Amérique Jeunesse, 2001. 210 p. (Titan Jeunesse)

La vie d'une adolescente dans une famille reconstituée.

La famille recomposée : un grand défi à relever
Regroupement inter-organismes pour une politique familiale au Québec
www.familis.org/riopfq/publication/pensons72/savard.html

Témoignages et ressources pour faciliter la vie en famille recomposée.

**Les familles recomposées : les conflits entre les enfants
de mon partenaire et les miens**
Fondation Investir dans l'enfance
www.investirdanslenfance.ca/DisplayContent.aspx?name=step-siblings :
_conflict

Quelques articles offrant des conseils sur la façon d'améliorer les relations familiales dans une famille recomposée.

Un bébé dans une famille recomposée
MagazineMadame.ca
www.madame.ca/madame/client/fr/Votrevie/DetailNouvelle.
asp?idNews=433&idsm=115

Comment annoncer la naissance d'un nouveau bébé aux autres enfants d'une famille recomposée ?

La famille recomposée
Saint-Jacques, Marie-Christine et Claudine Parent, conférencières
Montréal : Hôpital Sainte-Justine. Service audio-visuel, 2002. 1 DVD (92 min.)
(Les Soirées Parents de l'Hôpital Sainte-Justine)

La conférence est articulée autour de trois grands thèmes : les différentes étapes qui jalonnent le développement d'une famille recomposée, les défis que pose cette transition familiale tant pour les adultes que pour les jeunes et les principaux repères que l'on peut suggérer à ces familles afin de soutenir leur adaptation. Comment réagissent les jeunes face à une recomposition familiale ? Quelles sont les principales sources de stress ? Quelles difficultés sont éprouvées par le parent qui s'engage dans une seconde union ? Quelles sont les attitudes et les comportements gagnants chez un beau-parent ? Et le couple ?
Disponible chez : CHU Sainte-Justine – Médiathèque, 514 345-4677

FAUSSE COUCHE

Voir aussi : Deuil périnatal

Centre de soutien au deuil périnatal

info@csdeuilperinatal.ca   ☏ (boîte vocale) : 1 866 990-2730
www.csdeuilperinatal.ca

Les services offerts par le Centre de soutien sont les suivants : soutien et accompagnement téléphonique pour les familles et les intervenants touchés par un deuil périnatal, soutien aux ressources, formation aux intervenants et à la population, publication du journal *Le Papillon* et soutien à la fête des anges. Le Centre offre aussi une liste de ressources sur son site Internet. Vous y trouverez les informations relatives aux différents groupes d'entraide de la province.

Centre Jérémy Rill

Hôpital de Montréal pour enfants   ☏ 514 412-4400, poste 23143
2300, rue Tupper   🖷 514 412-4356
Montréal (Québec) H3H 1P3

Centre de recherche et de traitement sur le syndrome de mort subite, l'apnée et les troubles respiratoires du sommeil chez l'enfant. Les parents dont l'enfant est décédé du syndrome de mort subite du nourrisson peuvent y rencontrer une infirmière et être jumelés à des parents ayant vécu la même expérience il y a quelques années.

Fondation canadienne pour l'étude de la mortalité infantile

Canadian Foundation for the Study of Infant Deaths   ☏ 905 688-8884
60, James Street, suite 403   ☏ sans frais : 1 800 363-7437
St. Catharines (Ontario) L2R 7E7   🖷 905 688-3300
sidsinfo@sidscanada.org
www.sidscanada.org

La Fondation est le seul organisme canadien se vouant uniquement à la recherche sur la mort subite du nourrisson et ses effets sur les familles. Vous pouvez y obtenir des brochures.

Fausse couche : brochure d'information

Groupe de travail du CHU Sainte-Justine sur le deuil périnatal
Montréal : Éditions du CHU Sainte-Justine, 1999. 12 p.

Des informations pour aider les femmes et leur conjoint à traverser ce moment difficile qu'est la perte subite du bébé tant attendu.

L'attente et la perte du bébé à naître
Garel, Micheline et Hélène Legrand
Paris : Albin Michel, 2005. 250 p. (Comment faire face)

Les auteurs fournissent des informations médicales sur la fausse couche et la mort fœtale *in utero* : causes et conséquences. Elles apportent aussi un soutien psychologique aux femmes qui vivent ces expériences douloureuses. Avec des témoignages de femmes recueillis en milieu hospitalier.

Le deuil de maternité
Flis-Trèves, Muriel
Paris : Calmann-Levy, 2004. 166 p.

L'auteur, psychiatre dans un service de néonatalogie, aide les parents à traverser la difficile épreuve qui survient lorsqu'un enfant n'arrive pas à terme. Comment accompagner les parents ? « Ce livre est écrit pour permettre à ceux qui veulent être parents de dénouer la perte pour espérer à nouveau. »

Les rêves envolés : traverser le deuil d'un tout petit bébé
Fréchette-Piperni, Suzy
Boucherville : Éditions de Mortagne, 2005. 463 p.

L'auteur est infirmière spécialisée en deuil périnatal. Elle a écrit cet ouvrage pour venir en aide aux parents endeuillés et à leurs proches. Elle y aborde les aspects techniques et pratiques, émotifs et relationnels du deuil périnatal. L'ouvrage est destiné également aux intervenants (infirmières, médecins ou autres professionnels) qui se sentent mal préparés pour soutenir les parents qui vivent ce chagrin insurmontable.

Quel âge aurait-il aujourd'hui ? Le tabou des grossesses interrompues
Clerget, Stéphane
Paris : Fayard, 2007. 313 p.

Fausse couche, interruption volontaire ou interruption médicale de grossesse, grossesse extra-utérine, mort *in utero*, quelles sont les conséquences psychologiques sur la femme et son entourage ? Du traumatisme à la dépression, en passant par la colère, le déni ou la culpabilité ; les réactions sont diverses et très souvent niées par les proches qui ont tendance à banaliser ces pertes. L'auteur nous fait part des mécanismes psychologiques qui sont à l'origine des troubles et il propose des remèdes parmi lesquels la reconnaissance sociale du deuil périnatal élargie aux fausses couches.

Un petit frère pour Tidino
4 ans+
Brière, Paule
Paris : Père Castor Flammarion, 2000. 41 p. (Loup-garou)

Tidino aura bientôt un petit frère, mais un tyrannosaure écrase l'œuf. Tidino est triste. il n'aura pas de petit frère, mais un jour sa maman lui montre un autre œuf. Pour expliquer un avortement ou une fausse couche.

La petite sœur du placard   6 ans+
Lenain, Thierry
Paris : Nathan, 2003. 42 p. (Demi-lune)

Bientôt Marco aura une petite sœur. Mais sa maman fait une fausse couche. Marco a de la peine. Un jour, il entend des bruits provenant d'un placard ; il suppose que c'est une petite fille et il engage une conversation avec elle, comme si c'était sa petite sœur. Peu à peu, il surmonte sa peine grâce à cette présence imaginaire.

Fausse couche et perte de grossesse
Women's College Hospital / Women's College Research Institute
www.femmesensante.ca/facts/quick_show.cfm?subject=Fausse%20couche%20
et%20perte%20de%20grossesse%20

La fausse couche : signes, symptômes, causes possibles, implications physiques et émotives.

La fausse couche
Hôpital Maisonneuve-Rosemont
http://biblio.hmr.qc.ca/Publications_pdf/F/fausse_couche_sfe001.pdf

Informations générales sur les manifestations physiques et psychologiques de la fausse couche et sur les différentes phases que la patiente traverse.

FIBROSE KYSTIQUE

Association québécoise de la fibrose kystique
Bureau provincial   ☎ 514 877-6161
425, rue Viger Ouest, bureau 510   ☎ sans frais : 1 800 363-7711
Montréal (Québec) H2Z 1X2   🖷 514 877-6116
info@aqfk.qc.ca
www.aqfk.qc.ca

L'Association amasse des fonds destinés à la recherche médicale sur la maladie par le biais d'activités bénéfices qui se déroulent dans toutes les régions du Québec tout au long de l'année. L'Association offre également de l'information aux familles touchées par la fibrose kystique et effectue un important travail de sensibilisation auprès de la population. Pour en savoir plus sur la fibrose kystique ou sur l'Association québécoise de la fibrose kystique, visitez son site Internet.

Comité provincial des adultes fibro-kystiques (CPAFK)
629, rue Prince-Arthur Ouest
Montréal (Québec) H2X 1T9   ) 514 288-3157
cpafk@videotron.ca   ) sans frais : 1 800 315-3157
www.cpafk.qc.ca   514 987-1301

Le Comité provincial des adultes fibro-kystiques s'occupe à promouvoir, défendre et protéger les droits et intérêts des adultes fibro-kystiques du Québec ; à promouvoir leur qualité de vie ; à leur offrir un soutien technique et professionnel s'ils rencontrent des difficultés en raison de leur maladie ; à diffuser de l'information et à représenter les adultes fibro-kystiques du Québec auprès des instances gouvernementales ou autres. Le site Internet du Comité héberge un forum de discussion destiné à tous ceux qui sont, de près ou de loin, touchés par la fibrose kystique.

Fondation canadienne de la fibrose kystique
Canadian Cystic Fibrosis Foundation   ) 416 485-9149
2221, rue Yonge, porte 601   ) sans frais : 1 800 378-CCFF
Toronto (Ontario) M4S 2B4   416 485-0960
info@cysticfibrosis.ca   416 485-5707
www.ccff.ca

La Fondation amasse des fonds pour la recherche sur la fibrose kystique. Plusieurs documents d'information sont disponibles sur le site Internet en format PDF.

Le petit roi qu'on entendait tousser   3 ans+
Delval, Marie-Hélène
Paris : Bayard, 2000. 47 p. (Les belles histoires)

Le petit roi est né avec une maladie qui le fait beaucoup tousser et l'empêche de bien respirer. Mais la maladie ne l'empêche ni de grandir ni de devenir intelligent.

Simon et le chasseur de dragons   5 ans+
Chartray, Pierre et Sylvie Rancourt
Montréal : Éditions du CHU Sainte-Justine, 2008. 35 p.

Cet album, c'est l'histoire de deux frères. L'aîné est atteint d'une maladie incurable et le plus jeune cherche un moyen de combattre les dragons qui brûlent les poumons de son frère. Les auteurs traitent avec délicatesse et grande sensibilité de la perte d'un être cher, que ce soit une mère, un grand-père, ou, comme ici, un frère, du deuil qui s'ensuit…et de la vie qui continue. *Simon et le chasseur de dragons* est un texte à la fois émouvant et bouleversant, dans lequel les parents trouveront une façon d'aborder avec leur enfant la question du deuil.

Une lettre pour la vie   11 ans+
Desplat-Duc, Anne-Marie
Champigny-sur-Marne (France) : Lito, 2004. 133 p. (Moi, j'aime les romans)

Basia, une jeune polonaise atteinte de la fibrose kystique, entretient une correspondance avec Marjorie, une jeune parisienne. Lorsque Basia lui parle de sa maladie, des traitements non disponibles et du découragement des médecins, Marjorie débute une campagne de financement pour accueillir son amie en France et pour qu'elle reçoive les meilleurs soins.

Fibrose kystique
Association médicale canadienne
www.cma.ca/public/DiseaseLibrary/patientInfo.asp?diseaseid=41

Informations détaillées : description, causes, symptômes, complications, diagnostic et traitement.

Qu'est-ce que la fibrose kystique ?
Fondation canadienne de la fibrose kystique
www.fibrosekystique.ca/page.asp?id=34

Sous forme de questions-réponses, informations générales sur la fibrose kystique.

Souffle d'espoir, souffle de vie
Montréal : Association québécoise de la fibrose kystique, 2007. 1 DVD (10 min.)

Des experts en médecine, des personnes et des familles touchées par la fibrose kystique décrivent la maladie, ses effets sur la vie de tous les jours et la façon dont la Fondation soutient cette cause.

Disponible chez : Association québécoise de la fibrose kystique, tél. : 514 877-6161 ou 1 800 363-7711

FISSURE LABIO-PALATINE

Aboutface
123, rue Edward, bureau 1003   ☏ sans frais : 1 800 665-FACE
Toronto (Ontario) M5G 1E2   ☏ 416 597-2229
info.francais@aboutfaceinternational.org   🖷 416 597-8494
www.aboutfaceinternational.org/french/index.php

Organisme national offrant renseignements, soutien émotif et programmes éducatifs aux individus ayant des différences faciales ainsi qu'aux membres de leur famille, et ce, quelque soit la cause de ces différences : anomalie congénitale, maladie, incendie ou accident. Voici un exemple des services offerts : journée éducative pour la famille, jumelage et réseautage, visite en milieu hospitalier, programme d'accompagnement nouveau-nés, programme pour aider à développer l'estime de soi.

Association québécoise de la fissure labio-palatine inc.
C.P. 8790, succ. Sainte-Foy   ) 418 871-9622
Québec (Québec) G1V 4N7

L'Association apporte soutien et information aux parents d'enfants porteurs d'une fissure labio-palatine.

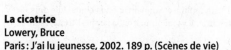

La cicatrice   10 ans+
Lowery, Bruce
Paris : J'ai lu jeunesse, 2002. 189 p. (Scènes de vie)

Jeff a été opéré pour un bec-de-lièvre quand il était petit. Il a toujours une cicatrice et les autres enfants se moquent souvent de lui en le surnommant « grosses lèvres ». Un ami va l'aider à prendre sa place et à venir à bout de toutes ces railleries. Un roman sur la tolérance et l'acceptation de la différence.

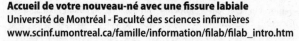

Accueil de votre nouveau-né avec une fissure labiale
Université de Montréal - Faculté des sciences infirmières
www.scinf.umontreal.ca/famille/information/filab/filab_intro.htm

Définitions et causes, besoins et soins, conseils, traitements, ressources suite à la naissance d'un enfant avec une fissure labiale.

Accueil de votre nouveau-né avec une fissure labio-palatine
Université de Montréal - Faculté des sciences infirmières
www.scinf.umontreal.ca/famille/information/filp/filp_intro.htm

Définitions et causes, besoins et soins, conseils, témoignages et ressources suite à la naissance d'un enfant avec une fissure labio-palatine.

Accueil de votre nouveau-né avec une fissure palatine
Université de Montréal - Faculté des sciences infirmières
www.scinf.umontreal.ca/famille/information/fipal/fipal_intro.htm

Définitions et causes, besoins et soins, conseils, traitements, ressources suite à la naissance d'un enfant avec une fissure palatine.

Les malformations cranio-faciales
Ordre des orthophonistes et audiologistes du Québec
www.ooaq.qc.ca/Fiches/cranio.htm

Présentation des malformations cranio-faciales, en particulier des fissures labio-palatines.

FRACTURE

Mimi va à l'hôpital   3 ans+
Cousins, Lucy
Paris : Albin Michel Jeunesse, 2007. 25 p.

Dans le jardin, Mimi saute sur le trampoline et soudain, c'est la chute. Elle doit aller à l'hôpital, elle a si mal, c'est une fracture. Il va falloir plâtrer la jambe, Mimi n'est pas très rassurée…

Une patte dans le plâtre   3 ans+
Sjöstrand, Charlotte
Paris : L'École des Loisirs, 2006. 23 p.

Grenadine la grenouille doit aller à l'hôpital parce qu'elle s'est cassée une patte. L'infirmière hérisson et le docteur lapin lui feront un plâtre.

Les os de mon squelette : l'histoire d'une fracture   7 ans+
Osterwalder, Hans Ulrich
Paris : L'École des Loisirs, 2004. 45 p. (Archimède)

Victor se casse la jambe. On l'emmène à l'hôpital en ambulance, on lui fait un diagnostic de fracture simple du tibia après une radiographie. On lui fera un plâtre. Après cette partie narrative, on entre dans le monde fantastique des os, celui du squelette : le développement des os, la quantité d'os chez l'enfant et chez l'adulte, les os longs, leur vulnérabilité en cas de chute, la structure du tissu osseux, les différentes sortes de fractures, comment l'os se régénère, les outils utilisés (tiges, vis, broches, plaques) pour immobiliser les fractures plus complexes. Un lexique permet de comprendre les mots plus techniques.

FRÈRE ET SŒUR DE L'ENFANT
MALADE OU HANDICAPÉ

Voir aussi : Enfant handicapé, Enfant malade

Et moi alors ? Grandir avec un frère ou une sœur aux besoins particuliers
Blais, Édith
Montréal : Éditions de l'Hôpital Sainte-Justine, 2002. 107 p.

Ce livre met en vedette des jeunes qui partagent leur vie avec un frère ou une sœur aux besoins particuliers. Les principaux personnages des quatre nouvelles qui composent l'ouvrage sont riches d'une expérience fraternelle particulière. Ils prennent la parole, eux qui ont l'habitude de se taire, et il faut les écouter car ils ont beaucoup à partager et à enseigner. Ils s'adressent aux frères et sœurs qui grandissent avec un enfant différent, mais aussi aux parents de ces fratries « pas comme les autres » et aux autres adultes qui ont à cœur le bien-être des familles. Présente aussi aux jeunes et aux parents des exercices et des stratégies de communication.

Fratrie et handicap : l'influence du handicap d'une personne sur ses frères et sœurs
Scelles, Régine
Montréal : L'Harmattan, 1997. 240 p. (Technologie de l'action sociale)

« L'identité, les relations sociales, la vie affective des adultes portant l'empreinte de leurs affections et haines fraternelles, que se passe-t-il quand un de ces enfants de la fratrie est porteur d'un handicap ? Régine Scelles expose comment le handicap qui touche une personne affecte aussi chacun de ses frères et sœurs. Dans une perspective de prévention, elle montre la nécessité d'offrir aux frères et aux sœurs, dès leur plus jeune âge, la possibilité de parler de leur difficulté à gérer cette situation sur la scène sociale et familiale, de leur honte et de leur culpabilité. »

Frères et sœurs de personnes handicapées : le handicap en visages - 3
Gardou, Charles
Ramonville-Saint-Agne (France) : Érès, 1997. 189 p.
(Connaissances de l'éducation)

La naissance d'un enfant handicapé amène un grand bouleversement au sein de la famille. Il s'avère que cet enfant tant attendu est différent. Non seulement différent pour les parents, mais aussi pour la fratrie. Pour mieux comprendre les mystères de ces vécus fraternels « hors normes », l'auteur a demandé aux principaux concernés de faire un retour sur leur passé et de revisiter leur « roman familial ».

Handicaps : paroles de frères et sœurs
Carrier, Maria
Paris : Autrement, 2005. 169 p. (Mutations)

« Ce livre aborde la question du handicap de naissance où de celui qui survient après un accident ou une maladie, mental ou physique, plus ou moins lourd, profond, irréversible ou stabilisé, en voie d'amélioration, compensé ou dépassé… Ce qui relie les témoins à leurs frères et sœurs déficients, ce sont les chemins de l'enfance commune, le regard des autres. » Vous retrouvez dans cet ouvrage divers témoignages de personnes ayant partagé leur vie avec un frère ou une sœur handicapé. Ce volume peut être consulté au centre de documentation du Centre de réadaptation Marie Enfant du CHU Sainte-Justine.

Une place pour Édouard   2 ans+
Gernot, Béatrice et Kris Digiacomo
Montrouge (France) : Frimousse, 2006. 26 p.

Édouard est arrivé. C'est un petit frère pas comme les autres. Une grande sœur qui vit différentes émotions envers ce frère qui prend toute la place. Jusqu'au jour où elle réalise tout l'amour qu'elle a pour ce petit frère différent.

L'accident de Marika   3 ans+
Boonen, Stefan
Saint-Lambert : Enfants Québec, 2007. 26 p. (Une histoire sur…)
(J'apprends la vie)

À la suite d'un accident, Marika est devenue paraplégique. Dorénavant, elle doit se déplacer en fauteuil roulant. Son accident a provoqué un grand bouleversement au sein de la famille et Alexis, son petit frère, doit aussi s'adapter à ce changement. « Cette histoire raconte, à travers les yeux d'Alexis, comment Marika affronte sa nouvelle vie d'enfant. » « J'apprends la vie » est une collection pour aider les enfants à affronter les difficultés de la vie ou à mieux vivre les différences. À la fin de l'album, des informations utiles pour les parents et les éducateurs.

Ma grande sœur Audrey   4 ans+
Marleau, Brigitte
Terrebonne (Québec) : Boomerang, 2006. 24 p. (Au cœur des différences)

Audrey, la grande sœur de Timothée, est atteinte de paralysie cérébrale. Ils ont beaucoup de plaisir ensemble ; mais quand quelqu'un se moque de sa sœur, Timothée ne le supporte pas. La série « Au cœur des différences » permet aux parents et aux éducateurs de sensibiliser les enfants à la richesse des différences.

Simon et le chasseur de dragons   5 ans+
Chartray, Pierre et Sylvie Rancourt
Montréal : Éditions du CHU Sainte-Justine, 2008. 35 p.

Cet album, c'est l'histoire de deux frères. L'aîné est atteint d'une maladie incurable et le plus jeune cherche un moyen de combattre les dragons qui brûlent les poumons de son frère. Les auteurs traitent avec délicatesse et grande sensibilité de la perte d'un être cher, que ce soit une mère, un grand-père, ou, comme ici, un frère, du deuil qui s'ensuit…et de la vie qui continue. *Simon et le chasseur de dragons* est un texte à la fois émouvant et bouleversant, dans lequel les parents trouveront une façon d'aborder avec leur enfant la question du deuil.

Un petit frère pas comme les autres   5 ans+
Delval, Marie-Hélène
Paris : Bayard, 2003. 29 p. (Les belles histoires)

Le petit frère de Lili-Lapin est trisomique. Lili aimerait que les autres arrêtent de se moquer de lui ; elle le protège et essaie de l'aider à grandir, car c'est comme s'il était resté bébé. Elle apprend qu'elle doit l'accepter comme il est.

Guillaume restera   7 ans+
Alméras, Arnaud
Paris : Nathan, 2002. 42 p. (Demi-lune)

Guillaume doit aller à l'hôpital parce qu'il a très mal au genou. Il est hospitalisé et son séjour se prolonge. Antonin, son frère, est inquiet parce qu'il ne sait pas ce qui arrive à son petit frère.

Une bulle pour guérir   7 ans+
Laurencin, Geneviève
Arles (France) : Actes Sud Junior, 2000. 20 p. (Les histoires de la vie)

Une petite fille est triste parce que sa grande sœur est très malade, elle a la leucémie. Elle trouve que ses parents ne s'occupent pas beaucoup d'elle. Un jour, elle apprend qu'elle peut aider sa sœur en lui donnant de sa moelle osseuse. Elle est maintenant heureuse de participer. Cette collection propose des albums pour aider les enfants à comprendre les événements plus compliqués qui surviennent dans leur vie.

Je veux changer de sœur ! 10 ans+
Jaoui, Sylvaine
Tournai : Casterman, 2003. 74 p. (Romans)

Emma a une petite sœur autiste. Elle ne trouve pas la vie drôle tous les jours et elle a honte aussi de sa sœur ; elle n'aime pas toujours être au même endroit qu'elle. Entre un père qui rentre tard parce qu'il n'aime pas les affrontements et une mère qui cajole trop son enfant malade, Emma trouve difficilement sa place.

Mon grand petit frère 10 ans+
Peskine, Brigitte
Paris : Bayard, 2001. 107 p. (Je bouquine)

Vincent, le plus jeune de la famille, envie souvent son grand frère Xavier d'être le plus vieux. Un jour, Xavier devient handicapé à la suite d'une méningite ; les rôles sont renversés et la vie de famille modifiée. Vincent devient le grand frère.

Comment j'ai disparu 12 ans+
Vrettos, Adrienne Maria
Paris : Thierry Magnier, 2007. 268 p.

Donnie se bat pour faire entendre sa voix au milieu du chaos familial. La maladie, l'anorexie, a fait son entrée à la maison, transformant chaque repas en guerre ouverte contre Karen, sa sœur aînée. Toute la famille a l'attention braquée sur elle et Donnie, pour se consacrer à sa sœur et tenter de la sauver, décide de devenir transparent. Un fantôme aux yeux du monde… Étrangement pourtant, alors que Karen s'efface (elle va mourir), Donnie va s'affirmer, il se donne enfin le droit de vivre.

Avoir un frère ou une sœur autiste
Une pilule, une petite granule - Télé-Québec
http://pilule.telequebec.tv/pages/Categorie-de-sujets-dun-emission/
dossier-de-la-semaine.aspx?emission=85&date=2007-02-01

Témoignages de personnes vivant avec un frère ou une sœur autiste.

La fratrie : cette grande oubliée… ?
Association Syndrome X fragile
www.x-fragile.be/freresetsoeurs.htm

Conseils aux parents ayant plusieurs enfants dont un ayant un handicap. Comment aider chacun à prendre sa place.

Un enfant malade, la souffrance de toute une famille
Une pilule, une petite granule - Télé-Québec
http://pilule.telequebec.tv/pages/Categorie-de-sujets-dun-emission/
dossier-de-la-semaine.aspx?emission=161&date=2008-02-14

Témoignages de parents d'enfants malades.

G

GARDE PARTAGÉE

Voir aussi : Séparation et divorce

À dans quinze jours
Guige, Arnaud
Paris : Bayard, 2000. 140 p.

L'auteur est divorcé et père de deux garçons. Il raconte son expérience de garde partagée et souligne les aspects pratiques.

Deux maisons pour grandir ? Se séparer quand on a des enfants
Cadolle, Sylvie
Alleur : Marabout, 2004. 224 p.

Pour vous aider à trouver des réponses à des questions délicates, parfois douloureuses lorsqu'il est question de la garde des enfants après une séparation ou un divorce. Comment aider ses enfants avant, pendant et après une séparation ? Comment leur annoncer, comprendre et réagir à leurs sentiments, rester près d'eux quand on ne partage plus leur quotidien ? Que peut-on attendre d'une médiation familiale, d'une psychothérapie ? Faut-il opter pour la garde alternée ? Comment gérer les départs et les retours des weekends ? Comment se comporter en cas de mauvaises relations avec l'autre parent ?, etc.

La garde partagée : l'équité en question
Côté, Denyse
Montréal : Éditions du Remue-ménage, 2000. 216 p.

La garde partagée est considérée par plusieurs comme le moyen de garde le plus équitable, car il suppose un partage entre le père et la mère des soins aux enfants, de l'éducation et des coûts. L'auteur nous donne ici les résultats d'une recherche, la première du genre, qu'elle a effectuée sur « l'évolution du cadre de vie quotidien des enfants en situation de garde partagée, à la lumière des transformations de la maternité et de la paternité ». Elle conclut que la réalité ne correspond pas au modèle théorique.

Réussir la garde alternée : profiter des atouts, éviter les pièges
Poussin, Gérard et Anne Lamy
Paris : Albin Michel, 2004. 154 p. (C'est la vie aussi)

Les auteurs décrivent les atouts et les écueils de la garde partagée en tentant de répondre aux principales questions des parents : À quel âge peut-on envisager la garde partagée ? Quelles sont les conditions indispensables ? Combien ça coûte ? Comment s'organiser au jour le jour ? Comment l'adolescent s'adapte-t-il ? Quels sont les indices qui laissent penser qu'il vaut mieux arrêter ? Comment trouver l'équilibre ?…

Rompre sans tout casser
Bérubé, Linda
Montréal : Éditions de l'Homme, 2001. 276 p.

L'auteur aborde toutes les étapes de la séparation ou du divorce à l'amiable : garde des enfants, négociation des aspects financiers et matériels, etc. L'auteur travaille en médiation familiale.

Camille a deux familles   2 ans+
Texier, Ophélie
Paris : L'École des Loisirs, 2004. 20 p. (Les petites familles) (Loulou et Cie)

Camille raconte ce qu'elle aime dans la famille de son papa et ce qu'elle aime dans celle de sa maman. Ses deux familles sont recomposées. Une collection pour faire connaître aux tout-petits les différents types de famille qui existent aujourd'hui.

Mes deux maisons   3 ans+
Masurel, Claire
Paris : Bayard, 2002. 24 p.

Alex a deux maisons, deux chambres, deux numéros de téléphone, etc. Il a aussi deux parents qui l'aiment et ça, il en est certain.

J'ai deux maisons   4 ans+
Beaucourt, Cécile
Paris : Gautier-Languereau, 2006. 26 p.

Avant, papa et maman s'embrassaient tout le temps. Un jour, à force de se disputer, un peu, beaucoup, ils ont arrêté d'être amoureux. Aujourd'hui, chacun a sa maison. Et moi, j'ai deux chambres…

Le jour de papa   5 ans+
Homberg, Bo R.
Namur (Belgique) : Mijade, 2006. 26 p. (Les petits Mijade)

Aujourd'hui Tim passe la journée avec son papa. Ils vont au cinéma, au restaurant, à la bibliothèque… Le père et le fils sont très contents d'être ensemble, ils passent de très bons moments. À la fin de la journée, Tim accompagne son papa à la gare car il habite une autre ville ; ils sont contents car ils savent qu'ils se reverront bientôt.

Les deux maisons de Petit-Blaireau   5 ans+
Delval, Marie-Hélène
Paris : Bayard, 2003. 29 p. (Les belles histoires)

Les parents de Petit-Blaireau se séparent parce qu'ils se chicanent tout le temps. Alors, il a deux maisons. Est-ce que ses deux parents peuvent continuer à l'aimer même s'ils ne s'aiment plus ? Est-ce que les gens se séparent et déménagent à chaque fois qu'il y a une dispute ?

Lucas et Maria ont deux maisons   5 ans+
Le Picard, Clara
Paris : Albin Michel Jeunesse, 2005. 35 p.

Lucas et Maria ont « une famille de semaine » avec maman et « une famille de week-end »
avec papa. Maria n'aime pas ce changement, mais Lucas aime ça.

Guillaume et la nuit   6 ans+
Tibo, Gilles
Saint-Lambert (Québec) : Soulières, 2003. 44 p. (Ma petite vache a mal aux pattes)

Ses parents se sont séparés et désormais Guillaume vivra une semaine chez son père et
une semaine chez sa mère. Nous partageons l'angoisse de Guillaume et sa solitude
lorsqu'il passe sa première nuit chez son père. Mais le petit garçon trouvera en lui des
forces qui le réconforteront.

Simon a deux maisons   6 ans+
de Saint Mars, Dominique
Fribourg : Calligram, 2005. 45 p. (Max et Lili) (Ainsi va la vie)

Les parents de Simon ont divorcé. Quand son père décide de vivre avec une nouvelle
femme qui a déjà un fils, ça se complique… Dans ce livre, l'auteur parle des difficultés
que peut avoir un enfant à renoncer à réunir ses parents après la séparation, de ses difficultés à partager son temps et son amour, de sa peur de trahir l'un ou de s'interdire
d'aimer l'autre et enfin d'accepter ses « beaux-parents ».

Lili Graffiti voit rouge   8 ans+
Danziger, Paula
Paris : Gallimard Jeunesse, 2003. 119 p. (Folio cadet) (Les aventures de Lili Graffiti)

Depuis deux ans, les parents de Lili sont séparés et son père est parti en Europe. Max est
devenu le nouvel amoureux de sa mère et ils projettent maintenant de se marier. Son
père revient et, ce qu'elle aime le moins, c'est qu'il veut la garde partagée. Cependant, Lili
Graffiti décide de ne pas se laisser abattre. Voir aussi dans la même collection *Lili Graffiti
est verte de jalousie* (2005).

C'est toujours mieux là-bas   12 ans+
Baffert, Sigrid
Paris : De la Martinière Jeunesse, 2004. 171 p. (Confessions)

Les auteurs de la collection « Confessions » racontent, sous forme de romans, leur adolescence. Ils sont devenus de grands auteurs de la littérature jeunesse. Avec sincérité ils
parlent de difficultés ou de complexes qu'ils ont réussi à surmonter. L'auteur nous raconte
le déchirement qu'elle a vécu, malgré sa bonne volonté, quand ses parents se sont séparés
et qu'elle a dû se partager entre deux familles. Quand elle était chez l'un, elle voulait être
chez l'autre.

Ysoline. Comme un poisson dans l'eau   12 ans+
Rascal
Paris : Delcourt, 2006. 31 p.

« Tu sais si Ysoline est chez son père ou chez sa mère cette semaine ? » Une bande dessinée
mettant en vedette Ysoline, jeune fille charmante, intelligente, qui se pose des questions
sur le monde qui l'entoure, qui a toujours quelque chose à dire et à qui rien ni personne
n'imposera une vision des choses. Elle vit tantôt chez son père, tantôt chez sa mère.

Garde partagée
Fédération des associations de familles monoparentales et recomposées du
Québec
www.fafmrq.org/federation/garde_partage

Sélection d'articles sur la garde partagée.

La garde partagée et l'école sont-elles compatibles ?
PetitMonde
www.petitmonde.com/iDoc/Chronique.asp?id=27884

Quelles sont les implications de la garde partagée lorsque l'enfant va à l'école ?

L'union de fait et les enfants : qu'arrive-t-il en cas de rupture ?
Réseau juridique du Québec
www.avocat.qc.ca/public/iicfaitenfant.htm

Sous forme de questions-réponses, les différentes formes de garde des enfants selon la
loi québécoise.

Nomades malgré eux
Radio Canada
www.radio-canada.ca/actualite/v2/enjeux/niveau2_5658.shtml

Témoignages d'enfants qui vivent la garde partagée, de parents, de spécialistes et de
juristes au Québec, en France et en Belgique. Enquête de l'émission *Enjeux*.

GASTROENTÉRITE

Comment soigner la gastro chez les enfants
Extenso, centre de référence sur la nutrition humaine
www.extenso.org/nutrition/detail.php/f/1584

Explique les dangers de la gastroentérite, les signes de déshydratation et la façon d'y
remédier.

GÉNÉTIQUE

Voir aussi : Maladie génétique

Le génie du génome
Génome Canada
www.nature.ca/genome/index_f.cfm

Site web interactif présentant différents aspects de la génétique : l'hérédité, les maladies génétiques, les progrès de la génomique, des témoignages de patients, etc.

Tentez votre chance : jeux et activités
Génome Canada
www.nature.ca/genome/04/04_f.cfm

Site web interactif pour les jeunes comprenant des jeux en ligne et des activités pour mieux comprendre la génétique et la génomique (document FLASH).

GLYCOGÉNOSES

AQMMR - Association québécoise des maladies métaboliques du Réseau
1600, av. De Lorimier, bureau 342   ☎ 514 524-3612
Montréal (Québec) H2K 3W5   ☎ sans frais : 1 888 524-3612
info@aqmmr.com   🖷 514 524-7090
www.aqmmr.com

L'Association offre les services suivants à ses membres : soutien et entraide aux parents d'enfants atteints de maladies métaboliques ainsi qu'aux adultes atteints de ces mêmes maladies, rencontres sociales, congrès scientifique annuel, défense et respect des droits des personnes atteintes de maladies métaboliques.

Glycogénose de type II
AQMMR - Association québécoise des maladies métaboliques du Réseau
www.aqmmr.com/fr/glycogenose.shtml

Description, symptômes, traitement et liens vers d'autres associations.

Les glycogénoses
Association francophone des glycogénoses
www.glycogenoses.org/rubrique.php3?id_rubrique=29

Explications sur les différentes formes de glycogénoses, des maladies génétiques rares.

GRANDS-PARENTS

Association G.R.A.N.D. (Grands-Parents Requérant Accès Naturel et Dignité)
12, Park Place, #1   ) 514 846-0574
Westmount (Québec) H3Z 2K5   📠 514 846-0235
www.familis.org/riopfq/membres/grand.html

L'Association apporte un soutien aux grands-parents ayant perdu le droit d'accès à leurs petits-enfants à la suite d'un divorce, d'une séparation ou de la mort d'un parent. Des réunions-conférences gratuites sont présentées tous les deux mois. L'Association offre aussi un service gratuit de médiation.

Aujourd'hui les grands-parents : sur le chemin de la transmission
Natanson, Madeleine
Bruxelles : De Boeck, 2007. 143 p. (Parentalités)

Même si la famille se défait ou se recompose, les grands-parents sont toujours appelés à offrir un repère, un lieu de mémoire, de transmission de l'histoire ou des histoires familiales. Ce livre propose, non pas de cultiver la nostalgie de la famille d'antan, mais d'évoquer et d'interroger la vie quotidienne avec des enfants, des petits-enfants : les joies et les difficultés, la vie à construire avec le temps, dans l'écoute, le respect, le soutien, la transmission des repères et des valeurs. L'auteur éclaire son exploration à l'aide de ses souvenirs d'enfance, de son expérience de grand-mère comblée de petits-enfants et aussi de celle de la thérapeute écoutant, à travers les récits de ses patients, la voix plus ou moins lointaine de leurs aïeux et l'interrogation sur les origines.

Des branches de jasmin : l'art d'être un grand-père délinquant
Jasmin, Claude
Montréal : VLB, 2008. 195 p.

Claude Jasmin, auteur québécois, écrit ce récit autobiographique consacré à une étape importante de sa vie : être grand-père. Il raconte les nombreux moments passés avec ses cinq petits-fils alors que, jeune grand-père partiellement à la retraite, il avait proposé ses services pour dépanner les parents.

Grands-parents aujourd'hui : plaisirs et pièges
Ferland, Francine
Montréal : Éditions du CHU Sainte-Justine, 2003. 146 p.
(Collection du CHU Sainte-Justine pour les parents)

Ce livre s'adresse à tous les grands-parents : les caractéristiques des grands-parents actuels, l'influence qu'ils peuvent avoir sur leur petit-enfant, celle que celui-ci aura sur eux, les pièges qui les guettent dans ce nouveau rôle et les moyens de les éviter. Des situations particulières sont aussi présentées : être grands-parents d'un enfant adopté, d'un enfant qui naît avec une déficience, d'un enfant de famille recomposée. Peut également aider les parents à comprendre ce nouveau rôle auquel font face leurs propres parents.

Les nouveaux grands-parents : repenser son rôle dans le contexte familial d'aujourd'hui
Edwards, Peggy et Mary Jane Sterne
Montréal : Éditions de l'Homme, 2007. 276 p.

« Dans ce livre, les auteurs examinent les dix principes qui permettront aux grands-parents d'aujourd'hui de planifier leur vie et de jouer leur rôle comme ils l'entendent, afin de devenir les grands-parents qu'ils souhaitent véritablement être. Leurs conseils reposent sur les résultats des recherches et sur les témoignages édifiants, poignants ou amusants des grands-parents interrogés. »

Petit manuel à l'usage des grands-parents qui prennent leur rôle à cœur
Choppy, Étienne et Hélène Lotthé-Covo
Paris : Albin Michel, 2006. 315 p. (Questions de parents)

Les grands-parents occupent, aux yeux de leurs petits-enfants, une place privilégiée dans le monde des adultes. Leur action est très variable. Elle va des soins au nourrisson à l'écoute d'un adolescent en difficulté. La bonne relation avec les parents ou le parent en charge de l'enfant est capitale. Et les grands-parents d'aujourd'hui se demandent parfois comment se situer. Quel rôle peuvent-ils jouer ? Jusqu'où peuvent-ils aller dans les conseils ? Comment trouver leur place lors de la recomposition de la famille ? Comment aider leurs petits-enfants face aux difficultés de la vie ? Comment intervenir dans la transmission de l'histoire familiale ?

Albert vit chez sa grand-mère   2 ans+
Texier, Ophélie
Paris : L'École des Loisirs, 2005. 20 p. (Les petites familles)

Albert vit chez sa grand-mère parce que ses parents sont toujours en voyage pour leur travail. Une collection pour faire connaître avec simplicité aux tout-petits les différents types de familles qui existent aujourd'hui.

La promenade avec mamie   2 ans+
Gaudrat, Marie-Agnès
Paris : Bayard, 2006. 15 p. (Léo et Popi)

Léo se sent très en sécurité lorsqu'il est avec sa mamie.

Emma et ses deux mamies
3 ans+

Morgenstern, Susie

Paris : Nathan, 2007. 24 p.

Emma a deux mamies. Grand-mère est sévère et mamie est permissive. Est-ce que grand-mère l'aime moins ? Est-ce qu'on peut aimer une mamie plus qu'une autre ? Est-ce qu'on peut aimer les deux, mais de façon différente ?

Mamie et papi chez Matéo
3 ans+

Cochard, Nadège

Montréal : Imagine, 2007. 24 p.

Matéo est fâché parce que ses parents partent en voyage. C'est mamie et papi qui viennent le garder. Il s'aperçoit alors que tout est différent avec eux et il passe du bon temps.

Un papy, ça sert à quoi ?
3 ans+

Bellier, Sophie

Paris : Fleurus, 2006. 21 p.

Tatoune est un petit éléphant toujours pressé et il trouve son papy vraiment trop lent. Grâce à ses amis, il va comprendre que son papy est formidable, qu'il sait prendre le temps de l'écouter, de lui expliquer et surtout de l'aider à devenir grand. Voir aussi du même auteur, chez le même éditeur *Une mamie, ça sert à quoi ?*

Et mes grands-parents ?
6 ans+

Frey, Jana

Zurich : Nord-Sud, 2001. 25 p. (Un livre d'images Nord-Sud)

Yannick ne connaît pas ses grands-parents paternels parce que son père s'est disputé avec eux. Il élabore un plan pour les rencontrer. Un livre sur la réconciliation.

Lili découvre sa mamie
6 ans+

de Saint Mars, Dominique

Fribourg : Calligram, 1993. 45 p. (Max et Lili) (Ainsi va la vie)

Lili n'a pas le goût d'aller visiter ses grands-parents. Elle doit y aller quand même et passe du bon temps. Fait partie d'une collection d'une cinquantaine de titres (des bandes dessinées) portant sur la résolution des problèmes qui surviennent dans la vie quotidienne des enfants. À la fin de chaque titre, la section « Et toi ? » a pour but de faire réfléchir les enfants sur le thème.

Mini a un nouveau grand-père
6 ans+

Nöstlinger, Christine

Paris : Hachette Jeunesse, 2000. 87 p. (Ma première bibliothèque rose)

Mini n'est pas contente. Sa mamie veut épouser un monsieur qui ne lui plaît pas.

Un grand-papa en or
6 ans+

Hébert, Marie-Francine

Saint-Lambert (Québec) : Dominique et Compagnie, 2005. 30 p.

Jüll admire son grand-papa, il aimerait avoir son courage, n'avoir peur de rien. Celui-ci partage ses souvenirs avec son petit-fils et lui explique que lui aussi, quand il était jeune, il avait des peurs, mais qu'elles s'estompent en vieillissant.

Le nul et la chipie   9 ans+
Barcelo, François
Saint-Lambert (Québec) : Soulières, 2004. 101 p. (Chat de gouttière)

Gabrielle se fait garder par son grand-père toute la journée. Elle le trouve nul, car il parle tout le temps de ses bobos et il se cogne partout. Lui, il la trouve paresseuse, menteuse mal élevée et égoïste. Mais il ne peut refuser un service à sa fille, la maman de Gabrielle. Comment le nul et la chipie passeront-ils leur journée ?

Le vécu des grands-parents privés de leurs petits-enfants
Le Regroupement inter-organismes pour une politique familiale au Québec
www.familis.org/riopfq/activites/vecu.parents.prives.html

Que peuvent faire des grands-parents dont l'accès à leurs petits-enfants leur a été interdit pour différentes raisons : divorce des parents, dispute entre les parents et les grands-parents, drogue, alcool, etc.

Les droits des grands-parents envers leurs petits-enfants
Éducaloi
www.educaloi.qc.ca/loi/parents/143/

Sous forme de questions-réponses, quels sont les droits des grands-parents en vertu de la législation québécoise et comment peuvent-ils les faire valoir ?

Les grands-parents et les adolescents
Regroupement inter-organismes pour une politique familiale au Québec
www.familis.org/riopfq/activites/grandsparents.ados.html

Qu'en est-il des relations grands-parents-adolescents ? Quatre textes qui font un tour d'horizon de la situation au Québec.

Les liens entre les générations
Association canadienne des programmes de ressources pour la famille - FRP Canada
www.parentsvouscomptez.ca/_data/global/images/ressources/Les_liens.pdf

Feuillet sur l'importance du lien entre les enfants et les grands-parents et comment aider à le développer.

GROSSESSE À L'ADOLESCENCE

Voir aussi : Parent à l'adolescence

Bureau de consultation jeunesse
Casier postal 97554   ☎ 514 274-9887
4061, rue Wellington   Ligne d'intervention : 514 270-9760
Verdun (Québec) H4G 3M6   🖷 514 271-3370
info@bcj14-25.org
www.bcj14-25.org

Consultation, information et référence pour les jeunes et les adultes en difficulté (14-25 ans). Suivi individuel, groupes jeunes mères, groupes jeunes pères, appartements supervisés pour les 17-22 ans.

Centre jeunesse de Montréal - Institut universitaire
Bibliothèque   ☎ 514 896-3396
1001, boul. de Maisonneuve Est, 5ᵉ étage   🖷 514 896-3483
Montréal (Québec) H2L 4R5
bibliotheque@cjm-iu.qc.ca
www.centrejeunessedemontreal.qc.ca/bibliotheque/default.htm

Sur son site web, la bibliothèque des Centres jeunesse de Montréal nous présente plusieurs bibliographies sur la violence ainsi qu'une portant sur la grossesse à l'adolescence. Les ouvrages mentionnés peuvent être empruntés en utilisant le service de prêt entre bibliothèques.

Clinique des jeunes Saint-Denis
1250, rue Sanguinet   ☎ 514 844-9333
Montréal (Québec) H2X 3E7   Fax : 514 847-0683

La Clinique offre des services d'intervention médicale et psychosociale pour les jeunes de moins de 18 ans. Il est aussi possible d'y obtenir de l'information concernant la sexualité en parlant à une infirmière ou à une sexologue. Le service d'avortement est offert aux jeunes filles de moins de 18 ans. Des dépliants sur la contraception, les MTS et la grossesse sont aussi disponibles.

Grossesse-secours
79, rue Beaubien Est   Ligne d'écoute : 514 271-0554
Montréal (Québec) H2S 1R1   🖷 514 271-0718
www.grossesse-secours.org   ☎ 514 271-0718

Service d'écoute téléphonique, d'information et de référence pour les jeunes filles et les femmes enceintes ainsi que pour leur partenaire. Tests de grossesse, visites à domicile, halte-garderie, hébergement en appartement partagé, vente de vêtements de maternité et de vêtements d'enfants à coût minime, sensibilisation en milieu scolaire.

Grossesse à l'adolescence : guide d'intervention pour un choix éclairé
Cardinal Remete, France
Sainte-Foy (Québec) : Multimondes, 1999. 77 p.

Quelle est l'issue d'une grossesse à l'adolescence ? Avortement, adoption, naissance…
Quelles en sont les conséquences chez l'adolescente, chez l'enfant ? Ce guide rédigé avant
tout pour les intervenants est aussi pertinent pour les parents qui veulent discuter de prévention ou, s'il y a grossesse, accompagner leur adolescente dans sa prise de décision.

Parle tout bas, si c'est d'amour   13 ans+
Chérer, Sophie
Paris : L'École des Loisirs, 2006. 151 p.

Caroline et Olivier ont 16 ans ; Caroline est enceinte, ils veulent garder l'enfant. Ils aime-
raient parfois que les adultes cessent de vouloir à tout prix leur parler d'amour puisque
manifestement, pour la plupart, ils n'y comprennent rien. Caroline et Olivier s'aiment,
mais parfois ils ont peur de cesser de s'aimer. Mais quand ils voient leurs grands-parents
qui forment des couples unis, ils sont confiants.

Peau d'âne   13 ans+
Pelletier, Josée
Saint-Lambert (Québec) : Soulières, 2004. 168 p. (Graffiti)

Anne tombe enceinte à 13 ans et devient mère à 14. Elle cache son histoire, mais assume
cette grande responsabilité. Depuis quelques temps, elle aime se retrouver avec Pierre
mais n'ose pas lui dévoiler son secret. Pourra-t-il la comprendre ? Va-t-il la rejeter ?

Deux fois rien   14 ans+
Vermot, Marie-Sophie
Paris : Thierry Magnier, 2006. 191 p.

Nuela, 15 ans, commence son année scolaire enceinte de cinq mois. Elle raconte son histoire, sa rencontre avec le père, l'annonce à ses parents, à ses amis, son difficile choix de
garder l'enfant tout en continuant de croire à ses rêves et d'aller de l'avant. Heureusement
que sa famille est là !

Ève Paradis   14 ans+
Cantin, Reynald
Montréal : Québec Amérique, 2005. 546 p.

Ève tombe enceinte à 14 ans à la suite de sa première nuit d'amour. Elle aura à assumer
seule la décision de garder ou non le bébé. Heureusement, son père ainsi que ses amis
l'accompagnent dans ses réflexions tout en respectant ses choix.

Grossesse non planifiée, que faire? 14 ans+
Darlington, Robert
Montréal : Éditions de l'Hôpital Sainte-Justine, 2004. 72 p.

Ce livre s'adresse aux jeunes filles et aux femmes qui vivent une grossesse non planifiée. Construit comme un outil de réflexion, il est conçu pour les aider à organiser leur réflexion autour de la difficile décision à prendre : poursuivre ou interrompre la grossesse. Il aborde de manière objective les différents aspects de la situation : l'aspect affectif, économique, médical, moral et social. Peut également servir aux couples et aux intervenants.

La fille du docteur Baudoin 14 ans+
Murail, Marie-Aude
Paris : L'École des Loisirs, 2006. 260 p. (Médium)

Docteur Baudoin, de plus en plus fatigué de travailler, partage sa clientèle avec un jeune médecin, Vianney Chasseloup. Un jour arrive à la clinique Violaine Baudoin, 17 ans, fille du docteur Baudoin. Elle est enceinte et ne veut pas garder le bébé ; elle ne se sent pas prête et elle ne veut surtout pas en parler avec son père. Le jeune médecin respecte ses choix en prenant le temps qu'il faut, sans bousculer sa jeune patiente.

Slam 15 ans+
Hornby, Nick
Paris : Plon, 2008. 298 p.

Sam s'intéresse au skate et aux filles. Il a 15 ans et vit avec sa mère qui en a 31 ; elle l'a donc eu à 16 ans. Elle répète souvent à Sam d'être prudent avec sa copine Alicia parce qu'un accident est si vite arrivé, comme avec un skate. Alicia se retrouve enceinte et décide de garder le bébé. Sam ne se projetait pas si loin avec elle. Il raconte cet épisode de sa vie maintenant qu'il est rendu à 18 ans, avec un certain humour.

Ces enfants qui font des enfants
Sélection Reader's Digest Canada
www.selection.ca/mag/1999/03/meres.html

Témoignages de jeunes adolescentes enceintes sur l'impact de cette grossesse sur leur vie future.

Grossesse
Tel-jeunes
http://teljeunes.com/menu/index.php?lang=fr&choix=informe

Présentation des différents choix qui s'offrent aux adolescentes qui se retrouvent enceintes.

La santé des filles - Grossesse et avortement
Jeunesse j'écoute
http://jeunesse.sympatico.ca/fr/informed/sub_gipreg.asp?sec=3&sb=2

Conseils aux adolescentes afin qu'elles prennent une décision éclairée lorsqu'elles se retrouvent enceintes.

Santé sexuelle
Groupe IDITAE des technologies de l'apprentissage. Université de Moncton
www.adosante.org/Sante_sexuelle/06.shtml

Plusieurs textes regroupés sous les chroniques suivantes : Les relations, Prendre soin de sa santé, La grossesse, Amour et sexualité, Les infections transmissibles sexuellement, Identité et orientation, Les méthodes de contraception. Contient aussi un court vidéo en dessins animés.

GROSSESSE À RISQUE

Voir aussi : Syndrome d'alcoolisation fœtale

Centre canadien de lutte contre l'alcoolisme et les toxicomanies
75, rue Albert, bureau 300   ) 613 235-4048
Ottawa (Ontario) K1P 5E7   ≞ 613 235-8101
info@ccsa.ca
www.ccsa.ca

Organisme national diffusant des renseignements sur la nature, l'ampleur et les consé-quences des toxicomanies.

Motherisk : consommation d'alcool et de drogues durant la grossesse
www.motherisk.org/index.jsp   ) sans frais : 1 877 327-4636

Ligne d'aide bilingue sur les effets de la consommation d'alcool et de drogues à usage récréatif pour les femmes enceintes ou qui allaitent. Référence vers des services locaux si nécessaire. Ce service est offert par le programme Motherisk de l'Hôpital pour enfants de Toronto.

Motherisk : VIH
www.motherisk.org/women/index.jsp   ) sans frais : 1 888 246-5840

Ligne d'information sur les effets possibles de la séropositivité et des traitements qui s'y rattachent sur l'enfant à naître. Pour une réponse en français, il faut laisser un message et un médecin francophone retourne l'appel. Ce service est un projet conjoint des pro-grammes Motherisk et du HIV/AIDS Comprehensive Care (HACC) de l'Hôpital pour enfants de Toronto.

SAFERA
845, chemin du Bord de l'eau   ) 418 882-2488
Saint-Henri-de-Lévis   ) sans frais : 1 866 A SAFERA (272-3372)
(Québec) G0R 3E0   ≞ 1 418 882-MÈRE (6373)
info@safera.qc.ca
www.safera.qc.ca

SAFERA désire sensibiliser la population aux effets de l'exposition prénatale à l'alcool et fournir des renseignements sur le syndrome d'alcoolisation fœtale et les effets reliés à l'alcool. Safera a publié une série de quatre dépliants (*Alcool+grossesse = danger*, *La pré-vention du syndrome d'alcoolisation fœtale*, *Le syndrome d'alcoolisation fœtale : dépistage et diagnostic*, *Stratégies pour les parents*) ainsi qu'un guide à l'intention des intervenants scolaires. Elle a récemment réalisé un document audio-visuel, disponible sur cassette

VHS et DVD, intitulé *Le SAF et les effets relatifs à l'alcool*. Il est aussi possible de s'inscrire au groupe de discussion SAF-fil à partir de son site Internet.

Service d'information sur l'ETCAF
(Ensemble des troubles causés par l'alcoolisation fœtale)
Centre canadien de lutte contre l'alcoolisme et les toxicomanies
75, rue Albert, bureau 300) 613 235-4048
Ottawa (Ontario) K1P 5E7) sans frais : 1 800 559-4514
fas@ccsa.ca 🖷 613 235-8101
www.ccsa.ca/CCSA/FR/Topics/Populations/FASD.htm

« Le service d'information fournit des liens essentiels aux groupes de soutien, aux responsables des projets de prévention, ainsi qu'aux centres d'information et aux experts en matière de l'ETCAF. Il diffuse en outre de l'information bilingue à toutes les personnes intéressées. »

La grossesse et le tabac
Delcroix, Michel et Marie Chuffart
Paris : PUF, 2004. 127 p. (Que sais-je?)

Les méfaits du tabac sur le fœtus et le bébé : prématurité, retard de croissance, problèmes cardio-vasculaires, etc.

Bébé sans fumée
Association pulmonaire du Québec
www.pq.poumon.ca/services/poumon-9/tobacco-tabac/baby-bebe.php

Effets du tabagisme actif et passif sur la santé de la mère et du bébé à naître.

Cigarette et grossesse. Faut-il vraiment que j'arrête de fumer ?
Association des obstétriciens et gynécologues du Québec
www.gynecoquebec.com/fr/santedelafemme/sujets-interets-details.php?
noSujetInteret=10

Impact du tabagisme sur l'utérus et le développement du fœtus.

Des renseignements pour la femme enceinte séropositive
Société canadienne de pédiatrie
www.soinsdenosenfants.cps.ca/Grossesse&bebes/seropositive.htm

Sous forme de questions-réponses, information et conseils aux mères séropositives.

Diabète de grossesse
Centre hospitalier Baie-des-chaleurs
www.chbc.qc.ca/grossesse/diagesta/default.htm

Document d'enseignement destiné aux femmes enceintes qui ont un diabète gestationnel.

Épilepsie et grossesse
Bureau français de l'épilepsie
www.bfe.asso.fr/modules.php?name=News&file=article&sid=17

Précautions à prendre, risques pendant la grossesse et impacts possibles sur l'enfant à naître.

Les grossesses à risque
The New Women's College Hospital
www.femmesensante.ca/centres/pregnancy/pregnancy/high-risk.html

Conseils aux femmes qui font face à une grossesse à risque dans différentes situations.

Tabagisme et grossesse
Centre d'excellence pour le développement des jeunes enfants
http://enfant-encyclopedie.com/fr-ca/tabac-grossesse/est-ce-important.html

Est-ce important ? Que savons-nous ? Que peut-on faire ? Selon les experts. Message-clé pour les parents : Des connaissances éclairées pour un départ en santé.

GROSSESSE MULTIPLE

Voir aussi : Jumeaux

**APJTM - Association de parents de jumeaux et de triplés
de la région de Montréal inc.**
C.P. 552, succursale R
Montréal (Québec) H2S 3M3
apjtm@apjtm.com
www.apjtm.com

) (boîte vocale) : 514 990-6165
514 666-0365

L'Association offre soutien et information aux parents de jumeaux, triplés et plus. Entre autres activités, elle publie *Le Jumello* dix fois l'an. On y retrouve des témoignages, des textes originaux ainsi que la traduction d'articles provenant de différentes sources, tenant toujours compte de l'aspect gémellaire dans leur approche. Lors des réunions mensuelles, les membres peuvent emprunter des livres, des vidéos et des jouets pour une période d'un mois à un coût minime.

**Des jumeaux, quelle aventure ! Le quotidien avec plusieurs
enfants du même âge**
Decamps, Muriel
Paris : Éditions Josette Lyon, 2008. 287 p. (Santé)

Des conseils pour aider à bien vivre le quotidien à partir de l'annonce d'une grossesse multiple, durant la grossesse, la naissance, l'allaitement, la vie de famille jusqu'à l'aube de l'adolescence des jumeaux, triplés, etc. Avec des témoignages de parents.

Tom et Lou : en attendant les jumeaux　　　　　　　　　2 ans+
Faudais, Sophie
Paris : Anabet, 2008. 20 p.

Deux bébés arriveront bientôt à la maison. Eliot, le grand frère de 2 ans, est excité, mais aussi troublé. « Tom et Lou », une série sur les jumeaux pour les petits de 2 à 5 ans, présente le quotidien de jumeaux et de leur famille. Ces petits albums sont écrits par une maman de jumeaux.

Grossesses multiples
Sunnybrook and Women's College Health Sciences Centre
www.femmesensante.ca/centres/pregnancy/Multiples/index.html

Information et conseils aux mères qui attendent des jumeaux, des triplés ou plus.

Naissances multiples
Société des obstétriciens et gynécologues du Canada
www.sogc.org/health/pregnancy%2Dmultiple%5Ff.asp

Informations aux parents qui viennent d'apprendre qu'ils donneront naissance à des jumeaux ou des triplés.

Fédération mondiale de l'hémophilie / World Federation of Hemophilia
1425, boul. René-Lévesque Ouest, bureau 1010   ) 514 875-7944
Montréal (Québec) H3G 1T7   514 875-8916
wfh@wfh.org
www.wfh.org

« La Fédération mondiale de l'hémophilie (FMH) est une organisation internationale sans but lucratif qui se consacre à l'introduction, à l'amélioration et à la perpétuation des soins destinés aux personnes atteintes d'hémophilie et de troubles de saignements connexes dans le monde entier. » Le document *L'hémophilie en images* est accessible en format PDF sur le site de la Fédération, en cliquant sur le lien de la bibliothèque de la FMH.

Société canadienne de l'hémophilie
Section du Québec   ) 514 848-0666
10138, rue Lajeunesse, bureau 401   ) sans frais : 1 877 870-0666
Montréal (Québec) H3L 2E2   514 904-2253
www.hemophilia.ca/fr/8.5.php
info@schq.org

La Société offre des services d'information et de soutien aux personnes affectées par l'hémophilie ou par tout autre trouble de la coagulation ainsi qu'à toute personne vivant avec les conséquences d'une transfusion sanguine (plus particulièrement le VIH/sida et l'hépatite). Son centre de documentation est accessible au grand public.

Société canadienne de l'hémophilie
Bureau national de Montréal   ) 514 848-0503
625, avenue Président-Kennedy, bureau 505   ) sans frais : 1 800 668-2686
Montréal (Québec) H3A 1K2   514 848-9661
chs@hemophilia.ca
www.hemophilia.ca

La Société offre des services d'information et de soutien aux personnes affectées par l'hémophilie ou par tout autre trouble de la coagulation ainsi qu'à toute personne vivant avec les conséquences d'une transfusion sanguine (plus particulièrement le VIH/sida et l'hépatite).

Tout sur l'hémophilie : guide à l'intention des familles
Société canadienne de l'hémophilie
Montréal : Société canadienne de l'hémophilie, 2002. 294 p.

Un document très complet fait à l'intention des parents et des personnes soignantes. Il contient des renseignements médicaux détaillés et des histoires d'enfants et de familles qui vivent avec l'hémophilie. Ces histoires montrent que l'avenir des enfants hémophiles est prometteur. Le guide est rédigé par des professionnels de la santé et par des personnes hémophiles et leurs proches qui ont une grande expérience du traitement de la maladie. En douze chapitres, glossaire et index à la fin pour mieux s'y retrouver. Aussi disponible en document PDF sur le site de la Société canadienne de l'hémophilie :
www.hemophilia.ca/fr/13.1.php

Tous les jours en vacances   9 ans+
Senger, Geneviève
Paris : Rageot, 2001. 117 p. (Cascade)

Le nouveau voisin d'Aurore, Nicolas, ne va pas à l'école parce qu'il est hémophile. Sa mère lui fait la classe à la maison. Il envie les autres enfants qui mènent une vie différente. Pour sensibiliser les enfants à l'hémophilie. À la fin du volume, des informations supplémentaires sur la maladie.

**Aux parents d'un enfant atteint d'une hémophilie
nouvellement diagnostiquée**
Association suisse des hémophiles
www.shg.ch/www/indexfr.php?objid=120&objuid=121&objd=180

Conseils aux parents pour diminuer les craintes devant ce diagnostic et pour expliquer les nouveaux traitements disponibles.

Espace grand public sur l'hémophilie
Wyeth
www.wyeth-hemophilie.com/html/public/index.php

Plusieurs pages d'information sur l'hémophilie : définitions, aspects pratiques, témoignages, conseils de différents professionnels de la santé, etc.

La maladie de Von Willebrand
Société canadienne d'hémophilie
www.hemophilia.ca/fr/2.2.php

Explication détaillée sur cette maladie : hérédité, symptômes, diagnostic, traitements, produits sanguins, histoires de cas et témoignages.

Bob raconte l'hémophilie
Wyeth
www.wyeth-hemophilie.com/html/public/hemophilie/bob_raconte/index.php

L'hémophilie expliquée aux enfants sous forme de dessins animés (document FLASH) :
causes, traitements, produits sanguins, etc.

HÉPATITE

Voir aussi : Maladie du foie, Infection transmissible sexuellement

Société canadienne de l'hémophilie
Section du Québec   ☏ 514 848-0666
10138, rue Lajeunesse, bureau 401   ☏ sans frais : 1 877 870-0666
Montréal (Québec) H3L 2E2   🖷 514 904-2253
info@schq.org
www.hemophilia.ca/fr/8.5.php

La Société offre des services d'information et de soutien aux personnes affectées par
l'hémophilie ou par tout autre trouble de la coagulation ainsi qu'à toute personne vivant
avec les conséquences d'une transfusion sanguine (plus particulièrement le VIH/sida et
l'hépatite). Son centre de documentation est accessible au grand public.

Société canadienne de l'hémophilie
Bureau national de Montréal   ☏ 514 848-0503
625, avenue Président-Kennedy, bureau 505 ☏ sans frais : 1 800 668-2686
Montréal (Québec) H3A 1K2   🖷 514 848-9661
chs@hemophilia.ca
www.hemophilia.ca

La Société offre des services d'information et de soutien aux personnes affectées par
l'hémophilie ou par tout autre trouble de la coagulation ainsi qu'à toute personne vivant
avec les conséquences d'une transfusion sanguine (plus particulièrement le VIH/sida et
l'hépatite).

Le vaccin contre l'hépatite A
North American Society for Pediatric Gastroenterology and Hepatology,
and Nutrition
www.naspghan.org/user-assets/Documents/pdf/diseaseInfo/HepatitisA-F.pdf

Définition de l'hépatite A, symptômes, complications, immunisation.

Le vaccin contre l'hépatite B
North American Society for Pediatric Gastroenterology and Hepatology, and Nutrition
www.naspghan.org/user-assets/Documents/pdf/diseaseInfo/HepatitisB-F.pdf

Définition de l'hépatite B, symptômes, complications, immunisation.

Programmes de vaccination gratuite en 4ᵉ année du primaire - Hépatite B et virus du papillome humain (VPH)
Ministère de la Santé et des Services sociaux du Québec.
http://publications.msss.gouv.qc.ca/acrobat/f/documentation/2008/08-291-01F.pdf

Brochure d'information sur la vaccination contre l'hépatite B pour les garçons et les filles et le virus du papillome humain (VPH) pour les filles.

HERNIE

Cure de hernie chez l'enfant
Services Québec
www.guidesante.gouv.qc.ca/fr/fiche/7304-02.shtml

Nature, préparation et déroulement de l'intervention. Recommandations pour la convalescence à la maison.

HOMOSEXUALITÉ

Voir aussi : Famille homoparentale

Gai écoute inc.
C.P. 1006, Succursale C
Montréal (Québec) H2L 4V2
courrier@gaiecoute.org
www.gaiecoute.org

) Ligne d'écoute : 514 866-0103
) Ligne d'écoute sans frais : 1 888 505-1010
) (administration) : 514 866-6788
📠 514 866-8157

Service d'écoute téléphonique et de référence. Confidentiel, anonyme et gratuit, ce service est accessible tous les jours, de 8 h le matin à 3 h la nuit, pour toutes les questions relatives à l'homosexualité. Pour les personnes qui le préfèrent, il est aussi possible d'utiliser le courriel pour obtenir de l'aide.

Jeunesse j'écoute
www.jeunesse.sympatico.ca   ❩ Ligne d'écoute : 1 800 668-6868
                                                                     416 586-0651

Service national de consultation professionnelle gratuit, confidentiel et anonyme s'adressant spécifiquement aux jeunes. Accessible 24 heures par jour, 7 jours par semaine, Jeunesse j'écoute offre des services d'évaluation, de soutien affectif, de thérapie brève, de renseignements et de référence vers des services locaux. Le site Internet permet de poser des questions à un conseiller et contient plusieurs textes informatifs pour les jeunes.

Projet 10 / Project 10
6, Weredale Park   Ligne d'écoute : 514 989-4585
Montréal (Québec) H3Z 1Y6
questions@p10.qc.ca
www.p10.qc.ca

Service d'écoute téléphonique et groupe de discussion hebdomadaire pour les adolescents qui s'interrogent sur leur sexualité. Il est aussi possible d'y obtenir une consultation individuelle.

Tel-jeunes
www.teljeunes.com   ❩ Ligne d'écoute sans frais : 1 800 263-2266

Service québécois d'intervention téléphonique et de référence pour les jeunes de 5 à 20 ans. Gratuit, anonyme et confidentiel. Accessible 24 heures par jour, 7 jours par semaine. Le site Internet contient plusieurs textes et forums de discussion sur des thèmes de première importance pour les jeunes.

Comprendre l'homosexualité
Castaneda, Marina
Paris : Pocket, 2001. 347 p. (Pocket)

« Des clés, des conseils pour les homosexuels, leurs familles, leurs thérapeutes. » L'auteur traite de la psychologie de l'homosexualité, un champ de connaissances qui s'est développé ces dernières années grâce à l'évolution sociale et culturelle. Entre autres : comment se construit l'identité homosexuelle dans l'enfance, l'adolescence et à l'âge adulte ? Quel rôle l'homosexuel joue-t-il dans sa famille ? L'auteur aborde également le problème de la clandestinité et propose des solutions pour s'en sortir : le couple, l'amitié, les avantages et les désavantages à être homosexuel, etc.

Julien, toi qui préfères les hommes
Gréco, Caroline
Paris : Criterion, 1994. 109 p.

Témoignage d'une mère qui a un fils homosexuel. Raconte les défis quotidiens que rencontrent les parents lorsqu'ils apprennent l'homosexualité de leur enfant.

Mort ou fif : la face cachée du suicide chez les garçons
Dorais, Michel
Montréal : VLB, 2000. 110 p.

Selon l'auteur, si le taux de prévalence du suicide est important chez les jeunes homosexuels, « c'est en raison de l'intolérance affichée par autrui bien plus que du choix de l'orientation sexuelle lui-même ». Appuyé par des témoignages d'adolescents homosexuels et des récits de vie, ce livre met à jour la relation entre ces deux réalités.

Vivre avec l'homosexualité de son enfant : petit guide du coming-out
Giasson, Sylvie
Montréal : Bayard Canada, 2007. 137 p. (Vivre avec)

L'auteur veut aider les familles à franchir les étapes qui conduisent à l'acceptation d'un enfant, d'un adolescent qui affirme son homosexualité. Que faire quand on apprend l'homosexualité de son enfant ? Quelles sont les étapes à franchir par les parents, par l'enfant ou l'adolescent ? Comment parler d'identité sexuelle, d'acceptation de soi, de respect de la différence ? Nous suivons l'histoire d'une famille où le fils, Sébastien, 23 ans, parle enfin de son homosexualité. À travers l'histoire de cette famille, nous verrons les différentes étapes qui mènent à l'acceptation, les mythes, les préjugés. Des pistes pour faciliter l'acceptation sont suggérées à chaque chapitre. Préfacé par le docteur Réjean Thomas.

Papa, c'est quoi un homme haut sèkçuel ?   5 ans+
Boulanger, Anna
Mertzig (Luxembourg) : Zoom, 2007. 65 p.

« Tous les week-ends, je vais chez mon papa. Mon papa est un monsieur joyeux, tout le monde dit qu'il est gai ! » De page en page, un petit garçon, Tinig, interprète au pied de la lettre toutes les expressions qu'il entend au sujet de son père dites par le directeur d'école, la boulangère, l'amie de maman, etc. Tous ont un mot pour exprimer l'homosexualité sans la nommer. Un livre pour dénoncer la pression sociale, l'intolérance, les rumeurs, la médisance tout en appréciant l'imagination de Tinig qui aime tant son papa.

Avec toi, Claire, j'aurais aimé la vie   12 ans+
Mazard, Claire et Hélène Lune
Paris : De la Martinière Jeunesse, 2004. 155 p. (Confessions)

Les auteurs de la collection « Confessions » racontent, sous forme de romans, leur adolescence. Ils sont devenus de grands auteurs de la littérature jeunesse. Avec sincérité ils parlent de difficultés ou de complexes qu'ils ont réussi à surmonter. L'auteur Claire Mazard écrit dans son journal intime les sentiments qu'elle éprouve pour son amie Hélène. Celle-ci écrit à son amie Claire des lettres d'amour qu'elle n'enverra jamais.

H.S.   12 ans+
Chaillou, Isabelle
Paris : Rageot, 2003. 117 p. (Métis)

Hélène, jeune adolescente homosexuelle, profite d'un cours d'éducation sexuelle pour poser une question dans l'anonymat : « Je suis homosexuelle, comment faire pour ne plus l'être ? Aidez-moi s'il vous plaît ! » Une amie de la classe fera un exposé oral sur l'homosexualité et, parallèlement, nous avons des extraits du journal intime d'Hélène où elle décrit ses difficultés de vivre. Elle tentera de se suicider.

Le pari   12 ans+
Tito
Tournai : Casterman, 2003. 48 p. (Tendre banlieue)

La série « Tendre Banlieue », qui a comme thème principal la tolérance, aborde dans cet album l'homosexualité. Raphaël, mignon, gentil et sportif arrive dans sa nouvelle école et les filles sont sous le charme. Mais Raphaël préfère les garçons.

Philippe avec un grand H   12 ans+
Bourgault, Guillaume
Hull (Québec) : Vents d'Ouest, 2003. 195 p.

Philippe est marginal, différent des autres. Il le sait et un jour il découvre son homosexualité. Nous suivons le parcours qui lui permettra de s'accepter et ensuite d'être accepté par sa famille et ses amis.

L'homosexualité à l'adolescence   13 ans+
Vaisman, Anne
Paris : De la Martinière Jeunesse, 2003. 109 p. (Hydrogène)

« Comment parvenir à surmonter ses doutes, ses craintes, mais aussi ses préjugés et le regard des autres. » L'auteur veut rassurer les adolescents qui s'interrogent lorsqu'ils découvrent leur sexualité. En trois thèmes : Et si j'étais homo ? – Un long cheminement – Vivre son homosexualité. Elle veut les aider à trouver des réponses « pour parcourir plus facilement ce long chemin qui mène des premiers doutes à l'acceptation de soi ».

Macaron citron   13 ans+
Mazard, Claire
Paris : Syros, 2006. 88 p.

Colline est amoureuse, elle a 16 ans. Elle veut l'annoncer à ses parents et à sa meilleure amie, mais c'est difficile, car elle est amoureuse d'une fille.

Dans la peau d'un jeune homo   14 ans+
Bartes, Hugues
Paris : Hachette, 2007. 96 p.

Hugo, 14 ans, est attiré par les garçons. Il se demande s'il est gay, mais à qui se confier ? Comment l'assumer, l'accepter et bien vivre avec les réactions des autres ? L'auteur raconte cette aventure en se souvenant de son adolescence. Une bande dessinée.

Sains et saufs : petit manuel de lutte contre l'homophobie   15 ans+
à l'usage des jeunes
Dorais, Michel et Éric Verdier
Montréal : VLB, 2005. 166 p.

Les deux auteurs, intervenants sociaux, ont écrit ce livre pour venir en aide aux jeunes qui découvrent ou qui ont de la difficulté à vivre leur différence, qu'ils soient gay, lesbienne, bisexuel ou transgenre. Comment faire face à l'intolérance, au sexisme ou à l'homophobie ? Comment accepter et s'épanouir avec ces différences ? Des informations, des conseils et des trucs pour prévenir, combattre et contrecarrer ces attitudes méprisantes.

Tabou 15 ans+
Andriat, Frank
Namur (Belgique) : Mijade, 2008. 136 p.

Loïc s'est suicidé parce qu'il n'acceptait pas son homosexualité. Dans sa classe, c'est la consternation. Personne ne se doutait de rien. Le roman est construit en trois parties : chacune dévoile l'état d'esprit d'un des proches amis de Loïc. Elsa, Philippe et Réginald, trois points de vue qui s'affrontent : refus de l'homosexualité, questionnement, ouverture d'esprit.

Orientation sexuelle
Tel-jeunes
http://teljeunes.com/menu/index.php?lang=fr&choix=informe

Sous forme de questions-réponses, conseils aux jeunes pour bien assumer et mieux vivre son orientation sexuelle. Voir le sujet « Sexualité ».

Silence SVP
Munger, Mario, réalisateur
Montréal : Centrale des syndicats du Québec, 2002. 1 DVD (36 min.)

« Comment les jeunes qui se questionnent sur leur orientation sexuelle ou qui ont un parent homosexuel font-ils face aux préjugés de leurs pairs et au silence des adultes en milieu scolaire ? Aux côtés des élèves, il y a aussi les gais et lesbiennes qui œuvrent à l'école. Conscientes de la dimension morale de leur travail, comment ces personnes vivent-elles leur homosexualité en emploi ? Se taire ou le dire ? Le dire, mais à quel prix ? Réalisé à partir de témoignages, ce documentaire a pour objectif de briser le silence sur les effets destructeurs de l'homophobie en milieu scolaire. Il s'adresse au personnel du milieu de l'éducation de même qu'aux élèves du deuxième cycle du secondaire et à toute personne aspirant à des changements d'attitude pour mieux combattre l'intolérance. » Tiré de CHOIXmedia

Avec guide pour l'intervenant + guide de l'étudiant
Disponible chez : CSQ : Eric Denis : 418 649-8888, p. 3142

HYDROCÉPHALIE

Voir aussi : Spina bifida

ASBHRM (Association de spina-bifida et d'hydrocéphalie de la région de Montréal)

14 115, rue Prince Arthur, bureau 425   ☎ 514 739-5515
Montréal (Québec) H1A 1A8   🖷 514 739-5505
asbhrm@mainbourg.org

L'Association dessert la population de la région de Montréal. Elle diffuse de l'information sur le spina-bifida et l'hydrocéphalie ainsi que sur les moyens à utiliser afin d'éviter que des enfants naissent avec cette malformation congénitale. Elle répond aux demandes de service et d'information des personnes atteintes, de leur famille et de la population en général. Le site Internet de l'Association contient plusieurs textes informatifs.

Association de spina-bifida et d'hydrocéphalie du Québec

Spina Bifida and Hydrocephalus Association of Quebec   ☎ 514 340-9019
542 - 3333, ch. Queen-Mary   ☎ sans frais : 1 800 567-1788
Montréal (Québec) H3V 1A2   🖷 514 340-9109
info@spina.qc.ca
www.spina.qc.ca

L'Association diffuse de l'information sur le spina-bifida et l'hydrocéphalie ainsi que sur les mesures de prévention. Elle organise des sessions d'information et de formation, produit des documents et voit au développement de services répondant aux besoins des personnes ayant le spina-bifida et de leurs familles. Elle offre aussi un service de consultation et de référence aux services appropriés. Il existe deux associations régionales et 12 agents d'information régionaux. Forum de discussion : http://spina.xooit.com

L'hydrocéphalie : grandir et vivre avec une dérivation
Boëls, Nathalie
Montréal : Éditions du CHU Sainte-Justine, 2006. 112 p.
(Collection du CHU Sainte-Justine pour les parents)

Ce livre est destiné aux parents d'enfants hydrocéphales qui portent une dérivation ainsi qu'à leurs enseignants. Il vise à les aider à mieux comprendre cet état et à leur fournir de l'information médicale, des renseignements sur les conséquences de l'hydrocéphalie sur l'apprentissage, des suggestions pour améliorer la vie de l'enfant et des réponses à leurs questions les plus fréquentes : L'hydrocéphalie est-elle héréditaire ? L'enfant se développera-t-il normalement ? Peut-il prendre l'avion ? Quels sports peut-il pratiquer ? Va-t-il guérir ? Lui enlèvera-t-on sa dérivation un jour…

Mon drôle de petit frère 12 ans+
Laird, Elizabeth
Paris : Gallimard, 1998. 213 p. (Folio junior)

Anna mène une double vie depuis la naissance de son petit frère hydrocéphale. À la maison, elle s'en occupe beaucoup et, à l'école, elle n'en parle pas. Ses amies apprendront la maladie de son petit frère ; c'est dur parce qu'elle devient la risée de ses amies.

Hydrocéphalie
Vulgaris médical
www.vulgaris-medical.com/encyclopedie/hydrocephalie-2367.html

Définition, causes, symptômes, diagnostic, traitement et évolution.

HYPERBARE

Oxygénation hyperbare
L'accompagnateur.org
www.laccompagnateur.org/fr/ressourcesHumaines/lesProfessionnels.php#oxygenationHyperbare

Définition de ce qu'est l'oxygénation hyperbare et adresses de cliniques offrant ce type de traitement

Qu'est-ce que l'oxygénothérapie hyperbare ?
Hôpital du Sacré-Cœur de Montréal
www.crhsc.umontreal.ca/hscm/hyperbare.html#oxi

Définition, historique, effets et indications thérapeutiques, liste des hôpitaux ayant un caisson hyperbare.

Traitement hyperbare auprès d'enfants présentant un problème neurologique : où en sommes-nous trois ans plus tard ?
Marois, Pierre, Michel Vanasse et Raymond Lambert, conférenciers
Montréal : Hôpital Sainte-Justine. CRME. Service audio-visuel, 2004. 1 DVD (110 min.)

Présentation et commentaires sur l'étude portant sur l'oxygénothérapie hyperbare et ses résultats. D'autres études similaires sont également présentées ainsi que quatre cas suivis par le docteur Lambert (Spect-scan).
Disponible chez : CHU Sainte-Justine – Médiathèque, 514 345-4677

HYPOGLYCÉMIE

Association des hypoglycémiques du Québec inc.
C.P. 442, succursale Ahuntsic   ) (boîte vocale) : (514) 270-4400
Montréal (Québec) H3L 3N9
info@hypoglycemie.qc.ca
www.hypoglycemie.qc.ca

L'Association des hypoglycémiques du Québec offre un soutien téléphonique, un cours d'une journée sur l'hypoglycémie (à Montréal et en province), des séances d'information et de partage ainsi que des consultations individuelles. Elle organise aussi des conférences et des sessions de formation. Elle rédige des outils d'information et vend des livres sur l'hypoglycémie. Son site Internet contient, entre autres, deux questionnaires de dépistage (en français et en anglais), un pour les adultes et un pour les adolescents.

L'hypoglycémie chez les enfants
Association des hypoglycémiques du Québec
www.hypoglycemie.qc.ca/index.php?option=com_content&task=view&id=20&Itemid=35

Explication de la problématique.

Ce qu'il y a de formidable chez les garçons : mieux les comprendre pour mieux les élever
Gurian, Michael
Paris : Albin Michel, 2002. 284 p.

Fait le point sur l'éducation des garçons. L'auteur évoque l'identité psychologique, leurs besoins et s'interroge sur «les dogmes éducatifs actuels dont les garçons font les frais puisqu'ils sont majoritairement concernés par l'échec scolaire et la délinquance». Il est nécessaire, pour les garçons comme pour les filles, que leurs besoins et leurs qualités soient reconnus.

Dolto en héritage : fille ou garçon ? La naissance de l'identité sexuelle
Antier, Edwige
Paris : Robert Laffont, 2006. 298 p. (Réponses)

À quel âge l'enfant sait-il qu'il est garçon ou fille ? Comment se construit notre identité sexuelle ? Le sentiment que l'on a d'appartenir à l'un des deux sexes anatomiques n'est pas toujours conforme à l'apparence des organes sexuels. Quelle est la part de la génétique, quelle est celle de l'éducation dans la construction de notre identité sexuelle ? À quel modèle masculin doit se référer un enfant élevé par deux femmes ? Comment interpréter le comportement d'un enfant qui privilégie les jeux et les manières du sexe opposé ? Quel est le rôle du père et de la mère, pour le garçon et pour la fille ? Est-il plus difficile d'être garçon que fille ? Ce sujet de l'identité sexuelle, au centre des interrogations des parents d'aujourd'hui, est apparu dans les propos de Françoise Dolto il y a près de 30 ans. L'auteur reprend et actualise les questions soulevées par Françoise Dolto et elle analyse les nouveaux enjeux que sont, entre autres, la famille recomposée ou l'homoparentalité.

Élever un garçon aujourd'hui : en faire un homme, pas un macho
Clerget, Stéphane et Pascale Leroy
Paris : Albin Michel, 2005. 133 p. (C'est la vie aussi)

«Comment se construit l'identité sexuée ? Quel est le rôle spécifique du père, de la mère ? Comment gérer l'agressivité des petits garçons, les éduquer au partage des tâches, leur donner une bonne image des hommes ?» Les auteurs répondent aux questions des parents qui sont préoccupés par ce sujet et qui veulent faire en sorte que leurs garçons se sentent bien dans leur peau, soient fiers de leur identité et de leurs compétences.

Élever un garçon : comment l'aider à devenir un homme heureux et équilibré ?
Biddulph, Steve
Alleur : Marabout, 2003. 188 p. (Enfants éducation)

L'objectif de ce livre : comprendre pourquoi les garçons sont différents et trouver les clés pour leur permettre de devenir des hommes équilibrés. Entre autres, les chapitres suivants : Les trois étapes de la croissance – Influence de la testostérone – Différences entre les cerveaux des garçons et des filles – Rôle du père – Mère et fils – Découvrir la sexualité – Les garçons et l'école – Les garçons et le sport.

Élever une fille
Preuschoff, Gisela
Alleur : Marabout, 2006. 251 p. (Enfants éducation)

« Comprendre pourquoi les filles sont différentes et trouver les clés pour leur permettre de devenir des femmes fortes et épanouies. »

Nos enfants aussi ont un sexe : comment devient-on fille ou garçon ?
Clerget, Stéphane
Paris : Robert Laffont, 2003. 266 p. (Réponses)

À quel âge le petit enfant prend-il conscience de son identité sexuelle ? Quels facteurs influencent l'identité sexuelle de chacun ? Qu'est-ce que le complexe d'Œdipe ? L'auteur écrit pour les parents sur la sexualité des enfants et insiste sur l'importance d'un développement sexuel harmonieux qui commence dès la petite enfance.

Fille ou garçon ?   3 ans+
de Greef, Sabine
Bruxelles : Alice Jeunesse, 2008. 32 p. (Histoires comme ça)

« Fille ou garçon ? Difficile de répondre à cette question… » Il y a les papas et les mamans : ce sont les grands. Il y a les enfants et les bébés : ce sont les petits. Il y a les grands-pères et les grands-mères : ce sont les pleins de rides. Et il y a les filles et les garçons. Comment les reconnaître ? Parfois, c'est très facile, et parfois, c'est très difficile. Être une fille ou un garçon, à la naissance, cela va-t-il déterminer toute une vie ?

Filles et garçons   3 ans+
Dolto-Tolitch, Catherine et Colline Faure-Poirée
Paris : Gallimard Jeunesse, 2007. 28 p. (Mine de rien) (Giboulées)

C'est très différent, le corps, les vêtements, les émotions des filles et des garçons. C'est aussi bien d'être une fille que d'être un garçon. Une collection pour expliquer aux petits « ce qui se passe en eux et autour d'eux ».

Mademoiselle Zazie a-t-elle un zizi ?   5 ans+
Lenain, Thierry
Paris : Nathan, 2005. 29 p.

Avant, tout était simple pour Max : il y avait les « avec-zizi » et les « sans-zizi », les gars et les filles. Les uns étaient forts et les autres moins. Un jour, il découvre Zazie, elle fait tout comme les garçons, elle peut se battre, monter aux arbres, etc. Et pourtant, c'est une fille. Un album sur les préjugés, l'égalité des sexes et la discrimination. Le courage, l'amour du sport, le plaisir de se battre ne sont pas seulement réservés aux garçons comme la douceur et la gentillesse ne sont pas uniquement des attributs féminins.

Les garçons et les filles 8 ans+
Labbe, Brigitte et Michel Puech
Toulouse : Milan, 2005. 43 p. (Les goûters philo)

Un livre de réflexion sur la différence entre les garçons et les filles. Notre sexe nous enferme-t-il dans des rôles définis d'avance ? Nous sommes différents, ce qui devrait être source de richesse, de partage et de créativité. « Les goûters philo », c'est une série de petits livres pour aider les enfants âgés de 8 ans et plus à réfléchir.

Nous les garçons : le guide des préados 9 ans+
Lhote, Olivier et Séverine Clochard
Toulouse : Milan, 2006. 223 p.

Guide pour les garçons de 9 à 15 ans. Voici les chapitres : Découvre ta personnalité – L'amitié, c'est sacré – Tu es amoureux ? – La vérité sur le collège – Bien vivre en famille – Les loisirs après l'école. Avec des propositions, des conseils de professionnels et des témoignages de jeunes entre 9 et 15 ans.

Comment survivre quand on est un garçon 10 ans+
Arène, Jacques et Bernadette Costa-Prades
Paris : Albin Michel Jeunesse, 2003. 107 p. (Comment survivre)

Un livre documentaire pour les garçons qui répond à 33 questions que se posent les jeunes au seuil de l'adolescence, des questions qu'ils n'oseront pas toujours poser. Des questions de garçons auxquelles les auteurs répondent simplement en dédramatisant et avec une note d'humour : rapport avec les parents, hygiène, timidité, sexualité, fratrie, amour. À lire aussi avec les parents.

Comment survivre quand on est une fille 10 ans+
Rigon, Emmanuelle et Bernadette Costa-Prades
Paris : Albin Michel Jeunesse, 2003. 134 p. (Comment survivre)

Cette fois-ci, ce sont des questions de filles, des questions qu'elles n'osent pas toujours aborder avec leurs parents. Les auteurs terminent chaque chapitre par un conseil pratique. À lire aussi avec les parents.

Être une jeune fille aujourd'hui 12 ans+
Ubac, Claire
Paris : De la Martinière, 2005. 271 p.

L'adolescence est parsemée de bouleversements physiques et psychologiques. Pour aider les jeunes filles à passer ce cap parfois difficile, l'auteur leur parle d'elles et répond à toutes leurs questions concernant l'hygiène, la santé, l'amour, la sexualité, l'acceptation de soi, les relations interpersonnelles. L'objectif de l'auteur est de les aider à franchir cette période de leur vie pour qu'elles deviennent des femmes épanouies.

La face cachée de Luna 12 ans+
Peters, Julie-Anne
Toulouse : Milan, 2005. 368 p. (Ma petite vache a mal aux pattes)

Liam, le frère aîné de Regan, ne supporte pas d'être un garçon. Il profite de la nuit pour se métamorphoser en fille ; il emprunte les vêtements et le maquillage de sa sœur, il devient Luna. il devra en parler à sa famille, aux amis… Aujourd'hui, l'homosexualité est de moins en moins tabou, ce qui n'est pas le cas de la transsexualité, sujet peu abordé en littérature jeunesse.

Filles-garçons, êtes-vous faits pareils ?   13 ans+
Montardre, Hélène
Paris : De la Martinière, 2003. 110 p. (Hydrogène)

« Corps, amour et amitié, qu'est-ce qui change quand on est une fille ou un garçon ? »
Les garçons et les filles sont différents physiquement et biologiquement certes, mais
chacun est également le résultat d'une histoire, d'une culture dans laquelle il grandit.
Qui est donc cet autre si proche et si mystérieux à la fois ?

Les garçons (un peu) expliqués aux filles,   14 ans+
les filles (un peu) expliquées aux garçons
Costa-Prades, Bernadette
Paris : Albin Michel, 2006. 222 p. (Questions d'ados)

À l'adolescence, les filles sont passionnées par les garçons et les garçons sont intrigués
par les filles. Dans ce livre l'auteur décode les comportements des uns et des autres, sans
clichés. Elle répond aux questions que la majorité des jeunes, filles ou garçons, se posent
et celles qui sont rarement formulées. Du côté des garçons : « Pourquoi les filles veulent
qu'on soit romantique et ensuite, ça les énerve ? Pourquoi les filles se mêlent toujours
des histoires des autres ? Pourquoi les filles se font sans arrêt des films ? Pourquoi elle n'a
rien dit si elle n'était pas d'accord ? Pourquoi les filles font-elles sans arrêt des régimes ? »
Et, côté filles : « Pourquoi les garçons répondent en classe même quand ils ne connaissent
pas la réponse ? Pourquoi les garçons disent qu'ils se moquent du physique alors qu'ils
ne regardent que les filles les plus canons ? Pourquoi les garçons se confient un jour sur
le *chat* et le lendemain, ils font les caïds ? Pourquoi certains garçons participent à des
tournantes ? »

Identités et orientations sexuelles
Service d'orientation et de consultation psychologique – Université de Montréal
www.scp.umontreal.ca/visavies/v13n3-1.pdf

Différences entre les concepts d'identité sexuelle et d'orientation sexuelle.

IMAGE CORPORELLE

Voir aussi : Estime de soi

Ma fille se trouve trop ronde : comment l'aider ?
Cassuto, Dominique-Adèle et Sophie Guillou
Paris : Albin Michel, 2005. 135 p. (C'est la vie aussi)

Les auteurs conseillent les parents qui s'interrogent lorsqu'ils voient leur fille s'en faire exagérément avec son poids. Les parents ont un rôle à jouer, mais quel est-il ? Que faire si leur
fille a vraiment un poids trop élevé, si ce surpoids n'est que dans sa tête, comment l'intéresser aux bonnes habitudes alimentaires et l'empêcher d'entamer des régimes trop restrictifs ? Comment l'aider en instaurant, non pas des régimes, mais des repères rassurants ?

Miroir, miroir, je n'aime pas mon corps! Le développement de l'image corporelle chez les enfants, les adolescents et les adultes
Gagnier, Nadia
Montréal: La Presse, 2007. 140 p. (Vive la vie… en famille)

Ce livre vous fera mieux connaître ce qu'est l'image corporelle, la manière dont elle se développe, l'importance de la prévention dès la plus tendre enfance, les conséquences possibles d'une image corporelle négative. L'auteur donne en plus des outils pour aider au développement d'une relation positive avec le corps.

Moka, le chat qui voulait voler comme un oiseau 3 ans+
Tibo, Gilles
Saint-Lambert (Québec): Dominique et Compagnie, 2006. 28 p. (Estime de soi)

Moka rêve de voler comme les oiseaux. Le problème, c'est que Moka est un chat. Il doit apprendre à s'accepter. Il découvrira un secret qui lui donnera des ailes pour vivre une vraie vie de chat. Une histoire sur l'identité corporelle. «Estime de soi» est une collection qui propose des histoires fantaisistes dans lesquelles les personnages développent leur estime de soi: confiance en soi, sentiment de compétence et d'appartenance, connaissance de soi. Les albums sont préfacés par Germain Duclos, psychoéducateur et orthopédagogue.

Lili se trouve moche 6 ans+
de Saint Mars, Dominique
Fribourg: Calligram, 1997. 45 p. (Max et Lili) (Ainsi va la vie)

Lili n'apprécie guère son physique, elle se trouve trop maigre et n'aime pas son nez pointu. Avec de l'imagination, de l'humour, de l'amitié et de la confiance, finira-t-elle par s'accepter? Sous forme de bandes dessinées, cette collection d'une cinquantaine de titres porte sur la résolution de problèmes qui surviennent dans la vie quotidienne des enfants. À la fin de chaque livre, la section «Et toi?» vise à faire réfléchir les enfants sur le thème.

J'en ai assez de mon physique! 11 ans+
Lejeune, Véronique et Philippe Eliakim
Paris: De la Martinière Jeunesse, 2003. 103 p. (Oxygène)

«C'est moi, ça, dans la glace? C'est avec cette tête que je vais devoir vivre? Avec ce corps-là qu'il me faudra séduire?» Près de trois adolescents sur quatre n'aiment pas leur physique au moment où leurs corps changent. «Oxygène» est une collection qui est conçue pour aider les adolescents à apprivoiser et dédramatiser ce qu'il vivent au quotidien.

Ronde et alors? 11 ans+
Vaisman, Anne
Paris: De la Martinière Jeunesse, 2008. 112 p. (Oxygène)

Vous avez des rondeurs? Vous vous trouvez trop grosse? Mais pourquoi TROP? Un livre pour aider les jeunes filles à s'accepter et à ne pas se sentir grosse si elles sont potelées. Être potelée ne signifie pas avoir des kilos en trop.

La mutante et le boxeur   12 ans+
Pelletier, Marthe
Montréal : La courte échelle, 2007. 198 p.

Avant, Chloé ne se souciait guère de son apparence. Mais depuis quelque temps, elle est sensible à l'image de perfection véhiculée par les médias. Doit-on être beau pour être aimé ? Il y a tant d'émissions de téléréalité dont le but ultime est la beauté. Elle décide de s'y inscrire. Elle doit faire face à la désapprobation de sa mère, mais également de ses amis.

Comment aider votre fille à acquérir une image corporelle saine
Réseau canadien pour la santé des femmes
www.cwhn.ca/ressources/faq/biDaughter_f.html

Qu'est-ce que l'image corporelle ? Comment s'exprime le sentiment d'insatisfaction à l'égard du corps ? Conseils pour promouvoir une image corporelle saine.

La santé des filles : l'image du corps et l'image de soi
Jeunesse, j'écoute
http://jeunesse.sympatico.ca/fr/informed/sub_giimage.asp?sec=3&sb=2

Conseils pour améliorer l'estime de soi et facteurs influençant l'image de soi.

INCESTE

Voir aussi : Agression sexuelle

Mouvement contre le viol et l'inceste
Collectif des femmes de Montréal   ☏ 514 278-9383
C.P. 211, succ. Delorimier   🖷 514 278-9385
Montréal (Québec) H2H 2N6
mcvi@contreleviol.org

En plus de ses services de soutien aux victimes d'inceste, le Mouvement contre le viol et l'inceste possède un centre de documentation auquel on a accès sur rendez-vous.

L'enfant cassé : l'inceste et la pédophilie
Bonnet, Catherine
Paris : Albin Michel, 1999. 252 p.

L'auteur est psychiatre, spécialiste de la maltraitance. Elle lance un cri d'alarme : « la vérité sur l'inceste et la pédophilie est-elle insoutenable au point qu'il soit préférable de la nier ? » Elle compare le syndrome post-traumatique de ces enfants à celui des victimes de la guerre. Comment aborder ces questions avec l'enfant ? Quel est le rôle des parents ? Quelle stratégie emploie l'agresseur ?

Questions d'inceste
Raimbault, Ginette, Luc Massardier et Patrick Ayoun
Paris : Odile Jacob, 2005. 310 p.

Les auteurs travaillent dans un centre pour aider les jeunes filles qui ont été abusées sexuellement ; celles-ci ont entre 7 et 18 ans. Dans ce livre, ils proposent une réflexion en profondeur sur ce qui doit être aujourd'hui la meilleure façon de réparer l'inceste et sur les conditions qui permettent à ces jeunes filles de se reconstruire.

Y a-t-il inceste ? Comment le détecter, l'évaluer, protéger l'enfant et soutenir la cellule familiale
Lapointe, René et Louise Mercure
Montréal : Stanké, 1990. 145 p. (Partage du savoir)

Comme son titre l'indique, ce livre traite des signalements d'inceste reçus à la DPJ (Direction de la protection de la jeunesse). Comment les évaluer ? Comment aider l'enfant et sa famille ? S'adresse avant tout aux intervenants qui font face à ce problème ainsi qu'aux parents.

Le cœur de Violette   5 ans+
Piquemal, Michel
Paris : De la Martinière Jeunesse, 2000. 25 p.

Le père de Violette lui a brisé le cœur lorsqu'elle avait 12 ans. Depuis ce temps, cela lui est difficile d'aimer même si un beau prince tombe amoureux d'elle.

Le parfum des filles   9 ans+
Bouchard, Camille
Saint-Lambert (Québec) : Dominique et Compagnie, 2006. 71 p. (Roman bleu)

Julie, la grande sœur de Colin, s'est enlevée la vie car elle avait trop de mal à vivre après les abus sexuels qu'elle avait subis. Colin se rappelle sa vie de famille heureuse avant ce terrible événement. Maintenant, sa sœur n'est plus là, ses parents sont séparés, sa mère est trop triste pour le consoler. Comment retrouver le plaisir de vivre ? Heureusement que son ami Antoine est là.

Maman, les p'tits bateaux   10 ans+
Mazard, Claire
Tournai : Casterman, 1999. 63 p. (Comme la vie)

Cela fait vingt fois que l'oncle Laurent de Marie-Bénédicte vient la voir dans sa chambre. Elle n'en peut plus, elle veut être laide et grosse pour que ce cycle infernal arrête, pour que son oncle arrête de la désirer. En plus, c'est le frère adoré de sa mère. Elle veut tout de même dénoncer son oncle.

Inceste   14 ans+
Priestley, Linda
Montréal : Éditions SMBi, 1977. 160 p. (S.O.S.)

Biographie romancée. Aude s'est fait câliner et dorloter par son père depuis qu'elle est toute petite et finalement violer à l'âge de 10 ans. Elle raconte son parcours difficile, son amour et sa haine pour son père, la difficile décision de le dénoncer ou de se taire. Pour aider d'autres victimes d'inceste à sortir des ténèbres. Ce livre est épuisé mais disponible dans certaines bibliothèques publiques.

Les agressions sexuelles entre frères et sœurs :
guide à l'intention des parents
Santé Canada
www.phac-aspc.gc.ca/ncfv-cnivf/violencefamiliale/html/nfntsxvisacfrat_f.html

Sous forme de questions-réponses, ce livret s'adresse aux parents qui connaissent ou soupçonnent l'existence d'agressions sexuelles entre leurs enfants et qui désirent y remédier ; il s'adresse aussi aux parents qui veulent comprendre et prévenir les agressions sexuelles entre frères et sœurs dans leur famille.

Les mythes entourant l'inceste
Centre d'aide aux agressées sexuelles d'Ottawa
www.casac.ca/french/questions/mythe.cfm

Sous forme de questions-réponses, exploration des principaux mythes qui entourent le phénomène de l'inceste.

Agression sexuelle – Aidez-moi !
Ministère de la Santé et des Services sociaux du Québec
www.agressionsexuelle.com

Pour les adolescents, un site plein de renseignements sur le sujet ainsi que les coordonnées de plusieurs ressources communautaires pour obtenir de l'aide.

INFECTION TRANSMISSIBLE SEXUELLEMENT

Voir aussi : Éducation sexuelle, Sida/VIH

Au-delà du plaisir : guide canadien sur la contraception
Société des obstétriciens et gynécologues du Canada
Ottawa : Société des obstétriciens et gynécologues du Canada, 2006. 160 p.

Un guide pratique « sur la façon de vivre sa sexualité en toute sécurité », 2ᵉ édition. Toutes les méthodes contraceptives y sont décrites sous forme de questions-réponses. Un bon outil pour vous guider dans le choix de pratiques sexuelles sûres et de méthodes de contraception adaptées à vos besoins. Pour vous le procurer, visitez le site web de la Société des obstétriciens et gynécologues du Canada : www.sogc.org/audeladuplaisir/buy.html. Disponible aussi en librairie.

Les maladies sexuellement transmissibles
Halioua, Bruno
Paris : PUF, 2002. 127 p. (Que sais-je ?)

Quels sont les symptômes des MTS ? Quelles sont les MTS ? Il y a des infections bactériennes, virales, parasitaires et fongiques ; on en dénombre une vingtaine qui sont de gravité variable. Comment les prévenir ?

Parlons-en ! Sexualité, MTS et sida
Ministère de la Santé et des Services sociaux du Québec
http://publications.msss.gouv.qc.ca/acrobat/f/documentation/1996/96-308-1.pdf

Brochure qui s'adresse non pas au jeune lui-même, mais au parent qui doit parler de sexualité et de MTS avec ses ados.

Programmes de vaccination gratuite en 4ᵉ année du primaire – Hépatite B et virus du papillome humain (VPH)
Ministère de la Santé et des Services sociaux du Québec
http://publications.msss.gouv.qc.ca/acrobat/f/documentation/2008/08-291-01F.pdf

Brochure d'information sur la vaccination contre l'hépatite B pour les garçons et les filles et le virus du papillome humain (VPH) pour les filles.

Vaccination contre le virus du papillome humain (VPH) – « J'ai entendu parler du VPH »
Ministère de la Santé et des Services sociaux du Québec
http://publications.msss.gouv.qc.ca/acrobat/f/documentation/2008/08-291-02F.pdf

Informations sur le VPH et la vaccination, sous forme de questions-réponses.

En savoir plus sur la sexualité
Tel-Jeunes
http://teljeunes.com/menu/index.php?lang=fr&choix=informe

De nombreux textes sur le développement physique, les relations sexuelles, les pratiques sexuelles à risque, l'orientation sexuelle, la contraception et les maladies transmises sexuellement.

ITS : les infections transmissibles sexuellement
Agence de santé publique du Canada
www.phac-aspc.gc.ca/publicat/std-mts/pdf/sti_pamph_f.pdf

Présentation des différents types d'infections (symptômes, dépistage, traitements) et du bon usage des condoms.

ITSS – Mieux les connaître pour mieux les éviter...
Ministère de la Santé et des Services sociaux du Québec
http://publications.msss.gouv.qc.ca/acrobat/f/documentation/2008/08-359-01F.pdf

Les infections transmissibles sexuellement et par le sang. Description des symptômes, des tests de dépistage, des traitements, des complications possibles et des comportements préventifs.

Jcapote.com
Ministère de la Santé et des Services sociaux du Québec
http://jcapote.com

Information sur l'usage du condom et « Trousse de survie pour amoureux futés ».

Masexualité.ca – Adolescents
Société des obstétriciens et gynécologues du Canada
www.sexualityandu.ca/adolescents/index.aspx

Site très élaboré sur tous les aspects de la santé sexuelle des adolescents.

Santé sexuelle
Groupe IDITAE des technologies de l'apprentissage. Université de Moncton
www.adosante.org/Sante_sexuelle/06.shtml

Plusieurs textes regroupés sous les chroniques suivantes : Les relations, Prendre soin de sa santé, La grossesse, Amour et sexualité, Les infections transmissibles sexuellement, Identité et orientation, Les méthodes de contraception. Contient aussi un court vidéo en dessins animés.

INFIRMITÉ MOTRICE CÉRÉBRALE

Voir aussi : Enfant handicapé

Association de paralysie cérébrale du Québec

Siège social
988, rue Galt Ouest, C.P. 1781
Sherbrooke (Québec) J1H 5N8
info@paralysiecerebrale.com
www.paralysiecerebrale.com

) 819 829-1144
) 1 800 311-3770
🖷 819 829-1121

L'Association de paralysie cérébrale du Québec informe et oriente les personnes vivant avec une déficience motrice et leurs proches vers les programmes, les services gouvernementaux et les ressources communautaires disponibles. Elle offre aussi des services d'écoute, de prêt d'équipements spécialisés et d'aide financière de dépannage lorsque toute autre ressource gouvernementale ou communautaire a été épuisée. Les familles des personnes vivant avec un handicap qui, au décès, n'ont pas ou peu d'assurance-vie peuvent avoir recours au Fonds de dépannage en cas de décès. Il est à noter que les services de prêt d'équipements spécialisés et d'aide financière sont réservés aux membres en règle de l'Association.

Institut de réadaptation en déficience physique de Québec

525, boulevard Wilfrid-Hamel
Québec (Québec) G1M 2S8
communications@irdpq.qc.ca
www.irdpq.qc.ca

) 418 529-9141
🖷 418 649-3703
ATME : 418 649-3733

En plus des services de réadaptation, l'Institut offre des documents d'information en format PDF destinés au grand public. Il vend également des documents tel que « Déficience motrice cérébrale : document pour les parents » qui est mentionné dans la section Livres pour les parents.

Déficience motrice cérébrale : document pour les parents

Ferland, Chantale et Martine Deblois
Québec : Institut de réadaptation en déficience physique de Québec (IRDPQ), 2005. 20 p.

Rédigé dans un langage clair, ce document s'adresse avant tout aux parents d'un enfant ayant une déficience motrice cérébrale. Il a pour but de faire connaître les notions de base ainsi que le vocabulaire utilisé par les intervenants et de leur faire prendre conscience des attitudes à adopter avec leur enfant. Cette édition révisée du guide de 1996 est disponible pour consultation au Centre de documentation du Centre de réadaptation Marie Enfant du CHU Sainte-Justine.

**La radicellectomie sensitive partielle pour le traitement de la spasticité :
guide à l'usage des parents**
Audette, Louise, Isabelle Jean, Nicole Leclerc, Pierre Marois, Claude Mercier
Montréal : Centre de réadaptation Marie Enfant, CHU Sainte-Justine, 2007. 29 p.

Guide rédigé à l'intention des parents afin de faciliter leur compréhension face à toutes
les implications et aux étapes relatives à la radicellectomie. Le guide est diffusé sans frais
par Madame Louise Audette, ergothérapeute, coordonnatrice clinique au programme
DMC au 514 374-1710, poste 8403.

Ma grande sœur Audrey   4 ans+
Marleau, Brigitte
Terrebonne (Québec) : Boomerang, 2006. 24 p. (Au cœur des différences)

Audrey, la grande sœur de Timothée, est atteinte de paralysie cérébrale. Ils ont beaucoup
de plaisir ensemble ; mais quand quelqu'un se moque de sa sœur, Timothée ne le supporte pas. La série « Au cœur des différences » permet aux parents et aux éducateurs de
sensibiliser les enfants à la richesse des différences.

Alex est handicapé   6 ans+
de Saint Mars, Dominique
Fribourg : Calligram, 1998. 45 p. (Max et Lili) (Ainsi va la vie)

Max apprend à connaître Alex, le nouveau de la classe. Il est en chaise roulante. Aide à
faire comprendre aussi aux enfants le défi quotidien qu'ont à vivre les personnes qui ont
un handicap. En bandes dessinées.

Vivre avec : les troubles cognitifs   14 ans+
Marquez, Carolyn et Anne-Lise Dal-Pra
Paris : Association des paralysés de France, 2008. 34 p.
(Infirmité motrice cérébrale (IMC) : guides pratiques)

Quels sont les troubles cognitifs liés à l'IMC et leurs conséquences dans la vie quotidienne ? Disponible au Centre de documentation du Centre de réadaptation Marie-
Enfant du CHU Sainte-Justine.

Camps d'été et service de répit
Consortium en paralysie cérébrale
www.consortiumpc.ca/camps.html

« Liens vers différentes ressources liées aux camps d'été et aux services de répit pour les
enfants handicapés. »

Jeux et articles de sports adaptés
Consortium en paralysie cérébrale
www.consortiumpc.ca/jeux.html

« Liens vers des sites web contenant de l'information sur les jeux et les articles de sport
adaptés pour les enfants handicapés. »

Paralysie cérébrale
Association médicale canadienne
www.cma.ca/public/DiseaseLibrary/patientInfo.asp?diseaseid=146

Information détaillée : description, causes, symptômes, complications, diagnostic, traitement et prévention.

Qu'est-ce que la paralysie cérébrale ?
Association de paralysie cérébrale du Québec
www.paralysiecerebrale.com/cgi-bin/index.cgi?page=f2_1

Présentation de la maladie : définition, causes, types de traitements, conséquences.

INTIMIDATION

Voir aussi : Violence

Centre jeunesse de Montréal – Institut universitaire
Bibliothèque) 514 896-3396
1001, boul. de Maisonneuve Est, 5ᵉ étage 514 896-3483
Montréal (Québec) H2L 4R5
bibliotheque@cjm-iu.qc.ca
www.centrejeunessedemontreal.qc.ca/bibliotheque/default.htm

Sur son site web, la bibliothèque des Centres jeunesse de Montréal nous présente plusieurs bibliographies sur la violence et une sur la grossesse à l'adolescence. Les ouvrages mentionnés peuvent être empruntés en utilisant le service de prêt entre bibliothèques.

L'enfant souffre-douleur : l'intimidation à l'école
Robichaud, Maria G.R.
Montréal : Éditions de l'Homme, 2003. 170 p. (Parents aujourd'hui)

L'auteur propose des moyens pour aider l'enfant souffre-douleur à sortir de ce cycle infernal. Quelles sont les conséquences de cette violence pour la victime, l'intimidateur et le témoin ? Comment réagir quand l'enfant victime dénonce ses agresseurs ? Pour les parents et les intervenants scolaires. Voir aussi chez le même éditeur *Votre enfant est-il victime d'intimidation : guide à l'usage des parents* de Sarah Lawson (1996).

Harcèlements à l'école
Catheline, Nicole
Paris : Albin Michel, 2008. 211 p.

Des milliers d'enfants, bons ou mauvais élèves, vivent du harcèlement quotidiennement et très souvent les parents se sentent impuissants. L'auteur, pédopsychiatre, analyse ce phénomène complexe et souligne le rôle crucial que devraient jouer les parents et les enseignants. Certes, il faut surveiller et punir mais il est primordial « d'écouter les enfants, d'aider les parents et de mettre en place des politiques éducatives appropriées. Il en va de la responsabilité de tous d'œuvrer pour une école apaisée ».

Les tyrans de la cour d'école
Zarzour, Kim
Paris : Bayard, 2005. 291 p.

Pourquoi des enfants intimident-ils d'autres enfants ? Qu'est-ce qui fait qu'un enfant est la cible de harcèlement ? Quand et comment les parents doivent-ils intervenir ? Que faire d'un enfant tyran de la cour d'école ? Quelles sont les différences entre les garçons et les filles ? Quelle est la responsabilité de l'école ? Autant de questions complexes auxquelles l'auteur répond avec clarté afin d'aider parents et éducateurs à faire face au phénomène de l'intimidation chez les jeunes. Ce livre propose des moyens réalistes pour stopper le cycle de la violence, notamment en aidant les enfants à devenir des personnes responsables, capables d'affronter des situations pénibles.

L'intimidation : changer le cours de la vie de votre enfant
Voors, William
Montréal : Sciences et Culture, 2003. 217 p.

En trois parties : 1- Le problème de l'intimidation, 2- Que faire si votre enfant est une cible d'intimidation, 3- Que faire si votre enfant intimide. L'auteur, travailleur social clinicien, fournit avec ce guide pratique des conseils pour aider les parents, les enseignants et les autres intervenants à aborder le problème du harcèlement avec les enfants harcelés ou harceleurs. Il explique aussi les conséquences graves de ce phénomène afin que l'intimidation ne soit plus tolérée.

Mon enfant a été agressé à l'école, dans la rue, à la maison
Bourcet, Stéphane et Isabelle Gravillon
Paris : Albin Michel, 2004. 140 p. (C'est la vie aussi)

Que ressent un enfant qui a été insulté, frappé, abusé ou qui est victime d'intimidation ? Comment aborder le problème avec lui, quelles questions lui poser pour l'aider à se confier ? Un livre pour aider les parents à réagir adéquatement dans des cas d'agression.

Violence entre enfants : casse-tête pour les parents
Prud'homme, Diane
Montréal : Éditions du Remue-ménage, 2008. 222 p.

L'auteur répond aux questions des parents ou des professeurs sur la violence qui s'exerce entre enfants, qu'elle soit à l'école, dans la rue, sur Internet, etc. Elle propose une démarche pratique pour comprendre les différentes formes de violence et faire des interventions efficaces auprès des enfants, selon qu'ils soient victimes d'intimidation, de harcèlement ou de taxage, harceleurs, complices ou tout simplement au courant de l'acte de violence.

Émile Pantalon   3 ans+
Levert, Mireille
Saint-Lambert (Québec) : Dominique et Compagnie, 2005. 24 p.

Émile Pantalon est tellement grand que rien n'est à sa taille à l'école : chaises, escalier ou casiers. Ses bras sont longs, ses jambes aussi, il prend trop de place et les enfants se moquent de lui. On le traite de girafe, d'autruche, de dromadaire ou d'éléphant. Émile a le cœur gros et cherche à s'isoler. Mais mademoiselle Petipois ne supporte pas les railleries et s'en mêle.

Les méchants de la récré
Barbara, Diane
Paris : Éditions du Sorbier, 2002. 24 p.
(Mouss', le petit garçon qui savait déjà naviguer)

3 ans+

Un jour à la récréation, Mouss cède au chantage et depuis ce temps il a peur. Il doit maintenant apprendre à dire non.

Ne te laisse pas faire, Petit Ours !
Nielsen, Myrto
Paris : Mango, 2004. 25 p.

3 ans+

Eugène aime beaucoup jouer avec son bateau rouge, son jouet préféré. Il a un ami, plus grand et plus fort que lui et pas toujours gentil. D'habitude, Eugène ignore le mauvais caractère d'Hannibal. Mais aujourd'hui, Hannibal a décidé de lui prendre le bateau rouge et menace de détruire tous ses jouets s'il le dénonce. Eugène en parle quand même à ses parents, il ne se laisse pas faire.

Petite Ourse : une amie pas comme les autres
Papineau, Lucie
Saint-Lambert (Québec) : Dominique et Compagnie, 2008. 32 p. (Estime de soi)

3 ans+

Petite Marmotte se sent bien seule dans la classe des ours. Ses camarades la fuient parce qu'elle est différente, elle se sent rejetée. Petite Ourse apprend à la connaître, les amis de la classe aussi et personne ne rira plus de Petite Marmotte. Collection qui propose des histoires fantaisistes dans lesquels les personnages développent leur estime de soi : confiance en soi, connaissance de soi, sentiment d'appartenance, sentiment de compétence. Les albums sont préfacés par Germain Duclos, psychoéducateur et orthopédagogue.

Samira se moque des gros
Lamblin, Christian
Paris : Nathan, 2003. 20 p. (Croque la vie)

3 ans+

Eddy et Samira se moquent du nouveau de la classe, Elvis, qui est un peu gros et timide. Pour leur part, Louise et Jules le défendent. C'est difficile pour Elvis de s'intégrer. Un livre sur l'exclusion à l'école causée par une différence physique. Un livret parent accompagne l'album.

C'est parce que... ?
Ross, Tony
Paris : Gallimard Jeunesse, 2004. 32 p. (Album Gallimard)

5 ans+

« C'est parce qu'il porte un nom ridicule ? C'est parce que, au foot, il est vraiment nul ? C'est parce qu'il ne retrouve plus sa maman ? Pourquoi, oui, pourquoi, Pépin Legras est-il si méchant et brutalise-t-il ses camarades de classe ? »

J'ai perdu mon sourire
Robberecht, Thierry
Namur (Belgique) : Mijade, 2005. 25 p. (Les petits Mijade)

5 ans+

Depuis que Max, le plus grand de la classe, s'est moqué d'elle, la petite fille a perdu son sourire.

Cerise Griotte   6 ans+
Lacombe, Benjamin
Paris : Seuil Jeunesse, 2006. 31 p.

Cerise est grassouillette, elle aime les romans, rêver, grignoter du chocolat et du gorgon-
zola. Elle déteste les cerises qui lui ont donné son prénom. Elle fuit ses camarades de
classe qui se moquent de son physique. Un jour, elle trouve une petite chienne qu'elle
surnomme Griotte. Elle s'attache à elle et réussit à affronter le regard des autres en sa
compagnie. Mais un jour, le propriétaire de Griotte veut récupérer son chien. Cerise
devra s'en séparer.

L'autobus de Sara   6 ans+
Fontaine, Myriam
Terrebonne (Québec) : Boomerang, 2004. 23 p.

Sara fait rire d'elle dans l'autobus. Depuis ce temps, elle n'a plus le goût d'aller à l'école
et de s'amuser avec ses amis. Elle reste constamment seule et se tait.

Le monstre du mercredi   6 ans+
Simard, Danielle
Saint-Lambert (Québec) : Soulières, 2001. 70 p. (Ma petite vache a mal aux pattes)

Le professeur, Odile, fait travailler les élèves en équipe de deux. Mais personne ne veut
travailler avec Steve Malette, le dur de la classe. Les élèves sauront un jour lui faire face
et son règne tombera.

Les ennuis de Julie   6 ans+
Slater, Teddy
Markham (Ontario) : Scholastic, 2007. 16 p. (Attention ! Intimidation)

Que ferais-tu si on intimidait ton ami ? Dans cette histoire, l'amie de Marianne est victime d'intimidation et celle-ci a peur d'intervenir. Cet album fait partie d'une collection
qui raconte des histoires d'enfants victimes d'intimidation et invite l'enfant, les parents
ou les professeurs à discuter de la situation. Cette collection vise aussi à aider les enfants
à reconnaître tous les types d'intimidation, à mieux comprendre les personnalités qui se
cachent derrière ces comportements et insiste sur la nécessité de dénoncer les agresseurs,
même si ça demande beaucoup de bravoure. Voir aussi : *Le violon de Simon* : Que ferais-
tu si quelqu'un te poursuivait et te harcelait ? *Élizabeth la moufette* : Que ferais-tu si on
te donnait des surnoms que tu n'aimes pas ? *Le secret de Félix* : Que ferais-tu si un enfant
plus jeune que toi t'intimidait ? *Dure journée pour Olivier* : Comment te sentirais-tu si
on t'accusait à tort d'être un intimidateur ? *Agnès et le club des princesses* : Comment te
sentirais-tu si on te tenait à l'écart d'un groupe ?

Max est racketté   6 ans+
de Saint Mars, Dominique
Fribourg : Calligram, 1997. 45 p. (Max et Lili) (Ainsi va la vie)

Max se fait voler son vélo et il doit donner de l'argent aux voleurs pour le récupérer. Il
vole ses parents et sa sœur Lili le surprend. Il est victime de taxage.

Max se fait insulter à la récré   6 ans+
de Saint-Mars, Dominique
Fribourg : Calligram, 2004. 46 p. (Max et Lili) (Ainsi va la vie)

Parce qu'il se fait insulter, Max se sent nul et n'arrive pas à se défendre, il devient victime
et n'a plus confiance en lui. Avec ce livre qui parle des insultes et de la violence des mots,
l'auteur incite les enfants à parler de leur problème avec des amis ou des adultes en qui

ils ont confiance. « Le pouvoir de la parole est immense pour faire le mal comme pour faire le bien. » Voir aussi, dans la même collection, *Lucien n'a pas de copains* (2000).

Racket, non! 6 ans+
Duval, Stéphanie
Paris : Bayard jeunesse, 2005. 35 p. (Petits guides pour dire non)

Le racket est un acte de violence grave. Intimidation, menaces, chantage : la victime, soumise au silence, est très vite dépassée par cette situation insidieuse. Apprendre à s'affirmer, à éviter les pièges du racket, et surtout à parler pour casser la spirale de violence, c'est le but de ce petit guide de prévention. À lire en famille.

Sophie défend les petits fantômes 6 ans+
Leblanc, Louise
Montréal : La courte échelle, 2005. 64 p. (Premier roman)

Pour empêcher que son petit frère se fasse intimider à l'école, Sophie a un plan d'attaque. Mais elle apprendra rapidement que les problèmes ne se règlent pas en utilisant la violence.

Une rentrée épouvantable 6 ans+
Roux, Paul
Montréal : Bayard Canada, 2006. 24 p.

Sur le chemin de l'école, des grands à l'air menaçant exigent de l'argent des plus jeunes. Ces voyous les narguent en brandissant des bocaux pleins de poux. Comment Émile et Ernest se sortiront-ils de ce chantage ?

C'est la vie Lulu! Je suis rackettée 7 ans+
Dutruc-Rosset, Florence
Paris : Bayard, 2006. 45 p.

Lulu devient la victime de deux grands de son école. Ils lui font des demandes toujours plus exigeantes en la menaçant de faire du mal à sa mère si jamais elle les dénonce. Elle est prise dans un engrenage. Elle tente de se débrouiller seule, mais doit mentir à son entourage. Comment se sortir de cette situation ? Une histoire, un dossier documentaire et des conseils judicieux complètent l'ouvrage.

C'est pas juste! 7 ans+
Englebert, Éric
Paris : Grasset jeunesse, 2005. 45 p. (Les petits bobos de la vie)

« À l'école c'est pas facile, tout le monde se moque de moi ! C'est méchant ! C'est pas juste ! » Émilie fait rire d'elle à l'école à cause de ses oreilles décollées. Elle devient amie avec Bruno qui devient aussi son confident. Maintenant qu'elle parle de son problème, c'est plus facile de s'affirmer et de ne pas se laisser abattre. Les livres de cette collection abordent des problèmes courants du quotidien et aide les enfants à mettre des mots sur leurs émotions pour dédramatiser les événements qui les angoissent.

La bataille des mots 7 ans+
Tibo, Gilles
Saint-Lambert (Québec) : Soulières, 2004. 48 p. (Ma petite vache a mal aux pattes)

Comment un petit garçon, surnommé le Pou, gentil et très bon en classe, peut triompher auprès d'un grand garçon, le Guerrier, bête et méchant qui cherche la bataille, sans filer à toute allure ? Ou comment venir à bout de la violence et de la bêtise par l'imagination et l'intelligence ?

Le vieil arbre et l'oiseau   8 ans+
Boily, Diane
Québec : Septembre, 2007. 32 p.

Le vieil arbre et l'oiseau est un conte allégorique qui aborde l'estime de soi des enfants, l'intimidation et le respect des différences. Il permet de pénétrer l'univers de l'enfant dévalorisé, qui doute de lui et ne se fait pas confiance. C'est l'histoire d'un oiseau né avec une petite voix intérieure négative qui l'empêche d'avoir la confiance nécessaire pour prendre son premier envol. Paralysé par sa peur qui l'empêche de migrer avec les siens, il se retrouve seul dans son nid, face à sa vie. Que faire dans la vie quand on ne croit pas posséder ce qu'il faut pour y faire face ? Comment l'Oiseau moqueur arrivera-t-il à découvrir ses talents, à bien les utiliser, à faire grandir sa confiance et son estime de lui-même et à gagner l'estime des autres ?

J'ai été racketté : le racket, un acte de violence   9 ans+
Laudemo, Roger et Marie-Sabine
Paris : Albin Michel Jeunesse, 2001. 48 p. (Autrement junior)

Un livre pour faire réfléchir au phénomène du taxage avec des textes informatifs, des anecdotes, des exemples, etc.

La terrible année de Juliette la boulette   9 ans+
Fredette, Nathalie
Montréal : Québec Amérique Jeunesse, 2005. 128 p. (Bilbo)

Juliette devient le bouc émissaire de l'école depuis que Rémi la surnomme « Juliette la boulette » parce qu'elle a quelques kilos en trop. Elle s'isole, ses parents ne la reconnaissent plus, ils essaient de l'encourager ainsi que ses professeurs, rien n'y fait. Mais un jour, armée de courage, elle décide de ne plus se laisser faire, elle contre-attaque et réussit à retrouver le respect de ses camarades. Voir aussi *La délicieuse année de Juliette la vedette* (2007) : à l'école, Juliette est choisie pour participer à une émission de téléréalité qui porte sur la cuisine. Est-ce qu'on va se moquer d'elle à cause de son poids ?

Non au racket !   11 ans+
Laouénan, Christine
Paris : Pocket Jeunesse, 2004. 123 p. (Oxygène)

Des conseils et des astuces pour aider les jeunes à lutter contre le taxage. « Oxygène » est une collection qui est conçue pour aider les adolescents à apprivoiser et dédramatiser ce qu'ils vivent au quotidien.

BenX   12 ans+
Balthazar, Nic
Montréal : Boréal, 2008. 128 p.

Ben est différent, il aime la régularité, sa vie est remplie de rituels étranges ; il vit à l'abri dans son cocon familial et le monde virtuel des jeux en ligne. Ben est autiste. Pour lui, l'école est un enfer, il est victime d'intimidation et de violence. Une amie virtuelle entre dans sa vie, une amie qui ne faisait pas partie de ses plans, lui qui n'a pas grand plaisir à vivre. L'auteur a voulu écrire un livre « pour les jeunes qui ne lisent pas » ; un livre sur la violence à l'école, le harcèlement et le taxage.

Ta voix dans la nuit
12 ans+

Demers, Dominique

Montréal : Québec Amérique Jeunesse, 2001. 216 p. (Titan Jeunesse)

Fanny, 16 ans, arrive dans une nouvelle école et se fait rapidement prendre en aversion par Maryse et ses amis qui font la loi. Elle se fait insulter, humilier… Malgré sa peine et sa colère, Fanny ne se laisse pas démolir et poursuit son chemin avec courage et détermination. Elle veut jouer dans la pièce de théâtre à l'école, d'autant plus qu'elle trouve Gabriel attirant.

Quand les violences vous touchent
13 ans+

Vaillant, Maryse et Christine Laouénan

Paris : De la Martinière Jeunesse, 2004. 110 p. (Hydrogène)

Fragilisés par les changements qui s'opèrent en eux, les adolescents peuvent avoir de la difficulté à gérer la violence à laquelle ils font face, à l'école, dans leur quartier ou même parfois dans la famille. Comment réagir quand on est soumis à des pressions psychologiques ou morales, à des violences physiques ? Voici un ouvrage pour aider les jeunes à comprendre les violences quotidiennes pour mieux les affronter.

Le taxage
Gendarmerie royale du Canada

www.rcmp.ca/youth/bebrightbully_f.htm

Conseils aux parents pour prévenir le taxage et pour réagir lorsque l'enfant en est victime.

Pourquoi mon enfant ? Guide à l'intention des parents dont l'enfant a été victime d'un acte criminel
CAVAC de Laval en collaboration avec la Commission scolaire de Laval, Service de protection des citoyens de Laval et Centre jeunesse de Laval

www.cavac.qc.ca/documentation/pdf/pourquoi_mon_enfant.pdf

Qu'est-ce qu'un acte criminel ? Quelles sont les conséquences pour votre enfant ? Quoi faire ? Démarches juridiques. Étapes du processus judiciaire.

Prévention de la violence
Commission scolaire de Montréal

www.csdm.qc.ca/sassc/Script/Themes/PV.htm

Site répertoire de liens concernant la violence en milieu scolaire : intimidation, taxage, violence, toxicomanie, criminalité, etc.

BOM-343
Éducaloi

www.jeunepourjeunes.com/tests_jeux/bom-343/

Bande dessinée interactive sur le taxage.

Intimidation
Jeunesse, j'écoute
www.jeunesse.sympatico.ca/fr/informed/bullying.asp?sec=3&sb=2

Conseils aux jeunes victimes d'intimidation pour les aider à y mettre fin.

Intimidation
Tel-jeunes
http://teljeunes.com/menu/index.php?lang=fr&choix=informe

Conseils aux jeunes qui sont victimes ou qui sont témoins d'intimidation. Voir le sujet « Violence ».

Une affaire de filles : un documentaire sur l'intimidation
Glazier, Lynn, scénario et réalisation
Montréal : Office national du film du Canada, 2005. 1 DVD (52 min.)

« Le film porte sur les relations tumultueuses qui unissent une bande de jeunes écolières de dix ans. Les actes d'intimidation filmés dans la cour de récréation nous montrent de quelle manière ces filles tirent parti de leurs liens les plus intimes pour mieux blesser leurs compagnes – exclusion, chuchoteries ou regards menaçants – et ainsi grimper dans la hiérarchie du groupe. Initialement incrédules, les parents prennent conscience des graves conséquences que peuvent entraîner de tels comportements. Parallèlement, l'histoire tragique d'une jeune fille de 14 ans vient nous rappeler que l'intimidation sociale échappe parfois à tout contrôle. Convaincue qu'elle n'avait d'autres choix, Dawn-Marie Wesley s'est enlevé la vie après avoir enduré menaces et rumeurs pendant plusieurs mois. Cette version éducative regroupe six modules dans lesquels sont intercalés des textes servant à orienter la discussion et les activités. » Tiré de CHOIXmédia.
Disponible chez : ONF, tél : 514 283-9000 ou 1 800 267-7710
www.onf.ca/collection/films/fiche/ ?id=53382

JALOUSIE

Voir aussi : Naissance d'un deuxième enfant, Relations frères-sœurs

La jalousie
Dalloz, Danielle
Paris : Bayard, 2003. 126 p.
(La vie de famille : des repères pour vivre avec vos enfants de 0-7 ans)

La jalousie est un sentiment normal, mais quand elle prend trop de place, il faut apprendre à la contrôler. Des conseils aux parents pour aider leurs enfants.

Pourquoi Malo est-il jaloux ?   2 ans+
Amiot, Karine-Marie
Paris : Fleurus, 2004. 11 p. (Les premiers sentiments de la vie)

Pour découvrir les premiers sentiments de la vie avec Malo et son lapin. (Voir les autres albums de la collection sur la joie, la peur, la tristesse, la colère, la honte).

La petite princesse et le prince   3 ans+
Tibo, Gilles
Montréal : Imagine, 2008. 23 p. (Mes premières histoires)

Il était une fois une petite princesse qui était très jalouse de son voisin, le Prince aux cheveux d'or. Un jour, elle ordonne à la fée Tourloupinette de jeter au Prince trois mauvais sorts. Même les petites princesses, comme tous les enfants, peuvent être envieuses.

Pourquoi je suis jalouse   5 ans+
Moses, Brian
Montréal : École active, 2006. 32 p. (Pourquoi)

« Quand je suis jalouse, je me sens comme un monstre aux yeux verts. » Pour amener les enfants à réfléchir sur un comportement ou une émotion qui peut avoir des répercussions sur leurs relations interpersonnelles. À la dernière page, l'auteur s'adresse aux parents et leur donne les outils pour amorcer une discussion sur le sujet.

Lorina et le monstre de jalousie   6 ans+
Montour, Nancy
Saint-Lambert (Québec) : Dominique et Compagnie, 2007. 42 p. (Roman rouge)

Le clown Octave est le meilleur ami de Lorina, trapéziste. Ils travaillent au sein de la même troupe de cirque. Quand Lorina s'aperçoit que son ami Octave est amoureux de Natasha, elle est folle de jalousie. Elle s'apaise quand Octave lui exprime ce qu'il ressent ; son amitié pour elle ne changera pas parce qu'il est amoureux.

Max est jaloux   6 ans+
de Saint Mars, Dominique
Fribourg : Calligram, 1996. 45 p. (Max et Lili) (Ainsi va la vie)

Max aimerait souvent avoir ce que les autres possèdent. Parfois, il croit que les autres ne l'aiment pas ou qu'ils sont meilleurs que lui. Max est jaloux. Il apprendra que la jalousie est un sentiment naturel et qu'il y aura toujours des gens meilleurs et d'autres moins bons. Fait partie d'une collection d'une cinquantaine de titres portant sur la résolution des problèmes qui surviennent dans la vie quotidienne des enfants. À la fin de chaque titre, la section « Et toi ? » a pour but de faire réfléchir les enfants sur le thème.

Trop... jaloux !   6 ans+
Vaillancourt, Danielle
Saint-Lambert (Québec) : Dominique et Compagnie, 2004. 32 p. (À pas de loup)

Max, le chien de Néva, devient jaloux quand elle ne s'intéresse pas à lui, tellement jaloux qu'il en est malheureux. Comment vivre avec un tel sentiment ? Néva l'aidera à mieux comprendre qu'elle l'aime et l'aimera toujours même lorsqu'elle ne joue pas avec lui.

Un été dans les galaxies   6 ans+
Sauriol, Louise-Michelle
Saint-Laurent (Québec) : Pierre Tisseyre, 2005. 65 p. (Sésame)

Jérémie est jaloux. Un nouvel élève, Fabien, remporte un succès monstre à l'école lors d'un concours de projets d'été. La petite amie de Jérémie, Sandrine, semble crouler d'admiration devant le nouveau. Comment Jérémie arrivera-t-il à présenter un projet de vacances encore plus fabuleux ?

C'est la vie Lulu ! J'ai honte de ce que j'ai fait   7 ans+
Dutruc-Rosset, Florence
Paris : Bayard jeunesse, 2007. 45 p. (Lulu !)

Une mauvaise surprise attend Lulu à l'école : Élodie, sa meilleure amie, a une nouvelle copine, Pauline ; elles ne se quittent plus. Pour Lulu, c'est le drame. Elle est verte de jalousie. Seulement, être jaloux peut rendre méchant, et Lulu s'en apercevra un peu tard. Une histoire, un dossier documentaire et des conseils judicieux complètent l'ouvrage.

Clémentine n'aime pas sa voisine   8 ans+
Brouillet, Chrystine
Montréal : La courte échelle, 2001. 63 p. (Premier roman)

Clémentine a une nouvelle voisine, Juliette, qui est plutôt jolie. Elle la trouve désagréable, mais pourquoi ? C'est parce qu'elle est jalouse.

Roméo Lebeau   8 ans+
Demers, Dominique
Montréal : Québec Amérique Jeunesse, 1999. 64 p. (Bilbo)

Alexis Dumoulin-Marchand n'est pas content d'aller à la classe verte alors que cela plaît à tous les autres enfants de la classe. Alexis est jaloux de Roméo Lebeau, le moniteur, car toutes les filles sont en extase devant lui ; même Katarina qu'il aime tant.

Jamais jaloux, vous ?   11 ans+
Laounénan, Christine
Paris : De la Martinière, 2006. 109 p. (Oxygène)

Difficile d'échapper à la jalousie et à l'envie, ces sentiments naturels n'épargnent personne. Quels sont les mécanismes de la jalousie ? Quelles en sont les conséquences ? L'auteur propose des solutions pour ne plus avoir à les subir. « Oxygène » est une collection qui est conçue pour aider les adolescents à apprivoiser et dédramatiser ce qu'ils vivent au quotidien.

Jalousie, quand le cadet s'y met !
ACSM – Chaudière-Appalaches
www.acsm-ca.qc.ca/virage/enfance-jeunesse-famille/jalousie-quand-le-cadet.html

Conseils aux parents pour éviter les crises de jalousie du deuxième enfant par rapport à son grand frère ou sa grande sœur.

La jalousie entre frères et sœurs
Santé Manitoba
www.gov.mb.ca/health/documents/jealousy.fr.pdf

Que faire si votre enfant est jaloux.

JEU PATHOLOGIQUE

**Centre de prévention et de traitement de la codépendance
et des dépendances multiples (CAFAT)**
1772, boul. des Laurentides   ) 450 669-9669
Laval (Québec) H7M 2P6   450 669-8199
info@cafat.qc.ca   Ligne d'écoute sans frais :
www.cafat.qc.ca   1 866 542-3739

Centre professionnel spécialisé dans le traitement de la codépendance, le CAFAT offre les services suivants : consultation en privé (individuelle, en couple ou en famille), thérapie de groupe intensive ou prolongée, conférences sur l'amour toxique, groupe d'entraide hebdomadaire sur la codépendance et les dépendances, groupe de traitement pour joueurs compulsifs, groupe de soutien et d'information pour l'entourage du joueur.

Le site Internet contient des tests permettant de déceler les comportements compulsifs (achats, consommation d'alcool, utilisation d'Internet, jeu) ainsi que des listes de cafés, restaurants et bars ne possédant pas de machine de loterie vidéo.

Centre Dollard-Cormier

950, rue de Louvain Est   ☎ 514 385-1232
Montréal (Québec) H2M 2E8   Urgence toxicomanie : 514 288-1515
cqdt.cdc@ssss.gouv.qc.ca   Programme jeunesse : 514 982-1232
www.centredollardcormier.qc.ca   Centre de documentation :
                                                                        514 385-3490 poste 1153
              ☎ Ligne d'écoute sans frais : 1 800 461-0140 (jeu, aide et référence)

« Le Centre Dollard-Cormier est un centre public de réadaptation de la région 06 (Île de Montréal) offrant des services spécialisés en alcoolisme, toxicomanie et jeu pathologique. » On y trouve aussi le Centre québécois de documentation en toxicomanie. Ouvert à tous pour consultation, ce centre de documentation contient la collection la plus importante du genre au Québec.

**Centre international d'étude sur le jeu et les comportements
à risque chez les jeunes**

Maison Duggan, Université McGill   ☎ 514 398-1391
3724, rue McTavish   🖨 514 398-3401
Montréal (Québec) H3A 1Y2
ygi@youthgambling.com
www.youthgambling.com

« Le Centre international d'étude sur le jeu et les comportements à risque chez les jeunes, de l'Université McGill, a vu le jour en 2001, remplaçant la Clinique de traitement des problèmes de jeu chez les jeunes. La mission première du Centre est la compréhension et l'étude des comportements à risque chez les jeunes, plus particulièrement les comportements de jeu. Les activités du Centre touchent à la fois la recherche, la formation de la relève et des intervenants, la prévention et le transfert des connaissances. Les membres du Centre sont fréquemment invités à discuter de la problématique du jeu excessif chez les jeunes et à présenter leurs résultats de recherches, en plus de prendre part, à l'occasion, au développement de politiques sociales. »

**Fédération québécoise des centres de réadaptation pour personnes
alcooliques et autres toxicomanes**

204, rue Notre-Dame Ouest, bureau 350   ☎ 514 287-9625
Montréal (Québec) H2Y 1T3   🖨 514 287-9649
fqcrpat@fqcrpat.qc.ca
www.fqcrpat.qc.ca

La Fédération est une association de centres de réadaptation et d'organismes du secteur de la santé et des services sociaux offrant des services spécialisés aux personnes aux prises avec des problèmes d'alcoolisme, de toxicomanie ou de jeu pathologique. Le site Internet nous renvoie à plusieurs liens d'intérêt et permet de trouver les centres de réadaptation de sa région ainsi que les services qui y sont offerts.

Jeu : aide et référence
http://jeu-aidereference.qc.ca/www/default.asp

Ligne d'information, d'écoute et de référence :
514 527-0140 (pour le Grand Montréal)
Ligne d'information, d'écoute et de référence :
1 800 461-0140 (sans frais pour le Québec)
Ligne d'information, d'écoute et de référence :
1 866 SOS-JEUX
🖨 514 527-9712

Service téléphonique d'information, de référence et d'écoute sur le jeu et sa dépendance. Accessible 24 heures par jour, 7 jours par semaine.

Sophie court après la fortune   7 ans+
Leblanc, Louise
Montréal : La courte échelle, 2001. (Premier roman)

Sophie est tentée par les jeux de hasard ; elle s'imagine riche, adulée, enviée. Alors, elle doit parier souvent pour y arriver ; elle achète des billets de loterie de toutes sortes et la chance n'arrive pas aussi vite qu'elle l'espère.

Je m'informe sur l'alcool, les drogues, les médicaments, le jeu
ToxQuébec
www.toxquebec.com/verticale/alcool.ch2

Site très complet d'information pertinente sur l'alcool, la drogue, l'abus de médicaments et le jeu pathologique : tests d'autoévaluation, questions-réponses, ressources de traitement et d'entraide, témoignages, forums de discussion, etc.

Problème de jeu excessif
Centre Dollard-Cormier
www.joueur-excessif.com

Information pour aider les membres de l'entourage d'un joueur compulsif.

Répertoire des ressources sur le jeu pathologique au Québec 2005
Ministère de la Santé et des Services sociaux du Québec
http://publications.msss.gouv.qc.ca/acrobat/f/documentation/2005/05-837-01.pdf

Répertoire d'organismes offrant des services de traitement et présentés par région socio-sanitaires.

Jeux de hasard et d'argent
Tel-jeunes
http://teljeunes.com/menu/index.php?lang=fr&choix=informe

Conseils aux jeunes qui s'adonnent au jeu excessif. Voir le sujet « Dépendances ».

Le jeu et les jeunes
Centre international d'étude sur le jeu et les comportements à risque chez les jeunes
www.education.mcgill.ca/gambling/fr/justforyouth.htm

Questions que les jeunes se posent sur les jeux de hasard et d'argent, sous forme de questions-réponses, de quiz, de témoignages.

JUMEAUX

Voir aussi : Grossesse multiple

APJTM – Association de parents de jumeaux et de triplés
de la région de Montréal inc.
C.P. 552, succursale R   ) (boîte vocale) : 514 990-6165
Montréal (Québec) H2S 3M3   514 666-0365
apjtm@apjtm.com
www.apjtm.com

L'Association offre soutien et information aux parents de jumeaux, triplés et plus. Entre autres activités, elle publie *Le Jumello* 10 fois l'an. On y retrouve des témoignages, des textes originaux ainsi que la traduction d'articles provenant de différentes sources, tenant toujours compte de l'aspect gémellaire dans leur approche. Lors des réunions mensuelles, les membres peuvent emprunter des livres, des vidéos et des jouets pour une période d'un mois à un coût minime.

Association des parents de jumeaux et plus
de la région de Québec (APJQ)
C.P. 8639   ) 418 653-9607
Sainte-Foy (Québec) G1V 4N6
apjq@apjq.net
www.apjq.net

L'Association rassemble les familles dans le but de partager leurs expériences. Elle orga-nise des conférences ainsi que des activités sociales et familiales. Une cotisation annuelle est demandée. Elle inclut l'abonnement au journal *Moi et l'autre* publié quatre à cinq fois par année. Il est aussi possible de s'abonner uniquement au journal. L'Association met à la disposition de ses membres quelques lectures intéressantes sous forme de livres, de dossiers et de vidéos formatifs. La section « Aidez-moi » du site Internet fournit des coordonnées pour les thèmes suivants : aide à l'allaitement, écoute téléphonique, location de sièges d'auto, organismes aidants et produits pour bébé. Certains détaillants offrent des rabais aux membres de l'association grâce à la section « Promotions exclusives ».

Des jumeaux, quelle aventure ! Le quotidien avec plusieurs enfants du même âge
Decamps, Muriel
Paris : Éditions Josette Lyon, 2008. 287 p. (Santé)

Des conseils pour aider à bien vivre le quotidien à partir de l'annonce d'une grossesse multiple, durant la grossesse, la naissance, l'allaitement, la vie de famille jusqu'à l'aube de l'adolescence des jumeaux, triplés, etc. Avec témoignages de parents.

Le guide des jumeaux : de la conception à l'adolescence
Billot, Régine
Paris : Balland, 2002. 268 p. (Guides Balland)

Des réponses à toutes les questions des parents relatives à l'éducation des jumeaux.

Le guide des jumeaux : la conception, la grossesse, l'enfance
Pons, Jean-Claude, Christiane Charlemaine et Émile Papiernik
Paris : Odile Jacob, 2006. 336 p.

Vous attendez des jumeaux, des triplés ou même plus, et vous avez mille questions en tête. Vrais ou faux jumeaux ? Ma grossesse va-t-elle être différente ? Comment m'organiser à la maison ? Comment les élever ? Ce guide répond à toutes vos questions : grossesse, accouchements, vie quotidienne, place du mari, relations avec les autres frères et sœurs…

Les jumeaux et leur jumeau : les mystères de l'identité humaine
Wright, Lawrence
Paris : Odile Jacob, 1998. 214 p.

Comment se développe la personnalité ? Comment devenons-nous ce que nous sommes ? Étude faite à partir de jumeaux et qui répond à la question : qu'est-ce qui est relié à l'environnement, à l'hérédité ?

Les jumeaux   2 ans+
Dolto, Catherine et Colline Faure-Poirée
Paris : Gallimard, 2003. 10 p.

« Mine de rien, c'est tout une aventure d'être jumeau et de trouver sa propre place. »

Petits bobos   2 ans+
Minne, Brigitte
Toulouse : Milan, 2007. 14 p.

Bêtises ou câlins, fous rires ou petits bobos… Les lapins jumeaux Léo et Léa découvrent le monde à deux.

Tom & Lou : les jumeaux à la maternité   2 ans+
Faudais, Sophie
Paris : Anabet, 2008. 21 p.

Pour les petits de 2 à 5 ans, la série « Tom & Lou » présente le quotidien des jumeaux et
de leur famille, écrit par une maman de jumeaux.

Coucou les jumeaux   3 ans+
Voake, Charlotte
Paris : Gallimard Jeunesse, 2006. 28 p.

Charlotte et Simon sont jumeaux, mais ils ne se ressemblent pas. Simon adore manger,
Charlotte préfère sucer son pouce. Charlotte adore construire des choses, Simon aime
beaucoup les faire tomber. Ils sont très différents et, pourtant, ils sont inséparables et
s'aiment comme ils sont. L'auteur aborde les thèmes de la gémellité, des relations frère-
sœur et de la différence.

Max et Jo sont jumeaux   3 ans+
Texier, Ophélie
Paris : L'École des Loisirs, 2005. 20 p. (Les petites familles)

Max et Jo racontent leur vie de jumeaux, ce qu'ils aiment et ce qu'ils n'aiment pas.

Éliot et Zoé, les jumeaux rigolos   4 ans+
Cathala, Agnès
Toulouse : Milan, 2002. 45 p.

Éliot et Zoé sont des jumeaux rigolos. Dix histoires qui racontent des événements de la
vie quotidienne des jumeaux.

Pas fous les jumeaux   7 ans+
Gauthier, Bertrand
Montréal : Éditions de la courte échelle, 1989. 61 p. (Premier roman)
(Les jumeaux bulles)

Bé et Dé Bulle sont des jumeaux identiques. Ils excellent à l'école et sont des as en éducation physique. Mais ils ont un secret pour être les meilleurs partout. Voir aussi du même
auteur et dans la même collection : *Le blabla des jumeaux*, *Abracadabra les jumeaux sont
là*, *À vos pinceaux les jumeaux* et *La, si, do place aux jumeaux*.

Jumeaux, mais pas clones   11 ans+
Lanchon, Anne
Paris : De la Martinière Jeunesse, 2007. 112 p. (Oxygène)

Avoir un jumeau ou une jumelle réserve bien des joies. Quand on est petit une grande
complicité s'installe, mais quand arrive l'adolescence, elle peut parfois devenir un peu
pesante. Difficile d'affirmer sa propre personnalité devant ce frère ou cette sœur privi-
légié. Comment assumer ces sentiments contradictoires où se mêlent affection et rejet ?
Comment faire comprendre en douceur à son jumeau que l'on souhaite faire des expériences seul, de son côté ? Même si vous êtes jumeaux, vous êtes des individus à part
entière !

Jumeaux et plus
Fédération jumeaux et plus
www.jumeaux-et-plus.fr/component/option,com_frontpage/Itemid,1/

Le site français incontournable pour des conseils de toutes sortes pour les parents de jumeaux, de triplés et plus.

Questions concernant les jumeaux
Groupement de pédiatres strasbourgeois
www.pediatres.online.fr/jumeaux.htm

Conseils pratiques aux parents qui attendent des jumeaux et qui doivent préparer et organiser le retour à la maison.

L

**Une maison adaptée : des idées et des astuces pour améliorer
le cadre de vie des personnes dépendantes**
Luquet, Cécile
Alleur : Marabout, 2004. 128 p.

Un livre d'idées, de conseils et d'astuces pour améliorer le cadre de vie des enfants et des adultes handicapés, en leur donnant un maximum d'autonomie. Avec illustrations, plans et schémas.

Les appareils élévateurs pour les personnes handicapées
Régie du bâtiment du Québec
www.rbq.gouv.qc.ca/dirGrandPublic/dirPensezSecurite/elevateur.asp

Conseils touchant l'achat, l'entretien et l'utilisation de ces appareils, de même que leurs dispositifs de sécurité.

Programme d'adaptation de domicile
Société d'habitation du Québec
www.habitation.gouv.qc.ca/programmes/adapter_domicile.html

« Programme d'aide financière aux personnes handicapées pour les aider à payer le coût des travaux nécessaires pour rendre accessible leur logement et l'adapter à leurs besoins. »

LUPUS

Lupus Canada
590, Alden Road, bureau 211
Markham (Ontario) L3R 8N2
lupuscanada@bellnet.ca
www.lupuscanada.org

℡ 905 513-0004
℡ sans frais : 1 800 661-1468
🖷 905 513-9516

Lupus Canada fournit de l'information sur le lupus et son traitement. Le site Internet contient plusieurs textes à ce sujet.

Bien vivre avec le lupus – Feuillet
Lupus Canada
www.lupuscanada.org/francais/vivre/feuillet.html

Comment vivre au quotidien avec cette maladie.

Lupus
Association médicale canadienne
www.cma.ca/Public/DiseaseLibrary/PatientInfo.asp?diseaseid=83

Description, causes, symptômes et complications, diagnostic, traitement et prévention.

M

MALADIE CŒLIAQUE

Fondation québécoise de la maladie cœliaque
4837, rue Boyer, bureau 230
Montréal (Québec) H2J 3E6
info@fqmc.org
www.fqmc.org

☏ 514 529-8806
🖷 514 529-2046

La Fondation offre plusieurs services à ses membres : soutien téléphonique ; bulletin d'information publié quatre fois l'an ; colloque annuel ; spécialistes pouvant répondre aux questions d'ordre nutritionnel, médical ou psychologique liées à la maladie cœliaque ; info-voyage (permet de planifier des voyages à l'étranger et de contacter les différentes associations de personnes cœliaques à travers le monde) ; Club des 100 gluten (activités et rencontres pour enfants cœliaques ; permet aux parents d'échanger des conseils) ; centre de documentation.

130 recettes sans gluten
Glacobetti, Sandrine
Alleur : Marabout, 2007. 156 p.

130 recettes variées pour les personnes atteintes de la maladie cœliaque, simples à préparer.

Bien manger sans gluten
Hagman, Bette
Montréal : Éditions de l'Homme, 2005. 283 p.

Pour aider les personnes atteintes de la maladie cœliaque, quelque 200 recettes pour varier l'alimentation.

Intolérance au gluten : comment reconnaître cette maladie
Frenette, Gisèle
Montréal : Édimag, 2006. 222 p.

Pour aider les parents à reconnaître la maladie cœliaque qui atteint le nourrisson, l'enfant et l'adolescent. Comment le régime sans gluten peut aider à soulager les personnes atteintes.

La nouvelle cuisine sans gluten
Fondation québécoise de la maladie cœliaque
St-Constant (Québec) : Broquet, 2004. 192 p.

Plus de 115 recettes sans gluten, délicieuses et rapides, pour découvrir de nouveau le plaisir de manger.

À propos de la maladie cœliaque
Fondation québécoise de la maladie cœliaque
www.fqmc.org/content/category/4/16/34

Présentation générale de la maladie : historique, définition, symptômes, causes et dépistage.

La maladie cœliaque
Association médicale canadienne
www.cma.ca/Public/DiseaseLibrary/PatientInfo.asp?diseaseid=144

Description, causes, symptômes et complications, diagnostic, traitement et prévention.

Régime sans gluten
Fondation québécoise de la maladie cœliaque
www.fqmc.org/content/category/4/17/35

Présentation du régime sans gluten, liste des aliments à éviter et conseils pour bien déceler les aliments potentiellement dangereux.

Les acides gras oméga 3 : architectes de la santé, mythe ou réalité ?
Lévy, Émile, conférencier
Montréal : Hôpital Sainte-Justine. Service audio-visuel, 2003. 1 DVD (69 min.)

Historique. Structure et nomenclature des acides gras. Impact des Omega 3 sur le système cardiovasculaire, sur le métabolisme gastrique, sur le système sanguin. Apport des Omega 3 dans le traitement du cancer, sur les médiateurs de l'inflammation, sur l'arthrite rhumatoïde, sur la croissance. Effets nuisibles du mercure.
Disponible chez : CHU Sainte-Justine – Médiathèque, 514 345-4677

MALADIE DE HUNTINGTON

Société Huntington du Québec
2300, boul. René-Lévesque Ouest
Montréal (Québec) H3H 2R5
shq@huntingtonqc.org
www.huntingtonqc.org

☏ 514 282-4272
☏ sans frais Montréal : 1 877 282-2444
☏ sans frais Québec : 1 877 220-0226
🖷 514 937-0082

La Société Huntington du Québec offre des services de consultation aux familles et aux particuliers (groupes de soutien, camp d'été, camp d'hiver, séances d'information, aiguillage vers des services communautaires, intervention en cas de crise), publie des livrets et des brochures d'information et contribue à la recherche fondamentale et appliquée afin de mettre au point de nouveaux traitements menant à la guérison.

MALADIE DE LA PEAU

Problèmes de peau : quelles solutions ?   13 ans+
Colinon, Marie-Christine
Paris : De la Martinière, 2006. 110 p. (Hydrogène)

Vous avez de l'acné et vous ne savez pas comment vous en débarrasser ? Une verrue ? Des pellicules ? Des conseils et des informations pour retrouver et conserver une belle peau.

Information et soutien-patients
Association canadienne de dermatologie
www.dermatology.ca/french/patients_public/support.html

Répertoire d'associations sur les maladies de la peau.

L'eczéma en salle de classe
Astellas Pharma Canada, inc.
www.eczemacanada.ca/fr/articles/eczema_in_the_classroom.php

« Faits importants à souligner à l'intention des enseignants et des parents afin d'aider les enfants à mieux composer avec cette maladie et ses conséquences. »

Parlons du psoriasis
GIPSO – Groupe d'aide à la recherche et à l'information sur le psoriasis
www.gipso.info/docs/brochure_parents.pdf

Pistes de réflexion pour les parents, les professeurs et l'entourage des jeunes atteints de psoriasis.

Qu'est-ce que l'eczéma ?
Astellas Pharma Canada, inc.
www.eczemacanada.ca/fr/what/index.php

Signes et symptômes de l'eczéma.

LEC-zé-mah de Penny
Astellas Pharma Canada, Inc.,
www.pennysworld.ca/pdf/story_1_fr.pdf

Histoire illustrée de Penny qui fait de l'eczéma. Conseils aux parents.

Les tracas de Maya
GIPSO – Groupe d'aide à la recherche et à l'information sur le psoriasis
www.gipso.info/docs/bd_ados.pdf

Sous forme de bande dessinée, l'histoire d'une adolescente de 14 ans qui voit son secret révélé : elle fait du psoriasis.

MALADIE DE LA THYROÏDE

Fondation canadienne de la thyroïde / Thyroid Foundation of Canada
797 Princess Street, Suite 304   ☏ 613 544-8364
Kingston (Ontario) K7L 1G1   ☏ sans frais : 1 800 267-8822
www.thyroid.ca   🖷 613 544-9731

La Fondation informe la population sur les dysfonctions de la glande thyroïde.

Affections thyroïdiennes infantiles
Fondation canadienne de la thyroïde
www.thyroid.ca/Depliant/CP09.html

Explications des différentes maladies thyroïdiennes pouvant affecter les enfants ainsi que des épreuves de laboratoire disponibles pour diagnostiquer ces maladies.

MALADIE DE LYME

La maladie de Lyme
Centre canadien d'hygiène et de santé au travail
www.ammiq.org/admin/Maladies/Docs/Maladie_62.pdf

Origine, description, transmission, complications, traitement, prévention.

Les tiques et la maladie de Lyme
Santé canada
www.phac-aspc.gc.ca/id-mi/tickinfo_f.html

Comment identifier les tiques susceptibles de transmettre la maladie de Lyme.

Maladie de Lyme
Institut national de santé publique du Québec
www.inspq.qc.ca/pdf/publications/109_MaladieLyme.pdf

Description de la maladie de Lyme : symptômes, mode de transmission, prévention.

Maladie de Lyme – fiche de renseignements
Agence de santé publique du Canada
www.phac-aspc.gc.ca/id-mi/pdf/lyme-fs_f.pdf

Description, transmission, diagnostic, prévention et traitement.

MALADIE DE TAY-SACHS

Voir aussi : Anomalie congénitale

Fondation Le Monde de Charlotte Audrey-Anne et ses Ami(e)s
Centre opérationnel (Québec)   ☎ 418 899-2341
871, rue Commerciale   ☎ sans frais : 1 866 999-2341
Notre-Dame du Lac (Québec) G0L 1X0   🖷 418 899-2735
fondation@lemondedecharlotte.org
www.lemondedecharlotte.org

« Cette fondation a été créée par Denis Fiset et Lucie Ouellette, parents d'une enfant décédée de la maladie de Tay-Sachs, afin de venir en aide à d'autres parents et enfants, qui tout comme eux, auront à vivre une terrible épreuve. » Le site Internet contient des informations sur la maladie de Tay-Sachs, sur les soins à apporter aux enfants qui en sont atteints et sur l'aide que les parents peuvent obtenir.

Maladie de Tay-Sachs
Portail Québécois des Maladies Génétiques Orphelines (PQMGO)
Fondation Le Monde de Charlotte Andrey-Anne et sesAmi(e)s
www.pqmgo.com/webtaysach/mdescription.html

Description de la maladie, profil de famille et témoignages. On y trouve aussi la répartition géographique de la maladie au Québec.

MALADIE DE VON HIPPEL-LINDAU

Canadian VHL Family Alliance / Alliance Familiale VHL du Canada
4227, rue Hamilton   ☎ sans frais : 1 800 767-4845
Dorchester (Ontario) N0L 1G3
canada@vhl.org
www.vhl.org/canada

« L'Alliance prépare des informations pour les patients atteints de VHL, pour leur famille et pour l'équipe médicale qui les soigne. Il existe des groupes locaux pour aider les familles atteintes de VHL et du soutien partout dans le monde. »

Le manuel von Hippel-Lindau
VHL France
www.vhl.org/livret/index.html

Livret détaillé s'adressant au patient atteint de la maladie de von Hippel-Lindau : manifestations, génétique, diagnostic, traitement, carnet de surveillance et guide pour apprendre comment vivre avec le VHL.

Qu'est-ce que le VHL ?
Alliance Familiale VHL
www.vhl.org/fr/frwhat.htm

Description de la maladie de von Hippel-Lindau, maladie génétique héréditaire.

MALADIE DES ORGANES GÉNITO-URINAIRES

Cure de varicocèle chez l'enfant
Services Québec
www.guidesante.gouv.qc.ca/fr/fiche/7306-02.shtml

Nature et préparation de l'intervention. Recommandations pour la convalescence à la maison.

Cure d'hydrocèle chez l'enfant
Services Québec
www.guidesante.gouv.qc.ca/fr/fiche/7320-02.shtml

Nature et préparation de l'intervention. Recommandations pour la convalescence à la maison.

Orchidectomie chez l'enfant
Services Québec
www.guidesante.gouv.qc.ca/fr/fiche/7314-02.shtml

Nature et préparation de l'intervention. Recommandations pour la convalescence à la maison.

Orchidopexie chez l'enfant
Services Québec
www.guidesante.gouv.qc.ca/fr/fiche/7315-02.shtml

Nature et préparation de l'intervention. Recommandations pour la convalescence à la maison.

MALADIE DU CŒUR

En Cœur : Fondation québécoise pour les enfants malades du cœur
5718, rue Northmount   ) 514 737-0804
Montréal (Québec) H3S 2H5   ) sans frais : 1 800 EN CŒUR (362-6387)
encoeur@fondationencoeur.ca   ✆ 514 737-2194
www.fondationencoeur.com

En Cœur offre aux parents d'enfants cardiaques des services de soutien, d'information et d'hébergement. Il y a quatre sections régionales : Montréal, Québec, Sherbrooke et Trois-Rivières.

Fondation des maladies du cœur du Québec
1434, rue Sainte-Catherine Ouest, bureau 500   ) 514 871-1551
Montréal (Québec) H3G 1R4   ) sans frais : 1 800 567-8563
www.fmcoeur.qc.ca   514 871-9385

La Fondation fournit des renseignements généraux sur les maladies du cœur et les accidents vasculaires cérébraux.

Et puis, elle m'a dessiné… une fleur, un cœur et un soleil !
Sauriol, Sylvie
Montréal : Éditions Francine Breton, 2005. 210 p.

Le livre de Sylvie Sauriol est une histoire inspirante pour tous les parents qui souhaitent adopter un enfant ou encore qui vivent l'angoisse de la maladie chez leur jeune. Née avec une malformation sévère appelée hypoplasie du cœur gauche, la petite Jeanne triomphe de la maladie. Il s'agit de la forme la plus grave et la première cause de mortalité infantile chez les enfants cardiaques. Sa mère raconte cette belle aventure.

**Pourquoi mon enfant ? Tout ce qu'il faut connaître
sur les maladies du cœur des enfants**
En Cœur. La Fondation québécoise pour les enfants malades du cœur
Montréal : En Cœur, 2002. 110 p.

Pour répondre aux questions des parents après le diagnostic de la malformation cardiaque de leur enfant. Ce livre traite du cœur des enfants sous tous ses aspects : le cœur normal, son fonctionnement et son développement, les symptômes et signes de maladie, les façons de trouver ce qui ne va pas (électrocardiogramme, échocardiographie) et les différentes malformations du cœur qui sont accompagnées de textes et de schémas clairs. Inclut aussi les thèmes suivants : les réactions de l'entourage (parents, enfants), l'hospitalisation et le quotidien de l'enfant cardiaque. Contient un lexique de termes techniques. Autres publications de « En cœur » : *Moi je fais réparer mon cœur, cahier à colorier* et *Mon enfant et sa chirurgie cardiaque, guide pour les parents et les enfants* qui répond aux questions concernant le séjour à l'hôpital, la préparation, l'hospitalisation aux soins intensifs, son transfert à l'unité de soins et le retour à la maison.

Twan le courageux   4 ans+
Simard, Nathalie
Montréal : Cœur battant, 2007. 32 p.

L'auteur a écrit cet album en s'inspirant de l'histoire de son fils, pour aider les enfants qui ont une malformation au cœur et qui se préparent à une chirurgie cardiaque. Twan est un jeune lapin énergique et courageux qui devra se faire opérer au cœur. Même s'il est inquiet, il sait que ses parents sont là et rêve à tout ce qu'il pourra faire dorénavant avec un cœur en meilleure forme : courir vite, sauter haut comme ses amis, etc. Pour vous procurer cet album, voir les détails sur le site des Éditions : www.coeurbattant.ca/joindre. html. Vous pouvez également rejoindre les Éditions Cœur battant à l'adresse suivante : Cœur Battant, C.P. 22505 Monkland, Montréal, Qc, Canada, H4A 3T4. 50% du prix de vente du livre sera remis à une fondation du cœur.

Accueil de votre nouveau-né. Document d'information sur les cardiopathies
Université de Montréal – Faculté des sciences infirmières
www.scinf.umontreal.ca/famille/information/cardio/cardio_intro.htm

Définitions et causes, besoins et soins, ressources pour les parents d'un enfant avec une cardiopathie.

Cardiologie pédiatrique dans la francophonie
Réseau de la cardiopédiatrie francophone
www.cardioped.org

Site web interactif illustré pour ceux et celles qui veulent comprendre plus en détails le fonctionnement du cœur, les malformations cardiaques et l'arythmie cardiaque pédiatrique. Même s'il s'adresse aux professionnels de la santé, un parent pourra y trouver de bonnes explications.

Cœur et âme : votre guide pour vivre avec une cardiopathie congénitale
Fondation des maladies du cœur du Canada
http://ww1.fmcoeur.ca/Page.asp?PageID=1978&ArticleID=5335&Src=heart
&From=SubCategory

Conseils et suggestions à l'intention des parents qui ont un enfant atteint d'une malformation cardiaque congénitale.

Exercice et prévention cardiovasculaire
Juneau, Martin, conférencier
Montréal : Hôpital Sainte-Justine. Service audio-visuel, 2005. 1 DVD (58 min.)

Epidémie MCV : la 2e vague. Mortalité et habitudes de vie. Développement de l'athérosclérose. Exercice et prévention : données scientifiques. Exercice : la prescription. Alimentation méditerranéenne et prévention.
Disponible chez : CHU Sainte-Justine – Médiathèque, 514 345-4677

Les maladies coronariennes chez l'enfant
Bigras, Jean-Luc, conférencier
Montréal : Hôpital Sainte-Justine. Service audio-visuel, 2005. 1 DVD (53 min.)

Problématique : Augmentation de l'incidence de l'embonpoint/obésité. Avancements thérapeutiques : connaissances, techniques, pharmacologiques. Efficacité de la prévention. Facteurs de risque. Diagnostic différentiel. Critères d'évaluation, problèmes médicaux spécifiques. Diète. Interventions de l'équipe médicale.
Disponible chez : CHU Sainte-Justine – Médiathèque, 514 345-4677

MALADIE DU FOIE

Voir aussi : Hépatite, Tyrosinémie

Fondation canadienne du foie/Canadian Liver Foundation
Bureau de Montréal   ) / 🖷 514 876-4171
1000, de la Gauchetière Ouest, bureau 2830   ) sans frais : 1 800 563-5483
Montréal (Québec) H3B 4W5
foie@fondationcanadiennedufoie.ca
www.liver.ca/fr/Home.aspx

La Fondation fournit de nombreux services aux patients atteints d'une maladie du foie et à leurs familles, aux personnes ayant reçu une greffe du foie, au public et à la profession médicale : des programmes et ateliers sur «Vivre avec une maladie du foie» ; un programme de soutien aux personnes greffées (pré et postgreffe), un regroupement de familles d'enfants greffés «Il était un foie», une ligne d'information et d'aide ; des dépliants d'information.

Atrésie des voies biliaires
Fondation canadienne du foie
www.liver.ca/files/PDF/Publications_French/Biliary_Atresia_(FR).pdf

Présentation générale de cette maladie rare du nouveau-né : causes, symptômes, traitement et complications.

Déficit en alpha1-antitrypsine
North American Society for Pediatric Gastrœnterology and Hepatology, and Nutrition
www.naspghan.org/user-assets/Documents/pdf/diseaseInfo/ALPHA-1-F.pdf

Définition, symptômes, diagnostic, traitement.

Maladie du foie chez les enfants : aidez à protéger votre bébé en apprenant à reconnaître les signes et symptômes de la maladie du foie
Fondation canadienne du foie
www.liver.ca/files/PDF/Publications_French/Yellow_Alert_Fr.pdf

Présentation de la maladie : définition, symptômes, diagnostic, complications et traitement.

Transplantation hépatique
North American Society for Pediatric Gastrœnterology and Hepatology, and Nutrition
www.naspghan.org/user-assets/Documents/pdf/diseaseInfo/LiverTrans-F.pdf

Qu'est-ce qu'une transplantation hépatique ? Causes et symptômes d'une défaillance hépatique, procédures d'une transplantation et mode de vie suite à une transplantation.

MALADIE DU REIN

Association générale des insuffisants rénaux
C.P. 433, succ. St-Michel   ) 514 852-9297
Montréal (Québec) H2A 3N1   514 323-1231
reins@bellnet.ca   ) sans frais : 1 888 852-9297
www.agir.qc.ca

L'Association informe et regroupe les personnes souffrant d'insuffisance rénale, prédialysées, dialysées ou greffées, et toute personne s'intéressant aux maladies rénales. Des journées de rencontre sont tenues pour permettre d'échanger et de briser la solitude. Des colloques et journées d'information sont aussi très populaires. Soutien, parrainage, camps de vacances et livres de recettes font partie des différents services offerts.

Fondation canadienne du rein
Succursale du Québec   ) 514 938-4515
2300, boul. René-Lévesque Ouest   ) sans frais : 1 800 565-4515
Montréal (Québec) H3H 2R5   514 938-4757
info@reinquebec.ca
www.reinquebec.ca

La Fondation a publié plusieurs documents et brochures sur les maladies rénales. Elle offre aussi des services d'information, d'aide financière et de soutien psychologique aux personnes atteintes de maladie rénale ainsi qu'à leur famille.

Le syndrome néphrotique de l'enfant
Fondation canadienne du rein
www.rein.ca/page.asp?intNodeID=22942

Document qui traite des principaux sujets reliés à la conduite à tenir devant ce syndrome et des traitements qui existent.

L'hémodialyse
Fondation canadienne du rein
www.rein.ca/page.asp?intNodeID=22671

Sous forme de questions-réponses, explications de la dialyse et en particulier de l'hémodialyse.

Tumeur de Wilms
Fondation canadienne du rein
www.rein.ca/page.asp?intNodeID=22685

Causes, symptômes, complications et traitements de cette maladie rare chez les jeunes enfants.

Votre enfant et l'insuffisance rénale chronique
Fondation canadienne du rein
www.rein.ca/page.asp?intNodeID=22943

Information détaillée à l'intention des parents dont l'enfant souffre d'insuffisance rénale chronique.

Le site des jeunes insuffisants rénaux
leharicot.com
www.leharicot.com/index.htm

Site contenant une multitude d'information sur les reins, la dialyse, la transplantation. On y trouve un forum, un chat, des jeux et des livres.

MALADIE GÉNÉTIQUE

Voir aussi : Génétique

Association de l'acidose lactique du Saguenay-Lac-St-Jean
4660, rue Alfred   ☎ 418 544-9283
La Baie (Québec) G7B 3V6   📠 418 544-1629
info@aal.qc.ca
www.aal.qc.ca

L'Association de l'acidose lactique désire sensibiliser la population à cette maladie métabolique que l'on retrouve particulièrement dans la région du Saguenay-Lac-St-Jean. Elle amasse des fonds pour aider à la recherche d'une médication pouvant améliorer la qualité de vie des enfants atteints et possiblement les guérir.

Portail Québécois des Maladies Génétiques Orphelines (PQMGO)
Fondation Le Monde de Charlotte Andrey-Anne et ses Ami(e)s
Administration   ☎ 418 899-2341
5777, rue Sherbrooke Est, bureau 201   ☎ sans frais : 1 866 999-2341
Montréal (Québec), H1N 3R5   📠 418 899-2735

Centre de services aux usagers pour le Québec
871, rue Commerciale
Notre-Dame du Lac (Québec) G0L 1X0
info@pqmgo.org
www.pqmgo.org

Association regroupant les représentants de différentes maladies orphelines de même que les parents d'enfants et patients affectés par ces maladies. Le site Internet est une bonne source de références et d'information sur plusieurs de ces maladies ainsi que sur le Streptocoque du groupe B. On y trouve entre autre un répertoire des maladies génétiques.

Les injustices de la naissance
Aymé, Ségolène
Paris : Hachette, 2000. 257 p.

L'auteur, généticienne, est spécialiste des anomalies du développement et des maladies rares. Elle nous propulse dans cet univers qu'est la venue au monde d'un enfant avec une maladie rare. Où en est rendue la recherche ? Elle veut déculpabiliser les parents, les aider à comprendre l'origine, le pronostic, le risque que l'événement se reproduise ; elle aborde également les traitements éventuels.

Le voyage de Luna   7 ans+
Mansot, Frédérick
Paris : Actes Sud, 2002. 50 p. (Les histoires de la vie)

La maman de Luna est malade ; une maladie héréditaire. Luna se fait du souci pour sa maman et se demande si elle aussi sera atteinte de cette maladie. Ce livre, né d'échanges entre une généticienne, une psychologue et des parents rencontrés lors de consultations en génétique, vient aider les parents, les enfants et les intervenants à faire face à la maladie génétique. Se termine par une section « Quelques mots pour mieux comprendre ». Cette collection propose des albums pour aider les enfants à comprendre les événements plus compliqués qui surviennent dans leur vie.

Maladies héréditaires au Saguenay-Lac-St-Jean
CORAMH : Corporation de recherche et d'action sur les maladies héréditaires
www.coramh.org/coramh

Présentation des principales maladies héréditaires de cette région, en particulier de l'acidose lactique.

Portail des maladies rares et des médicaments orphelins
Institut national de la santé et de la recherche médicale
www.orpha.net/consor/cgi-bin/Disease_PatientEncyclo.php?lng=FR

Encyclopédie tout public sur les maladies rares. Les textes sont revus par des experts ainsi que par des associations de malades concernées.

Vivre avec un trouble génétique
Génome Canada
www.nature.ca/genome/03/d/10/03d_14b_f.cfm

Explication de la dystrophie musculaire et de la vie familiale avec un jeune garçon atteint de cette maladie.

MALADIE INFECTIEUSE

Voir aussi : Méningite, Santé de l'enfant, Vaccination

Les vaccins : avoir la piqûre pour la santé de votre enfant
Gold, Ronald
Ottawa : Société canadienne de pédiatrie, 2006. 384 p.

Réponses aux questions des parents sur les vaccins infantiles donnés au Canada : Sont-ils tous nécessaires ? Sont-ils sûrs ? Quels sont les effets secondaires ? Toutes les maladies ou virus suivants sont décrits : diphtérie – tétanos – coqueluche – poliomyélite – *hæmophilus* influenza type b – rougeole – rubéole – oreillons – hépatite B – influenza – pneumocoque – méningocoque – varicelle – rotavirus – papillomavirus – hépatite A. Pour chacun, vous trouvez : définition, historique de la maladie, origine, propagation, symptômes, complications, diagnostic, traitements, vaccin et effets secondaires. Aussi un chapitre sur les vaccins pour les voyages à l'étranger.

Caillou est malade
Harvey, Roger
Montréal : Chouette, 2005. 24 p.

2 ans+

Caillou est malade, il a la varicelle. Ça pique partout mais il doit essayer de ne pas trop se gratter.

Zoé et Théo sont malades
Metzmeyer, Catherine
Tournai : Casterman, 2002. 16 p. (Zoé et Théo)

2 ans+

Zoé et Théo ont la varicelle. Une collection qui présente la vie quotidienne de Zoé et de son petit frère.

Bali a la varicelle
Guirao-Jullien, Magdalena
Paris : Flammarion, 2008. 26 p. (Père Castor)

3 ans+

Bali a la varicelle. Il doit rester au lit et maman s'occupe de ses petites rougeurs.

La varicelle
Anfousse, Ginette
Montréal : La courte échelle, 2009. 21 p. (Les aventures de Jiji et Pichou)

3 ans+

Jiji a la varicelle, elle ne peut pas voir ses amis, mais elle a son ami Pichou.

Les maladies et les infections
Société canadienne de pédiatrie
www.cps.ca/soinsdenosenfants/enfantmalade/index.htm

Une douzaine de textes sur les différentes maladies infectieuses qu'un jeune enfant peut attraper : explications de la maladie et conseils aux parents.

Les maladies infectieuses de l'enfant
PetitMonde
www.petitmonde.com/iDoc/Article.asp?id=22446

Sous forme de tableaux, les principales maladies infectieuses : symptômes, traitements et mesures de prévention à adopter à la maison et en milieu de garde.

MALADIE INFLAMMATOIRE DE L'INTESTIN

Voir aussi : Stomie

Fondation canadienne des maladies inflammatoires de l'intestin
Bureau du Québec   ☎ 514 342-0666
3767 boul. Thimens, bureau 223   ☎ sans frais : 1 800 461-4683 (Qc et
Saint-Laurent (Québec) H4R 1W4   N.-B. seulement)
lbaudart@ccfc.ca   🖶 514 342-1011
www.ccfc.ca/French/fcmii/index.html

Fondation canadienne des maladies inflammatoires de l'intestin
Bureau national   ☎ 416 920-5035
60, av. St. Clair Est, bureau 600   ☎ sans frais : 1 800 387-1479
Toronto (Ontario) M4T 1N5   🖶 416 929-0364
ccfc@ccfc.ca
www.ccfc.ca

Organisme voué à la recherche médicale, la Fondation fournit aussi de « l'information sur les maladies inflammatoires de l'intestin aux personnes atteintes, à leur famille, aux professionnels de la santé et au grand public par l'entremise de brochures d'éducation, d'une publication nationale destinée à ses membres et des activités d'éducation locales ». Il y a plus de 90 groupes bénévoles au Canada.

Affections intestinales inflammatoires : la maladie de Crohn
North American Society for Pediatric Gastœnterology and Hepatology,
and Nutrition
www.naspghan.org/user-assets/Documents/pdf/diseaseInfo/IBDCD-F.pdf

Définition, causes, symptômes, diagnostic et traitement.

Affections intestinales inflammatoires : la recto-colite hémorragique
North American Society for Pediatric Gastœnterology and Hepatology,
and Nutrition
www.naspghan.org/user-assets/Documents/pdf/diseaseInfo/IBDUC-F.pdf

Définition, causes, symptômes, diagnostic, traitement.

La maladie intestinale inflammatoire et la nutrition
North American Society for Pediatric Gastœnterology and Hepatology,
and Nutrition
www.naspghan.org/user-assets/Documents/pdf/diseaseInfo/IBDN-F.pdf

Comment la nutrition influence-t-elle la colite ulcéreuse et la maladie de Crohn ?

Les parents, les professeurs et les maladies inflammatoires de l'intestin
Fondation canadienne des maladies inflammatoires de l'intestin
www.fcmii.ca/French/mii/brochures/Parents_F.pdf

Présentation des différentes maladies inflammatoires de l'intestin : causes, symptômes, complications, traitements, vie quotidienne des enfants atteints de ces maladies à la maison et à l'école.

Maladie de Crohn
Association médicale canadienne
www.cma.ca/Public/DiseaseLibrary/PatientInfo.asp?diseaseid=40

Description, causes, symptômes et complications, diagnostic, traitement et prévention.

MALADIE MÉTABOLIQUE

AQMMR – Association québécoise des maladies métaboliques du Réseau
1600, av. De Lorimier, bureau 342) 514 524-3612
Montréal (Québec) H2K 3W5) sans frais : 1 888 524-3612
info@aqmmr.com 🖷 514 524-7090
www.aqmmr.com

L'Association offre les services suivants à ses membres : soutien et entraide aux parents d'enfants atteints de maladies métaboliques ainsi qu'aux adultes atteints de ces mêmes maladies, rencontres sociales, congrès scientifique annuel, défense et respect des droits des personnes atteintes de maladies métaboliques.

À vos plats… prêts… partez : recettes pour régimes limités en protéines et en acides aminés spécifiques
Regimbald, Danièle
Montréal : Éditions du CHU Sainte-Justine, 1997. 124 p.

Pour la majorité des enfants atteints d'une maladie métabolique, le traitement comporte une diète spéciale. Ce livre vous donne plus de 90 recettes pour régimes limités en protéines et en acides aminés spécifiques, avec un guide d'utilisation. Vous pouvez obtenir ce document aux Éditions du CHU Sainte-Justine, 514 345-4671.

Amino… et la génétique : c'est quoi une maladie métabolique ?   7 ans+
Lefèvre, Yolande, Grant Mitchell et Jean-Pierre Lefèvre
Montréal : Éditions du CHU Sainte-Justine, 2002. 22 p.

Cette bande dessinée a pour but d'expliquer aux enfants les maladies héréditaires du métabolisme des protéines et de leur faire comprendre l'importance du régime alimentaire pour les vaincre. Vous pouvez l'obtenir aux Éditions du CHU Sainte-Justine, 514 345-4671.

MALADIE NEUROMUSCULAIRE

Voir aussi : Ataxie

Dystrophie musculaire Canada
Bureaux régionaux Québec   ☏ 514 393-3522
1425, boul. René-LévesqueOuest, bureau 506   ☏ sans frais : 1 800 567-2236
Montréal (Québec) H3G 1T7   🖷 514 393-8113
infoquebec@muscle.ca
www.muscle.ca

L'Association s'intéresse à plus de 40 maladies neuromusculaires. Elle fournit des services pratiques aux personnes et aux familles touchées par les maladies neuromusculaires, finance la recherche et renseigne la population. Le site Internet de l'Association contient plusieurs textes sur les maladies neuromusculaires ainsi que sur la génétique.

Les maladies neuromusculaires chez l'enfant et l'adolescent
Vanasse, Michel, Hélène Paré, Yves Brousseau et Sylvie D'Arcy
Montréal : Éditions de l'Hôpital Sainte-Justine, 2004. 370 p.
(Collection de l'Hôpital Sainte-Justine pour les parents)

Nombreuses sont les maladies neuromusculaires qu'on rencontre chez l'enfant : ataxies, amyotrophie spinale, neuropathies, myasthénies, dystrophies musculaires, myotonie, myopathies. Ce livre a pour but de mieux faire connaître la réalité des maladies neuro-musculaires chez l'enfant et l'adolescent. Vous y trouverez des informations médicales de pointe et les différentes approches de réadaptation propres à chacune des maladies neuromusculaires. Pour parents et intervenants.

La galaxie des différences   7 ans+
Girard, Sophie
Le Gardeur : Impact, 2004. 39 p. (Impact jeunesse. Psychologie)

Éric a changé d'école et il est très inquiet. Inquiet non seulement parce qu'il est nouveau, mais surtout parce qu'il se déplace en fauteuil roulant. Sa nouvelle enseignante, Madame Nadine, fera découvrir à Éric ainsi qu'à toute la classe un univers fascinant : celui de la galaxie des différences… Ce livre incite le jeune lecteur à s'ouvrir aux différences et à apprécier les richesses de chacun.

Chante pour moi, Charlotte   9 ans+
Pelletier, Marthe
Montréal : La courte échelle, 2001. 88 p. (Roman jeunesse)

Charlotte se souvient de son enfance avec son père et son frère Max atteint de dystrophie musculaire. Le roman insiste sur la relation frère-sœur.

Einstein, chien-guide ?   9 ans+
Roy, Pierre
Saint-Alphonse-de-Granby (Québec) : Éditions de la Paix, 2006. 120 p.

Einstein, chiot labernois, rêve de devenir chien-guide. Après les épreuves d'usage, il n'est pas accepté, il est trop délinquant. Il est triste jusqu'à ce qu'on lui annonce qu'il peut devenir chien d'assistance. Il rencontre Gabrielle, une jeune handicapée qui souffre de dystrophie musculaire. Elle habite dans une famille d'accueil, tout comme Einstein quand il était petit. Gabrielle s'attache rapidement à Einstein, il devient le centre de sa vie.

Le secret de Max   9 ans+
Pelletier, Marthe
Montréal : La courte échelle, 2002. 92 p. (Roman jeunesse)

Max souffre de la dystrophie musculaire. Avec ses muscles faibles et sa chaise roulante, il doute que sa voisine de chalet s'intéresse à lui. Il aimerait tant devenir son ami. Voir aussi la suite, du même auteur et chez le même éditeur : *Une lettre pour Nakicha* (2003).

Pourquoi moi ? Comment vivre avec la maladie neuromusculaire de votre enfant
Association canadienne de la dystrophie musculaire
www.muscle.ca/fileadmin/National/Muscular_Dystrophy/Parents_and_Families/Why_Me_french.pdf

Guide pour aider les parents qui apprennent que leur enfant est atteint d'une maladie neuromusculaire : comment faire face à cette situation, comment trouver du soutien, tant dans leur vie personnelle que dans leur communauté, comment développer et renforcer les relations qui sont les plus importantes au cours de cette période difficile.

Principales maladies neuromusculaires
Association française contre les myopathies
www.afm-france.org/e_upload/pdf/ft_pmnm_2006.pdf

Brève description des principales maladies neuromusculaires et de leur prise en charge.

Un guide des maladies neuromusculaires
Dystrophie musculaire Canada
www.muscle.ca/fileadmin/National/Muscular_Dystrophy/Living_With_MD/A_Guide_to_NMD_FRE.pdf

Qu'est-ce qu'une maladie neuromusculaire ? Types de maladies neuromusculaires. Vivre avec une maladie neuromusculaire évolutive. etc.

MALADIE ORL

Voir aussi : Adénoïdectomie, Amygdalectomie, Otite

Les infections ORL de l'enfant
Frœhlich, Patrick
Paris : Larousse, 2005. 127 p. (Guides santé)

Otites, laryngites, amygdalites atteignent souvent les enfants. Comment faire pour éviter que ces infections ne deviennent répétitives ? Doivent-elles toujours être traitées avec des antibiotiques ? Y a-t-il des conséquences à long terme ? L'auteur explique ces différentes maladies aux parents, comment les prévenir, quels sont les symptômes et les traitements proposés.

Les maladies ORL de l'enfant
Legros, Michel
Paris : Ellipses, 2003. 117 p. (Vivre et comprendre)

Ce livre décrit les principales maladies ORL qui touchent les enfants avec conseils et indications de traitements pour éviter les erreurs ou les affolements inutiles. Un chapitre est consacré à la surdité de l'enfant, un autre aux troubles de la parole et du langage et la dernière partie de l'ouvrage explique aux parents les principales interventions chirurgicales en ORL.

Ouille mes oreilles 4 ans+
Delaunois, Angèle
Montréal : Isatis, 2005. 30 p. (Ombilic)

Le professeur Ombilic explique les oreilles aux enfants : anatomie, audition, hygiène, les maux d'oreilles et comment les éviter. Tous les textes de la collection « Ombilic » sont supervisés par des médecins et sont appuyés d'illustrations qui rejoignent l'enfant dans son quotidien. Une collection pour les 4-8 ans.

Myringotomie avec insertion de tube chez l'enfant
Services Québec
www.guidesante.gouv.qc.ca/fr/fiche/7313-02.shtml

Nature, préparation et déroulement de l'intervention. Recommandations pour la convalescence à la maison.

Tympanoplastie chez l'enfant
Services Québec
www.guidesante.gouv.qc.ca/fr/fiche/7317-02.shtml

Nature, préparation et déroulement de l'intervention. Recommandations pour la convalescence à la maison.

MALADIE PULMONAIRE

Voir aussi : Asthme, Tabagisme

Association pulmonaire du Canada
300 – 1750 croissant Courtwood) 613 569-6411
Ottawa (Ontario) K2C 2B5 613 569-8860
info@lung.ca
www.poumon.ca

« L'Association pulmonaire du Canada est le regroupement coopératif des dix associations pulmonaires provinciales. Son travail se concentre sur la recherche, l'éducation et la promotion d'une vie saine. Un de ses principaux objectifs est d'exercer une influence sur les habitudes des Canadiens afin de les dissuader de fumer. » Le site Internet de l'Association contient plusieurs textes d'information sur les maladies pulmonaires.

Association pulmonaire du Québec
Bureau de Montréal   ☎ 514 287-7400
855, rue Sainte-Catherine Est, bureau 222   ☎ sans frais : 1 800 295-8111
Montréal (Québec) H2L 4N4   🖷 514 287-1978
info@pq.poumon.ca
www.pq.poumon.ca

L'Association pulmonaire du Québec offre plusieurs services pour répondre aux besoins de la population. Il y a plusieurs groupes d'entraide dans les différentes régions du Québec ainsi que des lignes téléphoniques sans frais : Info-Asthme – 1-800-295-8111, poste 232 (des professionnels spécialisés en santé respiratoire aident les gens à mieux comprendre et maîtriser la maladie afin d'améliorer leur qualité de vie). Le service est offert du lundi au vendredi de 8 h 30 à 16 h 30. Poumon-9 –1-888-POUMON-9 ou 1-888-768-6669, poste 232 (aide pour cesser de fumer assurée par des professionnels de la santé spécialisés en matière de cessation tabagique). Lundi au vendredi de 8 h 30 à 19 h 30. Le site Internet contient plusieurs textes sur le tabagisme et sur les maladies respiratoires ainsi qu'un site éducatif sur le système respiratoire.

Réseau québécois de l'asthme et de la M.P.O.C. (RQAM)
2860, chemin Quatre-Bourgeois, bureau 110   ☎ 418 650-9500
Québec (Québec) G1V 1Y3   ☎ sans frais : 1 877 441-5072
info@rqam.ca   🖷 418 650-9391
www.rqam.ca

Le RQAM résulte du regroupement du réseau MPOC (maladie pulmonaire obstructive chronique) et du Réseau québécois de l'enseignement sur l'asthme (RQEA). Sa mission est de « promouvoir la prise en charge optimum par le patient de la maladie par la formation des professionnels, la diffusion de connaissances et d'outils spécialisés, le support à la création de groupes de soutien, la recherche clinique et organisationnelle soutenue par différentes démarches. » Le site Internet contient la liste des centres d'enseignement sur l'asthme, le bulletin du RQAM et une section « Outils d'enseignement ».

La dysplasie bronchopulmonaire
Centre hospitalier pour enfants de l'est de l'Ontario
www.cheo.on.ca/francais/disclaimer_bpd.shtml

Présentation détaillée de la maladie : causes, symptômes, complications, traitements.

Virus respiratoire syncytial
Laboratoires Abbott
www.rsvshield.ca/index.asp?lang=1

Information sur le VRS qui est la principale cause d'infection des voies respiratoires inférieures chez les enfants de moins de 2 ans. Qu'est-ce que le VRS ? Comment réduire le risque d'infection ? Les soins aux prématurés.

Vos poumons travaillent pour vous !
Association pulmonaire du Canada
www.poumon.ca/enfants

Site web interactif pour les enfants expliquant le système respiratoire et les principales maladies pulmonaires sous forme de jeux et d'activités (document FLASH).

MALADIE TERMINALE

Voir aussi : Soins palliatifs

Fondation Rêves d'enfants
Division Québec, Est   ☏ 418 650-2111
245, rue Soumande, bureau 206   ☏ sans frais : 1 800 267-9474
Québec (Québec) G1M 3H6   🖷 418 650-3466
qe@revesdenfants.ca
www.childrenswish.ca/index_2007.php/fr/chapter/page/loc/QE/sec/about

Fondation Rêves d'enfants
Division Québec, Ouest   ☏ 514 289-1777
4200, rue Saint-Laurent, bureau 418   ☏ sans frais : 1 800 267-9474
Montréal (Québec) H2W 2R2   🖷 514 289-8504
qw@revesdenfants.ca
www.childrenswish.ca/index_2007.php/fr/chapter/page/loc/QW/sec/about

« La Fondation Rêves d'enfants travaille de concert avec la communauté pour offrir aux enfants atteints d'une maladie qui menace leur vie la possibilité de réaliser leur plus grand rêve. »

Le Phare, Enfants et Familles
2725, avenue du Mont-Royal Est   ☏ 514 954-4848
Montréal (Québec) H1Y 0A1   🖷 514 954-0044
www.phare-lighthouse.com

La mission du Phare, Enfants et Familles est d'offrir gratuitement un service de répit à domicile aux familles ayant un enfant gravement malade et dont la vie est menacée.

La mort et l'enfant : souvenirs, lettres, témoignages
Kübler-Ross, Elisabeth
Genève : Tricorne , 1986. 196 p.

À travers témoignages et souvenirs, Elisabeth Kübler-Ross, grâce à son expérience inestimable de travail avec les mourants, tente de répondre à ces questions : Comment aider les proches à vivre la mort d'un enfant malade, accidenté, disparu, assassiné, suicidé ? Est-ce que les enfants malades traversent les mêmes étapes que les adultes à la dernière phase de la maladie ? Se rendent-ils compte que la mort approche ? Comment aider les enfants mourants ? Livre épuisé mais disponible dans les bibliothèques publiques.

L'enfant et la mort : problèmes de la Clinique du deuil
Raimbault, Ginette
Paris : Dunod, 2005. 203 p. (Enfances)

Cet ouvrage nous livre des pensées, des contes, des rêves d'enfants malades qui vont mourir. Paroles ou pensées qui ne sont pas souvent entendues par les adultes qui se ferment à la réalité. Voir aussi du même auteur *Lorsque l'enfant disparaît*, Odile Jacob (1999). Dans ce livre, l'auteur trace l'itinéraire psychique du deuil à travers de témoignages de créateurs (Victor Hugo, Gustav Mahler, Eric Clapton, etc.).

Oscar et la dame rose
Schmitt, Éric-Emmanuel
Paris : Albin Michel, 2002. 132 p.

Marie-Rose, bénévole dans un hôpital pour enfants, a noué une relation particulière avec Oscar qui est très malade. Rien ne vient à bout de son cancer ; celui-ci résiste à toutes les interventions. Pour l'aider à affronter ses derniers jours, elle l'invite à écrire des lettres à Dieu, même s'il n'est pas certain d'y croire. Comme ça, il sera moins seul et il pourra crier sa révolte à quelqu'un qui l'entendra s'il y croit. Elle va l'aider à se réconcilier avec lui-même et à accepter sa fin prochaine.

Vivre au quotidien avec un enfant gravement malade : renseignements pratiques et ressources
Côté, Sophie
Montréal : Éditions du CHU Sainte-Justine, 2006. 244 p.

Ce guide a pour objectif d'aider les familles qui s'occupent d'enfants gravement malades ou handicapés à se retrouver dans le dédale des services disponibles. La première partie contient des renseignements pratiques sur le soutien médical, la vie quotidienne, le développement de l'enfant, le soutien à la famille, le soutien au transport, le soutien économique et le soutien légal. Dans la deuxième partie vous trouverez, pour chaque région du Québec, les ressources relatives à différents types de déficiences ou de pathologies. L'auteur, mère d'un enfant gravement malade, a rédigé cet ouvrage pour l'organisme *Le Phare, Enfants et Familles*, qui offre des services de répit et de soins palliatifs aux enfants atteints d'une maladie dégénérative et terminale.

Simon et le chasseur de dragons   5 ans+
Chartray, Pierre et Sylvie Rancourt
Montréal : Éditions du CHU Sainte-Justine, 2008. 35 p.

Cet album, c'est l'histoire de deux frères. L'aîné est atteint d'une maladie incurable et le plus jeune cherche un moyen de combattre les dragons qui brûlent les poumons de son frère. Les auteurs traitent avec délicatesse et grande sensibilité de la perte d'un être cher, que ce soit une mère, un grand-père, ou, comme ici, un frère, du deuil qui s'ensuit… et de la vie qui continue. *Simon et le chasseur de dragons* est un texte à la fois émouvant et bouleversant, dans lequel les parents trouveront une façon d'aborder avec leur enfant la question du deuil.

Boule de rêve   8 ans+
Thouin, Lise
Montréal : Fondation Boule de rêve, 2002. 40 p.

L'histoire du dauphin Boule de rêve qui se métamorphose. Deux petites ailes poussent sur son dos et il se sent attiré vers un monde inconnu mais merveilleux. Un livre pour apprivoiser la mort. Accompagné d'un disque compact (46 min.).

Je veux vivre   13 ans+
Downham, Jenny
Paris : Plon, 2008. 393 p.

Tessa a 16 ans, elle sait qu'elle va mourir. Elle décide de vivre avec intensité, il y a urgence. Elle décide d'accomplir dix choses importantes pour elle avant de partir. Tout ce qu'elle fait dorénavant est plus fort, plus exaltant, plus émouvant.

MALFORMATION CRANIOFACIALE

Voir aussi : Fissure labio-palatine

Aboutface
123, rue Edward, bureau 1003   ) sans frais : 1 800 665-FACE
Toronto (Ontario) M5G 1E2   ) 416 597-2229
info.francais@aboutfaceinternational.org   416 597-8494
www.aboutfaceinternational.org/french/index.php

Organisme national offrant renseignements, soutien émotif et programmes éducatifs aux individus ayant des différences faciales ainsi qu'aux membres de leur famille, et ce, quelle que soit la cause de ces différences : anomalie congénitale, maladie, incendie ou accident. Voici un exemple des services offerts : journée éducative pour la famille, jumelage et réseautage, visite en milieu hospitalier, programme d'accompagnement nouveaunés, programme pour aider à développer l'estime de soi.

MALFORMATION VASCULAIRE

Angiomes et malformations vasculaires
Site personnel
www.anomalievasculaire.org

Information sur les différentes malformations vasculaires. Listes de discussion sur les malformations vasculaires, les malformations artérioveineuses et les cavernomes du cerveau ou de la moelle épinière.

MÉDICAMENTS

Votre enfants et les médicaments : informations et conseils
Dehaut, Catherine, Annie Lavoie, Denis Lebel, Hélène Roy et Roxane Therrien
Montréal : Éditions du CHU Sainte-Justine, 2005. 344 p.
(Collection du CHU Sainte-Justine pour les parents)

La première partie de l'ouvrage fournit des informations générales sur l'utilisation des médicaments chez les enfants, les modes d'administration possibles, la conservation, l'ingestion accidentelle ainsi que sur quelques affections courantes et la façon de les traiter. Dans la seconde partie, vous trouverez des fiches d'information sur les médicaments les plus utilisés en pédiatrie. Le livre contient un index des noms génériques et commerciaux.

Par où passe mon médicament ?   8 ans+
Azan, Éric
Paris : Le Pommier, 2008. 53 p. (Minipommes)

Qu'est-ce qu'une maladie ? Comment fonctionne un médicament ? Comment doit-on le prendre ? De quoi est-il composé ? Comment circule-t-il dans mon corps ? Et comment fait-il pour aller au bon endroit ? Grâce au docteur Médicus, à la pharmacienne Pilula et à Eric le chercheur, Olivier et Camille vont découvrir le fabuleux parcours des médicaments dans leurs organismes.

MÉNINGITE

Docteur Exacœur   9 ans+
Panet, Sabine et Pauline Penot
Paris : L'École des Loisirs, 2003. 168 p. (Neuf)

Enzo a la méningite et est hospitalisé. Heureusement, la pédiatre qui s'occupe d'elle, Dr Exacœur, n'est pas comme les autres ; elle a un pouvoir magique et s'en sert pour améliorer le sort de ses petits malades.

Mon grand petit frère   10 ans+
Peskine, Brigitte
Paris : Bayard, 2001. 107 p. (Je bouquine)

Vincent, le plus jeune de la famille, envie souvent son grand frère Xavier d'être le plus vieux. Un jour, Xavier devient handicapé suite à une méningite ; les rôles sont renversés et la vie de famille modifiée. Vincent devient le grand frère.

Infection à méningocoques
Santé et mieux-être. Nouveau-Brunswick
www.gnb.ca/0053/factsheets/pdf/m%E9ningocoques-f.pdf

Sous forme de questions-réponses : définition, symptômes, transmission, prévention, vaccination.

MENSONGE

Le mensonge
Dalloz, Danielle
Paris : Bayard, 2006. 113 p.
(La vie de famille : des repères pour vivre avec vos enfants)

Avant l'âge de 7 ans, il est rare que l'enfant mente volontairement pour dissimuler un événement. Il peut fabuler pour se rendre important et, jusqu'à cet âge environ, il croit ce qu'il raconte. Comment les parents peuvent-ils l'aider à faire l'apprentissage de la réalité tout en ayant une approche et un discours cohérent avec lui ?

Les mensonges des enfants : comment les parents peuvent-ils encourager la sincérité ?
Ekman, Paul
Paris : Payot, 2007. 301 p.

L'auteur étudie depuis longtemps les mécanismes par lesquels s'expriment les émotions, dont le mensonge. Quelle est la fonction du mensonge ? Pourquoi certains enfants mentent-ils plus que d'autres ? Vers quel âge le mensonge apparaît-il ? Que peuvent faire les parents pour encourager leur enfant à dire la vérité ?

J'ai rien fait, moi !   2 ans+
Wood, David
Toulouse : Milan, 2006. 16 p.

Qui a mangé tous les gâteaux ? Qui a pris l'arrosoir ? Qui a marché sur le canapé ? Qui a caché la brosse à dents ? C'est pas moi ! répond à chaque fois le petit ourson. Mais qui est-ce alors ?

Les fantômes de Juliette   3 ans+
Robberecht, Thierry
Namur (Belgique) : Mijade, 2006. 25 p.

Juliette casse le plus beau collier de sa maman en voulant l'essayer. Incapable de l'avouer, elle cache les perles et, à partir de ce moment, elle devient tracassée, elle paraît soucieuse et elle ment toujours un peu pour essayer de cacher son tracas. Comment se sortir de ce cercle de mal-être ? Il vaut mieux avouer ses bêtises.

Monsieur Chut   3 ans+
Callot, Amélie
Bruxelles : Alice Jeunesse, 2008. 25 p. (Histoires comme ça)

Que se passe-t-il quand un enfant fait une bêtise et n'ose pas l'avouer ? Nous découvrons la mauvaise conscience de Lily Rose chaque fois qu'elle essaie de cacher ses gaffes à sa maman.

C'est pas moi !   4 ans+
Pistinier, Caroline
Paris : Kaléidoscope, 2006. 36 p.

« Il n'y a pas de doute, Albert, c'est un gentil petit gars. Seul gros problème dans sa vie, il ne peut pas s'empêcher de mentir, de raconter n'importe quoi, ou de se laisser emporter par son imagination. Mais Albert, la réalité n'est pas toujours si terrible ! »

Et si je racontais un mensonge ?   6 ans+
Labbé, Brigitte
Toulouse : Milan, 2008. 24 p. (Dis-moi Filo…)

Papa raconte un petit mensonge que Filou ne laisse pas passer. On lui a toujours dit qu'il ne faut pas mentir. « Dis-moi Filo… » est une collection pour favoriser l'échange entre parents et enfants.

Le macaroni du vendredi   6 ans+
Simard, Danielle
Saint-Lambert (Québec) : Soulières, 2004. 81 p. (Ma petite vache a mal aux pattes)

Dans la classe de Julien, les élèves doivent faire un exposé sur ce qu'ils réussissent d'extraordinaire en dehors de l'école. Julien est passionné par les livres, mais se voit mal en faire un exposé ; il a peur d'être la risée de ses camarades de classe. Il décide alors d'apporter un château fait en nouilles par sa sœur. Il doit mentir à son père, il se brouille avec son meilleur ami… C'est compliqué de mentir.

Max raconte des bobards   6 ans+
de Saint Mars, Dominique
Fribourg : Calligram, 1997. 45 p. (Max et Lili) (Ainsi va la vie)

Max attire l'attention en racontant des mensonges. En bandes dessinées. Voir aussi dans la même collection *Max a triché* (1995).

C'est la vie Lulu ! Je n'ose pas avouer mes bêtises   7 ans+
Dutruc-Rosset, Florence et Marylise Morel
Paris : Bayard, 2005. 41 p.

En jouant au foot dans le jardin, Lulu envoie le ballon dans la fenêtre du salon, il en résulte une vitre, une lampe et un tableau cassés. Dans sa panique, Lulu décide de tout dissimuler à ses parents. Elle cache le ballon, et prétend avoir passé l'après-midi chez son ami. Mais son mensonge va la plonger dans un pétrin bien plus gros que sa bêtise. Comment Lulu va-t-elle faire pour se sortir de cette situation délicate ? Une histoire, un dossier documentaire et des conseils judicieux complètent l'ouvrage.

Doit-on toujours dire la vérité ?   8 ans+
Castel, Anissa
Paris : Éditions Louis Audibert, 2002. 45 p. (Brins de philo)

Pour réfléchir avec les enfants sur la vérité et le mensonge. Doit-on toujours dire la vérité ? Est-ce grave de mentir parfois ? La collection « Brins de philo » s'adresse aux 8-13 ans et à leurs parents pour les aider à affronter certaines situations et à répondre à des questions délicates.

La vérité selon Ninon   8 ans+
Brenifier, Oscar
Paris : Autrement Jeunesse, 2005. 63 p. (Les petits albums de philosophie)

Ninon casse le vase préféré de sa mère. Elle a peur de se faire gronder alors elle décide de faire comme si de rien n'était. Que faire ? « Avouer et se faire punir ou bien mentir et se sentir mal. » Elle s'interroge sur la vérité et le mensonge. Pourquoi ment-on ? Y a-t-il des bons mensonges, des mauvais ? Doit-on toujours dire la vérité même si on pense faire de la peine aux autres ? Est-ce que la vérité est toujours vraie ? Avec cet album qui se rapproche de la bande dessinée, on aborde la sincérité, la franchise, l'authenticité, la confiance. Ninon discute avec sa famille, son voisin, ses amis et son chien, qui est son confident. Une collection pour apprendre à réfléchir.

Tu t'es vu quand tu triches ?   11 ans+
Murail, Marie-Aude
Paris : De la Martinière Jeunesse, 2000. 105 p. (Oxygène)

« Pas toujours facile de savoir ce qui est bien ou mal. » Un livre pour guider les jeunes adolescents à repérer les limites à ne pas dépasser ; parce qu'il existe une frontière entre le bien et le mal, entre la vérité et le mensonge, etc.

MÉTHODE KANGOUROU

Voir aussi : Prématurité

Bébés kangourous : materner autrement
Charpak, Nathalie
Paris : Odile Jacob, 2005. 190 p.

Le contact direct avec les parents permet aux prématurés de se développer merveilleusement bien. L'auteur, pédiatre et pionnière dans l'application de cette méthode pour porter les bébés, explique aux parents les techniques et les bienfaits de celle-ci. Tous les nouveaux-nés pourraient en bénéficier, pas seulement les prématurés.

Porter bébé : avantages et bienfaits
Didierjean-Jouveau, Claude-Suzanne
Genève : Jouvence, 2006. 82 p.

Historique du portage et ses bienfaits (confort, lien mère-enfant, développement psychomoteur) appuyé de témoignages de parents.

MIGRAINE

Comment comprendre et traiter la migraine de l'enfant
Centre de la migraine de l'enfant
www.migraine-enfant.org

Qu'est-ce qu'une migraine ? Quels en sont les causes et les facteurs déclanchants ? Comment arrêter une crise ? Comment prévenir les crises ?

J'ai mal à la tête
www.migraine-enfant.org/1_maldetete.htm
Centre de la migraine de l'enfant

Texte illustré expliquant la migraine, ses causes, ses facteurs déclenchant, son traitement et sa prévention. La section « Et toi, que ressens-tu ? » aide à faire la différence entre un mal de tête et une migraine.

MORT/DEUIL

Voir aussi : Maladie terminale

Les Amis compatissants du Québec

Secrétariat   ) (boîte vocale) : 514 933-5791
257, rue Sherbrooke
Beaconsfield (Québec) H9W 5S4
aide@amiscompatissants.org
www.amiscompatissants.org

Groupe d'entraide pour les parents ayant perdu un enfant. Les Amis compatissants ont aussi des dépliants informatifs sur le deuil ainsi que des livres et des cassettes audio. Il y a plusieurs sections régionales.

Deuil secours   ) (boîte vocale) : 514 389-1784

Pour toute personne de 18 ans et plus vivant un deuil. Rencontres bi-mensuelles gratuites. Groupe d'entraide et de soutien.

Les amis du crépuscule

650, rue Girouard Est, bureau 112   ) 450 252-2737
Saint-Hyacinthe (Québec) J2S 2Y2   ᕝ 450 252-2740
les_amis_du_crepuscule@hotmail.com
www.lesamisducrepuscule.org

Entre autres services, l'organisme Les Amis du crépuscule a mis sur pied des groupes de soutien pour adolescents et pour enfants endeuillés, ainsi que pour les personnes endeuillées par suicide. Il est aussi possible de bénéficier d'un suivi individuel. Une carte de membre permet d'accéder à tous ces services. Pour connaître les coûts, contactez l'organisme. La section Réflexion du site Internet contient plusieurs textes intéressants.

Maison Monbourquette

150, rue de L'Épée   Ligne d'écoute : 514 523-3596
Outremont (Québec) H2V 3T2   Ligne d'écoute sans frais : 1 888 423-3596
infos@maisonmonbourquette.com
www.maisonmonbourquette.com

La Maison Monbourquette est un organisme sans but lucratif qui vient en aide aux personnes endeuillées. Les services offerts sont les suivants : ligne d'écoute gratuite, groupes de parole et d'entraide et suivi individuel. Une formation sur le deuil est offerte aux personnes désirant être bénévoles pour la Maison. Il est aussi possible de s'y procurer le *Répertoire des ressources en suivi de deuil au Québec* ainsi que le DVD *Vivre sans l'autre*.

Parent étoile

questions@parent-etoile.com   ) 514 947-0606
www.parent-etoile.com

Ateliers pour enfants endeuillés. « Chaque groupe fermé accueille au maximum 8 enfants de 6 à 12 ans. Le parcours d'un groupe comporte 10 rencontres de 2 heures chacune. Les intervenants travaillent avec le dessin, le bricolage, le jeu, etc. Chaque soirée porte sur un thème : les peurs, la tristesse, la culpabilité, la colère. Chaque enfant choisira une peluche qu'il ramènera à la maison à la fin de la session. »

Les parents endeuillés de Leucan
Suivi de deuil   ☎ 514 731-3696
5800, rue Saint-Denis, bureau 505   ☎ sans frais : 1 800 361-9643
Montréal (Québec) H2S 3L5   🖷 514 731-2667
info@leucan.qc.ca
www.leucan.qc.ca

Leucan offre différents services aux familles dont l'enfant est décédé d'un cancer : accompagnement, rencontres mensuelles d'échanges pour les parents, groupes de fin de semaine
pour les couples, groupes de fin de semaine pour les mamans, suivi téléphonique, rencontres individuelles, référence pour intervention psychologique, cérémonie commémorative annuelle.

Solidarité-Deuil d'enfant
Case Postale 9309   ☎ 418 990-0435
Sainte-Foy (Québec) G1V 4B5
sdequebec@bellnet.ca
www.sdequebec.ca

« Solidarité-Deuil d'enfant est un organisme de soutien aux familles de la région de
Québec ayant à affronter le décès d'un enfant. » Il offre des groupes de soutien, des activités d'information, des conférences, des films, des brochures ainsi qu'un service d'écoute
téléphonique et de référence vers des ressources spécialisées.

Tel-aide
dg@telaide.org   Ligne d'écoute : 514 935-1101
www.telaide.org

Service d'écoute téléphonique 24 heures par jour, 7 jours par semaine.

La mort
Encrevé-Lambert, Marie-Hélène
Paris : Bayard, 2003. 143 p.
(La vie de famille : des repères pour vivre avec vos enfants de 0-7 ans)

Comment répondre à un enfant qui nous interroge sur la mort ? Quand il est touché par
la mort d'un proche, l'enfant a besoin d'être écouté, entendu et rassuré.

La mort pour de faux et la mort pour de vrai
Castro, Dana
Paris : Albin Michel, 2000. 202 p. (Questions de parents)

L'enfant est sans cesse confronté à la mort dans les médias, dans les contes, dans ses jeux
ou dans sa vie personnelle. À quel âge l'enfant découvre-t-il la notion de la mort ? Quand
commence-t-il à avoir peur de la mort ? Quand la perte devient-elle douloureuse ? Comment comprendre ses réactions, ses émotions ? Pour aider les parents à parler de la mort
avec leurs enfants.

Parents : comment parler de la mort avec votre enfant ?
Oppenheim, Daniel
Bruxelles : De Boeck, 2007. 168 p. (Parentalités)

Le questionnement sur la mort quand on est un enfant ou un adolescent, cela fait partie du développement normal. Souvent un événement comme une maladie grave ou la fin de vie ou la mort d'un être cher enclenche les discussions. L'auteur vient en aide aux parents en leur transmettant dans cet ouvrage sa riche expérience de dialogue avec les enfants et les parents sur la mort. Entre autres : « Comment l'enfant pense à la mort ; Comment discuter avec un enfant, en général et précisément de la mort ; Comment discuter de la mort, à venir ou advenue, d'un proche ; Comment aider l'enfant à se situer dans ces situations difficiles ; Comment discuter avec lui de celui qui est mort ; Comment l'aider à traverser la période du deuil. Un chapitre est consacré à la situation particulièrement difficile de l'enfant qui peut mourir. La maladie grave ou la mort d'un frère ou d'un parent sont aussi discutées. » D. Oppenheim est l'auteur de *Dialogues avec les enfants sur la vie et la mort*, Seuil, 2000.

Parler de la mort à un enfant
Mareau, Charlotte
Levallois-Perret (France) : Studyrama, 2007. 109 p. (Éclairages)

Pourquoi est-ce si difficile de parler de la mort à son enfant ? Entre le désir de le protéger et la nécessité de ne pas le laisser sans réponses, comment aborder le sujet et trouver les bons mots ? Cet ouvrage vous incite à dépasser vos craintes de parent et à engager la discussion sur un sujet qu'il serait néfaste de vouloir éviter. Il propose de nombreux conseils pour mieux vivre les situations de deuil et aborder plus posément les questions que se pose votre enfant sur la mort d'autrui et sur la sienne.

Capucine et Lupin, pour toujours   3 ans+
Levert, Mireille
Saint-Lambert (Québec) : Dominique et Compagnie, 2008. 30 p.

Capucine la fée arrosoir et Lupin son petit chien abeille s'aiment et vivent heureux. Un matin, Lupin ne se réveille pas, Capucine est triste et pleure beaucoup. Avec le temps, sa peine s'apaise. Un album sur la force de l'amour, la mort et le deuil.

Si on parlait de la mort   3 ans+
Dolto-Tolitch, Catherine
Paris : Gallimard Jeunesse, 2006. 12 p. (Mine de rien) (Giboulées)

Des réponses simples aux questions des tout-petits sur la mort. Pour les aider à vivre leur deuil et à exprimer leur tristesse. Une collection pour expliquer aux petits « ce qui se passe en eux et autour d'eux ».

Bonjour madame la mort   4 ans+
Teulade, Pascal
Paris : L'École des Loisirs, 2000. 35 p. (Pastel) (Lutin poche)

Dans ce conte, la mort prend l'allure d'une personne. Elle va visiter une vieille dame de 99 ans qui vit seule avec quelques animaux. Elles deviennent amies et, quand la vieille dame s'aperçoit qu'elle va mourir, elle est calme, elle n'a pas peur car elle a apprivoisé la mort.

Couleur chagrin   4 ans+
Brami, Elisabeth
Paris : Gautier-Languereau, 2001. 24 p.

Comment consoler un enfant à la disparition d'un être cher, comment lui expliquer la
mort ? Peut-on un jour se débarrasser d'un gros chagrin ? Un texte court et poétique.
« L'auteur ne cherche pas à atténuer la douleur, mais à l'exprimer. »

Ma meilleure amie   4 ans+
Tibo, Gilles
Montréal : Québec Amérique, 2007. 40 p.

À l'hôpital, un enfant malade décide d'apprivoiser la Mort parce qu'elle lui fait peur.
Cette mort qui parfois quitte les lieux en apportant quelqu'un avec elle. Il lui parle de
plus en plus souvent, elle devient son amie. Un jour, la Mort part sans lui, en lui laissant
la vie. Un très beau texte pour parler de la mort avec les enfants.

Paradis   5 ans+
Gibert, Bruno
Paris : Autrement Jeunesse, 2007. 46 p.

« Et tout le monde y va au paradis ? Oui, tout le monde… » et autres questions d'enfants
sur la mort et ce qui se passe après.

Simon et le chasseur de dragons   5 ans+
Chartray, Pierre et Sylvie Rancourt
Montréal : Éditions du CHU Sainte-Justine, 2008. 35 p.

Cet album, c'est l'histoire de deux frères. L'aîné est atteint d'une maladie incurable et le
plus jeune cherche un moyen de combattre les dragons qui brûlent les poumons de son
frère. Les auteurs traitent avec délicatesse et grande sensibilité de la perte d'un être cher,
que ce soit une mère, un grand-père, ou, comme ici, un frère, du deuil qui s'ensuit…et
de la vie qui continue. Simon et le chasseur de dragons est un texte à la fois émouvant et
bouleversant, dans lequel les parents trouveront une façon d'aborder avec leur enfant la
question du deuil.

C'est quoi mort ?   6 ans+
De Solminihac, Olivier
Paris : L'École des Loisirs, 2003. 39 p. (Mouche)

Un petit garçon apprend que le poisson rouge de son amie Marilyn est mort. En revenant
à la maison, il s'étonne des histoires que les parents racontent quand les gens disparaissent. Alors il questionne son père sur le sort d'oncle Émile et de grand-mère : « ils doivent
être morts aussi ».

Le petit livre de la mort et de la vie   6 ans+
Saulière, Delphine
Paris : Bayard jeunesse, 2005. 43 p.
(La collection des petits guides pour comprendre la vie)

La mort fait partie de la vie et lui donne tout son sens. Avec ce guide, l'auteur veut donner
aux enfants un message d'espoir, les amener à réfléchir et à parler sur ce thème, qu'ils
soient ou non confrontés à un deuil. « Pour dénouer des sentiments d'angoisse et de
tristesse, rien ne remplace le dialogue. »

Tu existes encore
6 ans+
Lenain, Thierry
Paris : Syros, 2005. 21 p.

« Un poème sensible pour exprimer sa peine face à la perte d'un être cher dont la présence est toujours perceptible dans le cœur de celui qui se souvient. » Accompagné de photos émouvantes en noir et blanc.

Le fil de la vie
7 ans+
Lemieux, Jean
Montréal : La courte échelle, 2004. 63 p. (Premier roman)

FX Bellavance, 8 ans, apprend que « la vie ne tient qu'à un fil » parce que sa tante vient de mourir à la suite d'un accident. Les adultes qui l'entourent lui parle de l'âme, de la vie, des difficultés, des bonheurs, on l'aide à apprivoiser la mort.

Boule de rêve
8 ans+
Thouin, Lise
Montréal : Fondation Boule de rêve, 2002. 40 p.

L'histoire du dauphin Boule de rêve qui se métamorphose. Deux petites ailes poussent sur son dos et il se sent attiré vers un monde inconnu mais merveilleux. Un livre pour apprivoiser la mort. Accompagné d'un disque compact (46 min.).

Des souvenirs pour la vie
8 ans+
Jacques, Josée
Montréal : Fides, 2003. 49 p.

L'auteur, psychologue, a conçu ce cahier d'activités pour aider les enfants en deuil. Tout au long du livre, l'enfant est amené à comprendre et à exprimer ses réactions, ses émotions face à la perte d'un être cher. Favorise la discussion avec un adulte. Cet ouvrage peut être utilisé autant à la maison, qu'en garderie, à l'école, en milieu hospitalier, etc. Chaque activité est accompagnée d'un court texte sur le deuil qui s'adresse à l'enfant.

Faut-il avoir peur de la mort ?
8 ans+
Delacampagne, Christian
Paris : Éditions Louis Audibert, 2002. 45 p. (Brins de philo)

Des réflexions et des éléments de réponse aux questions que se posent les enfants et les jeunes adolescents sur la mort. La collection « Brins de philo » s'adresse aux 8-13 ans et à leurs parents pour les aider à affronter certaines situations et à répondre à des questions délicates.

La vie et la mort
8 ans+
Labbé, Brigitte et Michel Puech
Toulouse : Milan, 2005. 43 p. (Les goûters philo)

Pour aider les enfants à réfléchir sur la mort et aussi sur la vie, parce que tout ce qui vit, meurt. « Les goûters philo », c'est une série de petits livres pour aider les enfants âgés de plus de 8 ans à réfléchir.

Jours de deuil : la mort, rites et coutumes
9 ans+
Ganeri, Anita
Montréal : École active, 1999. 30 p. (Les âges de la vie)

Les rites et coutumes de la mort et du deuil vus à travers les grandes religions : hindouïsme, judaïsme, bouddhisme, christianisme, sikhisme, islamisme.

Pourquoi on meurt ?   9 ans+
De Guibert, Françoise et Marie-Sabine Roger
Paris : Autrement Jeunesse, 2001. 48 p. (Autrement junior)

La mort est tabou, mais on en parle partout : dans la vie, à la télévision, dans les films, les jeux vidéo, etc. Des réponses aux questions des enfants lorsqu'ils entendent parler de la mort pour vrai. Un dossier présenté sous forme de textes, d'exemples, d'anecdotes, d'extraits de livres, etc.

La mort expliquée à ma fille   11 ans+
Huisman-Perrin, Emmanuelle
Paris : Seuil, 2002. 61 p.

Pour expliquer la mort aux jeunes adolescents, sous forme de dialogues. « Dialoguer avec un enfant sur la mort peut être une des meilleures façons de se tenir au plus près de la vie en tentant de faire reculer le silence et l'angoisse. »

La Mort, pourquoi on n'en parle pas ?   11 ans+
Allemand-Baussier, Sylvie
Paris : De la Martinière Jeunesse, 2008. 103 p. (Oxygène)

Quand un parent ou un ami meurt, la mort nous laisse démunis, sans voix. À quoi sert la mort ? Où va l'esprit quand le corps cesse de vivre ? Est-ce grave si on ne pleure pas ? Comment surmonter sa peine ? etc. Un livre pour aider les jeunes à accepter la réalité de la mort, parce qu'elle est une étape normale de la vie. « Oxygène » est une collection qui est conçue pour aider les adolescents à apprivoiser et dédramatiser ce qu'il vivent au quotidien.

Accompagner les enfants lors d'un décès dans la famille
Solidarité – Deuil d'enfant
www.sdequebec.ca/publications/texte3.asp

Conseils pour aider les enfants et les adolescents à faire face au décès d'une personne de leur entourage immédiat.

La Gentiane
Coopératives funéraires du Québec
http://lagentiane.org

Conseils de base, suggestions de lectures, textes choisis, témoignages, etc. Le site offre aussi des forums d'entraide : Deuil en général, Deuil d'enfant et Étape créatrice pour ceux qui ont avancé dans leur deuil et sont prêts à investir dans la « reconstruction ».

L'aide aux personnes en deuil
Le Repos Saint-François d'Assise
www.rsfa.ca/contenu/fr/deuil/index.php

Série de textes sur différentes formes de deuil. Deuil d'un enfant, d'un parent, suite à un suicide, suite à une longue maladie.

L'enfant et la mort
PetitMonde
www.petitmonde.com/iDoc/Article.asp?id=4952

Comment réagissent les jeunes enfants devant la mort d'un proche ? Comment parler de la mort avec un jeune enfant ?

Perdre un enfant
Mamanpourlavie.com
www.mamanpourlavie.com/fr/editoriaux/statique/editoriaux_1319.html

Entrevue avec une psychologue. Les étapes du deuil ; Est-ce que le père et la mère vivent le deuil de la même façon ; Comment les aider à traverser cette épreuve ; Quoi dire aux autres enfants…

Vous voulez aider une personne en deuil ?
Solidarité – Deuil d'enfant
www.sdequebec.ca/publications/pub1.asp

Texte permettant de mieux comprendre ce que vivent les personnes en deuil et à trouver quelques pistes pour les soutenir dans leur épreuve.

C'est comme ça : jeux, peines et paroles d'enfants
Martin, Natalie, réalisation, recherche et scénarisation
Montréal : Office national du film du Canada, 2000. 1 DVD (26 min.)

« Réflexions sur la mort par des enfants qui ont vécu le décès d'un proche et par d'autres qui l'imaginent. » Tiré de CHOIXmédia
Disponible chez : : ONF, tél. : 514 283-9000 ou 1 800 267-7710
www.onf.ca/collection/films/fiche/ ?id=50326

MORT D'UN AMI

Voir aussi : Mort/Deuil, Mort d'un enfant

Parent étoile
questions@parent-etoile.com　　　　　　　　　 ☎ 514 947-0606
www.parent-etoile.com

Ateliers pour enfants endeuillés. « Chaque groupe fermé accueille au maximum 8 enfants de 6 à 12 ans. Le parcours d'un groupe comporte 10 rencontres de 2 heures chacune. Les intervenants travaillent avec le dessin, le bricolage, le jeu, etc. Chaque soirée porte sur un thème : les peurs, la tristesse, la culpabilité, la colère. Chaque enfant choisira une peluche qu'il ramènera à la maison à la fin de la session. »

La grande nuit d'Anne-Sophie   3 ans+
Coran, Pierre
Paris : Père Castor Flammarion, 2001. 24 p.

Anne-Sophie a eu un grave accident, elle s'est fait frapper par une auto. La maîtresse l'annonce aux enfants en classe et tous les amis comprennent qu'Anne-Sophie ne reviendra plus à l'école. Son tablier est accroché à son porte-manteau et son souvenir reste dans le cœur des enfants.

Au revoir Blaireau   4 ans+
Varley, Susan
Paris : Gallimard Jeunesse, 2006. 46 p. (Folio benjamin)

Blaireau doit mourir mais il n'est pas triste. Ce qui le dérange le plus, c'est la peine de ses amis Lapin, Taupe, Grenouille. Livre et CD.

Le vieil ours s'en va   5 ans+
Weigelt, Udo
Zurich : Nord-Sud, 2003. 25 p. (Un livre d'images Nord-Sud)

Le vieil ours est très malade. Tous les animaux se réunissent pour lui dire au revoir. L'ours parle à ses amis de sa conception de la mort et du souvenir qui restera dans le cœur de ses amis.

L'étoile de Léa   5 ans+
Dubois, Claude K.
Namur (Belgique) : Mijade, 2002. 29 p.

Léa ne retourne plus à l'école parce qu'elle est très malade. Elle est hospitalisée et son ami Baptiste vient la voir souvent. Le soir où Léa meurt, Baptiste trouve qu'il y a beaucoup plus d'étoiles dans le ciel, dont une très lumineuse.

Au revoir Camille   6 ans+
Desrosiers, Sylvie
Montréal : La courte échelle, 2001. 62 p. (Premier roman)

Camille, le meilleur ami de Thomas, a la leucémie. Tout au long du récit de Thomas, on suit l'évolution de la maladie et on apprend avec tristesse que Camille ne survivra pas. Thomas va le voir souvent et ne sait pas toujours quoi lui dire. Il est triste et s'interroge sur la mort. Après la mort de son ami, il accepte de vivre son deuil et tranquillement la vie reprend son cours.

Nicolas s'en va pour toujours   7 ans+
David, Morgane
Paris : Hatier, 2006. 25 p. (Éthique et toc !)

Un album qui aborde la maladie, la mort et l'absence. Un petit garçon explique comment son ami s'est envolé vers la lune parce que les médecins n'ont pu guérir sa maladie. Le droit à la différence et le devoir d'accepter l'autre sont les messages véhiculés par cette collection. Les textes permettent aux parents d'amorcer le dialogue avec leurs enfants sur des sujets difficiles à aborder (handicap, mort, etc.).

Le seul ami 8 ans+
Meunier, Sylvain
Montréal : La courte échelle, 2002. 93 p. (Roman jeunesse)

Après l'école, Germain va visiter Michel qui est toujours tout seul chez lui parce qu'il est très malade. Il est toujours disponible parce que Germain est son seul ami. Mais l'état de Michel s'aggrave, il va bientôt mourir. Germain n'ose plus aller le voir parce que l'idée de la mort le gêne. Il ira tout de même de le visiter.

Mon amie pour la vie 12 ans+
Wilson, Jacqueline
Paris : Gallimard, 2004. 190 p. (Folio junior)

Jade et Vicky sont inséparables. Aussi, lorsque Vicky est renversée par une voiture, Jade ne peut pas croire que sa meilleure amie soit vraiment disparue. Un roman sur la perte d'un être cher.

L'envers de la vie 13 ans+
Julien, Susanne
Saint-Laurent (Québec) : Pierre Tisseyre, 2007. 166 p. (Faubourg Saint-Rock)

Apprenant qu'Antoine, le meilleur ami de son frère, souffre du sida, Sonia entreprend de lui rendre visite à l'hôpital pour lui remonter le moral, persuadée qu'il va guérir. Hélas, les choses ne se passent pas aussi bien. Antoine va mourir. L'adolescente sortira plus mature de cette expérience.(Édition réactualisée, première édition parue en 1991).

MORT D'UN ANIMAL

Voir aussi : Mort/Deuil

Le petit oiseau de Jules est mort 3 ans+
Lamblin, Christian
Paris : Nathan, 2002. 21 p. (Croque la vie)

Jules trouve un petit oiseau, le ramène à la maison, le soigne, mais l'oiseau meurt. Ses parents le consolent. Accompagné d'un livret-parent.

Mon chien Gruyère 3 ans+
Nadon, Yves
Laval (Québec) : Les 400 coups, 2006. 30 p. (Carré blanc)

Un petit garçon raconte comment son chien est mort doucement auprès de lui. Il se rappelle leurs promenades, leurs discussions, leurs câlins. Jamais il ne l'oubliera et si jamais un jour il a un autre chien, il lui parlera de Gruyère.

Le chien de Max et Lili est mort 6 ans+
de Saint-Mars, Dominique
Fribourg : Calligram, 2005. 45 p. (Max et Lili)

Pluche, le chien de Max et Lili, est mort. Les enfants sont tristes, ils en parlent avec leurs parents et leurs amis. Ils organisent un enterrement pour lui rendre hommage. À la fin, la section « Et toi ? » a pour but de faire réfléchir les enfants sur le thème.

Ma Babouche pour toujours   7 ans+
Gauthier, Gilles
Montréal : La courte échelle, 2002. 62 p. (Premier roman) (Babouche)

Carl·a perdu Babouche, sa chienne adorée. Personne n'arrive à le consoler et il se pose bien des questions sur la signification de la mort. Heureusement, sa mère et son meilleur ami le réconfortent.

Mon chien est mort   7 ans+
Englebert, Éric
Paris : Grasset jeunesse, 2008. 45 p. (Les petits bobos de la vie)

Ce n'est pas évident d'accepter la mort d'un animal qu'on aime. Ce livre pour expliquer, comprendre et accompagner le deuil, fait partie d'une collection pour aider les enfants à dédramatiser les événements de la vie qui les angoissent.

Monsieur Édouard et mademoiselle Jasmine   8 ans+
Vanier, Lyne
Saint-Laurent (Québec) : Pierre Tisseyre, 2008. 87 p. (Papillon)

La chatte Mademoiselle Jasmine ne va pas bien du tout, elle n'en a plus pour longtemps, mais Édouard l'aime trop pour la laisser partir. Dès qu'il entend le mot euthanasie, il fait tout ce qu'il peut pour la sauver. Mais Jasmine peut-elle réellement être sauvée ? Le veut-elle vraiment ? Il apprendra que dans la vie, certaines épreuves sont inévitables et qu'on arrive à les surmonter.

Comment annoncer la mort d'un animal de compagnie aux enfants
Association canadienne des médecins vétérinaires
www.santeanimale.ca/kidscontent.asp?id=13

Conseils aux parents sur la façon d'annoncer aux enfants la perte d'un animal domestique.

La mort d'un animal familier : les sentiments et les réactions de mon enfant
Fondation Investir dans l'enfance
www.investirdanslenfance.ca/DisplayContent.aspx?name=death_of_a_pet :
_childrens_distress

Comment réagissent les jeunes enfants lors du décès de leur animal préféré ? Comment aider l'enfant à surmonter cet événement ?

La mort d'un animal familier : aider mon enfant à la surmonter
Fondation Investir dans l'enfance
www.investirdanslenfance.ca/DisplayContent.aspx?name=death_of_a_pet :
_helping_your_child_cope

Comment intervenir auprès d'un enfant qui a perdu son animal de compagnie.

MORT D'UN ENFANT

Voir aussi: Deuil périnatal, Mort/Deuil, Mort subite du nourrisson

Les amis compatissants du Québec
Secrétariat   ✆ (boîte vocale): 514 933-5791
257, rue Sherbrooke
Beaconsfield (Québec) H9W 5S4
aide@amiscompatissants.org
www.amiscompatissants.org

Groupe d'entraide pour les parents ayant perdu un enfant. Les Amis compatissants ont aussi des dépliants informatifs sur le deuil ainsi que des livres et des cassettes audio. Il y a plusieurs sections régionales.

Les parents endeuillés de Leucan
5800, rue Saint-Denis, bureau 505   ✆ 514 731-3696
Montréal (Québec) H2S 3L5   ✆ sans frais: 1 800 361-9643
info@leucan.qc.ca   🖳 514 731-2667
www.leucan.qc.ca

Leucan offre différents services aux familles dont l'enfant est décédé d'un cancer: accompagnement, rencontres mensuelles d'échanges pour les parents, groupes de fin de semaine pour les couples, groupes de fin de semaine pour les mamans, suivi téléphonique, rencontres individuelles, référence pour intervention psychologique, cérémonie commémorative annuelle.

Solidarité-Deuil d'enfant
Case Postale 9309   ✆ 418 990-0435
Sainte-Foy (Québec) G1V 4B5
sdequebec@bellnet.ca
www.sdequebec.ca

«Solidarité-Deuil d'enfant est un organisme de soutien aux familles de la région de Québec ayant à affronter le décès d'un enfant.» Il offre des groupes de soutien, des activités d'information, des conférences, des films, des brochures ainsi qu'un service d'écoute téléphonique et de référence vers des ressources spécialisées.

À ce soir
Adler, Laure
Paris: Gallimard, 2003. 185 p. (Grandir)

Une mère nous livre son témoignage 17 ans après le décès de son petit garçon Rémi, mort d'insuffisance respiratoire à 9 mois . Son récit est celui d'une vie qui ne sera jamais plus comme avant parce qu'il y a une douleur qui reste en soi, qu'on maîtrise la plupart du temps, mais qui refait surface à l'improviste.

Jusqu'au bout de ta courte vie : l'histoire de six jeunes héros et de leurs parents endeuillés
Laplante, Francine
Montréal : La Presse, 2008. 168 p.

Jusqu'au bout de ta courte vie est un recueil de six histoires, celles de six enfants de divers âges vaincus par le cancer. C'est aussi les témoignages des parents qui les ont accompagnés jusqu'au bout de leur trop courte vie. C'est un livre d'espoir, un outil pour les parents et la famille d'un enfant atteint de cancer, pour ceux qui les accompagnent et les familles en deuil d'un enfant. Les témoignages qu'on y trouve sont apaisants et réconfortants. Par exemple : « Nous avons passé par là et nous avons survécu. Vous pouvez aussi y arriver. Vous allez vous en sortir. »

La mort de Lara
Consigny, Thierry
Paris : Flammarion, 2006. 89 p.

Témoignage de l'auteur sous forme de récit à la troisième personne. Sa petite fille Lara meurt à 4 ans, noyée. Cet accident plonge ses frères, sa sœur et ses parents dans la souffrance, dans le deuil si difficile à faire. Quelques années après, son père reconstitue les événements autour de l'accident de sa petite fille, il aborde avec sobriété tous les sentiments vécus et éprouvés par la famille. Un livre à la fois touchant et apaisant.

La mort d'un enfant : fin de vie de l'enfant, le deuil des proches
Hanus, Michel et al.
Paris : Vuibert, 2006. 368 p. (Espace éthique)

La mort est douloureuse pour les proches. Elle fait naître des sentiments comme l'abandon, la tristesse, l'angoisse, le regret, la révolte, la colère, la culpabilité et même parfois le soulagement. La mort d'un enfant est le paroxysme de la douleur et de ces pénibles sentiments. La mort d'un enfant est difficile également pour ceux qui se sont occupés de lui, comme les équipes soignantes qui ont accompagné sa fin de vie et la souffrance de ses parents. L'auteur donne, avec ce livre, la parole à tous ces acteurs concernés : parents, intervenants et associations (qui viennent de Belgique, de France, du Québec et de Suisse).

La mort et l'enfant : souvenirs, lettres, témoignages
Kübler-Ross, Elisabeth
Genève : Tricorne, 1986. 196 p.

À travers témoignages et souvenirs, Elisabeth Kübler-Ross, grâce à son expérience inestimable de travail avec les mourants, tente de répondre à ces questions : Comment aider les proches à vivre la mort d'un enfant malade, accidenté, disparu, assassiné, suicidé ? Est-ce que les enfants malades traversent les mêmes étapes que les adultes à la dernière phase de la maladie ? Se rendent-ils compte que la mort approche ? Comment aider les enfants mourants ? Livre épuisé mais disponible dans les bibliothèques publiques.

Le cadeau d'Hannah
Housden, Maria
Paris : Pocket, 2006. 241 p.

Une mère raconte l'histoire de la maladie de sa petite fille de 3 ans, atteinte d'un cancer du rein. Un livre où « on y apprend à vivre le moment présent, à dépasser sa peur, à apprécier et savourer et à échapper à tout besoin de perfection ».

L'enfant et la mort : problèmes de la Clinique du deuil
Raimbault, Ginette
Paris : Dunod, 2005. 203 p. (Enfances)

Cet ouvrage nous livre des pensées, des contes, des rêves d'enfants malades qui vont mourir. Paroles ou pensées qui ne sont pas souvent entendues par les adultes qui se ferment à la réalité. Voir aussi du même auteur *Lorsque l'enfant disparaît*, Odile Jacob (1999). Dans ce livre, l'auteur trace l'itinéraire psychique du deuil à travers des témoignages de créateurs (Victor Hugo, Gustav Mahler, Eric Clapton, etc.).

L'enfant éternel
Forest, Philippe
Paris : Gallimard, 1998. 398 p. (Folio)

L'auteur raconte, sous forme romancée, l'histoire de sa petite fille Pauline morte à 4 ans d'un cancer. On y voit le couple, la famille qui se débat dans la tourmente et l'immense difficulté à faire son deuil. Voir du même auteur, chez le même éditeur *Tous les enfants sauf un* (2007). Dix ans plus tard, il écrit cet ouvrage de réflexion sur la maladie et la mort de l'enfant.

Oscar et la dame rose
Schmitt, Éric-Emmanuel
Paris : Albin Michel, 2002. 132 p.

Marie-Rose, bénévole dans un hôpital pour enfants, a noué une relation particulière avec Oscar qui est très malade. Rien ne vient à bout de son cancer ; celui-ci résiste à toutes les interventions. Pour l'aider à affronter ses derniers jours, elle l'invite à écrire des lettres à Dieu, même s'il n'est pas certain d'y croire. Comme ça, il sera moins seul et il pourra crier sa révolte à quelqu'un qui l'entendra s'il y croit. Elle va l'aider à se réconcilier avec lui-même et à accepter sa fin prochaine.

Quand je serai grand, je serai guéri !
Bruneau, Pierre
Outremont : Publistar, 2004. 253 p.

Le témoignage d'un père qui a perdu son fils, Charles Bruneau, après neuf années de lutte contre la leucémie.

Vivre après la mort de son enfant : des parents témoignent
Gril, Josette
Paris : Albin Michel, 2007. 304 p.

L'auteur a recueilli le témoignage de 15 parents, hommes ou femmes, de divers milieux, de tous âges, qui ont perdu leur enfant par accident, maladie ou suicide ; depuis peu pour certains, depuis longtemps pour d'autres. Comment est-il possible de poursuivre sa vie après un tel choc ?

Falikou   5 ans+
Loëdec, Catherine
Paris : Le Buveur d'encre, 2006. 25 p.

Un conte métaphorique écrit par une mère à son petit garçon malade qui va bientôt
mourir. C'est l'histoire de Falikou qui trouve un chemin qui pourrait le mener loin de
son village ; c'est la première fois qu'une telle idée lui vient en tête. L'idée de quitter ce
qu'il connait si bien l'inquiète. Le soir venu, il en parle à ses parents ; est-ce que sa famille
va l'oublier pour toujours, s'il part ? Est-ce qu'il sera remplacé par un autre enfant ? Ses
parents répondent à ses questions sans lui faire peur, mais surtout sans lui mentir.

La chambre vide   6 ans+
Tibo, Gilles
Saint-Lambert (Québec) : Soulières, 2005. 56 p. (Ma petite vache a mal aux pattes)

Un petit frère et ses parents pleurent abondamment la mort subite du grand frère à la suite
d'un accident de voiture. L'automobiliste qui a causé l'accident et sa famille vivent constamment dans le regret. La vie ne reprend pas son cours pour personne. Le chagrin s'estompera
avec le pardon et l'acceptation, et la vie reprendra son cours avec ses petits bonheurs.

Le grand voyage de Monsieur   6 ans+
Tibo, Gilles
Saint-Lambert (Québec) : Dominique et Compagnie, 2001. 32 p.

Un papa qui a perdu son fils part, laisse tout derrière lui pour faire le tour du monde,
pour oublier. Il rencontre un enfant de la guerre qui lui aussi a tout perdu. Ils partent
ensemble pour de nouveaux horizons. Texte court et poétique.

La visite de Petite Mort   7 ans+
Crowther, Kitty
Paris : L'École des Loisirs, 2004. 24 p. (Pastel)

Petite Mort est toujours accueillie avec tristesse par les gens qu'elle va chercher pour les
amener dans son royaume. Mais un jour, elle va chercher Elsewise, petite fille très malade,
qui l'attend avec le sourire. Pour elle, Petite Mort est une délivrance, elle est prête pour
une autre vie.

Christophe au grand cœur   8 ans+
Loignon, Nathalie
Saint-Lambert (Québec) : Dominique et Compagnie, 2000. 76 p. (Roman vert)

Christophe est très malade, il a un cœur trop petit. Il vit entre l'hôpital et la maison, il
ne peut pas s'amuser, il attend un nouveau cœur. Seule une transplantation peut le sauver.
Mais le bon donneur n'arrive pas à temps. Un livre qui aborde le thème de la mort de
l'enfant.

Les étoiles ne meurent pas   9 ans+
Asselin, Micheline
Sherbrooke : Éditions Benjamin, 2004. 112 p.

Denis, 12 ans, est atteint d'un cancer depuis quelques années et il sait qu'il ne vivra plus
très longtemps. Il est en visite chez son grand-père ; ensemble ils parlent de la vie, de la
mort et livrent à leurs lecteurs un message d'espoir. L'auteur a écrit ce livre après avoir

côtoyé des enfants comme bénévole à l'Hôpital Sainte-Justine. Auparavant, sa fille Isabelle est morte à 13 ans, frappée par une auto. Avec cette épreuve, elle a approfondi sa réflexion sur la mort, réflexion amorcée il y a plusieurs années, après le décès de plusieurs personnes chères. De cette réflexion est né ce récit qui, souhaite-t-elle, aidera des enfants ou des adultes dans le deuil. À lire avec des enfants à partir de 9-10 ans.

À la vie, à la…   11 ans+
Roger, Marie-Sabine
Paris : Nathan, 2005. 98 p.

Un petit garçon devine qu'il va mourir. Nous assistons à son dialogue intérieur, à ses rêveries, partageons ses mots et expressions inventées. Ses proches sont là pour l'aimer.

La Gentiane
Coopératives funéraires du Québec
http://lagentiane.org

Conseils de base, suggestions de lectures, textes choisis, témoignages, etc. Le site offre aussi des forums d'entraide : Deuil en général, Deuil d'enfant et Étape créatrice pour ceux qui ont avancé dans leur deuil et sont prêts à investir dans la « reconstruction ».

L'aide aux personnes en deuil
Le Repos Saint-François d'Assise
www.rsfa.ca/contenu/fr/deuil/index.php

Série de textes sur différentes formes de deuil. Deuil d'un enfant, d'un parent, à la suite d'un suicide, d'une longue maladie…

Le décès d'un enfant pour le parent. Guide d'assistance aux parents
Unité des soins intensifs, Hôpital Charles Lemoyne
www.hclm.qc.ca/wmfichiers/Deuil_guide_v4.pdf

Qu'est-ce que le deuil ? Particularités du deuil d'un parent qui perd un enfant. Que faire pour s'aider comme parent ? Comment les proches et les amis peuvent-ils aider un parent en deuil ? Quand demander de l'aide ?

Perdre un enfant
Mamanpourlavie.com
www.mamanpourlavie.com/fr/editoriaux/statique/editoriaux_1319.html

Entrevue avec une psychologue. Les étapes du deuil ; est-ce que le père et la mère vivent le deuil de la même façon ; comment les aider à traverser cette épreuve ; quoi dire aux autres enfants…

À toute épreuve
Savard, Caroline et Patrick St-Pierre, réalisateurs
Laterrière (Québec) : Productions Plein Vent, 2005. 1 DVD (60 min)

« Poursuivre sa vie après le décès d'un enfant c'est difficile, imaginez deux… C'est ce qu'a vécu Pierre Lavoie. Laurie et Raphaël sont tous les deux morts de l'acidose lactique, une maladie génétique spécifique à la région du Saguenay-Lac-St-Jean. Mais au lieu de se laisser abattre, Pierre a plutôt décidé de combattre. Grâce à ses efforts, le gène de l'acidose lactique est maintenant trouvé. Paradoxalement, même s'il est porteur du gène d'une maladie mortelle, Pierre Lavoie est un athlète de haut niveau. Double champion du monde Master 40-44 ans, il a participé huit fois à l'épreuve physique la plus difficile au monde, l'Ironman d'Hawaii. » Tiré de CHOIXmédia.

Disponible chez : Productions Plein vent
www.eventsonline.ca/events/atoute_epreuve

MORT D'UN FRÈRE/D'UNE SŒUR

Voir aussi : Mort/Deuil, Mort d'un enfant

Parent étoile
questions@parent-etoile.com   ☏ 514 947-0606
www.parent-etoile.com

Ateliers pour enfants endeuillés. « Chaque groupe fermé accueille au maximum 8 enfants de 6 à 12 ans. Le parcours d'un groupe comporte 10 rencontres de 2 heures chacune. Les intervenants travaillent avec le dessin, le bricolage, le jeu, etc. Chaque soirée porte sur un thème tel : les peurs, la tristesse, la culpabilité, la colère. Chaque enfant choisira une peluche qu'il ramènera à la maison à la fin de la session. »

L'enfant face à la mort d'un proche : en parler, l'écouter, le soutenir
Ben Soussan, Patrick et Isabelle Gravillon
Paris : Albin Michel, 2006. 130 p. (C'est la vie aussi)

Quand un enfant est concerné par la mort d'un proche, trop vouloir le protéger rend son deuil plus difficile. Pourtant les adultes doivent accompagner l'enfant dans cette épreuve. « Ce livre répond aux questions les plus fréquentes de l'entourage : Faut-il lui dire la vérité lorsqu'on sait la personne condamnée ? Que faire s'il refuse d'aller à l'hôpital ou même de parler du malade ? Comment organiser la vie durant cette période troublée ? Comment lui annoncer la mort ? Doit-il aller à l'enterrement ? Le psy est-il un passage obligé ?… »

**L'enfant, la maladie et la mort : la maladie et la mort
d'un proche expliquées à l'enfant**
Jacquet-Smailovic, Murielle
Bruxelles : De Boeck, 2007. 178 p. (Comprendre)

Comment l'enfant traverse-t-il la difficile période de la maladie grave d'un proche, père, mère, frère, sœur ou grand-parent ? Quelles sont ses difficultés, ses peines, ses itinéraires psychiques ? L'auteur propose des outils théoriques et pratiques pour accompagner les enfants durant cette période difficile. Pour les intervenants, mais également intéressant pour les parents.

Simon et le chasseur de dragons   5 ans+
Chartray, Pierre et Sylvie Rancourt
Montréal : Éditions du CHU Sainte-Justine, 2008. 35 p.

Cet album, c'est l'histoire de deux frères. L'aîné est atteint d'une maladie incurable et le plus jeune cherche un moyen de combattre les dragons qui brûlent les poumons de son frère. Les auteurs traitent avec délicatesse et grande sensibilité de la perte d'un être cher, que ce soit une mère, un grand-père, ou, comme ici, un frère, du deuil qui s'ensuit…et de la vie qui continue. Simon et le chasseur de dragons est un texte à la fois émouvant et bouleversant, dans lequel les parents trouveront une façon d'aborder avec leur enfant la question du deuil.

Où es-tu parti ?   5 ans+
Afano, Laurence
Bruxelles : Alice Jeunesse, 2006. 24 p. (Histoires comme ça)

« C'était un dimanche. Ce jour-là, tu t'es cogné la tête. On m'a dit que tu ne te relèverais plus, mais je n'ai pas bien compris. » Comment parler de la mort aux enfants ? Dans cet album, une petite taupe perd son grand frère. L'auteur raconte son quotidien à la suite de ce douloureux événement : les réveils difficiles, la solitude, la tristesse des parents, l'attente de revoir son grand frère. Peu à peu, la petite taupe apprendra à vivre avec cette absence.

Éva et Lisa   6 ans+
Robberecht, Thierry
Paris : Père Castor Flammarion, 2004. 26 p.

Éva et Lisa sont deux sœurs inséparables. Un jour Lisa, l'aînée meurt. Pour Éva cette perte est énorme, il y a un grand vide dans sa vie. Peu à peu elle accepte la disparition et elle apprend à vivre sans sa sœur, sans toutefois l'oublier car elle restera dans ses souvenirs. Cet album qui traite de la mort d'un frère ou d'une sœur se termine sur une note d'espoir.

La chambre vide   6 ans+
Tibo, Gilles
Saint-Lambert (Québec) : Soulières, 2005. 56 p. (Ma petite vache a mal aux pattes)

Un petit frère et ses parents pleurent abondamment la mort subite du grand frère à la suite d'un accident de voiture. L'automobiliste qui a causé l'accident et sa famille vivent constamment dans le regret. La vie ne reprend pas son cours pour personne. Le chagrin s'estompera avec le pardon et l'acceptation et après, la vie reprendra son cours avec ses petits bonheurs.

Leïla   8 ans+
Alexander, Sue
Paris : Gallimard, 2006. 31 p. (Folio cadet)

Leïla vit au milieu du désert dans une tribu de Bédouins. Elle a six frères. L'aîné, Slimane, est le préféré de leur père, le cheik Tarik. Il est aussi le seul à pouvoir apaiser Leïla l'indomptable quand elle se rebelle. Un jour, Slimane disparaît dans l'infini des sables. Le cheik interdit désormais que son nom soit prononcé. Leïla décide de s'opposer à la volonté de son père parce qu'elle a besoin, pour faire son deuil, de parler de lui et elle veut garder le souvenir de son frère.

Mon petit frère de l'ombre   8 ans+
Masini, Béatrice
Paris : Grasset jeunesse, 2001. 89 p. (Lampe de poche)

Le petit frère de Romain est mort et ses parents ne parlent plus beaucoup de lui ; ils ont même enlevé ses photos. Mais Romain veut briser ce silence.

À la rencontre des cygnes   13 ans+
Loncke, Aurélien
Paris : L'École des Loisirs, 2008. 195 p. (Médium)

Amblin, le frère jumeau de Thimothé, meurt subitement. Pour Thimothé, c'est un deuil qui semble impossible à faire. Nous suivons le lent travail du deuil : colère, négation, tristesse et la joie qui revient avec la vie qui reprend son cours.

À peine un peu de bruit   13 ans+
Reysset, Karine
Paris : L'École des Loisirs, 2006. 167 p. (Médium)

Loïc le petit frère de Charlotte meurt subitement à 3 mois. Cet événement marque pour toujours la famille. Charlotte reste craintive face à la vie, elle anticipe les changements. Elle se raccroche à des rituels, comme la religion par exemple, elle s'occupe aussi beaucoup de sa petite sœur. Elle grandit, délaisse ses rituels, trouve d'autres moyens pour apaiser ses craintes et peu à peu elle passe de la peur à l'acceptation de la vie.

Frère   14 ans+
Van Lieshout, Ted
Genève : La Joie de lire, 2001. 219 p. (Récits)

Ce dialogue entre deux frères est un témoignage extraordinaire sur la recherche d'identité et le travail de deuil.

Nicolas   14 ans+
Girard, Pascal
Montréal : Mécanique Générale, 2006. 77 p.

Une bande dessinée où l'auteur parle de son frère qui est mort d'acidose lactique en 1990. C'est un livre sur le deuil au quotidien qui prouve que, malgré le temps qui passe, certaines blessures ne peuvent cicatriser. Il fait alterner les bons souvenirs qu'il a de moments passés avec son frère et les conséquences à très long terme de ce traumatisme.

MORT D'UN GRAND-PARENT

Voir aussi : Mort/Deuil

Parent étoile
questions@parent-etoile.com   ☏ 514 947-0606
www.parent-etoile.com

Ateliers pour enfants endeuillés. « Chaque groupe fermé accueille au maximum 8 enfants de 6 à 12 ans. Le parcours d'un groupe comporte 10 rencontres de 2 heures chacune. Les intervenants travaillent avec le dessin, le bricolage, le jeu, etc. Chaque soirée porte sur un thème : les peurs, la tristesse, la culpabilité, la colère. Chaque enfant choisira une peluche qu'il ramènera à la maison à la fin de la session. »

L'enfant face à la mort d'un proche : en parler, l'écouter, le soutenir
Ben Soussan, Patrick et Isabelle Gravillon
Paris : Albin Michel, 2006. 130 p. (C'est la vie aussi)

Quand un enfant est concerné par la mort d'un proche, trop vouloir le protéger rend son deuil plus difficile. Pourtant les adultes doivent accompagner l'enfant dans cette épreuve. « Ce livre répond aux questions les plus fréquentes de l'entourage : Faut-il lui dire la vérité lorsqu'on sait la personne condamnée ? Que faire s'il refuse d'aller à l'hôpital ou même de parler du malade ? Comment organiser la vie durant cette période troublée ? Comment lui annoncer la mort ? Doit-il aller à l'enterrement ? Le psy est-il un passage obligé ?… »

**L'enfant, la maladie et la mort : la maladie et la mort
d'un proche expliquées à l'enfant**
Jacquet-Smailovic, Murielle
Bruxelles : De Boeck, 2007. 178 p. (Comprendre)

Comment l'enfant traverse-t-il la difficile période de la maladie grave d'un proche, père, mère, frère, sœur ou grand-parent ? Quelles sont ses difficultés, ses peines, ses itinéraires psychiques ? L'auteur propose des outils théoriques et pratiques pour accompagner les enfants durant cette période difficile. Pour les intervenants, mais également intéressant pour les parents.

La mamie de Rosalie est partie   3 ans+
Poillevé, Sylvie
Paris : Flammarion, 2004. 21 p. (Histoires de grandir)

« Avec Mémé Fleur, les dimanches sont cousus de bonheur. Mais un jour, Rosalie a un gros chagrin : Mémé Fleur est partie pour toute la vie… » Quand Rosalie retourne dans le jardin, elle retrouve tous ses souvenirs. L'album se termine par le texte d'un pédopsychiatre pour aider les jeunes enfants à faire leur deuil.

Temps gris   3 ans+
Bertrand, Pierre et Sibylle Delacroix
Toulouse : Milan, 2007. 18 p.

« Quand mamie est partie, personne n'a plus rien dit. Maman était toute blanche. Papa était en gris. Le temps était à la pluie. Il pleuvait dehors. Il pleuvait dedans aussi. » Une petite fille raconte la mort de sa mamie ; c'est triste, mais la fin de l'album est source d'espoir.

La caresse du papillon   4 ans+
Voltz, Christian
Rodez (France) : Rouergue, 2005. 33 p.

Un petit garçon et son grand-père travaillent au jardin et l'enfant s'interroge sur sa grand-mère, Mamama. Où est-elle, maintenant qu'elle n'est plus là ? Elle est là, dans le jardin, lui dit son grand-père, et elle veille sur nous.

Louis a perdu sa mamie   4 ans+
Le Picard, Clara
Paris : Albin Michel, 2002. 36 p. (La vie comme elle est)

Louis a beaucoup de chagrin parce que sa grand-mère est morte. Où est-elle ? Une collection qui aborde des problèmes graves et difficiles à expliquer aux enfants. À lire avec eux.

On me cache quelque chose   4 ans+
Florian, Mélanie
Bruxelles : Alice Jeunesse, 2007. 26 p. (Histoires comme ça)

Les parents cachent un secret à la petite Suzie. Quel est-il ? Suzie, 5 ans, s'aperçoit que ses parents sont différents. Elle sent qu'ils ont du chagrin. Et puis, mamie ne l'amène plus faire de longues promenades, elle est toujours couchée. C'est elle qui réconfortera sa maman avec ses mots d'enfant.

Manon cœur citron   5 ans+
Coran, Pierre
Paris : Père Castor Flammarion, 2001. 25 p.

Le grand-papa de Manon est mort. Elle ira à la cérémonie officielle, mais décide aussi de lui faire ses adieux à sa façon.

David et le salon funéraire   6 ans+
Gravel, François
Saint-Lambert (Québec) : Dominique et Compagnie, 2005. 43 p. (Roman rouge)

David doit se rendre au salon funéraire parce que sa grand-mère est morte. Il redoute tellement ce moment qu'il en fait des cauchemars. Le moment venu, il découvre et apprivoise les lieux avec sa cousine qui est aussi craintive que lui.

Grand-père est mort   6 ans+
de Saint Mars, Dominique
Fribourg : Calligram, 1995. 45 p. (Max et Lili) (Ainsi va la vie)

Max et Lili apprennent la mort de leur grand-père. Ils sont tristes, les adultes aussi ; ils partagent émotions, peurs, tristesse. À la fin, la section « Et toi ? », est là pour aider l'enfant à réfléchir sur le thème. Une collection pour aider les enfants à résoudre les problèmes qui surviennent dans leur vie quotidienne.

La réglisse rouge de grand-maman   6 ans+
Vanier, Lyne
Saint-Laurent (Québec) : Pierre Tisseyre, 2007. 85 p. (Sésame)

« Guillaume aura bientôt 6 ans. Il attend fébrilement sa journée d'anniversaire. Mais voilà qu'on lui annonce que sa grand-maman, sa mamou adorée, est endormie à jamais. » Guillaume apprivoise peu à peu la mort. L'auteur est psychiatre, son roman est teinté d'humour et aussi de tendresse. Il favorise la discussion parents-enfants.

Les petits cailloux   7 ans+
Ribeiro, Cathy
Paris : Stock, 2005. 76 p. (Les premiers romans)

« Mort, moi, je savais ce que ça voulait dire. Enfin, mort comme on dit à l'école ou dans les jeux vidéo. Mais mort comme pépé, ça, non, je ne savais pas. » Un petit garçon livre ses sentiments après la mort de son grand-père.

Mange tes pâtes !   7 ans+
Ollivier, Mikaël
Paris : Thierry Magnier, 2003. 45 p. (Petite poche)

Le grand-papa d'Emma vient de mourir. Elle a beaucoup de questions à poser à ses parents sur la vie et la mort. Sous forme de conversations. « Si la mort est difficile à expliquer, ce n'est pas une raison pour ne pas en parler. »

Ce matin, mon grand-père est mort   9 ans+
Ressouni-Demigneux, Karim
Voisins-le-Bretonneux (France) : Rue du monde, 2003. 109 p. (Roman du monde)

Le grand-père de Coco vient de mourir. Le jeune garçon raconte tout ce qui entoure la mort, la cérémonie, le deuil, les pleurs, la réaction des membres de sa famille… Ces moments sont aussi remplis de beaux et bons souvenirs qui refont surface. « Un livre pour les petits et les grands, un ruban de tendresse qui se déroule à l'infini. »

Mes yeux menthe à l'eau   9 ans+
De Lestrade, Agnès
Rodez (France) : Rouergue, 2008. 102 p. (Zig-zag)

Nina et sa maman sont si tristes depuis la mort de grand-mère. Nina ne veut plus aller à l'école et sa mère ne quitte plus son lit. Heureusement Jojo, la meilleure amie de sa mère vient s'installer à la maison, elle est forte pour sauver les gens. « Un joli texte pour aborder les chaos de la vie. »

MORT D'UN PARENT

Voir aussi : Mort/Deuil, Suicide d'un parent

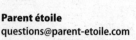

Parent étoile   ☎ 514 947-0606
questions@parent-etoile.com
www.parent-etoile.com

Ateliers pour enfants endeuillés. « Chaque groupe fermé accueille au maximum 8 enfants de 6 à 12 ans. Le parcours d'un groupe comporte 10 rencontres de 2 heures chacune. Les intervenants travaillent avec le dessin, le bricolage, le jeu, etc. Chaque soirée porte sur un thème : les peurs, la tristesse, la culpabilité, la colère. Chaque enfant choisira une peluche qu'il ramènera à la maison à la fin de la session. »

La mort d'un parent : le deuil des enfants
Hanus, Michel et al.
Paris : Vuibert, 2008. 289 p. (Espace éthique)

Les auteurs de ce livre donnent la parole aux enfants endeuillés, jeunes et moins jeunes, aux associations qui les accompagnent et aux professionnels qui les soutiennent. Plusieurs professionnels de la francophonie (Belgique, France, Québec, Suisse). Entre autres : Perte d'un parent et ses répercussions – Aider les enfants en deuil – Vécu des enfants suite au suicide d'un parent – Mort d'un parent atteint d'une maladie grave à risque léthal, etc.

La mort d'Yves : quand une famille doit apprendre à dire adieu
Dell'Aniello, Marie
Montréal : Libre Expression, 2000. 178 p.

Une femme raconte, avec l'aide de son thérapeute, la mort de son mari et père de ses trois enfants. Les étapes du deuil et l'apprentissage d'une vie nouvelle sont relatés dans ce témoignage.

L'enfant face à la mort d'un proche : en parler, l'écouter, le soutenir
Ben Soussan, Patrick et Isabelle Gravillon
Paris : Albin Michel, 2006. 130 p. (C'est la vie aussi)

Quand un enfant est concerné par la mort d'un proche, trop vouloir le protéger rend son deuil plus difficile. Pourtant les adultes doivent accompagner l'enfant dans cette épreuve. «Ce livre répond aux questions les plus fréquentes de l'entourage : Faut-il lui dire la vérité lorsqu'on sait la personne condamnée ? Que faire s'il refuse d'aller à l'hôpital ou même de parler du malade ? Comment organiser la vie durant cette période troublée ? Comment lui annoncer la mort ? Doit-il aller à l'enterrement ? Le psy est-il un passage obligé ?... »

L'enfant, la maladie et la mort : la maladie et la mort d'un proche expliquées à l'enfant
Jacquet-Smailovic, Murielle
Bruxelles : De Boeck, 2007. 178 p. (Comprendre)

Comment l'enfant traverse-t-il la difficile période de la maladie grave d'un proche, père, mère, frère, sœur ou grand-parent ? Quelles sont ses difficultés, ses peines, ses itinéraires psychiques ? L'auteur propose des outils théoriques et pratiques pour accompagner les enfants durant cette période difficile. Pour les intervenants, mais également intéressant pour les parents.

Au revoir, papa   4 ans+
Eeckhout, Emmanuelle
Paris : L'École des Loisirs, 2006. 25 p. (Pastel)

«Les autres disent que mon papa est mort. Moi, je crois qu'il est au ciel. Maman aussi. D'ailleurs, c'est elle qui me l'a dit. Et s'il a su aller jusque là-haut, il pourra toujours revenir quand il en aura envie, non ? » Un petit garçon espère, en vain, le retour de son papa. Il pose des questions sur la mort et sa maman devra lui donner des explications claires et justes pour l'aider à apaiser l'angoisse qui entoure la disparition de son père.

Ma maman Ourse est partie   4 ans+
Gouichoux, René
Paris : Père Castor Flammarion, 2006. 32 p.

La maman d'Oursonette vient de mourir. Oursonette est triste et se sent seule, mais la présence de papa Ours la réconforte.

Au creux de la noisette   5 ans+
Mingau, Muriel
Toulouse : Milan, 2005. 24 p.

«Quand la mort s'approche de la maison pour emporter sa mère, Paul réussit à l'attraper et à l'enfermer dans une noisette. Aussitôt, sa maman guérit. Les jours vont à nouveau s'écouler paisiblement. Mais voilà que le boucher ne peut plus abattre de bêtes, les pêcheurs ne parviennent plus à prendre un seul poisson. Même les œufs ne se laissent plus casser. La mort est empêchée... et si la mort n'existe plus, c'est la vie qui devient impossible. »

Les couleurs de ma mère   5 ans+
Caron, Francine
Montréal : Hurtubise HMH, 2005. 48 p.

Flavie décrit sa maman en couleur, comme un arc-en-ciel : le jaune pour la joie et la chaleur, le bleu pour la tendresse et la sécurité, il y a même des jours où elle est gris souris. Mais un jour il n'y a que le blanc pour parler d'elle, car sa maman vient de mourir. La difficile réalité de la mort d'un parent, racontée avec délicatesse.

Moi et Rien
5 ans+
Crowther, Kitty
Paris : L'École des Loisirs, 2003. 29 p. (Pastel)

Lila s'invente un ami à partir de rien, il s'appelle Rien et il vit autour d'elle. Il est toujours là, il est de bonne humeur, il ne se fâche pas et l'écoute. Mais parfois, il ne comprend pas, comme lorsqu'elle veut aller rejoindre sa maman qui est au ciel depuis peu. Mais Rien, son ami imaginaire, l'aidera à passer à travers sa tristesse.

Au secours, les anges !
6 ans+
Lenain, Thierry
Laval (Québec) : Les 400 coups, 2008. 26 p. (Carré blanc)

Les parents de Léo sont morts. Une nuit, Léo n'en peut plus, ses parents lui manquent trop, alors il prend sa petite sœur et veux les rejoindre au paradis. Heureusement, des anges veillent. Un texte pour parler de la mort aux enfants, parfois triste mais aussi plein d'espoir.

Papa, on ne t'oubliera pas : le journal de la petite
6 ans+
Marie Herbold pendant la maladie et la mort de son père
Herbold, Marie
Zurich : Nord-Sud, 2002. 24 p. (Un livre d'images Nord-Sud)

Une fillette, qui a 13 ans à la mort de son père, tient son journal pendant sa maladie, jusqu'à son décès. L'enfant exprime son inquiétude, sa tristesse, son désarroi face à la maladie qui affaiblit son père et déstabilise la vie familiale. Pour parler de la maladie et de la mort avec les enfants, ce livre est un bon intermédiaire.

Une maman comme le vent
6 ans+
Bertron, Agnès
Arles (France) : Actes Sud Junior, 2000. 29 p. (Les histoires sages)

Lucas vient de perdre sa maman. Son ami Louis cherche les bons mots à lui dire pour essayer de le consoler.

Citron, fraise et chocolat
7 ans+
Kochka
Paris : Thierry Magnier, 2003. 47 p. (Petite poche)

Le père de Lucas vient de mourir dans un accident de moto. La peine de ceux qui l'aimaient est trop grande. Il faut trouver des remèdes pour adoucir son absence. Un roman pour les enfants qui aborde la mort, comment en parler aux enfants mais aussi comment apaiser et comment envisager la vie autrement ?

Ce changement-là
8 ans+
Dumas, Philippe
Paris : L'École des Loisirs, 2006. 59 p. (Neuf)

Un hiver, le père de Philippe Dumas est mort. « Il n'est pas parti en voyage, il ne nous a pas quittés, il n'a pas disparu. Il est mort. Et sa mort n'est pas un accident à taire, à passer sous silence, à étouffer, parce qu'en parler, c'est tout simplement mieux vivre et trouver des réponses à nos questions : Qu'est-ce que ça veut dire mourir ? Comment cela se passe-t-il ? Y a-t-il quelque chose après ? En parler, c'est aussi accepter que sa mort fasse partie de sa vie même et de ses tourbillons, exactement comme l'avait été sa naissance... »

Des souvenirs pour la vie

8 ans+

Jacques, Josée
Montréal : Fides, 2003. 49 p.

L'auteur, psychologue, a conçu ce cahier d'activités pour aider les enfants en deuil. Tout au long du livre, l'enfant est amené à comprendre et à exprimer ses réactions, ses émotions face à la perte d'un être cher. Cet ouvrage, qui favorise la discussion avec un adulte, peut être utilisé autant à la maison qu'en garderie, à l'école, et en milieu hospitalier. Chaque activité est accompagné d'un court texte sur le deuil qui s'adresse à l'enfant.

Ma maman du photomaton

8 ans+

Nadon, Yves
Laval (Québec) : Les 400 coups, 2006. 32 p. (Carré blanc)

Maxime parle de sa maman. « Maman est morte… Comme ça. Même pas par accident. On m'a dit que maman avait trop de peine, qu'elle trouvait cela trop difficile de vivre. Qu'avec moi, elle était heureuse, mais que ce n'était pas assez. » L'auteur écrit pour les enfants sur le suicide d'un parent, une histoire triste certes, mais aussi porteuse d'espoir. C'est arrivé à une de ses élèves, il s'en est inspiré.

Les sabots rouges

9 ans+

Marcotte, Danielle
Montréal : La courte échelle, 2004. 90 p. (Mon roman)

Morgane veut des sabots rouges pour son anniversaire. Elle a lu une histoire de sabots rouges magiques qui permettent à ceux qui les chaussent d'aller où bon leur semble, même au paradis. Sa maman est morte et, depuis ce temps, elle est souvent triste et son papa aussi. Elle aimerait bien chausser des sabots rouges pour aller chercher un peu de réconfort auprès d'elle.

Le bonheur de Kati

10 ans+

Vejjajiva, Jane
Paris : Gallimard Jeunesse, 2006. 131 p.

Kati, jeune thaïlandaise, vit avec ses grands-parents. Elle aime sa vie, mais sa mère lui manque, celle-ci est atteinte de la maladie de Charcot (sclérose latérale amyotrophique) et ne peut pas s'occuper de sa fille. Kati va la retrouver pour lui faire ses adieux parce qu'elle va mourir bientôt. Kati trouvera dans la beauté du monde la force d'être heureuse, malgré la douleur de perdre sa mère.

C'est arrivé à Lucile

12 ans+

Boselli, Anne-Laure
Bruxelles : Alice Jeunesse, 2008. 92 p. (Romans)

C'est la nuit, Lucile appelle sa meilleure amie Alexia parce que son père vient de mourir. « Il faudrait accourir, mais Alexia n'ose pas sortir de son lit. Comment pourrait-elle aider Lucile, alors que ce qui est arrivé la terrorise ? Alexia n'est plus très sûre de ce qu'elle ressent, elle voudrait aider son amie, mais les mots se dérobent ; elle voudrait pleurer mais ses yeux restent secs… » Les deux amies vont apprendre à vivre avec ce drame, en traversant les différentes étapes du deuil, comme la colère, l'immense tristesse, l'acceptation.

L'été du brochet   13 ans+
Richter, Jutta
Genève : La Joie de lire, 2006. 126 p.

Claire, David et Lucas sont amis, ils passent beaucoup de temps ensemble. Hélène, la mère
de David et Lucas, est atteinte d'un cancer. La mère de Claire met toutes ses énergies à
prendre soin d'Hélène, qui est sa grande amie. Tous sont conscients des ravages de cette
terrible maladie, mais personne n'ose en parler. Hélène est de plus en plus malade. David
et son frère s'accrochent à l'espoir, Claire souffre du manque de contact avec sa mère. Un
roman qui « ouvre de nombreuses pistes de réflexion sur la maladie, la mort, le salut. »

Accompagner les enfants lors d'un décès dans la famille
Solidarité – Deuil d'enfant
www.sdequebec.ca/publications/texte3.asp

Conseils pour aider les enfants et les adolescents à faire face au décès d'une personne de
leur entourage immédiat.

L'aide aux personnes en deuil
Le Repos Saint-François d'Assise
www.rsfa.ca/contenu/fr/deuil/index.php

Série de textes sur différentes formes de deuil. Deuil d'un enfant, d'un parent, à la suite
d'un suicide, d'une longue maladie,..

D^re Nadia : Maude et Antoine, 8 et 5 ans
Montréal : Swan productions, 2006-2007 – 1 DVD

Série du D^re Nadia, psychologue, qui rencontre des familles dans leur environnement
afin d'observer les situations et qui propose des solutions concrètes suite à la mort d'un
parent.
Disponible chez : Nuance Bourdon, 450 465-4013

MORT SUBITE DU NOURRISSON

Voir aussi : Deuil périnatal, Mort d'un enfant

Centre Jérémy Rill
Hôpital de Montréal pour enfants   ☏ 514 412-4400, poste 23143
2300, rue Tupper   🖷 514 412-4356
Montréal (Québec) H3H 1P3

Centre de recherche et de traitement sur le syndrome de mort subite, l'apnée et les troubles respiratoires du sommeil chez l'enfant. Les parents dont l'enfant est décédé du syndrome de mort subite du nourrisson peuvent y rencontrer une infirmière et être jumelés à des parents ayant vécu la même expérience il y a quelques années.

Fondation canadienne pour l'étude de la mortalité infantile
Canadian Foundation for the Study of Infant Deaths   ☏ 905 688-8884
60, James Street, suite 403   ☏ sans frais : 1 800 363-7437
St. Catharines (Ontario) L2R 7E7   🖷 905 688-3300
sidsinfo@sidscanada.org
www.sidscanada.org

La Fondation est le seul organisme canadien se vouant uniquement à la recherche sur la mort subite du nourrisson et ses effets sur les familles. Vous pouvez y obtenir des brochures.

La cérémonie des anges
Laberge, Marie
Montréal : Boréal, 1998. 342 p.

Un roman de Marie Laberge dans lequel Laurent et Nathalie viennent de perdre subitement leur fille à neuf semaines. Sous forme de journal, les réactions de l'un et de l'autre face à cette perte tragique qui a bouleversé leur vie.

La mort subite du nourrisson : comment vivre sans lui ?
Benoit du Rey, Régis, Elisabeth Briand et Daniel Montagnon
Paris : Ellipses, 2000. 96 p. (Vivre et comprendre)

Des témoignages de parents, des explications médicales à la mort subite, la difficile étape du deuil, la recherche sur les causes, la prévention, tous ces aspects sont développés dans ce petit livre. Cette collection grand public est écrite par des spécialistes et vient combler le fossé entre les écrits trop scientifiques et les textes trop vulgarisés.

Et si on parlait de la vie   3 ans+
Guillaume-Grégoire, Françoise et Gérard Guillaume-Grégoire
Cortil-Wodon (Belgique) : Famille Guillaume, 2004. 32 p.

« François, Violette et Étienne avaient 5 ans, 3 ans et 2 ans lorsque leur petite sœur est
décédée de mort subite à l'âge de 2 mois. Un an plus tard ils accueillaient un nouveau
bébé, Philomène, décédée à son tour dans les mêmes circonstances. » Ce livre, né du dialogue autour de la vie et de la mort qui s'est installé entre les parents et les enfants, a aidé
la famille à faire son deuil. Les auteurs seraient heureux qu'il puisse servir à d'autres.
Pour obtenir ce livre édité à compte d'auteur, vous pouvez communiquer avec les auteurs
par courriel : g.guillaume@skynet.be

Un petit frère pour toujours   3 ans+
Delval, Marie-Hélène
Paris : Bayard, 2002. 34 p. (Les belles histoires)

Dilou, bien qu'un peu jaloux, est fier d'avoir un petit frère Nikou. Mais subitement le
bébé meurt sans que personne ne comprenne pourquoi. La tristesse s'installe dans la
maison. Et peu à peu la vie reprend. « Une histoire conçue avec *Naître et vivre, association
pour la prévention de la mort subite du nourrisson.* »

Le syndrome de la mort subite du nourrisson
Santé Canada
www.hc-sc.gc.ca/hl-vs/babies-bebes/sids-smsn/index_f.html

Conseils aux parents sur la création d'environnements sécuritaires pour les nourrissons
et suggestions de moyens pour réduire le risque de mort au berceau.

Pour bien commencer la vie
Villano, Frank, réalisation
Godinne, Belgique : Centre d'éducation du patient, 2001. 1 DVD (16 min.)

À partir d'études scientifiques internationales, ce vidéo explique clairement, dans un
premier temps, les quatre principaux conseils pour diminuer les risques de mort subite
du nourrisson. Dans un second temps, on y aborde différents thèmes qui font partie du
quotidien comme le respect des rythmes du bébé, quand contacter le médecin, l'allaitement maternel.

Disponible chez : CHU Sainte-Justine – Médiathèque, 514 345-4677

N

NÆVUS GÉANT CONGÉNITAL

Nævus géant congénital
Association Nævus 2000
www.naevus2000franceeurope.org

Description détaillée de cette maladie congénitale extrêmement rare, ainsi que des différentes thérapies chirurgicales disponibles.

NAISSANCE D'UN DEUXIÈME ENFANT

Voir aussi : Relations frère-sœur

Éducation coup-de-fil
ecf@bellnet.ca
www.education-coup-de-fil.com

☏ 514 525-2573
☏ sans frais : 1 866 329-4223
🖷 514 525-2576

Service de consultation professionnelle téléphonique gratuit, confidentiel et anonyme. Pour aider à solutionner les difficultés courantes des relations parents-enfants des familles biologiques ainsi que des familles adoptives. Parents, jeunes et intervenants peuvent y avoir recours. Le service est ouvert de septembre à juin, du lundi au vendredi de 9 h 00 à 16 h 30, les mercredis et jeudis de 18 h 30 à 21 h 00. L'atelier « L'après-séparation et le vécu parents-enfants » est offert trois fois par année.

La Ligne Parents
C.P. 186, succ. Place d'Armes
Montréal (Québec) H2Y 3G7

Ligne d'écoute : 514 288-5555
☏ sans frais : 1 800 361-5085

Intervention et soutien téléphonique pour les parents d'enfants de 0 à 18 ans, 24 heures par jour, 7 jours par semaine. Gratuit, confidentiel et anonyme.

Relevailles de Montréal : centre de ressources périnatales
14115, rue Prince-Arthur, bureau 341
Pointe-aux-Trembles (Québec) H1A 1A8
crp@mainbourg.org
www.relevailles.com

☏ 514 640-6741
🖷 514 640-7621

Les Relevailles de Montréal s'adressent aux parents d'enfants de 0 à 2 ans. On y offre des cours de yoga prénatal et de Jeep 0-2 (mise en forme avec bébé, âge recommandé : 3 mois et plus) ainsi que des cours de massage pour bébé, des cours sur le développement de l'enfant, la prévention et la sécurité, les relations parents-enfants. Les tarifs demandés sont en fonction des revenus des parents. Des services d'écoute téléphonique et de référence sont aussi disponibles. Une bibliothèque est accessible pour consultation et emprunt pour les membres. Des services d'aide ménagère sont offerts uniquement aux résidents de l'est de l'île de Montréal, soit du boulevard l'Assomption jusqu'au bout de l'île, tandis que les différents cours sont ouverts à tous.

On attend un nouveau bébé : l'accueillir dans la famille
Geberowicz, Bernard et Florence Deguen
Paris : Albin Michel, 2007. 132 p. (C'est la vie aussi)

Une naissance bouscule toujours l'équilibre d'une famille. Souvent, les parents ont peur que l'aîné vive mal l'arrivée de ce bébé. Mais la jalousie est loin d'être un passage obligé : comme tout changement majeur, une naissance se prépare et s'accompagne et il faut veiller à ce que chacun trouve sa place. Ce livre répond aux nombreuses interrogations des parents durant cette période : quand et comment lui annoncer la nouvelle ? Quelle place lui donner pendant la grossesse ? Quelle attitude adopter à la naissance du bébé ? Que faire s'il se montre jaloux ? Et s'il s'agit d'un enfant adopté ou d'un demi-frère ? Et si ce bébé n'arrive pas ?

Attendre un petit frère ou une petite sœur   2 ans+
Dolto, Catherine
Paris : Gallimard Jeunesse, 2006. 10 p. (Mine de rien) (Giboulées)

Le ventre de maman grossit lentement, on peut flatter le bébé et même lui parler. Mais parfois, on n'est plus certain qu'on désire qu'il arrive ; et si on ne l'aimait pas ? Mais quand il naît, tout est différent. Une collection pour expliquer aux petits « ce qui se passe en eux et autour d'eux ». Voir aussi du même auteur dans la même collection : *Un bébé à la maison* (2007).

Tu m'aimes ou tu m'aimes pas ?   2 ans+
Norac, Carl
Paris : L'École des Loisirs, 2004. 24 p.

Lola vient d'avoir un petit frère, Théo. Elle veut lui donner son plus beau jouet, mais Théo pleure. « Je crois qu'il ne m'aime pas », se dit Lola.

Des bisous plein les poches   3 ans+
Penn, Audrey
Markham (Ontario) : Scholastic, 2008. 32 p.

Antonin le raton laveur est inquiet. Il craint que sa maman n'ait pas suffisamment d'amour pour lui et son nouveau petit frère. Antonin est maintenant un grand frère et il doit s'adapter à cette nouvelle réalité. Une histoire rassurante qui démontre aux petits que les parents ont toujours assez d'amour et de baisers pour combler tous leurs enfants.

Je veux retourner dans le ventre de maman

3 ans+

Robberecht, Thierry
Namur (Belgique) : Mijade, 2006. 25 p.

Depuis qu'elle sait qu'il y a un bébé dans le ventre de sa maman, une petite fille voudrait bien y retourner. Mais, quand ses amies sonnent à la porte pour venir jouer avec elle, elle est bien contente d'être là.

Jules et le nouveau bébé

3 ans+

Van Leeuwen, Jean
Paris : Albin Michel Jeunesse, 2007. 32 p.

Quand Clara arrive à la maison, elle devient vite le centre d'intérêt de toute la famille et même des amis. Jules, le grand frère, essaie d'attirer l'attention le plus possible, il n'apprécie pas la venue de ce nouveau bébé, jusqu'au jour où Clara lui fait un beau sourire.

La petite reine

3 ans+

Jadoul, Émile
Paris : L'École des Loisirs, 2005. 28 p. (Pastel)

La petite reine faisait, disait et décidait tout ce qu'elle voulait jusqu'à l'arrivée du petit roi. Une histoire sur le thème de l'enfant unique et de l'arrivée du petit frère.

Le grand voyage de Bébé Léon

3 ans+

Quintart, Natalie
Namur (Belgique) : Mijade, 2006. 25 p.

La naissance de bébé Léon approche, Guillaume est de plus en plus dérangé. En fait, il n'a pas hâte de voir arriver son petit frère qui attirera trop l'attention de sa mère. Une nuit, il rêve qu'il entre dans le ventre de sa mère et voit bébé Léon qui a peur d'en sortir. Du coup, il devient protecteur et décide qu'il va aider Léon ; ses craintes s'évaporent.

Petite Ourse, tu m'aimes pour toujours ?

3 ans+

Papineau, Lucie
Saint-Lambert (Québec) : Dominique et Compagnie, 2006. 28 p. (Estime de soi)

Petite Ourse a maintenant un petit frère. Est-ce que ses parents vont encore l'aimer ? Cette collection propose des histoires fantaisistes dans lesquelles les personnages développent leur estime de soi : connaissance de soi, sentiment de compétence et d'appartenance, confiance en soi. Les albums sont préfacés par Germain Duclos, psychoéducateur et orthopédagogue.

Destructotor

4 ans+

Tremblay, Carole et Dominique Jolin
Saint-Lambert (Québec) : Dominique et Compagnie, 2005. 30 p.

L'évolution de bébé Victor, raconté par sa grande sœur. Le nom du bébé change avec ses manies et le comportement de la famille s'adapte aussi au cheminement de Victor. Au début, sa sœur l'appelle Victor, ensuite Victotor, Catapultotor, Dégoûtotor, Destructotor, etc.

Je veux une petite sœur

5 ans+

Ross, Tony
Paris : Gallimard Jeunesse, 2001. 32 p. (Album Gallimard)

La reine attend un bébé. La petite princesse veut bien, en autant que ce soit une fille. Mais un petit frère naîtra.

Gudule a un bébé   6 ans+
Joly, Fanny
Paris : Hachette Jeunesse, 2006. 43 p.

Pendant que sa mère attend un bébé et que son père est content, Gudule, elle, sait que le bébé va déranger ce qui est si parfaitement organisé. Alors, pour les contenter, elle fait le bébé. Mais tous ces stratagèmes n'empêchent pas la naissance de Gaston, qui finalement n'est pas si mal.

Moi et l'autre   6 ans+
Poupart, Roger
Saint-Lambert (Québec) : Soulières, 2000. 61 p. (Ma petite vache a mal aux pattes)

Julien était enfant unique jusqu'au jour où Émile, son frère, est venu changer son existence. Au début, Julien ne trouvait rien de positif à vivre avec un bébé qui avait toute l'attention de ses parents. Comme grand frère, il se faisait chicaner souvent, comme s'il était responsable des pleurs du bébé. Et un beau jour, Émile a commencé à marcher et aussi à se faire chicaner. Julien avait enfin un allié.

Monamour   6 ans+
Cole, Babette
Paris : Seuil, 2005. 40 p.

Monamour, petit chien adoré de ses maîtres, doit maintenant les partager avec un bébé qui vient d'arriver dans la famille. Il veut partir, car il se fait trop chicaner : dès qu'il s'approche du bébé, ses maîtres sont méfiants. Mais ceux-ci veulent à tout prix le garder, car dans la famille il y a de la place et de l'amour pour tous.

L'arrivée d'un autre enfant : le grand chambardement
PetitMonde
www.petitmonde.com/iDoc/Article.asp?id=14538

Suggestions de moyens pour aider vos enfants à accueillir le nouveau-né dans l'harmonie et la complicité.

Préparer son enfant aîné à la venue de bébé
Mokasofa
www.madame.ca/madame/client/fr/Votrevie/DetailNouvelle.asp?idNews=403&

Plusieurs conseils judicieux pour faciliter la réaction de son enfant à l'arrivée d'un petit frère ou d'une petite sœur.

NANISME

Association québécoise des personnes de petite taille
2177, rue Masson, bureau 205
Montréal (Québec) H2H 1B1
info@aqppt.org
www.aqppt.org

) 514 521-9671
514 521-3369

L'Association offre à ses membres des services d'écoute, de soutien moral et de référence, de jumelage avec des membres de l'Association, d'accompagnement lors de démarches pour obtenir des services ou pour défendre des droits, des rencontres de formation avec des spécialistes sur divers aspects de la problématique et des activités d'information et d'intégration sociale (camp d'été, cabane à sucre…) Elle possède aussi de la documentation écrite et des cassettes vidéo sur le nanisme. Le site Internet donne accès à plusieurs groupes de discussion.

Le nanisme : une place au soleil dans un monde de grands
Boëls, Nathalie
Montréal : Éditions du CHU Sainte-Justine, 2008. 200 p.
(Collection du CHU Sainte-Justine pour les parents)

Un ouvrage grand public, produit avec le concours de l'Association québécoise des personnes de petite taille. Une synthèse complète couvrant tous les aspects du nanisme, cette condition physique permanente qui a des conséquences sur la santé physique, la vie quotidienne et la participation sociale des personnes qui en sont affectées. Un document qui répond à un réel besoin d'information.

Qu'est-ce que le nanisme ?
Association québécoise des personnes de petite taille
www.aqppt.org/index/franc/nanis/nanis.html

Présentation détaillée de cette anomalie : causes, génétique, complications et notions psychologiques.

Question de taille
Rondot, Guilhem, réalisation et scénario, Jacynthe Larivière,
idée originale et recherche
Aylmer, Québec : Productions Roch Brunette, 2001. 1 DVD (55 min.)

« Le nanisme est un accident de la nature. Principalement basé sur des témoignages de personnes de très petite taille et de leurs conjoints, le documentaire examine les conséquences du nanisme au triple plan physique, psychologique et social. Il brosse aussi un tableau des difficultés et obstacles que ces personnes rencontrent dans leurs activités quotidiennes. » Tiré de CHOIXmédia.
Disponible chez : Nuance-Bourdon, 450 465-4013

NAUSÉES ET VOMISSEMENTS

Motherisk : Nausées et vomissements durant la grossesse
www.motherisk.org/women/index.jsp   ❭ sans frais : 1 800 436-8477

Ligne d'assistance bilingue et gratuite pour les femmes souffrant de nausées et de vomissements durant leur grossesse. Un conseiller spécialisé informe les futures mères sur les traitements sécuritaires pouvant les soulager. Ce service fait partie du programme Motherisk de l'Hôpital pour enfants de Toronto.

Nausées et vomissements de la grossesse
Société des obstétriciens et gynécologues du Canada
www.sogc.org/health/pregnancy-nausea_f.asp

Conseils utiles et suggestions de médicaments pour soulager les nausées et les vomissements de la grossesse.

NEUROFIBROMATOSE

Association de la neurofibromatose du Québec
9208, rue Joseph-Melançon
Montréal (Québec) H2M 2H8
anfq@anfq.org
www.anfq.org

☎ 514 385-6702
☎ sans frais : 1 888 385-6702
🖳 514 385-1420

Cette association sans but lucratif a été fondée en mars 1989 pour aider les personnes atteintes de la neurofibromatose et leurs familles, ainsi que pour informer toutes les personnes intéressées par ce désordre génétique. L'Association a produit un vidéo intitulé : *Sortir de l'ombre – Emerging from the shadows.*

Corps chagrin
Houle, Suzanne
Saint-Anicet : Suzanne Houle, 2001. 153 p.

Un récit témoignage. L'auteur parle de sa maladie qui l'affecte depuis son adolescence, maladie « qui envahit son corps et qui empiète sur son cœur et son âme ». Pour vous procurer ce livre, communiquer par courriel avec l'auteur : suzannehoule01@hotmail.com ou avec l'Association de la neurofibromatose du Québec.

La neurofibromatose : questions et réponses
Association de la neurofibromatose du Québec
www.anfq.org/html/questNF.html

Description de la maladie, symptômes et complications, traitements et recherche.

Les neurofibromatoses
Association Neurofibromatoses et Recklinghausen
www.anrfrance.org/documents-et-articles/les-neurofibromatoses--presentation-generale.html

Document expliquant les neurofibromatoses. Transmission, fréquence, causes, gravité.

Sortir de l'ombre
Centre St-Pierre et Lise La Palme, réalisation
Montréal : Association de la neurofibromatose du Québec, 2005. 1 DVD (36 min.)

Document de sensibilisation sur la neurofibromatose. À l'aide de témoignages de patients et de spécialistes, on nous explique ce qu'est cette maladie et ses impacts dans la vie familiale, scolaire et sociale. On présente également les objectifs de l'Association de la neurofibromatose.

Disponible chez : Association de la neurofibromatose du Québec, 514 385-6702
www.anfq.org/docs/ANFQ_FeuilletVIDEO_v2.pdf

O

Ordre professionnel des diététistes du Québec
2155, rue Guy, bureau 1220   ☎ 514 393-3733
Montréal (Québec) H3H 2R9   ☎ sans frais : 1 888 393-8528
www.opdq.org   🖳 514 393-3582

Pour consulter une diététiste-nutritionniste, vous pouvez contacter le CLSC ou l'hôpital de votre région, vous informer à votre clinique médicale ou téléphoner à l'Ordre professionnel des diététistes du Québec.

Outremangeurs anonymes Intergroupe OA français de Montréal
312, rue Beaubien Est   ☎ 514 490-1939
Montréal (Québec) H2S 1R8   ☎ sans frais : 1 877 509-1939
reunions@outremangeurs.org   🖳 514 490-1724
www.outremangeurs.org

Groupes d'entraide sans but lucratif formés de bénévoles. On y applique le programme en douze étapes inspiré des Alcooliques Anonymes. Des groupes pour adolescents peuvent être mis sur pied au besoin. Leur liste de publications est disponible sur demande. Une brochure s'adresse particulièrement aux adolescents.

Le surpoids chez l'enfant et l'adolescent
Soulié, Danielle
Paris : Solar, 2007. 256 p. (Réponses à vos questions sur…)

Ce guide a plusieurs objectifs : permettre aux parents de mieux connaître et comprendre les origines du surpoids et de l'obésité, les facteurs d'aggravation et les différents recours ; les aider et les orienter dans le choix des traitements afin que le surpoids de leur enfant puisse être pris en charge le plus rapidement et le plus efficacement possible ; leur donner des outils pour assister leur enfant dans l'acceptation de soi, sans laquelle il ne sera jamais épanoui, même s'il maigrit.

Prévenir l'obésité chez les enfants. Une question d'équilibre
Cyr, Renée
Montréal : Éditions du CHU Sainte-Justine, 2009. 142 p.
(Collection du CHU Sainte-Justine pour les parents)

Ce livre rend compte de l'importance que revêt la question de l'obésité dans le but de prévenir ce fléau grandissant. L'auteur traite des choix alimentaires et du temps dédié à l'exercice, mais aussi de l'omniprésence de l'écran, des horaires chargés, des familles recomposées, etc.

L'obésité de l'enfant et de l'adolescent
Frelut, Marie-Laure
Paris : Odile Jacob, 2003. 188 p.

L'auteur, spécialiste en nutrition, tente d'expliquer les causes de l'excès de poids chez l'enfant et l'adolescent : manque d'activité physique, mauvaise alimentation, origine génétique, psychologique ? Elle donne aussi des conseils aux parents concernant la prévention de l'obésité.

Papa, maman on m'a traité de gros
Lesne, Élisabeth
Paris : J'ai lu, 2005. 250 p. (J'ai lu bien-être)

Les enfants dodus sont souvent la risée des autres. L'auteur s'interroge sur les raisons qui poussent les enfants à tant manger ; quelle est la part du physiologique, celle du psychologique ? Mangent-ils par gourmandise ou parce qu'ils sont anxieux ? Des explications et des conseils pour les parents.

Vaincre le surpoids chez l'enfant
Kolbe, Hilde
Croissy-sur-Seine (France) : Anagramme, 2007. 96 p.

Le problème de surpoids touche maintenant les enfants de plus en plus jeunes. Véritable problème de notre civilisation, responsable de nombreuses maladies à l'âge adulte, la surcharge pondérale précoce est particulièrement difficile à combattre après l'adolescence. C'est donc dès la petite enfance que les parents doivent se préoccuper de l'équilibre alimentaire de leur enfant afin de lui faire prendre les habitudes qu'il conservera toute sa vie. Ce livre est à la fois une méthode psychologique et un manuel diététique pour les parents et leurs enfants. Il comprend de nombreux conseils pratiques pour réapprendre à se nourrir avec plaisir, d'une façon équilibrée, sans faire de régime, mais simplement en substituant progressivement une alimentation équilibrée à de mauvaises habitudes alimentaires.

Roberto se trouve trop gros   3 ans+
Dufresne, Didier
Paris : Mango Jeunesse, 2005. 21 p. (Je suis comme ça)

Quand on est un baleineau, on est gros. Ce n'est pas très pratique pour jouer à cache-cachalot ou à poisson-chat perché. Pourtant, c'est parfois bien utile d'être très costaud. Une collection pour aider les enfants à mieux se connaître, à s'accepter comme ils sont et à comprendre les autres.

Samira se moque des gros   3 ans+
Lamblin, Christian
Paris : Nathan, 2003. 20 p. (Croque la vie)

Eddy et Samira se moquent du nouveau de la classe, Elvis, qui est un peu gros et timide. Pour leur part, Louise et Jules le défendent. C'est difficile pour Elvis de s'intégrer. Un livre sur l'exclusion à l'école causée par une différence physique. Un livret parent accompagne l'album.

Léon se trouve trop rond : une histoire sur... le surplus de poids   4 ans+
Bosman, Brigitte
Saint-Lambert : Enfants Québec, 2008. 24 p. (Une histoire sur...) (J'apprends la vie)

Au cours d'éducation physique, Léon est souvent choisi en dernier. Il n'est pas bon en sport. Il a un surplus de poids et ça l'embête, mais il a toujours envie de manger des bonbons... Un jour, son lapin Frimousse s'enfuit. Léon tente de passer par le trou de la clôture par lequel son lapin s'est échappé, mais il reste coincé, son ventre est trop gros. Léon décide que c'est assez, il doit maigrir. Une collection pour aider les enfants à affronter les difficultés de la vie ou à mieux vivre les différences. À la fin de l'album, des informations utiles pour les parents et les éducateurs.

Suzie danse   4 ans+
Schneider, Christine
Paris : Albin Michel Jeunesse, 2007. 32 p.

Suzie rêve d'être danseuse étoile et, quand elle rêve, elle oublie ses rondeurs. Sa maman, pour l'encourager, l'inscrit à un cours de danse. Son professeur s'impatiente quand ses pointes glissent sur le sol, mais Suzie est bien déterminée à prouver qu'elle peut être souple malgré ses rondeurs.

Marlène grignote tout le temps   6 ans+
de Saint Mars, Dominique
Fribourg : Calligram, 2003. 45 p. (Max et Lili) (Ainsi va la vie)

Marlène est en vacances avec Max et Lili. Elle n'aime pas se mettre en maillot parce qu'elle est trop ronde. Elle est aussi parfois triste et inquiète, et elle grignote souvent. Un autre livre de la collection « Max et Lili », qui cherche à expliquer pourquoi on mange trop et les raisons qui peuvent provoquer ce comportement.

Tu fais du lard, Gaspard !   6 ans+
de Mathuisieulx, Sylvie
Paris : Magnard, 2005. 31 p.

Gaspard en a assez des moqueries de sa sœur. Il veut perdre du poids. Gaspard a un bedon qu'il cache dans ses larges vêtements. À l'école, ses copains ne disent rien. Mais à la maison, sa grande sœur se moque de lui sans arrêt.

La terrible année de Juliette la boulette   9 ans+
Fredette, Nathalie
Montréal : Québec Amérique Jeunesse, 2005. 128 p. (Bilbo)

Juliette devient le bouc émissaire de l'école depuis que Rémi la surnomme « Juliette la boulette » parce qu'elle a quelques kilos en trop. Elle s'isole, ses parents ne la reconnaissent plus. Ils essaient de l'encourager ainsi que ses professeurs, rien n'y fait. Mais un jour, armée de courage, elle décide de ne plus se laisser faire, elle contre-attaque et réussit à retrouver le respect de ses camarades. Voir aussi *La délicieuse année de Juliette la vedette* (2007). À l'école, Juliette est choisie pour participer à une émission de téléréalité qui porte sur la cuisine. Est-ce qu'on va se moquer d'elle à cause de son poids ?

Marre de mes kilos en trop   11 ans+
Boutaudou, Sylvie
Paris : De la Martinière Jeunesse, 2008. 107 p. (Oxygène)

« Un livre pour comprendre d'où viennent les rondeurs, apprendre à vivre avec ou s'en débarrasser. » Différentes causes sont envisagées : alimentation, origine génétique, peu d'activité physique, etc. « Oxygène » est une collection qui est conçue pour aider les adolescents à apprivoiser et dédramatiser ce qu'ils vivent au quotidien.

Confession d'une grosse patate   12 ans+
Morgenstern, Susie
Paris : De la Martinière, 2003. 142 p. (Confessions)

Un récit autobiographique où l'auteur raconte son rapport avec la nourriture et son problème de poids avec philosophie et humour.

La vie en gros   12 ans+
Ollivier, Mikaël
Paris : Gallimard Jeunesse, 2005. 129 p. (Folio junior)

Benjamin a 15 ans, il est obèse et timide. Il devrait maigrir, mais ne pense qu'à manger. Il dévore tout quand il est heureux et plus encore quand il déprime. Il est prêt à suivre un régime pour que Claire s'intéresse à lui, mais il devra apprendre à le faire pour lui.

Chocolat amer   12 ans+
Pressler, Mirjam
Paris : Pocket, 1998. 178 p. (C'est ça la vie)

Éva, quinze ans, est trop grosse et est d'avis que son embonpoint est responsable de tous ses problèmes. Mais un jour, un garçon s'intéresse à elle et elle commence à voir la vie différemment.

Kilos ados   13 ans+
Belouze, Marie et Arnaud Cocaul
Alleur : Marabout, 2005. 180 p. (L'adolescence en question)

« Vous avez quelques kilos en trop ? Envie de faire un régime ? S'il n'y a pas de régime miracle, il existe des méthodes pour perdre du poids… et surtout pour éviter d'en reprendre ! » Un livre pour les adolescents afin de les aider à comprendre les notions de poids et de surpoids et qui explique bien les règles de l'équilibre alimentaire.

Le cœur plus gros que le ventre   13 ans+
Renault, Christophe
Darnetal (France) : Petit à Petit, 2007. 252 p.

Marilou, 15 ans, est une jeune adolescente obèse, inhibée, souffre-douleur, qui a des tendances à l'automutilation. Elle trouvera le moyen de sortir de son isolement, d'augmenter sa confiance en elle, de suivre son chemin sans se rabattre sur des régimes et de finalement s'accepter avec ses rondeurs. « Elle décide de devenir elle-même, une fille hors-gabarit avec un cœur gros comme ça… »

Mincir, oui mais comment ?   13 ans+
Belouze-Storm, Marie
Paris : De la Martinière Jeunesse, 2006. 109 p. (Hydrogène)

Vous avez quelques kilos en trop et vous n'arrivez pas à les perdre ? Vous trouverez ici des conseils sérieux et efficaces pour perdre du poids. « Un guide bourré d'idées et de trucs simples, astucieux et efficaces pour vous aider à prendre une fois pour toutes le taureau par les cornes ! »

15 conseils pour prévenir l'obésité chez les enfants
Mokasofa
www.magazinemadame.com/madame/client/fr/Sante/DetailNouvelle.
asp?idNews=505&idSM=150

Conseils judicieux pour favoriser de bonnes habitudes alimentaires chez l'enfant.

Les adolescents obèses : que faire ?
Assistance parents
www.parentsinfo.sympatico.ca/fr/content/topicindex/06_17_525.html

Conseils aux parents d'adolescents ayant un problème d'embonpoint.

Obésité-enfant.com
Société Asymptote Conseil
www.obesite-enfant.com

Site dédié aux enfants souffrant d'obésité et à leurs parents.

L'environnement alimentaire de l'enfant québécois , faits et pistes de recherche
Marquis, Marie, conférencière
Montréal : CHU Sainte-Justine. Service audio-visuel, 2006. 1 DVD (58 min.)

Marie Marquis, professeur agrégée au département de nutrition de l'Université de Montréal nous entretient de l'intérêt des comportements alimentaires et de l'influence de la publicité et de l'environnement chez les enfants quant à leur alimentation.
Disponible chez : CHU Sainte-Justine – Médiathèque, 514 345-4677

Le poids du monde : l'obésité en cause
Whiting, Glynis, réalisateur
Montréal : Office national du film du Canada, 2004. 1 DVD (51 min.)

« Ce documentaire examine les causes de l'obésité : aliments de mauvaise qualité, portions trop grosses, multiplication des restaurants-minute, manque d'exercice. Il souligne les conséquences pour la santé de l'excès de poids : diabète, problèmes cardiaques, etc. Il rappelle aussi que les pays occidentaux exportent leurs mauvaises habitudes alimentaires dans les pays en développement. » Tiré de CHOIXmédia.
Disponible chez : ONF, tél. : 514 283-9000 ou 1 800 267-7710
www.onf.ca/collection/films/fiche/?id=51871&v=h&lg=fr

OSTÉOGENÈSE IMPARFAITE

Approche interdisciplinaire du traitement de l'ostéogenèse imparfaite chez l'enfant
Chiasson, Rose-Marie, Craig Munns et Leonid Zeitlin
Montréal : Hôpital Shriners pour enfants, 2004. 222 p.

Les auteurs ont écrit ce livre dans le but de partager leur expérience dans le traitement de l'ostéogenèse imparfaite avec les professionnels de la santé, les parents et les familles. Divisé en trois partie : Aspects cliniques et diagnostiques – Aspects médicaux des soins – Aspects psychosociaux. Cette dernière partie aborde également la transition de l'adolescent atteint d'OI vers le système des soins de santé pour adulte.

L'ostéogenèse imparfaite
Association francophone belge de l'ostéogenèse imparfaite
http://users.skynet.be/fa028570/AFBOI/OI.htm

Qu'entend-on par ostéogenèse imparfaite ? Quelles en sont les causes ? Quels sont les traitements ?

L'ostéogenèse imparfaite et vous
Association de l'ostéogenèse imparfaite
www.aoi.asso.fr/concemen.htm

Information grand public et professionnelle sur cette maladie génétique connue parfois sous le nom « maladie des os de verre ».

OTITE
Voir aussi : Maladie ORL

Les infections ORL de l'enfant
Frœhlich, Patrick
Paris : Larousse, 2005. 127 p. (Guides santé)

Les otites, laryngites et amygdalites atteignent souvent les enfants. Comment faire pour éviter que ces infections deviennent répétitives ? Doivent-elles toujours être traitées avec des antibiotiques ? Y a-t-il des conséquences à long terme ? L'auteur explique ces différentes maladies aux parents ; comment les prévenir, quels sont les symptômes et les traitements proposés.

Les maladies ORL de l'enfant
Legros, Michel
Paris : Ellipses, 2003. 117 p. (Vivre et comprendre)

Ce livre décrit les principales maladies ORL qui touchent les enfants au niveau du nez, de la gorge et des oreilles, avec conseils et indications de traitements pour éviter les erreurs ou les affolements inutiles. Un chapitre est consacré à la surdité de l'enfant, un autre aux troubles de la parole et du langage, et la dernière partie de l'ouvrage explique aux parents les principales interventions chirurgicales en ORL.

Les opérations ORL de l'enfant
Rotenberg, Maurice
Paris : Masson, 2001. 70 p.

Une guide qui détaille les opérations ORL les plus courantes en pédiatrie : ablation des amygdales, ablation des adénoïdes, parencentèse ou myringotomie (insertion d'un petit tube pour permettre le drainage de l'oreille moyenne). Pour chacune des opérations, vous trouverez les rubriques suivantes : Introduction, Comment se préparer à l'opération, L'intervention, Après l'opération, La convalescence.

L'otite : réponses aux questions des parents
Lévesque, Marie-Joëlle, Anthony Abela et al.
Montréal : Éditions de l'Hôpital Sainte-Justine, 2001. 20 p.

Des informations pour les parents afin de leur permettre de mieux comprendre le phénomène de l'otite. Pourquoi une otite ? Comment la prévenir ? Comment la soigner ? Peut-elle affecter l'oreille ?

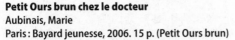

Petit Ours brun chez le docteur   2 ans+
Aubinais, Marie
Paris : Bayard jeunesse, 2006. 15 p. (Petit Ours brun)

Petit Ours brun ne se sent pas très bien, il a chaud et a mal aux oreilles. Un album qui montre des scènes de la vie de tous les jours quand on est malade.

L'opération de Lucas : une histoire sur… la chirurgie d'un jour   3 ans+
Boonen, Stefen
Saint-Lambert : Enfants Québec, 2007. 25 p. (Une histoire sur…) (J'apprends la vie)

Lucas doit se faire opérer dans les oreilles parce qu'il fait des otites à répétition. Une histoire pour aider les enfants à apprivoiser les chirurgies mineures. Une collection pour aider les enfants à affronter les difficultés de la vie ou à mieux vivre les différences. À la fin de l'album, des informations utiles pour les parents et les éducateurs.

Mouss est malade   3 ans+
Barbara, Diane
Paris : Éditions du Sorbier, 2002. 26 p.
(Mouss, le petit garçon qui savait déjà naviguer)

Mouss a encore une otite. Il passera la journée avec maman.

Ouille mes oreilles   4 ans+
Delaunois, Angèle
Montréal : Isatis, 2005. 30 p. (Ombilic)

Le professeur Ombilic explique les oreilles aux enfants : anatomie, audition, hygiène, les maux d'oreilles et comment les éviter. Tous les textes de la collection « Ombilic » sont supervisés par des médecins et sont appuyés d'illustrations qui rejoignent l'enfant dans son quotidien. Une collection pour les 4-8 ans.

Les infections d'oreille : l'otite moyenne
Société canadienne de pédiatrie
www.soinsdenosenfants.cps.ca/enfantmalade/OtiteMoyenne.htm

Conseils à l'intention des parents : détection de la maladie, traitements courants et complications.

L'otite
CHU Sainte-Justine
www.chu-sainte-justine.org/Famille/page.aspx?ID_Menu=
668&ID_Page=1595&ItemID=3a

Comment prévenir l'otite ? En quoi l'oreille est-elle affectée ? Qu'est-ce qui prédispose à l'otite ?

PARAPLÉGIE/QUADRIPLÉGIE

Voir aussi : Enfant handicapé

Association des paraplégiques du Québec
6020, rue Jean-Talon Est, bureau 400
Montréal (Québec) H1S 3B1
info@paraquad.qc.ca
www.paraquad.eznetportals.com/web/site/accueil

☏ 514 341-7272
☏ sans frais : 1 877 341-7272
🖷 514 341-8884

« L'APQ offre des services et du soutien aux personnes paraplégiques, personnes qui, à la suite d'une lésion à la moelle épinière, sont devenues paralysées des membres inférieurs, et aux personnes tétraplégiques, personnes atteintes de paralysie de la musculature des membres supérieurs et inférieurs du corps. »

Vivre après une blessure médullaire
Association des paraplégiques du Québec
Montréal : Association des paraplégiques du Québec, 1996.

Ouvrage de référence qui traite de tous les aspects des lésions médullaires, de la santé et du retour dans la communauté. Aide aussi les blessés médullaires et leur famille à apprivoiser cette nouvelle situation. Le guide est composé de 11 brochures et traite des aspects suivants : la vie après une lésion médullaire ; soins de la peau ; élimination intestinale et nutrition ; élimination urinaire ; sexualité ; fonctions respiratoires et cardiovasculaires ; aides techniques et autres soutiens à l'autonomie ; complications ; adaptation psychosociale ; loisirs et sports ; travail, études et bénévolat. Aussi disponible en CD-ROM, version française et anglaise. Vous pouvez vous procurer ce document à l'Association des paraplégiques (voir les coordonnées à la rubrique Associations).

L'accident de Marika   3 ans+
Boonen, Stefan
Saint-Lambert : Enfants Québec, 2007. 26 p. (Une histoire sur…) (J'apprends la vie)

À la suite d'un accident, Marika est devenue paraplégique. Dorénavant, elle doit se déplacer en fauteuil roulant. Son accident a provoqué un grand bouleversement au sein de la famille et Alexis, son petit frère, doit aussi s'adapter à ce changement. « Cette histoire raconte, à travers les yeux d'Alexis, comment Marika affronte sa nouvelle vie d'enfant.» «J'apprends la vie» est une collection pour aider les enfants à affronter les difficultés de la vie ou à mieux vivre les différences. À la fin de l'album, des informations utiles pour les parents et les éducateurs.

Et moi, quand je serai grand ?   5 ans+
Paulin, Valérie et Chantal Pétrissans
Paris : Mame, 1992. 24 p. (Une histoire de Tilou)

Tilou est un petit kangourou en fauteuil roulant qui se demande quel métier il pourra exercer lorsqu'il sera grand. Sachant très bien qu'il lui sera impossible de faire tout ce dont il a envie, il se donne quand même le droit de rêver surtout lorsqu'un concours de dessin est organisé à son école…

Un ami très spécial   5 ans+
Mayer, Gina et Mercer Mayer
Montréal : Les Presses d'Or, 1995. 24 p. (Album carré)

Le nouveau de la classe s'appelle Alex, il se déplace en fauteuil roulant. Finalement, il n'est pas si différent de nous…

Debout jusqu'au bout   11 ans+
Cadier, Florence
Paris : Syros, 2001. 103 p. (Souris)

Caroline devient paraplégique après un accident. Elle va à l'hôpital régulièrement pour des traitements et elle y rencontre d'autres enfants handicapés. Vic, l'un des éducateurs, veut les entraîner dans un projet de marathon. Caroline veut relever le défi.

Les ailes brisées   12 ans+
Desrosiers, Danièle
Saint-Laurent (Québec) : Pierre Tisseyre, 2000. 207 p. (Faubourg Saint-Rock)

Stéphanie se retrouve paraplégique à 17 ans, à la suite d'un grave accident de voiture. C'est l'histoire de sa lutte, celle de sa famille et de ses amis pour surmonter les épreuves et reprendre goût à la vie.

Guides à l'intention des personnes ayant une blessure médullaire et de leurs proches
Programme de traumatologie. Hôpital du Sacré-Cœur de Montréal
http://traumaquebec.com/Docs/Guidesfeuillets.html

Information sur la moelle épinière, la blessure médullaire, ses conséquences, son traitement, l'adaptation psychologique et la réadaptation.

**Les lésions médullaires traumatiques et médicales
(paraplégies et tétraplégies)**
Association des paralysés de France
www.paratetra.apf.asso.fr/lesions_medullaires_informations/Articles/
para_tetra_JFD_235-245.pdf

Description détaillée et illustrée de la maladie : causes, conséquences, pronostic et rééducation.

PARENT À L'ADOLESCENCE

Voir aussi : Grossesse à l'adolescence

Bureau de consultation jeunesse
Casier postal 97554   ) 514 274-9887
4061, rue Wellington   Ligne d'intervention : 514 270-9760
Verdun (Québec) H4G 3M6   514 271-3370
bcj15@cooptel.qc.ca
www.bcj14-25.org

Consultation, information et référence pour les jeunes et les adultes en difficulté (14-25 ans). Suivi individuel, groupes jeunes mères, groupes jeunes pères, appartements supervisés pour les 17-22 ans.

PARENT ALCOOLIQUE

Voir aussi : Alcool

Al-Anon et Alateen
C.P. Marquette, #37322   Ligne d'écoute : 514 866-9803
Montréal (Québec) H2E 3B5
slimontreal@al-anon-montreal.org
www.al-anon-montreal.org

Service d'écoute téléphonique et réunions pour les familles de personnes alcooliques. Les groupes Alateen s'adressent spécifiquement aux jeunes de 10 à 20 ans affectés par l'alcoolisme d'un membre de leur famille ou d'un ami intime.

Émilie n'aime pas quand sa mère boit trop   6 ans+
de Saint-Mars, Dominique
Fribourg : Calligram, 2006. 45 p. (Max et Lili) (Ainsi va la vie)

Émilie ne veut pas que Lili vienne dormir chez elle, elle a honte de sa mère. Ce livre de Max et Lili parle des problèmes d'alcool d'un parent. L'enfant assiste, impuissant, à cette souffrance, il essaie de protéger ce parent qu'il aime, de le guérir tout seul et de le faire arrêter de boire. Difficile de dire ce qu'il ressent : inquiétude, honte, peur que ce soit de sa faute, de ne pas être assez aimé. Dans cette histoire, la maman d'Émilie acceptera de se faire aider.

Papa a la maladie de l'alcool   7 ans+
Labbé, Brigitte
Paris : Milan, 2008. 34 p.

Le papa de Léa boit de l'alcool presque tous les jours, le matin, le midi, le soir. Léa a peur, elle a souvent envie de pleurer, elle ne veut plus inviter ses amis à la maison et se demande si son papa l'aime encore. Un livre pour tous les enfants qui ont un papa ou une maman « qui a la maladie de l'alcool » pour qu'ils ne restent pas seuls avec leurs émotions et leurs questions et pour qu'ils comprennent ce qui se passe à la maison.

La décision de Cathou   8 ans+
Gervais, Jean
Montréal : Boréal, 1995. 42 p. (Dominique)

La mère de Cathou est alcoolique. Comment Cathou réussit-elle à vivre avec ce gros problème ? À la fin du roman, un mot aux parents et aux éducateurs sur les enfants de parents alcooliques.

La chanson de Laurianne   12 ans+
Nadeau, Denise
Montréal : Hurtubise HMH, 2006. 136 p.

Laurianne découvre que son père est alcoolique et qu'il se rend très souvent à des rencontres de AA. Sa mère lui a toujours dit que son père partait en voyage d'affaires. Maintenant qu'elle sait, Laurianne souhaite que tous affrontent la réalité.

Miette-de-Lune   13 ans+
Singer, Nicky
Paris : Gallimard, 2004. 206 p. (Scripto)

Tilly raconte que sa mère est morte. Elle a toujours avec elle une petite poupée qu'elle dit être le dernier souvenir de sa mère. Elle s'enferme dans un monde de refus et d'angoisses. En réalité, sa mère est hospitalisée parce qu'elle est alcoolique et suicidaire. Tilly se lie d'amitié avec Juan qui connaît aussi des difficultés parce qu'il a été adopté, il cherche ses origines chiliennes. Ensemble, ils s'épauleront et réussiront à faire face à la vie.

Ce que les enfants veulent savoir… lorsqu'un de leurs parents boit trop d'alcool
Centre de toxicomanie et de santé mentale
www.camh.net/fr/About_Addiction_Mental_Health/Drug_and_Addiction_Information/when_parent_drinks_fr.html

Questions que posent souvent les enfants lorsqu'un membre de la famille a un problème d'alcool et suggestions de réponses.

PARENT ATTEINT DE CANCER

Voir aussi : Parent malade

Ces enfants qui vivent le cancer d'un parent
Delaigue-Cosset, Marie-France et Nicole Landry-Dattée
Paris : Vuibert, 2005. 140 p. (Espace éthique)

Les auteurs, l'une anesthésiste, l'autre psychologue, ont mis en place à l'hôpital où elles travaillent un groupe de soutien pour les enfants de parents atteints de cancer, parce que trop souvent, dans des situations difficiles, les enfants sont mis à l'écart pour mieux les protéger. Elles coaniment ce groupe depuis 10 ans. Elles ont écrit ce livre pour aider les enfants, les parents et les familles à communiquer plus facilement, à parler de leurs souffrances et de leurs peurs.

Hôpital silence. Parents malades : l'enfant et la vérité
Landry-Dattée, Nicole et Marie-France Delaigue-Cosset
Paris : Calmann-Lévy, 2001. 166 p.

Comment agir avec les enfants quand les parents sont atteints d'une maladie grave et parfois mortelle ? Que dire ? Comment le dire ? Jusqu'où le dire ? Les auteurs rappellent que les enfants et les parents doivent pouvoir exprimer leur confiance mutuelle autant que leur désarroi ; il faut se parler et encore se parler.

Ma maman est malade 3 ans+
Bénou
Cavan (France) : Mouton cerise, 2007. 15 p.

L'auteur, mère de deux petites filles, est atteinte du cancer du sein. L'album raconte, avec des mots d'enfants, le cancer de leur maman : la découverte de la maladie, les traitements, les examens, les opérations et la rémission. Ouvrage optimiste, coloré et adapté aux jeunes enfants. C'est le témoignage d'un parcours, d'une histoire, pour favoriser les échanges entre l'enfant, la personne malade et leurs proches. Les bénéfices issus de la vente de cet ouvrage sont intégralement reversés à la recherche contre le cancer.

Alice au pays du Cancer   5 ans+
Hennuy, Martine et Sophie Buyse
Bruxelles : Alice Jeunesse, 2006. 18 p. (Histoires comme ça)

La maman d'Alice, gravement malade, est partie au pays du Cancer. La fillette va la rejoindre malgré le refus de son père. Il ne trouve pas ce lieu très accueillant pour les enfants et voudrait lui épargner cette peine. Ce monde, c'est l'hôpital et la maladie. « Ce récit nous plonge dans le regard de l'enfant, ses souffrances, ses inquiétudes mais aussi ses ressources imaginaires et créatives pour surmonter les épreuves de l'hospitalisation brutale du parent. » À lire en famille.

Un dragon dans le cœur   5 ans+
Leblanc, Sophie
Beauport (Québec) : Publications MNH, 1997. 37 p.

La mère de Laura apprend qu'elle a un cancer. Elle explique à sa fillette sa maladie, les conséquences, les soins. Laura est inquiète. Grâce à la compréhension de ses parents et de sa grand-mère, Laura apprivoisera peu à peu cette maladie qui bouleverse leur vie. L'auteur, atteinte de cancer, a écrit cette histoire pour aider sa petite fille à faire face à cette difficulté. Ce livre est épuisé chez l'éditeur, mais il est disponible à la Fondation québécoise du cancer. Vous pouvez l'emprunter en téléphonant au 1 800 363-0063 ou en allant sur le site Internet de la Fondation, au Centre de documentation virtuel, à l'adresse : www.fqc.qc.ca Vous pouvez aussi le consulter au Centre d'information du CHU Sainte-Justine : 514 345-4681.

Maman a une maladie grave   6 ans+
Labbé, Brigitte et Hélène Juvigny
Toulouse : Milan, 2007. 26 p.

Hugo sait que sa maman a un cancer. Il est triste, il a peur, il est parfois en colère avec l'envie de tout casser, d'autres fois il pleure ou il pense que c'est de sa faute. Un livre pour aider les enfants qui vivent avec un parent malade à parler de ce qu'ils ressentent pour mieux comprendre ce qui se passe en eux.

L'année où ma mère est devenue chauve   8 ans+
Speltz, Ann
Saint-Lambert : Enfants Québec, 2007. 63 p. (J'apprends la vie)

Claire, 9 ans, écrit dans son journal ce qu'elle ressent depuis qu'elle sait que sa maman a un cancer : inquiétudes, peurs, peines mais aussi l'espoir et la découverte des forces qu'on a en soi. Traduction du livre *The year my mother was bald* de l'American Psychology Association. Une collection pour aider les enfants à affronter les difficultés de la vie ou à mieux vivre les différences. À la fin de l'album, des informations utiles pour les parents et les éducateurs.

Ida B. et ses plans pour s'amuser à fond,   11 ans+
éviter les désastres et (éventuellement) sauver le monde
Hannigan, Katherine
Paris : Seuil Jeunesse, 2007. 183 p.

Ida B. est très heureuse avec ses parents. Mais tout s'écroule quand elle apprend que sa mère est gravement malade ; rien ne sera plus comme avant. Elle choisit alors de ne pas crier, de ne pas pleurer, elle choisit de se taire, de se forger un cœur de pierre et de détester le monde. Malgré sa carapace, elle souffre. Avec beaucoup de réticences et heureusement pour elle, elle finira par accepter la maladie de sa mère et l'aide des gens qui l'aiment.

Le temps d'un naufrage   13 ans+
Malenfant, Danielle
Rosemère (Québec) : Humanitas, 2008. (Ados)

Mélanie vient d'apprendre que sa mère a un cancer, mais elle refuse de le croire. Son agonie pousse Mélanie à se remémorer ses joies et ses peines d'enfant que sa mère savait si bien comprendre. Alors, comment survivre au départ d'une mère ? Surtout comment vivre avec son père, elle qui ne s'entend pas du tout avec lui. Mélanie, qui vit en même temps une histoire d'amour, est déchirée entre l'espoir et le désespoir…

PARENT ATTEINT DE MALADIE MENTALE

Fédération des familles et amis de la personne atteinte de maladie mentale (FFAPAMM)

1990, rue Cyrille Duquet, bureau 203   ☎ 418 687-0474
Québec (Québec) G1N 4K8   ☎ sans frais : 1 800 323-0474
info@ffapamm.qc.ca   🖶 418 687-0123
www.ffapamm.qc.ca

La Fédération chapeaute plus de 45 associations régionales. Ces dernières offrent différents services à l'entourage des personnes atteintes de maladie mentale : écoute téléphonique, rencontres individuelles, conférence d'information, centre de documentation, ateliers de discussion, référence aux ressources du milieu, activité de sensibilisation. Les intervenants peuvent s'y procurer le programme d'information sur les maladies mentales intitulé *Les préjugés… j'connais pas !* Il est possible d'obtenir les coordonnées des associations régionales en consultant le site Internet (Bottin des ressources).

**Groupe d'enfants dont un des parents ou des proches
a un problème de santé mentale
Clinique externe de psychiatrie**
Hôpital Jean Talon   ☎ 514 729-3036
7345, rue Garnier
Montréal (Québec) H2E 2A1

« Groupe bimensuel offrant un lieu d'expression par le biais du conte, du dessin et autres matériaux à des enfants âgés de 7 à 12 ans et dont le père, la mère, le frère ou la sœur a un grave problème de santé mentale. »

L'Association de parents et amis de personnes atteintes de maladie mentale
Le Contrevent   ☎ 418 835-1967
190, rue St-Joseph   ☎ sans frais : 1 888 835-1967
Lévis (Québec) G6V 1C9   🖷 418 835-0831
contrevent@videotron.ca
www.contrevent.org

Le « Volet Jeunesse » de Contrevent vient en aide aux jeunes de 6 à 17 ans ayant un proche souffrant d'une maladie mentale et habitant les territoires suivants : Desjardins, Chutes-de-la-Chaudière, Bellechasse et Lotbinière. Le Contrevent offre aussi des services aux membres de l'entourage ayant un jeune mineur atteint d'un problème de santé mentale.

Au-delà des troubles mentaux, la vie familiale
Boily, Marc, Myreille St-Onge et Marie-Thérèse Toutant
Montréal : Éditions du CHU Sainte-Justine, 2006. 256 p. (Intervenir)

Un regard sur la parentalité des personnes présentant un trouble mental grave, voici ce que propose cet ouvrage réalisé à l'initiative du Comité de la santé mentale du Québec. Que vivent ces personnes par rapport à leur parentalité ? Dans quelle mesure et de quelle façon la présence d'un trouble mental influence-t-elle leur rôle parental ? Que vivent leurs enfants ? Quels sont les effets sur les conjoints et les proches ? Quelles sont les stratégies d'aide susceptibles de les soutenir dans l'accomplissement de leur rôle de parents ? Les auteurs abordent de manière exhaustive ce que vivent ces familles et proposent des pistes d'action simples et efficaces qui peuvent être mises en œuvre dans les milieux de pratique afin de répondre adéquatement aux besoins de la population visée.

Vivre avec un maniaco-dépressif
Gay, Christian
Paris : Hachette, 2008. 209 p.

Les fluctuations de l'humeur provoquées par le trouble bipolaire font souffrir le patient et son entourage. Conjoints, parents, enfants doivent prendre tout en main lors des phases dépressives. Lors des phases maniaques, ils doivent faire preuve de tact, de diplomatie et de patience. Souvent les familles sont peu informées sur la maladie et c'est eux qui se retrouvent en première ligne pour vivre le quotidien et en prendre soin. L'auteur, psychiatre, a écrit ce livre pour informer, encourager et soutenir ces familles.

Anna et la mer   6 ans+
Heinisch, Rebecca
Trois-Rivières : La Lanterne, 2004. 43 p.

Depuis quelque temps, la maman d'Anna ne va pas bien, elle doit être hospitalisée. Anna est triste et inquiète. Elle apprendra à se confier et à écouter. Elle recevra appuis et conseils, saura que les émotions qu'elle éprouve sont normales et qu'elle n'est pas seule pour affronter cette grande difficulté. Ce livre a été écrit dans le but de soutenir et de renseigner les enfants sur la maladie mentale et ses différents symptômes et pour les aider à sortir de leur isolement. Un guide pour les parents et les intervenants présente l'histoire. Vous pouvez vous procurer ce livre à la Fédération des familles et amis de la personne atteinte de maladie mentale, en téléphonant au 418 687-0474.

Quand l'humeur joue aux montagnes russes ! 6 ans+
Chovil, Nicole
Montréal : Société québécoise de la schizophrénie, 2003. 12 p.
(Comprendre la maladie mentale dans la famille)

Brochure qui explique clairement et simplement aux enfants ce qu'est le trouble bipolaire, ce qui le cause et ce qui peut le traiter. Pour aider les enfants qui ont un parent ou un proche atteint de cette maladie mentale et qui ne comprennent pas son comportement. À lire avec les parents. Brochure disponible à la Société québécoise de la schizophrénie au numéro suivant : 1 866 888-2323.

Quand tout devient bizarre ! 6 ans+
Chovil, Nicole
Montréal : Société québécoise de la schizophrénie, 2003.
(Comprendre la maladie mentale dans la famille)

Brochure qui explique clairement et simplement aux enfants ce qu'est la schizophrénie, ce qui la cause, si on peut la traiter. Pour aider les enfants qui ont un parent ou un proche atteint de cette maladie mentale et qui ne comprennent pas son comportement. À lire avec les parents ou un adulte. Brochure disponible à la Société québécoise de la schizophrénie au numéro suivant : 1 866 888-2323.

À la folie 9 ans+
Tremblay, Dominique
Saint-Laurent (Québec) : Pierre Tisseyre, 2004. 72 p. (Papillon)

Le père de Marie est hospitalisé parce qu'il souffre de troubles anxieux, comme lui a expliqué le psychiatre. Il devra rester à l'hôpital pendant quelques jours. Même si elle est un peu rassurée parce qu'elle apprend que cette maladie mentale se soigne, Marie est triste. Elle doit affronter la détresse de sa mère et les racontars qui vont bon train à l'école sur la maladie de son père. Pour démystifier la maladie mentale.

Ce que les enfants veulent savoir… lorsque l'un de leurs parents a vécu une psychose
Centre de toxicomanie et de santé mentale
www.camh.net/fr/About_Addiction_Mental_Health/
Mental_Health_Information/when_parent_psychosis_fr.html

Questions que posent les enfants lorsqu'un de leurs parents vit une psychose et suggestions de réponses.

**Ce que les enfants veulent savoir… lorsqu'un de leurs parents
a un trouble bipolaire**
Centre de toxicomanie et de santé mentale
www.camh.net/fr/About_Addiction_Mental_Health/
Mental_Health_Information/when_parent_bipolar_fr.html

« Questions que posent souvent les enfants au sujet du trouble bipolaire de leur père ou
de leur mère, et suggestions sur la façon d'y répondre. »

**Tous ensemble : les effets de la dépression et de la maniaco-dépression
sur les familles**
Santé Canada
www.phac-aspc.gc.ca/dca-dea/publications/pdf/ensemble_f.pdf

Pour aider les familles à vivre avec les troubles affectifs. Qu'est-ce que les enfants disent ?
Ce que peuvent faire les conjoints. Qu'est-ce qui m'arrive ? Stratégies d'adaptation.

PARENT DÉPRESSIF

Voir aussi : Parent atteint de maladie mentale

Puce   4 ans+
Mornet, Pierre
Paris : Autrement Jeunesse, 2001. 24 p.

Puce ne reconnaît plus sa maman : où sont ses yeux vivants, ses cheveux doux, sa tendresse ? Elle se sent délaissée et petite comme une puce. Elle doit aller à l'extérieur pour
respirer, pour fuir l'atmosphère trop lourde de la maison. À son retour, après avoir traversé l'épreuve, elle retrouve sa maman de toujours.

Quand tout devient sombre et triste !   6 ans+
Chovil, Nicole
Montréal : Société québécoise de la schizophrénie, 2003.
(Comprendre la maladie mentale dans la famille)

Brochure qui explique aux enfants ce qu'est la dépression, ce qui la cause et si elle peut
être soignée. Pour aider les enfants qui ont un parent ou un proche atteint de cette maladie
mentale et qui ne comprennent pas son comportement. À lire avec les parents ou un
adulte. Brochure disponible à la Société québécoise de la schizophrénie au numéro suivant : 1 866 888-2323.

Il fera beau, Julot !   8 ans+
Kerloc'h, Anne
Voisins-le-Bretonneux (France) : Rue du monde, 2004. 16 p.

La maman de Julot a le moral à zéro. Elle pleure, elle déprime, elle baisse les bras et Julot
ne l'accepte pas. Lui, les larmes, il sait les éviter. Mais comment s'y prendre pour débarrasser sa mère de son chagrin et pour qu'elle retrouve son sourire d'avant ? Léni, l'amie
de sa maman, lui explique ce qu'est la dépression.

La valise oubliée
8 ans+

Teisson, Janine
Paris : Syros, 2008. 89 p. (Mini-roman)

Le père de Johan s'est fait amputer d'un pied et depuis ce temps il est dépressif. L'atmosphère n'est pas rose à la maison. Johan essaie de se changer les idées, il fait du théâtre et joue pour des enfants handicapés. À la suite de cette expérience, il s'aperçoit qu'il peut aider sa famille et accepte mieux le handicap de son père.

Cet hiver-là
10 ans+

Hammer, Béatrice
Paris : Oskar jeunesse, 2008. 91 p.

Cet hiver-là n'est pas un hiver comme les autres pour Marie et sa petite sœur Violaine. Leur mère est hospitalisée pour une dépression. Marie fait tout ce qu'elle peut pour que cette absence ne soit pas trop dure pour Violaine. Elle découvre qu'il y a un secret dans sa famille qui l'aide à comprendre la maladie de sa mère. Dans ce texte porteur d'espoir, la dépression est vue à travers le regard des deux fillettes. L'auteur raconte les symptômes de la maladie, la vie de famille, les soins et la guérison.

Appelez-moi Poison
11 ans+

Shreve, Susan
Paris : Bayard jeunesse, 2008. 160 p.

Alyssa, qui décide de se surnommer Poison, réfléchit à sa vie. Quel pourrait être son but ? Elle ne va certainement pas rester à attendre les bras ballants que sa mère retrouve sa joie de vivre ou que son père revienne à la maison. « Inutile de vouloir changer ce qui ne changera jamais », comme disait sa grand-mère. En dépit des malheurs qui lui pleuvent sur la tête, Poison va trouver en elle toutes les ressources pour reprendre son destin en main.

Folle
12 ans+

Friot, Bernard
Paris : Thierry Magnier, 2002. 110 p. (Roman)

La maman de Franck était normale avant, mais peu à peu elle a changé. Elle a commencé à faire des crises d'angoisse, suivies de longs silences insupportables, et maintenant elle doit séjourner à l'hôpital. L'auteur décrit l'enfer de la dépression nerveuse et son effet sur la vie de famille. Franck prendra du temps à accepter la dépression de sa mère et à comprendre qu'elle n'est pas folle, mais atteinte d'une maladie qui est longue à soigner, et qu'elle ne l'a pas abandonné.

Ce que les enfants veulent savoir... lorsqu'un de leurs parents est déprimé
Centre de toxicomannie et de santé mentale
www.camh.net/fr/About_Addiction_Mental_Health/
Mental_Health_Information/when_parent_depressed_fr.html

« Questions que posent souvent les enfants au sujet de la dépression de leur père ou de leur mère et suggestions sur la façon d'y répondre. »

PARENT EN PRISON

Continuité-famille auprès des détenues (C.F.A.D.)
5128, rue Notre-Dame Ouest   ☏ 514 989-9891
Montréal (Québec) H4C 1T3   ☏ sans frais : 1 877 229-9891
cfad@cooptel.qc.ca   🖷 514 989-5906

CFAD offre écoute et support aux femmes incarcérées à l'Établissement Joliette et à la
Maison Tanguay. Des accompagnatrices supervisent des visites familiales qui permettent
aux enfants de passer la fin de semaine auprès de leur mère dans une roulotte située près
de la Maison Tanguay. Plusieurs autres services sont aussi offerts aux femmes, dans les
locaux de CFAD, pour faciliter leur retour en communauté.

Regroupement canadien d'aide aux familles des détenu(e)s
C.P. 72042   ☏ sans frais : 1 877 875-1285
Bois-des-Filions (Québec) J6Z 4N9
rcafd@sympatico.ca
www.cfcn-rcafd.org/text/rcafd.html

« Le Regroupement travaille au développement de politiques, d'actions et de programmes
susceptibles de permettre aux détenu(e)s et à leurs familles de vivre des relations familiales et communautaires holistiques. » Le site Internet contient un annuaire de services
pour les familles des détenu(e)s. Des services d'écoute téléphonique et de référence pour
le Québec sont disponibles. Les services offerts et le site Internet sont bilingues.

La visite   3 ans+
Roche, Christian
Toulouse : Milan, 2003. 34 p.

Clara a toujours beaucoup de choses à raconter à son papa. Mais il faut toujours faire
vite, car elle le voit seulement un petit moment le samedi. Elle doit faire un long voyage
en train avec sa mère et son frère Théo pour se rendre à la prison.

Le pré sans fleurs ni couleurs   4 ans+
Gillot, Laurence
Paris : Bayard, 2001. 32 p. (Les belles histoires)

Blanc-museau se réveille et cherche son père. Sa maman lui explique qu'il est parti en
voyage pour finalement lui dire qu'il est en prison. Il a fait une bêtise et doit être puni.
Blanc-museau lui rend visite et comprend que son papa l'aime toujours.

La lettre que j'attends
Hœstland, Jo
Paris : Baron perché, 2007. 25 p.
                                                    6 ans+

Une maman séparée de ses enfants pour un long moment s'ennuie. Elle imagine une lettre qu'elle attend de sa fille qui commencerait par « Maman chérie... ». Dans cette lettre, sa grande fillette lui parlerait des petits moments de la vie quotidienne, de la vie à l'école, de la vie du quartier, de la vie de famille avec son petit frère. Cette attente apaise la douloureuse séparation qu'elle subit depuis son incarcération.

Mon père a disparu !
Ribeiro, Cathy
Arles (France) : Actes Sud Junior, 2008. 80 p. (Roman cadet)
                                                    7 ans+

Un petit garçon s'inquiète parce que son père est disparu. Il se demande s'il est gravement malade ou s'il est juste en mission secrète ? Il finira par connaître la vérité, son père est en prison.

T'es un grand garçon maintenant
Ollivier, Mikaël
Paris : Thierry Magnier, 2003. 47 p. (Petite poche)
                                                    7 ans+

Maxime va fêter son septième anniversaire avec sa maman. Ce n'est pas facile d'aller rencontrer sa mère, car elle est en prison et la visite ne peut jamais durer longtemps.

Petit papa prison
Gibert, Bruno
Tournai : Casterman, 2006. 126 p. (Comme la vie)
                                                    8 ans+

Anna écrit à son père qui est en prison. Elle lui raconte son quotidien, son amour pour lui, mais aussi sa colère et la honte qu'elle ressent face à ses amis d'avoir à affronter cette situation. Son père lui envoie des lettres tendres et compréhensives. Il lui explique les réalités de la vie en prison ; il y a des criminels, mais aussi des gens qui ont commis un faux pas et qui le regrettent.

Le stylo rouge
Bérot, Marie-Claude
Paris : Père Castor Flammarion, 2005. 90 p. (Castor Poche)
                                                    10 ans+

« J'aime bien l'école. Mais à l'école, personne ne m'aime. Je reste seule pendant les récréations. Dans la classe, la place à côté de la mienne est vide. Mon papa est parti un matin, comme tous les matins, mais il n'est pas rentré le soir. Quelques jours après, des gendarmes sont venus à la maison. Je crois, je n'en suis pas sûre, que c'est justement après la visite des gendarmes que plus personne ne m'a regardée. Alors je m'invente des histoires... »

Qui purge la peine ? Un guide de survie à l'intention des familles et des amis en visite dans les prisons fédérales canadiennes
Regroupement canadien d'aide aux familles des détenus
www3.sympatico.ca/cfcn/peine.pdf

Manuel permettant d'aider les familles à comprendre le système correctionnel, à mieux mesurer les difficultés rencontrées et à expliquer ce que ressentent les enfants.

Un parent en prison : quelles conséquences pour l'enfant ?
Carrefour prison
http://carrefour-prison.ch/documents/numero20.pdf

Cet article est suivi du témoignage d'un père.

PARENT HANDICAPÉ

**Association multi-ethnique pour l'intégration
des personnes handicapées du Québec**
6462, boul. Saint-Laurent   ☏ 514 272-0680
Montréal (Québec) H2S 3C4   ☏ sans frais : 1 866 318-0680
ameiph@ameiph.com   🖷 514 272-8530
www.ameiph.com

« L'Association multi-ethnique pour l'intégration des personnes handicapées est un organisme sans but lucratif qui regroupe des personnes handicapées de toute origine ethnoculturelle, quel que soit leur âge, leur type de déficience ou leur statut, ainsi que les parents
et les membres de la famille d'une personne handicapée d'origine ethnoculturelle. C'est
une ressource capable de les soutenir dans leurs démarches d'intégration à tous les
niveaux et de les orienter vers les ressources qui répondent à leurs besoins. »

Papa est sur des roulettes   7 ans+
David, Morgane
Paris : Hatier, 2006. 32 p. (Éthique et toc !)

Pas facile d'avoir un papa en fauteuil roulant. « Mon papa n'est pas comme les autres
papas », dit la fillette aux camarades de classe qui se moquent de son père. Lorsqu'elle
prend le temps de leur expliquer les difficultés que son père vit tous les jours, elle suscite
une réflexion chez ses compagnons qui, pour se repentir, organisent une activité fort
originale. Le droit à la différence et le devoir d'accepter l'autre sont les messages véhiculés
par cette collection. Les textes permettent aux parents d'amorcer le dialogue avec leurs
enfants sur des sujets difficiles à aborder (mort, handicap, etc.).

Le guignol du fond de la cour   8 ans+
Pillot, René
Tournai : Casterman, 1998. 50 p. (Comme la vie)

Être l'enfant de parents sourds et muets, ce n'est facile ni à la maison ni à l'école. Mais
un jour, notre héros a un nouvel ami qui l'aide à apprécier ses parents handicapés.

**Parents plus : guide-ressource de conseils et d'aides techniques
destiné aux parents ayant une incapacité physique**
Centre de réadaptation Lucie-Bruneau
www.luciebruneau.qc.ca/pdf/guide_parents-plus_FINAL.pdf

Conseils généraux et sélection d'aides techniques les plus souvent utilisées par les parents.

PARENT MALADE

Voir aussi : Parent atteint de cancer, Parent atteint de maladie mentale

Hôpital silence. Parents malades : l'enfant et la vérité
Landry-Dattée, Nicole et Marie-France Delaigue-Cosset
Paris : Calmann-Levy, 2001. 166 p.

Comment agir avec les enfants quand les parents sont atteints d'une maladie grave et parfois mortelle ? Que dire ? Comment le dire ? Jusqu'où le dire ? Les auteurs rappellent que les enfants et les parents doivent pouvoir exprimer leur confiance mutuelle autant que leur désarroi, il faut se parler et encore se parler.

Benjamin et sa maman   6 ans+
Lazai, Stéfanie
Pointe-Claire (Québec) : Berlex Canada, 2006. 24 p.

Benjamin, 8 ans, explique la redoutable maladie de sa maman, la sclérose en plaques. Tous les aspects de la maladie sont présentés avec franchise, dans un langage adapté à l'enfant. Cet album permet aux familles d'amorcer des discussions avec l'enfant sur la sclérose en plaques et ses symptômes, sans oublier les sujets les plus délicats, comme par exemple l'incontinence. De plus, il offre aux parents un outil précieux pour expliquer la maladie et son évolution aux enfants qui sont atteints de sclérose en plaques. Pour obtenir un exemplaire communiquez avec le bureau de votre division de la Société de la SP : 1-800-268-7582. Également disponible sur le web, en format PDF : www.scleroseenplaques.ca/fr/pdf/benjamin.pdf

Papa, on ne t'oubliera pas : le journal de la petite   6 ans+
Marie Herbold pendant la maladie et la mort de son père
Herbold, Marie
Zurich : Nord-Sud, 2002. 24 p. (Un livre d'images Nord-Sud)

Une fillette, qui a 13 ans à la mort de son père, tient son journal pendant sa maladie, jusqu'à son décès. L'enfant exprime son inquiétude, sa tristesse, son désarroi face à la maladie qui affaiblit son père et déstabilise la vie familiale. Pour parler de la maladie et de la mort avec les enfants, ce livre est un bon intermédiaire.

Le voyage de Luna   7 ans+
Mansot, Frédérick
Paris : Actes Sud, 2002. 50 p. (Les histoires de la vie)

La maman de Luna est malade, d'une maladie héréditaire. Luna se fait du souci pour sa maman et se demande si elle aussi sera atteinte de cette maladie. Ce livre, né d'échanges entre une généticienne, une psychologue et des parents rencontrés lors de consultations en génétique, vient aider les parents, les enfants et les intervenants à faire face à la maladie génétique. Se termine par une section « Quelques mots pour mieux comprendre ». Cette collection propose des albums pour aider les enfants à comprendre les événements plus compliqués qui surviennent dans leur vie.

Maman est malade   7 ans+
Englebert, Éric
Paris : Grasset jeunesse, 2006. 41 p. (Les petits bobos de la vie)

Aujourd'hui, Léa nous a toutes invitées chez elle. On s'est vraiment bien amusées. Mais moi, je ne peux jamais inviter personne. C'est pas très drôle. Maman est toujours malade. Cette collection aborde des problèmes courants de la vie et aide les enfants à mettre des mots sur leurs émotions pour dédramatiser les événements angoissants.

Gros dodo   9 ans+
Vignal, Hélène
Rodez (France) : Rouergue, 2007. 107 p.

La maman de Tessa et Marion a eu un accident de voiture. Depuis ce jour, elle est à l'hôpital dans le coma. Marion enregistre les bruits du quotidien pour sa maman, une crêpe dans la poêle ou des pas dans la neige, et son père apporte les cassettes à l'hôpital. À la maison, la vie continue, mais tous attendent le réveil de maman. Et un jour, elle se réveille…

Le bonheur de Kati   10 ans+
Vejjajiva, Jane
Paris : Gallimard Jeunesse, 2006. 131 p.

Kati, jeune thaïlandaise, vit avec ses grands-parents. Elle aime sa vie, mais sa mère lui manque ; celle-ci est atteinte de la maladie de Charcot (sclérose latérale amyotrophique) et ne peut pas s'occuper de sa fille. Kati va la retrouver pour lui faire ses adieux parce qu'elle va mourir bientôt. Kati trouvera dans la beauté du monde la force d'être heureuse, malgré la douleur de perdre sa mère.

Vivre avec un parent malade
10 ans+
Raynaud, Jean-Philippe
Toulouse : Milan, 2008. 48 p. (Les guides complices)

Tes parents, tu les crois invincibles. Mais parfois, il leur arrive d'attraper une maladie au nom terrible qui fait peur à tout le monde : cancer, sida, diabète, dépression, alcoolisme, etc. Tes parents n'en parlent peut-être pas facilement avec toi et tu te sens perdu face à tous ces chamboulements. Alors, tu te poses des questions et tu t'inquiètes beaucoup. Ce livre est là pour te conseiller, t'aider à y voir plus clair et à surmonter cette épreuve avec ta famille. Cette collection s'adresse aux 10-12 ans. Les auteurs conseillent les jeunes pour leur permettre de mieux comprendre les réactions de leurs parents face à certains événements ou par rapport à certains sujets. Ils veulent aider les jeunes à se responsabiliser et favoriser la communication entre parents et enfants.

L'autre cœur
12 ans+
Cohen-Janca, Irène
Rodez (France) : Rouergue, 2003. 61 p. (DoAdo)

Le père d'Héloïse, 11 ans, a eu une transplantation cardiaque, il était au seuil de la mort. Quand il revient à la maison, la jeune fille a l'impression que ce n'est plus son père, il a le cœur d'un jeune homme qui aimait trop la vitesse. Qu'est-il arrivé avec le vieux cœur de son papa rempli de souvenirs ? Voir la suite, *Le cœur de l'autre* (2006).

Ne t'inquiète pas pour moi
14 ans+
Kuipers, Alice
Paris : Albin Michel Jeunesse, 2008. 242 p.

Par le biais de « Post-it » sur le réfrigérateur, une mère et une fille mènent une correspondance vivante, enjouée, parfois coléreuse. Des petits tracas du quotidien aux doutes et souffrances de l'adolescence, cette correspondance offre un instantané de leur vie, jusqu'au jour où la mère découvre qu'elle est gravement malade. Version pour adolescents du roman qui existe aussi en version adulte sous le même titre et chez le même éditeur.

Comment parler de la SP à ses enfants
Société canadienne de la sclérose en plaques
www.scleroseenplaques.ca/fr/pdf/comment-parler-enfants.pdf

« Guide pratique pour aider les parents à mieux communiquer avec leurs enfants au sujet de la SP. Il peut aussi être utile pour rassurer les jeunes dont un parent a la SP. »

Quand la maladie grave survient : s'informer, comprendre, agir - Accompagner ses enfants
Direction de santé publique de Montréal
www.santepub-mtl.qc.ca/Aines/maladie/enfants.html

Les adultes qui font face à une maladie grave s'inquiètent souvent au sujet des enfants qui les entourent. Quoi leur dire ? Que faire pour les empêcher de trop souffrir ? Comment les aider ?

Maternité - Paternité et SP : « Parfois je suis en colère contre la SP »
Société canadienne de la sclérose en plaques
www.scleroseenplaques.ca/fr/pdf/ParentingwithMSFR.pdf

« Comment les parents atteints de SP et leurs enfants s'adaptent et deviennent plus forts. »

La Colonie SP
Société canadienne de la sclérose en plaques. Division du Québec
www.spquebec.com/jeunes/accueil.html

La Colonie SP est un site qui s'adresse spécialement aux moins de 18 ans, dont un proche est atteint de SP, mais aussi à tous ceux qui sont curieux d'en savoir plus sur la sclérose en plaques. Un forum de discussion permet aux jeunes d'échanger sur la maladie (questions, sentiments, vie familiale, etc.).

Ma maman a la SP / Perds pas l'équilibre / Myéline me tape sur les nerfs
Société canadienne de la sclérose en plaques. Division du Québec
www.spquebec.com/jeunes/biblio/publications_text.html

Plusieurs documents s'adressant aux enfants et aux ados pour mieux leur expliquer l'impact de la maladie d'un de leurs parents sur leur vie quotidienne.

PÉDOPHILIE

Voir aussi : Agression sexuelle

Innocence-en-danger.com. Internet : le paradis des pédophiles
Sellier, Homayra
Paris : Plon, 2003. 208 p.

L'auteur, qui lutte pour la protection des enfants et de leurs droits, veut alerter les parents qui sont souvent ignorants des dangers courus par leurs enfants sur Internet lorsqu'ils font du clavardage. Elle décrit les réseaux d'exploitation sexuelle et de pédocriminalité sur Internet et analyse le fonctionnement de ces organisations terrifiantes.

L'enfant cassé : l'inceste et la pédophilie
Bonnet, Catherine
Paris : Albin Michel, 1999. 252 p.

L'auteur est psychiatre, spécialiste de la maltraitance. Elle lance un cri d'alarme : « la vérité sur l'inceste et la pédophilie est-elle insoutenable au point qu'il soit préférable de la nier ? » Elle compare le syndrome post-traumatique de ces enfants à celui des victimes de la guerre. Comment aborder ces questions avec l'enfant ? Quel est le rôle des parents ? Quelle stratégie emploie l'agresseur ?

Oscar ne se laisse pas faire   3 ans+
De Lasa, Catherine
Fribourg : Calligram, 2000. 27 p. (Oscar) (Callimage)

Oscar et ses cousins s'organisent pour que Timoléon arrête de les suivre partout en essayant de les embrasser. Une histoire pour aider le petit enfant à réagir rapidement contre la pédophilie. Le livre commence par une page d'information aux parents qui a pour titre « Le respect du corps ».

Lorette a peur dehors   5 ans+
Le Picard, Clara
Paris : Albin Michel Jeunesse, 2001. 35 p. (La vie comme elle est)

L'autre jour, en allant chez son amie, Lorette s'est fait suivre par un inconnu qui a voulu l'embrasser. Depuis ce temps, elle a peur quand elle est seule dehors. Une collection qui aborde des problèmes graves et difficiles à expliquer aux enfants. À lire avec eux.

Soledad du soleil   13 ans+
Delaunois, Angèle
Saint-Laurent (Québec) : Pierre Tisseyre, 2003. 193 p. (Conquêtes)

Nicolas accompagne sa mère convalescente dans les Antilles. Il rencontre Soledad, une jeune métisse fascinante. Derrière le soleil, la mer et sa rencontre avec Soledad se cache un autre monde beaucoup moins agréable que Nicolas découvrira bien malgré lui. L'auteur veut dénoncer l'exploitation sexuelle des enfants, le tourisme sexuel, la pédophilie.

La sécurité dans le cyberespace : le leurre par Internet
Nos enfants disparus - Canada
www.ourmissingchildren.gc.ca/omc/publications/internet-luring-leurre_f.htm

Comment les parents peuvent assurer la sécurité de leurs enfants lorsque ceux-ci utilisent Internet, surtout lorsque ce sont des conversations en ligne.

Tu ne diras point
Rapin, Aude-Léa, réalisation
Québec : Vidéo Femmes, 2007. 1 DVD (54 min.)

« *Tu ne diras point* trace, pour la première fois dans un documentaire, le portrait de ces pédophiles abstinents, ces hommes attirés sexuellement par les enfants, qui luttent au quotidien contre leurs pulsions. Le film plonge au cœur d'un sujet sensible et dérangeant. La parole est donnée également aux victimes car elles seules peuvent confirmer l'urgence qu'il y a à ne pas laisser ces hommes devenir des criminels. »
Disponible chez Vidéo-Femmes : 418 529-9188
www.videofemmes.org/repertoire/film.asp ?id=330

PEURS

Voir aussi : Anxiété

Phobies-Zéro
C.P. 83
Sainte-Julie (Québec) J3E 1X5
admin@phobies-zero.qc.ca
www.phobies-zero.qc.ca

) (administration) : 450 922-5964
Ligne d'écoute : 514 276-3105
450 922-5935

Phobies-Zéro s'adresse à toute personne souffrant d'anxiété, de trouble panique, de phobies, d'agoraphobie ainsi qu'à ses proches. Services offerts : ligne d'écoute téléphonique (du lundi au vendredi, de 9 h à 21 h), groupes de soutien, «Volet jeunesse» (thérapies individuelles et de groupe, conférences, documentation, réunions hebdomadaires) et plusieurs autres.

Le bébé et ses peurs
Ben Soussan, Patrick, Yvonne Knibieher, Michel Lemay et al.
Ramonville-Saint-Agne (France) : Érès, 2007. 103 p. (1001 BB)

Pourquoi avoir peur ? Dès que le bébé est conçu, les parents ont des peurs. Peur qu'il soit mal formé, peur d'une fausse couche. Après la naissance, peur des maladies, de la mort, peur de tout ce qui pourrait éventuellement arriver à leur bébé. Comment ces peurs sont-elles apprivoisées ? Sont-elles transmises à l'enfant ? Quelles sont les peurs du bébé, comment les déceler et les comprendre ? Comment aider les parents à vivre leur nouveau rôle dans la confiance ?

Maman j'ai peur, chéri je m'inquiète : l'anxiété chez les enfants, les adolescents et les adultes
Gagnier, Nadia
Montréal : La Presse, 2006. 86 p. (Vive la vie… en famille)

«Plusieurs parents sont confrontés aux peurs irraisonnées de leurs enfants : peur des insectes, peur du feu, peur des voleurs, peur de ne pas réussir à l'école… Il arrive aussi aux parents d'avoir des peurs, des inquiétudes ou des pensées catastrophiques. Ce livre vous permettra de mieux connaître les caractéristiques et les conséquences de l'anxiété et vous aiguillera vers les manières d'intervenir afin que cette émotion ne prenne pas le contrôle de votre vie familiale.»

Maman j'ai peur : mère anxieuse, enfant anxieux ?
Aubert, Jean-Luc et Christiane Doubovy
Paris : J'ai lu, 2002. 182 p. (J'ai lu bien-être)

«Comment appréhender l'anxiété infantile ? Quel rôle jouent les inquiétudes des mères sur celles de leurs filles et de leurs fils ?» Quand l'anxiété devient-elle pathologique, quand entrave-t-elle l'épanouissement de l'enfant ? Quels sont les symptômes qui doivent nous inquiéter? L'auteur tente d'aider les parents à se remettre en question sans les culpabiliser pour autant.

Maman, j'y arriverai jamais : face à la peur de l'échec, comment redonner confiance à votre enfant
Litière, Marc
Bruxelles : De Boeck, 2004. 244 p. (Comprendre)

Que faut-il faire et éviter de faire devant un enfant qui renonce facilement? L'auteur invite les parents à être plus à l'écoute de leur enfant pour mieux comprendre l'origine de ce comportement. Il leur donne des conseils pratiques pour qu'ils soient plus en mesure d'aider leur enfant à augmenter sa confiance pour ne plus craindre l'échec. Aussi pour les éducateurs.

Même pas peur !
Bacus, Anne
Alleur : Marabout, 2005. 217 p.

Peur des monstres, du noir, des bruits, des animaux, de l'eau, de la séparation, d'être rejeté, de parler en public, etc. Quelles sont les vraies peurs de l'enfant, d'où viennent-elles et comment réagir face à son anxiété? Quels sont les vrais dangers? Après avoir passé en revue les principales peurs de l'enfant, l'auteur livre des méthodes pour les décrypter et savoir réagir.

Mon enfant a peur et moi aussi !
Adriaenssens, Peter
Bruxelles : De Boeck, 2000. 212 p. (Comprendre)

Les enfants ont des peurs, les parents ont peur pour leurs enfants, comment y voir clair? Voici un guide avec des conseils pratiques, des exemples et des dialogues concrets pour que les parents discernent mieux les peurs normales des peurs pathologiques et puissent aider leurs enfants à avoir confiance en la vie. De la petite enfance à l'adolescence. Traite également de l'anxiété des parents face à l'éventualité d'abus sexuels.

Petites histoires pour devenir grand : à lire le soir, pour aborder avec l'enfant ses peurs, ses tracas, ses questions
Carquain, Sophie
Paris : Albin Michel, 2003. 310 p.

Des histoires pour aider les parents à parler avec leurs enfants de leurs craintes, qu'elles soient normales ou irrationnelles, des soucis quotidiens ou des questions existentielles qui les assaillent : disputes frères et sœurs, taxage, timidité, complexe, séparation des parents, mort, peur de la noirceur, etc. Des pages «Côté parents» entrecoupent les histoires et l'auteur y donne des conseils pratiques. Les contes permettent à l'enfant de verbaliser ses difficultés avec ses parents. Voir aussi du même auteur *Cent histoires du soir*, chez Marabout (2005). Dans ce recueil, des histoires, classées par thèmes, pour aider l'enfant à dédramatiser les événements qui causent son anxiété.

Peur du loup, peur de tout : peurs, angoisses, phobies chez l'enfant et l'adolescent
Copper-Royer, Béatrice
Paris : Albin Michel, 2003. 229 p. (Questions de parents)

«Peur, terreur, angoisse, phobie, mal au ventre… Ces émotions concernent tous les enfants à des degrés variables. Elles marquent des étapes dans leur développement mais parfois, les empêchent d'avancer. S'il ne faut pas dramatiser, il ne faut pas non plus les prendre à la légère car ils en souffrent. » L'auteur explique aux parents l'origine des peurs, leur signification dans l'enfance et à l'adolescence. Elle les aide à distinguer ce qui est normal, ce qui est pathologique et leur explique les approches thérapeutiques.

À la garderie   1 an+
Daxhelet, François
Terrebonne (Québec) : Boomerang, 2005. 23 p. (Collection Cajoline)

Pour Cajoline, comme pour plusieurs enfants, il est bien inquiétant de se séparer de sa maman pour une première journée à la garderie. Cependant, elle fera dans ce nouvel environnement de superbes découvertes ainsi que de chouettes rencontres. Une journée qui, malgré ses craintes, passera trop vite.

Floup dans le noir   2 ans+
Tremblay, Carole
Montréal : Imagine, 2006. 24 p.

Un bruit dans la nuit réveille Floup. Il a peur et il imagine toutes sortes de monstres sous son lit. Il brave sa peur et allume la lumière, c'est son doudou qui est tombé.

Pourquoi Malo a-t-il peur ?   2 ans+
Amiot, Karine-Marie
Paris : Fleurus, 2003. 11 p. (Les premiers sentiments de la vie)

Pour découvrir les premiers sentiments de la vie avec Malo et son lapin. (Voir aussi les autres albums de la collection : joie, tristesse, colère, jalousie, honte).

T'choupi a peur de l'orage   2 ans+
Courtin, Thierry
Paris : Nathan, 1998. 23 p. (T'choupi)

T'choupi apprendra à maîtriser sa peur. Chaque livre de la collection aborde un événement de la vie quotidienne, ses petits malheurs et ses petits bonheurs.

Alice, la peureuse   3 ans+
Bertrand, Philippe
Arles (France) : Actes Sud Junior, 2007. 22 p. (Classe mat)

Alice la peureuse a peur de tout, du moindre bruit et même des papillons. Dès qu'on l'approche, c'est la panique. Alors, les autres s'interrogent et finissent par avoir la frousse. « Classe mat » est une collection pour inciter les jeunes enfants à « réfléchir sur la façon négative dont certains de leurs comportements peuvent être perçus par leur entourage. »

Benjamin et le tonnerre   3 ans+
Bourgeois, Paulette
Markham (Ontario) : Scholastic, 1998. 30 p. (Benjamin)

Benjamin a très peur quand il y a de l'orage, du tonnerre, des éclairs, mais il est bien réconforté quand il comprend le phénomène atmosphérique.

Je n'ai pas peur, j'ai peur
3 ans+

Henning, Agathe
Montréal : Hurtubise HMH, 2000. 24 p. (Ça dépend si)

On voit la journée qui s'écoule selon les humeurs. Imprimé tête-bêche.

Juliette s'inquiète
3 ans+

Henkes, Kevin
Paris : Gallimard Jeunesse, 2003. 36 p. (Folio benjamin)

Juliette s'inquiète tout le temps. Pour des choses graves, pas graves, ou qui pourraient l'être, la fissure dans le mur du salon, sa poupée, ses amis… Avec la rentrée des classes qui approche, Juliette n'a jamais été aussi inquiète de sa vie. Un album pour dédramatiser toutes les petites angoisses.

Le gloubilouache
3 ans+

Demers, Dominique
Laval (Québec) : Les 400 coups, 2006. 32 p.

Pour aider le Zloukch à dormir, Zachary lui raconte l'histoire du Gloubilouache, un monstre crasseux, hideux, épouvantablement dangereux. Et si le Gloubilouache existait pour vrai ? S'il les attaquait ? S'il les mangeait ? Zachary aime bien se donner des frissons en jouant avec ses peurs.

Mimo. Je n'ai pas peur !
3 ans+

Duchesne, Christiane
Saint-Lambert (Québec) : Dominique et Compagnie, 2006. 30 p. (Estime de soi)

Mimo n'a pas peur même dans le noir, car il a appris à maîtriser sa peur. Cette collection raconte des histoires aux tout-petits pour favoriser le développement de l'estime de soi. Cette histoire sur la maîtrise de la peur et la gestion du stress est préfacé par Germain Duclos.

Oscar n'a plus peur de l'eau
3 ans+

de Lasa, Catherine
Fribourg : Calligram, 1999. 26 p. (Callimage)

Oscar et ses amis vont à la piscine et parviendront à dépasser leur crainte de l'eau. À la fin du livre, des conseils aux parents pour aider leur enfant à apprécier l'eau.

Peur de ci, peur de ça…
3 ans+

Barbara, Diane
Paris : Éditions du Sorbier, 2002. 24 p.
(Mouss, le petit garçon qui savait déjà naviguer)

Mouss a peur de tout : des mouches, du noir, du vieux monsieur, etc. Mais un jour, c'est lui qui réconforte sa mère qui a peur de l'orage.

Thomas n'a peur de rien
3 ans+

Naumann-Villemin, Christine
Paris : Kaléidoscope, 2006. 30 p.

Thomas n'a pas peur des loups, ni des monstres, ni des sorcières ou du pédiatre… Mais de quoi a-t-il peur, s'interrogent ses parents, parce qu'on a toujours peur de quelque chose.

Frisson l'écureuil   4 ans+
Watt, Mélanie
Markham (Ontario) : Scholastic, 2006. 35 p.

Frisson a peur de tout, tellement peur qu'il préfère rester dans son nid tout seul. Il ne
risque pas de rencontrer de tarentules, d'herbes à puces, de microbes ou d'affreuses bes-
tioles. Il vit dans sa routine, rien n'est imprévisible. Que faire quand une abeille meur-
trière se présente ? Sa visite n'était pas prévue. Frisson apprendra que l'inconnu réserve
souvent de belles surprises.

L'autobus colère   4 ans+
Croteau, Marie-Danielle
Montréal : La courte échelle, 2004. 32 p.

Jérémy entend « autobus colère » au lieu de « autobus scolaire ». Il a peur d'entrer dans
ce véhicule furieux et tout ce que racontent le conducteur ou sa mère pour l'encourager
ne fait que le décourager. Il préfère renoncer à l'école.

Qui a peur du loup ?   4 ans+
Joly, Fanny
Paris : Pocket, 2002. 29 p. (Kid pocket)

Une histoire de peur pour apprendre à l'enfant à rire de ses peurs, pour mieux les apprivoiser. Voir aussi du même auteur dans la même collection : *Qui a peur du monstre ? Qui
a peur du noir ? Qui a peur de la souris ? Qui a peur de l'orage ? Qui a peur de la sorcière ?
Qui a peur du dragon ?*

Un petit garçon qui avait peur de tout et de rien   4 ans+
Péan, Stanley
Montréal : La courte échelle, 1998. 21 p. (Il était une fois…)

Popaul est très peureux. Il a peur des araignées, des gens, des chats… et aussi de son
ombre. Personne ne le comprend, il fait rire de lui par ses amis, mais sa grand-mère
Justine réussira à l'aider.

La petite peur qui monte, qui monte…   5 ans+
Piquemal, Michel
Toulouse : Milan, 2000. 34 p.

Pendant que sa mère est partie faire une course, un petit garçon se retrouve seul à la
maison. La porte claque, le frigo bourdonne et la peur s'installe petit à petit. Et si maman
ne revenait pas ?

Le crocodile de Madame Grimace   5 ans+
Plante, Raymond
Laval (Québec) : Les 400 coups, 2005. 32 p.

Colin descend au sous-sol de son immeuble pour récupérer le vieux klaxon de son vélo.
Il arrive face à face avec le chien de la concierge ; il le voit comme un monstre, vert et
féroce. Il a peur comme il a peur aussi de la concierge qui a une mauvaise réputation.
Mais le chien appelle à l'aide parce que sa maîtresse est mal en point. Colin s'arme de
courage et dépasse ses peurs.

Le monstre de la cave
5 ans+

Côté, Jean-Denis

Saint-Damien (Québec) : Éditions Soleil de minuit, 2002. 24 p.

Le monstre de la cave raconte l'histoire de Simon qui a perdu sa balle préférée. Pour la retrouver, il doit descendre dans les profondeurs inquiétantes de la cave. Pour aider l'enfant à exorciser les peurs qui envahissent son univers.

Pourquoi j'ai peur
5 ans+

Moses, Brian

Montréal : École active, 2006. 32 p. (Pourquoi)

« Quand j'ai peur je me sens comme une gelée tremblante dans un plat… » Pour amener les enfants à réfléchir sur un comportement ou une émotion qui peut avoir des répercussions sur leurs relations interpersonnelles. À la dernière page, l'auteur s'adresse aux parents et leur donne les outils pour amorcer une discussion sur le sujet.

Choupette et tante Loulou
6 ans+

Tibo, Gilles

Saint-Lambert (Québec) : Dominique et Compagnie, 2005. 39 p. (Carrousel) (Mini-roman)

Tante Loulou a vraiment peur de tout et elle reste dans son lit, bien à l'abri. Choupette a affronté ses peurs et finalement les a vaincues. Elle entreprend d'aider sa tante à sortir de son lit et à faire face aux peurs qui l'empêchent de bien vivre.

David et l'orage
6 ans+

Gravel, François

Saint-Lambert (Québec) : Dominique et Compagnie, 2003. 40 p. (Roman rouge)

David ne veut pas aller se coucher à cause de l'orage qui gronde. Il réussit à se faire rassurer et regarde même le spectacle des éclairs. Voir aussi du même auteur dans la collection « Roman rouge » : *David et le fantôme*, *David et les monstres de la forêt*, *David et le précipice*, *David et la bête*. Avec la série « David », François Gravel explore différentes facettes de la peur chez les enfants, peur qui les empêche d'avancer, peur qui suscite des moqueries de la part des amis ou peur qui, parfois, est synonyme de sagesse.

Max et Lili ont peur
6 ans+

de Saint Mars, Dominique

Fribourg : Calligram, 1996. 43 p. (Max et Lili) (Ainsi va la vie)

Avec les petits bruits de la maison et de l'imagination, Max et Lili réussissent à avoir peur, car ils sont seuls à la maison. Fait partie d'une collection qui a pour but d'aider les enfants à résoudre les problèmes de la vie quotidienne. Une section « Et toi ? » à la fin du livre amène l'enfant à réfléchir sur le thème. Voir aussi dans la même collection *Lili part en camp de vacances*, (2007) sur la peur de l'inconnu et *Lili ne veut plus aller à la piscine*, (1997) pour encourager l'enfant à parler de ses craintes pour mieux les surmonter.

Alerte !
7 ans+

Delessert, Étienne

Paris : Gallimard, 2007. 30 p.

Fable philosophique sur le sentiment de peur. Iris la taupe collectionne des cailloux. Un jour, une autre taupe sème l'inquiétude et même l'angoisse chez Iris, elle lui dit de se méfier, car des voleurs pourraient lui voler son trésor. Iris panique… Elle se rendra compte que c'est la peur de se faire voler qui la fait paniquer. Un album qui plaira autant aux petits qu'aux plus grands.

La Grande peur de Simon   8 ans+
Gratton, Andrée-Anne
Saint-Laurent (Québec) : Pierre Tisseyre, 2006. 82 p. (Sésame)

Simon et sa famille sont invités en Belgique. Ses parents sont euphoriques, mais Simon refuse catégoriquement car il a peur de l'avion. Une peur phobique, incontrôlable. Il trouve même un endroit où habiter pendant le voyage de ses parents. Mais il n'aura pas le choix, il devra affronter sa peur.

Le courage et la peur   8 ans+
Labbé, Brigitte et Michel Puech
Toulouse : Milan, 2004. 39 p. (Les goûters philo)

« La peur ne se bat pas, la peur est peureuse, elle recule dès que le courage se montre. » Des pistes d'idées sur un thème pour permettre aux enfants d'échanger, de discuter, d'approfondir et de se former une opinion.

Peur bleue chez les souris grises   8 ans+
Hœstlandt, Jo
Paris : Actes Sud, 1998. 46 p. (Les contes philosophiques)

Les souris grises vivent paisiblement au pied d'une montagne. Un jour, elles voient de la fumée monter derrière la montagne et elles entendent des appels à l'aide ; ce sont les cris d'une petite souris blanche. Elles ne la connaissent pas et elles ont peur. Alors, elles ignorent les cris, car la peur de l'inconnu les paralyse. Elles apprendront qu'en affrontant les peurs, on peut lés surmonter.

Pourquoi j'ai peur...   8 ans+
Brunschwig, Hélène
Paris : Éditions Louis Audibert, 2003. 45 p. (Brins de psycho)

Pourquoi a-t-on peur ? Comment surmonter la peur ? L'auteur répond aux enfants qui se posent des questions sur la peur, à ceux qui ont peur ou à ceux qui veulent en parler. Elle explique aux enfants comment on peut surmonter et vivre avec des peurs. Aide également les parents à amorcer ou approfondir des discussions avec leurs enfants. La collection « Brins de psycho » s'adresse aux 8-13 ans et à leurs parents pour les aider à affronter certaines situations et à répondre à des questions délicates.

Quand les peurs deviennent phobies   13 ans+
Sargueil, Sylvie
Paris : De la Martinière Jeunesse, 2004. 110 p. (Hydrogène)

« De la simple gêne à la véritable souffrance, comment dompter ses phobies ? » Peur des araignées, de prendre l'ascenseur, peur de se retrouver en groupe, pourquoi des peurs peuvent devenir handicapantes ? Comment vaincre ses phobies ?

Dompter les monstres : comment aider les enfants à affronter leurs peurs
Société canadienne de pédiatrie
www.soinsdenosenfants.cps.ca/comportement/peurs.htm

Comment les parents peuvent aider les enfants à affronter leurs peurs.

Les craintes de la petite enfance
Santé Manitoba
www.gov.mb.ca/health/documents/fears.fr.pdf

Explications des différentes peurs des jeunes enfants. Les enfants qui ressentent des peurs : comment intervenir ?

Fondation Investir dans l'enfance
www.investirdanslenfance.ca/DisplayContent.aspx?name=fear:_how_to_help

Conseils aux parents pour mieux réconforter les enfants craintifs.

Les phobies : des petites peurs d'enfant aux grandes peurs d'adulte
Une pilule, une petite granule - Télé-Québec
http://pilule.telequebec.tv/pages/Categorie-de-sujets-dun-emission/
dossier-de-la-semaine.aspx?emission=81&date=2006-12-07

Explication des deux sortes de peurs ainsi que des traitements pouvant être réalisés. Comprend le témoignage d'un enfant.

Dre Nadia
Montréal : Swan productions, 2006-2007 - 9 DVD

Série du Dre Nadia, psychologue, qui rencontre des familles dans leur environnement afin d'observer les situations et qui propose des solutions concrètes pour modifier le comportement de peur ou de phobie.
Disponible chez : Nuance Bourdon, 450 465-4013

PHÉNYLCÉTONURIE

AQMMR - Association québécoise des maladies métaboliques du Réseau
1600, av. De Lorimier, bureau 342   ☎ 514 524-3612
Montréal (Québec) H2K 3W5   ☎ sans frais : 1 888 524-3612
info@aqmmr.com   🖷 514 524-7090
www.aqmmr.com

L'Association offre les services suivants à ses membres : soutien et entraide aux parents d'enfants atteints de maladies métaboliques ainsi qu'aux adultes atteints de ces mêmes maladies, rencontres sociales, congrès scientifique annuel, défense et respect des droits des personnes atteintes de maladies métaboliques.

La phénylcétonurie
Association de parents d'enfants phénylcétonuriques
www.pcu.ch/pages/index1.html

Présentation détaillée de cette maladie rare: définition, causes et conséquences, traitement.

Phénylcétonurie (PCU)
AQMMR - Association québécoise des maladies métaboliques du Réseau
www.aqmmr.com/fr/pcu.shtml

Description, symptômes, diagnostic, traitement et liens vers d'autres définitions de la maladie.

Vivre avec un trouble génétique : la phénylcétonurie
Génome Canada
www.nature.ca/genome/03/d/10/03d_14c_f.cfm

À partir d'un témoignage, explication de la maladie et impact dans la vie quotidienne d'une personne atteinte de phénylcétonurie.

PLEURS

Apaiser son enfant
Brazelton, T, Berry et Joshua D. Sparrow
Paris : Fayard, 2004. 131 p. (Méthode Brazelton)

Les auteurs veulent aider les parents à interpréter les premiers pleurs d'un nouveau-né, leur indiquant comment y réagir à bon escient et avec le maximum d'efficacité. Ils traitent des cris et des colères du tout-petit et montrent comment l'apparition des gestes et des mots remplace progressivement les pleurs en permettant à l'enfant d'agir sur le monde.

Je rassure mon bébé : l'apaiser et l'encourager de 0 à 2 ans
Rigon, Emmanuelle et Marie Auffret-Pericone
Paris : Albin Michel, 2004. 150 p. (C'est la vie aussi)

Les auteurs répondent aux questions des parents déroutés devant les pleurs ou certains comportements de leur enfant. Quels sont les gestes, les mots ou les attitudes à adopter dans le quotidien qui serviront à construire une sécurité intérieure à l'enfant, ce qui l'aidera durant toute sa vie. « Faut-il le prendre dans les bras dès qu'il pleure ? Comment l'aider à s'endormir ? Pouce ou tétine, que choisir ? Lui parler… oui, mais comment ? Pourquoi ne joue-t-il jamais seul ? Comment va-t-il réagir quand je vais reprendre le travail ? Mon bébé a-t-il peur du noir ? Pourquoi ne supporte-t-il pas le moindre petit changement ?… »

Le plus heureux des bébés
Harvey, Karp
Varennes (Québec) : AdA, 2003. 336 p.

L'auteur propose une nouvelle méthode pour calmer les bébés qui pleurent beaucoup. Du même coup, ses conseils judicieux favorisent un meilleur sommeil.

Pourquoi bébé pleure ?
Rufo, Marcel et Christine Schilte
Paris : Hachette, 2008. 127 p. (Pratiques Hachette Enfant)

Avec ce livre, l'auteur, pédopsychiatre, aide les parents à comprendre les pleurs du tout-petit de la naissance à plus de 2 ans, pour mieux construire avec lui les bases de l'attachement : pleurs nocturnes, cauchemars, repas, douleurs, séparations, colères, etc. Il donne des conseils pour savoir réagir et réconforter l'enfant dans toutes situations.

La nuit, on dort !   3 ans+
Ashbé, Jeanne
Paris : L'École des Loisirs, 2004. 33 p. (Pastel)

Il n'y a pas si longtemps, les parents se levaient la nuit pour bébé quand il pleurait parce qu'il était petit. Maintenant qu'il a grandi, les parents cherchent un moyen de le faire dormir toute la nuit.

Le petit souci   3 ans+
Herbauts, Anne
Tournai : Casterman, 1999. 26 p.

Archibald le petit ours est triste. Sa tristesse ne le lâche pas, elle lui gâche sa journée. Pour qu'elle parte, il bouge, court, mange, mais rien n'y fait et il finit par pleurer, pleurer… et le petit souci s'en va avec les larmes.

La lumière de Bouchka   5 ans+
Hausfater, Rachel
Paris : Sarbacane, 2006. 29 p.

Bouchka s'enferme dans sa chambre toute seule. Elle pleure son papa qui voyage trop à cause de son travail. Elle pleure, elle est en colère, tout est triste et sombre. Mais elle va s'apaiser par elle-même, retrouver son calme, sécher ses larmes et la lumière va revenir dans sa vie et son papa aussi.

Quand Pati pleure   5 ans+
Minne, Brigitte
Paris : L'École des Loisirs, 2005. 25 p. (Pastel)

Pati pleure tout le temps, pour toutes sortes de raisons. Il pleure tellement que ses larmes deviennent des mares. C'est trop, ses parents se moquent même de son hypersensibilité. Son amie Lise le pousse à réagir, et ça marche !

Le rire et les larmes   8 ans+
Labbé, Brigitte et Michel Puech
Toulouse : Milan, 2006. 39 p. (Les goûters philo)

Pour aider les enfants à reconnaître les messages du corps. Quand il s'agit du rire, on l'exprime facilement, mais quand la tristesse et les larmes veulent se faire entendre, on l'exprime plus difficilement. «Les goûters philo», c'est une série de petits livres pour aider les enfants âgés de 8 ans et + à réfléchir…

La première larme   9 ans+
Scotto, Thomas
Arles (France) : Actes Sud Junior, 2004. 43 p. (Les contes philosophiques)

Médéo est un garçon heureux comme tous les habitants de Bonhomie. Un jour, une larme apparaît au coin de l'œil du petit garçon et tout le monde est stupéfait. Il devient objet de curiosité, tous veulent percer le mystère : il est différent des autres, il n'est plus toujours heureux.

Materner le bébé qui pleure
Ligue La Leche
www.allaitement.ca/infos/rubrique.php?query=pleure&nom=rubrique00017.html

Pourquoi les bébés pleurent-ils ? Conseils aux mamans pour apaiser un bébé qui pleure.

Pleurs
Centre d'excellence pour le développement des jeunes enfants
http://enfant-encyclopedie.com/fr-ca/pleurs-enfant/est-ce-important.html

Les pleurs : est-ce important ? Que savons-nous ? Que peut-on faire ? Selon les experts. Message-clé pour les parents : soyez à l'écoute, ils vous parlent !

POUX

Lisa a des poux   3 ans+
Gutman, Anne
Paris : Hachette Jeunesse, 2005. 26 p. (La fourmi et l'éléphant)

Est-ce seulement les gens qui ne sont pas propres qui attrapent des poux ? À l'école, tout le monde y croit. Lisa le croyait également jusqu'au jour où sa maman trouve des poux dans sa tête.

Louise a attrapé des poux 3 ans+
Lamblin, Christian
Paris : Nathan, 2004. 26 p. (Croque la vie)

Louise a attrapé des poux. Sa maman lui fait un traitement et prévient son professeur qui colle une affiche sur la porte de la classe pour que les parents et les élèves soient au courant de la présence des poux. Tous s'accusent mutuellement sur la provenance des poux. La directrice de l'école saura calmer les élèves. Un livret d'information pour les parents accompagne l'album.

Scritch, scratch 3 ans+
Moss, Miriam
Paris : Gautier-Languereau, 2002. 25 p.

Un jour, un pou est entré dans la classe de mademoiselle Roussu et les élèves commencent à se gratter. Avec humour, les enfants trouveront des réponses à leurs questions sur les poux. Comment se propagent-ils ? Comment s'en débarrasser ?

Comment zigouiller les poux 4 ans+
Sarn, Amélie
Toulouse : Milan, 2007. 32 p.

Avec une approche documentaire, un récit et des anecdotes, l'auteur dédramatise l'invasion des poux tant redoutée par les enfants et leurs parents. Quelles sont leurs habitudes, comment se développent-ils, où habitent-ils, comment les combattre ?

Le pou 4 ans+
Dufresne, Colette
Waterloo (Québec) : Michel Quintin, 2002. 23 p.

Un livre très bien illustré sur le monde du pou. D'où viennent-ils, comment se transmettent-ils et peut-on prévenir leur visite ?

Poux, puces et compagnie 4 ans+
Delaunois, Angèle
Montréal : Isatis, 2006. 32 p. (Ombilic)

Les poux et les puces ont toujours existé et ils existeront toujours. Mais ils sont embêtants parce qu'ils causent des démangeaisons ou des allergies et se propagent facilement. Le professeur Ombilic explique aux jeunes enfants la propagation des poux, des puces, où logent les acariens, comment ils se reproduisent, comment s'en débarrasser. Il le fait de façon humoristique, mais rigoureuse. Tous les textes de la collection « Ombilic » sont supervisés par des médecins et sont appuyés d'illustrations qui rejoignent l'enfant dans son quotidien. Pour les 4-8 ans.

Des poux dans les boucles de Cathou ! 6 ans+
Brownlow, Mike
Saint-Lambert (Québec) : Héritage, 2002. 32 p.

Avec Cathou qui découvre qu'elle a des poux, on trouvera des réponses à toutes les questions que se posent les enfants sur ces petites bêtes qui font que ça pique tellement dans la tête. Pour les enfants, les parents et les enseignants.

Les poux de tête
Société canadienne de pédiatrie
www.cps.ca/soinsdenosenfants/enfantmalade/PouxDeTete.htm

Sous forme de questions réponses, conseils aux parents sur la détection, la transmission et le traitement de la pédiculose chez les enfants.

Poux… Poux… Poux… tout savoir sur les poux de tête
Ministère de la Santé et des Services sociaux du Québec
http://publications.msss.gouv.qc.ca/acrobat/f/documentation/2008/
08-276-01F.pdf

Comment reconnaître les poux et les lentes? Comment les prévenir? Comment s'en débarrasser? Comment nettoyer les objets personnels?

PRÉMATURITÉ

Voir aussi : Méthode kangourou

Préma-Québec
150, rue Grant, bureau 104   ☏ 450 651-4909
Longueuil (Québec) J4H 3H6   ☏ sans frais : 1 888 651-4909
info@premaquebec.ca   🖷 450 651-2185
http://premaquebec.ca

L'Association regroupe les enfants nés prématurément (avant 37 semaines de grossesse), leur famille ainsi que tous ceux qui s'intéressent à la cause des enfants prématurés.

Accompagner le développement de son enfant né prématurément
Roméo, Éric
Paris : Solar, 2007. 98 p. (Mes consultations psy)

L'auteur apporte des informations claires et pratiques aux parents soucieux d'accompagner leur enfant tout au long de sa croissance. Quelles sont les particularités du développement de l'enfant prématuré? Quels sont les signes de fragilité ou de bonne santé de l'enfant? Également des fiches conseils pour guider les parents au quotidien.

Accompagner son enfant prématuré : de la naissance à 5 ans
Louis, Sylvie
Montréal : Éditions du CHU Sainte-Justine, 2007. 208 p.
(Collection du CHU Sainte-Justine pour les parents)

L'une des auteurs du livre *Le Grand livre du bébé prématuré* revient cette fois-ci avec un guide pratique, dans le but d'aider les parents à apprivoiser la prématurité, à comprendre les notions médicales, à faire équipe avec les soignants, à s'investir activement auprès de leur bébé, en particulier lors du retour à la maison et à l'accompagner dans son développement jusqu'à 5 ans.

Bébés en réanimation : naître et renaître
Golse, Bernard, Sylvie Gosme-Séguret et Mostafa Mokhtari
Paris : Odile Jacob, 2001. 231 p.

Plusieurs bébés commencent aujourd'hui leur vie en réanimation néonatale, loin de leur environnement familial ; environ 10 % selon les auteurs. C'est un grand choc pour les parents et un lourd travail pour les équipes médicales. Que faire pour rendre plus humains ces séjours à l'hôpital, sauver les bébés et minimiser leurs douleurs physiques et psychiques, répondre à leurs besoins en respectant leur rythme ?

Le bébé prématuré : l'accueillir, le découvrir, le soutenir
Beyssac- Fargues, Claude et Sabine Syfuss-Arnaud
Paris : Albin Michel, 2000. 303 p. (Bibliothèque de la famille)

Les auteurs, l'un médecin et l'autre mère de jumeaux prématurés, écrivent pour les parents qui vivent la prématurité. Sur la préparation à cette naissance si elle est déjà programmée, sur la naissance inattendue, l'accueil du bébé, l'hypermédicalisation des soins en néonatologie, les risques, les soins, l'attachement, le retour à la maison.

Le début de la vie d'un grand prématuré expliqué à ses parents
Dageville, Christian
Ramonville-Saint-Agne (France) : Érès, 2007. 240 p. (1001 BB)

L'auteur, pédiatre néonatologue, a écrit ce livre pour les parents qui font face à la naissance d'un enfant très prématuré. Il leur parle des premiers jours de vie de leur enfant, des soins, des difficultés rencontrées, etc. L'auteur veut rassurer les parents en les informant dans un langage accessible pour leur permettre de passer le plus sereinement possible à travers les premières semaines de vie de leur bébé, accompagnés par une équipe soignante experte et dévouée.

Le grand livre du bébé prématuré.
Tome 1 : du choc de la naissance à l'arrivée du bébé à la maison
Louis, Sylvie, Gaëlle Trébaol et Annie Veilleux
Montréal : Éditions de l'Hôpital Sainte-Justine, 2001. 366 p.

Ouvrage en deux tomes qui aborde tous les aspects de la prématurité. Bébé est né trop tôt et son arrivée provoque tristesse et inquiétude. Ce livre a pour objectif d'accompagner les parents et de les aider à agir dans une situation aussi complexe. Il leur donne des suggestions, répond à leurs questions et leur fournit des explications claires sur diverses notions médicales. Pour plus de détails sur le livre, voir à l'adresse suivante : www.prematurite.com

Le grand livre du bébé prématuré.
Tome 2 : causes, séquelles et autres enjeux
Louis, Sylvie, Gaëlle Trébaol et Annie Veilleux
Montréal : Éditions de l'Hôpital Sainte-Justine, 2002. 356 p.

Causes – Séquelles possibles – Diagnostic difficile – Réhospitalisation – Décès – Nouvelle grossesse – Et la vie continue – Questions d'éthique.

Les soins du développement : des soins sur mesure
pour le nouveau-né malade ou prématuré
Martel, Marie-Josée et Isabelle Milette
Montréal : Éditions du CHU Sainte-Justine, 2006. 200 p. (Intervenir)

Les soins du développement constituent une nouvelle approche de soins individualisés qui considèrent le nouveau-né et sa famille comme étant au cœur de l'expérience vécue dans une unité néonatale. De façon concrète, ces soins visent à réduire le stress du nouveau-né malade ou prématuré et à lui offrir des conditions optimales pour son développement.

Ma petite sœur est revenue d'être morte :
histoire d'une naissance prématurée
Laurent, Anne
Malonne (Belgique) : Feuilles familiales, 2000. 144 p.

Le témoignage d'une mère d'un enfant prématuré, né à 26 semaines de grossesse. Pour obtenir ce livre, communiquez avec les Éditions Feuilles familiales par courriel : mcf@skynet.be ou par téléphone : 081 45.02.99.

Que deviennent les très grands prématurés de 26 semaines et moins ?
Des parents témoignent, des médecins réagissent
Louis, Sylvie
Montréal : Éditions du CHU Sainte-Justine, 2008. 208 p.

Des parents racontent, 10 ans plus tard, le parcours de leur enfant prématuré, le combat mené au jour le jour, l'impact sur la qualité de la vie familiale, leur fierté, leurs deuils, leurs frustrations ainsi que leurs espérances. Dans la seconde partie du livre, des médecins réagissent à ces témoignages. Ils apportent des pistes de réflexion sur la pratique de la néonatalogie destinée aux bébés nés à la limite de la viabilité, sur l'éthique ainsi que sur la réponse de la société aux besoins particuliers des familles affectées par les conséquences de cette extrême prématurité.

Regarde-moi : le développement neuromoteur de 0 à 15 mois
De Notariis, Maria, Elisa Macri, Nathalie Idelette Thébaud et Annie Veilleux
Montréal : Éditions du CHU Sainte-Justine, 2008. 120 p. (Univers Parents)

Dans cet ouvrage contenant plus de 100 photos, les auteurs font le point sur l'état actuel des connaissances concernant le développement sensorimoteur de la naissance à 15 mois et suggèrent un suivi des acquisitions motrices menant à la marche. Elles donnent des conseils aux parents pour leur permettre d'intervenir, si nécessaire, de façon précoce. Pour suivre le développement du bébé né à terme ou prématuré.

Une bataille pour la vie : un témoignage sur l'infertilité et la prématurité
Tremblay, Jacques
Chicoutimi (Québec) : Éditions Félix, 1999. 224 p.

Témoignage d'un père qui a vécu, avec sa femme, l'infertilité, la fécondation *in vitro*, une grossesse multiple, la naissance prématurée de triplés, la perte de deux bébés après quelques heures d'espoir et la lutte pour que le troisième bébé reste en vie. Il écrit ce livre alors que sa fillette est âgée de 6 ans et que sa femme et lui recommencent une fécondation *in vitro* pour avoir un second enfant. Un message d'espoir pour les parents qui vivent l'infertilité ou la naissance prématurée.

Le premier hiver de Max : une histoire sur... la prématurité 3 ans+
Louis, Sylvie
Saint-Lambert : Enfants Québec, 24 p. (Une histoire sur...) (J'apprends la vie)

Un album qui parle de sa naissance à l'enfant né prématurément. « Normalement, un bébé grandit pendant neuf mois dans le ventre de sa maman, explique papa. Toi, tu devais naître au printemps, mais voilà, tu es arrivé en hiver, plus tôt que prévu. » Une collection pour aider les enfants à affronter les difficultés de la vie ou à mieux vivre les différences. À la fin de l'album, des informations utiles pour les parents et les éducateurs.

Comment je suis devenue grande 8 ans+
Hammer, Béatrice
Paris : Rageot, 2006. 151 p.

Laure, 9 ans, est surprotégée par sa mère, elle en a assez. Elle va chez sa grand-mère au lieu d'aller au camp avec ses amies pour les vacances. Sa grand-mère lui apprend qu'elle était une grande prématurée, un petit bébé fragile. Ses parents l'ont toujours surveillée de très près, comme si elle était encore le petit bébé qui tenait dans une main.

Un si petit petit frère 8 ans+
Vermot, Marie-Sophie
Toulouse : Milan, 2002. 76 p. (Tranche de vie)

Enfin, le petit frère de Maya est né. Mais il est arrivé trop tôt, on dirait un souriceau. Maya se questionne sur ce bébé si petit et se demande pourquoi elle est privée si longtemps de sa maman.

Ma petite sœur s'appelle prématurée 9 ans+
Panet, Sabine
Paris : L'École des Loisirs, 2005. 118 p. (Neuf)

Barnabé a 12 ans. Sa mère lui annonce qu'elle est enceinte, du coup, ses parents ne parlent que de grossesse, d'échographie, de régime, de bonne alimentation, de bébé. Il en marre, il se sent oublié, il a hâte que la vie reprenne son cours. Sa mère accouche à 32 semaines d'une toute petite sœur, Hanna. Toute la famille s'inquiète et Barnabé aussi, Hanna a besoin d'eux.

Accueil d'un enfant prématuré
Université de Montréal - Faculté des sciences infirmières
www.scinf.umontreal.ca/famille/information/prema/prema_intro.htm

Définitions et causes, besoins et soins, conseils, traitements et ressources pour les parents d'enfants prématurés.

Ressources en prématurité au Québec
Éditions de l'Hôpital Sainte-Justine
www.chu-sainte-justine.org/editions/pdf/Prema_ressources.pdf

Ce document est un complément à l'ouvrage *Le grand livre du bébé prématuré*; il rassemble des ressources et des renseignements pratiques qui peuvent être utiles aux parents d'un enfant prématuré.

Virus respiratoire syncytial
Laboratoires Abbott
www.rsvshield.ca/index.asp?lang=1

Information sur le VRS qui est la principale cause d'infection des voies respiratoires inférieures chez les enfants de moins de 2 ans. Qu'est-ce que le VRS ? Comment réduire le risque d'infection. Les soins aux prématurés.

Apprendre à me connaître...
Veilleux, Annie, conseillère scientifique et Jacques Viau, réalisation
Montréal : Hôpital Sainte-Justine. Colloque de périnatalité, 1998. 1 DVD (20 min)

Un nombre de plus en plus important de prématurés survivent. Ils sont projetés dans un univers ne correspondant pas à l'environnement idéal dans lequel ils devraient se développer. Comment les aider à maturer de façon harmonieuse grâce à de petits gestes simples et peu coûteux ? Comment décoder les messages qu'ils nous envoient ? Comment être complice avec les parents dans cette démarche de découverte du potentiel de leur bébé ? Avec un document d'accompagnement.
Disponible chez : CHU Sainte-Justine – Médiathèque 514 345-4677

Médecine sous influence
Moreco, Lina B, réalisation, recherche et scénario
Montréal : Office national du film du Canada, 2004. 1 DVD (77 min.)

« Ce film lève le voile sur un sujet tabou : les conséquences dramatiques de l'acharnement thérapeutique sur les grands prématurés. Plusieurs sont affligés d'importantes séquelles neurologiques et de divers handicaps. La médecine moderne fait désormais des miracles pour sauver des vies. Mais à quel prix ? Grâce aux témoignages de quelques médecins et thérapeutes et à la prise de parole de parents, le documentaire dénonce le manque de soutien accordé à ces petits "miraculés" de la science, plus ou moins abandonnés à leur

sort par un système médical qui ne leur offre pas les soins nécessaires à leur développement». Tiré de CHOIXmédia.
Disponible chez : ONF, tél. : 514 283-9000 ou 1 800 267-7710
www.onf.ca/collection/films/fiche/ ?id=52138

PRÉVENTION DES ACCIDENTS

Voir aussi : Brûlures

Centre Anti-Poison du Québec
www.csssvc.qc.ca/services/capq.php   ) sans frais : 1 800 463-5060

Le Centre Anti-Poison est un service de consultation téléphonique répondant aux
demandes d'information concernant une intoxication aiguë, c'est-à-dire tout problème
de santé découlant d'une exposition unique ou dans une période de temps relativement
courte à un produit toxique (médicament, produit d'usage domestique, commercial ou
industriel, pesticide ou autre), peu importe la voie de pénétration et les circonstances.
Le service est accessible 24 heures par jour, 7 jours sur 7. Le Centre distribue aussi des
brochures sur la prévention des intoxications.

Informations sur les sièges d'auto - CAA Québec
info@caa-quebec.qc.ca   ) 418 624-0613
www.caaquebec.com/Automobile/   ) sans frais : 1 888 471-2424
SecuriteRoutiere/SiegesEnfants/Sieges-Auto-Enfants.htm

La Société de l'assurance-automobile a conclu une entente avec le CAA-Québec afin de
mettre sur pied un réseau permanent de vérification des sièges d'auto pour enfants. Pour
obtenir les coordonnées des garages recommandés par le CAA dont le personnel a reçu
la formation permettant d'installer et de vérifier les sièges d'auto, il suffit de téléphoner
ou de consulter le site Internet.

Santé Canada - Programme de la Sécurité des produits
Bureau régional du Québec   ) 450 646-1353
1001, rue St-Laurent Ouest   ) pour Montréal : 514 283-5488
Longueuil (Québec) J4K 1C7   ) sans frais : 1 866 662-0666
Quebec_Prod@hc-sc.gc.ca
www.hc-sc.gc.ca/cps-spc/index-fra.php

Santé Canada - Programme de la Sécurité des produits publie et distribue gratuitement
plusieurs dépliants sur la sécurité des enfants (ex. : lits d'enfants, vêtements de nuit, centre
d'activités stationnaire…).

Guide pratique des urgences familiales
Geoffroy, Anne
Outremont (Québec) : Quebecor, 2006. 144 p.

Un ouvrage pour vous guider quand vous ou un membre de votre famille êtes aux prises avec un problème de santé bénin ou plus grave. Vous y trouverez des conseils et des recommandations à suivre dans les situations d'urgence, une foule d'informations sur des remèdes simples pour soigner les maux les plus courants, comme la congestion nasale, la laryngite, la gastro-entérite, les petites blessures… Il vous indique aussi dans quels cas une consultation urgente est absolument nécessaire.

Le guide des urgences de l'enfant et du nourrisson :
le guide qui protège les enfants
Lavaud, Jean
Lausanne (Suisse) : Tribune Santé, 2002. 239 p.

Comment préserver votre enfant des dangers qui le menacent, comment réagir rapidement à un accident grave, reconnaître et faire face à une urgence médicale, prendre en charge un choc psychologique, comment traiter les petits bobos du quotidien ? Ce guide fournit de bonnes indications.

Petites histoires pour devenir grand (2) : des contes pour leur apprendre
à bien s'occuper d'eux
Carquain, Sophie
Paris : Albin Michel, 2005. 305 p.

Pourquoi les parents répètent-ils constamment les mêmes phrases ? Brosse tes dents, pas trop de télé, assez d'ordi, regarde en traversant la rue, porte tes lunettes, va te coucher, fais attention aux étrangers, arrête de grignoter, etc. Pour que les enfants apprennent ce qui est nécessaire à leur épanouissement, à leur santé, à leur sécurité, pour qu'ils apprennent à être responsables, à bien s'occuper d'eux. Voilà des histoires pour aider les parents à faire passer ces messages importants à leurs enfants.

Sécurité des enfants… en services de garde éducatifs
Guénette, Rachel
Québec : Publications du Québec, 2008. 321 p.

Ouvrage de référence indispensable pour tous ceux qui travaillent en milieu de garde. Outil pratique et bien documenté concernant la prévention des blessures et des soins d'urgence.

Les bobos   2 ans+
Dolto-Tolitch, Catherine et Colline Faure-Poirée
Paris : Gallimard Jeunesse, 2002. 10 p. (Mine de rien) (Giboulées)

Mine de rien, avec les bobos on apprend à devenir prudent et habile.

Attention bobos! 3 ans+
Beaumont, Émilie et Nathalie Bélineau
Paris : Fleurus, 2002. 24 p. (L'imagerie des tout-petits)

Ce livre aidera les tout-petits à prendre conscience, avec leurs parents, des dangers potentiels qui les entourent dans le bain, la cuisine, la rue, le parc, etc. (tirer la queue d'un chat, mettre les doigts dans une prise de courant, jouer avec les portes, etc.).

Benjamin et son casque 3 ans+
Bourgeois, Paulette
Markham (Ontario) : Scholastic, 2000. 30 p. (Une histoire TV Benjamin)

Benjamin a un nouveau casque de vélo. Ses amis se moquent de lui, alors il le cache. Mais sans son casque, il ne peut participer au rallye.

Dicobobo 3 ans+
Dolto, Catherine et Colline Faure-Poirée
Paris : Gallimard Jeunesse, 2002. 50 p. (Giboulées)

Sous forme d'un dictionnaire adapté pour les tout-petits, comment soigner, comment guérir les inconforts ou les petites maladies de la vie de tous les jours : écorchure, coup de soleil, chagrin, bosse, piqûre, etc. Aussi, sous forme de tableau, les auteurs récapitulent les précautions à prendre à la maison pour éviter des accidents : des produits de nettoyage aux prises de courant.

La pharmacie de tante Rose 4 ans+
Lacombe, Louise-Marie
Montréal : Hugo et Filou, 2002. 24 p.

Chez tante Rose, il y a des médicaments qui traînent un peu partout. Sa petite nièce en visite s'amuse à les ramasser et finalement donne des conseils de sécurité à sa tante. L'auteur, qui travaille à Urgence Santé, a écrit ce livre pour aider les parents à sensibiliser leurs jeunes enfants à la prudence.

Pas de dragon dans ma maison! consignes en cas d'incendie, pour enfants 4 ans+
Pendziwol, Jean
Markham (Ontario) : Scholastic, 1999. 32 p.

Des consignes pour les enfants en cas d'incendie par le biais d'une histoire de dragon qui met le feu à la maison.

La rue et la prudence 5 ans+
Desjours, Pascal
Paris : Albin Michel Jeunesse, 2001. 64 p. (Les petits débrouillards)

Dix expériences et dix jeux à faire avec les enfants. Pour apprendre à vivre en ville en toute sécurité à partir de jeux d'exploration et d'observation.

Les dangers 6 ans+
Rastoin-Faugeron, Françoise
Paris : Nathan, 2003. 29 p. (En grande forme)

« Pourquoi on nous dit toujours de faire attention ? » Deux enfants, Lilou et Rémi, découvrent les secrets de la prudence. Une histoire, des informations documentaires et des jeux.

Capsules santé
CHU Sainte-Justine
www.chu-sainte-justine.org/Famille/page.aspx?ID_Menu=668&ID_
Page=1493&ItemID=3a

Rubrique contenant une série de dépliants sur la prévention : *Corps étrangers et étouffement, Les chutes, Les morsures de chiens, Prévention des intoxications chez les jeunes enfants, Prévention ski.*

Enfants en sécurité
Société canadienne de pédiatrie
www.soinsdenosenfants.cps.ca/enfantssecurite/index.htm

Mesures à prendre pour prévenir les accidents chez les jeunes enfants.

Le transport des nourrissons et des enfants dans les véhicules automobiles
Société canadienne de pédiatrie
www.cps.ca/Francais/enonces/IP/IP08-01.htm

Recommandations pour l'utilisation de sièges d'appoint selon les lois provinciales.

Prévenir les accidents chez les 0-5 ans
Direction de santé publique de Montréal
www.santepub-mtl.qc.ca/toutpetit/accident/brulures.html

Conseils illustrés pour les parents afin de prévenir les accidents chez les jeunes enfants.

Protégeons nos enfants - En voiture 1-2-3-4
Transports Canada
www.tc.gc.ca/securiteroutiere/tp/tp13511/menu.htm

Information sur les quatre phases de la sécurité des enfants à bord de véhicules motorisés ; on y trouve des instructions et des suggestions faciles à suivre afin que les déplacements en voiture soient vraiment sécuritaires pour les enfants.

SécuriJeunes Canada/SafeKids Canada
The Hospital for Sick Children
www.sickkids.ca/securijeunescanada

Site sur la prévention des accidents. Contient plusieurs textes sur la sécurité, que ce soit sur la route ou à la maison.

Sécurité des produits de consommation
Santé Canada
www.hc-sc.gc.ca/home-accueil/search-recherche/p_f.html#produits_enfants

Plus de 25 documents sur la prévention des accidents chez les jeunes enfants : ameublements d'enfants, jouets, vêtements, produits domestiques, etc.

Basile Citron dans la cuisine et dans la salle de bains
Momes.net
www.momes.net/domestique/index.html

Jeu interactif sur la prévention des accidents à la maison.

Je suis prudent de la tête aux pieds
Société de l'assurance automobile du Québec
www.saaq.gouv.qc.ca/jeunesse/index.html

Site web interactif pour les enfants avec différents jeux expliquant les règles de sécurité en transport scolaire lors de la rentrée scolaire et le soir de l'Halloween.

Radar et la sécurité
Santé Canada
www.hc-sc.gc.ca/cps-spc/alt_formats/hecs-sesc/pdf/pubs/cons/
activitybook-cahierdexercices/activity_book-cahier_exercices-fra.pdf

Cahiers d'exercices à imprimer, trucs sur la sécurité.

Corps étrangers... attention danger mortel
Quintal, Marie-Claude et Ginette Melançon, conseillères scientifiques ;
Jacques Viau, réalisation
Montréal : Hôpital Sainte-Justine. Service audio-visuel et Promotion de la Santé,
1999. 1 DVD (10 min.)

Plusieurs enfants sont victimes chaque année d'obstruction des voies aéro-digestives supérieures par un corps étranger. Ce document vous apportera des règles de sécurité qui vous guideront vers une plus grande vigilance tout en vous aidant à créer de saines habitudes.

Disponible chez : CHU Sainte-Justine – Médiathèque, 514 345-4677

Les fabuleux sièges d'auto de la famille Parent
Québec : Société de l'assurance automobile du Québec, 2004. 1 DVD (23 min.)

Dans la présente vidéo, on fait appel à l'humour et à la complicité entre frères et sœurs pour donner l'information sur cette question. Vous trouverez également des démonstrations claires ainsi que des renseignements pertinents sur les modifications à la loi, sur les nouvelles technologies reliées à l'automobile et au siège d'auto.

Disponible chez : Centre Viréo, tél. : 418 681-6281

www.saaq.gouv.qc.ca/documents/documents_videos/bon_commande.php

La trousse : Jouer prudemment – Prudence au volant
Montréal : Amputés de guerre du Canada, 2007

La marche axée sur la prudence : (27 min 30 s) Justine nous raconte que c'est une tondeuse à gazon qui lui a coupé le pied. Elle organise une marche axée sur la prudence pour les enfants de son voisinage et leur montre à repérer les dangers avant de s'amuser.

Machines égalent DANGER ! : (23 min) Tour à tour, des Vainqueurs nous montrent l'endroit où est survenu leur accident et nous expliquent comment quelques instants ont suffi pour changer leur vie à jamais.

Prudence au volant ! : (2 min 50 s) Dans cette vidéo d'animation, un personnage attachant, nommé Fenouil, représente un jeune Vainqueur. Il raconte l'histoire d'une jeune fille qui a perdu un bras à la suite d'un accident d'automobile.
**Disponible chez : Amputés de guerre du Canada , tél. : 1 800 250-3030
www.waramps.ca/cgi-win/WebCGI004.exe/FR-VDPDRK**

PRISE DE RISQUE

Ces ados qui jouent les kamikazes
Hachet, Pascal
Paris : Fleurus, 2001. 188 p. (Mine de rien)

Les adolescents prennent des risques dans de nombreux domaines. Est-ce la société de performance qui encourage ce phénomène ? Comment aider un jeune pour qu'il ne mette pas sa vie en danger ? L'auteur apporte des réponses concrètes et rassurantes aux parents qui voient cette prise de risque comme une source de problèmes et non comme un moyen de s'affirmer et de grandir.

Des marelles au fond des yeux
Denys, Marie-Claude
Hull (Québec) : Vents d'Ouest, 2007. 144 p.

Nadra Williamson, une adolescente rebelle, se cherche là où elle ne devrait pas le faire. Sa mère, Jessica, raconte son histoire, une histoire qu'elle ne comprend plus. Pourquoi l'aînée de ses quatre enfants semble-t-elle s'amuser à perdre son chemin ? Serait-ce devenu la norme, chez les jeunes, de prendre la voie rapide pour faire des expériences de géant ? Conséquence : la fratrie est en pleurs, la famille en déroute et les parents inquiets sont montrés du doigt. Ils essayent de remettre de l'ordre dans la vie familiale. Ce roman, composé d'émotion et d'humour, est avant tout un éloge à l'amour infini des parents. L'auteur travaille auprès d'adolescents coriaces.

Jeunesse à risque : rite et passage
Jeffrey, Denis, David Le Breton et Joseph J. Lévy
Sainte-Foy (Québec) : Presses de l'Université Laval, 2005. 168 p.

Les accidents de la route, la violence contre soi-même, la toxicomanie, les conduites d'excès dans le sport et dans les rapports sexuels, les fugues, les tentatives de suicide, l'anorexie, l'errance urbaine atteignent à l'adolescence des pics statistiques significatifs. Pourquoi des individus, plus particulièrement des jeunes, sont-ils attirés par le risque ? Quel est le sens des conduites extrêmes ?

L'adolescence à risque : corps à corps avec le monde
Le Breton, David
Paris : Autrement, 2002. 183 p. (Mutations)

Les conduites à risque augmentent ces dernières années chez les adolescents : accidents de la route, tentatives de suicide, errance, toxicomanie, etc. D'autres excès, dans les sports par exemple, donnent à ces conduites à risque « un statut esthétique, culturel et même identitaire ». L'auteur analyse ces conduites pour aider le lecteur à comprendre que ces jeunes demandent avant tout une place dans le monde.

Max est casse-cou   6 ans+
de Saint Mars, Dominique
Fribourg : Calligram, 1999. 45 p. (Max et Lili) (Ainsi va la vie)

Max aime s'amuser dangereusement sans écouter les conseils de prudence. Ce livre parle des plaisirs de réussir des exploits, de montrer son courage et sa force, mais incite à la prudence et au respect de sa vie et de celle des autres.

Le passage : les conduites à risque à l'adolescence   13 ans+
Rufo, Marcel et collaborateurs
Paris : Anne Carrière, 2006. 60 p.

Nassama, Dom et Jules vivent un mal-être, des difficultés amoureuses, des conflits avec les parents ou l'absence d'un parent, de la pression sociale, etc. Pour échapper à ces difficultés, ils recourent à l'alcool, aux drogues, au *piercing*, à la tentative de suicide, etc. Chacun sortira indemne de ce passage difficile avec l'aide et la disponibilité de leurs parents, des professeurs et du réseau de soutien mis à leur disposition. Cette bande dessinée est un moyen parmi d'autres pour aider à la prévention du suicide chez les jeunes. Les auteurs ont réservé les 15 dernières pages aux parents ; ils leur donnent des pistes pour faciliter la communication avec leur adolescent.

RELATIONS FRÈRES-SŒURS

Voir aussi : Jalousie

Association de parents de l'enfance en difficulté de la Rive Sud de Montréal
360, rue Cherbourg   ) 450 679-9310
Longueuil (Québec) J4J 4Z3   ⧉ 450 679-3294
apedrsm@apedrsm.org

L'Association offre plusieurs services aux parents et intervenants de la Montérégie. On y trouve des groupes d'entraide pour parents d'enfants ayant une déficience intellectuelle ou physique, pour parents d'enfants hyperactifs ainsi que pour les frères et sœurs d'enfants hyperactifs ou présentant une déficience.

Frères et sœurs : chacun cherche sa place
Peille, Françoise
Paris : Hachette, 2005. 263 p.

Que l'on soit enfant unique ou non, adopté, jumeau, triplé, que l'on n'ait que des sœurs ou que des frères… chacun a une place unique dans sa fratrie qui influe sur la vie tout entière. Par des cas concrets, l'auteur explique comment gérer des situations problématiques : le décès précoce d'un frère ou d'une sœur, le handicap dans la fratrie, l'arrivée d'un nouveau bébé, la jalousie, etc.

Arrêtez de vous disputer ! Faut-il se mêler des conflits des enfants ?
Prieur, Nicole et Isabelle Gravillon
Paris : Albin Michel, 2005. 130 p. (C'est la vie aussi)

Les querelles entre frères et sœurs sont normales, comme le sont les moments de complicité. Mais comme parents, doit-on intervenir ou pas pour faire cesser les conflits ? Les auteurs répondent aux différentes questions des parents sur ces inévitables disputes.

C'est pas moi, c'est lui
Gagnier, Nadia
Montréal : La Presse, 2008. 108 p. (Vive la vie… en famille)

Que faire avec des frères et des sœurs qui se chicanent souvent ? Comment gérer les conflits ? Que faire pour limiter les impacts négatifs du fait d'être enfant unique ? En huit chapitres, l'auteur s'attarde aux points suivants : faire le choix d'avoir un ou plusieurs enfants ; les changements dans la structure familiale ; les impacts du nombre de frères sœurs et le rang dans la famille ; les incidences pour l'aîné de la naissance d'un autre enfant ; la rivalité et les conflits ; s'adapter individuellement à chaque enfant ; la réconciliation. L'auteur expose le sujet, les problèmes et apporte des pistes de solution.

Frères et sœurs, une maladie d'amour
Rufo, Marcel et Christine Schilte
Paris : Fayard, 2002. 306 p.

Les relations frères-sœurs sont un mélange de complicité, de bonheurs, de souvenirs communs, mais aussi de rivalité et de jalousie. Les auteurs nous entraînent au cœur de ces relations : l'arrivée du second – aîné et cadet – rivalité des genres – le jeu des préférences – l'ado et la fratrie – les jumeaux – frères et sœurs d'adoption – avoir un frère ou une sœur handicapé – fratries recomposée – qu'est-ce que la fratrie ?

Jalousies et rivalités entre frères et sœurs : comment venir à bout des conflits entre vos enfants
Faber, Adele et Elaine Mazlish
Paris : Stock, 2003. 214 p.

Les auteurs conseillent les parents qui veulent encourager, dans leur famille, des comportements de coopération et faire naître une attitude de bonne volonté entre frères et sœurs. Comment aider les enfants à exprimer sans violence leurs sentiments négatifs ? Comment faire tomber la colère des enfants et les motiver à trouver autrement que par la bataille des solutions à leur conflit ?

Louise a une famille nombreuse   2 ans+
Texer, Ophélie
Paris : L'École des Loisirs, 2006. 20 p. (Les petites familles)

Louise a plusieurs frères et sœurs. Dans leur grande maison, on apprend à partager, à s'organiser. C'est peut-être difficile d'être tranquille, mais il y a toujours quelqu'un pour jouer ou pour consoler le frère ou la sœur qui a de la peine. Une collection qui permet de faire connaître avec simplicité aux tout-petits les différents types de familles qui existent aujourd'hui.

6 histoires pour mieux vivre entre frères et sœurs   3 ans+
Grenier Laperrière, Madeleine
Montréal : Éducation-coup-de-fil, 2005. 59 p.

« Pour enfants de 3 à 7 ans ou tant qu'ils aiment les histoires et les dessins à colorier. » La jalousie entre frères et sœurs est la cause de plusieurs conflits au sein de la famille. Comment arriver à mieux s'entendre, à partager, à coopérer ? Des histoires pour les enfants, à lire avec les parents pour les aider dans cette tâche. Contient un message pour les parents. Pour commander : 514 525-2573.

Arrête tes bêtises, Louise !   3 ans+
Wishinsky, Frieda
Saint-Lambert (Québec) : Dominique et Compagnie, 2007. 32 p.

Louise ne lâche pas son frère Loïc et celui-ci fait tout pour se débarrasser d'elle ; mais Louise ne se laisse pas faire. Lorsque Loïc finit par souhaiter que Louise se transforme en petit chien, celle-ci disparaît. Son souhait se serait-il réalisé ? Une histoire sur les petites disputes entre frères et sœurs.

Bonjour, Sacha   3 ans+
Gay, Marie-Louise
Saint-Lambert (Québec) : Dominique et Compagnie, 2003. 27 p. (Stella)

Sacha veut s'habiller tout seul. C'est difficile, alors il appelle sa sœur Stella à la rescousse. Belle relation dans le rire et l'entraide entre frère et sœur.

Le préféré de maman   3 ans+
Sidjanski, Brigitte
Zurich : Minedition, 2007. 31 p.

Qui est le préféré de Maman, se demande Petit Trésor ? Le bébé, encore si petit ? La grande sœur qui habite loin d'ici ? La petite sœur que Maman console ? Le grand frère malade ? Ou Petit Trésor lui-même ? Et si Maman préférait chacun de ses enfants et les aimait tous en même temps ?

Louise embête son petit frère   3 ans+
Lamblin, Christian et Edwige Antier
Paris : Nathan, 2003. 20 p.

Louise se chamaille souvent avec son petit frère Romain : il veut toujours faire comme elle, il lui pique ses affaires et il réussit toujours à attendrir leurs parents. Louise trouve ça injuste et réplique souvent trop violemment. Un livret d'information pour les parents accompagne l'album.

Petite sœur et Grande sœur   4 ans+
Pham, Leuyen
Paris : Albin Michel, 2006. 30 p.

Dans cette famille, il y a deux sœurs : la grande et la petite. La grande fait toujours tout en premier. La petite passe son temps à essayer de la rattraper. Il y a des chicanes, des regrets, des larmes, de la compétition, des contradictions, mais elles s'aiment. Un bel hommage aux sœurs.

Rosie et Capucine   4 ans+
Jegaki, Chieri
Markham (Ontario) : Scholastic, 2008. 32 p.

Rosie file le parfait bonheur jusqu'à ce que Capucine pointe le bout de son museau. Que cette petite intruse capte toute l'attention de ses parents et hurle du matin au soir peut encore passer, mais qu'elle ose s'approprier les précieux grillons de Rosie, ça ne va pas du tout. Rosie prend les mesures qui s'imposent et abandonne sa petite sœur dans les bras du voisin. Mais, rapidement, elle trouve le temps long et souhaite son retour.

Clarice Bean, c'est moi   6 ans+
Child, Lauren
Montréal : La courte échelle, 2007. 28 p.

Clarice Bean vit entre un petit frère pot de colle, un grand frère en pleine crise d'adolescence, une grande sœur qui ne pense qu'à elle, des parents très occupés et un grand-père qui perd un peu la boule. À travers des situations cocasses, Clarice Bean nous fait découvrir sa famille, qui n'est finalement pas tellement différente des autres familles. Voir aussi les autres titres de la série.

Lili se dispute avec son frère
6 ans+
de Saint Mars, Dominique
Fribourg : Calligram, 1993. 48 p. (Max et Lili) (Ainsi va la vie)

Les sempiternelles chicanes entre frères et sœurs : tu es le chouchou des parents... pourquoi ton morceau est-il plus grand que le mien... touche pas à mes affaires. En bandes dessinées, cette collection d'une cinquantaine de titres porte sur la résolution de problèmes qui surviennent dans la vie quotidienne des enfants. À la fin de chaque titre, la section « Et toi ? » a pour but de faire réfléchir les enfants sur le thème.

Mon grand frère le zombi
6 ans+
Paquette, Denise
Laval (Québec) : Les 400 coups, 2005. 32 p. (Les petits albums)

Florent et moi, on ne se parle pas. Je peux faire le bruit que je veux et il n'entend pas. Ce n'est pas facile, quand on a 6 ans, d'avoir un frère de 18 ans.

Pas de chance, c'est dimanche
6 ans+
Simard, Danielle
Saint-Lambert (Québec) : Soulières, 2007. 79 p. (Ma petite vache a mal aux pattes)

Julien et Roxane sont obligés de participer à la sortie familiale du dimanche. Leur mère a tout planifié, mais elle n'avait pas prévu les disputes, les déceptions, les erreurs, etc. Une sortie en famille où les relations frères-sœurs sont bien mouvementées.

C'est la vie Lulu ! Ma grande sœur me commande
7 ans+
Dutruc-Rosset, Florence
Paris : Bayard jeunesse, 2004. 44 p. (Lulu !)

Vanessa, la grande sœur de Lulu, fait une fête à la maison et refuse catégoriquement que sa petite sœur s'y incruste avec ses amis. Que faire ? Lulu veut y assister sans être rejetée par sa sœur. Une histoire, un dossier documentaire et des conseils judicieux complètent l'ouvrage.

Un poussin mouillé au bord de la route
7 ans+
Scotto, Thomas
Paris : Thierry Magnier, 2008. 47 p. (Petite poche)

Avant, la grande sœur de Mathis jouait avec lui. Maintenant elle est toujours avec ses nouveaux amis et elle s'enferme souvent dans sa chambre. Mathis va se retrouver tout seul, et il a un énorme cafard. Avec qui va-t-il se disputer maintenant que Nora, sa sœur, commence à être une adolescente ?

Un frère d'enfer
8 ans+
Colfer, Eoin
Paris : Gallimard Jeunesse, 2007. 98 p. (Folio cadet)

Le quotidien dans une famille avec cinq frères n'est pas toujours de tout repos. Les garçons se chamaillent souvent et tous cherchent à attirer l'attention des parents. Will en a plus qu'assez, il ne trouve pas facile d'être le numéro deux au milieu de ses frères. Il demande à son grand-père d'être son confident.

L'art et la manière d'être un frère génial!   9 ans+
Colas, Irène
Toulouse: Milan, 2007. 59 p.

Comment devenir un frère idéal? Avec humour, l'auteur apporte des solutions aux diverses situations qu'un frère peut vivre. Comment bien vivre sa position d'aîné, de cadet ou de benjamin? Comment s'intégrer et trouver sa place au sein d'une famille recomposée? Comment dépasser la loi du plus fort? Comment ne pas succomber à la jalousie? Comment devenir plutôt des alliés que des ennemis? Un guide à lire en famille.

L'art et la manière d'être une sœur géniale!   9 ans+
Colas, Irène
Toulouse: Milan, 2007. 63 p.

Un guide pour les filles qui ont des frères et des sœurs. Sur un ton humoristique, l'auteur propose des conseils pour bien vivre le quotidien. Le livre traite de la place dans la famille, que l'on soit l'aînée ou la dernière, que l'on ait un, deux ou douze frères et sœurs, que la famille soit simple ou recomposée. Comment ne pas succomber à la jalousie, comment profiter d'une vie de famille agréable? À lire en famille.

Frères et sœurs pour la vie?   11 ans+
Richard, Anne et Frédéric Rey
Paris: De la Martinière Jeunesse, 1999. 103 p. (Oxygène)

Même si nos frères et sœurs nous énervent souvent, ils occupent une place bien importante dans notre cœur. Quels sont ces sentiments parfois contradictoires qu'ils font naître en nous?

La jalousie entre frères et sœurs
Santé Manitoba
www.gov.mb.ca/health/documents/jealousy.fr.pdf

Que faire si votre enfant est jaloux.

Rivalité ou complicité?
PetitMonde
www.petitmonde.com/iDoc/Article.asp?id=23110

Conseils aux parents pour favoriser la bonne entente et éviter les jalousies entre frères et sœurs.

Les relations entre frères et sœurs : complicités et rivalités
Lambin, Michèle, conférencière
Montréal : CHU Sainte-Justine. Service audio-visuel, 2007. 1 DVD (92 min.)
(Les Soirées Parents du CHU Sainte-Justine)

Qu'en est-il des relations frères-sœurs ? Comment réagir ? Que décoder ? Comment les amener à régler leurs conflits ? Comment développer l'alliance entre frères et sœurs ? Est-ce possible ? Et qu'en est-il lorsque les parents sont séparés ?
Disponible chez : CHU Sainte-Justine – Médiathèque, 514 345-4677

RELATIONS PARENTS-ADOLESCENTS

Éducation coup-de-fil
ecf@bellnet.ca
www.education-coup-de-fil.com
☎ 514 525-2573
☎ sans frais : 1 866 329-4223
🖷 514 525-2576

Service de consultation professionnelle téléphonique gratuit, confidentiel et anonyme. Pour aider à solutionner les difficultés courantes des relations parents-enfants des familles biologiques ainsi que des familles adoptives. Parents, jeunes et intervenants peuvent y avoir recours. Le service est ouvert de septembre à juin, du lundi au vendredi de 9 h 00 à 16 h 30, les mercredis et jeudis de 18 h 30 à 21 h 00. L'atelier « L'après-séparation et le vécu parents-enfants » est offert trois fois par année.

Institut de formation d'aide communautaire à l'enfant et à la famille (IFACEF)
Saint-Jérôme
76, rue de la Gare, bureau 207
Saint-Jérôme (Québec) J7Z 2B8
☎ 450 438-7708

Montréal
241, rue Fleury Ouest, bureau 6
Montréal (Québec) H3L 1V2
ifacef@ifacef.org
www.ifacef.org
☎ 514 388-7216

L'IFACEF assiste les familles en difficulté et offre une série de formations post-graduées aux intervenants sociaux et professionnels. Les services offerts à la famille sont les suivants : thérapie familiale, thérapie de couple, psychothérapie individuelle ou de groupe, soutien éducatif dans le milieu de vie et soutien scolaire.

La Ligne Parents
C.P. 186, succ. Place d'Armes   ) sans frais : 1 800 361-5085
Montréal (Québec) H2Y 3G7   Ligne d'écoute : 514 288-5555

Intervention et soutien téléphonique pour les parents d'enfants de 0 à 18 ans, 24 heures par jour, 7 jours par semaine. Gratuit, confidentiel et anonyme.

100 trucs pour améliorer vos relations avec les ados
Beaulieu, Danie
Le Gardeur : Impact, 2005. 48 p. (Psychopratique)

L'auteur présente aux parents des attitudes et des stratégies éducatives qui ont fait leurs preuves, qu'ils peuvent employer au quotidien ou lors de situations plus difficiles avec leurs adolescents.

Ados : mode d'emploi
Delagrave, Michel
Montréal : Éditions du CHU Sainte-Justine, 2005. 167 p.
(Collection du CHU Sainte-Justine pour les parents)

Un petit livre pour aider les parents à ne pas démissionner devant les comportements nouveaux et souvent déconcertants de leurs adolescents. L'auteur encourage les parents à reprendre confiance dans leurs capacités parentales. Un livre rafraîchissant.

Arrête de me parler sur ce ton ! Comment réagir ?
Huerre, Patrice et Laurence Delpierre
Paris : Albin Michel, 2004. 132 p. (C'est la vie aussi)

Difficile d'être parent d'un adolescent insolent qui claque les portes, impose sa loi ou refuse d'obéir… L'auteur donne des conseils et propose des pistes de réflexion aux parents pour comprendre les comportements, les silences ou le langage de leur adolescent récalcitrant, pour imposer des limites au plus vite, pour faire face à son esprit de contradiction, pour l'aider à contenir sa violence, pour rétablir la conversation et la relation. Voir aussi dans la même collection *En ce moment, mon ado m'inquiète : à tort ou à raison* de Xavier Pommereau et Laurence Delpierre, Albin Michel (2004).

Des mots d'ados
Gaudet, Étienne
Montréal : Éditions de l'Homme, 2006. 158 p. (Parents aujourd'hui)

« Et si votre adolescent vous parlait à cœur ouvert, qu'aurait-il à vous raconter… ? » L'auteur, psychoéducateur auprès d'adolescents et de leur famille, exprime de façon éloquente la réalité des jeunes d'aujourd'hui sous forme de lettres-confidences. L'adolescent écrit à sa mère, à son père, à son amoureux, à son intervenant… qui répondent à leur tour au jeune. Les thèmes suivants sont abordés : problèmes familiaux, divorce, violence, école, gang, consommation de drogues, délinquance, troubles alimentaires, dépression, suicide, jeu pathologique, relations amoureuses, homophobie. Des références et des conseils judicieux complètent ces textes.

Guide de l'ado à l'usage des parents
Clerget, Stéphane
Paris : Calmann-Levy, 2008. 306 p.

Pour faire face à la période de transformation radicale et de grande fragilité traversée par les adolescents, l'auteur, pédopsychiatre, propose des conseils pour réagir à leurs changements de caractère, comportements à risque, questionnements ou troubles relationnels : insolence, perte de confiance en soi, drogues, tristesse, propos suicidaires, échec scolaire, démotivation, etc.

La famille et les parents d'aujourd'hui : la communication entre parents et enfants
Parent, Nathalie
Outremont (Québec) : Quebecor, 2008. 180 p. (Psychologie)

Comment être un bon père ou une bonne mère ? Avec toutes les pressions actuelles sur la famille (horaires chargés, statut conjugal difficile, pression de performance…) les parents se sentent souvent seuls et dépassés par les événements. De plus, le rythme effréné de notre société crée parfois des difficultés psychologiques chez l'enfant, comme l'anxiété et la dépression. L'auteur propose des pistes d'intervention utiles pour aider les parents qui font face avec leurs enfants à des problèmes de comportement et d'adaptation, de discipline, de communication, d'acquisition de l'autonomie, etc. L'auteur est psychologue clinicienne.

L'adolescence
Jeammet, Philippe
Paris : Solar, 2007. 272 p.

L'auteur répond aux questions les plus posées dans sa pratique au sujet des changements qui surviennent à l'adolescence sur tous les plans : famille, intimité, vie sexuelle et amoureuse, scolarité, comportement, souffrance. Il veut ainsi fournir aux parents et aux adolescents des outils pour mieux comprendre cette période de doutes et de recherche pour qu'ils puissent franchir ensemble ce passage vers l'âge adulte. Voir aussi du même auteur *Pour nos ados, soyons adultes*, Odile Jacob (2008) : Pour vivre, les jeunes ont besoin que les adultes sachent tenir leur place et imposer leur soutien, leur accompagnement, leur autorité. Plus que tout, ils ont besoin que ces mêmes adultes témoignent par leur existence de l'intérêt que la vie a en elle-même, indépendamment des échecs, des souffrances, des déceptions inévitables.

Le guide de l'adolescent : de 10 ans à 25 ans
Braconnier, Alain
Paris : Odile Jacob, 2007. 582 p. (Guide)

Les grands thèmes de la vie quotidienne des adolescents sont analysés : famille, école, amitié, loisirs, amour, risques, etc. Comment ne pas être envahissant tout en étant un parent présent ? Comment gérer les conflits qui surviennent inévitablement durant cette période ? Comment parler avec lui de ce qui le préoccupe ?

Mon ado me rend fou !
Bradley, Michael J.
Montréal : Éditions de l'Homme, 2004. 360 p. (Parents aujourd'hui)

Un guide pour les parents, avec pistes de réflexion, conseils et recettes pour inciter ces derniers à ne pas décrocher lorsqu'ils se sentent impuissants devant les comportements irrationnels de leur adolescent. L'auteur propose « une visite guidée du cerveau des ados » pour mieux les comprendre et suggère aux parents des aptitudes à acquérir pour continuer de les guider vers l'âge adulte.

Parents d'ados, ces questions auxquelles vous êtes confrontés
Morris, Ariane
Paris : De la Martinière, 2005. 265 p.

Ce livre est un numéro hors série de la collection « Hydrogène », collection qui s'adresse
aux adolescents. L'auteur s'adresse cette fois-ci aux parents : Votre enfant est désormais
un adolescent. Vous craignez peut-être cette période, et vous vous demandez, à travers
les petits événements du quotidien, quel parent d'ado vous allez être. Votre enfant interpelle vos idées sur l'éducation, vos valeurs, votre rôle de parent. C'est pour vous aider à
y voir plus clair, à répondre à ces nouveaux comportements que l'auteur propose dans
ce livre des repères, des conseils, sans jamais imposer une seule et même façon de penser
ou de réagir.

Parents d'ados : de la tolérance nécessaire à la nécessité d'intervenir
Boisvert, Céline
Montréal : Éditions du CHU Sainte-Justine, 2003. 206 p.
(Collection du CHU Sainte-Justine pour les parents)

Cet ouvrage s'adresse aux parents d'ados. Il a pour objectif de les aider à départager le
comportement normal de celui qui est pathologique afin de les orienter vers les meilleures
stratégies éducatives et relationnelles à adopter. Les parents doivent apprendre à naviguer
entre la tolérance nécessaire et la nécessité d'intervenir. Contenu : L'adolescence, une
étape du développement – Les transformations du corps – Les transformations sur le
plan relationnel – Les transformations de la pensée – L'identité – La santé mentale.

Parents, vos ados ont besoin de vous ! Franchir le cap ensemble
Delaroche, Patrick
Paris : Nathan, 2008. 153 p. (L'enfance en questions)

L'adolescence est une période de turbulences pour l'enfant comme pour ses parents.
Comment accompagner un adolescent tiraillé entre le défi d'exister par lui-même et le
deuil parfois douloureux de l'enfance ? L'auteur, psychiatre spécialiste de l'adolescence,
livre ici un message clair aux parents d'adolescents : ils ont encore un rôle fondamental
à jouer. Par leur soutien, leur écoute, la qualité de leur amour, la place que chaque conjoint
laisse à l'autre, le modèle de vie qu'ils donnent à voir et les limites indispensables qu'ils
doivent poser.

Questions de parents responsables
Dumesnil, François
Montréal : Éditions de l'Homme, 2004. 247 p. (Parents aujourd'hui)

Pour l'auteur, les parents ont la responsabilité fondamentale de mener leur enfant à terme,
c'est-à-dire de l'amener à être quelqu'un, ce qui dure au moins 18 ans. C'est dans cette
lignée qu'il répond à 90 questions de parents qu'il considère essentielles, en apportant
des réponses concrètes, que ce soit sur le développement de l'enfant, de l'adolescent, sur
les moyens d'intervenir dans des situations difficiles, sur l'école, la famille, la société. En
quatre parties : À propos des parents et des enfants – L'enfant, sa personnalité, son développement – L'enfant, ses problèmes et ceux qu'ils posent aux autres – L'enfant, sa famille
et la société. Voir aussi du même auteur, chez le même éditeur : *Parent responsable, enfant
équilibré* (2003).

Votre ado
Schilte, Christine et Marcel Rufo
Alleur : Marabout, 2007. 509 p. (Marabout éducation)

Cet ouvrage apporte des explications claires qui guideront les parents à décoder et comprendre les réactions parfois déroutantes ou excessives, mais toujours fortes de sens, de leur adolescent, qu'il soit question des amitiés, de la sexualité, de la famille, de la psychologie, de la santé, des études… Quelle attitude adoptée entre l'écoute et l'autorité ? Les auteurs essaient d'apporter aux parents des réponses et des conseils pour créer un climat de dialogue. Voir aussi *Les nouveaux ados : comment vivre avec ?* de Marcel Rufo, Bayard (2006).

Avec votre mère, c'est plus pareil   11 ans+
Gillot, Laurence et Véronique Sibril
Paris : De la Martinière Jeunesse, 2002. 103 p. (Oxygène)

« Vous l'aimez, mais parfois elle vous énerve. Que se passe-t-il ? » Vous grandissez, vous voulez plus d'autonomie et votre mère n'accepte pas aussi vite que vous le désirez. Comment arriver à se comprendre ? Voir aussi les autres livres de la collection « Oxygène » qui regroupe plus de 50 titres, répartis sous les thèmes suivants : Moi, Amour et Amitié, Famille, Étude, Société. « Oxygène » est une collection qui est conçue pour aider les adolescents à apprivoiser et dédramatiser ce qu'il vivent au quotidien.

Un père, c'est pour la vie   11 ans+
Périgot, Joseph
Paris : De la Martinière, 2000. 103 p. (Oxygène)

« Autoritaire, drôle, intimidant ou absent, pas de doute, un père, on ne peut s'en passer. » Un livre pour les adolescents, pour se rapprocher de leur père et le connaître, quel que soit le contexte de la famille. « Oxygène » est une collection qui est conçue pour aider les adolescents à apprivoiser et dédramatiser ce qu'il vivent au quotidien.

Une mère, comment ça aime ?   11 ans+
Morgenstern, Susie
Paris : De la Martinière, 2006. 111 p. (Oxygène)

« Une mère, c'est une entreprise qui marche vingt-quatre heures par jour pour une durée indéterminée et dont le seul produit c'est… toi… Elle utilise trois carburants : le souci et la culpabilité et aussi cette notion indéfinie qu'on appelle l'amour. » Les adolescents les trouvent parfois ou souvent possessives, injustes, autoritaires et même insupportables. Mais elles ont de bonnes raisons pour être harcelantes, c'est parce qu'elles aiment leurs enfants. L'auteur rassemble des témoignages d'adolescents sur leur mère et tente de leur faire comprendre qu'il n'est pas toujours facile d'être mère d'adolescents.

Comment vivre avec ses parents   13 ans+
Amblard, Odile
Paris : De la Martinière, 2002. 109 p. (Hydrogène)

« Vos parents ne vous comprennent plus ? Vous voudriez plus de liberté ? Comment rétablir le dialogue ? » Pas facile d'accepter les limites imposées par les parents, que cela concerne les sorties, l'argent, l'école, la vie de famille, etc. Comment leur faire comprendre qu'on voudrait aller de l'avant, sans eux ? Voir aussi *L'ado en famille*, dans la même collection (1999).

Les copains, la famille et moi : questions de garçons   13 ans+
Vaisman, Anne
Paris : De la Martinière, 2008. 105 p. (Hydrogène)

Devenir ado, ce n'est pas seulement changer de corps. C'est aussi expérimenter de nou-velles relations avec les autres, à commencer par vos parents. Parler et partager avec eux devient plus difficile, il y a plus de tension, d'agacements mutuels. Avec les amis, on dirait que c'est plus simple, mais pas toujours… Des conseils, des suggestions, des témoignages pour aider les adolescents à voir plus clair dans leurs relations.

Jparle.com
Ministère de la Santé et des Services sociaux du Québec
http://jparle.com/accueil_fset.asp

Conseils pour faciliter la communication parents-adolescents. On choisi le point de vue ado ou adulte. On y trouve aussi des ressources sous les rubriques « Aucun adulte ne fait l'affaire ? » et « La communication avec votre ado est difficile ? » Très intéressant.

La relation parents-adolescents : comment les parents
peuvent-ils en tirer le meilleur parti ?
Centre national d'information sur la violence dans la famille
www.phac-aspc.gc.ca/ncfv-cnivf/violencefamiliale/html/nfntsrelparentado-
ado2_f.html

Stratégies que les parents peuvent adopter afin de faire face aux comportements des adolescents.

La relation parents-adolescents : la vie selon l'adolescent
Centre national d'information sur la violence dans la famille
www.phac-aspc.gc.ca/ncfv-cnivf/violencefamiliale/html/nfntsrelparentado-
ado_f.html

Texte qui explique le développement des adolescents et décrit comment les parents peu-vent les aider à ce stade de leur vie.

Jparle.com
Ministère de la Santé et des Services sociaux du Québec
http://jparle.com/accueil_fset.asp

Conseils pour faciliter la communication parents-adolescents. On choisi le point de vue ado ou adulte. On y trouve aussi des ressources sous les rubriques « Aucun adulte ne fait l'affaire ? » et « La communication avec votre ado est difficile ? » Très intéressant.

Les ados : de la tolérance à la nécessité d'intervenir.
Boisvert, Céline, conférencière
Montréal : Hôpital Sainte-Justine. Service audio-visuel, 2003. 1 DVD (116 min.)
(Les Soirées Parents de l'Hôpital Sainte-Justine)

Être parent d'ados aujourd'hui suscite des émotions intenses, fluctuantes qui renvoient souvent au sentiment d'être impuissant et dépassé par les attitudes, demandes et réactions des jeunes. On examine certaines composantes de cette étape de vie : l'avènement de la puberté, le développement de la sexualité et la « crise d'ado ». On évoque quelques-uns des problèmes de santé mentale et on dégage des points de repères qui permettent de départager le comportement normal de celui qui est problématique et le problématique du pathologique.
Disponible chez : CHU Sainte-Justine – Médiathèque, 514 345-4677

Ados : mode d'emploi… !
Delagrave, Michel, conférencier
Montréal : CHU Sainte-Justine. Service audio-visuel, 2006. 1 DVD (99 min.)
(Les Soirées Parents du CHU Sainte-Justine)

Les ados : qui sont-ils ? Quelles sont leurs besoins ? Que vivent-ils ? Qu'est ce qui les aide le plus ? Qu'est-ce qui leur nuit ? Et leurs parents comment se comportent-ils ? Que vivent-ils ? Quels sont leurs dilemmes ? Comment les parents réussissent-ils à vivre et à survivre dans cet environnement ?
Disponible chez : CHU Sainte-Justine – Médiathèque, 514 345-4677

RELATIONS PARENTS-ENFANTS

Voir aussi : Discipline

Centre québécois de ressources à la petite enfance
4855, rue Boyer, bureau 238
Montréal (Québec) H2J 3E6
enfance@cqrpe.qc.ca
www.cqrpe.qc.ca

☎ 514 369-0234
🖷 1 877 369-0234
🖷 514 369-2112

Pour les personnes s'intéressant au développement et au bien-être des enfants de 0 à 6 ans : parents, grands-parents, intervenants et éducateurs. Le CQRPE est un centre de références téléphoniques donnant des informations et références au besoin. Il offre des formations roulantes, c'est-à-dire des formations adaptées que l'organisme choisit et qu'il fait venir sur place, à la date qui lui convient.

Éducation coup-de-fil

ecf@bellnet.ca   ☎ 514 525-2573
www.education-coup-de-fil.com   ☎ sans frais : 1 866 329-4223
      🖷 514 525-2576

Service de consultation professionnelle téléphonique gratuit, confidentiel et anonyme. Pour aider à solutionner les difficultés courantes des relations parents-enfants des familles biologiques ainsi que des familles adoptives. Parents, jeunes et intervenants peuvent y avoir recours. Le service est ouvert de septembre à juin, du lundi au vendredi de 9 h 00 à 16 h 30, les mercredis et jeudis de 18 h 30 à 21 h 00. L'atelier « L'après-séparation et le vécu parents-enfants » est offert trois fois par année.

Fédération québécoise des organismes communautaires familles

222, avenue Victoria   ☎ 450 466-2538
Saint-Lambert (Québec) J4P 2H6   🖷 450 466-4196
accueil@fqocf.org
www.fqocf.org

La Fédération est un regroupement d'organismes communautaires qui contribue à assurer la place de la famille dans la société. Ses publications s'adressent principalement aux associations ou organismes intéressés par les questions familiales ou par le développement de ressources de soutien aux familles. La liste des publications peut être obtenue sur demande ou consultée sur le site web de la Fédération.

Institut de formation d'aide communautaire à l'enfant et à la famille (IFACEF)

Saint-Jérôme   ☎ 450 438-7708
76, rue de la Gare, bureau 207
Saint-Jérôme (Québec) J7Z 2B8

Montréal   ☎ 514 388-7216
241, rue Fleury Ouest, bureau 6
Montréal (Québec) H3L 1V2
ifacef@ifacef.org
www.ifacef.org

L'IFACEF assiste les familles en difficulté et offre une série de formation post-graduées aux intervenants sociaux et professionnels. Les services offerts à la famille sont les suivants : thérapie familiale, thérapie de couple, psychothérapie individuelle ou de groupe, soutien éducatif dans le milieu de vie et soutien scolaire.

La Ligne Parents

C.P. 186, succ. Place d'Armes   ☎ sans frais : 1 800 361-5085
Montréal (Québec) H2Y 3G7   Ligne d'écoute : 514 288-5555

Intervention et soutien téléphonique pour les parents d'enfants de 0 à 18 ans, 24 heures par jour, 7 jours par semaine. Gratuit, confidentiel et anonyme.

Mouvement SEM (Sensibilisation pour une enfance meilleure)

165 A, rue Saint-Paul, 2ᵉ étage   ) 450 348-0209
Saint-Jean-sur-Richelieu (Québec) J3B 1Z8   🖨 450 348-9665
sem@bellnet.ca
www.mouvementsem.com

« Le mouvement SEM est un organisme sans but lucratif dont la mission vise à promouvoir le respect de l'enfant par des activités de prévention, d'éducation et d'intervention. » Desservant la Montérégie, cet organisme vient en aide aux parents dont l'enfant a été victime d'agression sexuelle et aux familles aux prises avec des difficultés parentales. Les services suivants y sont offerts : aide au signalement, Contact-SEM (service de référence ou consultations pour toute personne préoccupée par l'enfance en difficulté), conférences selon les besoins des groupes qui en font la demande, prévention des abus sexuels (formation offerte aux enseignants du primaire et soirées d'information à l'intention des parents), prévention en milieu de garde (programme offert selon la disponibilité des ressources), SEM au secondaire (programme de prévention en Montérégie à l'intention des étudiants du niveau secondaire), SEM Connexion (visites à domicile d'un aidant naturel qui partage avec les parents des trucs pour l'éducation des enfants. L'aide aux devoirs, le parrainage, la stimulation préscolaire, l'inscription à des camps de vacances et/ou à des loisirs sont des services complémentaires à l'intervention à domicile).

Premiers pas / Home Start

161, rue René-Philippe   ) 450 923-4138
LeMoyne (Québec) J4R 2J9   🖨 450 923-4138
premiers-pas@rocler.qc.ca
www.rocler.qc.ca/premiers

Organisme à but non lucratif qui vient en aide aux familles ayant un ou plusieurs enfants de 5 ans et moins et résidant dans les arrondissements de Brossard, Greenfield Park, Saint-Lambert, LeMoyne et Saint-Hubert, en favorisant le développement d'une amitié avec des bénévoles formés.

8 moyens efficaces pour réussir mon rôle de parent
Renaud, Hélène et Jean-Pierre Gagné
Outremont (Québec) : Quebecor, 2006. 229 p. (Famille)

Les auteurs présentent un mode d'emploi concret et facile à appliquer. Une méthode adaptée aux parents d'aujourd'hui qui veulent donner à leurs enfants autonomie, responsabilité, estime et confiance et vivre des relations parents-enfants harmonieuses. Voir aussi des mêmes auteurs : *Être parent mode d'emploi* (2008).

Aide-moi à te parler ! La communication parent-enfant
Julien, Gilles
Montréal : Éditions de l'Hôpital Sainte-Justine, 2004. 144 p.
(Collection de l'Hôpital Sainte-Justine pour les parents)

L'auteur travaille principalement auprès des jeunes et des familles en difficulté. Il dresse ici un constat de l'état actuel de la communication entre les parents et les enfants en insistant sur l'importance qu'elle revêt, ses impacts, sa force, sa nécessité. Par des anecdotes et des histoires vécues, il nous ramène à ce qu'il considère comme une responsabilité fondamentale de tout adulte : l'écoute, le respect et l'amour des enfants.

Ça ne va pas fort à la maison : l'enfant et les soucis des grands
Castro, Dana
Paris : Albin Michel, 2005. 202 p. (Questions de parents)

Ça ne va pas toujours bien à la maison : crise conjugale, maladie, dépression, anxiété démesurée des parents, problèmes matériels, deuil. Que ses parents en parlent ou non, l'enfant y est très sensible, quel que soit son âge. Il s'inquiète, veut les soulager, croit qu'il y est pour quelque chose, a tendance à mûrir plus vite, à essayer de jouer le rôle de parent lui-même, ce qui n'est pas sans conséquences sur son épanouissement. L'auteur, psychologue clinicienne, aide les parents à comprendre le malaise familial et leur explique comment protéger l'enfant des effets de leurs préoccupations. Elle donne également les moyens aux parents d'aider leurs enfants à surmonter les difficultés de la vie en concentrant leurs efforts sur le positif et le constructif. Comment repérer les signes de souffrance de l'enfant ? Comment lui expliquer la situation ? Comment l'aider à rester à l'écart ? Comment lui permettre de ne pas se sentir coupable ? Comment éviter de trop lui en demander ?

Comment l'aider à… bien intégrer les limites
Jousselme, Catherine et Patricia Delahaie
Toulouse : Milan, 2008. 132 p. (Comment l'aider à…)

Petit, l'enfant se croit tout-puissant. Peu à peu, il intègre les limites qui lui sont propres, celles que lui imposent ses parents, la société, la vie. Devenu adulte, ces limites lui permettent de bien vivre avec les autres, de savoir prendre soin de lui et de s'accepter tel qu'il est. Comment lui faire comprendre que les limites ne sont pas que des interdits ? Qu'obéir à des règles rend la vie plus facile ? Comment l'aider à franchir les étapes grâce auxquelles il grandit en harmonie avec lui-même et les autres ?

Être parent, une affaire de cœur
Laporte, Danielle
Montréal : Éditions du CHU Sainte-Justine, 2005. 270 p.
(Collection du CHU Sainte-Justine pour les parents)

Danielle Laporte aborde avec simplicité des sujets difficiles (discipline, stress, maladie, conflits conjugaux, séparation, etc.), dresse une série de portraits saisissants (l'enfant timide, agressif, solitaire, fugueur, déprimé, etc.) et nous livre aussi des réflexions éclairantes et pleines de sensibilité, notamment sur la confiance en soi, l'ami imaginaire, l'intimité et la générosité. Le livre invite chaque parent à découvrir son enfant et à l'accompagner dans le long périple qui mène à l'autonomie.

Guider son enfant de 0 à 2 ans
Louis, Sylvie et Joe-Ann Benoît
Saint-Lambert : Enfants Québec, 2006. 112 p.

Doit-on lui imposer un horaire ? Sa croissance est-elle normale ? Comment le préparer pour la garderie ?, etc. Un guide illustré avec humour et qui répond aux nombreuses questions des parents. Voir aussi les autres guides, chez le même éditeur et par les mêmes auteurs : *Guider son enfant de 2 à 6 ans*, *Guider son enfant de 6 à 9 ans* et *Guider son enfant de 9 à 12 ans*.

La résilience familiale
Delage, Michel
Paris : Odile Jacob, 2008. 343 p. (Psychologie)

Lorsqu'on est frappé par un malheur, petit ou grand, c'est d'abord de sa famille qu'on espère de l'aide. Mais, parce qu'il est lui-même très affecté par ce qui s'est produit, il arrive que l'entourage familial soit incapable d'apporter le soutien attendu. Les parents qui sont débordés par leur détresse peuvent dans certains cas attendre de leur enfant aide et réconfort ou bien le maintenir à distance ou se désengager de lui émotionnellement et affectivement. Comment faire pour que la famille, malgré les drames qui l'ébranlent parfois, puisse constituer cet environnement « tutorant » qui favorise le développement de la résilience individuelle ? De quelle manière la qualité des attachements familiaux peut-elle être mise au service de la protection de chacun et de tous ? À quel moment est-il urgent de consulter un spécialiste et de le consulter tous ensemble ? Et si la famille était le lieu de résilience par excellence ?

Le livre d'or des parents
Auteurs de la Collection du CHU Sainte-Justine pour les parents
Montréal : Éditions du CHU Sainte-Justine, 2005. 215 p.

Un recueil de textes tirés de la cinquantaine d'ouvrages qui composent la « Collection du CHU Sainte-Justine pour les parents ». Ces textes traitent des multiples facettes du développement et des relations parents-enfants : la famille à l'heure actuelle, l'adoption, le développement de la première enfance à l'adolescence, l'estime de soi, la discipline, les difficultés scolaires et les troubles d'apprentissage, la négligence affective, les problèmes de santé physique et mentale, etc.

Le parent entraîneur, ou la méthode du juste milieu
Leduc, Claire
Montréal : Logiques, 2004. 217 p.

Quelle sorte de parent êtes-vous ? Abusif, autoritaire, entraîneur, débonnaire ou absent ? L'auteur vous prodigue conseils et exercices pour que votre environnement familial soit un lieu d'épanouissement pour tous, enfants et parents. Voir aussi du même auteur *Comment transmettre des valeurs essentielles à nos enfants ?* (Éditions Trustar, 1998).

Le secret des enfants heureux
Biddulph, Steve
Alleur : Marabout, 2006. 269 p. (Enfants)

« Écouter son propre cœur, il vous indiquera toujours la meilleure façon d'élever vos enfants », est un des premiers conseils de l'auteur. Un livre accessible pour aider les parents à communiquer avec leurs enfants, de la naissance à l'adolescence. Appuyé par des témoignages, l'auteur livre de précieux conseils pour mener à bien la mission de parents et pour concilier amour et discipline. Voir aussi *Le secret des enfants heureux*, tome 2.

Les besoins et les défis des enfants
Duclos, Germain, Danielle Laporte et Jacques Ross
Saint-Lambert : Enfants Québec, 2009. (Parent Guide)

Rares sont les livres sur le développement et l'éducation des 6-12 ans. Cet ouvrage rappelle aux pères et aux mères, même s'ils vivent en des lieux séparés, l'importance de ces années pour guider leur enfant vers l'autonomie. Des exercices et des questionnaires d'auto-évaluation permettent aux parents de passer de la théorie à la pratique et favorisent la communication avec leur enfant.

Les grands besoins des tout-petits
Duclos, Germain, Danielle Laporte et Jacques Ross
Saint-Lambert : Enfants Québec, 2007. 222 p. (Parent Guide)

Ouvrage sur le développement, la psychologie et l'éducation des enfants de 0 à 6 ans. Il présente les connaissances les plus actuelles et s'appuie sur la longue expérience clinique et les nombreuses activités de formation de ses auteurs. Avec une approche interactive, ce livre invite les parents à mieux connaître leur enfant durant les quatre périodes clés de son développement : l'âge de la confiance (0 à 9 mois), l'âge de l'exploration (9 à 18 mois), l'âge de l'affirmation (18 à 36 mois) et l'âge de l'imaginaire (3 à 6 ans).

Les psy-trucs : pour les enfants de 0-3 ans
Vallières, Suzanne
Montréal : Éditions de l'Homme, 2008. 206 p. (Parents aujourd'hui)

L'auteur fournit des réponses claires aux questions que les parents se posent au sujet du développement de leurs enfants, de la vie intra-utérine jusqu'à l'âge de 3 ans. Aussi des trucs et des conseils qui pourront être appliqués dans la vie quotidienne pour faciliter la vie des parents. L'auteur est psychologue et mère de trois enfants.

Non, tu n'es pas encore ado ! Les 8-12 ans sont toujours des enfants
Copper-Royer, Béatrice et Guillemette de La Borie
Paris : Albin Michel, 2004. 129 p. (C'est la vie aussi)

À cet âge, ils veulent déjà s'habiller, parler, répondre comme des ados, mais ce sont encore des enfants. À trop les précipiter vers l'âge adulte, on prend le risque de leur voler de précieuses années d'enfance. Ce livre renseigne les parents sur ce qui se joue de capital à cette étape du développement. Pourquoi une telle précocité aujourd'hui dans leur comportement ? Quels en sont les risques ? Pourquoi les parents ont-ils tendance à l'encourager ? Comment aider les enfants à résister à la publicité ? De quoi ont-ils vraiment besoin à cet âge ?, etc.

Petits tracas et gros soucis de 1 à 7 ans. Quoi dire, quoi faire ?
Brunet, Christine et Anne-Cécile Sarfati
Paris : Albin Michel, 2002. 388 p. (Questions de parents)

Plus de 100 questions touchant la vie quotidienne auxquelles les auteurs répondent en suggérant aux parents quoi dire ou quoi faire. Sujets abordés : autorité, discipline, nourriture, sommeil, école, amis, autonomie, frères et sœurs, chicane, divorce, séparation, sexualité, mort, maladie, chômage, etc.

Petits tracas et gros soucis de 8 à 12 ans. Quoi dire, quoi faire ?
Brunet, Christine et Anne-Céline Sarfati
Paris : Albin Michel, 2004. 414 p. (Questions de parents)

Des réponses à une centaine de questions de parents concernant la vie quotidienne avec des enfants de 8 à 12 ans. Les auteurs répondent en suggérant concrètement quoi dire, quoi faire. Entre autres, les sujets abordés sont : discipline, limites, vêtements, devoirs et leçons, sommeil, complexes, vie sociale, vie familiale, santé, loisirs, sexualité, séparation, famille recomposée, maladie, mortalité, chômage, etc.

Pourquoi l'amour ne suffit pas : aider l'enfant à se reconstruire
Halmos, Claude
Paris : Nil, 2006. 251 p.

Réflexion de l'auteur sur l'amour parental. Qu'est-ce qu'aimer un enfant ? Aimer un enfant ne peut se limiter à n'éprouver pour lui que de l'affection, ne peut être réduit aux sentiments. L'enfant, pour se construire, a besoin des adultes qui lui montrent « le mode d'emploi » de la vie humaine ; l'éducation est le support essentiel de sa construction. Voir aussi du même auteur *L'autorité expliquée aux parents* aux Éditions Nil (2008).

Questions de parents responsables
Dumesnil, François
Montréal : Éditions de l'Homme, 2004. 247 p. (Parents aujourd'hui)

Pour l'auteur, les parents ont la responsabilité fondamentale de mener leur enfant à terme, c'est-à-dire de l'amener à être quelqu'un, ce qui dure au moins 18 ans. C'est dans cette lignée qu'il répond à 90 questions de parents qu'il considère essentielles, en apportant des réponses concrètes, que ce soit sur le développement de l'enfant, de l'adolescent, sur les moyens d'intervenir dans des situations difficiles, sur l'école, la famille, la société. En quatre parties : À propos des parents et des enfants – L'enfant, sa personnalité, son développement – L'enfant, ses problèmes et ceux qu'ils posent aux autres – L'enfant, sa famille et la société. Voir aussi du même auteur, chez le même éditeur : *Parent responsable, enfant équilibré* (2003).

Repères pour un monde sans repères
Meirieu, Philippe
Paris : Desclée de Brouwer, 2002. 280 p.

Livre de bord pour les parents. Apporte des solutions quand les parents se demandent comment réagir face aux situations nouvelles : nouveaux comportements sexuels, emprise de la télé, banalisation de la toxicomanie et des conduites à risque, effacement des traditions, des repères… Écrit par un pédagogue reconnu et averti : « un livre pour relativiser et revenir à l'essentiel ».

Retrouver son rôle de parent
Neufeld, Gordon et Gabor Maté
Montréal : Éditions de l'Homme, 2005. 402 p. (Parents aujourd'hui)

Quel est le rôle fondamental des parents ? Les auteurs s'appuient sur le fait qu'il est plus difficile aujourd'hui de bien remplir ce rôle, car la concurrence des pairs est grande et éloigne de plus en plus enfants et parents. Les auteurs proposent des moyens pour aider les parents à entretenir un lien durable avec leurs enfants pour assurer leur développement harmonieux et pour éviter qu'ils se laissent continuellement séduire par la culture de leurs pairs.

Aimer   1 an+
Dolto, Catherine et Colline Faure-Poirée
Paris : Gallimard Jeunesse, 2007. 46 p. (Babil)

Un livre pour les tout-petits et un CD (22 minutes) qui s'adresse aux parents. Catherine Dolto y explique les étapes à traverser durant l'enfance et les enjeux qui en dépendent.

Je t'aime de la tête aux pieds   2 ans+
Rossetti-Shustak, Bernadette
Markham (Ontario) : Scholastic, 2008. 22 p. (Albums)

Les petits enfants sont aimés par leurs parents, qu'ils soient joyeux et folichons, tristes ou en colère. Ils sont aimés de la tête aux pieds, peu importe leur humeur.

Je t'aime tout le temps   2 ans+
Baker, Liza
Markham (Ontario) : Scholastic, 2008. 12 p.

Que petit renard soit triste, malade, espiègle, défiant l'autorité ou brave, sa maman est toujours à ses côtés, car l'affection qu'elle lui porte est inconditionnelle. Elle l'aime tout le temps.

Petit Lapin tout seul   3 ans+
Horse, Harry
Paris : L'École des Loisirs, 2005. 32 p. (Pastel)

Petit Lapin se fait gronder par ses parents. Il décide de quitter la maison parce qu'il trouve la vie injuste, tout le monde l'embête tout le temps. Mais, rapidement, il s'ennuie de ses parents.

Lili se fait toujours gronder   6 ans+
de Saint Mars, Dominique
Fribourg : Calligram, 2000. 45 p. (Max et Lili) (Ainsi va la vie)

À force de se faire gronder par ses parents qui ne voient que ses mauvais côtés, Lili est persuadée qu'elle est nulle et méchante. Quelques jours avec ses grands-parents lui feront le plus grand bien. Fait partie d'une collection d'une cinquantaine de titres (des bandes dessinées) portant sur la résolution des problèmes qui surviennent dans la vie quotidienne des enfants. À la fin de chaque titre, la section « Et toi ? » a pour but de faire réfléchir les enfants sur le thème.

Maman ne m'a jamais dit…   6 ans+
Cole, Babette
Paris : Seuil Jeunesse, 2003. 32 p.

Un petit garçon se pose des questions auxquelles sa maman n'a jamais encore répondu. Des questions ordinaires : À quoi sert le nombril ? Pourquoi aller à l'école ? Ou bien des questions plus existentielles : Pourquoi maman est toujours si occupée qu'elle ne peut s'occuper de moi ? Pourquoi on peut aimer quelqu'un et le détester en même temps ?

Une nuit, un chat   7 ans+
Pommaux, Yvan
Paris : L'École des Loisirs, 1994. 32 p.

Groucho, un chat jeune adolescent, veut sortir la nuit. « Tous les parents chats attendent avec angoisse cette nuit-là, la nuit où leur enfant sort pour la première fois seul. » Ils pensent aux mille et un dangers, le pauvre petit peut se perdre, se faire dévorer par un rat d'égout, etc. « Mais chez les chats il existe une loi, une règle d'or : lorsqu'un chaton sort pour la première fois, seul, la nuit, ses parents le laissent faire. » En douce, son père le suit, Groucho ne le sait pas. Lorsqu'il entre chez lui après sa nuit, ses parents sont là pour lui. Un livre pour expliquer aux enfants que, pour devenir grand, il faut prendre son indépendance et que celle-ci est faite de joies, mais aussi de peurs, d'essais et d'erreurs.

Les parents, pour quoi faire ?   8 ans+
Miermont, Jacques
Paris : Éditions Louis Audibert, 2002. 45 p. (Brins de psycho)

L'auteur, psychiatre, propose une réflexion au sujet du rôle des parents. La collection « Brins de psycho » s'adresse aux 8-13 ans et à leurs parents pour les aider à affronter certaines situations et à répondre à des questions délicates.

Mes parents disent non à tout! 10 ans+
Secheret, Jessica
Toulouse: Milan, 2006. 48 p. (Les guides complices)

«Non», «Pas question», «Tu es trop jeune»: sur tous les tons et à tout propos, voilà ce qu'on a l'impression d'entendre en permanence quand on est un préado. À cet âge charnière, on a envie de tout et tout de suite, s'habiller selon ses goûts, sortir entre amis, s'acheter un portable, avoir son jardin secret, etc. Une collection pour les 10-12 ans où les auteurs conseillent les jeunes pour leur permettre de mieux comprendre les réactions de leurs parents face à certains événements ou par rapport à certains sujets. Pour aider les jeunes à se responsabiliser et pour favoriser la communication entre parents et enfants.

Investir dans l'enfance
Fondation Investir dans l'enfance
www.investirdanslenfance.ca

Information destinée aux parents de jeunes enfants de 0 à 5 ans: développement de l'enfant, relations parents-enfants, réponses aux parents sur différents sujets touchant la santé physique et mentale des jeunes enfants.

Maîtriser vos sentiments
Fondation Investir dans l'enfance
www.investirdanslenfance.ca/Pages/MyChild/answersforparents.
aspx?topic=Coping%20With%20Your%20Feelings

Que faire quand le stress et la fatigue vous empêchent de maîtriser facilement votre humeur, votre frustration et votre colère devant les enfants?

Parents - Habiletés
Centres d'excellence pour le bien-être de l'enfant
www.enfant-encyclopedie.com/fr-ca/habiletes-parentales/messages-cles.
html?GCId=40

Est-ce important? Que savons-nous? Que pouvons-nous faire? Selon les experts. Messages-clés pour les parents: Les pratiques parentales: lorsque la sensibilité et les croyances entrent en jeu; La discipline: une question de dosage.

Parents vous comptez
Association canadienne des programmes de ressources pour la famille -
FRP Canada
www.parentsvouscomptez.ca/index.cfm?nodeid=10

Feuillets ressources pour les parents, liens vers des sites sur l'art d'être parents ainsi que le répertoire de programmes d'éducation parentale *Faire un choix éclairé*.

PetitMonde: le portail de la famille et de l'enfance
PetitMonde
www.petitmonde.com

Site rassemblant un vaste choix de documentation, de ressources et de renseignements pour les parents d'enfants de 0 à 7 ans ainsi que pour tous ceux qui œuvrent auprès de ces jeunes enfants. Il comprend aussi une section dédiée aux enfants.

Quel type de parent êtes-vous ?
PetitMonde
www.petitmonde.com/iDoc/Article.asp?id=22146

Autoritaire, « couveur », ami, décrocheur ou démocratique : quel type de parent êtes-vous ?

Ressources multilingues pour les parents
Association canadienne des programmes de ressources pour la famille -
FRP Canada
www.bienvenuechezvous.ca/index.cfm?fuseaction=page.viewpage&pageid=675

Cinq feuillets ressources pour parents traduits en dix langues : arabe, hindi, punjabi, chinois simplifié, somalien, espagnol, tagalog, tamoul, chinois traditionnel et vietnamien.

Être un parent compétent : est-ce encore possible aujourd'hui ?
Duclos, Germain, conférencier
Montréal : Hôpital Sainte-Justine. Service audio-visuel, 2001. 1 DVD (69 min.)
(Les Soirées Parents de l'Hôpital Sainte-Justine)

Être un parent « acceptable » disait Bruno Bettleheim, ce n'est pas une fin en soi mais un long cheminement personnel. Entre le sentiment d'incompétence et de culpabilité vécu par plusieurs parents, Germain Duclos guide ceux-ci dans leur questionnement sur leur compétence parentale en favorisant une bonne estime de soi chez leurs enfants.
Disponible chez : CHU Sainte-Justine – Médiathèque, 514 345-4677

Quelles valeurs transmettre à nos enfants aujourd'hui ?
Lemay, Michel, conférencier
Montréal : Hôpital Sainte-Justine. Service audio-visuel, 2003. 1 DVD (92 min.)
(Les Soirées Parents de l'Hôpital Sainte-Justine)

Devant les multiples changements sociaux et familiaux de ces dernières décennies et devant la remise en cause de tant de points de référence, tout parent ne peut que se poser la question angoissante suivante : de quelles valeurs, de quelles normes, de quelles limites et de quelles espérances un enfant a-t-il besoin pour se construire, pour s'épanouir et pour devenir à son tour un adulte qui transmettra aux futures générations les fondements de ce qu'elles souhaiteront devenir ? Le conférencier tentera de se situer par rapport à cette interrogation en proposant un certain nombre de jalons sans lesquels un enfant aura de la difficulté à se créer.
Disponible chez : CHU Sainte-Justine – Médiathèque, 514 345-4677

L'enfant qui se démarque : faut-il s'en inquiéter ?
Palardy, Sylvain, conférencier
Montréal : CHU Sainte-Justine. Service audio-visuel, 2006. 1 DVD (72 min.)
(Les Soirées Parents du CHU Sainte-Justine)

De l'enfant timide et introverti à l'enfant impulsif et bougeant, le monde de la petite enfance recèle une incroyable diversité. Par leur tempérament ou leurs comportements, certains de nos tout-petits se démarquent et nous interpellent. À partir de situations de la vie quotidienne, cette présentation abordera ces différences et les inquiétudes qu'elles suscitent.
Disponible chez : CHU Sainte-Justine – Médiathèque, 514 345-4677

Famille que peux-tu apporter à l'enfant ?
Lemay, Michel, conférencier
Montréal : Hôpital Sainte-Justine. Service audio-visuel, 2001. 1 DVD (107 min.)
(Les Soirées Parents du CHU Sainte-Justine)

Il est des questions qui hantent chaque parent. Que puis-je lui apporter ? Comment l'aider à se situer au sein d'une fratrie ? Comment l'accompagner autant dans ses faux pas que dans sa richesse ? Que faire devant les épreuves familiales ? Comment croire en ses possibilités quand les points de repères deviennent chancelants ? Michel Lemay tente d'apporter ses réflexions en fournissant des balises qui permettent à chaque parent de croire en ses capacités.
Disponible chez : CHU Sainte-Justine – Médiathèque, 514 345-4677

Pour aider l'enfant à grandir : des responsabilités à sa mesure
Duclos, Germain, conférencier
Montréal : Hôpital Sainte-Justine. Service audio-visuel, 2002. 1 DVD (101 min.)
(Les Soirées Parents du CHU Sainte-Justine)

Intégrer le sens de la responsabilité est un long processus qui s'inscrit dans les étapes de développement chez l'enfant. Au cours de cette conférence, on traitera du développement, du sens de la responsabilité chez l'enfant et des attitudes éducatives favorisant cet apprentissage. On verra comment amener son enfant à se sentir responsable de ses gestes, de ses paroles et de ses apprentissages pour mieux s'adapter à son milieu.
Disponible chez : CHU Sainte-Justine – Médiathèque, 514 345-4677

Responsabiliser son enfant
Duclos, Germain et Martin Duclos, conférenciers
Montréal : Hôpital Sainte-Justine. Service audio-visuel, 2005. 1 DVD (93 min.)
(Les Soirées Parents du CHU Sainte-Justine)

Au nombre des engagements qu'ils ont à remplir auprès de leur enfant, les parents ont celui de lui inculquer le sens des responsabilités. Responsabiliser son enfant, c'est lui donner des responsabilités pour qu'il prenne conscience du rôle qu'il a à jouer dans sa collectivité. L'apprentissage est de taille ! Pour mener à bien cette tâche, les parents doivent s'engager pleinement auprès de l'enfant à établir des règles de conduite sécurisantes et pratiquer une discipline incitative.
Disponible chez : CHU Sainte-Justine – Médiathèque, 514 345-4677

RELATIONS PARENTS-PROFESSIONNELS

Voir aussi : Consultation psychologique

SPARADRAP : une association pour faire le lien entre l'enfant, ses parents et tous ceux qui prennent soin de sa santé

48, rue de la Plaine   ☎ 00 33 (0)1 43 48 11 80
75020 Paris (France)   📠 00 33 (0)1 43 48 11 50
contact@sparadrap.org
www.sparadrap.org

SPARADRAP a pour objectif d'aider les parents et les professionnels quand un enfant est malade ou hospitalisé. Ses activités : la création, l'édition et la diffusion de documents d'information illustrés pour expliquer les soins, les examens, les opérations aux enfants et à leur famille ; l'information et l'orientation sur le thème de l'enfant malade ou hospitalisé grâce au centre de documentation spécialisé et au site Internet ; la formation des professionnels de la santé et de l'enfance ; la recherche et la sensibilisation sur la place des parents à l'hôpital. Pour en savoir plus sur SPARADRAP, rechercher des informations, des conseils, commander les documents en ligne, rendez-vous sur le site Internet. Les enfants peuvent également y découvrir en douceur l'univers de l'hôpital grâce à des rubriques ludiques et interactives.

L'adolescent malade, ce qu'il faut savoir : violence des secrets, secrets des violences
Courtecuisse, Victor
Paris : Armand Colin, 2005. 320 p.

Comment établir une relation thérapeutique positive avec l'adolescent malade ? L'auteur, un des fondateurs de la médecine de l'adolescence en France, décrit le patient et sinueux cheminement de la rencontre avec l'adolescent, avec ses dérives, ses embûches. S'adresse aux parents et aux différents intervenants qui travaillent auprès des adolescents malades.

Pour assurer de meilleurs soins : quelle sorte de communication parents/ intervenants ?
Jimenez, Vania, conférencière
Montréal : Hôpital Sainte-Justine. Service audio-visuel, 2004. 1 DVD (83 min.)
(Les Soirées Parents du CHU Sainte-Justine)

1. L'importance de la qualité de la communication intervenant/patient en terme d'efficacité réelle 2. La communication dans le système de soins, parfois une relation à trois

3. Quelle que soit la situation, que ce soit une relation à deux ou à trois, nul n'est exempté de l'exigence de l'exercice de « centration ». 4. Période de questions.

Disponible chez : CHU Sainte-Justine – Médiathèque, 514 345-4677

RÉSILIENCE

Voir aussi : Enfant maltraité, Stress

Guérir de son enfance
Lecomte, Jacques
Paris : Odile Jacob, 2004. 382 p.

Comment survivre aux violences physiques ainsi qu'à la maltraitance psychologique ? Comment surmonter le malheur ? Bâti autour des témoignages de ceux qui ont su transformer la souffrance en force, s'appuyant sur de multiples recherches scientifiques, ce livre nous décrit le processus de résilience : comment, à l'aide d'un professeur, d'un parent ou même parfois d'un animal, on peut guérir les blessures. Un message d'espoir pour ceux qui souffrent ou ont souffert de maltraitance, qui ont été touchés par des traumatismes ou des maladies graves.

La résilience familiale
Delage, Michel
Paris : Odile Jacob, 2008. 343 p. (Psychologie)

Lorsqu'on est frappé par un malheur, petit ou grand, c'est d'abord de sa famille qu'on espère de l'aide. Mais, parce qu'il est lui-même très affecté par ce qui s'est produit, il arrive que l'entourage familial soit incapable d'apporter le soutien attendu. Les parents qui sont débordés par leur détresse peuvent dans certains cas attendre de leur enfant aide et réconfort ou bien le maintenir à distance ou se désengager de lui émotionnellement et affectivement. Comment faire pour que la famille, malgré les drames qui l'ébranlent parfois, puisse constituer cet environnement « tutorant » qui favorise le développement de la résilience individuelle ? De quelle manière la qualité des attachements familiaux peut-elle être mise au service de la protection de chacun et de tous ? À quel moment est-il urgent de consulter un spécialiste et de le consulter tous ensemble ? Et si la famille était le lieu de résilience par excellence ?

Un merveilleux malheur
Cyrulnik, Boris
Paris : Odile Jacob, 2002. 218 p. (Poches Odile Jacob)

L'auteur explique le phénomène de résilience, cette « capacité à réussir, à vivre, à se développer en dépit de l'adversité ». Boris Cyrulnik a travaillé avec des enfants victimes de viol, d'inceste, des enfants de la guerre, des camps de réfugiés, des enfants qui ont vécu dans la violence au quotidien. Pour l'auteur, l'avenir ne se joue pas avant 6 ans ; il nous montre comment des enfants blessés, maltraités ou terrifiés font pour s'en sortir. Nombreux témoignages et cas cliniques pour appuyer sa thèse. Voir aussi les livres suivants, du même auteur et chez le même éditeur, qui traitent de la résilience : *Les vilains petits canards* (2002). *Le murmure des fantômes* (2003) et *École et résilience* (2007).

Le bébé et le hérisson   10 ans+
Mathis
Paris : Thierry Magnier, 2008. 47 p. (Petite poche)

Manon et son petit frère Léo, 5 mois, ont un grand frère Guillaume qui s'occupe d'eux
du mieux qu'il peut. Il n'a pas le choix, ses parents ne pensent qu'à s'amuser sans se sou-
cier du bien-être de leurs enfants, ils sont même brutaux. Guillaume raconte son histoire.
« Un livre sur la maltraitance et surtout sur le don de résilience dont seuls les enfants
sont capables. »

Qu'est-ce que la résilience ?
ACSM Chaudière-Appalaches
www.acsm-ca.qc.ca/virage/dossiers/la-resilience.html

Présentation du concept de la résilience par le Docteur Michel Lemay, pédopsychiatre.

La vie peut reprendre après un traumatisme
Cyrulnik, Boris, conférencier
Montréal : Hôpital Sainte-Justine. Service audio-visuel, 2000. 1 DVD (54 min.)
(Les Soirées Parents du CHU Sainte-Justine)

Depuis des années, Boris Cyrulnik étudie, écoute des enfants maltraités, agressés… et
découvre que beaucoup triomphent de leurs épreuves. Ce phénomène s'appelle la résilience. Après nous avoir défini le contexte du traumatisme, le conférencier met en évidence la valeur potentiellement organisatrice de certains traumatismes qui peuvent
orienter la trajectoire d'un enfant. Ces considérations ne peuvent que guider nos interventions en tant que parents.
Disponible chez : CHU Sainte-Justine – Médiathèque, 514 345-4677

Métamorphose parolière et résilience
Cyrulnik, Boris, conférencier
Montréal : Hôpital Sainte-Justine. Service audio-visuel, 2001. 1 DVD (37 min.)

Boris Cyrulnik, à l'aide d'exemples tirés de l'expérimentation, traite de la fonction
« homéostasique », tranquillisante et affective de la parole. Celle-ci aide à maîtriser l'émotion et façonne l'identité de l'enfant. On y parle aussi de la mémoire des traumatisés et
de la façon de parler à un bébé. La conférence est suivie d'une période de questions.
Disponible chez : CHU Sainte-Justine – Médiathèque, 514 345-4677

Printemps fragiles
Melançon, André, réalisateur
[Montréal]: Sherpas Films: Office national du film du Canada, 2005. 1 DVD (103 min.)

Chroniques de la résilience en action. « Malgré leurs histoires de vie difficiles, les enfants qui fréquentent la maison fondée par le docteur Gilles Julien cheminent vers l'équilibre. Au sein de la petite communauté qu'ils forment deux soirs par semaine, ils apprennent à vivre mieux avec eux-mêmes et avec les autres. Les caractères se révèlent dans leurs fragilités et dans leurs forces. Les conflits ne sont pas toujours faciles à résoudre. Les découvertes sont souvent lumineuses et les joies, aussi intenses que les chagrins. » Contient aussi un entretien avec le docteur Julien. Tiré de CHOIXmédia.
Disponible chez: ONF, tél.: 514 283-9000 ou 1 800 267-7710
www.onf.ca/collection/films/fiche/?id=5199

RESPONSABILITÉ

Voir aussi: Discipline, Relations parents-enfants

Enfant automate ou enfant autonome?
Daniel, Diane
Montréal: Éditions de l'Homme, 2005. 156 p. (Parents aujourd'hui)

Autonomie, responsabilité, capacité à résoudre les problèmes, à surmonter les difficultés: quels sont les fondements nécessaires pour ces apprentissages? Comment les parents doivent-ils s'y prendre pour influencer le développement de l'autonomie et donner à leurs enfants le sens des responsabilités?

Me débrouiller, oui, mais pas tout seul: du bon usage de l'autonomie
Buzyn, Eddy
Paris: Albin Michel, 2001. 180 p. (Questions de parents)

Des conseils aux parents au sujet du développement de l'autonomie chez l'enfant. L'auteur met les parents en garde contre les pièges de l'autonomie trop précoce, car si le fait de ne pas lui en donner assez l'empêche de grandir, trop lui en donner le fait grandir trop vite. Comment bien doser pour que l'enfant s'épanouisse? « Entre abandon et surprotection, l'autonomie de l'enfant est un compromis qui évolue à mesure qu'il grandit et dont le dosage conditionne son épanouissement. »

Responsabiliser son enfant
Mareau, Charlotte et Caroline Sahuc
Levallois-Perret (France): Studyrama, 2007. 118 p. (Éclairages)

Comment motiver nos enfants? Quelles limites apporter aux attitudes de nos adolescents? Entre le désir d'offrir la liberté que l'on n'a pas forcément connue et la nécessité de fournir un cadre structurant, responsabiliser son enfant n'est pas toujours aisé pour les parents que nous sommes. À l'heure ou les débats sur la place de l'autorité se multiplient, cet ouvrage propose une approche claire et concrète des besoins d'un enfant et des rôles tenus par ses parents.

Responsabiliser son enfant
Duclos, Germain et Martin Duclos
Montréal : Éditions du CHU Sainte-Justine, 2005. 188 p.
(Collection du CHU Sainte-Justine pour les parents)

Qu'en est-il aujourd'hui du sens des responsabilités chez les enfants ? Parents et éduca-teurs, dépassés et même impuissants devant les comportements et les attitudes des enfants, déplorent souvent qu'ils manquent de discipline, de respect et de persévérance. Quels sont les obstacles qui empêchent les parents d'exercer leur autorité et d'inculquer à leurs enfants un vrai sens des responsabilités ? Les auteurs fournissent des pistes de réflexion et d'action ainsi que des conseils pratiques pour guider les parents à faire preuve d'une saine autorité et d'une discipline incitative.

Fenouil, tu exagères !   3 ans+
Weninger, Brigitte
Zurich : Nord-Sud, 2002. 28 p. (Les coups de cœur)

Fenouil fait souvent des bêtises. Sans le vouloir, il fonce sans réfléchir. On lui apprend à être responsable de ses actes et à réparer ses erreurs.

Les petits malheurs de David   3 ans+
Shannon, David
Markham (Ontario) : Scholastic, 2007. 32 p.

Quoiqu'il arrive, David ne prend la responsabilité de rien. Il trouve toujours mille excuses pour se tirer d'affaire, que ce soit en disant que ce n'est pas de sa faute ou qu'il ne l'a pas fait exprès. Par contre, il se sent souvent triste même s'il parvient à se tirer d'embarras. Est-ce mieux de dire la vérité ?

Et si je désobéissais   6 ans+
Labbé, Brigitte
Toulouse : Milan, 2008. 32 p. (Dis-moi Filo…)

Filou dit à son père de rouler plus vite parce qu'il n'y a pas de policier sur la route. Son père en profite pour lui expliquer les lois et les règlements, pourquoi il y en a, pourquoi on se doit de les respecter même si on n'est pas surveillé. « Dis-moi Filo… » est une col-lection pour amorcer le dialogue entre parents et enfants, parce que le monde est parfois un peu plus compliqué qu'il en a l'air…

C'est la vie Lulu ! Je ne peux jamais faire ce que je veux   7 ans+
Dutruc-Rosset, Florence
Paris : Bayard jeunesse, 2005. 44 p. (Lulu !)

Lulu en a assez, elle ne peut jamais faire ce qu'elle veut. On l'oblige à porter les vêtements de sa sœur, à aller faire des courses quand elle est occupée à ses jeux, à fermer la télé, etc. Elle veut être libre, ses amis Élodie et Matthias partagent sa colère… Une histoire, un dossier documentaire et des conseils judicieux complètent l'ouvrage.

La liberté, c'est quoi ?   7 ans+
Brenifier, Oscar
Paris : Nathan, 2005. 93 p. (Philozenfants)

Qu'est ce que la liberté ? Peux-tu faire tout ce que tu veux ? Est-ce que les autres t'empêchent d'être libres ? Est-ce que devenir responsable empêche d'être libre ? La collection « Philozenfants » initie les enfants au questionnement, à la réflexion, au dialogue sur des questions importantes les concernant, sur le monde ou sur la vie. Sans proposer de réponse, l'auteur soulève les pour, les contre et donne des pistes pour amorcer la réflexion.

Le calendrier des tâches   7 ans+
Rascal
Paris : L'École des Loisirs, 2007. 48 p.

Euzèbe est un petit cochon de 6 ans et demi. Il vit dans une famille nombreuse avec père, mère et 12 frères et sœurs. Ça fait beaucoup d'ouvrage dans le maison. Un matin, Papa et Maman Cochon rassemblent leurs rejetons pour leur présenter un calendrier de tâches, il y en a pour tous les goûts et toutes les personnalités, pour les chanceux, les paresseux, les envieux…

Les droits et les devoirs   8 ans+
Labbé, Brigitte et Pierre-François Dupont-Beurier
Toulouse : Milan, 2008. 56 p. (Les goûters philo)

Quels sont nos droits ? Quels sont nos devoirs ? L'être humain, pour réaliser ses rêves, atteindre ses buts, ne peut passer à côté. « Les goûters philo » c'est une série de petits livres pour aider les enfants âgés de 8 ans et plus à réfléchir…

SANTÉ DE L'ENFANT

Voir aussi : Maladie infectieuse

Info-Santé CLSC
http://wpp01.msss.gouv.qc.ca/appl/m02/M02RechInfoSante.asp) 811

Tous les CLSC ont une ligne Info-Santé. Une infirmière fournit les renseignements médicaux requis.

Institut canadien de la santé infantile
384, rue Bank, bureau 300) 613 230-8838
Ottawa (Ontario) K2P 1Y4 613 230-6654
cich@cich.ca
www.cich.ca

Organisme voué à l'amélioration de la santé et du bien-être des enfants, l'Institut a publié plusieurs documents à cet effet. La liste de ces documents est accessible sur le site Internet de l'Institut et fait aussi l'objet d'un catalogue pouvant être expédié par la poste.

6-12-17 nous serons bien mieux ! Les déterminants de la santé et du bien-être des enfants d'âge scolaire
Hamel, Marthe, Luc Blanchet et Catherine Martin
Québec : Publications du Québec, 2001. 326 p.

Cet ouvrage a été coordonné par le ministère de la Santé et des Services sociaux du Québec. Une analyse des différents facteurs qui influencent la santé et le bien-être des jeunes, par des auteurs qui ont des compétences dans un champ d'action important pour le développement des jeunes de 6 à 17 ans : les relations entre parents et enfants, les pratiques éducatives des parents, la compétence sociale, le soutien social, l'estime de soi, l'alimentation, l'activité physique et l'environnement scolaire.

Guide complet de la santé familiale
Stoppard, Miriam
Outremont (Québec) : Trécarré, 2008. 592 p.

Des réponses à toutes les questions sur la santé de la famille. Contient : un répertoire présentant des fiches détaillées pour plus de 280 maladies (symptômes, traitements et autotraitements, si possible). Une approche préventive de la médecine. Un guide des symptômes associés aux maladies les plus courantes qui permet de déterminer s'il est nécessaire de consulter un médecin, de se traiter à la maison ou bien d'aller à l'urgence. Un guide des premiers soins.

Guide familial des symptômes
Dandavino, André-H.
Montréal : Rogers, 2004. 734 p.

Cent trente problèmes de santé courants, bénins ou graves. Un guide conçu pour trouver rapidement l'information grâce à un index détaillé. Chaque symptôme est présenté sur le même modèle : brève description, principales causes, conseils pratiques, cas urgents pour lesquels il faut aller consulter, examen et traitement par le médecin. Un guide réalisé avec la collaboration de plusieurs médecins. Voir aussi du même auteur : *Guide familial des maladies* (2001).

Guide médical de votre enfant
Sznajder, Marc
Alleur : Marabout, 2007. 383 p.

Cet ouvrage propose un panorama complet des questions de santé de l'enfant, de la naissance jusqu'au seuil de l'adolescence, avec un objectif essentiel : que les parents deviennent les acteurs majeurs de la santé de leur enfant. Il passe en revue les différents stades du développement de l'enfant, tant physiques que psychologiques, les conseils liés à la prévention, mais aussi aux urgences, les maladies infantiles, symptômes et traitements, les divers problèmes psychologiques liés à l'enfance.

Guide pratique des urgences familiales
Geoffroy, Anne
Outremont (Québec) : Quebecor, 2006. 144 p.

Un ouvrage pour vous guider quand vous ou un membre de votre famille êtes aux prises avec un problème de santé bénin ou plus grave. Vous y trouverez des conseils et des recommandations à suivre dans les situations d'urgence, une foule d'informations sur des remèdes simples pour soigner les maux les plus courants, comme la congestion nasale, la laryngite, la gastro-entérite, les petites blessures... Il vous indique aussi dans quels cas une consultation urgente est absolument nécessaire.

La santé de votre enfant : de la naissance à la fin de l'adolescence
Weber, Michel
Montréal : Gaëtan Morin, 2001. 339 p.

Voici un guide pour les parents avec des informations claires, précises et accessibles sur tout ce qui touche la santé des enfants et des adolescents. En trois grandes parties : La normalité (courbes de croissance, développement psychomoteur, changements physiques, changements psychologiques, etc.), La prévention (visites périodiques chez le médecin, vaccins, nutrition, sports, exercices, prévention des accidents, etc.) et Les maladies courantes (de l'acné au zona).

La santé des enfants en services de garde éducatifs
Larose, Andrée
Québec : Publications du Québec, 2000. 271 p. (Petite enfance)

Pour le personnel des services de garde et tous ceux qui sont préoccupés par la santé des jeunes enfants. Tous les aspects suivants sont traités : alimentation, soins quotidiens, hygiène et prévention des infections, maladies, médicaments et bien-être psychologique des enfants.

Mieux vivre avec notre enfant, de la grossesse à deux ans :
guide pratique pour les mères et les pères
Doré, Nicole et Danielle Le Hénaff
Québec : Institut national de santé publique du Québec (INSPQ), 2008. 656 p.

Guide très apprécié des familles, ce livre contient de l'information pratique pour les parents sur la grossesse, l'accouchement, la croissance de l'enfant de 0 à 2 ans, sur son développement, sur les maladies et les habitudes de vie, sur la famille. Une bonne section est consacrée à l'alimentation. Il contient également le document *Devenir parents* du gouvernement du Québec. Au Québec, ce guide est remis gratuitement aux femmes enceintes par les différents intervenants en périnatalité qui travaillent dans les Centres de santé et de services sociaux, par les intervenants qui œuvrent auprès des jeunes familles dans les organismes communautaires ou par les médecins qui offrent un suivi de santé aux femmes enceintes ou aux nourrissons. Il est disponible sur le web en format PDF : **www.inspq.qc.ca/MieuxVivre/**

Petites histoires pour devenir grand (2) : des contes pour leur
apprendre à bien s'occuper d'eux
Carquain, Sophie
Paris : Albin Michel, 2005. 305 p.

Pourquoi les parents répètent-ils sans cesse les mêmes phrases ? Brosse tes dents, pas trop de télé, assez d'ordi, regarde en traversant la rue, porte tes lunettes, va te coucher, fais attention aux étrangers, arrête de grignoter, etc. Pour que les enfants apprennent ce qui est nécessaire à leur épanouissement, à leur santé, à leur sécurité, pour qu'ils apprennent à être responsable, à bien s'occuper d'eux. Voilà des histoires pour aider les parents à faire passer ces messages importants à leurs enfants.

Urgences médicales et maladies infantiles : de la naissance à l'âge de trois ans
Shore, Penny A. et William Sears
Outremont (Québec) : Trécarré, 2002. 111 p. (Parents avertis)

Ce livre est divisé en trois sections : 1- Urgences médicales : pour les situations d'urgence les plus courantes chez les petits, vous aurez une brève description et les procédures à suivre. 2- Maladies infantiles : brève description des symptômes, du traitement et quelques remarques particulières pour chaque maladie, les plus courantes chez les tout-petits. 3- Le journal santé de votre enfant. Cette dernière partie vous permet de noter les vaccins, les visites médicales importantes, les allergies, les maladies de votre enfant, des références médicales, etc.

En bonne santé   2 ans+
Beaumont, Émilie
Paris : Fleurus, 2004. 30 p. (L'imagerie des tout-petits)

Un livre pour accompagner les parents dans l'apprentissage des règles d'hygiène aux tout-petits. Comment bien se laver, entretenir ses dents, aller aux toilettes, guérir d'une petite maladie, etc.

Dico bobo 3 ans+
Dolto, Catherine et Colline Faure-Poirée
Paris : Gallimard Jeunesse, 2002. 50 p. (Giboulées)

Sous forme d'un dictionnaire adapté pour les tout-petits, comment soigner, comment guérir les inconforts ou les petits maux de la vie de tous les jours : écorchure, coup de soleil, chagrin, bosse, piqûre, etc. Aussi, sous forme de tableau, les auteurs récapitulent les précautions à prendre à la maison pour éviter des accidents : des produits de nettoyage aux prises de courant, etc.

Le corps du Petit Bonhomme 3 ans+
Tibo, Gilles
Montréal : Québec Amérique Jeunesse, 2005. 48 p. (Petit Bonhomme)

L'auteur amène l'enfant à explorer son corps, de la tête aux orteils, sans oublier l'esprit. L'enfant apprendra les particularités et les fonctions des différentes parties du corps et aussi l'importance d'en prendre bien soin.

Mon corps, comment se défend-il ? 4 ans+
Benchetrit, André
Paris : Belin, 2006. 29 p.

Qu'est ce qu'un microbe ? Pourquoi se laver à tous les jours ? Pourquoi avoir des vaccins ? Un livre documentaire pour les jeunes enfants sur les microbes, le système immunitaire, les vaccins, etc.

Les maladies 6 ans+
Rastoin-Faugeron, Françoise
Paris : Nathan, 2002. 29 p. (En grande forme)

Une histoire avec Lilou et Rémi qui permet d'apprendre tous les secrets d'une bonne santé. Avec jeux, questionnaires et information documentaire. Voir aussi, dans la même collection, *La propreté* (2002) : Pourquoi toujours se laver ? Une histoire avec Lilou et Rémi qui introduit des notions de base sur la santé et l'hygiène.

Moutard : mode d'emploi 8 ans+
Cole, Babette
Paris : Seuil Jeunesse, 2004. 34 p.

Comment faire pour avoir un enfant parfait et en santé ? Avec l'humour de Babette Cole, « un album fourmillant de conseils désopilants, présentant, schémas à l'appui, la mécanique du corps humain ».

Comprendre nos petites maladies 9 ans+
Erlinger, Marie-Christine et Serge Erlinger
Toulouse : Milan, 2001. 32 p. (Les essentiels Milan junior)

Des renseignements sur les petites maladies : rhume, acné, jaunisse, myopie, rougeole, etc. Comment se manifestent-elles ? Qu'est-ce qui les causent ? Comment les soigner ? Peut-on les éviter ? Des informations qui donnent l'essentiel.

Accueil grand public
Association médicale canadienne
www.cma.ca/public

Site de l'Association médicale canadienne offrant sous forme de banques de données de l'information vulgarisée pour le grand public : Info-maladies, Guide des symptômes, Médicaments, Premiers soins, Liens sur la santé.

Investir dans l'enfance
Fondation Investir dans l'enfance
www.investirdanslenfance.ca

Informations destinées aux parents de jeunes enfants de 0 à 5 ans : développement de l'enfant, relations parents-enfants, réponses aux parents sur différents sujets touchant la santé physique et mentale des jeunes enfants.

PetitMonde : le portail de la famille et de l'enfance
PetitMonde
www.petitmonde.com

Site rassemblant un vaste choix de documentation, de ressources et de renseignements pour les parents d'enfants de 0 à 7 ans ainsi que pour tous ceux qui œuvrent auprès de ces jeunes enfants. Il comprend aussi une section dédiée aux enfants.

Problèmes propres aux enfants
Services Québec
www.guidesante.gouv.qc.ca/fr/fiche/m20.shtml

Treize textes sur différents problèmes de santé des enfants. (ex. : fièvre, convulsions, mal de tête, mal d'oreille, mal de gorge, toux…).

Servicevie.com
www.servicevie.com/mots-cles/developpement-de-lenfant

Un site renouvelé avec de nouveaux collaborateurs, spécialistes chevronnés qui écrivent pour les parents des textes actualisés sur la santé de l'enfant, le développement, la nutrition, les maladies fréquentes, la santé mentale, etc.

Soins de nos enfants
Société canadienne de pédiatrie
www.soinsdenosenfants.cps.ca

Site très élaboré, préparé par des pédiatres canadiens, contenant de l'information pour les parents sur la santé des enfants et des adolescents.

SANTÉ DES ADOLESCENTS

Association canadienne pour la santé des adolescents
CHU Sainte-Justine   ☎ 514 345-4721
3175, chemin de la Côte-Sainte-Catherine   🖷 514 345-4778
7ᵉ étage, bloc 2
Montréal (Québec) H3T 1C5
acsacaah@globetrotter.net
www.acsa-caah.ca

L'Association canadienne pour la santé des adolescents s'adresse particulièrement aux intervenants, aux futurs intervenants et aux organismes qui s'intéressent à la santé, à l'éducation et au bien-être des adolescents. Entre autres activités, elle publie le bulletin *Pro Ado* qu'elle fait parvenir à ses membres en format papier ou électronique. En consultant le site web de l'Association, il est possible d'accéder à quelques numéros de *Pro Ado* ainsi qu'à plusieurs textes traitant du développement de l'adolescent et de difficultés rencontrées à cette période de la vie. L'Association a aussi un site pour les adolescents où ils retrouvent des informations sur la prise en charge de leur santé : **www.jeunesensante.ca**

Bureau de consultation jeunesse
Casier postal 97554   ☎ 514 274-9887
4061, rue Wellington   Ligne d'intervention : 514 270-9760
Verdun (Québec) H4G 3M6   🖷 514 271-3370
info@bcj14-25.org
www.bcj14-25.org

Consultation, information et référence pour les jeunes et les adultes en difficulté (14-25 ans). Suivi individuel, groupes jeunes mères, groupes jeunes pères, appartements supervisés pour les 17-22 ans.

Clinique des jeunes Saint-Denis
1250, rue Sanguinet   ☎ 514 844-9333
Montréal (Québec) H2X 3E7   🖷 514 847-0683

La Clinique offre des services d'intervention médicale et psychosociale pour les jeunes de moins de 18 ans. Il est aussi possible d'y obtenir de l'information concernant la sexualité en parlant à une infirmière ou à une sexologue. Le service d'avortement est offert aux jeunes filles de moins de 18 ans. Des dépliants sur la contraception, les MTS et la grossesse sont aussi disponibles.

La santé de votre enfant : de la naissance à la fin de l'adolescence
Weber, Michel
Montréal : Gaëtan Morin, 2001. 339 p.

Voici un guide pour les parents avec des informations claires, précises et accessibles sur tout ce qui touche la santé des enfants et des adolescents. En trois grandes parties : La normalité (courbes de croissance, développement psychomoteur, changements physiques, changements psychologiques, etc.), La prévention (visites périodiques chez le médecin, vaccins, nutrition, sports, exercices, prévention des accidents, etc.) et Les maladies courantes (de l'acné au zona).

Comment bien vivre avec son corps   11 ans+
Bertherat, Marie
Paris : Albin Michel, 2003. 140 p.

Un guide pratique destiné aux adolescents pour les aider à trouver des réponses aux questions qu'ils se posent au sujet de leur corps. Ils trouveront explications et conseils à propos des petites manifestations qui les gênent ou des différences physiques qui leur causent des complexes et qu'ils n'osent pas toujours aborder avec leurs parents ou entre amis.

Dico ado, les mots de la vie   12 ans+
Sous la direction de Catherine Dolto
Paris : Gallimard Jeunesse, 2008. 514 p. (Giboulées)

Un dictionnaire de santé pour les adolescents. Consultation facile et présentation agréable : puberté, amours, amitiés, santé, beauté, émotions, déprimes, violence, drogues. « Savoir comment notre corps fonctionne, comment il se transforme à la puberté, approcher les mystères de la personnalité, des sentiments, de la sexualité, savoir ce qui se passe quand on est en bonne santé, quand on est malade. »

Se soigner vite et bien   13 ans+
Sargueil-Chouery, Sylvie
Paris : De la Martinière Jeunesse, 2007. 105 p. (Hydrogène)

Maux de tête, de dos, de ventre, règles, allergies, problèmes de sommeil, les petits soucis de santé sont fréquents à l'adolescence, période où le corps se transforme et où la sensibilité est à fleur de peau. Comment soulager ces petites douleurs ? Quand consulter un médecin ? Faut-il prendre des médicaments ? L'auteur, médecin, analyse ces problèmes de santé l'un après l'autre et propose des solutions. Appuyé de témoignages d'adolescents.

Accueil grand public
Association médicale canadienne
www.cma.ca/public

Site de l'Association médicale canadienne offrant sous forme de banques de données de l'information vulgarisée pour le grand public: Info-maladies, Guide des symptômes, Médicaments, Premiers soins, Liens sur la santé.

Ma vie - c'est pas fou d'en parler !
Association canadienne pour la santé mentale - Section Montréal
www.cmha.ca/mavie

Comment aborder la problématique des maladies mentales auprès des jeunes? Même si ce document a été préparé pour les professeurs dans le cadre d'une campagne de prévention, il est utile aux parents. Il comprend aussi un quiz en ligne pour les adolescents.

Soins de nos enfants
Société canadienne de pédiatrie
www.soinsdenosenfants.cps.ca

Site très élaboré, préparé par des pédiatres canadiens, contenant de l'information pour les parents sur la santé des enfants et des adolescents.

Un adolescent peut en cacher un autre
Groupe ADOC (ADOlescents et Conduites à risque)
www.medecin-ado.org

Comprendre l'adolescent. Repérer les comportements suicidaires. Accompagner les comportements à risque. Bien que s'adressant aux médecins qui traitent les adolescents, ce site peut aussi intéresser les parents. Comprend des capsules vidéos où médecins, parents et adolescents s'expriment.

Ado S@nté.org
Groupe IDITAE des technologies de l'apprentissage. Université de Moncton
www.adosante.org/index.shtml

Modules sur l'activité physique, l'art corporel, les drogues et l'alcool, la nutrition, la santé mentale, la santé sexuelle et la violence. Chaque module comporte plusieurs textes ainsi qu'un court vidéo en dessins animés.

Jeunesensante.ca
Association canadienne pour la santé des adolescents
www.jeunesensante.ca/acsa

Information sur tous les aspects de la santé des adolescents: sexualité, relations avec les parents, drogues et dépendances, sports, tatouage, comportements alimentaires. Quiz sur ces thèmes et jeux vidéos.

Masexualité.ca - Adolescents
Société des obstétriciens et gynécologues du Canada
www.sexualityandu.ca/adolescents/index.aspx

Site très élaboré sur tous les aspects de la santé sexuelle des adolescents.

SANTÉ MENTALE

Association canadienne pour la santé mentale
Division du Québec   ☎ 514 849-3291
911, rue Jean Talon Est, bureau 326   📠 514 849-8372
Montréal (Québec) H2R 1V5
info@acsm.qc.ca
www.acsm.qc.ca

L'Association canadienne pour la santé mentale - Division du Québec regroupe 10 filiales offrant des activités de promotion-prévention, soutien-entraide et recherche-développement. L'Association peut vous diriger vers la filiale de votre région.

Association québécoise des parents et amis de la personne atteinte de maladie mentale (AQPAMM)
1260, rue Sainte-Catherine Est, bureau 202 A   ☎ 514 524-7131
Montréal (Québec) H2L 2H2   📠 514 524-1728
aqpamm@videotron.ca
http://pjinter.net/aqpamm

L'Association offre une ligne d'écoute, d'information et de référence durant les heures d'ouverture du bureau, soit de 9 h à 17 h (fermé de 11 h 45 à 13 h 15). Elle offre aussi du suivi individuel court terme avec un professionnel, des groupes d'entraide, dont un groupe spécifique pour les familles et les personnes atteintes d'un trouble obsessionnel compulsif et un groupe d'entraide au CLSC Pointe-aux-Trembles, un service de répit pour les familles, des activités telles que: dessin, écriture, Chindaï, etc. Un centre de documentation est aussi accessible sur rendez-vous durant les heures d'ouverture du bureau ou lorsque vous assistez à une activité en soirée.

Association québécoise pour la santé mentale des nourrissons
2187, rue Larivière   ☎ 514 598-8413
Montréal (Québec) H2K 1P5
info@aqsmn.org
www.aqsmn.org

« L'AQSMN a été mise sur pied dans le but de promouvoir la santé mentale des très jeunes enfants et de leurs familles, de la grossesse à l'âge de 3 ans. »

Fédération des familles et amis de la personne atteinte de maladie mentale (FFAPAMM)

1990, rue Cyrille Duquet, bureau 203   ☎ 418 687-0474
Québec (Québec) G1N 4K8   ☎ sans frais : 1 800 323-0474
info@ffapamm.qc.ca   🖷 418 687-0123
www.ffapamm.qc.ca

La Fédération chapeaute plus de 45 associations régionales. Ces dernières offrent différents services à l'entourage des personnes atteintes de maladie mentale : écoute téléphonique, rencontres individuelles, conférences d'information, centre de documentation,
ateliers de discussion, référence aux ressources du milieu, activités de sensibilisation. Les
intervenants peuvent s'y procurer le programme d'information sur les maladies mentales
intitulé *Les préjugés… j'connais pas !* Il est possible d'obtenir les coordonnées des associations régionales en consultant le site Internet (Bottin des ressources).

Fondation des maladies mentales

2120, rue Sherbrooke Est, bureau 401   ☎ 514 529-5354
Montréal (Québec) H2K 1C3   ☎ sans frais : 1 888 529-5354
info@fondationdesmaladiesmentales.org   🖷 514 529-9877
www.fondationdesmaladiesmentales.org

La Fondation informe les gens, finance la recherche et améliore le mieux-être des personnes atteintes de maladie mentale. Le site Internet contient plusieurs textes expliquant
diverses maladies mentales ainsi que le Répertoire provincial des ressources en maladies
mentales.

Groupe d'enfants dont un des parents ou des proches a un problème de santé mentale

Clinique externe de psychiatrie. Hôpital Jean Talon   ☎ 514 729-3036
7345, rue Garnier
Montréal (Québec) H2E 2A1

« Groupe bimensuel offrant un lieu d'expression par le biais du conte, du dessin et autres
matériaux à des enfants âgés de 7 à 12 ans et dont le père, la mère, le frère ou la sœur a
un grave problème de santé mentale. »

L'Association de parents et amis de personnes atteintes de maladie mentale Le Contrevent

190, rue St-Joseph   ☎ 418 835-1967
Lévis (Québec) G6V 1C9   ☎ sans frais : 1 888 835-1967
contrevent@videotron.ca   🖷 418 835-0831
www.contrevent.org

Le « Volet Jeunesse » de Contrevent vient en aide aux jeunes de 6 à 17 ans ayant un proche
souffrant d'une maladie mentale et habitant les territoires suivants : Desjardins, Chutes-
de-la-Chaudière, Bellechasse et Lotbinière. Le Contrevent offre aussi des services aux membres de l'entourage ayant un jeune mineur atteint d'un problème de santé mentale.

6-12-17 nous serons bien mieux ! Les déterminants
de la santé et du bien-être des enfants d'âge scolaire
Hamel, Marthe, Luc Blanchet et Catherine Martin
Québec : Publications du Québec, 2001. 326 p.

Cet ouvrage a été coordonné par le ministère de la Santé et des Services sociaux du Québec. Une analyse des différents facteurs qui influencent la santé et le bien-être des jeunes, par des auteurs qui ont des compétences dans un champ d'action important pour le développement des jeunes de 6 à 17 ans : les relations entre parents et enfants, les pratiques éducatives des parents, la compétence sociale, le soutien social, l'estime de soi, l'alimentation, l'activité physique et l'environnement scolaire.

La vie en désordre : voyage en adolescence
Rufo, Marcel
Paris : Anne Carrière, 2007. 255 p.

L'adolescence est une période où il faut apprendre à accepter ses propres limites. C'est pourquoi l'adolescence constitue un terrain favorable à l'apparition des troubles psychiques : ils expriment la fragilité inhérente à cet âge, le doute sur soi et sur ses capacités à plaire, à aimer et à être aimé, l'incertitude sur ce que l'on pourra devenir. Mais rien n'est encore joué, tout reste possible, et un grand nombre de ces troubles, parfois spectaculaires, se révèlent transitoires. Cet essai est inspiré de rencontres de l'auteur avec des adolescents qu'il a faites au cours de sa carrière dans un centre d'accueil pour adolescents en difficulté. Il ne dresse pas ici le portrait d'une génération, mais raconte des histoires de cas qui en disent plus long que toutes les théories et permettent de mieux comprendre les comportements de ces adolescents trop souvent considérés comme une entité indistincte.

Santé mentale et psychiatrie pour enfants :
des professionnels se présentent
Une quinzaine de professionnels de la santé sous la direction de Bernadette Côté
Montréal : Éditions du CHU Sainte-Justine, 2005. 136 p.
(Collection du CHU Sainte-Justine pour les parents)

Qu'est-ce qu'un problème de santé mentale ? Quand, pourquoi et qui consulter pour un enfant et pour un adolescent ? Comment distinguer un problème passager d'un problème plus sérieux ? Différents professionnels d'expérience présentent leur discipline et ses particularités afin de faire connaître aux parents et aux éducateurs les soins en santé mentale offerts aux enfants. Pédopsychiatre, psychologue, psychoéducateur, orthopédagogue, orthophoniste, ergothérapeute, travailleur social, psychomotricienne, infirmière ont collaboré à cet ouvrage.

Dépression et santé mentale   9 ans+
Sanders, Pete
Montréal : École active, 2000. 32 p. (Mieux comprendre)

Cette collection aborde un problème de société qui concerne les jeunes lecteurs. Une bande dessinée met en scène des enfants qui font face à une difficulté. En complément, des textes faciles à comprendre qui expliquent comment se développe une situation et comment on peut l'améliorer.

Le mal de vivre chez les adolescents   12 ans+
Scowen, Kate
Montréal : La Courte échelle, 2008. 192 p. (Hors collection)

Un essai pour les adolescents qui traite de la dépression et explique comment elle peut les affecter. L'auteur aborde aussi le trouble bipolaire, les crises de panique, les troubles alimentaires, l'automutilation, le suicide, etc. La lecture de ce livre donne de bonnes pistes aux parents, enseignants, intervenants qui veulent aborder le sujet délicat de la dépression avec les jeunes. Accompagné de témoignages d'adolescents.

La maladie mentale… une maladie comme une autre
Fédération des familles et amis de la personne atteinte de maladie mentale
www.ffapamm.qc.ca/fr/img/jeunesse/Guide_de_participation.pdf

Un document qui explique les principales maladies mentales, mais qui relève aussi les préjugés que la population a envers les personnes atteintes de ces maladies.

Les maladies mentales
Fondation des maladies mentales
www.fondationdesmaladiesmentales.org/fr/p/aider-une-personne/les-maladies-mentales

Présentation détaillée des principales maladies mentales : définition, symptômes, causes, traitements et thérapies.

L'instabilité du cerveau en formation : la pédopsychiatrie
Institut Douglas. École Mini-psy 2007
http://ca.youtube.com/watch?v=6nkUGcUUD48

Cours du docteur Johanne Renaud. Survol des principaux troubles mentaux en pédiatrie. Quand faut-il penser consulter ? Étude de cas.

Ma vie - c'est pas fou d'en parler !
Association canadienne pour la santé mentale - Section Montréal
www.cmha.ca/mavie

Comment aborder la problématique des maladies mentales auprès des jeunes ? Même si ce document a été préparé pour les professeurs dans le cadre d'une campagne de prévention, il est utile aux parents. Il comprend aussi un quiz en ligne pour les adolescents.

Le Contrevent Jeunesse
Association de parents et amis de personnes atteintes de maladie mentale
www.contrevent.org

Le «Volet Jeunesse» de Contrevent vient en aide aux jeunes de 6 à 18 ans ayant un proche souffrant d'une maladie mentale. Sous forme de questions-réponses, on y trouve des sections pour les 5-10 ans, les 11-15 ans et les 16 ans et plus.

Psychose et consommation de drogue et d'alcool
Société canadienne de schizophrénie, Sun Life Financial Chair in Adolescent Mental Health, IWK Health Center et Dalhousie University
http://french.schizophreniaandsubstanceuse.ca/files/FRENCH_Psychosis_brochure.pdf

Pourquoi les personnes qui souffrent de psychose consomment-elles des drogues et de l'alcool? Comment cette consommation affecte-t-elle les personnes psychotiques? Existe-t-il un traitement? Est-ce possible de guérir?

Santé mentale
Groupe IDITAE des technologies de l'apprentissage. Université de Moncton
www.adosante.org/Sante_mentale/01.shtml

Plusieurs textes regroupés sous les chroniques suivantes: L'équilibre, Le stress, L'estime de soi, Bonne forme mentale, Les pensées, Les problèmes de santé mentale. Contient aussi une courte vidéo en dessins animés.

De l'enfant en danger à l'enfant dangereux
Lemay, Michel, conférencier
Montréal: Hôpital Sainte-Justine. Service audio-visuel, 2002. 1 DVD (139 min.)

Le docteur Michel Lemay nous démontre que cette notion n'est pas nouvelle à l'aide d'un profil historique. Il nous parle de la connaissance que nous avons de l'enfant et de la situation qui met celui-ci en danger. Enfin, il nous parle du délinquant et de sa signification: de l'ambivalence et de l'errance suscitées face à ce jeune.

Disponible chez: CHU Sainte-Justine / Médiathèque, 514 345-4677

SCHIZOPHRÉNIE

Voir aussi : Santé mentale

Schizophrenia Society of Canada
Société canadienne de schizophrénie
50, avenue Acadia, bureau 205
Markham (Ontario) L3R 0B3
info@schizophrenia.ca
www.schizophrenia.ca

☎ 905 415-2007
☎ sans frais : 1 888 772-4673
🖷 905 415-2337

La Société canadienne de schizophrénie « travaille de concert avec les sociétés provinciales et plus d'une centaine de leurs sections et divisions afin de contribuer à offrir aux personnes atteintes de schizophrénie et à leurs familles une meilleure qualité de vie ». Le site Internet contient quelques textes sur la schizophrénie ainsi que les détails du programme éducatif conçu pour les étudiants du secondaire et intitulé *Porter Secours*.

Société québécoise de la schizophrénie
7401, rue Hochelaga
Montréal (Québec) H1N 3M5
info@schizophrenie.qc.ca
www.schizophrenie.qc.ca

☎ 514 251-4000 poste 3400
☎ sans frais : 1 866 888-2323 (Québec seulement)

La Société québécoise de la schizophrénie regroupe, informe et soutient les aidants naturels et les proches des personnes souffrant de schizophrénie. Pour ce faire, elle offre plusieurs services : écoute téléphonique, entrevues individuelles, orientation et référence, centre de documentation et accompagnement lors des démarches à faire pour assurer le traitement, la protection, la réhabilitation et le mieux-être général de leur proche souffrant de schizophrénie. La Société publie aussi le bulletin *Défi Schizophrénie* six fois par année.

La schizophrénie
Monestès, Jean-Louis
Paris : Odile Jacob, 2008. 208 p. (Guides pour s'aider soi-même)

Parce que nous avons du mal à la comprendre, nous nous sentons désemparés face à la schizophrénie. D'où viennent les hallucinations ? Pourquoi les personnes souffrant de schizophrénie se sentent-elles en danger ? Comment expliquer les idées étranges qu'elles peuvent avoir ? Comment réagir à tous ces symptômes ? Des réponses existent aujourd'hui. L'auteur montre que les symptômes de la schizophrénie sont souvent des exagérations de phénomènes que chacun peut vivre. Il donne de nombreux conseils simples et efficaces, issus de la recherche scientifique et des thérapies comportementales et cognitives, pour agir au quotidien, pour se sentir plus armé face à la schizophrénie et pour mieux vivre avec elle. Voir aussi chez le même éditeur *Un autre regard sur la schizophrénie : de l'étrange au familier*, de Alain Bottéro (2008). L'auteur fait un bilan en portant un regard critique sur une notion inventée à une époque où les connaissances médicales et scientifiques sur les troubles mentaux étaient fort éloignées de celles d'aujourd'hui.

La souffrance des adolescents. Quand les troubles s'aggravent : signaux d'alerte et prise en charge
Jeammet, Phillipe et Denis Bochereau
Paris : La Découverte, 2007. 223 p.

Le but de ce livre : « Décrypter au mieux les bouleversements de l'adolescence, savoir repérer certains signaux d'alerte pour lesquels il est préférable de consulter. Troubles du comportement, dépression, attitude suicidaire, anorexie, troubles de l'humeur ou schizophréniques… » Pour aider les parents à accompagner leur adolescent quand celui-ci a un cheminement difficile.

L'enfant du silence : histoire d'une schizophrénie
Salomon, Françoise
Paris : Odile Jacob, 1998. 346 p.

Un témoignage sur le bouleversement d'une vie de famille suite à l'annonce de la maladie chez un adolescent que rien ne distinguait apparemment des autres. L'auteur s'est inspiré de son expérience et de témoignages d'autres familles.

Les troubles schizophréniques
Gourion, David et Anne Gut-Fayand
Paris : Ellipses, 2004. 160 p. (Vivre et comprendre)

Ce livre a comme objectif d'aider les patients, les familles et les soignants à comprendre, connaître et reconnaître les premiers symptômes de la schizophrénie ou d'une rechute. Quelles sont les causes de la maladie ? Peut-on la confondre avec une crise d'adolescence, une dépression, un trouble anxieux ? Comment la schizophrénie évolue-t-elle ? Quels sont les traitements ?, etc. Les auteurs sont psychiatres et spécialisés dans l'évaluation des troubles schizophréniques.

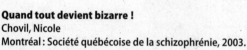

Quand tout devient bizarre !   6 ans+
Chovil, Nicole
Montréal : Société québécoise de la schizophrénie, 2003.
(Comprendre la maladie mentale dans la famille)

Brochure qui explique clairement et simplement aux enfants ce qu'est la schizophrénie, ce qui la cause et si on peut la traiter. Pour aider les enfants qui ont un parent ou un proche atteint de cette maladie mentale et qui ne comprennent pas son comportement. À lire avec les parents ou un adulte. Brochure disponible à la Société québécoise de la schizophrénie au numéro suivant : 1 866 888-2323.

La fin de l'été   12 ans+
White, Ruth
Paris : Pocket Jeunesse, 2003. 188 p. (Pocket Junior)

Dans les années 50, deux sœurs, Summer et Lyric, vivent avec leur père et déménagent de la Virginie au Michigan. Lyric s'adapte bien à sa nouvelle école et à sa nouvelle vie, mais sa sœur Summer commence à avoir des peurs, des phobies, à entendre des voix. Elle sombre doucement dans l'univers de la schizophrénie. L'auteur nous fait entendre, par la voix de Lyric, la difficile acceptation de la maladie, la peur et la culpabilité, la tendresse et l'impuissance que vivent les proches.

La schizophrénie
Fondation des maladies mentales
www.fondationdesmaladiesmentales.org/fr/p/aider-une-personne/les-maladies-mentales/schizophrenie

Présentation de la maladie : signaux avant-coureurs, diagnostic, symptômes, traitement.

La schizophrénie : guide à l'intention des familles
Santé Canada
www.phac-aspc.gc.ca/mh-sm/pubs/schizophrenia-schizophrenie/index_f.html

Ce guide détaillé s'adresse aux familles qui, alertées par certains signes, craignent qu'un de leurs membres soit atteint de schizophrénie. Il est aussi destiné aux familles qui comptent une personne chez qui la maladie a déjà été diagnostiquée.

Qu'est-ce que la schizophrénie ?
Société québécoise de la schizophrénie
www.schizophrenie.qc.ca/FR/Infos/index.html

Présentation de la maladie : symptômes, causes, traitements.

Schizophrénie et consommation de substances psychoactives
Société canadienne de la schizophrénie
http://french.schizophreniaandsubstanceuse.ca

Information pour les familles, les bénéficiaires et les fournisseurs de service. Ce que vous devez savoir sur la schizophrénie combinée à l'alcoolisme ou la toxicomanie. Quelles sont les répercussions sur la famille et les amis ? La guérison est-elle possible ?

Psychose et consommation de drogue et d'alcool
Société canadienne de schizophrénie, Sun Life Financial Chair in Adolescent Mental Health, IWK Health Center et Dalhousie University
http://french.schizophreniaandsubstanceuse.ca/files/FRENCH_Psychosis_brochure.pdf

Pourquoi les personnes qui souffrent de psychose consomment-elles des drogues et de l'alcool ? Comment cette consommation affecte-t-elle les personnes psychotiques ? Existe-t-il un traitement ? Est-ce possible de guérir ?

SCLÉRODERMIE

Société de la sclérose systémique (sclérodermie) du Québec inc.
550, chemin Chambly, bureau 040   ☏ 514 990-6789
Longueuil (Québec) J4H 3L8   🖨 450 748-0981
sclerodermiequebec@videotron.ca
www.sclerodermie-quebec.qc.ca

L'Association offre un service d'écoute téléphonique, organise des rencontres d'information et des activités de financement pour soutenir la recherche. Elle distribue aussi de la documentation écrite sur la sclérodermie.

SCLÉROSE EN PLAQUES

Société canadienne de la sclérose en plaques
Division du Québec   ☏ 514 849-7591
550, rue Sherbrooke, Ouest Tour Est, bureau 1010   ☏ sans frais : 1 800 268-7582
Montréal (Québec) H3A 1B9   🖨 514 849-8914
info.qc@scleroseenplaques.ca   🖨 sans frais : 1 877 387-7767
www.scleroseenplaques.ca/qc/defaultFr.htm

La Société offre un éventail de services pouvant varier d'une région à l'autre : soutien psychologique, groupes d'entraide et de soutien, activités récréatives et sociales, camps pour enfants et adolescents, aide financière, enseignement, défense personnelle des droits, centre de documentation, services en ligne (forum de discussion, cafés-rencontres virtuels, conférences interactives en ligne…), volet jeunesse, prêt d'équipement… La division du Québec compte 25 sections locales.

Benjamin et sa maman   6 ans+
Lazai, Stéfanie
Pointe-Claire (Québec) : Berlex Canada, 2006. 24 p.

Benjamin, 8 ans, explique la redoutable maladie de sa maman, la sclérose en plaques. Tous les aspects de la maladie sont présentés avec franchise, dans un langage adapté à l'enfant. Cet album permet aux familles d'amorcer des discussions avec l'enfant sur la sclérose en plaques et ses symptômes, sans oublier les sujets les plus délicats, comme par exemple l'incontinence. De plus, il offre aux parents un outil précieux pour expliquer la maladie et son évolution aux enfants qui sont atteints de sclérose en plaques. Pour obtenir un exemplaire communiquez avec le bureau de votre division de la Société de la SP : 1 800 268-7582. Également disponible sur le web, en format PDF : www.scleroseenplaques.ca/fr/pdf/benjamin.pdf

Comment parler de la SP à ses enfants
Société canadienne de la sclérose en plaques
www.scleroseenplaques.ca/fr/pdf/comment-parler-enfants.pdf

« Guide pratique pour aider les parents à mieux communiquer avec leurs enfants au sujet de la SP. Il peut aussi être utile pour rassurer les jeunes dont un parent a la SP. »

Je suis le parent d'un enfant atteint de SP
Société canadienne de la sclérose en plaques
www.scleroseenplaques.ca/fr/aider/jesuisleparentenfant.htm

Description des programmes offerts aux parents par le réseau Jeunes atteints de SP - Réseau de soutien pour les familles dont un enfant ou un adolescent a la SP.

Les enfants aussi peuvent avoir la sclérose en plaques.
Guide pour les parents dont un enfant ou un adolescent
a la sclérose en plaques
Société canadienne de la sclérose en plaques. Division du Québec
www.scleroseenplaques.ca/qc/pdf/services/Guide%20SP%20pédiatrique.pdf

Information sur la maladie : diagnostic, traitement, troubles émotifs et cognitifs, autres ressources.

Les enfants aussi peuvent avoir la SP : questions et réponses
(version canadienne)
Société canadienne de la sclérose en plaques
www.scleroseenplaques.ca/fr/pdf/pediatricMS-QA-FR.pdf

Guide sur la sclérose en plaques pédiatrique.

Maternité - Paternité et SP : « Parfois je suis en colère contre la SP »
Société canadienne de la sclérose en plaques
www.scleroseenplaques.ca/fr/pdf/ParentingwithMSFR.pdf

« Comment les parents atteints de SP et leurs enfants s'adaptent et deviennent plus forts. »

Je suis un adolescent atteint de SP (de 13 à 19 ans)
Société canadienne de la sclérose en plaques
www.scleroseenplaques.ca/fr/aider/jesuisunadolescent.htm

Description des services offerts aux adolescents par le réseau Jeunes atteints de SP - Réseau de soutien pour les familles dont un enfant ou un adolescent a la SP.

Jeunes-SPresse : cahier d'activités à l'intention des enfants atteints de SP
Société canadienne de la sclérose en plaques
www.scleroseenplaques.ca/fr/pdf/jeunes-spresse.pdf

Pour les enfants de 5 à 12 ans atteints de sclérose en plaques. Explication de la maladie et de ses conséquences dans la vie quotidienne.

La Colonie SP
Société canadienne de la sclérose en plaques. Division du Québec.
www.spquebec.com/jeunes/accueil.html

La Colonie SP est un site qui s'adresse spécialement aux moins de 18 ans dont un proche est atteint de SP. Il est destiné aussi à tous ceux qui sont curieux d'en savoir plus sur la sclérose en plaques. Un forum de discussion permet aux jeunes d'échanger sur la maladie (questions, sentiments, vie familiale, etc.).

Ma maman a la SP / Perds pas l'équilibre / Myéline me tape sur les nerfs
Société canadienne de la sclérose en plaques. Division du Québec
www.spquebec.com/jeunes/biblio/publications_text.html

Plusieurs documents s'adressant aux enfants et aux ados pour mieux leur expliquer l'impact de la maladie d'un de leurs parents sur leur vie quotidienne.

SCLÉROSE TUBÉREUSE DE BOURNEVILLE

La sclérose tubéreuse de Bourneville
Association sclérose tubéreuse de Bourneville
www.astb.asso.fr

Présentation détaillée de la maladie : symptômes, diagnostic, conseil génétique, traitement, pronostic.

La sclérose tubéreuse de Bourneville
Orphanet
www.orpha.net/data/patho/Pub/fr/ScleroseTubereuseBourneville-FRfrPub660.pdf

SCOLIOSE

La scoliose : se préparer à la chirurgie
Joncas, Julie
Montréal : Éditions de l'Hôpital Sainte-Justine, 2000. 96 p.
(Collection de l'Hôpital Sainte-Justine pour les parents)

Cet ouvrage s'adresse aux adolescents et aux adolescentes qui doivent subir une chirurgie correctrice pour une scoliose. L'auteur explique en détail en quoi consistent la scoliose et la chirurgie et donne des renseignements concernant la préhospitalisation, la période préopératoire et la période postopératoire.

Tiens-toi droite 12 ans+
Blume, Judy
Paris : L'École des Loisirs, 1996. 178 p. (Neuf)

Sans cesse, la mère de Deenie lui répète « Tiens-toi droite ! » Elle fait des efforts, sans succès. Un jour, elle apprend qu'elle a une scoliose idiopathique. Elle devra porter un corset Milwaukee durant quatre ans. Deenie n'est pas d'accord avec ce traitement.

La scoliose
Association scoliose et partage
www.scoliose.org/scoliose.htm

Définition, causes, dépistage, évolution et traitement de la scoliose.

La scoliose idiopathique de l'adolescent :
conseils aux jeunes présentant cette affection
Centre Européen de la Colonne Vertébrale - Clinique du Parc - Lyon (France)
www.s140723785.onlinehome.fr/html/scoliose_enfant.html

Mlle Vertèbre s'informe sur la scoliose. Qu'est-ce que c'est ? Quels sont les traitements, les implications au quotidien ?

SÉPARATION ET DIVORCE

Voir aussi : Garde partagée

Association G.R.A.N.D. (Grands-Parents
Requérant Accès Naturel et Dignité)
12, Park Place #1 ☎ 514 846-0574
Westmount (Québec) H3Z 2K5 🖷 514 846-0235
www.familis.org/riopfq/membres/grand.html

L'Association apporte un soutien aux grands-parents ayant perdu le droit d'accès à leurs petits-enfants après un divorce, une séparation ou la mort d'un parent. Des réunions-conférences gratuites sont présentées tous les deux mois. L'Association offre aussi un service gratuit de médiation.

Centre de ressources familiales du Québec
5167, rue Jean Talon Est, bureau 370   ☏ 514 593-6997
Montréal (Québec) H1S 1K8   ☏ sans frais : 1 800 361-8453
info@crfq.org   🖷 514 593-4659
www.crfq.org

Le Centre vient en aide aux familles vivant une situation difficile reliée à une séparation ou un divorce. Il intervient directement par le biais d'une ligne d'écoute téléphonique, de groupes de soutien, d'avis légaux et de conseils juridiques ainsi que d'un service de références communautaires adapté aux besoins de chacun. Tous ces services sont offerts gratuitement.

Éducation coup-de-fil
ecf@bellnet.ca   ☏ 514 525-2573
www.education-coup-de-fil.com   ☏ sans frais : 1 866 329-4223
                                                        🖷 514 525-2576

Service de consultation professionnelle téléphonique gratuit, confidentiel et anonyme. Pour aider à solutionner les difficultés courantes des relations parents-enfants des familles biologiques ainsi que des familles adoptives. Parents, jeunes et intervenants peuvent y avoir recours. Le service est ouvert de septembre à juin, du lundi au vendredi de 9 h 00 à 16 h 30, les mercredis et jeudis de 18 h 30 à 21 h 00. L'atelier « L'après-séparation et le vécu parents-enfants » est offert trois fois par année.

Divorce : les enfants parlent aux parents
Gannac, Anne-Laure et Yolande Gannac-Mayanobe
Paris : Anne Carrière, 2008. 160 p.

Les auteurs ont voulu donner la parole aux enfants qui ont vécu un divorce. Non pas pour culpabiliser les parents, mais pour leur faire comprendre comment un enfant vit, souvent discrètement, cet événement traumatisant. Les auteurs s'adressent aux parents déjà séparés ou en instance de le faire pour les aider à mieux comprendre leurs enfants et éviter le plus possible les maladresses.

J'aime pas me séparer : toutes les séparations dans la vie de l'enfant
Fabre, Nicole
Paris : Albin Michel, 2002. 148 p. (Questions de parents)

Pour mieux accompagner l'enfant au cours des deuils et des séparations de la vie : entrée à l'école, déménagement, mort d'un proche, séparation des parents, etc.

Les parents se séparent... pour mieux vivre la crise et aider son enfant
Cloutier, Richard, Lorraine Filion et Harry Timmermans
Montréal : Éditions de l'Hôpital Sainte-Justine, 2001. 154 p.
(Collection de l'Hôpital Sainte-Justine pour les parents)

Pour aider les parents en voie de rupture ou déjà séparés à garder le cap sur l'espoir et la recherche de solutions. L'ouvrage offre une panoplie de renseignements ainsi que des leçons apprises par beaucoup d'adultes et d'enfants qui ont surmonté ce bouleversement.

Mes parents se séparent : je me sens perdu
Berger, Maurice et Isabelle Gravillon
Paris : Albin Michel, 2003. 154 p. (Questions de parents)

Le monde de l'enfant s'écroule lorsque les parents se séparent. Les parents, eux-mêmes en crise, sont souvent désemparés devant les manifestations de malaise de leur enfant. « Au plus près des émotions de l'enfant, mais également en phase avec les préoccupations des adultes, ce livre aidera les couples séparés à demeurer pour leur enfant des parents solidaires. »

Rompre sans tout casser
Bérubé, Linda
Montréal : Éditions de l'Homme, 2001. 276 p.

L'auteur aborde toutes les étapes de la séparation ou du divorce à l'amiable : garde des enfants, négociation des aspects financiers et matériels, etc. L'auteur travaille en médiation familiale.

Séparons-nous... mais protégeons nos enfants
Clerget, Stéphane
Paris : Albin Michel, 2004. 263 p. (Questions de parents)

Les enfants ne réagissent pas tous de la même façon à la séparation de leurs parents. Plusieurs facteurs entrent en jeu : personnalité, tempérament, âge, sexe, situation familiale, causes de la séparation, etc. « Parce que séparation ne rime pas forcément avec désolation, l'auteur aborde toutes les interrogations des parents soucieux de protéger leurs enfants... avec précision et sensibilité afin d'aider chacun à mettre de côté les conflits pour n'avoir à cœur que l'intérêt de l'enfant. »

Les parents se séparent   2 ans+
Dolto-Tolitch, Catherine
Paris : Gallimard Jeunesse, 2008. 24 p. (Mine de rien) (Giboulées)

La séparation des parents expliquée aux tout-petits, avec des mots et des illustrations à leur portée. Quand les parents se séparent, c'est difficile, mais quand ils restent amis, même séparés, c'est beaucoup plus facile. Une collection pour expliquer aux petits « ce qui se passe en eux et autour d'eux ».

4 histoires pour aider à redevenir heureux !   3 ans+
Après la séparation de papa et maman
Grenier Laperrière, Madeleine
Montréal : Éducation-coup-de-fil, 2008. 49 p.

À l'aide de courtes histoires à lire et à colorier avec papa ou maman, l'auteur veut aider les enfants de 3 à 7 ans qui ont à vivre le deuil de leur famille d'origine après une séparation. Ces histoires mettent en évidence les réactions les plus fréquemment observées chez les enfants. Ceux-ci peuvent se reconnaître dans les personnages qui expriment des émotions qu'ils sont susceptibles de ressentir. Des pistes de solutions sont suggérés par l'intermédiaire des personnages. Contient un message pour les parents. Pour commander, Éducation-coup-de-fil : 514 525-2573 : disponible aussi dans les librairies ou bibliothèques publiques.

C'est une histoire d'amour   3 ans+
Lenain, Thierry
Paris : Albin Michel Jeunesse, 2004. 33 p.

Un père raconte à sa petite fille l'histoire d'amour entre lui et sa maman. « Même si aujourd'hui celle qui sera toujours ta maman n'est plus ma femme. Même si aujourd'hui, moi qui serai toujours ton papa, je ne suis plus son mari. Elle et moi t'aimons ensemble, chacun de notre côté. »

Emma a deux maisons   3 ans+
Piquemal, Michel
Paris : Flammarion, 2004. 21 p. (Père Castor) (Histoires de grandir)

Emma ne comprend pas pourquoi ses parents qui s'aimaient et qui l'aiment toujours ne s'aiment plus et décident de vivre chacun dans leur maison. Le livre se termine par une page de réflexion, « Histoires de parler », où un spécialiste de l'enfance donne des conseils aux parents et aux éducateurs pour aider l'enfant à vivre mieux les moments difficiles de la séparation.

La séparation   3 ans+
Francotte, Pascale
Bruxelles : Alice Jeunesse, 2004. 40 p.

Comment se vit une séparation à travers les yeux d'un enfant ? Au début de cette histoire, tout bascule. Peu à peu, un nouvel équilibre se construit. Mais il en faut du temps, de la tendresse et beaucoup d'amour… Un album dédié à ceux qui cherchent les images et les mots pour parler de la séparation avec les enfants.

Papa, maman, écoutez-moi !   4 ans+
Wabbes, Marie
Paris : Gallimard Jeunesse, 2004. 27 p. (Album Gallimard)

Quand bébé est né, les parents étaient fous de joie. Quand elle était petite, ils s'en occupaient ensemble. Un jour, rien n'allait plus. Les parents se sont séparés et se sont mariés de nouveau. Aujourd'hui, elle vit avec tellement de parents, de grands-parents, de cousins, cousines. Elle, ce qu'elle préfère, c'est son papa et sa maman. Elle veut être sûre qu'ils l'aiment toujours autant.

Une histoire à deux   4 ans+
Dubois, Claude K
Paris : L'École des Loisirs, 2007. 36 p. (Pastel)

Julie est fâchée contre son papa. Il a quitté la maison, car ses parents se sont séparés. Julie ne voulait pas, mais c'est comme ça. Elle lui a dit : « Je ne veux plus te voir jamais ! » C'est parce qu'elle est triste et son papa le sait.

Papa maman ne s'aiment plus   5 ans+
Demuynck, Corrine
La-Cluse-et-Mijoux (France) : Cabane sur le chien, 2006. 33 p.

Papa et maman ne s'aiment plus. Ils se séparent. C'est difficile à accepter quand on est une toute petite fille. La fillette parle de ce qu'elle aime, comme avoir deux maisons, de ce qu'elle n'aime pas, comme de ne plus vivre tous ensemble, d'être souvent triste, de s'ennuyer, etc. Elle se demande aussi si ses parents l'aimeront toujours.

C'est un papa   6 ans+
Rascal
Paris : L'École des Loisirs, 2005. 28 p. (Lutin poche)

Un papa ours est parti vivre seul dans une autre maison il y a 10 mois. C'est vendredi, ses enfants seront là bientôt durant deux jours et deux nuits. Il a hâte.

Guillaume et la nuit   6 ans+
Tibo, Gilles
Saint-Lambert (Québec) : Soulières, 2003. 44 p. (Ma petite vache a mal aux pattes)

Ses parents se sont séparés et désormais Guillaume vivra une semaine chez son père et une semaine chez sa mère. Nous partageons l'angoisse de Guillaume et sa solitude lorsqu'il passe sa première nuit chez son père. Mais le petit garçon trouvera en lui des forces qui le réconforteront.

Le petit livre pour mieux vivre le divorce   6 ans+
de Guibert, Françoise et Pascal Lemaître
Paris : Bayard jeunesse, 2006. 48 p.
(La collection des petits guides pour comprendre la vie)

Le divorce est souvent vécu comme un traumatisme par les enfants : la famille éclate, le quotidien change et se complique. Il faut partager son temps entre sa mère et son père, passer d'une maison à l'autre et souvent accepter de vivre avec d'autres personnes. Les auteurs ont écrit ce petit guide pour rassurer les enfants et les aider à comprendre ce qu'ils ressentent pour qu'ils puissent s'adapter plus facilement à cette nouvelle vie.

Les parents de Zoé divorcent   6 ans+
De Saint-Mars, Dominique
Fribourg : Calligram, 1995. 45 p. (Max et Lili) (Ainsi va la vie)

Les parents de Zoé vont se séparer. La fillette est très triste. Pour aider les enfants à comprendre que le divorce est un événement grave dans la vie de famille, mais qu'il n'arrête ni la vie ni l'amour des parents. À la fin du livre, la section « Et toi ? » permet de faire réfléchir les enfants sur le thème.

Mais oui, je vous aime toujours !   6 ans+
Lenain, Thierry
Paris : Nathan, 2006. 28 p.

Depuis qu'ils se sont séparés, les parents d'Hugo s'inquiètent beaucoup pour lui. Mais Hugo s'accommode bien de sa nouvelle vie. Lors d'une consultation chez le psychologue, les parents en sortent rassurés : Hugo les aime autant l'un que l'autre et autant qu'avant.

La valise rouge   7 ans+
Englebert, Éric
Paris : Grasset jeunesse, 2007. 42 p. (Les petits bobos de la vie)

Un petit garçon apprend que ses parents vont se séparer. Il s'en doutait, ses parents se chicanaient trop souvent. Maintenant, il a deux maisons et une valise. Une collection qui aborde des problèmes courants du quotidien et aide les enfants à mettre des mots sur leurs émotions pour dédramatiser les événements.

Papa, maman... avant   7 ans+
Englebert, Éric
Paris : Grasset jeunesse, 2006. 40 p. (Les petits bobos de la vie)

Il y a plusieurs choses dont je ne me souviens plus, comme lorsqu'on allait au zoo avec papa : c'était quand j'étais petit et que papa et maman étaient encore ensemble. Une collection qui aborde des problèmes courants de la vie et aide les enfants à mettre des mots sur leurs émotions pour dédramatiser les événements.

Courage, Lili Graffiti !   8 ans+
Danziger, Paula
Paris : Gallimard Jeunesse, 2003. 138 p. (Folio cadet) (Les aventures de Lili Graffiti)

Lili Graffiti est déstabilisée par le divorce de ses parents et l'éloignement de son papa depuis la séparation. Lili ne veut pas rencontrer le nouvel ami de sa mère. Même s'il a l'air sympathique, elle refuse et s'entête à penser que personne ne peut prendre la place de son père. Voir les autres livres de la série *Les aventures de Lili Graffiti*.

Les perdus magnifiques   8 ans+
Gingras, Charlotte
Saint-Lambert (Québec) : Dominique et Compagnie, 2004. 80 p. (Roman vert)

Tout bascule dans la vie de Félix : sa mère est partie, son père a maintenant le cœur triste et Félix se met à pleurer « des larmes dures comme celles des grands ». Heureusement, il y a Perdu, un jeune chiot turbulent et enjoué que son père lui a offert. Le petit chien protège Félix les jours où il se sent abandonné. Et peu à peu, Félix fait son deuil.

Mes parents se séparent   8 ans+
Saladin, Catherine
Paris : Éditions Louis Audibert, 2002. 47 p. (Brins de psycho)

« Une réflexion et des éléments de réponses aux questions des enfants concernant la séparation et le divorce, dans un langage clair et accessible. » Cette collection s'adresse aux 8-13 ans et à leurs parents pour les aider à affronter certaines situations et à répondre à des questions délicates.

Comment survivre quand les parents se séparent   10 ans+
Clerget, Stéphane et Bernadette Costa Prades
Paris : Albin Michel Jeunesse, 2004. 185 p. (Comment survivre)

Les deux auteurs répondent simplement et d'une manière positive aux questions des jeunes qui vivent ce grand bouleversement.

La boîte à bonheur   10 ans+
Gingras, Charlotte
Montréal : La Courte échelle, 2003. 62 p. (Mon roman)

Clara est chamboulée par le déménagement subit, la chicane de ses parents et la vente du piano autour duquel la famille a connu de réels bonheurs. Vraisemblablement, son père n'habitera plus avec eux. Alors, Clara décide de retrouver le piano familial pour au moins revivre d'autres instants de bonheur, même avec sa famille différente.

Parents séparés : et moi alors ? 10 ans+
De Guibert, Françoise
Toulouse : Milan, 2006. 43 p. (Les guides complices)

La séparation des parents est toujours un moment difficile et elle entraîne tristesse, colère et culpabilité. Et retrouver son équilibre prend du temps : nouvelle maison, nouvelle organisation, nouvelles habitudes, nouvelles relations avec les parents. Il faut s'adapter et trouver le meilleur parti de tous ces changements. Une collection pour les 10-12 ans où les auteurs conseillent les jeunes pour leur permettre de mieux comprendre les réactions de leurs parents face à certains événements ou par rapport à certains sujets. Pour aider les jeunes et leurs parents à mieux communiquer.

Les miens aussi, ils divorcent 11 ans+
Cadier, Florence
Paris : De la Martinière Jeunesse, 2008. 103 p. (Oxygène)

L'auteur veut aider les jeunes qui vivent une séparation à comprendre leurs sentiments et les exprimer. Elle décrit toute une gamme de réactions pour les inciter à trouver leurs propres réponses. « Oxygène » est une collection qui est conçue pour aider les adolescents à apprivoiser et dédramatiser ce qu'il vivent au quotidien. Des conseils et des attitudes à développer avec sagesse et humour. Beaucoup d'illustrations. Voir aussi dans la même collection *Mon père me manque* (2005). Dans ce livre, l'auteur aide les adolescents à faire le point sur leurs sentiments pour faciliter la communication avec le parent absent.

Je m'appelle Holly Starcross 12 ans+
Dohertie, Berlie
Paris : Hachette, 2005. 286 p. (Le livre de poche)

Holly mène une vie en apparence heureuse entre sa mère, présentatrice vedette de la télévision, son beau-père et ses demi-frères et sœur. Depuis le divorce de ses parents lorsqu'elle avait 6 ans, elle n'a pas revu son père, sa mère s'y était fortement opposée. Mais aujourd'hui, à 14 ans, elle donnerait tout pour le retrouver. Un jour, il l'attend à la sortie de l'école. Elle aura des choix difficiles à faire devant des parents incapables de s'entendre mais qui l'aiment profondément.

Avec tout mon amour 13 ans+
Kochka
Paris : Nathan, 2008. 112 p.

Il y a trois ans, Jean, le père, est parti. Petit à petit, la vie a repris le dessus, Beny, Maël et Louise avec leur mère Telma ont réussi à vivre sans lui avec les blessures que cette séparation a engendrées. Et puis Jean réapparaît et veut retrouver ses enfants. Ce retour fait revivre des blessures enfouies, mais sera aussi l'occasion d'une renaissance pour chacun.

Le divorce expliqué à nos enfants 13 ans+
Lucas, Patricia et Stéphane Leroy
Paris : Seuil, 2003. 88 p.

Des réponses aux questions que les adolescents se posent ou posent à leurs parents lorsqu'il est question de séparation. À cet âge, ils sont fortement concernés par les changements : changement d'école, vie dans une nouvelle organisation familiale souvent contraignante. Comment les aider à continuer de s'épanouir sans renier leur histoire personnelle ?

Annoncer le divorce aux enfants ?
MokaSofa
www.madame.ca/madame/client/fr/Votrevie/DetailNouvelle.
asp?idNews=635&bSearch=True

Quelques conseils pour mieux traverser cette épreuve : comment l'annoncer et quels mots choisir.

Comment aider les enfants à affronter la séparation de leurs parents
Société canadienne de pédiatrie
www.soinsdenosenfants.cps.ca/Comportement&parents/ParentsSepares.htm

Conseils pratiques à suivre au moment de la séparation ainsi qu'après la séparation.

Les services de supervision des droits d'accès. Pour assurer le maintien des liens entre l'enfant et chacun de ses parents en toute sécurité
Ministère de la Santé et des Services sociaux du Québec
http://publications.msss.gouv.qc.ca/acrobat/f/documentation/2008/08-839-01F.pdf

Types de services de supervision des droits d'accès. À qui s'adressent ces services et comment les obtenir.

Parce que la vie continue : aider les enfants et les adolescents à vivre la séparation et le divorce
Santé Canada
www.phac-aspc.gc.ca/publicat/mh-sm/pdf/booklet_f.pdf

Publication de Santé Canada qui donne aux familles canadiennes divers renseignements, suggestions et conseils pratiques afin qu'elles puissent aider leurs enfants à traverser le processus de la séparation et du divorce. Également pour aider les professionnels des domaines des services sociaux, de la santé, de la justice et de l'éducation dans leur travail auprès des enfants et de leurs parents. Aussi sur ce site, en document PDF, les ressources disponibles au Canada pour aider les familles et les professionnels.

Quand un couple se sépare
Services Québec - Citoyens
www.separation-divorce.info.gouv.qc.ca/fr/index.asp

Textes sur tous les aspects pratiques et légaux d'une séparation et liste de ressources.

Les parents se séparent… pour mieux vivre la crise et aider son enfant
Cloutier, Richard, Lorraine Filion et Harry Timmermans, conférenciers
Montréal : Hôpital Sainte-Justine. Service audio-visuel, 2001. 1 DVD (74 min.)
(Les Soirées Parents du CHU Sainte-Justine)

Cette conférence s'adresse aux parents qui vivent les difficultés d'une séparation. Le défi est de bien vivre cette crise, de soutenir l'enfant au cours de ce passage difficile et de trouver une nouvelle forme de famille.
Disponible chez : CHU Sainte-Justine / Médiathèque, 514 345-4677

SIDA/VIH

**Coalition des organismes communautaires québécois
de lutte contre le sida**
1, rue Sherbrooke Est ☏ 514 844-2477
Montréal (Québec) H2X 3V8 ☏ sans frais : 1 866 535-0481
info@cocqsida.com 🖷 514 844-2498
www.cocqsida.com

La Coalition a pour mandat de regrouper les organismes communautaires québécois impliqués dans la lutte contre le sida afin de favoriser l'émergence et le soutien d'une action concertée. Le site Internet fournit de l'information sur le dépistage et le traitement du sida. On y retrouve aussi la liste des publications du MSSS traitant de sida avec liens PDF, etc.

Enfants de Béthanie (Les)
2830 A, boul. Gouin Est ☏ 514 384-8160
Montréal (Québec) H2B 1Y7 🖷 514 384-3092
ledb@ledb.org
www.ledb.org

Cet organisme vient en aide aux enfants infectés ou affectés par le VIH/sida et leurs familles. On y offre des services d'écoute et de référence, d'accompagnement aux soins (pour les enfants), de gardiennage, de halte-garderie, de jumelage (bénévole-enfant, du type Grands frères), un camp d'été et des projets spéciaux (organisation de fêtes, etc.). Les familles doivent être référées par un professionnel du réseau de la santé.

Motherisk : VIH
www.motherisk.org/women/index.jsp ☏ sans frais : 1 888 246-5840

Ligne d'information sur les effets possibles de la séropositivité et des traitements qui s'y rattachent sur l'enfant à naître. Pour une réponse en français, il faut laisser un message et un médecin francophone rappelle. Ce service est un projet conjoint des programmes Motherisk et du HIV/AIDS Comprehensive Care (HACC) de l'Hôpital pour enfants de Toronto.

Réseau canadien d'info-traitements sida (CATIE)

555, rue Richmond Ouest, bureau 505, case 1104   ☎ sans frais : 1 800 263-1638
Toronto (Ontario) M5V 3B1   🖷 416 203-8284
info@catie.ca
www.catie.ca

CATIE a pour but de faciliter l'échange d'information sur la prévention, le traitement, les soins et le soutien des personnes vivant avec le VIH/sida et des personnes à risque. Parmi les services offerts : ligne d'information gratuite et confidentielle, ateliers, publications, bibliothèque et sites web.

Société canadienne de l'hémophilie

Section du Québec   ☎ 514 848-0666
10138, rue Lajeunesse, bureau 401   ☎ sans frais : 1 877 870-0666
Montréal (Québec) H3L 2E2   🖷 514 904-2253
info@schq.org
www.hemophilia.ca/fr/8.5.php

La Société offre des services d'information et de soutien aux personnes affectées par l'hémophilie ou tout autre trouble de la coagulation ainsi qu'à toute personne vivant avec les conséquences d'une transfusion sanguine (plus particulièrement le VIH/sida et l'hépatite). Son centre de documentation est accessible au grand public.

Société canadienne de l'hémophilie

Bureau national de Montréal   ☎ 514 848-0503
625, avenue Président-Kennedy, bureau 505   ☎ sans frais : 1 800 668-2686
Montréal (Québec) H3A 1K2   🖷 514 848-9661
chs@hemophilia.ca
www.hemophilia.ca

La Société offre des services d'information et de soutien aux personnes affectées par l'hémophilie ou tout autre trouble de la coagulation ainsi qu'à toute personne vivant avec les conséquences d'une transfusion sanguine (plus particulièrement le VIH/sida et l'hépatite).

Société canadienne du sida (SCS)

190, rue O'Connor, bureau 800   ☎ 613 230-3580
Ottawa (Ontario) K2P 2R3   ☎ sans frais : 1 800 499-1986
casinfo@cdnaids.ca   🖷 613 563-4998
www.cdnaids.ca

« La Société canadienne du sida (SCS) est une coalition nationale de plus de 125 organismes communautaires de toutes les régions du Canada. » Elle publie une grande diversité de documents sur le VIH/sida. Certains peuvent être téléchargés du site Internet.

Saurais-je parler du sida ? Un médecin face à la banalisation

Kamochkine, Marina
Paris : First, 2007. 170 p.

Médecin spécialiste du sida depuis près de 20 ans, l'auteur ne peut s'habituer à la banalisation du sida. Elle relate des histoires de vie qui sont l'expression concrète des différents visages de l'épidémie : « Cette semaine cinq malades du service d'immunologie sont morts du sida, j'ai accueilli une jeune fille de 15 ans qui venait d'être contaminée par le VIH, j'ai reçu en urgence de nombreux jeunes venus consulter après des rapports sexuels non protégés et qui n'avaient quasiment aucune connaissance sur le sida.» Cet ouvrage est aussi un outil d'information pratique qui fait le point sur la maladie : modes de contamination, pratiques sans risque, statistiques, traitements d'urgence, croyances erronées (ex : les trithérapies ne guérissent pas). Un livre pour parents, adolescents et tous ceux qui sont concernés par la maladie qui tue encore beaucoup trop.

Une enfant face au sida : Daphnée ou l'art de vivre
Jorat, Jeanne
Montréal : L'Harmattan, 1999. 216 p. (Au-delà du témoignage)

Une enseignante raconte la vie de sa classe au jour le jour : elle a comme élève une enfant atteinte du sida. Nous suivons le parcours de l'enseignante avec ses projets et ses doutes, le parcours de l'enfant, avec la naïveté et la pureté de l'enfance, et le parcours de la famille avec ses joies, ses espérances et ses peurs.

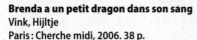

Brenda a un petit dragon dans son sang
4 ans+
Vink, Hijltje
Paris : Cherche midi, 2006. 38 p.

Brenda est une petite fille très ordinaire mais qui a un dragon dans le sang. Ce dragon s'appelle VIH et il faut le maintenir endormi. Voici l'histoire de Brenda, racontée par sa mère adoptive. C'est une histoire vraie, pour encourager les enfants à ne pas avoir peur des enfants porteurs du VIH ou atteints du sida, pour qu'ils soient acceptés tels qu'ils sont parce qu'eux aussi ont besoin de jouer avec les autres enfants. L'album se termine par une section questions-réponses qui s'adresse aux jeunes.

C'est quoi le sida ?
8 ans+
Schwartzenberg, Léon
Paris : Albin Michel, 1999. 92 p.

L'auteur répond aux questions des enfants de 8 à 12 ans sur le sida avec un langage précis, mais accessible.

Oh là là Lola
8 ans+
Bernos, Clotilde
Voisins-le-Bretonneux (France) : Rue du monde, 2003. 111 p.

Lola raconte à son meilleur ami Sam la maladie de son lapin bleu : comme elle, il est de plus en plus pâle, de plus en plus faible, comme elle il a une cicatrice. En même temps, une rumeur circule à l'école : il paraît que Lola a le sida. « Un petit roman magique pour parler de la maladie vécue par un enfant. »

Tellement tu es ma sœur
10 ans+
Bernos, Clotilde
Paris : Syros, 2004. 113 p. (Tempo)

Tom raconte les derniers mois de la vie de sa sœur qui a contracté le sida à la suite d'une transfusion sanguine. Tom apprend à vivre et à supporter la terrible maladie de sa sœur au fil des jours.

VIH-Sida, la vie en danger   13 ans+
Myazhion, Aggée
Paris : Syros, 2007. 150 p. (J'accuse)

L'auteur du livre, spécialiste du VIH-sida en France et en Afrique, présente dans cet
ouvrage tout ce qu'il faut savoir sur la maladie pour mieux la connaître et surtout pour
mieux la combattre concrètement. Il s'appuie sur des témoignages qui font prendre
conscience au lecteur des enjeux psychologiques et sociaux de la maladie. Il présente
également un tableau très documenté de la réalité de l'épidémie dans le monde. Bon
outil de prévention.

L'envers de la vie   13 ans+
Julien, Susanne
Saint-Laurent (Québec) : Pierre Tisseyre, 2007. 166 p. (Faubourg Saint-Rock)

Apprenant qu'Antoine, le meilleur ami de son frère, souffre du sida, Sonia entreprend
de lui rendre visite à l'hôpital pour lui remonter le moral, persuadée qu'il va guérir. Hélas,
les choses ne se passent pas aussi bien. Antoine va mourir. L'adolescente sortira plus
mature de cette expérience (édition réactualisée, première édition parue en 1991).

Le secret de Chanda   14 ans+
Stratton, Allan
Paris : Bayard jeunesse, 2008. 367 p.

« Je me rappelle que maman me conseillait de garder ma colère pour combattre l'injustice. Désormais, je sais ce qui est injuste : le silence qui règne autour du sida. » Chanda
raconte son histoire et celle de sa famille, son quotidien difficile, son combat pour la vie.
Avec le poids du secret, la peur du qu'en dira-t-on que Chanda fera voler en éclats pour
que cesse enfin l'ignorance qui entoure cette maladie.

Des renseignements pour la femme enceinte séropositive
Société canadienne de pédiatrie
www.soinsdenosenfants.cps.ca/Grossesse&bebes/seropositive.htm

Sous forme de questions-réponses, informations et conseils aux mères séropositives.

Le VIH et l'alimentation du nourrisson : mise à jour
sur la base d'une consultation technique
Organisation mondiale de la santé, Unicef
http://whqlibdoc.who.int/publications/2008/9789242595963_fre.pdf

Recommandations visant la prévention de la transmission mère-enfant du VIH et l'alimentation du nourrisson et du jeune enfant.

Parlons-en ! Sexualité, MTS et sida
Ministère de la Santé et des Services sociaux du Québec
http://publications.msss.gouv.qc.ca/acrobat/f/documentation/1996/96-308-1.pdf

Brochure qui s'adresse non pas au jeune lui-même, mais au parent qui doit parler de
sexualité et de MTS avec ses ados.

Portail VIH/Sida du Québec
http://pvsq.org/accueil.php

Expérience unique de partenariat entre les ressources communautaires VIH/Sida d'un peu partout au Québec. Vous y trouverez de l'information, des ressources, des liens vers des sites Internet et des outils pratiques. Dans la section Articles, voir entre autres Espace jeune. Ce Portail est l'initiative de la Maison du Parc.

Vie positive
Projet de la jeunesse séropositive
www.viepositive.ca

Site où les jeunes vivant avec le VIH peuvent trouver de l'information sous forme interactive, des jeux, des babillards et beaucoup plus. Ce site a été créé par des jeunes séropositifs pour d'autres jeunes.

Histoires de dire
Lapointe, Josianne et Pauline Voisard, réalisation
Québec : Vidéo Femmes, 2000. 1 DVD (25 min.)

« Des femmes séropositives témoignent de leur vécu. Il est notamment question de la réaction des proches, de l'information à fournir à la famille et aux proches, des relations sexuelles, du risque pour l'enfant à naître. Un médecin complète les renseignements fournis par les femmes atteintes du VIH. » Tiré de CHOIXmédia.
Disponible chez : Vidéo-Femmes, 418 529-9188
videofemmes.org/repertoire/film.asp ?id=204

SOINS PALLIATIFS

Voir aussi : Maladie terminale

Le Phare, Enfants et Familles
2725, avenue du Mont-Royal Est   ) 514 954-4848
Montréal (Québec) H1Y 0A1   514 954-0044
www.phare-lighthouse.com

La mission du Phare, Enfants et Familles est d'offrir gratuitement un service de répit à domicile aux familles ayant un enfant gravement malade et dont la vie est menacée.

Réseau de soins palliatifs du Québec
(Association québécoise de soins palliatifs - AQSP)
500, rue Sherbrooke Ouest, bureau 900   ) 514 282-3808
Montréal (Québec) H3A 3C6   ≞ 514 844-7556
info@aqsp.org
www.aqsp.org

L'Association québécoise de soins palliatifs désire promouvoir les soins palliatifs en approche multidisciplinaire. Pour ce faire, elle s'est fixé cinq objectifs spécifiques : regrouper toutes les personnes intéressées de toutes les disciplines, dresser et tenir à jour un répertoire de ses membres et des organismes affiliés, promouvoir l'éducation populaire et sensibiliser la communauté, offrir de l'enseignement en soins palliatifs, favoriser l'éclosion de programmes de recherche.

La mort d'un enfant : fin de vie de l'enfant, le deuil des proches
Hanus, Michel et al.
Paris : Vuibert, 2006. 368 p. (Espace éthique)

La mort est douloureuse pour les proches. Elle fait naître des sentiments comme l'abandon, la tristesse, l'angoisse, le regret, la révolte, la colère, la culpabilité et même parfois le soulagement. La mort d'un enfant est le paroxysme de la douleur et de ces pénibles sentiments. La mort d'un enfant est difficile également pour ceux qui se sont occupés de lui, comme les équipes soignantes qui ont accompagné sa fin de vie et la souffrance de ses parents. L'auteur donne, avec ce livre, la parole à tous ces acteurs concernés : parents, intervenants et associations (de Belgique, de France, du Québec et de la Suisse).

Les soins palliatifs pédiatriques
Sous la direction de Nago Humbert
Montréal : Éditions du CHU Sainte-Justine, 2004. 675 p. (Intervenir)

Un ouvrage qui regroupe des contributions d'une quarantaine d'intervenants québécois et européens du domaine de la santé. Vise principalement à améliorer la prise en charge des jeunes patients en soins palliatifs. Principaux thèmes traités : Évaluation et traitement de la douleur - Symptômes associés - Deuil - Soins palliatifs à domicile - Soins palliatifs aux soins intensifs - Soins palliatifs en néonatologie et périnatalogie - Sida - Aspects psychologiques - Approche multiculturelle - Maladies dégénératives - Éthique…

Vivre au quotidien avec un enfant gravement malade :
renseignements pratiques et ressources
Côté, Sophie
Montréal : Éditions du CHU Sainte-Justine, 2006. 244 p.

Ce guide a pour objectif d'aider les familles qui s'occupent d'enfants gravement malades ou handicapés à se retrouver dans le dédale des services disponibles. La première partie contient des renseignements pratiques sur le soutien médical, la vie quotidienne, le développement de l'enfant, le soutien à la famille, le soutien au transport, le soutien économique et le soutien légal. Dans la deuxième partie, on retrouve, pour chaque région du Québec, les ressources relatives à différents types de déficiences ou de pathologies. L'auteur, mère d'un enfant gravement malade, a rédigé cet ouvrage pour l'organisme Le Phare, Enfants et Familles, qui offre des services de répit et de soins palliatifs aux enfants atteints d'une maladie dégénérative et terminale.

SOLITUDE

Jeunesse j'écoute
www.jeunesse.sympatico.ca   Ligne d'écoute : 1 800 668-6868
                                                                      416 586-0651

Service national de consultation professionnelle gratuit, confidentiel et anonyme s'adressant spécifiquement aux jeunes. Accessible 24 heures par jour, 7 jours par semaine, Jeunesse j'écoute offre des services d'évaluation, de soutien affectif, de thérapie brève, de renseignements et de référence vers des services locaux. Le site Internet permet de poser des questions à un conseiller et contient plusieurs textes informatifs pour les jeunes.

Tel-aide
dg@telaide.org   Ligne d'écoute : 514 935-1101
www.telaide.org

Service d'écoute téléphonique 24 heures par jour, 7 jours par semaine.

Tel-jeunes
www.teljeunes.com   Ligne d'écoute sans frais : 1 800 263-2266

Service québécois d'intervention téléphonique et de référence pour les jeunes de 5 à 20 ans. Gratuit, anonyme et confidentiel. Accessible 24 heures par jour, 7 jours par semaine. Le site Internet contient plusieurs textes et forums de discussion sur des thèmes de première importance pour les jeunes.

Les enfants seuls : approche éducative
Ott, Laurent
Paris : Dunod, 2003. 224 p. (Enfances)

La solitude enfantine due aux horaires chargés des parents est de plus en plus fréquente. Ceux-ci, bien qu'ils chérissent leurs enfants, veulent les rendre autonomes au plus tôt. « L'autonomie est parfois une forme moderne d'abandon », affirme l'auteur qui cherche des solutions pour briser cet isolement.

Timothée gorille   4 ans+
Teulade, Pascal
Paris : L'École des Loisirs, 2003. 34 p.

Timothée s'ennuie, il est souvent seul, plutôt égoïste et de plus en plus asocial. Il décide d'aller vivre sous terre. Mais il rencontre une chauve-souris qui va lui venir en aide et lui redonner goût à la vie.

Là-bas tout au fond du dessin   6 ans+
Jonas, Anne
Paris : Sarbacane, 2007. 25 p.

Un petit garçon immigrant s'adapte difficilement à son nouveau pays. Il reste avec ses souvenirs, isolé, jusqu'au jour où il comprend qu'il n'y aura pas de retour en arrière et qu'il peut choisir de sourire, en commençant avec la petite fille qui lui sourit. Il peut garder ses beaux souvenirs tout en découvrant sa nouvelle vie avec plaisir.

Marie Solitude   6 ans+
Ferraris, Nathalie
Saint-Lambert (Québec) : Soulières, 2005. 60 p. (Ma petite vache a mal aux pattes)

Marie est enfant unique et n'a ni copain, ni copine, ce qui préoccupe beaucoup ses parents. Elle est solitaire, elle aime s'évader dans sa tête, elle n'aime ni parler ni écouter, ça l'empêche de rêver. Elle a la solitude heureuse.

La boîte à bibittes   9 ans+
Lapointe, Linda
Saint-Lambert (Québec) : Stromboli, 2004. 133 p.

Simon, enfant unique, n'a pas d'amis, déteste l'école, et n'aime que son ordinateur. Son monde s'écroule quand son ordinateur se brise sans qu'il puisse le remplacer. Ce jour-là, une nouvelle voisine, Justine, vient se présenter à lui. Elle réussit le tour de force de devenir rapidement sa meilleure amie. Grâce à elle, Simon découvre une nouvelle famille et un allié en la personne d'Axel, le grand frère de Justine. Cette rencontre changera sa vie pour de bon.

Vous vous sentez seul...   11 ans+
Perrier, Pascal
Paris : De la Martinière, 2001. 103 p. (Oxygène)

Même si la solitude est nécessaire et constructive, elle peut être lourde à supporter. Ce livre veut aider les adolescents qui se sentent seuls à repérer les moments de solitude qu'ils trouvent difficiles et à comprendre pourquoi. Est-ce la timidité ? Le manque d'assurance ? La peur de décevoir les autres ? L'auteur apporte aussi des solutions concrètes pour combattre la solitude. « Oxygène » est une collection qui est conçue pour aider les adolescents à apprivoiser et dédramatiser ce qu'il vivent au quotidien.

La liberté ? Connais pas   12 ans+
Gingras, Charlotte
Montréal : Éditions de la Courte Échelle, 2005. 156 p. (Roman +)

Mirabelle a 15 ans et habite seule avec sa mère, qui ne va pas bien depuis le départ de son père. Mirabelle a mal à l'âme. Elle trouve qu'elle n'est pas comme les autres, elle se sent isolée. Elle sera aidée par Paula, la psychologue de l'école, et elle retrouvera confiance en la vie, grâce aux arts visuels.

Un été de Jade   12 ans+
Gingras, Charlotte
Montréal : Éditions de la Courte Échelle, 2003. 155 p. (Roman +)

Les vacances arrivées, Théo décide de s'isoler et de naviguer sur Internet : la vie est plus facile comme ça. Il ne voit pas l'avenir avec beaucoup d'optimisme. Mais, à cause d'un héritage inouï, il rencontre Jade qui l'aidera à trouver un nouveau sens à sa vie.

Amitiés, groupes et fréquentations
Assistance Parents
www.assistanceparents.ca/fr/content/topicindex/07_29_000.html

Les amis, les groupes d'amis, les enfants solitaires… Comment l'enfant apprend à trouver sa place dans la société.

SPINA BIFIDA

Voir aussi : Hydrocéphalie

**ASBHRM (Association de spina-bifida et d'hydrocéphalie
de la région de Montréal)**
14 115, rue Prince Arthur, bureau 425 ☎ 514 739-5515
Montréal (Québec) H1A 1A8 🖨 514 739-5505
asbhrm@mainbourg.org

L'Association dessert la population de la région de Montréal. Elle diffuse de l'information sur le spina-bifida et l'hydrocéphalie ainsi que sur les moyens à utiliser afin d'éviter que des enfants naissent avec cette malformation congénitale. Elle répond aux demandes de service et d'information des personnes atteintes, de leur famille et de la population en général. Le site Internet de l'Association contient plusieurs textes informatifs.

Association de spina-bifida et d'hydrocéphalie du Québec
Spina Bifida and Hydrocephalus Association of Quebec ☎ 514 340-9019
542 - 3333, ch. Queen-Mary ☎ sans frais : 1 800 567-1788
Montréal (Québec) H3V 1A2 🖨 514 340-9109
info@spina.qc.ca
www.spina.qc.ca

L'Association diffuse de l'information sur le spina-bifida et l'hydrocéphalie ainsi que sur les mesures de prévention. Elle organise des sessions d'information et de formation, produit des documents et voit au développement de services répondant aux besoins des personnes ayant le spina-bifida et de leurs familles. Elle offre aussi un service de consultation et de référence aux services appropriés. Il existe deux associations régionales et 12 agents d'information régionaux. Forum de discussion : http://spina.xooit.com

Le spina-bifida
Association médicale canadienne
www.cma.ca/public/DiseaseLibrary/patientInfo.asp?diseaseid=203

Information détaillée : description, causes, symptômes, complications, diagnostic, traitement.

Qu'est-ce que le spina-bifida ?
Association de spina-bifida et d'hydrocéphalie du Québec
www.spina.qc.ca/fr/spina.htm

Types de spina-bifida, séquelles, traitements, témoignages et prévention.

STOMIE

Voir aussi : Aides techniques

Association d'iléostomie et de colostomie de Montréal
5151, boul. l'Assomption   ) 514 255-3041
Montréal (Québec) H1T 4A9   ᕮ 514 645-5464
www.aicm-montreal.org

L'Association apporte un soutien technique et psychologique aux adultes ayant subi une stomie (iléostomie, colostomie ou urostomie). Une cotisation annuelle est demandée.

Stomie chez les enfants
Association des stomisés Richelieu-Yamaska
http://pages.infinit.net/aboucher/asry/Enfants.htm

Causes des stomies chez les enfants et les adolescents ainsi que conseils aux parents pour faciliter leur vie quotidienne.

STREPTOCOQUE DE GROUPE B

La Fondation canadienne du Strep B
The Canadian Strep B Fondation
1712, Montée Sauvage   ) 450 224-7718
Prévost (Québec) J0R 1T0   ) sans frais : 1 877 873-7424
www.strepb.ca/index.htm   ᕮ 450 224-9511

La Fondation a pour but de prévenir le streptocoque de groupe B en sensibilisant les futures mamans et en informant le personnel médical. Leur site web fournit de l'information sur cette bactérie.

Portail Québécois des Maladies Génétiques Orphelines (PQMGO)
Fondation Le Monde de Charlotte Andrey-Anne et ses Ami(e)s
Administration
5777, rue Sherbrooke Est, bureau 201
Montréal (Québec), H1N 3R5

Centre de services aux usagers pour le Québec   ☎ 418 899-2341
871, rue Commerciale   ☎ sans frais : 1 866 999-2341
Notre-Dame du Lac (Québec) G0L 1X0   🖷 418 899-2735
info@pqmgo.org
www.pqmgo.org

Association regroupant les représentants de différentes maladies orphelines de même
que les parents d'enfants et patients affectés par ces maladies. Le site Internet est une
bonne source de références et d'information sur plusieurs de ces maladies ainsi que sur
le streptocoque du groupe B. On y trouve entre autre un répertoire des maladies génétiques très intéressant.

STRESS

Voir aussi : Anxiété

Jeunesse j'écoute
www.jeunesse.sympatico.ca   Ligne d'écoute : 1 800 668-6868
        🖷 416 586-0651

Service national de consultation professionnelle gratuit, confidentiel et anonyme s'adressant spécifiquement aux jeunes. Accessible 24 heures par jour, 7 jours par semaine, Jeunesse j'écoute offre des services d'évaluation, de soutien affectif, de thérapie brève, de
renseignements et de référence vers des services locaux. Le site Internet permet de poser
des questions à un conseiller et contient plusieurs textes informatifs pour les jeunes.

Tel-aide
dg@telaide.org   Ligne d'écoute : 514 935-1101
www.telaide.org

Service d'écoute téléphonique 24 heures par jour, 7 jours par semaine.

Tel-jeunes
www.teljeunes.com   Ligne d'écoute sans frais : 1 800 263-2266

Service québécois d'intervention téléphonique et de référence pour les jeunes de 5 à
20 ans. Gratuit, anonyme et confidentiel. Accessible 24 heures par jour, 7 jours par
semaine. Le site Internet contient plusieurs textes et forums de discussion sur des thèmes
de première importance pour les jeunes.

Ces enfants malades du stress
Georges, Gisèle
Paris : Pocket, 2004. 149 p.

Le stress des enfants n'est pas à prendre à la légère : certains s'y adaptent, d'autres s'épuisent physiquement ou psychologiquement. Plusieurs troubles peuvent être reliés au stress :
dépression, échec ou phobie scolaire, agressivité, maux de ventre et de tête, maladies
chroniques, difficultés de concentration, etc. L'auteur veut aider les parents à reconnaître
cette pathologie, à comprendre les causes et à mesurer les effets du stress. « Et si au lieu
de leur ordonner d'être toujours et partout les meilleurs et les plus performants, nous
les aidions à être eux-mêmes ? »

Faut-il plaindre les bons élèves ? Le prix de l'excellence
Huerre, Patrice
Paris : Hachette, 2005. 224 p. (Essais)

Faut-il plaindre les bons élèves, ceux qui poursuivent leur scolarité sans fausses notes ?
On connaît trop souvent le prix de l'excellence : face à la pression qui vient de toutes
parts, ces étudiants mobilisent des mécanismes de défense pour s'adapter. Peu échappent
aux troubles du sommeil ou aux maux de tête, aux périodes d'anxiété, de doute, d'abat-
tement. L'auteur plonge dans l'univers de l'excellence et de la performance : quels sont
les mécanismes d'apprentissage, les difficultés de l'adolescence et les priorités que la
société assigne à ses enfants ?

L'enfant sous pression
Corwin, Donna G.
Montréal : Éditions de l'Homme, 2006. 146 p. (Parents aujourd'hui)

L'auteur identifie les principaux symptômes de l'enfant stressé, surchargé d'activités,
soumis à l'obligation de réussir. Comment les parents peuvent-ils éviter de se laisser
entraîner par la pression sociale ? Comment aider les enfants qui subissent la pression
de leurs pairs ou des adultes autour d'eux ? Comment aider l'enfant qui est partagé entre
son désir d'être à la hauteur de ce qu'on attend de lui et son épuisement ? L'auteur propose des solutions aux parents pour les aider à apprécier l'enfant pour ce qu'il est et non
l'enfant idéal, tout en encourageant une saine compétition et la réussite. Voir aussi chez
le même éditeur et dans la même collection *Ces enfants que l'on veut parfaits* (2002).

Petites histoires pour devenir grand : à lire le soir, pour aborder avec l'enfant ses peurs, ses tracas, ses questions
Carquain, Sophie
Paris : Albin Michel, 2003. 310 p.

Des histoires pour aider les parents à parler avec leurs enfants de leurs craintes, qu'elles
soient normales ou irrationnelles, des soucis quotidiens ou des questions existentielles
qui les assaillent : disputes frères et sœurs, taxage, timidité, complexe, séparation des
parents, mort, peur de la noirceur, etc. Des pages « Côté parents » entrecoupent les histoires et l'auteur y donne des conseils pratiques. Les contes permettent à l'enfant de verbaliser ses difficultés avec ses parents. Voir aussi du même auteur *Cent histoires du soir*,
chez Marabout, 2005. Dans ce recueil, des histoires, classées par thèmes, pour aider l'enfant à dédramatiser les événements qui lui causent son anxiété.

Jacinthe
3 ans+

Monloubou, Laure

Paris : Kaléidoscope, 2007. 31 p.

Jacinthe a un emploi du temps bien rempli : école, cours de natation, de karaté, de danse, d'équitation. Un jour, ses parents acceptent qu'elle rate ses cours de danse pour aller jouer chez son amie Mathilde : et là, rien n'est planifié de l'après-midi. Elles peuvent même regarder le temps passer.

Mimo. Je n'ai pas peur !
3 ans+

Duchesne, Christiane

Saint-Lambert (Québec) : Dominique et Compagnie, 2006. 30 p. (Estime de soi)

Mimo n'a pas peur même dans le noir, car il a appris à maîtriser sa peur. Cette collection raconte des histoires aux tout-petits pour favoriser le développement de l'estime de soi : confiance en soi, connaissance de soi, sentiment d'appartenance et de compétence. Cette histoire sur la maîtrise de la peur et la gestion du stress est préfacée par Germain Duclos, psychoéducateur et orthopédagogue.

Cours, cours, Nicolas
4 ans+

Tibo, Gilles

Markham (Ontario) : Scholastic, 2006. 32 p.

Lundi après l'école, il y a cours de violon, de karaté, de nage et de sculpture. Nicolas n'arrête pas : du lundi au vendredi c'est ainsi et, la fin de semaine, il assiste à 23 cours différents. Il n'a pas le temps de s'ennuyer ou de rêver, sa vie est complètement organisée.

Comment ça va Flavie ?
6 ans+

Descheneaux, Nadine

Terrebonne (Québec) : Boomerang, 2007. 63 p.

Depuis que Flavie a été nommée rédactrice en chef du journal de l'école, rien ne va plus. Elle prend cette responsabilité trop au sérieux, ses devoirs et leçons passent en second. Comment faire pour remettre de l'ordre dans sa vie ?

Le tournoi des petits rois
6 ans+

Bergeron, Lucie

Saint-Lambert (Québec) : Dominique et Compagnie, 2006. 61 p. (Roman lime)

Pour devenir le prince charmant, Thibaud doit remporter plusieurs épreuves. Même si cette course à la performance ne l'intéresse pas, il sait que, pour ses parents, c'est tellement important.

Lili a peur des contrôles
6 ans+

de Saint Mars, Dominique

Fribourg : Calligram, 2000. 45 p. (Max et Lili) (Ainsi va la vie)

Lili est très stressée depuis qu'elle sait qu'elle aura un contrôle, même si elle apprend et répète ses leçons. La bibliothécaire de l'école lui donne des moyens pour garder confiance en elle.

Maman fait ses devoirs   6 ans+
Souton, Dominique
Paris : L'École des Loisirs, 2003. 45 p. (Mouche)

C'est la rentrée scolaire et maman consacre beaucoup de temps à ses filles. Elle veut comprendre le programme du professeur, inscrire ses filles à des activités parascolaires, etc. Mais les filles rêvent que maman n'organise rien. Un jour, le docteur Zwangs dira à la mère les bienfaits de l'ennui, signe d'une bonne santé mentale.

C'est la vie Lulu ! J'ai le trac   7 ans+
Dutruc-Rosset, Florence
Paris : Bayard jeunesse, 2007. 43 p. (Lulu !)

La date du spectacle de danse de Lulu approche, elle est prête, toutefois, lors de la répétition générale, elle commence à avoir les jambes en coton, une boule au ventre… C'est la panique ! Et si elle avait un trou de mémoire en plein milieu du spectacle ? Et si tout le monde se moquait d'elle ? Lulu réussira-t-elle à dépasser son trac ? Une histoire, un dossier documentaire et des conseils judicieux complètent l'ouvrage.

Vivement jeudi !   7 ans+
Ollivier, Mikaël
Paris : Thierry Magnier, 2002. 48 p. (Roman)

C'est jour de congé, mais pas pour tous parce qu'il y a cours de piano, d'équitation et de natation. Un court roman sur le rythme fou que certains enfants doivent vivre.

J'ai mal…   8 ans+
Alaméda, Antoine
Paris : Éditions Louis Audibert, 2003. 45 p. (Brins de psycho)

Avoir mal sans être malade, c'est possible. Stress, douleur psychologique, anxiété, angoisse peuvent causer des douleurs sur lesquelles il est difficile de mettre des mots. La collection « Brins de psycho » s'adresse aux 8-13 ans et à leurs parents pour les aider à affronter certaines situations et à répondre à des questions délicates. L'auteur, pédopsychiatre, propose une réflexion sur les douleurs psychosomatiques.

Tu seras une formule 1, mon fils   9 ans+
Bertrand, Dorine
Genève : La joie de lire, 2008. 125 p.

Renault a été conçu pour gagner. Son père l'encourage même à considérer ses camarades de classe comme de futurs employés. Renault est obsédé par sa réussite, mais un jour il arrive deuxième. Un livre sur la réussite scolaire à tout prix où l'on comprend que bonnes notes ne riment pas automatiquement avec intelligence et épanouissement.

Le défi   12 ans+
Leymarie, Marie
Paris : Syros, 2008. 116 p.

Julien a commencé la compétition de natation à 9 ans, il a toujours été bon. Aujourd'hui, il a 16 ans et il sent peu à peu son rêve lui échapper, il n'arrive pas à se sélectionner aux championnats, il lui manque deux secondes. Mais est-ce son rêve à lui ? Il échoue, il se déteste, il se sent perdu et seul. Marilou, une copine de sa classe, lui dit une vérité qu'il n'a jamais admise mais qui le fait réfléchir : il ne doit pas compétitionner juste pour être aimé, il doit continuer seulement s'il aime la compétition.

Une nuit pour tout changer
Pelletier, Josée
Saint-Lambert : Soulières, 2007. 251 p. (Graffiti)

12 ans+

Tristan est membre de l'équipe de hockey midget AAA et Raphaëlle fait partie de l'élite du Québec en patinage artistique. Tous deux subissent une énorme pression de la part de leurs parents, ils sont en train de réaliser le rêve de ces derniers et ils sont malheureux. Ils deviennent amis et peu à peu amoureux. Ensemble ils se sentent plus fort pour affronter leurs parents. Un roman sur la course à la performance et les répercussions d'une trop forte pression sur la vie des adolescents.

Trop stressé ? Un livre pour comprendre comment agit le stress et comment le gérer
Arnaud, Margot
Paris : De la Martinière, 2006. 107 p. (Hydrogène)

13 ans+

Pression scolaire, pression parentale, pression véhiculée par les médias, par la société, toutes hantent notre vie. Vivre dans ce stress et se laisser dominer par lui entraînent des conséquences néfastes sur le comportement : irritabilité, tristesse, grande fatigue. L'auteur propose des pistes de réflexion pour apprendre à mesurer et à bien maîtriser le stress. Appuyé de témoignages d'adolescents.

Ces parents qui en font trop
ACSM Chaudière-Appalaches
www.acsm-ca.qc.ca/virage/enfance-jeunesse-famille/ces-parents-qui-font-trop.html

Conseils aux parents pour éviter d'engendrer un stress de performance chez leurs enfants.

Être bien dans sa tête ça regarde tout le monde
Association canadienne pour la santé mentale
www.acsm.qc.ca/Data/Document/CoffreOutils%20-Édition2008.pdf

Trucs et outils pour aider à bien gérer le stress des jeunes et des moins jeunes. Produit dans le cadre de la Semaine nationale de la santé mentale 2008.

Stress prénatal et périnatal
Centre d'excellence pour le développement des jeunes enfants
http://enfant-encyclopedie.com/fr-ca/stress-prenatal-perinatal/est-ce-important.html

Est-ce important ? Que savons-nous ? Que peut-on faire ? Selon les experts.

Santé mentale
Groupe IDITAE des technologies de l'apprentissage. Université de Moncton
www.adosante.org/Sante_mentale/01.shtml

Plusieurs textes regroupés sous les chroniques suivantes : L'équilibre, Le stress, L'estime de soi, Bonne forme mentale, Les pensées, Les problèmes de santé mentale. Contient aussi un court vidéo en dessins animés.

La vie peut reprendre après un traumatisme
Cyrulnik, Boris, conférencier.
Montréal : Hôpital Sainte-Justine. Service audio-visuel, 2000. 1 DVD (54 min.)
(Les Soirées Parents du CHU Sainte-Justine)

Depuis des années, Boris Cyrulnik étudie, écoute des enfants maltraités, agressés… et découvre que beaucoup triomphent de leurs épreuves. Ce phénomène s'appelle la résilience. Après nous avoir défini le contexte du traumatisme, le conférencier met en évidence la valeur potentiellement organisatrice de certains traumatismes qui peuvent orienter la trajectoire d'un enfant. Ces considérations ne peuvent que guider nos interventions en tant que parents.
Disponible chez : CHU Sainte-Justine – Médiathèque, 514 345-4677

SUICIDE

Association québécoise de prévention du suicide
801, boul. Saint-Joseph Est   ☏ 514 528-5858
Montréal (Québec) H2J 1K5   🖷 514 528-0958
info@aqps.info   Ligne d'écoute sans frais : 1 866 APPELLE (1 866 277-3553)
www.aqps.info

Cet organisme communautaire provincial regroupe les organismes et les personnes travaillant à la prévention du suicide. À partir du site web, il est possible de consulter une liste des ressources en prévention et intervention du suicide au Québec.

Centre de recherche et d'intervention sur le suicide et l'euthanasie (CRISE)
UQAM Centre de documentation
C.P. 8888, succ. Centre-Ville   ☏ 514 987-3000, poste 1685
Montréal (Québec) H3C 3P8   🖳 514 987-0350
crise.documentation@uqam.ca
www.crise.ca

Le Centre de documentation du CRISE possède une collection unique portant sur le suicide et l'euthanasie. Elle est composée d'articles de revues scientifiques, d'actes de congrès, de statistiques, de documents audio-visuels et de documents inédits dont certains programmes en prévention du suicide. « Le Centre de documentation offre des services professionnels principalement aux membres du CRISE et aux organismes qui collaborent avec le CRISE, mais également au public en général, aux médias et autres organisations qui ont des besoins documentaires et informationnels en matière de suicidologie. Le centre de documentation du CRISE peut vous accueillir sur rendez-vous et il est ouvert du lundi au jeudi, de 9 h 30 à 12 h 00 et de 13 h 00 à 17 h 00. »

Jeunesse j'écoute
www.jeunesse.sympatico.ca   Ligne d'écoute : 1 800 668-6868
                                                  🖳 416 586-0651

Service national de consultation professionnelle gratuit, confidentiel et anonyme s'adressant spécifiquement aux jeunes. Accessible 24 heures par jour, 7 jours par semaine, Jeunesse j'écoute offre des services d'évaluation, de soutien affectif, de thérapie brève, de renseignement et de référence vers des services locaux. Le site Internet permet de poser des questions à un conseiller et contient plusieurs textes informatifs pour les jeunes.

Les Amis du Crépuscule
650, rue Girouard Est, bureau 112   ☏ 450 252-2737
Saint-Hyacinthe (Québec) J2S 2Y2   🖳 450 252-2740
les_amis_du_crepuscule@hotmail.com
www.lesamisducrepuscule.org

Entre autres services, l'organisme Les Amis du Crépuscule a mis sur pied des groupes de soutien pour adolescents et pour enfants endeuillés, ainsi que pour les personnes endeuillées par suicide. Il est aussi possible de bénéficier d'un suivi individuel. Une carte de membre permet d'accéder à tous ces services. Pour connaître les coûts, contactez l'organisme. La section Réflexion du site Internet contient plusieurs textes intéressants.

Suicide Action Montréal   ☏ 514 723-4000
Service d'écoute téléphonique. Groupe de soutien pour les personnes endeuillées suite à un suicide. Groupe d'information pour les proches de personnes suicidaires. Formation pour les intervenants.

Tel-jeunes
www.teljeunes.com   Ligne d'écoute sans frais : 1 800 263-2266
Service québécois d'intervention téléphonique et de référence pour les jeunes de 5 à 20 ans. Gratuit, anonyme et confidentiel. Accessible 24 heures par jour, 7 jours par semaine. Le site Internet contient plusieurs textes et forums de discussion sur des thèmes de première importance pour les jeunes.

Aider à prévenir le suicide chez les jeunes : un livre pour les parents
Lambin, Michèle
Montréal : Éditions de l'Hôpital Sainte-Justine, 2004. 262 p.
(Collection de l'Hôpital Sainte-Justine pour les parents)

Rien ne bouleverse davantage les parents que de voir la souffrance de leur enfant. Face à l'état suicidaire, ils se sentent souvent désemparés et impuissants. Or, il leur est possible d'aider leur enfant à surmonter sa détresse. Telle est la conviction de l'auteur qui veut aider les parents à reconnaître les indices symptomatiques, à comprendre ce qui se passe et à contribuer efficacement, avec les professionnels de la santé et les intervenants sociaux, à la prévention du suicide chez les jeunes.

Après le suicide d'un proche : vivre le deuil et se reconstruire
Fauré, Christophe
Paris : Albin Michel, 2007. 201 p.

Après le suicide d'un enfant, conjoint ou parent, le vide, la détresse, l'impuissance envahissent les proches. L'auteur aborde tous les aspects de cette souffrance pas comme les autres : la culpabilité, la colère, le vécu dépressif et le désespoir, la tentation d'en finir à son tour, les difficultés relationnelles, l'extrême solitude, etc. À partir de plusieurs témoignages qui reflètent la diversité des situations, il s'adresse à celui qui reste et à son entourage qui est si démuni qu'il peine à apporter un soutien efficace.

Ce lien qui ne meurt jamais
Basset, Lytta
Paris : Albin Michel, 2007. 219 p.

« Aucun livre ne m'a autant coûté. Sa matrice est un journal intime que j'ai entrepris de tenir dès les premières semaines du deuil, après le suicide de notre fils… » Quelques semaines après le suicide de son fils, l'auteur commence un journal intime. Cinq ans plus tard, elle reprend les éléments de ce document, accompagné de réflexions, pour en faire un livre. Elle se voyait reprendre peu à peu goût à la vie et décide de partager avec les autres ce nouvel élan.

Et si on parlait… du suicide des jeunes
Petitclerc, Jean-Marie
Paris : Presses de la Renaissance, 2004. 116 p.

Avec cet ouvrage, l'auteur nous donne les clés pour mieux comprendre le phénomène du suicide des jeunes et pour savoir réagir. Il analyse avec pertinence les principales causes du suicide des adolescents : la volonté de fuir une situation insupportable, l'appel au secours que l'adulte n'entend pas, l'épreuve du deuil, le besoin de relever un défi ou le désir de se sacrifier. Ce document est une aide précieuse pour apprendre à déceler les signes avant-coureurs d'un comportement suicidaire. Il a pour but également de redonner le goût de vivre aux jeunes et de soutenir leur entourage. Appuyé de témoignages d'adolescents.

Fatigué de ce monde
Morice, Pascale
Paris : Éditions du Jubilé, 2002. 287 p.

Quelles sont les causes du suicide et d'où vient ce mal de vivre ? Une mère qui a perdu un fils nous livre son témoignage. Elle veut ainsi briser le silence qui plane sur le suicide et qui engendre une si grande souffrance que les proches refusent souvent de voir et d'entendre. L'auteur a invité des spécialistes à contribuer à son témoignage. Enseignants, médecin et pédopsychiatre ont répondu à un questionnaire sur le suicide des jeunes.

Huit clés pour la prévention du suicide chez les jeunes
Falardeau, Marlène
Sainte-Foy (Québec) : Presses de l'Université du Québec, 2002. 184 p.
(Problèmes sociaux et interventions sociales)

L'auteur a réalisé une recherche auprès des jeunes de 17 à 25 ans. Elle en retire huit clés d'action pour intervenir dans la prévention du suicide chez les jeunes. Par exemple, gestion des émotions, perception de soi, relation au corps, résolution et vision des problèmes, etc. Des témoignages viennent illustrer sa thèse.

La souffrance des adolescents. Quand les troubles s'aggravent : signaux d'alerte et prise en charge
Jeammet, Phillipe et Denis Bochereau
Paris : La Découverte, 2007. 223 p.

Le but de ce livre : « Décrypter au mieux les bouleversements de l'adolescence, savoir repérer certains signaux d'alerte pour lesquels il est préférable de consulter. Troubles du comportement, dépression, attitude suicidaire, anorexie, troubles de l'humeur ou schizophréniques… » Pour aider les parents à accompagner leur adolescent quand celui-ci a un cheminement difficile.

L'adolescent suicidaire
Pommereau, Xavier
Paris : Dunod, 2005. 268 p. (Enfances)

Des pistes de réflexion sur le phénomène du suicide qui frappe les jeunes des pays riches. L'auteur analyse plusieurs aspects : tentative de suicide, troubles psychiques de l'adolescent suicidaire, l'adolescent suicidaire et son environnement (société, famille, école). Comment l'aider à sortir de l'impasse dans laquelle il se trouve ?

Le suicide des adolescents : échec et mat
Lewis, Luc
Montréal : Éditions nouvelles, 2003. 277 p.

L'auteur essaie de répondre à la très complexe question : « Le suicide est-il l'échec de l'adolescent dans la construction de sa personnalité ou celui de la société qui ne lui offre pas le soutien nécessaire à une telle réalisation ? » Il explique comment tout adulte qui exerce une responsabilité éducative auprès des jeunes peut aider l'adolescent aux prises avec des fantasmes de mort et propose des moyens d'intervention.

Mort ou fif : la face cachée du suicide chez les garçons
Dorais, Michel
Montréal : VLB, 2000. 110 p.

Selon l'auteur, si le taux de prévalence du suicide est important chez les jeunes homosexuels, « c'est en raison de l'intolérance affichée par autrui bien plus que du choix de l'orientation sexuelle lui-même ». Appuyé par des témoignages d'adolescents homosexuels et des récits de vie, ce livre met à jour la relation entre ces deux réalités.

Le parfum des filles   9 ans+
Bouchard, Camille
Saint-Lambert (Québec) : Dominique et Compagnie, 2006. 71 p. (Roman bleu)

Julie, la grande sœur de Colin, s'est enlevée la vie : elle avait trop de mal à vivre après les abus sexuels dont elle a été victime. Colin se rappelle sa vie de famille heureuse avant ce terrible événement. Maintenant, sa sœur n'est plus là, ses parents sont séparés, sa mère est trop triste pour le consoler. Comment retrouver le plaisir de vivre ? Heureusement que son ami Antoine est là.

La promesse   10 ans+
Cadieux Davignon, Danielle
Le Gardeur : Impact, 2004. 84 p.

Un roman pour les jeunes de 10 à 16 ans sur la délicate question du suicide. Gabrielle confie un lourd secret à Valérie, elle lui dit qu'elle souhaite en finir avec son passage sur la terre. Que faire quand un ami nous confie un si lourd secret, quand cet ami nous fait promettre de ne rien dire ?

H.S.   12 ans+
Chaillou, Isabelle
Paris : Rageot, 2003. 117 p. (Métis)

Hélène, jeune adolescente homosexuelle, profite d'un cours d'éducation sexuelle pour poser une question dans l'anonymat : « Je suis homosexuelle, comment faire pour ne plus l'être ? Aidez-moi s'il vous plaît ! » Une amie de la classe fera un exposé oral sur l'homosexualité et, parallèlement, nous avons des extraits du journal intime d'Hélène où elle décrit ses difficultés de vivre. Elle tentera de se suicider.

Le long silence   12 ans+
Desrosiers, Sylvie
Montréal : Éditions de la Courte Échelle, 2005. 136 p. (Ado)

Mathieu est au chevet de son amie qui s'est suicidée. Il lui parle de la beauté de la vie. Il est triste, mais aussi plein de rage.

L'échelle de Glasgow   12 ans+
Malte, Marcus
Paris : Syros, 2007. 122 p.

Un père fait tout ce qui est en son pouvoir pour dire à son fils qu'il faut croire en la vie. Michaël, 15 ans, a fait une tentative de suicide, il est dans le coma. Son père entreprend de lui raconter une histoire qu'il pensait ne jamais dire à personne.

L'ombre d'Adrien   12 ans+
Ytak, Cathy
Paris : Syros, 2007. 164 p. (Les uns les autres)

Adrien et Jérémie sont des amis d'été, ils se retrouvent au camping avec leur famille. Cet été-là, ils escaladent un sentier qui monte le long d'une falaise, Adrien fait une chute et meurt. Jérémie est bouleversé et reste miné par l'incompréhension et la culpabilité. Il veut savoir qui était vraiment Adrien, il découvre qu'il a déjà fait deux tentatives de suicide…

Une vie en éclats
Pelletier, Maryse
Montréal : Éditions de la Courte Échelle, 2005. 164 p. (Ado)

12 ans+

Le copain de Zoé est mort depuis un an. Elle est certaine qu'il s'est suicidé, bien qu'on fasse croire à un accident. Elle compte bien le retrouver pour aller reposer avec lui. Xavier, Mylène et ses parents s'interposent pour la ramener à la réalité, essaient de la faire sortir de sa solitude. En décidant de ne pas mourir, elle cherche des arguments pour se raccrocher à la vie.

Il fait trop clair pour dormir
Bernard, Jean-François
Rosemère : Joey Cornu, 2006. 254 p. (Jeune plume)

13 ans+

François et ses amis sont en 5ᵉ secondaire. Un des leurs se suicide, tous sont profondément bouleversés. L'auteur, qui était en 5ᵉ secondaire en 2006 lorsqu'il a écrit ce livre, raconte la fin de l'adolescence, avec les questionnements, les incertitudes, les inquiétudes, les passions et les peurs devant la vie qui pourtant peut avoir tant à offrir à cet âge. Ce roman parle de suicide, de tentation face à la drogue, mais aussi d'amitié et de la beauté de la vie. L'auteur écrit pour des jeunes qui ont besoin de lire des histoires qui mettent en lumière leur univers. « Quand j'ai écrit l'histoire, j'avais 16 ans et je voulais raconter comment, au cœur des difficultés de vivre propres à l'adolescence, l'amitié est ce qui nous soutient dans les moments les plus sombres. »

Le passage : les conduites à risque à l'adolescence
Rufo, Marcel et collaborateurs
Paris : Anne Carrière, 2006. 60 p.

13 ans+

Nassama, Dom et Jules vivent un mal-être, des difficultés amoureuses, des conflits avec les parents ou l'absence d'un parent, de la pression sociale, etc. Pour échapper à ces difficultés, ils recourent à l'alcool, aux drogues, au piercing, à la tentative de suicide, etc. Chacun sortira indemne de ce passage difficile avec l'aide et la disponibilité de leurs parents, des professeurs et du réseau de soutien mis à leur disposition. Cette bande dessinée est un moyen parmi d'autres pour aider à la prévention du suicide chez les jeunes. Les auteurs ont réservé les dernières pages aux parents : ils leur donnent des pistes pour faciliter la communication avec leur adolescent.

Les mots, ça m'est égal
Cuvelier, Nathalie
Paris : Sarbacane, 2007. 134 p. (Exprim')

14 ans+

Après une tentative de suicide, Jeanne est à l'hôpital psychiatrique où « l'homme et la femme d'où elle est née » l'ont fait enfermer. Nous découvrons les causes de sa dépression : Jeanne creuse dans ses souvenirs et parle de son désespoir, de ses souffrances, de ses frustrations.

Suicide : trente adolescents parlent de leurs tentatives
Crook, Marion
Montréal : Sciences et Culture, 1996. 237 p.

14 ans+

Ces témoignages d'adolescents et d'adolescentes aident à comprendre un peu plus les comportements désespérés que les jeunes adoptent lorsqu'ils font face à des situations qui leur semblent sans issue.

Une chaussette dans la tête
14 ans+
Vaught, Susan
Toulouse : Milan, 2008. 360 p.

Jersey fait une tentative de suicide à 16 ans. Il reste avec des séquelles physiques et physiologiques et fait de la rééducation pendant un an. À 17 ans, il revient vivre chez ses parents. Il veut comprendre pourquoi sa vie d'avant a volé en éclats. L'auteur est psychologue, elle travaille avec des enfants et des adolescents et elle est quotidiennement confrontée au problème du suicide.

Ma vie ne sait pas nager
15 ans+
Turgeon, Élaine
Montréal : Québec Amérique Jeunesse, 2006. 120 p. (Titan +)

Geneviève, la sœur jumelle de Lou-Anne, se suicide. Lou-Anne et ses parents se sentent coupables et s'isolent de plus en plus, d'autant plus que Lou-Anne a l'impression de n'être que « le souvenir d'une morte ». Elle rencontre Simon qui a affronté le suicide de son père quand il avait 8 ans. Avec son ami, elle apprendra à se sentir moins responsable du geste de sa sœur.

Le suicide : comprendre et intervenir
Association québécoise de prévention du suicide
www.aqps.info/docs/suicide/index.shtml

Document très élaboré qui peut être utile à toute personne qui est inquiète pour un proche ou qui traverse une période difficile.

Le suicide, ce que vous devez savoir : guide pour le personnel scolaire
BC Council for families
www.bced.gov.bc.ca/specialed/docs/suicide_f.pdf

Pourquoi les élèves considèrent-ils le suicide ? Qui est prédisposé au suicide ? Quels sont les signes annonciateurs ? Comment pouvez-vous aider ?

Un adolescent peut en cacher un autre
Groupe ADOC (ADOlescents et Conduites à risque)
www.medecin-ado.org

Comprendre l'adolescent. Repérer les comportements suicidaires. Accompagner les comportements à risque. Bien que s'adressant aux médecins qui traitent les adolescents, ce site peut aussi intéresser les parents. Comprend des capsules vidéos où médecins, parents et adolescents s'expriment.

Jeunesensante.ca
Association canadienne pour la santé des adolescents
www.jeunesensante.ca/acsa

Information sur tous les aspects de la santé des adolescents : sexualité, relations avec les parents, drogues et dépendances, sports, tatouage, comportements alimentaires. Quiz sur ces thèmes et jeux vidéos.

La gestion des émotions intenses - Les idées suicidaires
Jeunesse, J'écoute
http://jeunesse.sympatico.ca/fr/informed/sub_suicide.asp?sec=3&sb=2

Identification des signes précurseurs des tentatives de suicide et conseils pour amener une personne à consulter ou à demander de l'aide.

Suicide
Tel-jeunes
http://teljeunes.com/menu/index.php?lang=fr&choix=informe

Conseils aux ados suicidaires ou à leurs proches.

La dépression chez les jeunes
Maher, Jean-Pierre, réalisateur et Monique Fournier, conseiller scientifique.
Montréal : Sogestalt 2001 inc., 1998. 1 DVD (53 min.)

Les jeunes disent leurs souffrances, mais bien souvent les adultes n'entendent pas leur message et la dépression chez les jeunes mène fréquemment au suicide. Ce document vise à faire de l'éducation et de la prévention en sensibilisant les jeunes et les intervenants à cette réalité. À l'aide de nombreux témoignages d'intervenants, de jeunes et de parents, nous aurons une meilleure compréhension et il sera plus facile d'aider les jeunes.

Disponible chez : CHU Sainte-Justine – Médiathèque, 514 345-4677

SUICIDE D'UN PARENT

Après le suicide d'un proche : vivre le deuil et se reconstruire
Fauré, Christophe
Paris : Albin Michel, 2007. 201 p.

Après le suicide d'un enfant, d'un conjoint ou d'un parent, le vide, la détresse, l'impuissance envahissent les proches. L'auteur aborde tous les aspects de cette souffrance pas comme les autres : la culpabilité, la colère, le vécu dépressif et le désespoir, la tentation d'en finir à son tour, les difficultés relationnelles, l'extrême solitude, etc. À partir de plusieurs témoignages qui reflètent la diversité des situations, il s'adresse à celui qui reste et à son entourage qui est si démuni qu'il peine à apporter un soutien efficace.

Julie Capable   6 ans+
Lenain, Thierry
Paris : Grasset jeunesse, 2005. 25 p.

Julie souffre, mais en silence. Sa maman est morte, elle s'est suicidée. Personne ne sait, et Julie se tait. À l'école, on lui demande de faire des efforts, elle se fait réprimander, elle est la risée des élèves parce qu'elle est maladroite à la marelle, aux billes, à l'élastique, en dessin, au ballon : elle répète sans cesse qu'elle n'est pas capable. Et le jour où elle pourra exprimer son chagrin, où elle saura que sa mère l'aimait, elle se débarrassera du poids de la culpabilité et recommencera à vivre sa vie d'enfant. Il y aura encore des jours où elle se sentira triste, mais ça fait aussi partie de la vie.

Ma maman du photomaton   8 ans+
Nadon, Yves
Laval (Québec) : Les 400 coups, 2006. 32 p. (Carré blanc)

Maxime parle de sa maman. « Maman est morte… Comme ça. Même pas par accident. On m'a dit que maman avait trop de peine, qu'elle trouvait cela trop difficile de vivre. Qu'avec moi, elle était heureuse, mais que ce n'était pas assez. » L'auteur écrit pour les enfants sur le suicide d'un parent, une histoire triste certes, mais aussi porteuse d'espoir. C'est arrivé à une de ses élèves, il s'en est inspiré.

Au bout du cerf-volant   10 ans+
Montardre, Hélène
Paris : Rageot, 1992. 121 p. (Cascade)

Le père de Mathieu se suicide, tout est bouleversé dans la vie de l'enfant. Il déménage, change d'école, d'amis et sa mère fait une dépression. Mathieu s'occupe d'elle et de son petit frère et espère beaucoup voir revenir la joie dans sa vie.

Ce que les enfants veulent savoir… lorsque l'un de leurs parents se suicide
Centre de toxicomanie et de santé mentale
www.camh.net/fr/About_Addiction_Mental_Health/Mental_Health_
Information/when_parent_suicide_fr.html

Questions courantes que se posent les enfants lorsqu'un de leurs parents se suicide et suggestions de réponses. Pourquoi ? Qu'est-ce que le suicide ? Est-ce ma faute ?

Le voyage d'une vie : un documentaire sur la vie après le suicide
Chartrand, Maryse, réalisation et scénario
Montréal : Lowik Media : 2007. 92 min.

« De retour d'un voyage d'une année autour du monde avec sa femme Maryse Chartrand et leurs trois enfants, Samuel se suicide… L'histoire du voyage et celle de l'après suicide se font écho tout au long du film, liées par la narration de Maryse et par la réflexion de divers spécialistes. »

Disponible chez : Lowik Media, tél. : 514 281-1819 ou via le site www.levoyagedunevie.ca

SURDITÉ

Voir aussi : Aides techniques à la communication, Déficience auditive

Association du Québec pour enfants avec problèmes auditifs (AQEPA)
Secrétariat provincial ⟩ 514 842-8706
3700, rue Berri, bureau A 446 Téléscripteur : 514 842-8706
Montréal (Québec) H2L 4G9 📠 514 842-4006
aqepa@aqepa.surdite.org ⟩ sans frais : 1 877 842-4006
www.aqepa.surdite.org

L'AQEPA est une association regroupant les parents d'enfants vivant avec une surdité et des professionnels qui œuvrent auprès de ces jeunes. L'Association compte onze regroupements régionaux qui offrent information, formation, soutien moral, expertise en déficience auditive, sensibilisation, etc. Communiquez avec le secrétariat provincial pour obtenir les coordonnées de votre responsable régional.

Centre québécois de la déficience auditive (CQDA)
65, rue de Castelnau Ouest, bureau 101 ⟩ 514 278-8703
Montréal (Québec) H2R 2W3 Téléscripteur : 514 278-8704
info@cqda.org 📠 514 278-8238
www.cqda.org

« Le CQDA est un organisme provincial de coordination dont le mandat est de regrouper les organismes œuvrant dans le domaine de la surdité au Québec. »

Le cri de la mouette
Laborit, Emmanuelle
Paris : Pocket, 2003. 212 p. (Pocket jeunes adultes)

Récit autobiographique. L'auteur, sourde de naissance, ne connaît que le silence. À 7 ans, elle apprend le langage des signes et le monde s'ouvre à elle. Elle veut réaliser son rêve et devenir comédienne. Après des périodes de crise et de lutte, elle devient actrice et plaide aujourd'hui pour la cause de millions de malentendants, « pour que le monde des sourds ne soit plus celui du silence ».

L'enfant qui n'entend pas : la surdité un handicap invisible
Toffin, Christine et Dominique Seban-Lefebvre
Paris : Belin, 2008. 191 p. (Naître, grandir, devenir)

L'annonce d'un diagnostic de déficience auditive est toujours un choc pour les parents. Comment communiquer avec un enfant qui n'entend pas ? Les auteurs veulent accompagner parents et enfants sur la voie qui mène à une certaine acceptation du handicap. Leur ouvrage est ouvert à toutes les perspectives de traitements qui s'offrent aujourd'hui et s'adresse tant aux parents qu'à tous les professionnels concernés par l'enfant qui n'entend pas.

Dix doigts pour une voix   3 ans +
Huet, Patricia et Lamia Ziadé
Paris : Seuil Jeunesse, 2002. 24 p.

Nina n'entend pas. Cependant, c'est incroyable tout ce qu'elle peut faire de ses dix doigts : « avec ses doigts elle peut jouer, parler et ses yeux sont comme des oreilles ».

Ma gardienne est sourde   3 ans+
Forget, Noëmie
Montréal : Québec Amérique Jeunesse, 2008. 32 p. (Albums)

Une histoire inspirée de la réalité. Aglaé adore Mimi sa gardienne et son chien Cowboy. Avec eux, les journées ne sont jamais ordinaires parce qu'ils sont enjoués et pleins d'idées, et aussi parce que Mimi la gardienne est différente, elle est sourde. Il faut communiquer avec elle avec les doigts parce qu'elle n'entend pas les sons. En compagnie de ce trio, l'univers mystérieux et secret de la surdité est révélé aux enfants. À la fin de l'album, un lexique leur permet d'apprendre leurs premiers signes dans la Langue des signes québécoise.

Helen, la petite fille du silence et de la nuit   4 ans+
Marchon, Anne
Paris : Bayard, 2003. 44 p. (Les belles histoires)

C'est l'histoire d'Helen Keller, aveugle, sourde et muette depuis qu'elle est toute petite. Un jour, elle a un nouveau professeur qui invente un langage pour qu'elle puisse communiquer avec l'extérieur. Adaptation de la biographie d'Helen Keller.

Des mots dans les mains
6 ans+

Gourdon, Bénédicte

Paris : Delcourt, 2007. 32 p.

Arthur a 6 ans et il est sourd. Quand on le croise dans la rue, personne ne remarque qu'il est différent. Quand sa maman lui parle, il n'entend pas le son de sa voix. Cela ne fait rien, il vit heureux avec ses parents. Pour lui, la vie n'est pas toujours facile, mais Arthur est malin et observateur, il découvre le monde à sa façon, avec ses yeux et ses mains. Une bande dessinée.

Les ailes de Camille
8 ans+

Marimbert, Jean-Jacques

Tournai : Casterman, 2002. 56 p. (Comme la vie)

Camille est sourd depuis qu'il a eu les oreillons. Il a 9 ans. Il y a des jours où son handicap lui pèse et, quand ça gronde dans sa tête, il étouffe. Comment faire pour exprimer ses émotions trop fortes ?

Jérôme et le silence des mots
9 ans+

Stanké, Claudie

Montréal : Stanké, 2000. 63 p.

Jérôme est devenu sourd à la suite d'une grave maladie. Depuis, ses amis le délaissent sauf Noémie. Il lui apprend le langage des signes et ensemble ils pourront communiquer. En annexe, vous trouverez l'alphabet du langage des signes québécois et français.

L'enfant à la bouche de silence
11 ans+

Yzac, Adeline

Bruxelles : Alice Jeunesse, 2006. 76 p. (Romans)

John-Luis est sourd et muet et, très vite, il comprend la souffrance et la frustration de ses parents par rapport à son handicap. Ceux-ci, malgré leur attrait pour la vie mondaine, se retirent avec leur petit garçon pour aller vivre sur une île. Avec ses parents, il a toujours l'impression qu'il lui manque quelque chose, mais heureusement, sur l'île, il côtoie une dame qui se fait appeler Grandmother Aviva, qui lui apprend le langage des signes et qui l'accepte tel qu'il est avec sa différence, ce qui lui permet de s'ouvrir au monde autour de lui.

Deux mains pour le dire
12 ans+

Didier, Jean et Zad

Paris : Syros, 2000. 150 p.

Manuel apprend que son meilleur ami est déménagé lorsqu'il revient de vacances pour la rentrée. Les nouveaux voisins ont une jolie fille plutôt bizarre qui ne parle pas, il apprend qu'elle est sourde. Ils se lient d'amitié et Manuel apprend le langage des signes pour mieux communiquer avec elle.

La Surdité au Québec
Centre de communication adaptée

www.surdite.org

Portail québécois sur la surdité.

Les signes de surdité chez l'enfant de 0 à 3 ans
AQEPA - Association du Québec pour enfants avec problèmes auditifs
www.aqepa.surdite.org/Lessignesdesurdite.pdf

Facteurs de risque et signes de surdité selon l'âge de l'enfant.

Surdinet - Pour en savoir plus sur la surdité et le monde des sourds
Surdinet
www.surdite.net

Site web comprenant de nombreux documents sur la surdité, des bibliographies d'ouvrages francophones et un répertoire très exhaustif des sites web francophones sur le sujet.

S'entendre pour s'entendre
Nadeau, Michel, idéateur et recherchiste
Montréal : Canal Vox, 2006. 1 DVD (25 min.)

« Témoignages non seulement de personnes sourdes, malentendantes et devenues sourdes mais aussi de représentants de différents organismes œuvrant dans le domaine de la surdité. Vous y trouverez également des informations instructives présentées par des spécialistes de la santé auditive (médecins chirurgiens et ORL, audiologiste, audioprothésiste, orthophoniste), des conseillers en milieu de travail et en éducation, des interprètes, des auteurs et enfin, des intervenants auprès de la petite enfance. » Tiré de CHOIX-média.
Disponible chez : ASDMQ 514 278-9633
www.adsmq.org/produits.htm

SYNDROME D'ALCOOLISATION FŒTALE

Motherisk : consommation d'alcool et de drogues durant la grossesse
www.motherisk.org/index.jsp   ☎ sans frais : 1 877 327-4636

Ligne d'aide bilingue sur les effets de la consommation d'alcool et de drogues à usage récréatif pour les femmes enceintes ou qui allaitent. Référence vers des services locaux si nécessaire. Ce service est offert par le programme Motherisk de l'Hôpital pour enfants de Toronto.

SAFERA
845, chemin du Bord de l'eau   ☎ 418 882-2488
Saint-Henri-de-Lévis (Québec) G0R 3E0   ☎ sans frais : 1 866 A SAFERA info@
safera.qc.ca   (272-3372)
www.safera.qc.ca   🖷 1 418 882-MÈRE (6373)

SAFERA désire sensibiliser la population aux effets de l'exposition prénatale à l'alcool et fournir des renseignements sur le syndrome d'alcoolisation fœtale et les effets reliés à l'alcool. SAFERA a publié une série de quatre dépliants (*Alcool+grossesse=danger, La prévention du syndrome d'alcoolisation fœtale*, *Le syndrome d'alcoolisation fœtale : dépistage et diagnostic*, *Stratégies pour les parents*) ainsi qu'un *Guide à l'intention des intervenants scolaires*. Il a récemment réalisé un document audio-visuel, disponible sur cassette VHS et DVD, intitulé *Le SAF et les effets relatifs à l'alcool*. Il est aussi possible de s'inscrire au groupe de discussion SAF-fil à partir de son site Internet.

Service d'information sur l'ETCAF (Ensemble des troubles causés par l'alcoolisation fœtale)

Centre canadien de lutte contre l'alcoolisme et les toxicomanies) 613 235-4048
75, rue Albert, bureau 300) sans frais : 1 800 559-4514
Ottawa (Ontario) K1P 5E7 613 235-8101
fas@ccsa.ca
www.ccsa.ca/CCSA/FR/Topics/Populations/FASD.htm

« Le service d'information fournit des liens essentiels aux groupes de soutien, aux responsables des projets de prévention, ainsi qu'aux centres d'information et aux experts en matière de l'ETCAF. Il diffuse en outre de l'information bilingue à toutes les personnes intéressées. »

À sa santé : pour une prise de conscience des dangers de l'alcool pendant la grossesse
Titran, Maurice et Laure Gratias
Paris : Albin Michel, 2005. 214 p. (La cause des bébés)

Il est nocif de consommer de l'alcool pendant la grossesse, c'est connu. L'enfant à naître peut souffrir d'un léger retard ou d'un handicap plus sévère, physique ou mental. Le syndrome d'alcoolisation fœtale demeure quand même un problème de santé publique. Comment faire pour que l'information passe réellement auprès du grand public ?

Enfants de l'alcool : tout ce que vous avez toujours voulu savoir sur le SAF mais n'avez jamais pu demander (parce que personne ne sait de quoi vous parlez)
Loubier-Morin, Louise
St-Henri (Québec) : SAFERA, 2004. 302 p.

Un livre sur l'intervention auprès des enfants atteints du trouble du spectre de l'alcoolisation fœtale (TSAF), qui englobe le syndrome d'alcoolisation fœtale. « Une mine d'information ! La partie scientifique et médicale est parfaitement documentée… La vie quotidienne est évaluée pas à pas… » Des idées pratiques pour tous les intervenants qui travaillent avec les enfants de l'alcool.

L'enfant des tempêtes
Lesley, Craig
Paris : Albin Michel, 2001. 408 p.

Un jeune professeur adopte un enfant originaire de l'Alaska. L'enfant présente des troubles de comportement : il a le syndrome d'alcoolisation fœtale. Nouveau père, nouveau fils, c'est l'histoire de l'acceptation des limites de l'un par l'autre.

Alcoolisation fœtale
Centre d'excellence pour le développement des jeunes enfants
www.enfant-encyclopedie.com/fr-ca/alcoolisation-fœtale/est-ce-important.html

Est-ce important ? Que savons-nous ? Que peut-on faire ? Selon les experts.

Qu'est-ce que l'ensemble des troubles causés par l'alcoolisation fœtale ?
Santé Canada
www.phac-aspc.gc.ca/fasd-etcaf/faq_f.html

Définition du syndrome et complications associées à la consommation d'alcool pendant
la grossesse.

SYNDROME D'ANGELMAN

Définition du syndrome d'Angelman
Association francophone du syndrome d'Angelman
www.angelman-afsa.org/rubrique.php?id_rubrique=5

Informations sur le syndrome : définition, caractéristiques, complications, rééducation,
méthode éducative.

Syndrome d'Angelman
Orphanet
www.orpha.net/consor/cgi-bin/OC_Exp.php?Lng=FR&Expert=72

Présentation détaillée de la maladie pour les professionnels de la santé et aussi pour les
parents.

SYNDROME D'ASPERGER

Voir aussi : Autisme

Autisme et troubles envahissants du développement - Montréal
4450, rue Saint-Hubert, bureau 320   ℶ 514 524-6114
Montréal (Québec) H2J 2W9   🖴 514 524-6420
atedm@autisme-montreal.com
www.autisme-montreal.com

« L'ATEDM regroupe majoritairement des parents d'enfants présentant des TED ou de
l'autisme, des personnes autistes de haut-fonctionnement ou ayant le syndrome d'Asperger
ainsi que des professionnels et des étudiants. » Les services offerts sont les suivants : un

service d'écoute, de soutien, d'accompagnement et de références, des soirées-causeries, des conférences, un centre de documentation, le Centre TEDDI (gardiennage, accompagnement, camp de Noël et relâche scolaire), le service de répit estival Bergamote et Rock-Camp-Bol, le service de répit de fin de semaine ainsi que la publication du Journal l'*Image* et de *Quoi de neuf…TEDDI?* Le site Internet contient une foule de textes informatifs.

Fédération québécoise de l'autisme et des autres troubles envahissants du développement

65, rue de Castelnau Ouest, bureau 104   ) 514 270-7386
Montréal (Québec) H2R 2W3   ) sans frais : 1 888 830-2833
secretariatfqa@contact.net   514 270-9261
www.autisme.qc.ca

La Fédération fait la promotion des droits et des intérêts de la personne autiste et de sa famille. Elle est représentée dans 16 régions administratives du Québec. Vous trouverez les coordonnées des associations régionales ainsi que les services qu'elles offrent aux familles sur le site Internet de la Fédération. Le centre de documentation est ouvert au public qui peut emprunter livres ou vidéocassettes. Les heures d'ouverture sont du lundi au vendredi de 9 h 00 à 16 h 30. Il est préférable de prendre rendez-vous si l'on désire aller consulter à l'heure du midi.

La personne autiste et le syndrome d'Asperger
Juhel, Jean-Charles
Sainte-Foy (Québec) : Presses de l'Université Laval, 2003. 311 p.

L'auteur dresse un portrait des connaissances sur l'autisme. Également, le développement physique, affectif et cognitif des autistes, des stratégies d'intervention et les aspects particuliers du développement de l'enfant atteint du syndrome d'Asperger.

Le syndrome d'Asperger et le milieu scolaire
Harrisson, Brigitte
Montréal : Fédération québécoise de l'autisme et des autres troubles envahissants du développement, 2004. 45 p.

Guide scolaire pour soutenir les familles et les différents partenaires dans leurs interventions auprès de la personne Asperger.

Troubles envahissants du développement : guide de stratégies psychoéducatives à l'intention des parents et des professionnels
Vol. 1 Enfants non verbaux ou avec un début d'acquisition du langage
Mineau, Suzanne, Audrey Duquette, Katia Elkouby, Claudine Jacques, Ann Ménard, Paméla-Andrée Nérette et Sylvie Pelletier
Montréal : Éditions du CHU Sainte-Justine, 2006. 64 p.

Guide d'intervention élaboré par des psychoéducatrices du CHU Sainte-Justine. Il a pour but de fournir aux parents et aux professionnels les premières pistes d'interventions à mettre en place dans le quotidien des enfants 0-5 ans qui sont atteints de troubles envahissants du développement. Les objectifs et les stratégies d'intervention de ce premier guide répondent principalement aux besoins des enfants non verbaux ou ayant un début d'acquisition du langage verbal. Plusieurs stratégies pourront s'avérer aussi pertinentes pour les enfants verbaux, puisqu'elles favorisent des apprentissages préalables à d'autres plus complexes.

Troubles envahissants du développement : guide de stratégies psychoéducatives
Vol. 2 Enfants verbaux
Mineau, Suzanne, Audrey Duquette, Katia Elkouby, Claudine Jacques,
Ann Ménard, Paméla-A. Nérette et Sylvie Pelletier
Montréal : Éditions du CHU Sainte-Justine, 2008. 87 p.

Ce livre est destiné aux parents et aux professionnels engagés auprès de l'enfant qui présente un trouble envahissant du développement (TED). Il a pour but de fournir des moyens d'intervention à mettre en place dans le cadre des activités quotidiennes des enfants verbaux âgés de 2 à 8 ans.

Vivre avec le syndrome d'Asperger : un handicap invisible au quotidien
Holliday Willey, Liane
Bruxelles : De Boeck, 2008. 160 p. (Questions de personnes)

Biographie de l'auteur qui vit avec le syndrome d'Asperger. Elle raconte les difficultés de son parcours, depuis l'école primaire jusqu'à son insertion réussie dans la société. Elle a pu surmonter son handicap par sa seule ténacité et ses talents.

Gabriel   7 ans+
Motsch, Elisabeth
Paris : L'École des Loisirs, 2006. 61 p. (Mouche)

Le nouveau est bizarre. Il sait lire à l'envers, il se balance dans la cour de récréation au lieu de jouer avec les autres et ne répond pas quand on se moque de lui. Le nouveau n'est pas facile à approcher. Un jour, enfin, il vient près d'Alexandra. Et puis, quelque temps plus tard, il étonne tout le monde au cours de théâtre. Peu à peu, il se taille une place parmi les élèves. L'auteur aborde les difficultés que soulève l'intégration des enfants atteints du syndrome d'Asperger dans les écoles régulières.

Asperger, qu'est-ce que c'est pour moi ?   10 ans+
Faherty, Catherine
Mougins (France) : Autisme France Diffusion, 2004. 300 p.

Un livre pour enfants et adolescents qui ont un diagnostic d'autisme associé à de bonnes compétences intellectuelles et verbales, ainsi qu'à ceux qui ont le syndrome d'Asperger. Ce livre contient des fiches de travail destinées à l'enfant, avec des conseils pratiques pour les parents et les professionnels. Exemples de sujets traités : Pourquoi suis-je autiste – Mieux comprendre les gens – Transformer mes pensées en mots – Jouer avec des copains, etc. Le but de l'auteur est d'aider les enfants, avec l'aide d'un adulte, à mieux comprendre leur fonctionnement et à trouver des outils qui les aideront à comprendre le monde qui les entoure pour mieux s'y adapter. Vous pouvez l'emprunter au centre de documentation de l'association Autisme et troubles envahissants du développement - Montréal. Voir aussi à l'adresse suivante : **www.autismediffusion.com**

Le bizarre incident du chien pendant la nuit
12 ans+
Haddon, Mark
Paris : Pocket Jeunesse, 2005. 394 p.

Christopher, 15 ans, est atteint d'un syndrome d'Asperger. Pour lui, les relations sociales sont difficiles, il ne comprend pas toujours ce que les autres racontent autour de lui et ne s'est jamais rendu plus loin que le bout de la rue tout seul. Mais il adore les mathématiques, il aime les plans, les graphiques, les listes. Son univers tranquille sera dérangé par la découverte du cadavre d'un chien. Il décide de mener une enquête, bien guidée par son sens de l'observation et sa grande logique, ce qui changera sa vie.

Excentriques, phénomènes et syndrome d'Asperger
13 ans+
Jackson, Luke
Mougins (France) : Autisme France Diffusion, 2007. 201 p.

L'auteur a écrit ce livre quand il était adolescent, vers l'âge de 13 ans. Il est atteint du syndrome d'Asperger. À partir de sa propre expérience et des informations qu'il prend chez ses frères et soeurs adolescents, il a écrit ce livre instructif, honnête et plein d'humour, essayant de traiter les difficultés que rencontrent les « Asperger » avec les brimades, l'amitié, la difficulté d'expliquer aux autres ce qu'est ce syndrome, les problèmes à l'école et les premiers rendez-vous. Luke parle aussi de ses plus jeunes frères qui sont atteints d'autisme et d'hyperactivité, et il en profite pour donner quelques conseils aux parents et enseignants de jeunes enfants atteints du syndrome d'Asperger. Vous pouvez l'emprunter au centre de documentation de l'association Autisme et troubles envahissants du développement - Montréal. Voir aussi à l'adresse suivante :
www.autismediffusion.com

Asperger - Intégration
APIPA.51 et AsperWeb France
www.asperger-integration.com

Site français des plus complets sur le syndrome d'Asperger.

Le syndrome d'Asperger
PetitMonde
www.petitmonde.com/iDoc/Article.asp?id=7144

Présentation du syndrome et caractéristiques, conseils aux professeurs, histoires de cas.

Le syndrome d'Asperger
Fédération québécoise de l'autisme et des autres troubles envahissants du développement
www.autisme.qc.ca

Textes sur le syndrome d'Asperger : définition, critères diagnostiques, vie scolaire… Sous la rubrique « Comprendre l'autisme et les autres TED »

Le syndrome d'Asperger : de quoi parle-t-on ?
Fombonne, Éric, Michel Lemay et Laurent Motron, conférenciers.
Montréal : Hôpital Sainte-Justine. Service audio-visuel, 2002. 2 DVD (157 min.)

Ces conférenciers ont pour objectif de rappeler l'historique des troubles envahissant du développement, en particulier le syndrome d'Asperger, de présenter la controverse actuelle autour du diagnostic clinique et de définir les critères diagnostiques et la conception la plus récente de ce trouble. Une discussion avec l'audience complète la présentation.
Disponible chez : CHU Sainte-Justine / Médiathèque 514 345-4677

SYNDROME DE DI GEORGE

Fondation Amanda Raymond-Lamoureux pour le syndrome de Di George
C. P. 356, succ. Rosemont   ☎ 514 729-6798
Montréal (Québec) H1X 3C6   Cellulaire : 514 574-7281
contact@fondationamandadigeorge.org   ⎙ 514 373-5539
http://fondationamandadigeorge.org

La Fondation désire informer et sensibiliser la population sur le syndrome de Di George, offrir un soutien moral et financier aux familles dont un enfant est atteint et mettre sur pied un service de garde spécialisé à la maison ainsi qu'une garderie adaptée.

La délétion 22q11
Encyclopédie Orphanet grand public
www.orpha.net/data/patho/Pub/fr/Deletion22q11-FRfrPub126.pdf

Description de la maladie : les causes, les manifestations, le diagnostic, les aspects génétiques, le traitement, la prise en charge et la prévention.

Le syndrome de Di George
Organisation canadienne des personnes immunodéficientes
http://cipo.ca/francais/Chapitre_Quebec/Handbook_French/
Chapter_9_Di_George.pdf

Chapitre du *Manuel de l'IDF destiné aux patients et leurs familles* expliquant les manifestations, le diagnostic et le traitement du syndrome de Di George.

Signes et symptômes du syndrome velo-cardio-facial
Fondation Amanda Raymond-Lamoureux pour le syndrome de Di George
http://fondationamandadigeorge.org/Symptomes.pdf

Liste de 186 signes et symptômes du syndrome de Di George.

SYNDROME DE GILLES DE LA TOURETTE

Association québécoise du syndrome de la Tourette
Bureau provincial   ) 514 328-3910
7070, boul. Perras
Montréal (Québec) H1E 1A4
www.aqst.com

L'Association informe et sensibilise la population au syndrome de la Tourette. Elle offre de l'information sur la maladie et des rencontres de soutien dans plusieurs régions de la province.

Le syndrome de Gilles de la Tourette : les tics
Marneur, Catherine
Paris : Dauphin, 2006. 123 p. (Questions-Réponses)

L'auteur a rencontré 12 personnes atteintes de tics moteurs ou vocaux qui rendent la vie quotidienne plus difficile. L'incompréhension et le regard des autres troublent les patients qui sont atteints pour la plupart dès leur plus jeune âge. Sous forme de questions et de réponses, voici le quotidien de ces personnes. Pour avoir un regard différent sur les personnes atteintes.

Quand le corps fait à sa tête : le syndrome de Gilles de la Tourette
Leclerc, Julie, Jacques Forget et Kieron P. O'Connor
Sainte-Foy (Québec) : MultiMondes, 2008. 176 p.

Un livre pour les familles, intervenants et professionnels qui veulent approfondir leur compréhension du syndrome. Quelles sont les manifestations cliniques et comportementales chez l'enfant, l'adolescent, l'adulte? Sommaire: Historique – L'essentiel du syndrome – Évaluation diagnostique – Symptomatologie – Causes – Troubles associés – Traitements.

Les tics d'Emrick : Gilles de la Tourette   4 ans+
Marleau, Brigitte
Terrebonne (Québec) : Boomerang, 2006. 24 p. (Au cœur des différences)

Emrick est différent des autres enfants parce qu'il a des tics, il souffre du syndrome de Gilles de la Tourette. La collection « Au cœur des différences » permet aux parents et aux éducateurs de sensibiliser les enfants à la richesse des différences.

Les manies de Maude   8 ans+
Gervais, Jean
Montréal : Boréal, 2004. 64 p. (Dominique)

Plusieurs enfants souffrent de la maladie de Gilles de la Tourette. Ils sont victimes de moqueries, de harcèlements et on leur prête souvent de mauvaises intentions. L'auteur, avec l'histoire de Maude qui a des tics et des manies, qui ne peut s'empêcher parfois de faire des bêtises ou d'être impolie, veut aider les enfants, les parents et les éducateurs à comprendre la nature et les effets de ce désordre neurologique. Se termine par une section pour les parents et les intervenants.

Le syndrome de Gilles de la Tourette
Association québécoise du syndrome de la Tourette
www.aqst.com/drupal/?q=node/6

Présentation détaillée de la maladie : diagnostic, symptômes, traitements, témoignages, ressources.

Le syndrome de Gilles de la Tourette
Centre d'évaluation neuropsychologique et d'orientation pédagogique JF
www.cenopfl.com/textes.htm

Textes sur l'enfant Tourette, son éducation, ses mécanismes d'adaptation, ses problèmes de socialisation…

SYNDROME DE GUILLAIN-BARRÉ

Le syndrome de Guillain-Barré : aperçu à l'intention du grand public
Guillain Barré Syndrome Foundation International
http://users.skynet.be/gbs/Apercu/TOC.html

Description très détaillée de tous les aspects du syndrome de Guillain-Barré.

Syndrome de Guillain-Barré
Orphanet
www.orpha.net/data/patho/Pub/fr/GuillainBarre-FRfrPub834.pdf

Présentation détaillée de la maladie pour les professionnels de la santé et aussi pour les parents.

SYNDROME DE MARFAN

Canadian Marfan Association
Central Plaza Postal Outlet
128, rue Queen Sud
C.P. 42257
Mississauga (Ontario) L5M 4Z0
info@marfan.ca
www.marfan.ca
Personne ressource pour la région de Montréal : Yves Latour
yves_latour@videotron.ca

) 905 826-3223
) sans frais : 1 866 722-1722
905 826-2125

Bakoumba   6 ans+
Patron, Agnès
Paris : Jacob-Duvernet, 2008. 34 p.

Je m'appelle Bakoumba. Je suis trop grand, trop maigre, souvent fatigué, et j'ai de grosses lunettes sur le nez. Tout le monde se moque de moi. Cet ouvrage a été réalisé par une équipe de pédiatres et psychologues de l'hôpital Bichat à Paris, pour aider les parents et les soignants à expliquer à l'enfant sa maladie. Cet album comporte aussi un message d'espoir et veut rassurer les enfants atteints de cette maladie génétique.

Le syndrome de Marfan
Association médicale canadienne
www.cma.ca/Public/DiseaseLibrary/PatientInfo.asp?diseaseid=250

Description, causes, symptômes et complications, diagnostic et traitement.

Le syndrome de Marfan
Association belge du syndrome de Marfan
www.marfan.be/absm/?go=marf

Description du syndrome qui est une maladie génétique qui atteint principalement les tissus conjonctifs.

SYNDROME DE PIERRE ROBIN

Le syndrome de Pierre Robin
Orphanet
www.orpha.net/consor/cgi-bin/OC_Exp.php?Lng=FR&Expert=718

Présentation détaillée de la maladie pour les professionnels de la santé et aussi pour les parents.

Syndrome de Pierre Robin
Tremplin - Syndrome de Pierre Robin
http://tremplin.free.fr/Syndrome.htm

Présentation détaillée du syndrome : définition, évolution, diagnostic, perspectives thérapeutiques, etc.

SYNDROME DE PRADER-WILLI

Le syndrome de Prader-Willi : vivre avec les personnes concernées
Eiholzer, Urs
Bâle (Suisse) : Karger, 2008. 120 p.

La recherche des dernières années sur le syndrome de Prader-Willi et ses méthodes de traitement a connu de grandes avancées. Elle a permis d'améliorer la qualité de vie des personnes atteintes. Ce livre s'adresse surtout aux non professionnels et donne un aperçu clinique du syndrome, de ses causes génétiques, des derniers résultats de la recherche et des méthodes de traitement telles qu'elles sont proposées par l'auteur dans le cadre de ses consultations.

Le syndrome de Prader-Willi
Association Prader-Willi France
http://perso.wanadoo.fr/pwillifr

Présentation de la maladie : description, diagnostic, prise en charge, recherche, questions-réponses.

Syndrome de Prader-Willi
Orphanet
www.orpha.net//consor/cgi-bin/OC_Exp.php?Lng=FR&Expert=739

Présentation détaillée de la maladie pour les professionnels de la santé et aussi pour les parents.

SYNDROME DE RETT

Association québécoise du syndrome de Rett /
Quebec Rett Syndrome Association
602 - 6525, chemin de la Côte Saint-Luc   ☏ 514 486-1311
Montréal (Québec) H4V 1G5

L'Association permet le jumelage des familles dont les filles présentent les mêmes symptômes du syndrome de Rett.

Le syndrome de Rett, une maladie génétique
Association française du syndrome de Rett
Laroque des Albères (France) : Association française du syndrome de Rett (AFSR), 2004. 395 p.

Ce livre présente tous les aspects du syndrome connus à ce jour. Écrit par des spécialistes, il est à la fois un ouvrage médical et scientifique, un guide paramédical et éducatif. Il met en évidence tout le potentiel insoupçonné des enfants atteints de cette maladie. Il s'adresse aux médecins généralistes ou spécialistes, aux divers intervenants et aux parents. Sur le site de l'Association française du syndrome de Rett, vous trouverez les coordonnées pour vous le procurer : http://asso.orpha.net/AFSR/index2.htm

Dans les yeux de Léna   8 ans+
Galliez, Roxane Marie
Rouen : Gecko Jeunesse, 2005. 30 p.

Léna a la maladie de Rett. Dans ce conte, l'auteur décrit les changements qui s'installent peu à peu chez les petites filles atteintes. Le corps bouge moins, la communication se trouble, elles évoquent une fragilité qui les fait ressembler à des papillons. C'est en même temps le témoignage d'une maman qui explique à sa petite fille ce que la maladie provoque en elle et tout l'amour qu'elle lui porte..

Le syndrome de Rett
Association française du syndrome de Rett
http://asso.orpha.net/AFSR/syndrome.htm

Présentation du syndrome : définition, caractéristiques, génétique, témoignages.

Syndrome de Rett
Orphanet
www.orpha.net//consor/cgi-bin/OC_Exp.php?Lng=FR&Expert=778

Présentation détaillée de la maladie pour les professionnels de la santé et aussi pour les parents.

SYNDROME DE SOTOS

Association canadienne d'entraide du syndrome de Sotos
Sotos Syndrome Support Association of Canada
1944, rue Dumfries
Montréal (Québec) H3P 2R9
info@sssac.com
www.sssac.com/fr-index.asp

« L'Association offre information et soutien aux familles canadiennes ayant un enfant atteint du syndrome de Sotos. Elle aide aussi les intervenants, le gouvernement et le public en général à avoir une meilleure compréhension du syndrome de Sotos (gigantisme cérébral). »

Le syndrome de Sotos
Association canadienne d'entraide du syndrome de Sotos
www.sssac.com/fr-geninfo.asp

Présentation de la maladie : définition, diagnostic, caractéristiques, pronostic.

Syndrome de Sotos
Orphanet
www.orpha.net//consor/cgi-bin/OC_Exp.php?Lng=FR&Expert=821

Présentation détaillée de la maladie pour les professionnels de la santé et aussi pour les parents.

SYNDROME DE TURNER

Association du syndrome de Turner du Québec
1908-14, rue du Caribou   ☎ 450 448-9009
Longueuil (Québec) J4N 1R2
www.syndrometurnerquebec.com

L'Association offre un service d'information sur divers sujets en lien avec le syndrome de Turner. Une cotisation annuelle est demandée.

Le syndrome de Turner
Association nationale des groupes d'amitié Turner du Danemark
www.aaa.dk/TURNER/French/tur_syn.htm

Sous forme de questions-réponses, présentation de la vie quotidienne des personnes atteintes du syndrome de Turner.

Syndrome de Turner
Orphanet
www.orpha.net/consor/cgi-bin/OC_Exp.php?Lng=FR&Expert=881

Présentation détaillée de la maladie pour les professionnels de la santé et aussi pour les parents.

SYNDROME DE WILLIAMS

Williams et nous   9 ans+
Moka
Paris : L'École des Loisirs, 1998. 152 p. (Neuf)

Deux frères de 11 et 12 ans, Rodolphe et Maximilien, sont en vacances et font la connaissance de leurs nouveaux voisins, une mère avec ses deux enfants. La petite voisine Rebecca a le syndrome de Williams. Les deux frères s'occupent d'elle avec beaucoup d'attention.

Syndrome de Williams
Orphanet
www.orpha.net//consor/cgi-bin/OC_Exp.php?Lng=FR&Expert=904

Présentation détaillée de la maladie pour les professionnels de la santé et aussi pour les parents.

Syndrome de Williams : guide pour les parents
Association belge du syndrome de Williams
www.syndromedewilliams.be

Guide très élaboré contenant de nombreux conseils afin de mieux vivre au quotidien avec un enfant atteint du syndrome de Williams.

SYNDROME DU CHROMOSOME X FRAGILE

Le syndrome de l'X fragile
Mosaïques. Association des X fragile
http://perso.orange.fr/mosaiques-xfragile/synd.htm
Description des caractéristiques du syndrome.

Le syndrome X fragile
Association nationale du syndrome X fragile
www.xfra.org/rubrique.php3?id_rubrique=2
Présentation de la maladie : définition, signes, témoignage, aide aux personnes X fragile.

Syndrome de l'X fragile
Orphanet
www.orpha.net//consor/cgi-bin/OC_Exp.php?Lng=FR&Expert=908
Présentation détaillée de la maladie pour les professionnels de la santé et aussi pour les parents.

X-fragile
Association syndrome X-fragile
www.x-fragile.be/edito.htm
Plusieurs textes de conférences sur le syndrome X-fragile.

SYNDROME DU CRI-DU-CHAT

La maladie ou le syndrome du cri-du-chat Valentin : association de porteurs d'anomalies chromosomiques
http://cri-du-chat.medicalistes.org/syndrome.htm

Présentation de la maladie sur les plans génétique, clinique et social.

Syndrome du cri-du-chat
Orphanet
www.orpha.net/data/patho/FR/fr-crichat.pdf

Présentation détaillée de la maladie pour les professionnels de la santé et aussi pour les parents.

SYNDROME HÉMOLYTIQUE URÉMIQUE

Voir aussi : Maladie du rein

Comment éviter les maladies causées par la viande hachée
www.hc-sc.gc.ca/hl-vs/alt_formats/pacrb-dgapcr/pdf/iyh-vsv/food-aliment/meat-viande-fra.pdf

Symptômes de la maladie et conseils pour réduire les risques lorsque vous manipulez et faites cuire les aliments.

Le syndrome hémolytique urémique
Fondation canadienne du rein
www.rein.ca/page.asp?intNodeID=22683

En quoi consiste la maladie du hamburger ? Qui peut être atteint ? Quels sont les symptômes et les répercussions associés ? Comment prévenir l'apparition de la gastro-entérite à *E. Coli* ?

Votre guide du consommateur
Agriculture, pêcheries et alimentation Québec
www.santepub-mtl.qc.ca/Mi/public/hamburger/pdf/guideconsommateur.pdf

Brochure de prévention de la maladie du hamburger : conseils sur l'achat des aliments, l'entreposage, la préparation, la cuisson, le refroidissement et l'hygiène.

Association pulmonaire du Canada

300 - 1750, croissant Courtwood   ) 613 569-6411
Ottawa (Ontario) K2C 2B5   🖷 613 569-8860
info@lung.ca
www.poumon.ca

« L'Association pulmonaire du Canada est le regroupement coopératif des dix associations pulmonaires provinciales. Son travail se concentre sur la recherche, l'éducation et la promotion d'une vie saine. Un de ses principaux objectifs est d'exercer une influence sur les habitudes des Canadiens afin de les dissuader de fumer. » Le site Internet de l'Association contient plusieurs textes d'information sur les maladies pulmonaires.

Association pulmonaire du Québec

Bureau de Montréal   ) 514 287-7400
855, rue Sainte-Catherine Est, bureau 222   ) sans frais : 1 800 295-8111
Montréal (Québec) H2L 4N4   🖷 514 287-1978
info@pq.poumon.ca
www.pq.poumon.ca

L'Association pulmonaire du Québec offre plusieurs services pour répondre aux besoins de la population. Il y a plusieurs groupes d'entraide dans les différentes régions du Québec ainsi que des lignes téléphoniques sans frais : Info-Asthme (1-800 295-8111, poste 232) ; des professionnels spécialisés en santé respiratoire aident les gens à mieux comprendre et maîtriser la maladie afin d'améliorer leur qualité de vie). Le service est offert du lundi au vendredi de 8 h 30 à 16 h 30). Poumon-9 (1-888-POUMON-9 ou 1-888-768-6669 poste 232) aide pour cesser de fumer assurée par des professionnels de la santé spécialisés en matière de cessation tabagique. Le service est offert du lundi au vendredi de 8 h 30 à 19 h 30. Le site Internet contient plusieurs textes sur le tabagisme et sur les maladies respiratoires ainsi qu'un site éducatif sur le système respiratoire.

Conseil canadien pour le contrôle du tabac

192, rue Bank   ) 613 567-3050, poste 106
Ottawa (Ontario) K2P 1W8   ) sans frais : 1 800 267-5234
info-services@cctc.ca   🖷 613 567-2730
www.cctc.ca/index_html-fr

« Le CCCT soutient ceux dont les buts sont de prévenir le tabagisme auprès des Canadiens, d'amener et d'aider les fumeurs à renoncer à la consommation des produits du tabac, de protéger les Canadiens en éliminant l'exposition à la fumée de tabac ambiante, de sensibiliser les Canadiens au sujet des stratégies et tactiques de commercialisation de l'industrie du tabac et des effets néfastes des produits de cette industrie sur la santé des Canadiens. » Le site Internet du CCCT permet l'interrogation en ligne du catalogue de sa bibliothèque et certains documents grand public sont disponibles sur Internet.

Conseil québécois sur le tabac et la santé
4126, rue Saint-Denis, bureau 302   **☏ 514 948-5317**
Montréal (Québec) H2W 2M5   **🖷 514 948-4582**
info@cqts.qc.ca
http://cqts.qc.ca

Le Conseil s'adresse principalement aux intervenants et vise la réduction de la consommation des produits du tabac au Québec. Au nombre de ses réalisations, il y a la campagne annuelle de la « Semaine québécoise pour un avenir sans tabac » et le programme de prévention « La gang allumée pour une vie sans fumée » dans plus de 300 écoles et maisons des jeunes du Québec (en collaboration avec les directions de la santé publique). Le Conseil produit plusieurs documents d'information et du matériel promotionnel à l'intention du grand public ou des intervenants du domaine de la santé.

Fondation québécoise du cancer
Documentation et ressources   **☏ 418 657-5334**
190, boul. Dorchester Sud, bureau 50   **☏ sans frais : 1 800 363-0063**
Québec (Québec) G1K 5Y9   **🖷 418 657-5921**
fvachon@fqc.qc.ca
www.fqc.qc.ca

Le Centre de documentation virtuel de la Fondation québécoise du cancer est accessible à tous. Il est possible d'aller consulter sur place ou d'emprunter les documents par la poste. Le catalogue est accessible sur Internet.

La grossesse et le tabac
Delcroix, Michel et Marie Chuffart
Paris : PUF, 2004. 127 p. (Que sais-je?)

Les méfaits du tabac sur le fœtus et le bébé : prématurité, retard de croissance, problèmes cardio-vasculaires, etc.

Parents, alerte au tabac et au cannabis :
pour aider vos enfants à ne pas fumer
Lagrue, Gilbert
Paris : Odile Jacob, 2008. 235 p.

Tout ce qu'il faut savoir sur la cigarette, la chicha, le cannabis et toutes les autres drogues à la mode. Comment inciter les enfants à ne pas fumer ? Comment leur parler du tabac et des autres drogues ? Comment les aider à arrêter si, malgré tout, ils consomment ? L'auteur fait le point et propose des solutions efficaces.

Le tabagisme   9 ans+
Sanders, Pete et Steve Myers
Montréal : École active, 1997. 32 p. (Mieux comprendre)

Explication du phénomène social, définitions et bandes dessinées mettant en vedette des enfants qui font face au problème du tabagisme. Pour aider à prévenir l'usage de la cigarette chez les jeunes.

Pourquoi la cigarette vous tente ?   11 ans+
Osman, Monique
Paris : De la Martinière, 2007. 107 p. (Oxygène)

L'auteur, sans faire de morale, amène les jeunes ou futurs fumeurs à s'interroger sur leur envie de fumer : Quelles sont les particularités, les inconvénients du tabac ? Pourquoi commencer à fumer ? Pourquoi continuer ? Qu'est ce qui fait qu'on devient dépendant ? Et pourquoi est-ce bien d'arrêter et quelles sont les meilleures méthodes ? « Oxygène » est une collection qui est conçue pour aider les adolescents à apprivoiser et dédramatiser ce qu'il vivent au quotidien.

La cigarette c'est décidé j'arrête   13 ans+
Thomazeau, Anne-Marie
Paris : De la Martinière, 2005. 107 p. (Hydrogène)

Un livre rempli de conseils pour aider les jeunes qui veulent arrêter de fumer et des réponses à leurs questions : Qu'est-ce qui marche vraiment ? Est-ce que je vais grossir ? Est-ce que je vais déprimer ? Et si je recommence ? Avec illustrations style bande dessinée et témoignages d'adolescents.

Bébé sans fumée
Association pulmonaire du Québec
www.pq.poumon.ca/services/poumon-9/tobacco-tabac/baby-bebe.php

Effets du tabagisme actif et passif sur la santé de la mère et du bébé à naître.

Cigarette et grossesse. Faut-il vraiment que j'arrête de fumer ?
Association des obstétriciens et gynécologues du Québec
www.gynecoquebec.com/fr/santedelafemme/sujets-interets-details.php?
noSujetInteret=10

Impact du tabagisme sur l'utérus et le développement du fœtus.

La fumée secondaire
Conseil québécois sur le tabac et la santé
www.cqts.qc.ca/fumee-secondaire/index.html

C'est quoi la fumée secondaire ? Test : Mesurez vos connaissances. Comment dire à un fumeur que sa fumée vous dérange.

Les adolescents et le tabagisme
CHU Sainte-Justine
www.chu-sainte-justine.org/Famille/page.aspx?ID_Menu=668&ID_
Page=2231&ItemID=3a7

Quels sont les incitatifs ? Quels sont les risques ? Comment se libérer du tabac ? Entrevue avec le docteur Olivier Jamoulle.

Tabagisme et grossesse
Centre d'excellence pour le développement des jeunes enfants
http://enfant-encyclopedie.com/fr-ca/tabac-grossesse/est-ce-important.html

Est-ce important ? Que savons-nous ? Que peut-on faire ? Selon les experts. Message-clé pour les parents : Des connaissances éclairées pour un départ en santé.

J'arrête - le site pour s'aider à se libérer du tabac
Ministère de la Santé et des Services sociaux du Québec
www.jarrete.qc.ca/default.html

Site web interactif dans lequel les ados trouveront des renseignements essentiels sur l'arrêt du tabagisme, un forum, une discussion en ligne et de l'aide en ligne.

Zone jeunesse - Vivons sans fumée !
Santé Canada
www.hc-sc.gc.ca/hl-vs/tobac-tabac/youth-jeunes/index_f.html

Information et faits sur le tabagisme, les effets du tabac sur le corps et sur l'environnement.

TATOUAGE ET PIERCING

Les dangers du tatouage et du piercing · 13 ans+
Reynold, Laura
Montréal : Logiques, 2001. 71 p. (Ados)

Écrit pour les adolescents, en sept courts chapitres : Histoire et technique du tatouage – Histoire et technique du piercing – L'engagement de toute une vie – Ce que vous devriez savoir – De fausses attentes – Prévenir l'infection – Les solutions de rechange au tatouage et au piercing.

Modifier son corps : chirurgie, tatouage, piercing... · 13 ans+
Colinon, Marie-Christine
Paris : De la Martinière, 2003. 109 p. (Hydrogène)

« Qu'est-ce qui vous pousse à transformer votre physique ? Quels sont les avantages et les inconvénients ? » Pour aider les adolescents dans leur processus de décision parce que certaines de ces modifications sont permanentes. Motivations, précautions, dangers, hygiène doivent faire partie de la réflexion.

**Maman je veux un tatouage : comment détourner vos enfants
de la piqûre de l'art corporel**
Sélection Reader's Digest Canada
www.selection.ca/mag/2000/01/tatouage.html

Comment intervenir comme parent lorsque son enfant veut se faire tatouer.

Art corporel
Groupe IDITAE des technologies de l'apprentissage. Université de Moncton
www.adosante.org/Art_corporel/01.shtml

Plusieurs textes regroupés sous les chroniques suivantes : Perçage, Tatouage, Henné.
Contient aussi un court vidéo en dessins animés.

Jeunesensante.ca
Association canadienne pour la santé des adolescents
www.jeunesensante.ca/acsa

Information sur tous les aspects de la santé des adolescents : sexualité, relations avec les
parents, drogues et dépendances, sports, tatouage, comportements alimentaires. Quiz
sur ces thèmes et jeux vidéos.

TDAH (trouble déficitaire de l'attention
avec ou sans hyperactivité)

**Association de parents de l'enfance en difficulté
de la Rive Sud de Montréal**
360, rue Cherbourg   ) 450 679-9310
Longueuil (Québec) J4J 4Z3   ⊠ 450 679-3294
apedrsm@apedrsm.org

L'Association offre plusieurs services aux parents et intervenants de la Montérégie. On
y trouve des groupes d'entraide pour parents d'enfants ayant une déficience intellectuelle
ou physique, pour parents d'enfants hyperactifs ainsi que pour les frères et sœurs d'enfants hyperactifs ou présentant une déficience.

Association québécoise pour les troubles d'apprentissage (AQETA)
284, rue Notre-Dame Ouest, bureau 300   ) 514 847-1324
Montréal (Québec) H2Y 1T7   ▤ 514 281-5187
info@aqeta.qc.ca
www.aqeta.qc.ca

« L'AQETA est un organisme sans but lucratif dont la mission est de faire la promotion et la défense des droits collectifs des enfants et des adultes qui ont des troubles d'apprentissage. L'AQETA représente les parents et les soutient dans leurs démarches. » Les services offerts sont : information, écoute active, programmes d'entraide aux familles, conférences et congrès annuel.

Regroupement des associations de parents PANDA du Québec
2906, chemin Sainte-Marie, local 106   ) sans frais : 1 877 979-7788
Mascouche (Québec) J7K 1N7   ▤ 450 966-2814
info@associationpanda.qc.ca
www.associationpanda.qc.ca

Les associations PANDA s'adressent aux parents d'enfants ayant un déficit de l'attention avec ou sans hyperactivité. Elles offrent des groupes de soutien, des soirées d'information, de l'écoute téléphonique, de la documentation et un service d'accompagnement dans les démarches auprès des différentes instances. Il y a plus de 20 associations Panda. La liste est accessible sur le site Internet.

Apprivoiser l'hyperactivité et le déficit de l'attention
Sauvé, Colette
Montréal : Éditions du CHU Sainte-Justine, 2007. 128 p.
(Collection du CHU Sainte-Justine pour les parents)

Cette nouvelle édition propose une gamme de moyens d'action pour aider l'enfant à s'épanouir dans sa famille, à l'école et dans son milieu de vie. Des chapitres portant sur la coexistence de ce désordre neurologique avec d'autres troubles (troubles d'apprentissage, d'opposition, d'anxiété…) et sur le lien d'attachement parent-enfant ont notamment été ajoutés au contenu. L'auteur présente pour chaque groupe d'âge (3-5 ans, 6-12 ans, adolescents) trois parcours destinés aux parents : s'informer, comprendre et accepter ce désordre neurologique, prendre conscience de ses habiletés d'éducateur et mettre en place des stratégies nouvelles permettant d'exercer une influence constructive sur l'enfant ou l'adolescent.

Ces parents à bout de souffle
Lavigueur, Suzanne
Outremont (Québec) : Quebecor, 2006. 420 p.

Dans cet ouvrage, les parents trouveront des conseils et des outils pour les aider dans la vie de tous les jours avec leur enfant hyperactif, que ce soit à l'école, à la maison ou dans leur vie sociale. S'adresse également aux éducateurs et aux enseignants.

Déficit de l'attention sans hyperactivité : compréhension et interventions
Pelletier, Emmanuelle
Outremont (Québec) : Quebecor, 2006. 151 p. (Famille)

Qui sont ces enfants silencieux qui vivent dans leur monde imaginaire ? Qu'est-ce que le déficit de l'attention sans hyperactivité ? Description, symptômes, causes, diagnostic, traitements et interventions sont décrits dans ce livre qui s'adresse aux parents, aux enseignants et aux éducateurs.

Du calme ! Manuel pour l'éducation des enfants hyperactifs
Compernolle, Théo
Bruxelles : De Boeck, 2004. 172 p. (Comprendre)

Du calme ! est un recueil d'idées et de conseils pratiques portant sur l'éducation quotidienne des enfants hyperactifs. L'auteur s'adresse aux parents et aux éducateurs qui s'occupent d'enfants trop nerveux ou trop actifs, des enfants qui s'opposent, bref des enfants qui épuisent leurs parents au quotidien. Voir aussi dans la même collection et du même auteur *Gérer des adolescents difficiles : comportements impulsifs, excessifs ou agités* (2004).

La concentration : outil indispensable à la réussite scolaire
Bourque, Jean et Robert Darche
Laval : Services Éducatifs sur la Réussite Scolaire (S.E.R.S.), 2000. 34 p.
(Cahiers de stratégies à l'intention des parents)

Cahier conçu pour les parents qui veulent se renseigner sur la concentration et sur la façon d'acquérir cette habileté. Ce cahier contient des stratégies qui ont été développées et appliquées avec constance par les auteurs, orthopédagogue et enseignant, et qui ont eu un impact positif sur les enfants. Vous pouvez obtenir ce document au S.E.R.S., 450 966-1651, ou écrire à bourquejean@videotron.ca ou à robert.darche@videotron.ca

Le déficit de l'attention et l'hyperactivité en 32 questions
Raymond, François
Saint-Lambert : Enfants Québec, 2004. 52 p. (Parent Guide)

Pour les parents et les éducateurs qui veulent bien comprendre le déficit d'attention avec ou sans hyperactivité. Des réponses à des questions telles que : Comment reconnaître ce trouble ? Quelles en sont les causes ? Quelle aide devrait-il avoir à l'école, à la maison ? Comment lui apprendre à être attentif ? Est-ce que les médicaments sont vraiment nécessaires ? Y a-t-il des alternatives ? En quoi consiste la technique du neurofeedback ? Est-elle efficace ?, etc.

Le trouble de déficit de l'attention avec ou sans hyperactivité
Bélanger, Stacey et autres
Montréal : Éditions du CHU Sainte-Justine, 2008. 212 p.
(Collection du CHU Sainte-Justine pour les parents)

Ce livre, destiné autant au grand public qu'aux professionnels, est un ouvrage multidisciplinaire dans lequel sont décrits les symptômes du TDAH et leur impact sur l'apprentissage, et sur les relations familiales et sociales de la personne atteinte. Est également décrit le processus d'évaluation des enfants chez lesquels on soupçonne la présence d'un TDAH ainsi que les comorbidités qui y sont associées. Aussi, on y trouve une mise au point sur le traitement tant sur le plan médical qu'en ce qui concerne les interventions scolaires, comportementales et sociales. L'évaluation et le traitement du TDAH doivent être un travail d'équipe regroupant les familles, les intervenants du milieu scolaire et les professionnels du milieu de la santé.

L'enfant impulsif
Falardeau, Guy et Alain Caron
Montréal : Éditions de l'Homme, 2006. 166 p. (Parents aujourd'hui)

Enfant lunatique, enfant hyperactif ou même enfant Ritalin® : expressions maintenant regroupées sous le vocable trouble déficitaire de l'attention/hyperactivité (TDAH). L'auteur préfère employer le terme trouble de l'enfant impulsif, ce qui selon lui décrit mieux l'enfant car l'impulsivité est le symptôme dominant chez ces enfants. Il fait une mise à jour sur les médicaments actuels qui sont prescrits pour aider les enfants à contrôler leur impulsivité. Il donne aussi aux parents et aux intervenants des moyens pour aider les enfants à mieux se contrôler. Il privilégie une approche multidisciplinaire qui peut combiner des approches thérapeutiques différentes : médication, psychothérapie ou intervention scolaire

Les alternatives au Ritalin
Brière, Francis et Christian Savard
Montréal : Caractère, 2007. 224 p.

Les auteurs, un journaliste et un psychologue au CHU Sainte-Justine, écrivent pour les parents qui cherchent des solutions concrètes, autres que le Ritalin®, pour aider leur enfant hyperactif, impulsif et inattentif à améliorer ses capacités de concentration et de contrôle de soi : thérapies cognitives et comportementales, médecine douce, alimentation, etc.

L'hyperactivité : T.D.A.H.
Lecendreux, Michel
Paris : Solar, 2007. 384 p. (Réponses à vos questions sur…)

Un livre pour informer, démystifier, rétablir une vérité scientifique, tout en aidant les familles et les personnes confrontées à ce trouble qu'est le TDAH. Tous les types de thérapie sont abordés : thérapie du comportement et de l'estime de soi, rééducation en orthophonie ou en psychomotricité et traitements médicamenteux.

Turbulent, agité, hyperactif : vivre avec un enfant tornade
Rigon, Emmanuelle
Paris : Albin Michel, 2008. 197 p. (Questions de parents)

Un enfant qui bouge sans arrêt, même s'il est vif et éveillé, c'est épuisant pour tous les parents. Comment différencier une agitation normale d'une agitation excessive ? Turbulence, trouble de l'attention, instabilité, hyperactivité ? Quelles sont les différences selon les âges, et quand faut-il s'inquiéter ? Qu'est ce qui est à l'origine du problème ? En quoi l'éducation, les relations familiales, les attentes et les angoisses des parents entrent-ils en ligne de compte ? Comment intervenir ? Un livre pour aider les parents avec exemples à l'appui, pistes de réflexion et plan d'action.

Jonas ne tient pas en place
3 ans+
Dufresne, Didier
Paris : Mango Jeunesse, 2005. 20 p. (Je suis comme ça)

Depuis qu'il est tout petit, Jonas le chimpanzé ne tient pas en place. Tôt le matin, il est déjà plein d'entrain. Les livres de cette collection ont pour but d'aider les enfants qui ont des différences à mieux se connaître, à s'accepter et à comprendre les autres.

Le lion dans la tête de Ludovic : une histoire sur... l'hyperactivité   3 ans+
Dieltiens, Kristien
Saint-Lambert : Enfants Québec, 2007. 26 p. (Une histoire sur...) (J'apprends la
vie)

Ludovic se lève à l'aube et débute sa journée avec fracas. Il bouge, bouscule tout sur son
passage, déborde d'imagination, accumule les gaffes, essouffle son entourage. Ludovic
est hyperactif. Cette histoire permet à l'enfant de mieux comprendre l'hyperactivité, de
se reconnaître et de mieux saisir les interventions fréquentes de ses parents qui veulent
l'aider à s'apaiser. Une collection pour aider les enfants à affronter les difficultés de la vie
ou à mieux vivre les différences. À la fin de l'album, des informations utiles pour les
parents et les éducateurs.

Olivia et sa fanfare   3 ans+
Falconer, Ian
Paris : Seuil Jeunesse, 2007. 40 p.

Olivia est têtue, espiègle, déterminée et énergique, drôle, mais agaçante et colérique. Elle
est aussi épuisante pour sa mère par son hyperactivité, mais très créative. Aujourd'hui,
il y a un grand feu d'artifice. Elle décide d'organiser une grande fanfare pour l'animer.
Elle est seule : aucun problème, elle redouble d'énergie et fera tout pour monter sa fanfare. Le problème, c'est qu'elle n'en a plus du tout envie : quand l'heure du départ arrive,
elle a tout déplacé dans la maison...

Tocson   3 ans+
Gravel, François
Saint-Lambert (Québec) : Dominique et Compagnie, 2003. 30 p.

Bien que Tocson soit un gentil petit garçon, « sa vie n'est qu'une série de bang ! tous plus
drôles les uns que les autres ! » Si petit et si remuant, que deviendra-t-il plus grand, s'inquiètent ses parents ?

Hou ! Hou ! Simon   4 ans+
Marleau, Brigitte
Terrebonne (Québec) : Boomerang, 2008. 24 p. (Au cœur des différences)

Simon apprend à comprendre ce qui se passe dans sa tête quand il n'arrive pas à se
concentrer. C'est comme s'il y avait plein de petits papillons... Avant de savoir qu'il avait
un trouble d'attention, il ne se trouvait pas bon. Une collection qui permet aux parents
et aux éducateurs de sensibiliser les enfants à la richesse des différences.

Arrête deux minutes !   6 ans+
Piché, Geneviève
Saint-Laurent (Québec) : Pierre Tisseyre, 2003. 60 p. (Sésame)

Frédéric n'arrête jamais, il ne tient pas en place. Il a beaucoup d'ennuis à l'école, sera-
t-il renvoyé ?

Champion de la concentration : un guide pour les enfants   6 ans+
sur le déficit de l'attention et l'hyperactivité
Nadeau, Kathleen G et Ellen B. Dixon
Saint-Lambert : Enfants Québec, 2006. 96 p. (J'apprends la vie)

Pour les enfants qui ont un déficit de l'attention avec ou sans hyperactivité, voici un livre
rempli de trucs et de conseils pratiques, de stratégies et de solutions pour faire face à
différentes situations quotidiennes à l'école, à la maison ou avec les amis : comment
arriver à faire ses devoirs et ses leçons, se faire des amis, contrôler ses émotions, relaxer,

être prêt à temps, rester concentré, etc. À lire et à pratiquer en famille. Traduction d'un best-seller de l'American Psychology Association. Une collection pour aider les enfants à affronter les difficultés de la vie ou à mieux vivre les différences. À la fin de l'album, des informations utiles pour les parents et les éducateurs.

Louise Titi   6 ans+
Arrou-Vignod, Jean-Philippe
Paris : Gallimard Jeunesse, 2004. 22 p.

Louise Titi, petite fille haute comme trois pommes et pleine de sagesse, bouge tout le temps chez elle, à l'école, chez le dentiste : elle essouffle tout le monde autour d'elle. Elle a un secret : plus tard elle travaillera dans un cirque, peut-être comme acrobate ou trapéziste.

Max est dans la lune   6 ans+
de Saint-Mars, Dominique
Fribourg : Calligram, 1999. 45 p. (Max et Lili) (Ainsi va la vie)

Max est souvent dans la lune, il rêve et il oublie ce qui se passe et il a de la difficulté à se concentrer. Alors il se fait gronder. Ce petit livre de Max et Lili nous montre comment la vie n'est pas toujours facile pour les enfants lunatiques : ils ont besoin aussi qu'on les écoute et qu'on ait confiance en eux. Une collection d'une cinquantaine de titres (en bandes dessinées) qui porte sur la résolution des problèmes qui surviennent dans la vie quotidienne des enfants. Se termine par la section « Et toi ? » qui a pour but de faire réfléchir les enfants sur le thème. Voir aussi dans cette collection *Max n'aime pas l'école* (1993).

Mon cerveau a besoin de lunettes : vivre avec l'hyperactivité   6 ans+
Vincent, Annick
Le Gardeur : Impact, 2004. 43 p. (Psychopratique)

L'auteur, médecin, a écrit ce livre en pensant à tous les jeunes enfants qu'elle voit dans sa pratique quotidienne. Le journal imaginaire de Tom permet aux jeunes, aux parents et aux intervenants d'apprivoiser le trouble déficitaire de l'attention avec ou sans hyperactivité. L'auteur décrit aussi les critères diagnostiques et donne des trucs et des conseils pour aider les enfants à s'organiser, des références pour en savoir plus et des ressources d'aide spécialisée. Du même auteur et chez le même éditeur, *Mon cerveau a encore besoin de lunettes* (2005). Ce livre traite du TDAH chez l'adulte.

Edgar-la-bagarre   8 ans+
Poupart, Roger
Saint-Lambert (Québec) : Soulières, 2007. 77 p. (Ma petite vache a mal aux pattes)

Edgar est très actif. Depuis qu'il est tout petit, il épuise ses parents. Quand il entre à l'école, ça se gâte. Il aime les jeux de combat, ce qui ne plaît ni aux professeurs, ni aux autorités de l'école.

Le cousin hyperactif   8 ans+
Gervais, Jean
Montréal : Boréal, 1996. 58 p. (Dominique)

L'hyperactivité de Sébastien lui cause des problèmes, qu'il soit chez lui, à l'école ou ailleurs… Les dix dernières pages s'adressent aux parents et aux éducateurs.

Calvin et Hobbes   9 ans+
Watterson, Bill
Paris : Hors collection, 2002. 63 p.

Une collection d'une vingtaine de titres, en bandes dessinées, mettant en vedette Calvin, un petit garçon hyperactif, et son tigre qui devient vivant par la force de son imagination. Intéressera également les parents qui vivent l'hyperactivité au quotidien et qui veulent parfois en rire ou se détendre.

L'encyclopédie des cancres, des rebelles et autres génies   10 ans+
Blanchard, Anne, Serge Bloch et Jean-Bernard Pouy
Paris : Gallimard Jeunesse, 2006. 139 p.

La jeunesse laborieuse de trente personnages célèbres racontée avec humour, que ce soit Einstein, Agatha Christie, Charlie Chaplin, etc. Ils ont tous eu un parcours scolaire difficile, avec de mauvaises notes ou des problèmes avec l'autorité. Et pourtant ils ont laissé leur marque dans l'histoire, tant en sciences qu'en musique, en peinture, en cinéma, etc. Pour dédramatiser l'expérience scolaire qui s'avère si difficile pour certains enfants.

Songes et mensonges   10 ans+
Loignon, Nathalie
Saint-Lambert (Québec) : Dominique et Compagnie, 2002. 123 p. (Roman bleu)

C'est l'histoire d'une journée dans la vie de Maxime, petit garçon hyperactif, et de sa famille. Lalie, sa grande sœur, a la responsabilité de surveiller son frère à l'école. Un jour, il échappe à son regard et disparaît. Lalie raconte cette journée remplie d'émotions et les conséquences de la disparition de son jeune frère. On y voit l'impact de l'hyperactivité sur chaque membre de la famille.

**La médecine parallèle pour les troubles de déficit
de l'attention avec hyperactivité**
Société canadienne de pédiatrie
www.cps.ca/soinsdenosenfants/enfantmalade/TDAHparallele.htm

Énumération des différents traitements de médecine parallèle accompagnée de commentaires sur leur valeur scientifique.

Les troubles d'hyperactivité avec déficit d'attention
Association suisse romande de parents d'enfants
avec déficit d'attention et/ou hyperactivité
www.comportement.net/pedagogie/pdf/05.PDF

Conseils pratiques aux parents et conseils pédagogiques aux enseignants pour mieux vivre avec des enfants hyperactifs.

L'hyperactivité
Fondation Investir dans l'enfance
www.investirdanslenfance.ca/Pages/MyChild/answersforparents.
aspx?topic=Hyperactivity

Que faire si un parent soupçonne que son enfant est hyperactif ? Suggestions de stratégies pour l'aider, lui et son enfant, à faire face à l'hyperactivité.

L'hyperactivité et les problèmes d'attention chez les jeunes, soyons vigilants !
Ministère de l'Éducation du Québec
http://publications.msss.gouv.qc.ca/acrobat/f/documentation/2002/02-805-01.pdf

Information générale sur le déficit de l'attention et l'hyperactivité.

Trouble déficitaire de l'attention
Association médicale canadienne
www.cma.ca/public/DiseaseLibrary/patientInfo.asp?diseaseid=14

Information détaillée : description, causes, symptômes, complications, diagnostic, traitement.

Trouble déficitaire de l'attention avec ou sans hyperactivité
Site personnel. Dʳ Annick Vincent, psychiatre
www.attentiondeficit-info.com

Conseils et renseignements sur les causes, les symptômes et les traitements du TDAH. Le TDAH chez l'enfant et chez l'adulte.

Félix, on s'occupe de ton TDA/H
Ageranioti-Bélanger, Stacey, conseillère scientifique et Jacques Viau, réalisateur.
Montréal : Hôpital Sainte-Justine. Service audio-visuel, 2005. 1 DVD (44 min.)

Ce document a pour but de répondre le mieux possible aux nombreuses questions des parents et des intervenants sur le TDA/H (troubles de déficit d'attention/hyperactivité). À l'aide de témoignages de patients, de parents, de spécialistes et d'éducateurs, on présente un portrait global du TDAH incluant une présentation clinique de ce trouble chez l'enfant et chez l'adolescent.
Disponible chez : CHU Sainte-Justine – Médiathèque, 514 345-4677

THALIDOMIDE

Association canadienne des victimes de la thalidomide
Centre commercial Joseph Renaud   ☎ 514 355-0811
6830, boul. Joseph Renaud, bureau 211   🖨 514 355-0860
Montréal (Québec) H1K 3V4
mercedes.acvt@sympatico.ca
www.thalidomide.ca/fr/contacts/index.html

« L'Association canadienne des victimes de la thalidomide (ACVT) est une organisation qui représente environ 125 Canadiens nés handicapés à cause de la thalidomide. L'ACVT offre des programmes et des services non monétaires, prodigue de l'enseignement et défend les intérêts de ses membres. »

TIMIDITÉ

Voir aussi : Estime de soi

J'ose pas, je suis trop timide : s'affirmer est un jeu d'enfant
Rigon, Emmanuelle
Paris : Albin Michel, 2005. 386 p. (Questions de parents)

Pourquoi certains enfants sont-ils timides, n'osent pas, sont effacés, ne vont pas vers les autres ? L'auteur répond aux questions des parents d'enfants timides qui s'inquiètent de l'épanouissement personnel de leur enfant, les aide à comprendre cette difficulté à s'affirmer et leur suggère des moyens pour surmonter la timidité.

Oscar le timide   2 ans+
Bertrand, Philippe
Paris : Actes Sud, 2007. 12 p. (Classe mat)

Quand Oscar arrive à l'école, il baisse la tête, ne dit bonjour à personne et reste seul dans un coin de la cour. Un jour, la maîtresse remarque son nouveau chandail et lui dit qu'elle le trouve beau… devant toute la classe. « Classe mat » est une collection pour inciter les jeunes enfants à réfléchir sur la façon négative dont certains de leurs comportements peuvent être perçus par leur entourage. Dans la classe, il y a 24 tout-petits qui apprennent à vivre ensemble. Ce n'est pas toujours facile, car chacun a sa personnalité.

Astrid est trop timide   3 ans+
Dufresne, Didier
Paris : Mango Jeunesse, 2005. 21 p. (Je suis comme ça)

Astrid la tortue est invitée à une grande soirée : elle veut y aller mais elle est trop timide. Une collection pour aider les enfants à mieux se connaître, à s'accepter comme ils sont et à comprendre les autres.

Gaston n'ose pas jouer au ballon   3 ans+
Doinet, Mymi
Trois-Ponts (France) : Lipokili, 2002. 16 p. (Les autres et moi)

Gaston marche tout seul dans la cour de récréation, il ne joue pas avec les autres au ballon. Il est triste parce qu'il n'a pas d'amis. Comment s'en sortir ? Les histoires de la collection « Les autres et moi » ont pour but d'aider les jeunes enfants à mieux se connaître et à surmonter leurs petites différences.

Petite pivoine
3 ans+

Flusin, Marie

Bruxelles : Alice Jeunesse, 2004. 24 p.

Amandine est très timide, si timide qu'elle rougit tout le temps. Elle rougit quand quelqu'un lui parle, quand elle récite une poésie devant la classe. Elle rougit même comme ça, d'un coup, juste parce qu'elle se dit dans sa tête « Oh zut, je sens que je vais rougir ! » Et alors, elle devient rouge comme une pivoine.

Aristide le timide
4 ans+

Lucas, David

Paris : Circonflexe, 2004. 32 p. (Albums)

Aristide est si timide qu'il a de nombreux costumes pour se camoufler dans les différents paysages : il est comme un caméléon. Mais il préfère de loin rester à la maison. Un jour, il est invité à une fête royale et n'arrive pas comme à son habitude à passer inaperçu. C'est tout le contraire, il sera remarqué et même envié. Cette expérience le force bien malgré lui à aller vers les autres et à dépasser sa timidité.

Je ne suis pas un ver de terre
6 ans+

Cortey, Anne

Paris : Autrement Jeunesse, 2005. 25 p.

Une fillette se sent tellement petite, qu'elle passe partout inaperçue. Sa voix est si ténue que personne ne l'entend. Un jour elle en a assez, elle ne veut plus passer sa vie enfouie comme un ver de terre. Elle se voit maintenant comme un éléphant, grande et importante. Et peu à peu, elle se voit comme elle est, unique. Ce que les gens voient n'a plus d'importance.

J'étais si timide que j'ai mordu la maîtresse
6 ans+

Minne

Laval (Québec) : Les 400 coups, 2003. 32 p.

Lily est une petite fille si timide qu'elle en perd son ballon, ne réclame pas son prix si elle gagne, devient rouge devant les invités, etc. Sa timidité la cloue au lit et Thomas l'aidera à s'en sortir. Photos superbes et graphisme attrayant.

Rouge timide
6 ans+

Tibo, Gilles

Montréal : Soulières éditeur, 2001. 45 p. (Ma petite vache a mal aux pattes)

Il s'appelle Gilou mais tout le monde l'appelle « le timide ». Il ne parle à personne et ne répond pas si le professeur l'interpelle : il se cache car il devient toujours rouge comme une tomate. Mais un jour, les mots sortiront de sa bouche sans qu'il rougisse. Qu'a-t-il fait pour en arriver là ? Aussi disponible en format album, aux Éditions Nord-Sud, illustré par Pef, 2002.

Timide, moi jamais
6 ans+

Mets, Alan

Paris : L'École des Loisirs, 2008. 28 p. (Pastel)

Dès que Max parle à une fille, ses oreilles rougissent. Il ne passe pas inaperçu, parce que Max est un lapin.

Trop... timide !   6 ans+
Vaillancourt, Danielle
Saint-Lambert (Québec) : Dominique et Compagnie, 2006. 32 p. (À pas de loup)

Néva est trop timide. Son chien Max réussira-t-il à l'aider, lui qui en fait toujours trop ?

C'est la vie Lulu ! Je déteste être timide   7 ans+
Dutruc-Rosset, Florence
Paris : Bayard, 2004. 43 p. (Lulu !)

Lulu a hâte à son premier cours de gymnastique. Mais dès qu'elle entre dans la salle de cours, elle reste paralysée et incapable de parler aux autres. Malgré le fait qu'elle se motive, la semaine suivante elle est encore coincée par la timidité. Comment parviendra-t-elle à la vaincre ? Une histoire, un dossier documentaire et de judicieux conseils terminent l'ouvrage.

Je suis trop timide   11 ans+
Clément, Claude
Paris : De la Martinière, 2002. 103 p. (Oxygène)

« Comment faire quand on est timide ? Un livre pour aider ceux qui vivent mal leur timidité. » Des conseils, des solutions pour avoir plus d'initiative, s'exprimer plus facilement parce que, dans la vie, rien n'est à jamais figé. Quand on veut, on peut modifier un comportement. « Oxygène » est une collection qui est conçue pour aider les adolescents à apprivoiser et dédramatiser ce qu'il vivent au quotidien.

L'enfant timide et passif en groupe
Emploi, solidarité sociale et famille Québec
www.mfa.gouv.qc.ca/services-en-ligne/a-nous-de-jouer/fiches/timide.
asp?comportement=tous

Comment faire pour intégrer et faire participer un jeune enfant timide à son groupe.

Les enfants timides : comment intervenir ?
Fondation Investir dans l'enfance
www.investirdanslenfance.ca/display_content.aspx?name=shyness :
_how_to_help

Suggestions d'attitudes à prendre vis-à-vis un enfant timide.

TOXICOMANIE

Voir aussi : Alcool, Drogues, Tabagisme

Centre canadien de lutte contre l'alcoolisme et les toxicomanies
75, rue Albert, bureau 300   ☎ 613 235-4048
Ottawa (Ontario) K1P 5E7   🖷 613 235-8101
info@ccsa.ca
www.ccsa.ca

Organisme national diffusant des renseignements sur la nature, l'ampleur et les conséquences des toxicomanies.

Centre de prévention et de traitement de la codépendance et des dépendances multiples (CAFAT)
1772, boul. des Laurentides   ☎ 450 669-9669
Laval (Québec) H7M 2P6   🖷 450 669-8199
info@cafat.qc.ca   Ligne d'écoute sans frais : 1 866 542-3739
www.cafat.qc.ca

Centre professionnel spécialisé dans le traitement de la codépendance, le CAFAT offre les services suivants : consultation en privé (individuelle, en couple ou en famille), thérapie de groupe intensive ou prolongée, conférences sur l'amour toxique, groupe d'entraide hebdomadaire sur la codépendance et les dépendances, groupe de traitement pour joueurs compulsifs, groupe de soutien et d'information pour l'entourage du joueur. Le site Internet contient des tests permettant de déceler les comportements compulsifs (achats, consommation d'alcool, utilisation d'Internet, jeu) ainsi que des listes de cafés, restaurants et bars ne possédant pas de machine de loterie vidéo.

Centre Dollard-Cormier
950, rue de Louvain Est   ☎ 514 385-1232
Montréal (Québec) H2M 2E8   Urgence toxicomanie : 514 288-1515
cqdt.cdc@ssss.gouv.qc.ca   Programme jeunesse : 514 982-1232
www.centredollardcormier.qc.ca   Centre de documentation :
514 385-3490 poste 1153
Ligne d'écoute sans frais :
1 800 461-0140 (jeu, aide et référence)

« Le Centre Dollard-Cormier est un centre public de réadaptation de la région 06 (Île de Montréal) offrant des services spécialisés en alcoolisme, toxicomanie et jeu pathologique. » On y trouve aussi le Centre québécois de documentation en toxicomanie. Ouvert à tous pour consultation, ce centre de documentation contient la collection la plus importante du genre au Québec.

Drogue : aide et référence

dar@info-reference.qc.ca   Ligne d'information, d'écoute et de référence :
www.drogue-aidereference.qc.ca/index.html   514 527-2626 (pour le
                                                                      Grand Montréal)
                                              Ligne d'information, d'écoute et de référence :
                                        1 800 265-2626 (sans frais pour le Québec)
                                                              🖨 514 527-9712

Offre information, référence ainsi qu'écoute et soutien aux personnes concernées par la toxicomanie partout au Québec. Gratuit et confidentiel, accessible 24 heures par jour, 7 jours par semaine.

Fédération québécoise des centres de réadaptation pour personnes alcooliques et autres toxicomanes

204, rue Notre-Dame Ouest, bureau 350   ☎ 514 287-9625
Montréal (Québec) H2Y 1T3   🖨 514 287-9649
fqcrpat@fqcrpat.qc.ca
www.fqcrpat.qc.ca

La Fédération est une association de centres de réadaptation et d'organismes du secteur de la santé et des services sociaux, offrant des services spécialisés aux personnes aux prises avec des problèmes d'alcoolisme, de toxicomanie ou de jeu pathologique. Le site Internet nous renvoie à plusieurs liens d'intérêt et permet de trouver les centres de réadaptation de sa région ainsi que les services qui y sont offerts.

Groupes familiaux Nar-Anon

naranon@hotmail.com   ☎ 514 725-9284
www.naquebec.org/nar-anon/   ☎ 418 542-1758 (région Saguenay)

Rencontres hebdomadaires pour aider les parents et amis du consommateur de drogues à éviter à la fois le rejet et la surprotection du consommateur.

Tu ne seras pas accro, mon fils : peut-on éviter à nos enfants de devenir dépendants ?

Matysiak, Jean-Claude
Paris : Albin Michel, 2002. 156 p. (Questions de parents)

L'auteur invite les parents à s'interroger sur leurs propres dépendances et répond à leurs questions : Quelles sont les différentes dépendances ? Pourquoi commencent-elles souvent à l'adolescence ? Existe-t-il des prédispositions ? Comment répondons-nous aux problèmes de nervosité ou de sommeil de l'enfant : médicament ? bonbon ? Cet ouvrage « encourage les parents à comprendre ce qui favorise l'entrée dans la dépendance et les invite à aider leurs enfants à devenir autonomes, c'est-à-dire capables de se limiter ou de refuser une tentation. »

24 heures dans la vie de Théo   6 ans+
Lydie, Virginie
Francheville (France) : Balivernes, 2008. 48 p.

La maman de Théo ne va pas bien du tout. Sur le trottoir, elle a posé un petit carton à côté d'elle à même le sol. Elle n'aurait jamais fait ça si elle n'était pas malade, mais la poudre blanche coûte cher. Théo doit faire quelque chose pour la sauver… Ce petit roman réaliste traite d'un sujet délicat, la souffrance d'un petit garçon face à une maman toxicomane et sans le sou. Un livre optimiste qui se termine sur une note d'espoir.

Je m'informe sur l'alcool, les drogues, les médicaments, le jeu
ToxQuébec
www.toxquebec.com/verticale/alcool.ch2

Site très complet d'information pertinente sur l'alcool, la drogue, l'abus de médicaments et le jeu pathologique : tests d'autoévaluation, questions-réponses, ressources de traitement et d'entraide, témoignages, forums de discussion, etc.

Schizophrénie et consommation de substances psychoactives
Société canadienne de la schizophrénie
http://french.schizophreniaandsubstanceuse.ca

Information pour les familles, les bénéficiaires et les fournisseurs de service. Ce que vous devez savoir sur la schizophrénie combinée à l'alcoolisme ou à la toxicomanie. Quelles sont les répercussions sur la famille et les amis ? La guérison est-elle possible ?

**Toxico-Info : portail de la toxicomanie, de l'alcoolisme
et des autres dépendances**
Réseau Toxico Québec
www.toxico.info

Documentation exhaustive en matière d'intervention et de réflexion sur les toxicomanies, leurs préventions et les interventions de prise en charge.

Dépendances : Drogue
Tel-jeunes
http://teljeunes.com/menu/index.php?lang=fr&choix=informe

Informations et conseils aux ados sur la consommation de drogues.

Psychose et consommation de drogue et d'alcool
Société canadienne de schizophrénie, Sun Life Financial Chair in Adolescent
Mental Health, IWK Health Center et Dalhousie University
http://french.schizophreniaandsubstanceuse.ca/files/FRENCH_Psychosis_
brochure.pdf

Pourquoi les personnes qui souffrent de psychose consomment-elles des drogues et de l'alcool ? Comment cette consommation affecte-t-elle les personnes psychotiques ? Existe-t-il un traitement ? Est-ce possible de guérir ?…

AmosWA, réalité souterraine : les jeunes et la drogue
Langlois, Sonia, scénario et réalisation
Montréal : Office national du film du Canada, 2006. 1 DVD (30 min.)

« Plusieurs jeunes d'Amos (Abitibi) parlent librement de ce qui les a fait glisser dans le monde de la drogue et des conséquences que cette dépendance entraîne. La banalisation de la drogue n'aura jamais suscité autant d'émoi. » (ONF)
Disponible chez : ONF, tél. : 514 283-9000 ou 1 800 267-7710
www.onf.ca/collection/films/fiche/ ?id=54454

Les émotions ivres
Daigle, Hélène A., recherche, scénario et réalisation
Montréal : Office national du film du Canada, 2006. 1 DVD (26 min.)

« Quand les émotions deviennent à ce point intenses qu'elles lacèrent le cœur, il peut être difficile de résister à l'attrait des paradis artificiels. Le document présente trois témoignages sur la toxicomanie et son cercle infernal. Bert, Antoinette et Rita nous confient leur descente aux enfers de la dépendance. Tous les trois ont réussi à s'en sortir et sont aujourd'hui artisans de leur bonheur. Ils revisitent pour nous le périple parfois douloureux qui les a changés. » Tiré de CHOIXmédia.
Disponible chez : ONF, tél. : 514 283-9000 ou 1 800 267-7710
www.onf.ca/collection/films/fiche/ ?id=33958

Enfer et contre tous !
Cazabon, Andrée, scénario, recherche et réalisation
Montréal : Office national du film du Canada, 2006. 1 DVD (52 min.)

« La rage, la frustration, le désespoir. Trois mots qui reviennent sans cesse dans les propos des jeunes de la rue, mais qui évoquent aussi les sentiments éprouvés par leurs parents, souvent jugés et condamnés avant d'être entendus. C'est pour eux, les parents de toxicomanes, que la cinéaste a voulu réaliser ce film. Pour ce faire, Andrée Cazabon a revécu son propre passé en s'attachant aux parcours de Cathy et de Laurent, deux jeunes qui sont loin d'en être sortis. Elle les a suivis de longs mois sans rien cacher de leur existence ravagée, des rechutes qu'ils accumulent, de leur impuissance face à la drogue. L'espoir existe pourtant, puisque la jeune réalisatrice est là pour témoigner avec courage et créativité d'une vie qu'elle a trop bien connue. Pour une rare fois, voici donc un film qui témoigne de la détresse des parents. » Tiré de CHOIXmédia.
Disponible chez : ONF, tél. : 514 283-9000 ou 1 800 267-7710
www.onf.ca/collection/films/fiche/ ?id=33890

TRACHÉOTOMIE

Vivre avec une trachéotomie
Medela
www.medela.fr/F/suction/img/Clario_Broschure_A5_fr.pdf

Brochure racontant la vie de trois personnes qui ont appris à vivre avec leur trachéotomie ou celle d'un proche. Elle contient aussi des informations pratiques et des conseils sur l'aspiration trachéale.

TRANSPLANTATION

Fondation de la greffe de moelle osseuse de l'Est du Québec
1433, 4ᵉ avenue   ☏ 418 529-5580
Québec (Québec) G1J 3B9   ☏ sans frais : 1 877 520-3466
info@fondation-moelle-osseuse.org
www.fondation-moelle-osseuse.org

La Fondation est un organisme sans but lucratif qui vient en aide aux personnes greffées de moelle osseuse en leur offrant différents services : écoute téléphonique, accompagnement, consultation psychologique, centre de documentation,etc.

Maison des greffés du Québec
1989, rue Sherbrooke Est   ☏ 514 527-8661
Montréal (Québec) H2K 1B8   🖷 514 527-8663
fondation.linacyr@videotron.ca
www.maisondesgreffes.com/contact.html

« La Maison des greffés du Québec offre l'hébergement aux patients résidant à l'extérieur de la région métropolitaine de Montréal avant et après leur greffe. »

La transplantation d'organe : enjeux et paradoxes
De Plaen, Sylvaine et coll.
Montréal : Éditions du CHU Sainte-Justine, 2006. 208 p. (Intervenir)

Les auteurs, qui sont issus de diverses spécialités (pédiatrie, psychiatrie, anthropologie, sociologie…), abordent dans cet ouvrage certains des enjeux liés au phénomène complexe de la transplantation. Leurs textes révèlent la façon dont cette pratique est également traversée par des valeurs, des significations et des enjeux propres à la société elle-même et à chaque individu. Le témoignage de la mère d'une enfant transplantée de même que le texte d'une jeune femme ayant reçu un rein complètent cette réflexion sur les enjeux et les paradoxes de la transplantation d'organes.

Mon enfant va recevoir une allo-greffe de moelle
Duval, Michel et Dominique Davous
Paris : Espace éthique AP-HP, 2008. 87 p.

Un document pour aider les parents à mieux comprendre la greffe de moelle osseuse. Ce document a été élaboré par une équipe soignante d'expérience. Vous y trouverez des réponses à vos questions, à celles de votre enfant malade ou du donneur qui s'interrogent au sujet de la maladie et du traitement. Entre autres : Le fonctionnement général de la moelle / Les principes généraux de la greffe / Les risques de l'intervention pour l'enfant malade / Les risques et les contraintes pour le donneur / Les contraintes, les difficultés et les aides dont vous pouvez bénéficier. Ce document est distribué au Québec par les Éditions du CHU Sainte-Justine (514 345-4671), en France par l'association SPARA-DRAP : Centre national de ressources sur l'enfant et l'hôpital : www.sparadrap.org. Il est disponible aussi pour emprunt au Centre d'information Leucan (514 345-4931, poste 2336).

La transplantation de rein
Fondation canadienne du rein
www.rein.ca/page.asp?intNodeID=22679&switchLang=true

Explication générale de la procédure de la transplantation rénale.

Transplantation hépatique
Vulgaris médical
www.vulgaris-medical.com/encyclopedie/transplantation-hepatique-4616.html

Présentation de la transplantation hépatique, appelée également greffe de foie : candidats potentiels, technique chirurgicale, complications, évolution.

Transplantation hépatique
North American Society for Pediatric Gastroenterology
and Hepatology, and Nutrition
www.naspghan.org/user-assets/Documents/pdf/diseaseInfo/LiverTrans-F.pdf

Qu'est-ce qu'une transplantation hépatique ? Causes et symptômes d'une défaillance hépatique, procédures d'une transplantation et mode de vie à la suite d'une transplantation.

TRAUMATISME CRANIOCÉRÉBRAL

Association québécoise des traumatisés crâniens
911, rue Jean-Talon Est, bureau 106) 514 274-7447
Montréal (Québec) H2R 1V5 514 274-1717
www.aqtc.ca

L'AQTC offre une gamme très variée de services adaptés aux différents besoins de chacun de ses membres, allant des services de soutien psychosociaux à l'information et la promotion, sans oublier les activités de loisirs et les ateliers. L'Association travaille à aider la personne traumatisée crânienne à s'adapter de plus en plus à sa nouvelle situation, de façon à atteindre la meilleure qualité de vie possible. Elle offre également des services de soutien aux proches de la personne traumatisée crânienne. Notons également qu'à tous les trois mois, une conférence sur un sujet précis est offerte aux proches par des experts invités.

Prise en charge de l'enfant traumatisé en vue de son transfert
Lucas, Nathalie et Johanne Dupont
Montréal : Éditions du CHU Sainte-Justine, 2005. 64 p.

Pour améliorer les conditions dans lesquelles sont effectués les transferts des enfants traumatisés et ce, tant au plan de la prise en charge et de la stabilisation du malade avant son transport qu'au plan de l'organisation des différentes étapes relatives au transfert. Outil de référence pratique qui s'adresse à tous les professionnels de la santé concernés.

L'accident d'Hugo 3 ans+
L'équipe de neurotraumatologie de l'Hôpital Sainte-Justine
Montréal : Éditions du CHU Sainte-Justine, 2005. 31 p.

Cet album s'adresse à l'enfant qui a subi un traumatisme craniocérébral sévère et à sa famille. Ce livre, remis aux jeunes patients par l'équipe de neurotraumatologie du CHU Sainte-Justine, permet à l'enfant victime d'un TCC sévère de comprendre ce qu'il vit en lui remémorant les événements relatifs à l'accident et en lui expliquant les déficits associés, ainsi que le processus de réadaptation. Ce livre est un outil clinique dans le cadre de la thérapie en psychologie lorsque le niveau d'éveil de l'enfant le permet. Le partage et l'échange face à la situation vécue par l'enfant et sa famille favorisent l'expression des émotions et permettent la récupération d'un certain niveau de contrôle sur la situation vécue.

Le casque protecteur : les attitudes et les habitudes
Conseil canadien de la sécurité
www.safety-council.org/CCS/sujet/sport/casques.html

Comment changer nos attitudes et nos habitudes face au port du casque protecteur qui nous protège de sérieux traumatismes crâniens.

Le traumatisme craniocérébral : brochure à l'intention des familles et des personnes atteintes
Société de l'Assurance automobile du Québec
www.saaq.gouv.qc.ca/publications/victime/trauma_cranio_fr.pdf

Brochure informant « sur le fonctionnement du cerveau, les effets d'un dommage craniocérébral et les différentes phases de traitement ».

Les grandes roues, les petites roues et les enfants
Conseil canadien de la sécurité
www.safety-council.org/CCS/sujet/enfants/roues.html

Comment assurer la sécurité des enfants lorsqu'ils sont à vélo, à trottinette, sur une planche à roulettes et en patins à roues alignées.

Les traumatismes crâniens : ce qu'il faut surveiller
Collège des médecins de famille du Canada
www.ocfp.on.ca/local/files/Programs/Education%20PDF/French/Head_Injuries_fr.pdf

Causes, types de traumatismes crâniens, complications, prévention.

Traumatisme craniocérébral
Trauma Québec. Hôpital du Sacré-Cœur de Montréal
http://traumaquebec.com/Docs/Guidesfeuillets.html

Série de six guides et feuillets d'information sur le traumatisme craniocérébral.

TRISOMIE 21

Association de parents d'enfants trisomiques 21 - Lanaudière
206, chemin des Anglais   ☏ 450 477-4116
Mascouche (Québec) J7L 3N9   🖷 450 477-3534
apetl@cam.org

L'APETL offre de multiples services aux parents d'enfants atteints de trisomie 21 de la région de Lanaudière et ses environs. Écoute téléphonique, ateliers et cafés rencontres, formation en gestuelle Amer'ind, formation parents-soutien, répit, joujouthèque (s'adresse aussi aux parents d'enfants atteints d'un handicap physique ou intellectuel autre que la trisomie), activités socio-culturelles et centre de documentation.

Association du syndrome de Down de l'Estrie
836, rue Saint-Charles   ) 819 569-8112
Sherbrooke (Québec) J1H 4Z2   ) sans frais : 1 877 569-8112
asde_t21@hotmail.com   819 569-5144
http://pages.infinit.net/trisomie

L'Association offre plusieurs services aux parents d'enfants atteints de trisomie 21 de l'Estrie : information, soutien, bibliothèque sur la trisomie 21, joujouthèque, conférences, activités diverses, etc.

Regroupement pour la trisomie 21
3958, rue Dandurand   ) 514 850-0666
Montréal (Québec) H1X 1P7   514 850-0660
info@trisomie.qc.ca
www.trisomie.qc.ca

Le Regroupement organise des soirées d'information, des rencontres familiales (sociales et culturelles), des discussions de groupe et des conférences avec des professionnels. Il offre aussi un programme de stimulation à domicile ainsi que de l'information et du soutien pour les parents lors de l'intégration scolaire des enfants. Du matériel adapté est disponible sous forme de prêt (volumes, vidéos, jouets).

Comment vivre avec un enfant trisomique
Lejeune-Phélipot, Françoise
Paris : Éditions Josette Lyon, 2008. 166 p. (Comment vivre avec)

Pour répondre aux questions des parents inquiets, depuis la naissance de l'enfant jusqu'à l'adolescence. Comment favoriser le développement de son enfant trisomique, l'insérer dans la famille, dans la société, comment l'amener à profiter pleinement de ses capacités et à être heureux.

Le langage de l'enfant trisomique 21
Lafleur, Louise
Montréal : Éditions de l'Hôpital Sainte-Justine, 1993. 20 p.

Brochure traitant du développement du langage de l'enfant trisomique et des interventions possibles pour en favoriser le développement.

Trisomie 21 : guide à l'usage des familles et de leur entourage
Rethoré, Marie-Odile
Paris : Bash, 2005. 220 p. (Nouveaux traitements)

Quand les parents apprennent que leur bébé est porteur d'une trisomie 21, tout chavire, rien ne sera plus comme avant. Quelle sera la vie de leur enfant avec ce handicap ? Comment leur vie va-t-elle être transformée ? Existe-t-il des possibilités de traitement, des rééducations possibles ? Des spécialistes répondent ici aux principales interrogations des parents et les orientent dans ce nouveau monde à découvrir. Les parents apprendront que chaque enfant trisomique est unique et que la prise en charge doit être personnalisée.

Trisomie 21 : aides et conseils
Cuilleret, Monique
Paris : Masson, 2003. 212 p. (Abrégés)

Ouvrage pratique qui fournit aides et conseils à tous ceux qui s'occupent d'enfants atteints de trisomie 21 (médecins, psychologues, orthophonistes, psychomotriciens, professeurs, éducateurs, parents, etc.). L'enfant trisomique, son développement, ses besoins pour améliorer la qualité de vie de l'enfant et de la famille : les difficultés reliées à l'adolescence, l'adaptation à la vie adulte. L'auteur travaille depuis plus de 40 ans auprès des personnes atteintes de trisomie 21.

Trisomie et handicap. La parole des jeunes : configurations et itinéraires
Auguin, Nathalie, Jean-Sébastien Morvan et Valérie Torossian
Paris : CTNERHI, 2005. 155 p.

Les auteurs retracent le devenir d'adolescents et jeunes adultes trisomiques 21 sous l'angle de leur vie familiale, scolaire, professionnelle, ludique, affective, associative. Ils mettent en relief les difficultés, les implications et les réalisations concrètes. Cet ouvrage est le résultat d'une recherche qui a été menée au début des années 2000 et permet de poser un regard neuf sur le handicap.

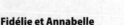

Fidélie et Annabelle   3 ans+
Marleau, Brigitte
Terrebonne (Québec) : Boomerang, 2007. 24 p. (Au cœur des différences)

Fidélie présente son amie Annabelle, 7 ans, qui est trisomique. Fidélie est certaine qu'en prenant des médicaments, des antibiotiques par exemple, Annabelle va guérir. Sa maman lui explique ce qu'est la trisomie, et Fidélie aime son amie comme elle est. Cette collection permet aux parents et aux éducateurs de sensibiliser les enfants à la richesse des différences.

Lili   3 ans+
Lacor, Agnès
Paris : Thierry Magnier, 2004. 32 p.

C'est l'histoire de Lili, petite fille trisomique, racontée par sa grande sœur. Lili est jolie avec ses yeux bridés, elle est douce et aime les câlins. Pourtant les gens sont différents avec elle, comme si elle leur faisait peur. Ils regardent ailleurs ou parlent d'autre chose.

Qui est Laurette ?   5 ans+
Cadier, Florence
Paris : Nathan, 2006. 29 p.

Laurette est trisomique. Elle va passer une journée par semaine à l'école de son quartier. Il y a tellement de préjugés qu'il lui est très difficile de s'adapter à ce nouveau milieu.

Un petit frère pas comme les autres   5 ans+
Delval, Marie-Hélène
Paris : Bayard, 2003. 29 p. (Les belles histoires)

Le petit frère de Lili-Lapin est trisomique. Lili aimerait que les autres arrêtent de se moquer de lui : elle le protège et essaie de l'aider à grandir, car c'est comme s'il était resté bébé. Elle apprend qu'elle doit l'accepter comme il est.

Triso Mike   6 ans+
Mollet, Charlotte
Paris : Thierry Magnier, 2005. 36 p.

Mike est trisomique. Ses parents le surprotègent parce qu'ils craignent l'intolérance des autres enfants. Mais Mike veut connaître le monde extérieur, il insiste auprès de ses parents.

Clément 21   7 ans+
David, Morgane
Paris : Hatier, 2007. 25 p. (Éthique et toc !)

Mathieu amène pour la première fois à l'école son petit frère Clément, atteint de trisomie 21. Le droit à la différence et le devoir d'accepter les autres sont les messages véhiculés par la collection Éthique et toc !. Les textes courts et sans tabous permettent aux parents d'amorcer le dialogue avec leurs enfants sur des sujets difficiles (handicap, mort, etc.).

Une petite sœur particulière : l'histoire de Nelly, née trisomique 21   7 ans+
Helft, Claude
Arles (France) : Actes Sud Junior, 2007. 63 p. (Benjamin)

Alexis vient tout juste d'apprendre la nouvelle. Sa maman vient d'accoucher d'une petite fille, Nelly. Quand il arrive à l'hôpital pour voir sa famille, son papa lui apprend que sa petite sœur est trisomique. La trisomie expliquée aux enfants par le biais de l'histoire au quotidien de la famille de Nelly et d'Alexis. Se termine par un court texte destiné aux parents sur la trisomie 21. Cette collection propose des albums pour aider les enfants à comprendre les événements plus compliqués qui surviennent dans leur vie.

Le jour où j'ai rencontré un ange   9 ans+
Minne, Brigitte
Bruxelles : Alice Jeunesse, 2007. 142 p. (Romans)

Depuis la mort de sa mère, Thomas, 12 ans, et son papa se sont repliés sur eux-mêmes. Ils vivent dans le chagrin et la solitude, jusqu'à l'arrivée de Tilly et de ses parents, les nouveaux voisins. Tilly a 15 ans, elle est différente des autres, elle est trisomique. Sa bonne humeur, sa vivacité, son monde imaginaire redonne à Thomas et à son père le goût de vivre, en les aidant à accepter l'inacceptable.

Étienne et Nicolas   10 ans+
Demeyère-Fogelgesang, Cécile
Paris : Hachette Jeunesse, 2004. 186 p. (Le livre de poche jeunesse)

Étienne ne trouve pas la vie toujours facile avec son petit frère trisomique. À la maison, avec l'ambiance familiale teintée de complicité, cela se passe bien même si son petit frère a toujours l'attention de ses parents : mais dès qu'il est en dehors, avec les amis où à l'école, tout devient plus compliqué.

Accueil d'un nouveau-né avec une trisomie 21
Université de Montréal - Faculté des sciences infirmières
www.scinf.umontreal.ca/famille/information/trisomie/trisomie_intro.htm

Signes et causes, besoins et soins, témoignages et ressources pour les parents d'un nouveau-né atteint de trisomie 21.

Info-trisomie
Regroupement pour la trisomie 21
www.cvm.qc.ca/jfmartin/trisomie/Infotrisomie/trisomie.html

Présentation de la maladie: définition et caractéristiques, génétique, aspect médical, stimulation, etc.

N'ayez pas peur... dites bonjour !
Génome Canada
www.nature.ca/genome/03/d/10/03d_14d_f.cfm

Explication de la trisomie 21 et témoignage vidéo d'une adolescente trisomique.

Syndrome de Down
Association médicale canadienne
www.cma.ca/public/DiseaseLibrary/patientInfo.asp?diseaseid=44

Informations détaillées: description, causes, symptômes, complications, développement, diagnostic et traitement.

Syndrome de Down (trisomie 21)
Association du syndrome de Down de l'Estrie
http://pages.videotron.com/trisomie

Plusieurs textes sur les enfants trisomiques, incluant les aspects santé, éducation et témoignages.

TRISOMIES

Voir aussi: Trisomie 21

Portail des maladies rares et des médicaments orphelins
Institut national de la santé et de la recherche médicale
www.orpha.net/consor/cgi-bin/Disease_PatientEncyclo.php?lng=FR

Encyclopédie sur les maladies rares. Les textes sont revus par des experts ainsi que par des associations de malades concernés.

TROUBLES BIPOLAIRES

Voir aussi : Santé mentale

Revivre : Association québécoise de soutien aux personnes souffrant de troubles anxieux, dépressifs ou bipolaires

5140, rue Saint-Hubert
Montréal (Québec) H2J 2Y3
revivre@revivre.org
www.revivre.org

Ligne d'information et d'écoute : 514 738-4873
Ligne d'écoute sans frais : 1 866 738-4873
) 514 529-3081
🖶 514 529-3081

Parmi ses services, l'Association offre une ligne d'écoute, d'information et de référence, des conférences, des groupes d'entraide, de la relation d'aide individuelle, un centre de documentation, un site Internet avec clavardage et forums de discussion, un programme Jeunesse destiné aux enfants et aux adolescents ainsi qu'à leurs parents. L'Association distribue gratuitement de la documentation sur les troubles anxieux, dépressifs et bipolaires et vend aussi des livres et des vidéocassettes sur la dépression et le trouble bipolaire. Un bulletin publié trois fois par année, *L'envolée*, est aussi distribué gratuitement à ses membres.

Cyclothymie : troubles bipolaires des enfants et adolescents au quotidien
Hantouche, Élie
Paris : Éditions Josette Lyon, 2007. 263 p. (Santé)

L'enfant ou l'adolescent qui passe des moments de dépression, de ralentissement, d'opposition, d'anxiété, de gaieté et d'énergie excessives, qui a des crises de colère ou de rage, des conflits avec autrui, des périodes où tout devient complexe alors qu'il est en même temps attachant, sensible et affectueux, celui-là a de fortes chances de souffrir du trouble bipolaire. Selon les données de l'auteur, 5 à 8 % des jeunes sont dépressifs, la moitié de ceux-là seraient en réalité atteints de bipolarité. Ce livre donne des réponses aux nombreuses questions des parents et enseignants, et propose des solutions thérapeutiques et pédagogiques.

La souffrance des adolescents. Quand les troubles s'aggravent : signaux d'alerte et prise en charge
Jeammet, Phillipe et Denis Bochereau
Paris : La Découverte, 2007. 223 p.

Le but de ce livre : « Décrypter au mieux les bouleversements de l'adolescence, savoir repérer certains signaux d'alerte pour lesquels il est préférable de consulter. Troubles du comportement, dépression, attitude suicidaire, anorexie, troubles de l'humeur ou schizophréniques… » Pour aider les parents à accompagner leur adolescent quand celui-ci a un cheminement difficile.

Le trouble bipolaire : pour ceux qui en souffrent et leurs proches
Filteau, Marie-Josée et Jacques Beaulieu
Montréal : La Semaine, 2008. 84 p. (SOS Santé)

Un livre pour venir en aide à ceux qui souffrent du trouble bipolaire, mais aussi à ceux qui côtoient une personne qui en est atteinte. Un chapitre est consacré au trouble bipolaire chez l'enfant et chez l'adolescent.

Vivre avec un maniaco-dépressif
Gay, Christian
Paris : Hachette, 2008. 209 p.

Les fluctuations de l'humeur provoquées par le trouble bipolaire font souffrir le patient et son entourage. Conjoints, parents, enfants doivent prendre tout en main lors des phases dépressives. Lors des phases maniaques, ils doivent faire preuve de tact, de diplomatie et de patience. Souvent les familles sont peu informées sur la maladie et elles se retrouvent en première ligne pour vivre le quotidien et en prendre soin. L'auteur, psychiatre, a écrit ce livre pour informer, encourager et soutenir ces familles.

Quand l'humeur joue aux montagnes russes !   6 ans+
Chovil, Nicole
Montréal : Société québécoise de la schizophrénie, 2003.
(Comprendre la maladie mentale dans la famille)

Brochure qui explique clairement et simplement aux enfants ce qu'est le trouble bipolaire, ce qui le cause et si on peut le traiter. Pour aider les enfants qui ont un parent ou un proche atteint de cette maladie mentale et qui ne comprennent pas son comportement. À lire avec les parents. Brochure disponible à la Société québécoise de la schizophrénie au numéro suivant : 1 866 888-2323.

**Ce que les enfants veulent savoir… lorsqu'un de leurs parents
a un trouble bipolaire**
Centre de toxicomanie et de santé mentale
www.camh.net/fr/About_Addiction_Mental_Health/Mental_Health_
Information/when_parent_bipolar_fr.html

« Questions que posent souvent les enfants au sujet du trouble bipolaire de leur père ou de leur mère, et suggestions sur la façon d'y répondre. »

Le trouble bipolaire
Fondation des maladies mentales
www.fondationdesmaladiesmentales.org/fr/p/aider-une-personne/
les-maladies-mentales/trouble-bipolaire

Présentation du trouble bipolaire, auparavant appelé maniaco-dépression : symptômes, causes, traitements.

TROUBLES D'APPRENTISSAGE

Association québécoise pour les troubles d'apprentissage (AQETA)

284, rue Notre-Dame Ouest, bureau 300   ☎ 514 847-1324
Montréal (Québec) H2Y 1T7   🖷 514 281-5187
info@aqeta.qc.ca
www.aqeta.qc.ca

« L'AQETA est un organisme sans but lucratif dont la mission est de faire la promotion et la défense des droits collectifs des enfants et des adultes qui ont des troubles d'apprentissage. L'AQETA représente les parents et les soutient dans leurs démarches. » Les services offerts sont : information, écoute active, programmes d'entraide aux familles, conférences et congrès annuel.

Learning Disabilities Association of Canada
Troubles d'apprentissage - Association canadienne

250, avenue City Centre, pièce 616   ☎ 613 238-5721
Ottawa (Ontario) K1R 6K7   🖷 613 235-5391
info@ldac-taac.ca
www.ldac-taac.ca

Troubles d'apprentissage - Association canadienne est le porte-parole national des personnes ayant des troubles d'apprentissage et de ceux qui les appuient. Elle informe et sensibilise la population aux troubles d'apprentissage. Il y a une association dans chaque province et deux des territoires du Canada.

Aider les enfants en difficulté d'apprentissage
Juhel, Jean-Charles
Sainte-Foy (Québec) : Presses de l'Université Laval, 1998. 362 p.

L'auteur, avec cet outil pratique, offre aux parents et aux intervenants la possibilité de mieux connaître les enfants qui présentent des troubles d'apprentissage, de comprendre leur attitude et leur réaction face à l'apprentissage afin d'intervenir plus efficacement. Ce livre aborde l'apprentissage (théories et aptitudes requises), les difficultés d'apprentissage (causes, manifestations, interventions), les problèmes de lecture, d'orthographe et de dyslexie, l'hyperactivité et les difficultés d'apprentissage des enfants ayant une déficience auditive ou visuelle.

Ces enfants empêchés de penser
Boimare, Serge
Paris : Dunod, 2008. 178 p.

« Les difficultés d'apprentissage des élèves qui n'accèdent pas à la maîtrise des savoirs fondamentaux relèvent d'une logique que nous refusons de prendre en compte, celle de la peur d'apprendre et de sa conséquence : l'empêchement de penser. Ces enfants intelligents inventent des moyens pour figer leurs processus de pensée. Cette stratégie leur permet d'échapper aux frustrations que provoque chez eux l'apprentissage… ». À partir de sa pratique, l'auteur propose des pistes concrètes pour réconcilier ces enfants avec l'apprentissage.

Dyslexie et autres maux d'école
Béliveau, Marie-Claude
Montréal : Éditions du CHU Sainte-Justine, 2007. 296 p.
(Collection du CHU Sainte-Justine pour les parents)

La dyslexie et d'autres « maux d'école » (dysorthographie, dyspraxie, dyscalculie, trouble déficitaire de l'attention, dysfonctions non verbales…) nuisent aux apprentissages de 10 à 15 % des enfants. En dépit du manque de ressources en milieu scolaire et médical, les parents veulent qu'on trouve des moyens d'intervenir rapidement et efficacement, que la nature du problème de l'enfant soit clairement identifiée ou non. L'ouvrage propose une approche simple et pragmatique qui a pour objectif de permettre aux parents et aux différents intervenants de faire une lecture, fondée sur les styles cognitifs, des forces et des difficultés de l'enfant. Bref, l'approche préconisée dans ce livre vise à remettre l'enfant en piste sur le plan scolaire en lui donnant des moyens de réussir malgré tout et de se développer à la pleine mesure de ses capacités.

Les troubles d'apprentissage : comprendre et intervenir
Destrempes-Marquez, Denise et Louise Lafleur
Montréal : Éditions de l'Hôpital Sainte-Justine, 1999. 128 p.
(Collection de l'Hôpital Sainte-Justine pour les parents)

Les troubles d'apprentissage touchent 10 % à 15 % de la population. Ils ne sont pas dus à un déficit de l'intelligence, mais plutôt à des difficultés dans l'acquisition et le traitement de l'information. Ce livre fournit aux parents des moyens concrets et réalistes pour mieux jouer leur rôle, car des parents bien informés et déterminés peuvent contribuer plus que quiconque à la réussite de leur enfant.

Mon enfant souffre de troubles du langage et des apprentissages
Amar-Tuillier, Avigal
Paris : La Découverte, 2004. 181 p. (Guide pratique pour comprendre)

Bégaiement, dysphasie, dyslexie, dysorthographie, dyscalculie, dyspraxie, trouble d'hyperactivité avec déficit de l'attention : ces troubles du langage et des apprentissages sont connus depuis longtemps des soignants et des intervenants, même s'il existe encore des débats concernant leur origine et la manière de les traiter. Malgré tout, le dépistage et le diagnostic surviennent parfois très tard. Pour aider les parents à y voir plus clair, l'auteur leur fournit des repères pour qu'ils reconnaissent les premiers symptômes de ces troubles, choisissent le bon spécialiste et leur explique les différents traitements, le tout appuyé d'exemples concrets.

Un cerveau pour apprendre différemment : comprendre comment fonctionne le cerveau des élèves en difficulté pour mieux leur enseigner
Sousa A., David
Montréal : Chenelière, 2006. 172 p.

Ouvrage qui apporte un éclairage sur le processus d'apprentissage des élèves en difficulté, qu'ils éprouvent des problèmes à s'exprimer verbalement, à lire, à écrire ou à acquérir des concepts mathématiques. Il aborde également l'incident des troubles de sommeil et de comportement sur le développement des compétences des élèves. Un chapitre traite de la problématique des enfants autistes, dont ceux atteints du syndrome d'Asperger, un autre touche le trouble déficitaire de l'attention avec ou sans hyperactivité. L'auteur propose des moyens efficaces d'aider tous ces élèves à surmonter leur lacunes pour mieux apprendre. Chaque chapitre aborde un type de difficulté d'un point de vue théorique et propose ensuite de très nombreux conseils pratiques ainsi que des stratégies simples à appliquer en classe.

Le guide de survie des jeunes ayant des troubles d'apprentissage :   8 ans+
primaire/secondaire
Fisher, Gary L. et Rhoda Woods Cummings
Montréal : Guérin, 2002. 89 p.

Ce guide s'adresse aux enfants qui ont des troubles d'apprentissage. Les auteurs répondent à leurs questions pour les aider à comprendre leurs difficultés scolaires et leurs donnent des moyens de les surmonter. Ce livre a été traduit, adapté et modifié pour refléter la réalité canadienne. Pour les enfants plus jeunes, à lire avec les parents.

Espace parents et familles
Orthomalin - Le portail des orthophonistes malins
www.orthomalin.com/accueil/index.php?m=parents

Documents écrits et extraits sonores pour les parents qui ont des enfants avec des troubles d'apprentissage, en particulier la dyslexie.

L'orthopédagogue, un spécialiste des difficultés d'apprentissage
Association des orthopédagogues du Québec
www.adoq.ca/old/roledel_ortho20-04_2_screen.pdf

Profil de l'orthopédagogue : formation, compétences, expertise. Où trouve-t-on un orthopédagogue ?

Mieux connaître les TA
Troubles d'apprentissage - Association canadienne
www.ldac-taac.ca/indepth/partnerships_teacher-f.asp

Plusieurs textes sur les troubles d'apprentissage : nouvelle définition, signes, identification précoce, etc.

TROUBLES D'OPPOSITION

Voir aussi : Discipline

Ces enfants qui nous provoquent
Fabre, Nicole
Paris : Fleurus, 1997. 193 p. (Le métier de parents)

À l'aide de témoignages, l'auteur explique la psychologie des enfants qui, par leur comportement, dérangent les autres ou qui mettent à l'épreuve la patience de leurs parents et professeurs.

Enfant difficile, enfant prometteur : comment l'aimer, le comprendre et réussir son éducation
Greenspan, Stanley et Jacqueline Salmon
Paris : Odile Jacob, 1998. 391 p. (Opus)

Pour les parents découragés par leur enfant difficile, susceptible, colérique, distrait, impossible, etc. À l'aide de cinq portraits d'enfants difficiles, l'auteur explique aux parents, en donnant des conseils pratiques, comment aider ces enfants à devenir plus agréables et plus souples.

Gérer un enfant difficile au quotidien
Canonge, Deanna et Michel Lecendreux
Paris : Solar, 2006. 125 p. (Mes consultations psy)

Opposition, provocation, agitation, difficulté de concentration, crises de colère, comportements inappropriés ou agressifs… Les parents sont de plus en plus souvent confrontés à des comportements difficiles de la part de leurs enfants. Dans cet ouvrage, les parents trouveront des définitions claires pour identifier rapidement les problèmes, des conseils simples à mettre en pratique au quotidien pour anticiper et réagir avec efficacité, des exemples concrets et des mises en situation pour mieux cerner l'origine des difficultés et comprendre les réactions de l'enfant et des solutions personnalisées à mettre en œuvre avec l'enfant pour rétablir l'harmonie familiale.

Mon enfant s'oppose : quoi dire ? quoi faire ?
George, Gisèle
Paris : Odile Jacob, 2006. 272 p. (Guides pour s'aider soi-même)

Il n'écoute pas, refuse d'aller se coucher, de faire ses devoirs, de fermer la télé, de ranger sa chambre. Pourquoi s'oppose-t-il tant ? L'auteur explique le phénomène d'opposition et donne des conseils correspondant à l'âge et au développement de l'enfant.

Les durs à cuire …. de la maternelle !
Une pilule, une petite granule. Télé-Québec
http://pilule.telequebec.tv/pages/Categorie-de-sujets-dun-emission/
dossier-de-la-semaine.aspx?emission=156&date=2008-01-10

Témoignages de professeurs et de parents devant composer avec des enfants d'âge préscolaire ayant des troubles d'opposition.

Les enfants difficiles : que faire ?
Fondation Investir dans l'enfance
www.investirdanslenfance.ca/DisplayContent.aspx?name=difficult_children

Quelques conseils aux parents pour comprendre et mieux gérer les enfants difficiles.

TROUBLES DE L'ATTACHEMENT

Voir aussi : Adoption, Famille d'accueil

**Enfances blessées, sociétés appauvries : drames d'enfants
aux conséquences sérieuses**
Julien, Gilles
Montréal : Éditions de l'Hôpital Sainte-Justine, 2005. 240 p.
(Collection de l'Hôpital Sainte-Justine pour les parents)

Ce livre raconte des histoires bouleversantes de petits et grands drames d'enfants qui ont tous des conséquences sérieuses. L'auteur, pédiatre social, rencontre tous les jours des enfants qui souffrent de ne pas avoir de place, de ne pas pouvoir se développer adéquatement, de se faire voler leur enfance. Un livre qui affirme qu'une société doit par dessus tout aimer et soutenir ses enfants, un livre qui plaide pour l'espoir et pour un monde où l'enfant reviendrait au premier plan.

La peur de la séparation : de l'enfance à l'âge adulte
Bailly, Daniel
Paris : Odile Jacob, 2005. 218 p.

L'attachement que l'enfant éprouve pour sa mère peut parfois être trop fort et devenir nocif pour lui. Naît alors une véritable anxiété de séparation qui peut avoir des répercussions tout au long de sa vie. Il est impératif de s'en préoccuper le plus tôt possible pour aider l'enfant à devenir adulte et être capable d'aimer. L'auteur explique pourquoi et comment.

L'abandon d'enfant : dépister, accepter, accompagner
Rainville, Suzanne et al.
Montréal : Sciences et Culture, 2001. 286 p.

Ce livre, réalisé avec la participation du Centre jeunesse de Montréal, s'adresse avant tout aux intervenants qui travaillent avec des enfants à risque d'abandon ou en situation d'abandon. Quelle démarche avoir avec des parents qui ont des limites ou des incapacités relationnelles ? Comment intervenir auprès des familles ? Quelles sont les conséquences de la séparation parent-enfant ? Études de cas à l'appui.

L'enfant abandonné : guide de traitement des troubles de l'attachement
Rygaard, Niels Peter
Bruxelles : De Boeck, 2007. 272 p. (Parentalités)

Un guide de traitement pour les troubles sévères de l'attachement, troubles que l'on retrouve chez les enfants qui ont survécu à plusieurs événements traumatiques pendant leurs premières années, dont le manque persistant de soins parentaux. L'auteur les décrit comme « des enfants normaux dont le comportement anormal est dû à un environnement précoce anormal ». L'ouvrage se divise en 3 parties : 1- Développement des troubles de l'attachement de la conception à l'adolescence 2- Traitement 3- Recommandations pour organiser le milieu thérapeutique. Un livre qui s'adresse avant tout aux intervenants mais aussi aux parents et aux familles d'accueil.

L'enfant et la souffrance de la séparation : divorce, adoption, placement
Berger, Maurice
Paris : Dunod, 2003. 170 p. (Enfances)

Les enfants qui souffrent de la séparation, après un divorce, une adoption ou un placement, présentent de nombreux points communs que l'auteur regroupe sous le concept de pathologie du lien. Quels moyens thérapeutiques peuvent aider ces enfants à diminuer les maux de la séparation ? Un ouvrage qui s'adresse à tous les professionnels qui travaillent avec les enfants qui font face à de telles situations et aux parents touchés par ces problèmes.

TROUBLES DE LA CROISSANCE

Voir aussi : Nanisme

Troubles de croissance
Industrie Canada
www.biofondations.gc.ca/francais/view.asp?x=760

Définition, types de troubles de croissance, génétique, biotechnologie, diagnostic et traitement.

TROUBLES DU COMPORTEMENT

À nous de jouer ! En services de garde éducatifs : guide pratique pour résoudre les problèmes comportementaux des enfants d'âge préscolaire
Essa, Eva
Québec : Publications du Québec, 2002. 448 p. (Petite enfance)

L'auteur fait le tour des comportements problématiques rencontrés chez les jeunes enfants. En tout, plus de 40 comportements inquiétants. Pour chacun, on donne la cause et les conséquences, et on propose des solutions (par exemple : l'enfant qui frappe, qui pleure trop, boudeur, timide, qui casse tout, colérique, qui refuse de participer aux activités, etc.). Même si ce livre est avant tout destiné au personnel des services de garde, il s'avère un guide utile pour les parents inquiets.

Comment être le bon parent d'un élève difficile
Royer, Égide
Québec : École et comportement, 2007. 126 p.

L'auteur est psychologue scolaire. Il écrit pour les parents, au sujet des enfants qui ont des difficultés de comportement à l'école. Il leur suggère des moyens d'intervention pour faire face aux situations difficiles et pour les aider à être plus efficace dans l'éducation de leur enfant. Voir aussi chez le même éditeur *Le chuchotement de Galilée : permettre aux jeunes difficiles de réussir à l'école* (2006) et *Comme un caméléon sur une jupe écossaise : comment enseigner à des jeunes difficiles sans s'épuiser* (2005).

Enfant difficile, enfant prometteur : comment l'aimer, le comprendre et réussir son éducation
Greenspan, Stanley et Jacqueline Salmon
Paris : Odile Jacob, 1998. 391 p. (Opus)

Pour les parents découragés par leur enfant difficile, susceptible, colérique, distrait, impossible, etc. À l'aide de cinq portraits d'enfants difficiles, l'auteur explique aux parents, en donnant des conseils pratiques, comment aider ces enfants à devenir plus agréables et plus souples.

Gérer des adolescents difficiles : comportements impulsifs, excessifs ou agités
Compernolle, Théo, Hilde Lootens, Rob Moggré et Théo Van Eerden
Bruxelles : De Boeck, 2004. 134 p. (Comprendre)

Les auteurs proposent des conseils pratiques et des méthodes pour résoudre les problèmes rencontrés avec les adolescents qui ont un comportement excessif. Ils dénoncent, entre autres, les contradictions dans les messages éducatifs. Le dernier chapitre est consacré aux adolescents hyperactifs ou en déficit de l'attention et de concentration. Les auteurs travaillent ensemble dans une polyclinique et rencontrent des parents et des adolescents aux comportements difficiles.

La souffrance des adolescents. Quand les troubles s'aggravent : signaux d'alerte et prise en charge
Jeammet, Phillipe et Denis Bochereau
Paris : La Découverte, 2007. 223 p.

Le but de ce livre : « Décrypter au mieux les bouleversements de l'adolescence, savoir repérer certains signaux d'alerte pour lesquels il est préférable de consulter. Troubles du comportement, dépression, attitude suicidaire, anorexie, troubles de l'humeur ou schizophréniques… » Pour aider les parents à accompagner leur adolescent quand celui-ci a un cheminement difficile.

L'enfant manipulateur : comment reprendre le contrôle et aider nos enfants à devenir forts, autonomes et indépendants
Cotter, Patrick et Ernest Swihart
Montréal : Trustar, 1997. 287 p.

S'attarde à l'origine de ce comportement chez les enfants. Traite aussi des éléments qui leur permettraient d'être plus aptes aux relations humaines et d'être plus autonomes. Établit la corrélation entre l'ensemble des problèmes et les comportements de manipulation des enfants.

Les adolescents difficiles et leurs parents
Peeters, Jos, Marie-Josée De Chellinck et Gérald-R. Patterson
Bruxelles : De Boeck, 2005. 205 p. (Comprendre)

Des adolescents qui mettent les nerfs de leurs parents à vif, qui refusent catégoriquement d'accomplir les tâches les plus élémentaires tout en exigeant de nouvelles libertés, qui ont des ennuis avec la police, des fréquentations douteuses, du laisser-aller dans les études, etc. Bientôt ces enfants seront adultes, que deviendront-ils ? Bon nombre de parents se demandent comment ils peuvent aider leur adolescent difficile, tout en conservant une certaine harmonie au sein de la famille. Les auteurs proposent une approche familiale basée sur le développement des compétences parentales pour modifier le comportement problématique de ces jeunes. Ils expliquent étape par étape comment améliorer les interactions immédiates entre parent et adolescent.

Les enfants perturbateurs
Brun, Danièle
Paris : Odile Jacob, 2007. 183 p.

Pourquoi certains enfants ont-ils le sentiment d'être incompris et leurs parents sont-ils découragés de ne rien comprendre ? Avec de multiples exemples cliniques, l'auteur tente de démontrer comment les enfants ont besoin d'espace intime pour se construire, espace qui leur permet de trouver des solutions à leurs problèmes. Trop souvent, selon l'auteur, les parents s'approprient cet espace par souci d'adapter le plus vite possible leurs enfants aux exigences de la société. L'issue pour les parents : se rappeler et se réconcilier avec leur propre enfance « pour laisser se déployer la plasticité de leur enfant ».

Les troubles du comportement à l'école : prévention, évaluation et intervention
Massé, Line, Nadia Desbiens et Catherine Lanaris
Montréal : Gaëtan Morin, 2006. 400 p.

Premier ouvrage de langue française entièrement consacré aux troubles du comportement à l'école. La première partie aborde les principaux troubles du comportement (déficit d'attention/hyperactivité, trouble oppositionnel avec provocation, trouble des conduites, délinquance et toxicomanie, dépression et suicide, violence, décrochage scolaire, etc.) et les problèmes qui y sont associés. La deuxième partie porte sur l'évaluation psychosociale des troubles du comportement et sur l'intervention auprès des élèves ayant des difficultés d'adaptation. Les auteurs présentent les principales méthodes d'intervention qui se sont révélées efficaces pour prévenir les troubles comportementaux ou favoriser l'adaptation socio-affective de ces jeunes, exemples à l'appui.

Quand l'adolescent va mal : l'écouter, le comprendre, l'aimer
Pommereau, Xavier
Paris : J'ai lu, 2003. 250 p. (J'ai lu bien-être)

Angoisses, dépressions, plaintes corporelles, retrait relationnel, troubles des conduites alimentaires, consommation de drogues, conduites de risque, violences, fugues, conduites suicidaires. Voilà les comportements qui signalent un malaise chez l'adolescent. Comment détecter, écouter et comprendre l'adolescent qui va mal ? L'auteur propose un modèle de relation fondé sur la confiance, la communication et la remise en question pour aider l'adolescent et sa famille à s'en sortir.

Tout ne se joue pas avant 3 ans
Delion, Pierre et Pascale Leroy
Paris : Albin Michel, 2008. 212 p.

L'auteur, pédopsychiatre, ne croit pas qu'il existe des signes qui prédisent une future délinquance. Pour lui, les troubles de la conduite du jeune âge sont des appels à l'aide qui expriment une souffrance psychique qui ne parvient pas à se dire. À travers des exemples cliniques et en retraçant les grandes étapes du développement, il nous aide à comprendre l'origine et plaide pour une vraie politique de prévention et de prise en charge. Rien n'est joué à 3, 6 ou 10 ans. Mais beaucoup reste à jouer pourvu que l'on veuille bien entendre ce que les troubles ont à nous dire et prendre en compte la personne humaine.

Vivre avec un enfant qui dérange
Julien, Gilles
Montréal : Bayard Canada, 2007. 175 p.

L'auteur écrit pour les parents qui sont inquiets devant le comportement de leur enfant qu'ils ne comprennent pas. En 3 parties : 1- Être parent d'un enfant qui dérange 2- Comprendre l'enfant qui dérange (qu'il soit hyperactif, solitaire, enfant-roi, impulsif, menteur, handicapé, autiste, etc., c'est-à-dire un enfant qui ne correspond pas aux attentes) 3- Trouver de l'aide.

Annette Brouillette   3 ans+
Hallé, France
Montréal : Banjo, 2003. 122 p. (Le Raton Laveur)

Annette Brouillette ne termine jamais ce qu'elle commence et, parce qu'elle est très curieuse, elle a beaucoup de projets. Alors tout est en ébullition autour d'elle.

Hurlovent   5 ans+
Massini, Anaïs
Paris : De la Martinière, 2001. 32 p.

Hurlovent a un problème qui embête tout le monde : il crie tout le temps quand il est
énervé, heureux, fâché, etc. Il cherche sa place, mais il est rejeté partout. Les gens de la
ville cherchent ensemble une solution pour l'aider à être plus heureux.

Il y a un garçon dans les toilettes des filles   7 ans+
Sachar, Louis
Paris : L'École des Loisirs, 2001. 238 p. (Neuf)

Bradley déteste tout le monde et tout le monde le déteste. Il ment, n'est gentil avec personne et crache sur ses camarades de classe. Son professeur l'envoie consulter une
conseillère en éducation, Carla. Avec patience et détermination, celle-ci trouvera les
moyens de l'aider à changer son comportement peu à peu.

Le petit maudit   7 ans+
Tibo, Gilles
Saint-Lambert (Québec) : Soulières, 2000. 47 p. (Ma petite vache a mal aux pattes)

Le petit maudit est délinquant : il fait vilain coup sur vilain coup : cracher, mentir, crever
des pneus, voler, tricher, détruire, etc. Il est aussi persuadé que personne ne l'aime. Un
jour, il rencontre Guillaume qui préfère la lecture aux mauvais coups.

L'encyclopédie des cancres, des rebelles et autres génies   10 ans+
Blanchard, Anne, Serge Bloch et Jean-Bernard Pouy
Paris : Gallimard Jeunesse, 2006. 139 p.

La jeunesse laborieuse de trente personnages célèbres racontée avec humour, que ce soit
Einstein, Agatha Christie, Charlie Chaplin, etc. Ils ont tous eu un parcours scolaire difficile, avec de mauvaises notes ou des problèmes avec l'autorité. Et pourtant, ils ont laissé
leur marque dans l'histoire, tant en sciences qu'en musique, en peinture, en cinéma, etc.
Pour dédramatiser l'expérience scolaire qui s'avère si difficile pour certains enfants.

La beauté du monde : des jeunes témoignent de leur espoir   13 ans+
Saint-Hubert : CLSC Saint-Hubert, 2002. 207 p.

Des témoignages d'adolescents de 14-18 ans qui ont traversé des épreuves et qui en sont
sortis victorieux. Ce recueil de témoignages a été réalisé par André Lafrance, travailleur
social au CLSC Saint-Hubert. Avec ces témoignages, il espère faire partager aux jeunes
qui vivent des difficultés l'espoir qui n'a pas lâché ces autres jeunes qui sont sortis
gagnants des périodes difficiles de leur vie.

Comment enseigner à des élèves ayant des troubles du comportement ?
École et comportement
www.ecolecomportement.com/trucs1.html

Des trucs et des conseils aux enseignants pour mieux gérer ce type d'élèves dans une
classe.

Guide pour résoudre les problèmes comportementaux des enfants d'âge préscolaire
Emploi, solidarité sociale et famille Québec
www.mfa.gouv.qc.ca/services-en-ligne/a-nous-de-jouer/

Sur ce site, vous trouverez une trentaine de fiches qui traitent des causes de comportements indésirables chez le jeune enfant : les fiches expliquent également comment observer l'enfant et créer un environnement positif favorisant les comportements convenables.

La discipline et le contrôle des comportements
Fondation Investir dans l'enfance
www.investirdanslenfance.ca/Pages/MyChild/AnswersForParents.
aspx?topic=Discipline/Guiding%20Behaviour

Plusieurs textes sur différents aspects de la discipline, en particulier sur la définition des limites.

Les enfants et les problèmes de comportement
Association canadienne pour la santé mentale
www.cmha.ca/bins/content_page.asp?cid=2-29-66&lang=2

Comment aborder de façon constructive les problèmes de comportement de vos enfants.

On a signalé la situation de votre enfant au DPJ. Que devez-vous savoir maintenant ?
Ministère de la Santé et des Services sociaux du Québec
http://publications.msss.gouv.qc.ca/acrobat/f/documentation/2007/07-838-02.pdf

Explique l'intervention du DPJ étape par étape ainsi que les droits des parents et des enfants durant ce processus.

TROUBLES DU LANGAGE

Voir aussi : Bégaiement, Dysphasie

Ordre des orthophonistes et audiologistes du Québec
235, boul. René-Lévesque Est, bureau 601
Montréal (Québec) H2X 1N8
info@ooaq.qc.ca
www.ooaq.qc.ca

☎ 514 282-9123
☎ sans frais : 1 888 232-9123
🖷 514 282-9541

Il est possible d'obtenir les coordonnées d'orthophonistes et d'audiologistes pratiquant en cabinet privé en consultant la section Où consulter ? du site Internet de l'Ordre.

Comment la parole vient aux enfants : de la naissance jusqu'à deux ans
de Boysson-Bardies, Bénédicte
Paris : Odile Jacob, 2005. 298 p. (Poches Odile Jacob)

L'auteur est spécialiste de l'acquisition du langage chez les jeunes enfants. Dans son livre, elle répond à des questions telles que : Doit-on parler de façon particulière à un bébé ? Est-il inquiétant que son enfant ne parle pas à 20 mois ? Comment le bébé parvient-il à comprendre et à reproduire les sons qu'il entend ? Voir également du même auteur : *Le langage qu'est-ce que c'est ?* (2003).

Élever bébé : bébé parle
Rufo, Marcel et Christiane Schilte
Paris : Hachette, 2004. 126 p. (Pratiques Hachette Enfant)

Pour favoriser le développement du langage chez le tout-petit et établir une bonne communication entre parents et enfants. Les auteurs expliquent les mécanismes du langage de la naissance à 6 ans et donnent des repères pour mesurer la progression des acquisitions de l'enfant. Aussi des conseils pour repérer les défauts de prononciation, les difficultés de compréhension et le retard d'acquisition.

Et si on parlait ensemble… à partir des sons et des gestes de votre enfant
Guay, Gabrielle et Claudine Toupin-Rochon
Montréal : Éditions du CHU Sainte-Justine, 1993. 17 p.

Donne quelques conseils pratiques et quelques suggestions d'activités qui permettront à l'enfant dont le niveau de langage inquiète les parents de progresser.

Et si on parlait ensemble… pour aider votre enfant à formuler des phrases
Guay, Gabrielle et Claudine Toupin-Rochon
Montréal : Éditions du CHU Sainte-Justine, 1993. 16 p.

Donne des conseils pratiques et des suggestions d'activités qui permettront à l'enfant de progresser (amélioration de la construction de phrases) dans l'attente d'une rencontre en orthophonie.

L'apprentissage des sons et des phrases : un trésor à découvrir
Beauchemin, Maryse, Sylvie Martin et Suzanne Ménard
Montréal : Éditions du CHU Sainte-Justine, 2000. 112 p.

Ce guide s'adresse aux parents dont les enfants d'âge préscolaire présentent des difficultés dans l'acquisition du langage. Les auteurs proposent des explications claires, des exemples concrets et des exercices pratiques qui permettront d'aider l'enfant tout en s'amusant avec lui. Édité en collaboration avec La Cité de la Santé de Laval.

Les habiletés préalables à la communication
Audet, Claire
Montréal : Éditions du CHU Sainte-Justine, 2001. 147 p.

Voici un guide pour les parents et les intervenants œuvrant auprès de jeunes enfants présentant un handicap physique ou intellectuel. La première partie traite des composants et du développement de la communication ainsi que des habiletés préalables au langage. La deuxième partie présente un programme de stimulation : attention visuelle, permanence de l'objet, lien de cause à effet, imitation, symbolisation, production et désir de communication. Des questionnaires, grilles d'analyse, liste de choix de jeux et de jouets vous aideront à savoir comment stimuler l'enfant. Ce guide a été publié pour la première fois en 1996 à l'Hôpital Marie Enfant.

Mon enfant souffre de troubles du langage et des apprentissages
Amar-Tuillier, Avigal
Paris : La Découverte, 2004. 181 p. (Guide pratique pour comprendre)

Bégaiement, dysphasie, dyslexie, dysorthographie, dyscalculie, dyspraxie, trouble d'hyperactivité avec déficit de l'attention : ces troubles du langage et des apprentissages sont connus depuis longtemps des soignants et des intervenants, même s'il existe encore des débats concernant leur origine et la manière de les traiter. Malgré tout, le dépistage et le diagnostic surviennent parfois très tard. Pour aider les parents à y voir plus clair, l'auteur leur fournit des repères pour qu'ils reconnaissent les premiers symptômes de ces troubles, choisissent le bon spécialiste et leur explique les différents traitements, en les illustrant à l'aide d'exemples concrets.

On me dit de l'emmener chez l'orthophoniste : est-ce vraiment nécessaire ?
Anacleto, Nadira et Sylvie Baussier
Paris : Albin Michel, 2006. 136 p. (C'est la vie aussi)

Votre enfant zozote un peu ? Il tarde à parler, à lire, il fait plusieurs fautes d'orthographe, il bégaie, etc. ? Vous vous demandez s'il ne faudrait pas l'emmener chez l'orthophoniste ou on vous le suggère. Il suffit souvent de patienter quelques mois pour que tout rentre dans l'ordre, mais parfois il y a un véritable problème. Tout l'enjeu de ce livre est là : faire le tri entre ce qui relève d'une maturation plus ou moins rapide chez votre enfant et ce qui indique un réel retard. Les auteurs recensent les problèmes les plus fréquents, donnent des pistes pour aider l'enfant à la maison et indique le moment opportun pour passer le relais à un spécialiste.

Troubles du langage
Kremer, Jean-Marc
Paris : Éditions Josette Lyon, 2005. 206 p.

L'auteur, orthophoniste, explique les différents troubles du langage, répond à une centaine de questions que peuvent se poser les parents ou intervenants. Appuyé de quelques histoires de cas, il explique aussi ce qu'est l'orthophonie et que peut faire le spécialiste pour aider l'enfant.

Éliot zozote   3 ans+
Dufresne, Didier
Paris : Mango Jeunesse, 2001. 21 p. (Je suis comme ça)

Éliot le serpent trouve difficile la première journée d'école. Tout le monde se moque de lui quand il parle. Une collection pour aider les enfants à mieux se connaître, à s'accepter comme ils sont et à comprendre les autres.

La belle lisse poire du prince de Motordu   5 ans+
Pef
Paris : Gallimard, 2006. 36 p. (Les aventures de la famille Motordu) (Les bottes de sept lieues)

Motordu ne dit pas toujours les mots correctement, il se trompe souvent. Quand il ira à l'école, la princesse Dézécolle l'aidera à corriger son langage. La première édition de cet album est sorti en 1980. Depuis, plusieurs Motordu ont vu le jour : *Le petit Motordu*, *Motordu papa*, *Motordu à pâte au ventre*, etc.

Le petit garçon qui aimait les mots   8 ans+
Nahum, Maya
Paris : Pocket Jeunesse, 2003. 66 p. (Pocket Junior)

Théo, 8 ans, aime les mots et les collectionne dans sa tête. Ils sont rangés en mots ronds, longs, courts, tordus ou rigolos. Mais il a de la difficulté à les faire sortir correctement de sa bouche : ils sortent déformés.

Développement du langage et alphabétisation
Centre d'excellence pour le développement des jeunes enfants
www.enfant-encyclopedie.com/fr-ca/developpement-langage-alphabetisation/messages-cles.html

Est-ce important ? Que savons-nous ? Que peut-on faire ? Selon les experts.

Fiches d'information sur les troubles de communication
Ordre des orthophonistes et audiologistes du Québec
www.ooaq.qc.ca/Fiches/pgFiches.html

Présentation générale des différents troubles de la parole et du langage ainsi que des troubles de l'audition.

Je grandis et je communique
Ordre des orthophonistes et audiologistes du Québec
www.ooaq.qc.ca/depliant%20final%20(toise).pdf

Indices de développement de la parole, du langage et de l'audition de 0 à 5 ans.

Le trouble du langage
Association québécoise pour les troubles d'apprentissage
www.aqeta.qc.ca/francais/generale/langage.htm

Présentation des principaux troubles du langage et des interventions que les parents peuvent faire pour aider l'enfant..

TROUBLES DU SOMMEIL

Voir aussi : Cauchemar

Chut ! fait dodo : le sommeil et les troubles du sommeil chez les enfants, les adolescents et leurs parents
Gagnier, Nadia
Montréal : La Presse, 2007. 109 p. (Vive la vie… en famille)

L'auteur explique aux parents les différentes phases du sommeil ainsi que les principaux troubles qui peuvent l'entraver. Elle propose des pistes d'intervention pour diminuer les conséquences de ces difficultés sur la vie de famille.

Enfin je dors… et mes parents aussi
Martello, Evelyne
Montréal : Éditions du CHU Sainte-Justine, 2007. 113 p.
(Collection du CHU Sainte-Justine pour les parents)

L'auteur, en plus des éléments théoriques sur le sommeil, propose des mesures pour faciliter la routine du coucher, des techniques qui aident l'enfant à s'endormir seul et des moyens qui visent à rendre agréable l'heure du coucher. L'auteur conseille aussi les parents lorsqu'ils font face à des événements qui perturbent la routine : terreurs nocturnes, cauchemars, prématurité, adoption ou différents problèmes de santé (poussées dentaires, otites, asthme, rhume, coliques, hyperactivité, épilepsie, atteintes neurologiques, etc.). « Un passeport pour de meilleures nuits de sommeil… pour toute la famille ! »

Fais dodo mon trésor : comment favoriser le sommeil de votre enfant
Galarneau, Sylvie
Montréal : Bayard Canada, 2008. 314 p.

L'auteur propose aux parents désarmés devant leur enfant qui ne dort pas ou qui dort mal une approche simple et des trucs pratiques pour aider à mettre fin à certains problèmes : réveils répétitifs, refus d'aller se coucher, peurs, cauchemars, pipi au lit, etc. Ces informations et conseils sont le fruit de ses recherches, de sa pratique et de son expérience de mère.

Le sommeil, le rêve et l'enfant
Thirion, Marie et Marie-Josèphe Challamel
Paris : Albin Michel, 2002. 362 p. (Bibliothèque de la famille)

Explications détaillées de la neurophysiologie du sommeil. Les auteurs donnent également des conseils permettant d'accompagner « l'itinéraire-sommeil » de l'enfant à diverses périodes de son développement. Les derniers chapitres du livre sont consacrés à certains troubles du sommeil : l'enfant qui ne s'endort pas seul, l'énurésie, les cauchemars, les terreurs nocturnes, etc.

Maintenant, tu restes dans ton lit !
Clerget, Stéphane et Anne Lamy
Paris : Albin Michel, 2008. 135 p. (C'est la vie aussi)

Les troubles du sommeil chez l'enfant sont fréquents. Il refuse de se coucher, multiplie les rituels avant de s'endormir ou se glisse dans le lit de ses parents. Comment fonctionne le sommeil d'un enfant? Quelles sont les causes les plus fréquentes des troubles? Quelles conséquences ce déficit de sommeil a-t-il sur sa santé? Comment sortir du cercle infernal d'un enfant qui se réveille chaque nuit? Que faire en cas de cauchemar, de pipi au lit? Un livre pour aider les parents à comprendre les raisons du sommeil chaotique et à mener un nouvel apprentissage avec confiance et succès. Dans la majorité des cas, il suffit de quelques semaines et l'enfant fait ses nuits.

Partager le sommeil de son enfant
Didierjean-Jouveau, Claude-Suzanne
Genève : Jouvence, 2005. 93 p.

Pourquoi, dans les pays occidentaux, tant de nouveaux parents se plaignent-ils de problèmes de sommeil chez leur bébé? Est-ce culturel? Il existe pourtant une pratique largement répandue dans l'histoire de l'humanité et toujours présente dans de nombreux pays : le sommeil partagé ou cododo. Cet ouvrage, avec des témoignages de parents, aborde la réalité du sommeil des bébés, les pour et les contre de cette pratique si répandue dans de nombreux pays.

Petit Léon est fatigué   1 an+
Bie, Linne
Namur (Belgique) : Mijade, 2004. 12 p.

Tous les rituels de bébé Léon avant d'aller au lit.

Le sommeil perdu   2 ans+
Jolin, Dominique
Saint-Lambert (Québec) : Dominique et Compagnie, 2006. 24 p. (Toupie et Binou)

Binou retrouvera-t-il son sommeil perdu?

Bon hiver, mon petit ourson chéri !   3 ans+
Bergeron, Alain M.
Waterloo (Québec) : Michel Quintin, 2004. 32 p.

« Cet hiver-là, Petit Ourson n'arrivait pas à trouver le sommeil. Pour ne pas dormir, tous les prétextes étaient bons… ». L'heure du coucher qui s'étire, une situation dans laquelle bien des petits enfants et des parents se reconnaîtront.

Bonne nuit, petit dinosaure !   3 ans+
Yolen, Jane
Paris : Gallimard, 2003. 36 p. (Folio benjamin)

Comment les dinosaures disent-ils bonsoir? Est-ce qu'ils font claquer leur queue en boudant? Est-ce qu'ils jettent leur nounours à travers la chambre? Pas du tout. La solution pour les petits récalcitrants à l'heure du coucher.

Je ne veux pas aller au lit   3 ans+
Ross, Tony
Paris : Gallimard Jeunesse, 2008. 24 p. (Folio benjamin)

La petite princesse déteste l'heure du coucher, mais ses parents sont inflexibles. Elle finit toujours par s'endormir dans son lit, enfin presque.

La fée des bonbons 3 ans+
Poitras, Anique
Saint-Lambert (Québec) : Dominique et Compagnie, 2005. 30 p.

Une histoire de fée à raconter le soir aux enfants gourmands qui débordent d'imagination pour ne pas dormir.

La nuit, le noir 3 ans+
Dolto, Catherine
Paris : Gallimard, 2007. 23 p. (Mine de rien)

Mine de rien, le noir, ça s'apprivoise. Alors, on n'a plus peur et on découvre que la nuit, il se passe plein de jolies choses. Une collection pour expliquer aux petits « ce qui se passe en eux et autour d'eux ».

Le petit garçon qui ne trouvait pas le sommeil 3 ans+
Winckler, Martin
Paris : Gautier-Languereau, 2007. 26 p.

Voici l'histoire de Martin, le petit garçon qui ne trouvait pas le sommeil. Une nuit, Martin tourne dans son lit sans pouvoir s'endormir. Il demande à sa panthère de l'aider à comprendre. Elle lui répond que c'est peut-être le sommeil qui ne le trouve pas. Alors, elle lui suggère de chercher le sommeil. C'est ce que Martin fera.

Le yoga des petits pour bien dormir 3 ans+
Whitford, Rebecca
Paris : Gallimard Jeunesse, 2006. 23 p.

Yogi fait des exercices de yoga avant d'aller au lit. Voici 10 postures faciles pour se préparer à dormir. L'enfant est invité à imiter des animaux nocturnes (hiboux, chauve-souris, etc.). Des conseils et explications précises permettent aux parents d'accompagner leurs enfants.

Les mains de ma maman 3 ans+
Barcelo, François
Montréal : Imagine, 2006. 24 p. (Mes premières histoires)

C'est l'histoire d'un petit garçon qui s'inquiète le soir quand sa maman tarde à venir le border.

Louise ne veut pas dormir 3 ans+
Lamblin, Christian
Paris : Nathan, 2002. 20 p. (Croque la vie)

Il est 20 heures, c'est l'heure d'aller au lit, mais Louise n'en a pas envie. Accompagné d'un livret parents. Voir aussi dans la même collection *Jules a peur du noir* (2006) : la nuit, Jules réveille souvent ses parents parce qu'il a peur du noir.

Maman, je veux dormir dans ton lit ! 3 ans+
Ziefert, Harriet
Paris : Oskar jeunesse, 2006. 31 p.

Avant de se coucher, Charlie couvre la cage de l'oiseau avec ses parents, installe son lapin dans sa cage et borde sa petite sœur. Mais quand vient son tour d'aller au lit, il est triste, il n'aime pas le noir. Peu de temps s'écoule avant qu'il ne rejoigne ses parents dans leur lit et leur demande avec insistance de dormir avec eux. Que font les parents pour arrêter ce manège ?

Tino n'ira pas au dodo !   3 ans+
Pfister, Marcus
Zurich : Nord-Sud, 2008. 26 p.

Tino est plein d'énergie, surtout quand vient l'heure d'aller au lit. Alors entre deux cuillérées de purée, le bain ou le petit pipi avant la nuit, Tino et son papa chantent et courent
comme des fous. Après tout ça, Tino devrait être bien fatigué, mais qui s'endormira le
premier ?

Tous les soirs du monde   3 ans+
Demers, Dominique
Montréal : Imagine, 2005. 32 p.

Voici le rituel entourant l'heure du coucher de Simon, soir après soir. Une fois au lit,
Simon appelle son papa, il écoute les histoires qui le transportent à travers le monde,
ferme ses yeux et bascule dans le monde du rêve.

Bonne nuit Gabou   4 ans+
Tremblay, Caroline
Laval (Québec) : Les 400 coups, 2005. 30 p. (Grimace)

Après avoir demandé un verre d'eau, une chanson, dit qu'elle a trop chaud, que son
pyjama gratte, qu'elle veut faire pipi, qu'elle a peur, Gabou ne dort toujours pas. Sa mère
répond à ses demandes, mais peu à peu la douce maman se transforme en sorcière au
rythme de l'impatience et de la colère qui monte en elle.

Bonne nuit, beaux rêves   4 ans+
Delaunois, Angèle
Montréal : Isatis, 2008. 32 p. (Ombilic)

Le sommeil repose le corps après une journée bien remplie. Aussi, pendant cette période
de repos, notre corps fabrique des hormones et des cellules qui nous permettent de grandir.
Le professeur Ombilic explique le sommeil aux enfants de façon humoristique, mais rigoureuse. Tous les textes de la collection « Ombilic » sont supervisés par des médecins et sont
appuyés d'illustrations qui rejoignent l'enfant dans son quotidien. Pour les 4-8 ans.

Russell le mouton   5 ans+
Scotton, Rob
Paris : Nathan, 2005. 32 p.

Même s'il est un mouton, Russell n'arrive pas à trouver le sommeil, ni même son ami
Frankie la grenouille. Que faire ? Il change de position, d'endroit, d'oreiller, il fait trop
chaud, trop froid… Finira-t-il par être obligé de compter les moutons ?

Le bruit de quelqu'un qui essaie de ne pas faire de bruit   6 ans+
Irving, John
Paris : Seuil Jeunesse, 2005. 34 p.

Tom se réveille durant la nuit, il a entendu un bruit. Est-ce un fantôme dans le grenier
ou des monstres sans bras ni jambes, un chien qui essaie d'ouvrir une porte ou le bruit
de quelqu'un qui essaie de ne pas faire de bruit ? Il réveille son père pour trouver réconfort et l'origine de ce bruit.

### Le petit géant somnambule	6 ans+
Tibo, Gilles
Montréal : Québec Amérique Jeunesse, 2004. 66 p. (Mini-Bilbo)

Sylvain le petit géant est somnambule. La nuit, il se lève, sort, parcourt son quartier, visite des endroits saugrenus, sème l'émoi parmi les voisins et décourage ses parents. Ceux-ci se demandent s'il réussira un jour à dormir dans son lit toute la nuit.

### Le sommeil et les rêves	6 ans+
Neveu, Pauline
Mertzig (Luxembourg) : Zoom, 2006. 32 p. (Atomes crochus)

Un livre pour sensibiliser les jeunes sur le sommeil et son importance. Aristote, singe savant, explique aux enfants Oscar et Zoé à quoi ça sert de dormir, pourquoi on rêve, comment se comporte le corps durant le sommeil. Les enfants apprendront, entre autres, le rôle important du sommeil dans la croissance et dans la constitution de la mémoire. L'histoire est présentée en bande dessinée et une section documentaire termine l'ouvrage.

### Lili ne veut pas se coucher	6 ans+
de Saint Mars, Dominique
Fribourg : Calligram, 1996. 43 p. (Max et Lili) (Ainsi va la vie)

Lili a plus d'un tour dans son sac pour ne pas aller se coucher. En bandes dessinées.

### À quoi rêvent les enfants ?	8 ans+
Dalloz, Danielle
Paris : Éditions Louis Audibert, 2002. 45 p. (Brins de psycho)

Quelle est la fonction du sommeil et des rêves ? Pourquoi les rêves tournent-ils parfois au cauchemar ? La collection « Brins de psycho » s'adresse aux 8-13 ans et à leurs parents pour les aider à affronter certaines situations et à répondre à des questions délicates.

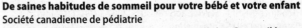

De saines habitudes de sommeil pour votre bébé et votre enfant
Société canadienne de pédiatrie
www.cps.ca/soinsdenosenfants/corpsensante/SainesSommeil.htm

Le sommeil chez l'enfant de 0 à 5 ans. Besoins, troubles, quand consulter.

Le sommeil des enfants adoptés : cauchemars ou terreur nocturnes ?
Québec Adoption
www.quebecadoption.net/adoption/postadopt/sommeil1.html

Mieux comprendre l'architecture du sommeil et pourquoi elle est particulièrement altérée chez les enfants adoptés : comment différencier les cauchemars « classiques » des terreurs nocturnes : et finalement, comment aider votre enfant en intervenant mieux auprès de lui.

Sommeil
Centre d'excellence pour le développement des jeunes enfants
www.enfant-encyclopedie.com/fr-ca/sommeil-enfant/messages-cles.html?GCId=40

Est-ce important ? Que savons-nous ? Que peut-on faire ? Selon les experts. Message-clé pour les parents : Bien dormir pour bien grandir.

Troubles du sommeil chez l'enfant
Association sommeil et santé
www.sommeilsante.asso.fr/inform_troubles.html

Présentation succincte des différents troubles du sommeil chez les enfants.

La grande aventure du sommeil
Députation permanente de la Province de Luxembourg
www.sommeil.org/enfants

Site web interactif pour expliquer tous les aspects du sommeil aux enfants : utilité de bien dormir, rites du coucher, problèmes de sommeil, etc.

Ali, 30 mois, turbulent le jour mais anxieux le soir
Cousineau, Monique, réalisation
Montréal : Swan Productions, 2004. 1 DVD (23 min.)
(D^re Nadia)

« Il fait des crises, lance son verre et sa nourriture. Depuis quelque temps, l'heure du dodo est infernale, Nadia aura vraiment un travail à faire puisqu'elle à s'occuper d'un garçon qui teste les limites de ses parents et qui a aussi vécu un traumatisme. En effet, lors de sa visite, Nadia découvre qu'un jour Ali a été traumatisé par une alarme de feu à la garderie. »
Nuance Bourdon
Disponible chez : Nuance-Bourdon, 450 465-4013

Enfin je dors… et mes parents aussi
Martello, Evelyne, conférencière
Montréal : CHU Sainte-Justine. Service audio-visuel, 2007 1 DVD (102 min.)
(Les Soirées Parents du CHU Sainte-Justine)

L'enfant a besoin de bonnes nuits de sommeil et ses parents aussi. Que faire pour y arriver et comment permettre à toute la famille de bénéficier de nuits réparatrices ? Fruit de plus de dix ans d'interventions auprès de milliers de parents, cette conférence propose des mesures à mettre en place pour faciliter la routine du coucher, diverses techniques qui aideront l'enfant à s'endormir seul et de nombreux moyens visant à faire de l'heure du coucher un moment serein et agréable.
Disponible chez : CHU Sainte-Justine – Médiathèque, 514 345-4677

TROUBLES ENVAHISSANTS DU DÉVELOPPEMENT

Voir aussi : Autisme, Syndrome d'Asperger, Syndrome de Rett

Autism Society Canada / Société canadienne de l'autisme
Boîte 22017, 1670, chemin Heron   ) 613 789-8943
Ottawa K1V 0C2 (Ontario) K1V 0C2
info@autismsocietycanada.ca
www.autismsocietycanada.ca/index_f.html

La Société canadienne de l'autisme (SCA) est un organisme sans but lucratif ayant pour mission de faire avancer les priorités nationales de la communauté de l'autisme. C'est une fédération pancanadienne regroupant des sociétés provinciales et territoriales de l'autisme ou leur équivalent. Elle offre aussi information et référence au public. Le site Internet contient plusieurs textes sur les troubles envahissants du développement.

Autisme et troubles envahissants du développement - Montréal
4450, rue Saint-Hubert, bureau 320   ) 514 524-6114
Montréal (Québec) H2J 2W9   ⌨ 514 524-6420
atedm@autisme-montreal.com
www.autisme-montreal.com

« L'ATEDM regroupe majoritairement des parents d'enfants présentant des TED ou de l'autisme, des personnes autistes de haut-fonctionnement ou ayant le syndrome d'Asperger ainsi que des professionnels et des étudiants. » Les services offerts sont les suivants : un service d'écoute, de soutien, d'accompagnement et de références, des soirées-causeries, des conférences, un centre de documentation, le Centre TEDDI (gardiennage, accompagnement, camp de Noël et relâche scolaire), le service de répit estival Bergamote et Rock-Camp-Bol, le service de répit de fin de semaine ainsi que la publication du Journal l'*Image* et de *Quoi de neuf… TEDDI?* Le site Internet contient une foule de textes informatifs.

Fédération québécoise de l'autisme et des autres troubles envahissants du développement
65, rue de Castelnau Ouest, bureau 104   ) 514 270-7386
Montréal (Québec) H2R 2W3   ) sans frais : 1 888 830-2833
secretariatfqa@contact.net   ⌨ 514 270-9261
www.autisme.qc.ca

La Fédération fait la promotion des droits et des intérêts de la personne autiste et de sa famille. Elle est représentée dans 16 régions administratives du Québec. Vous trouverez les coordonnées des associations régionales ainsi que les services qu'elles offrent aux familles sur le site Internet de la Fédération. Le centre de documentation est ouvert au public qui peut emprunter livres ou vidéocassettes. Les heures d'ouverture sont du lundi au vendredi de 9 h 00 à 16 h 30. Il est préférable de prendre rendez-vous si l'on désire aller consulter à l'heure du midi.

Fédération québécoise des CRDI
1001, rue Sherbrooke Est, bureau 430   ) 514 525-CRDI (2734)
Montréal (Québec) H2l 1L3   🖷 514 525-7075
info@fqcrdi.qc.ca
www.fqcrdi.qc.ca

« La Fédération québécoise des centres de réadaptation en déficience intellectuelle (CRDI) regroupe les établissements et les regroupements d'établissements publics de la santé et des services sociaux (22) qui offrent la gamme des services d'adaptation, de réadaptation et d'intégration sociale aux personnes présentant une déficience intellectuelle et aux personnes présentant un trouble envahissant du développement et des services de soutien et d'accompagnement à leur entourage, dans un territoire spécifique, conformément au mandat qui leur a été confié par le législateur. » Un annuaire contenant les coordonnées de ces centres est accessible sur le site Internet de la Fédération.

Guide d'intervention en troubles envahissants du développement :
l'enfant avec un TED en milieu scolaire (4-12 ans)
Harrisson, Brigitte et Lise St-Charles
Rivière du Loup (Québec) : Concept ConsulTED Inc. , 2007. 67 p.

Guide destiné aux parents et aux professionnels pour les accompagner dans leurs interventions auprès d'enfants atteints de troubles envahissants du développement. Diverses stratégies sont proposées pour accompagner l'enfant dans son parcours scolaire. Pour vous procurer ce guide, voir le site des auteurs : www.conceptconsulted.com et cliquez sur Contactez-nous.

L'autisme, une autre intelligence : diagnostic, cognition
et support des personnes autistes sans déficience intellectuelle
Mottron, Laurent
Bruxelles : Mardaga, 2004. 235 p.

Ce livre présente l'essentiel de ce que les chercheurs, les professionnels et les parents doivent connaître sur les personnes atteintes d'autisme de haut niveau et sur le syndrome d'Asperger.

Troubles envahissants du développement : guide de stratégies
psychoéducatives à l'intention des parents et des professionnels
Vol. 1 Enfants non verbaux ou avec un début d'acquisition du langage
Mineau, Suzanne, Audrey Duquette, Katia Elkouby, Claudine Jacques,
Ann Ménard, Paméla-Andrée Nérette et Sylvie Pelletier
Montréal : Éditions du CHU Sainte-Justine, 2006. 64 p.

Guide d'intervention élaboré par des psychoéducatrices du CHU Sainte-Justine. Il a pour but de fournir aux parents et aux professionnels les premières pistes d'interventions à mettre en place dans le quotidien des enfants 0-5 ans qui sont atteints de troubles envahissants du développement. Les objectifs et les stratégies d'intervention de ce premier guide répondent principalement aux besoins des enfants non verbaux ou ayant un début d'acquisition du langage verbal. Plusieurs stratégies pourront aussi s'avérer pertinentes pour les enfants verbaux, puisqu'elles favorisent des apprentissages préalables à d'autres plus complexes.

**Troubles envahissants du développement :
guide de stratégies psychoéducatives
Vol. 2 Enfants verbaux**
Mineau, Suzanne, Audrey Duquette, Katia Elkouby, Claudine Jacques,
Ann Ménard, Paméla-A. Nérette et Sylvie Pelletier
Montréal : Éditions du CHU Sainte-Justine, 2008. 87 p.

Ce livre est destiné aux parents et aux professionnels engagés auprès de l'enfant qui présente un trouble envahissant du développement (TED). Il a pour but de fournir des moyens d'intervention à mettre en place dans le cadre des activités quotidiennes des enfants verbaux âgés de 2 à 8 ans.

**Bottin des ressources communautaires de répit-dépannage de Québec pour
les personnes présentant une déficience physique (DP), intellectuelle (DI)
ou un trouble envahissant du développement (TED)**
Centre de santé et de services sociaux de Québec-Nord
www.rop03.com/bottinressourcesrepit.php

Liste des ressources communautaires de répit-dépannage de la région de Québec.

Qu'est-ce que l'autisme et les TED ?
Autisme et troubles envahissants du développement - Montréal
www.autisme-montreal.com/freepage.php?page=48.21

Présentation de l'autisme et des TED : définitions, nombreux textes, témoignages, questions et suggestions d'activités à faire avec les enfants.

**Pour mieux comprendre l'autisme et autres troubles
envahissants du développement (TED)**
Cousineau, Dominique, Suzanne Mineau et Sylvain Palardy, conférenciers
Montréal : Hôpital Sainte-Justine. Service audio-visuel, 2004. 1 DVD (115 min.)
(Les Soirées Parents du CHU Sainte-Justine)

« Au cours de cette conférence, un pédopsychiatre, une psychoéducatrice et une pédiatre unissent leurs efforts pour mieux faire comprendre aux parents et aux éducateurs l'autisme et les troubles envahissants du développement. Ils présentent les caractéristiques de chacun de ces troubles, traitent de l'établissement du diagnostic de même que des plans d'intervention et des ressources existantes ou souhaitées. »
Disponible chez : CHU Sainte-Justine – Médiathèque, 514 345-4677

TROUBLES OBSESSIFS-COMPULSIFS

Association / Troubles anxieux du Québec (A.T.A.Q.)
C.P. 49018
Montréal (Québec) H1N 3T6   ) / 🖨 514 251-0083
info@ataq.org
www.ataq.org

L'Association offre des services de formation aux professionnels en santé mentale et fournit de l'information au grand public.

**Association québécoise des parents et amis
de la personne atteinte de maladie mentale (AQPAMM)**
1260, rue Sainte-Catherine Est, bureau 202 A   ) 514 524-7131
Montréal (Québec) H2L 2H2   🖨 514 524-1728
aqpamm@videotron.ca
http://pjinter.net/aqpamm

L'Association offre une ligne d'écoute, d'information et de référence durant les heures d'ouverture du bureau, soit de 9 h à 17 h (fermé de 11 h 45 à 13 h 15). Elle offre aussi du suivi individuel court terme avec un professionnel, des groupes d'entraide, dont un groupe spécifique pour les familles et les personnes atteintes d'un trouble obsessionnel compulsif et un groupe d'entraide au CLSC Pointe- aux-Trembles, un service de répit pour les familles, des activités telles que : dessin, écriture, Chindaï, etc.. Un centre de documentation est aussi accessible sur rendez-vous durant les heures d'ouverture du bureau ou lorsque vous assistez à une activité en soirée.

Fondation québécoise pour le trouble obsessionnel-compulsif
C.P. 158, succ. H   ) / 🖨 514 727-0012
Montréal (Québec) H3G 2K7   ) sans frais : 1 888 727-0012
fqtoc@hotmail.com
www.fqtoc.mtl.rtss.qc.ca/accueil_fr.htm

La Fondation offre différents services : groupes de soutien, soirées d'information mensuelles, information écrite et DVD sur le TOC, liste de cliniques et de thérapeutes spécialisés dans le traitement du TOC. Elle publie le bulletin d'information annuel *TOCtalk/ OCDire* et maintient des forums de discussion pour les personnes atteintes et pour leur famille et leurs proches. Le site Internet offre aussi des témoignages et des suggestions de lecture.

Phobies-Zéro
C.P. 83   ) (administration) : 450 922-5964
Sainte-Julie (Québec) J3E 1X5   Ligne d'écoute : 514 276-3105
admin@phobies-zero.qc.ca   🖨 450 922-5935
www.phobies-zero.qc.ca

Phobies-Zéro s'adresse à toute personne souffrant d'anxiété, de trouble panique, de phobies, d'agoraphobie ainsi qu'à ses proches. Services offerts : ligne d'écoute téléphonique (du lundi au vendredi, de 9 h à 21 h), groupes de soutien, « Volet jeunesse » (thérapies individuelles et de groupe, conférences, documentation, réunions hebdomadaires) et plusieurs autres.

Revivre : Association québécoise de soutien aux personnes souffrant de troubles anxieux, dépressifs ou bipolaires

5140, rue Saint-Hubert
Montréal (Québec) H2J 2Y3
revivre@revivre.org
www.revivre.org

Ligne d'information et d'écoute : 514 738-4873
Ligne d'écoute sans frais : 1 866 738-4873
☎ 514 529-3081
🖷 514 529-3081

Parmi ses services, l'Association offre une ligne d'écoute, d'information et de référence, des conférences, des groupes d'entraide, de la relation d'aide individuelle, un centre de documentation, un site Internet avec clavardage et forums de discussion, un programme Jeunesse destiné aux enfants et aux adolescents ainsi qu'à leurs parents. L'Association distribue gratuitement de la documentation sur les troubles anxieux, dépressifs et bipolaires et vend aussi des livres et des vidéocassettes sur la dépression et le trouble bipolaire. Un bulletin publié trois fois par année, *L'envolée*, est aussi distribué gratuitement à ses membres.

Le garçon qui n'arrêtait pas de se laver
Rapoport, Judith
Paris : Odile Jacob, 2001. 292 p.

Charles, 14 ans, passe plus de trois heures sous la douche chaque jour et environ deux heures à s'habiller. Il a des rituels comme tous les obsessifs-compulsifs. Avec l'auteur, pédopsychiatre, des personnes obsessives-compulsives prennent la parole et amènent le lecteur dans leur monde intérieur ainsi qu'à une réflexion sur les origines de ce trouble qui commence depuis peu à être traité.

Les TOC de l'enfant et de l'adolescent
Botbol, Michel
Paris : Solar, 2005. 245 p. (Réponses à vos questions sur…)

Cet ouvrage a pour but d'informer, de rassurer et d'aider les familles qui vivent avec un enfant touché par les TOC. Il est divisé en quatre parties : Qu'est-ce qu'un TOC ? / Comment vivre avec ce trouble ? / Traiter et prévenir les TOC / Pour aller plus loin : les troubles qui s'apparentent aux TOC.

Toc
Ours, Nathalie
Paris : Joelle Losfeld, 2006. 89 p.

Roman écrit à la première personne. Camille, petite fille jolie, sage et parfaite, compte sans cesse. Elle compte combien de fois elle va se laver les mains, se coiffer, se brosser les dents, les battements du cœur de son chien, le tic-tac de la pendule… Ses journées sont réglées, elle peut ainsi maîtriser ses émotions. L'auteur n'explique pas les TOC, elle exprime ce que ressent une petite fille « encerclée dans cette obsédante toile d'araignée ».

Gravir une montagne de soucis pour dominer ses T.O.C.   6 ans+
Pinto Wagner, Aureen
Héricy (France) : Éditions du Puits Fleuri, 2000. 37 p.

« Un livre pour enfants traitant des troubles obsessionnels-compulsifs et de leurs thérapies. » Pour répondre aux besoins et aux questions des enfants qui se sentent différents.
Ils apprendront qu'ils ne sont pas seuls à avoir des TOC, qu'ils peuvent être aidés et qu'ils
peuvent influencer leur propre traitement et guérison. À lire avec les parents et les intervenants.

Les soucis de Zachary   9 ans+
Thibault, Sylviane
Saint-Laurent (Québec) : Pierre Tisseyre, 2007. 92 p. (Papillon)

Mégane trouve étrange le comportement de son frère Zachary depuis un moment : il
vérifie et vérifie de nouveau tout, que ce soit le contenu de son sac d'école, sa ceinture
de sécurité quand il est en auto, etc. De plus, il passe beaucoup de temps à la salle de bain,
il se lave les mains à répétition. Il commence également à avoir des difficultés à l'école…
Qu'est-ce qui se passe avec son frère jumeau ?

T.O.C   12 ans+
Yzac, Adeline
Paris : Magnard, 2005. 124 p.

Perrine, jeune adolescente, raconte sa vie avec sa maladie, le trouble obsessif-compulsif.
C'est arrivé comme ça, sans crier gare, elle se rappelle qu'elle a eu un jour un grand besoin
de se laver les mains et que peu à peu c'est devenu une obsession. Pourquoi a-t-elle cette
maladie ? Comment est-ce arrivé ? Sera-t-elle un jour soulagée ?

Comment aider un enfant souffrant de TOC ?
Doctissimo
www.doctissimo.fr/html/psychologie/mag_2001/mag1005/ps_4630_aider_
souffrant_toc.htm

Conseils pratiques aux parents pour aider un enfant souffrant de troubles obsessifs-
compulsifs.

Le trouble obsessionnel-compulsif (TOC)
Fondation des maladies mentales
www.fondationdesmaladiesmentales.org/fr/p/aider-une-personne/
les-maladies-mentales/trouble-obsessionnel-compulsif

Présentation de la maladie : description, types de comportements, traitements.

Le trouble obsessionnel-compulsif chez les enfants
Fondation québécoise pour le trouble obsessionnel-compulsif
http://fqtoc.mtl.rtss.qc.ca/_private/TOC_enfants.pdf

Qui est touché? Qu'arrive-t-il à l'école? Les troubles associés, le rôle de la famille et les traitements psychologiques qui ont fait leurs preuves.

Trouble obsessionnel-compulsif
Association médicale canadienne
www.cma.ca/Public/DiseaseLibrary/PatientInfo.asp?diseaseid=277

Présentation de la maladie : description, causes, symptômes et complications, diagnostic, traitement et prévention.

Trouble obsessionnel-compulsif : guide d'information.
Aide au conjoint et à la famille
Centre de toxicomanie et de santé mentale
www.camh.net/fr/About_Addiction_Mental_Health/Mental_Health_
Information/OCD/ocd_help_fr.html

Comment expliquer aux enfants et à la famille le trouble obsessionnel-compulsif et comment se comporter avec une telle personne.

TUMEUR AU CERVEAU

Fondation canadienne des tumeurs cérébrales
620, rue Colborne, pièce 301   ☏ 519 642-7755
London (Ontario) N6B 3R9   ☏ sans frais : 1 800 265-5106
braintumour@braintumour.ca   🖶 519 642-7192
www.braintumour.ca

« La Fondation canadienne des tumeurs cérébrales a pour mission de recueillir des fonds pour la recherche, fournir des services d'appui aux patients atteints d'une tumeur au cerveau et à leurs familles de même que renseigner le public. » Des documents écrits et audiovisuels sont disponibles au bureau de la Fondation.

Mon amie Claire : l'histoire de Claire et de sa tumeur cérébrale   4 ans+
Zammit, Marisa
London (Ontario) : Fondation canadienne des tumeurs cérébrales, 2007. 30 p.

L'histoire de Claire, une petite fille atteinte d'une tumeur cérébrale, est racontée par son ami Daniel. Il nous fait voir les défis auxquels Claire fait face : les traitements médicaux, la perte de ses cheveux, les séjours à l'hôpital, les absences à l'école, etc. Parfois elle est inquiète, elle a peur, elle a hâte que sa tumeur disparaisse, elle ne veut pas être malade. Il y a des moments aussi où elle est contente, quand son ami vient la voir, quand elle joue avec ses nouveaux amis à l'hôpital, quand elle revient à la maison. Pour obtenir cet album, vous pouvez communiquer avec la Fondation au numéro suivant : 1 800 265-5106 ou visiter leur site web : www.braintumor.ca

Vivre sans Julie   12 ans+
Benning, Elizabeth
Saint-Lambert (Québec) : Héritage, 1995. 139 p. (Un jour à la fois)

Julie apprend qu'elle a une tumeur au cerveau. Sa sœur jumelle veut l'aider. L'auteur décrit les symptômes de la maladie, les réactions, les soins, les effets secondaires, les amitiés, etc.

TYROSINÉMIE

AQMMR - Association québécoise des maladies métaboliques du réseau
1600, av. De Lorimier, bureau 342   ) 514 524-3612
Montréal (Québec) H2K 3W5   ) sans frais : 1 888 524-3612
info@aqmmr.com   ▤ 514 524-7090
www.aqmmr.com

L'Association offre les services suivants à ses membres : soutien et entraide aux parents d'enfants atteints de maladies métaboliques ainsi qu'aux adultes atteints de ces mêmes maladies, rencontres sociales, congrès scientifique annuel, défense et respect des droits des personnes atteintes de maladies métaboliques.

GAETQ Groupe d'aide aux enfants tyrosinémiques du Québec
3162, rue Granville   ) 418 548-1580
Jonquière (Québec) G7S 2B9
gerard.tremblay@sympatico.ca
www.cegep-chicoutimi.qc.ca/gaetq

Le GAETQ désire informer les parents et les enfants sur le traitement de la tyrosinémie héréditaire, la diète et la préparation des repas ; favoriser l'harmonisation de services de soins adaptés dans toutes les régions du Québec ; offrir un soutien psychologique aux parents ; informer la population sur la disponibilité des tests génétiques de porteurs ; organiser des activités de sensibilisation et de financement afin d'aider les parents pour le traitement de leur enfant.

La tyrosinémie
Fondation canadienne du foie
www.liver.ca/fr/Liver_Disease/Childrens_Liver_Diseases/Tyrosinemia.aspx

Présentation générale de la maladie : définition, causes, symptômes, diagnostic et traitement.

Tyrosinémie
AQMMR - Association québécoise des maladies métaboliques du réseau
www.aqmmr.com/fr/tyro.shtml

Description, dépistage et diagnostic, traitement et autres liens traitant de la maladie.

Les vaccins : avoir la piqûre pour la santé de votre enfant
Gold, Ronald
Ottawa : Société canadienne de pédiatrie, 2006. 384 p.

Réponses aux questions des parents sur les vaccins infantiles donnés au Canada. Sont-ils tous nécessaires ? Sont-ils sûrs ? Quels sont les effets secondaires ? Toutes les maladies ou virus suivants sont décrits : diphtérie, tétanos, coqueluche, poliomyélite, *hæmophilus influenza* type b, rougeole, rubéole, oreillons, hépatite B, Influenza, pneumocoque, méningocoque, varicelle, rotavirus, papillomavirus, hépatite A. Pour chacun, vous trouvez : définition, historique de la maladie, origine, propagation, symptômes, complications, diagnostic, traitements, vaccin et effets secondaires. Aussi un chapitre sur les vaccins pour les voyages à l'étranger.

Mon corps, comment se défend-il ?   4 ans+
Benchetrit, André
Paris : Belin, 2006. 29 p.

Qu'est ce qu'un microbe ? Pourquoi se laver à tous les jours ? Pourquoi avoir des vaccins ? Un livre documentaire pour les jeunes enfants sur les microbes, le système immunitaire, les vaccins, etc.

Un vaccin pour quoi faire ?   4 ans+
Delaunois, Angèle
Montréal : Isatis, 2007. 30 p. (Ombilic)

Comment font les microbes pour nous donner des maladies ? Comment travaille notre corps pour les empêcher d'agir ? Pourquoi les vaccins existent ? Le Professeur Ombilic explique les mécanismes complexes du corps humain aux enfants de façon humoristique mais rigoureuse. Tous les textes de la collection « Ombilic » sont supervisés par des médecins et sont appuyés d'illustrations qui rejoignent l'enfant dans son quotidien. Une collection pour les 4-8 ans.

J'ai peur du docteur   6 ans+
Davrichewy, Kéthévane
Paris : L'École des Loisirs, 1999. 61 p. (Mouche)

Tom et Martin doivent se faire vacciner chez le pédiatre. Ils en font toute une histoire et cherchent un moyen d'éviter la piqûre tant redoutée.

Mineurs et vaccinés 6 ans+
Bergeron, Alain M.
Saint-Lambert (Québec) : Soulières, 2002. 76 p. (Ma petite vache a mal aux pattes)

Les élèves de quatrième année se feront vacciner à l'école. Dominic fait un cauchemar tellement il a peur des piqûres.

Calendriers de vaccination
Division de l'immunisation - Canada
www.phac-aspc.gc.ca/im/is-cv/index_f.html

Présentation du calendrier de vaccination pour les nourrissons et les enfants au Canada. Ce calendrier peut varier d'une province à l'autre : parlez-en à votre médecin, à l'infirmière, au pharmacien ou au CLSC de votre région.

Immunisation des enfants
Association médicale canadienne
www.cma.ca/public/DiseaseLibrary/patientInfo.asp?diseaseid=147

Description des principales maladies pour lesquelles la vaccination est efficace et calendrier des vaccinations.

La garderie et la santé des petits
Une pilule, une petite granule - Télé-Québec
http://pilule.telequebec.tv/pages/Categorie-de-sujets-dun-emission/
la-question-du-public.aspx?emission=86&date=2007-02-08

Entrevue avec deux professionnels de la santé concernant les questionnements face à la contraction de maladies et infections en garderies ainsi que les appréhensions de la population face à la vaccination chez les enfants.

La vaccination, un moyen sûr de protéger votre enfant
PetitMonde
www.petitmonde.com/iDoc/Article.asp?id=14540

Explique aux parents l'importance de bien faire vacciner ses enfants.

**Programmes de vaccination gratuite en 4e année du primaire -
Hépatite B et virus du papillome humain (VPH)**
Ministère de la santé et des services sociaux du Québec
http://publications.msss.gouv.qc.ca/acrobat/f/documentation/2008/08-291-01F.pdf

Brochure d'information sur la vaccination contre l'hépatite B pour les garçons et les filles et le virus du papillome humain (VPH) pour les filles.

Qu'est-ce que la vaccination ?
Coalition canadienne pour la sensibilisation et la promotion de la vaccination
www.immunize.cpha.ca/fr/learn/what-is-immunization.aspx

Qu'est-ce qu'un vaccin ? Pourquoi se faire vacciner ?

Vaccination
Ministère de la Santé et des Services sociaux du Québec
www.msss.gouv.qc.ca/sujets/santepub/vaccination/index.php?accueil

Calendrier de vaccination, maladies évitables par la vaccination, foire aux questions, dépliants, santé des voyageurs…

Vaccination
Société canadienne de pédiatrie
www.soinsdenosenfants.cps.ca/immunisation

Une douzaine de textes concernant différents aspects de la vaccination des enfants : Pourquoi faire vacciner mon enfant ? Calendrier de vaccination pour les bébés et les enfants au Canada. Informations sur chacun des vaccins recommandés pour les enfants.

**Vaccination contre le virus du papillome humain (VPH) –
« J'ai entendu parler du VPH »**
Ministère de la Santé et des Services sociaux du Québec
http://publications.msss.gouv.qc.ca/acrobat/f/documentation/2008/
08-291-02F.pdf

Informations sur le VPH et la vaccination, sous forme de questions-réponses.

VIOLENCE

Voir aussi : Enfant maltraité, Intimidation

Centre d'aide aux victimes d'actes criminels (CAVAC)
info.cavac@justice.gouv.qc.ca   ☎ 1 866 532-2822
www.cavac.qc.ca

Les CAVAC sont des organismes communautaires sans but lucratif. Ils offrent des services de première ligne, gratuits et confidentiels, à toute personne victime d'un acte criminel commis au Québec ainsi qu'aux proches de la victime et aux témoins d'un crime. Les services offerts sont les suivants : intervention post-traumatique et psychosociojudiciaire, accompagnement dans les démarches auprès d'organismes publics et privés, information de base sur le processus judiciaire, droits et recours des victimes, orientation vers les ressources juridiques, médicales, sociales et communautaires appropriées. Il y a présentement 16 CAVAC au Québec.

Centre jeunesse de Montréal
Institut universitaire Bibliothèque   ☎ 514 896-3396
1001, boul. de Maisonneuve Est, 5ᵉ étage   🖷 514 896-3483
Montréal (Québec) H2L 4R5
bibliotheque@cjm-iu.qc.ca
www.centrejeunessedemontreal.qc.ca/bibliotheque/default.htm

Sur son site web, la bibliothèque des Centres jeunesse de Montréal nous présente plusieurs bibliographies sur la violence ainsi qu'une portant sur la grossesse à l'adolescence. Les ouvrages mentionnés peuvent être empruntés en utilisant le service de prêt entre bibliothèques.

Centre national d'information sur la violence dans la famille
Unité de prévention de la violence familiale   ☏ 613 957-2938
Division de la santé des collectivités   ☏ sans frais : 1 800 267-1291
Agence de santé publique du Canada   🖨 613 941-8930
200, promenade Eglantine   ATME : 613 952-6396
Indice de l'adresse : 1909D1   ATME sans frais : 1 800 561-5643
9ᵉ étage, Immeuble Jeanne Mance
Pré Tunney
Ottawa (Ontario) K1A 1B4
ncfv-cnivf@phac-aspc.gc.ca
www.phac-aspc.gc.ca/ncfv-cnivf/violencefamiliale/index.html

Organisme fédéral canadien offrant gratuitement information, documentation et référence sur l'agression sexuelle d'enfants ainsi que sur toute forme de violence familiale. Le site web contient plusieurs répertoires de services, tel le *Répertoire national des programmes de traitement pour auteurs d'agressions sexuelles sur les enfants*.

Fédération de ressources d'hébergement pour femmes violentées et en difficulté du Québec
110, rue Sainte-Thérèse, bureau 505   ☏ 514 878-9757
Montréal (Québec) H2Y 1E6   🖨 514 878-9755
info@fede.qc.ca
www.fede.qc.ca

La Fédération entend promouvoir la défense des droits et le développement de l'autonomie des femmes aux prises avec des difficultés liées aux différentes formes de violence conjugale, à la toxicomanie, à la santé mentale et à l'itinérance.

Mouvement SEM (Sensibilisation pour une enfance meilleure)
165 A, rue Saint-Paul, 2ᵉ étage   ☏ 450 348-0209
Saint-Jean-sur-Richelieu (Québec) J3B 1Z8   🖨 450 348-9665
sem@bellnet.ca
www.mouvementsem.com

« Le mouvement SEM est un organisme sans but lucratif qui a pour mission de promouvoir le respect de l'enfant par des activités de prévention, d'éducation et d'intervention. » Desservant la Montérégie, cet organisme vient en aide aux parents dont l'enfant a été victime d'agression sexuelle et aux familles aux prises avec des difficultés parentales. Les services suivants y sont offerts : aide au signalement, Contact-SEM (service de références ou consultations pour toute personne préoccupée par l'enfance en difficulté), conférences selon les besoins des groupes qui en font la demande, prévention des abus sexuels (formation offerte aux enseignants du primaire et soirées d'information à l'intention des parents), prévention en milieu de garde (programme offert selon la disponibilité des ressources), SEM au secondaire (programme de prévention en Montérégie à l'intention des étudiants du niveau secondaire), SEM Connexion (visites à domicile d'un aidant naturel qui partage avec les parents des trucs pour l'éducation des enfants). L'aide aux devoirs, le parrainage, la stimulation préscolaire, l'inscription à des camps de vacances et/ou à des loisirs sont des services complémentaires à l'intervention à domicile.

Regroupement des organismes Espace du Québec

59, rue Monfette, bureau 218   ☎ 819 751-1436

Victoriaville (Québec) G6P 1J8   🖷 819 751-1586

roeq@roeq.qc.ca

www.roeq.qc.ca

Les organismes Espace sont des organismes communautaires qui travaillent à la prévention de la violence faite aux enfants. Le programme Espace est offert aux enfants du
préscolaire et du primaire, ainsi qu'aux adultes de leur milieu. Vous pouvez contacter le
Regroupement ou consulter son site web pour connaître les coordonnées de l'organisme
de votre région.

**Regroupement provincial des maisons d'hébergement
et de transition pour femmes victimes de violence conjugale**

C.P. 55005 CFP Notre-Dame   ☎ 514 878-9134

11, rue Notre-Dame Ouest   🖷 514 878-9136

Montréal (Québec) H2Y 4A7

info@maisons-femmes.qc.ca

www.maisons-femmes.qc.ca

Organisme sans but lucratif se définissant comme un groupe de soutien, d'échange et
de services. Le réseau compte près de 50 maisons d'hébergement.

S.O.S. Violence conjugale

C.P. 55, succ. C   ☎ 514 728-0023

Montréal (Québec) H2L 4S7   ☎ 514 728-2353

sosdirection@sosviolenceconjugale.ca   ☎ sans frais : 1 800 363-9010

http://sosviolenceconjugale.ca   🖷 514 728-4247

Service téléphonique d'urgence, gratuit et bilingue, offert aux femmes victimes de violence conjugale à travers le Québec. Accessible 24 heures par jour, 7 jours par semaine.
On y accueille, évalue et dirige les femmes vers les services appropriés de leur région
lorsque nécessaire.

L'enfant violent : le connaître, l'aider, l'aimer
Dumas, Jean
Paris : Bayard, 2000. 258 p.

Les enfants qui sont violents le sont de plus en plus jeunes. L'auteur, psychologue, tente
de dresser un portrait de cette violence. Comment devient-on violent ? Quelles sont les
causes ? Évaluation et intervention de la violence. Dépistage et prévention.

Les parents face à la violence de l'enfant
Olivier, Christiane
Paris : Fayard, 2000. 116 p.

Nombre d'enfants et d'adolescents sont violents, mais cela est-il nouveau ou la conséquence d'une évolution sociale ? Pourquoi certains enfants ont-ils peur de se défendre
et deviennent-ils des victimes, donc des perdants de la vie, alors que d'autres se révèlent

d'emblée des agresseurs et donc des gagneurs en toutes occasions ? Les parents sont-ils responsables ? Que doivent savoir les parents de la violence ou de la non-violence de leurs propres enfants ? Leur comportement éducatif peut-il jouer sur la future violence de ceux-ci ?

Petite terreur ou souffre-douleur : la violence dans la vie de l'enfant
Bourcet, Stéphane et Yves Tyrode
Paris : Albin Michel, 2002. 195 p. (Questions de parents)

La violence dans la vie de l'enfant inquiète, que l'enfant la subisse ou qu'il la provoque, qu'il soit enfant agressé ou enfant agressif. Les auteurs répondent aux questions des parents sur cette problématique pour qu'ils puissent venir en aide à leurs enfants. Pourquoi cet enfant est-il incapable de canaliser son énergie ? Comment l'aider à se contrôler ? Pourquoi un enfant est-il toujours victime ? Comment l'aider à se défendre ?

Prévenir la violence dès la petite enfance
Tremblay, Richard E.
Paris : Odile Jacob, 2008. 269 p.

L'auteur démontre, chiffres à l'appui, que non seulement la violence physique est un comportement qui apparaît et se développe bien avant l'adolescence, mais que trop souvent, elle s'installe durablement parce qu'elle n'est pas prise en charge assez tôt. Il nous donne une analyse assortie de mesures aussi précises que concrètes pour combattre la violence et, surtout, aider ceux que la vie place sur des trajectoires à risque.

Tempête dans la famille : les enfants et la violence conjugale
Côté, Isabelle, Louis-François Dallaire et Jean-François Vézina
Montréal : Éditions du CHU Sainte-Justine, 2005. 154 p.
(Collection du CHU Sainte-Justine pour les parents)

Qu'entend-on par violence conjugale ? Comment reconnaître une situation où un enfant vit dans un contexte de violence conjugale ? De quelle manière l'enfant qui y est exposé réagit-il ? Quelles ressources peuvent venir en aide à cet enfant et à sa famille ? Parents, grands-parents, amis, voisins, éducateurs, tous trouveront ici des outils permettant d'offrir aux enfants un environnement familial sans violence.

Ça fait mal la violence
3 ans+
Dolto, Catherine et Colline Faure-Poirée
Paris : Gallimard Jeunesse, 2008. 23 p. (Mine de rien) (Giboulées)

Mine de rien, la violence est dans le cœur des humains, mais quand on peut en parler, c'est mieux. Une collection pour expliquer aux petits « ce qui se passe en eux et autour d'eux ».

Edouardo le terrible
4 ans+
Burningham, John
Paris : Gallimard, 2006. 32 p.

Edouardo est vraiment terrible. Il est aussi violent, méchant, bruyant, désordonné, grossier… C'est ce que tout le monde lui dit. Plus il est pointé du doigt par les adultes qui l'entourent, plus il en remet. Il s'en prend aux objets, aux animaux ou aux autres enfants de son âge. Il ne veut surtout pas ternir sa réputation. Un jour, des adultes se mettent à voir le bon côté d'Edouardo et le petit garçon découvre qu'il est capable d'accomplir de bonnes actions. Il apprivoise peu à peu cette nouvelle image et devient adorable.

Petit Doux n'a pas peur   4 ans+
Wabbes, Marie
Paris : De la Martinière Jeunesse, 1998. 25 p.

Petit Doux joue avec Gros Loup et parfois Gros Loup a des jeux qui ne plaisent pas à Petit Loup. Gros Loup fait mal à Petit Loup et il lui fait peur. Alors Petit Loup va voir les grands autour de lui et dénonce les jeux de Gros Loup, même s'il le menace. Pour inciter les enfants à toujours dénoncer les abuseurs, les agresseurs et les personnes qui veulent leur faire du mal.

Et si je me bagarrais ?   6 ans+
Labbé, Brigitte
Toulouse : Milan, 2008. 32 p. (Dis-moi Filo…)

Une voiture mal garée empêche maman de sortir du garage. Maman s'énerve, elle dit qu'elle va tout casser. Filou en profite pour dire que, lui aussi, il veut se bagarrer quand on l'embête. Une collection pour amorcer le dialogue entre parents et enfants, parce que le monde est parfois un peu plus compliqué qu'il en a l'air.

Les contes d'Audrey-Anne : contes philosophiques   6 ans+
Daniel, Marie-France
Québec : Le Loup de gouttière, 2002. 109 p. (Les petits loups)

Seize contes mettant en vedette des enfants face à diverses situations de violence ou d'abus. Basé sur l'approche de la philosophie pour enfants développée aux États-Unis par M. Lipman et A. M. Sharp, pour initier la réflexion, le jugement, le sens critique et la discussion chez l'enfant. Contes pour enfants, mais à lire avec un adulte. Accompagné d'un guide d'activités et de plans de discussion.

Max se bagarre   6 ans+
de Saint Mars, Dominique
Fribourg : Calligram, 1997. 45 p. (Max et Lili) (Ainsi va la vie)

Max est agressé, il réagit et il se bat avec ses agresseurs. Comment cette violente querelle s'arrêtera-t-elle ?

Le bien et le mal, c'est quoi ?   7 ans+
Brenifier, Oscar
Paris : Nathan, 2004. 93 p. (Philozenfants)

« Dois-tu être gentil avec les autres ? Dois-tu toujours obéir à tes parents ? Dois-tu tout dire ? As-tu le droit de voler pour manger ? Dois-tu toujours faire ce que tu veux ? Dois-tu aider les autres ? » La collection « Philozenfants » initie les enfants au questionnement, à la réflexion, au dialogue sur des questions importantes les concernant, sur le monde ou sur la vie. Sans proposer de réponse, l'auteur soulève les pour, les contre et donne des pistes pour amorcer la réflexion.

Violence non !   7 ans+
de Saint Mars, Dominique
Paris : Bayard, 2004. 37 p. (Petits guides pour dire non)

Pour aider l'enfant à dire non à la violence, qu'elle provienne de mots, de coups ou de
regards, la violence qui vient des autres, celle que l'on fait subir aux autres ou que l'on
se fait à soi-même. L'auteur propose des solutions pour comprendre d'où vient la violence, y faire face et la contrôler tout en respectant les autres. À lire en famille.

La non-violence expliquée à mes filles   8 ans+
Sémelin, Jacques
Paris : Seuil, 2000. 57 p.

L'auteur répond aux questions que se posent les enfants sur la violence et la façon d'y
réagir dans la vie de tous les jours. Comment réagir si on se fait agresser ? Face au taxage
et à l'intimidation à l'école ? Devant le harcèlement ou une agression sexuelle ? Devant
le racisme ? Il explique ce qu'est la non-violence : loin d'être un état de passivité, c'est
une manière d'être et d'agir tout en respectant les autres devant un conflit.

La violence et la non-violence   8 ans+
Puech, Michel et Brigitte Labbé
Toulouse : Milan, 2006. 43 p. (Les goûters philo)

La violence peut naître d'un seul regard en coin ou d'un sourire narquois : après, il peut
y avoir une dégringolade de mots et de gestes, de plus en plus violents. « Les goûters
philo », c'est une série de petits livres pour aider les enfants âgés de plus de 8 ans à réfléchir… Ils initient l'enfant « aux plaisirs des idées et l'amènent progressivement à
construire sa propre analyse ». Voir également dans la même collection *Le bien et le
mal*.

Comment survivre dans un monde de brutes   10 ans+
Grignon, Olivier et Bernadette Costa-Prades
Paris : Albin Michel Jeunesse, 2005. 128 p. (Comment survivre)

De la violence il y en a partout, dans la rue, à la maison, à l'école, et elle se manifeste de
plusieurs façons. Elle peut être déguisée, cachée, volontaire, petite ou grande. Avec ce
livre, les auteurs veulent aider les jeunes à la reconnaître sous ses multiples facettes, pour
pouvoir s'en défendre par la suite.

Les jeunes et les gangs de rue : drogues, prostitution   10 ans+
et autres violences, un guide de prévention pour t'aider
à faire les bons choix
Collectif
Montréal : TheoDone, 2007. 32 p.

Ouvrage qui permet de sensibiliser les jeunes au phénomène des gangs de rue. Ces
groupes qui commettent des actes illégaux, recrutent souvent leurs membres dans les
cours d'école et dans les parcs. Avec ce livre, les auteurs offrent aux jeunes la possibilité
de faire des choix éclairés et positifs. C'est un livre axé sur la prévention, destiné aux
élèves de 10 ans et plus, aux parents et aux intervenants qui travaillent de près ou de loin
pour le développement des enfants. Le livre est présenté comme une bande dessinée et
utilise un langage accessible aux jeunes.

Lola Rose   10 ans+
Wilson, Jacqueline
Paris : Gallimard Jeunesse, 2004. 320 p. (Folio junior)

Nikki et ses deux enfants, Lola Rose et son petit frère, doivent fuir la maison parce que leur père est trop violent. Ils essaient tant bien que mal de recommencer leur vie ailleurs. Mais Nikki, qui cherche toujours à plaire même si elle adore ses enfants, brise très souvent les rêves d'une vie meilleure de Lola Rose. La fillette, du haut de ses 10 ans, lucide et protectrice, tente de s'occuper du mieux qu'elle peut de son petit frère et de sa mère.

Le jour des oies sauvages   13 ans+
Yzac, Adeline
Rodez (France) : Rouergue, 2004. 93 p. (DoAdo)

Tout le monde au village connaît les histoires de la famille d'Ange, et tout le monde, même au collège, fait comme si de rien n'était. Il y a l'alcoolisme de son père, sa mère qui se fait battre, sa sœur qui est rendue dans une famille d'accueil. Ange a honte et garde en lui tout ce qu'il ressent depuis longtemps. Regarder voler les oies sauvages le réconforte, il rêve de liberté. Il voit maintenant une psychologue et, pour la première fois, il rencontre quelqu'un à qui parler de sa vie, quelqu'un qui l'écoute sans le juger.

Quand les violences vous touchent   13 ans+
Vaillant, Maryse et Christine Laouénan
Paris : De la Martinière Jeunesse, 2004. 110 p. (Hydrogène)

Fragilisés par les changements qui s'opèrent en eux, les adolescents peuvent avoir de la difficulté à gérer la violence à laquelle ils font face, à l'école, dans leur quartier ou même parfois dans la famille. Comment réagir quand on est soumis à des pressions psychologiques ou morales, à des violences physiques ? Voici un ouvrage pour aider les jeunes à comprendre les violences quotidiennes pour mieux les affronter.

**Pourquoi mon enfant ? Guide à l'intention des parents
dont l'enfant a été victime d'un acte criminel**
CAVAC de Laval en collaboration avec la Commission scolaire de Laval,
Service de protection des citoyens de Laval et Centre jeunesse de Laval
www.cavac.qc.ca/documentation/pdf/pourquoi_mon_enfant.pdf

Qu'est-ce qu'un acte criminel ? Quelles sont les conséquences pour votre enfant ? Quoi faire ? Démarches juridiques. Étapes du processus judiciaire.

Prévention de la violence
Commission scolaire de Montréal
www.csdm.qc.ca/sassc/Script/Themes/PV.htm

Site répertoire de liens concernant la violence en milieu scolaire : intimidation, taxage, violence, toxicomanie, criminalité, etc.

Violence à l'égard des parents : les mauvais traitements infligés aux parents par les adolescents
Centre national d'information sur la violence dans la famille
www.phac-aspc.gc.ca/ncfv-cnivf/violencefamiliale/pdfs/Abuse%20F.pdf

Tour d'horizon du phénomène des adolescents auteurs de violence envers leurs parents.

Intimidation
Tel-jeunes
http://teljeunes.com/menu/index.php?lang=fr&choix=informe

Conseils aux jeunes qui sont victimes ou qui sont témoins d'intimidation. Voir le sujet violence.

La violence / les mauvais traitements
Jeunesse J'écoute
www.jeunessejecoute.ca/fr/informed/violence.asp?sec=3&sb=2

Explications destinées aux ados sur la problématique de la violence sexuelle et des comportements abusifs ainsi que les différents recours et services d'aide disponibles.

La violence dans les fréquentations
Groupe IDITAE des technologies de l'apprentissage. Université de Moncton
www.adosante.org/Violence/07.shtml

Plusieurs textes regroupés sous les chroniques suivantes : La violence, Le viol. Contient aussi un court vidéo en dessins animés.

Violence et agression sexuelle
Tel-jeunes
http://teljeunes.com/menu/index.php?lang=fr&choix=informe

Conseils aux jeunes qui subissent des actes de violence ou d'agression sexuelle.

La danse des brutes
Montréal : Office national du film du Canada, 2000. 1 DVD (11 min.)

« Dessins animés. L'enfant a le droit de se sentir en sécurité à l'école et d'être protégé contre l'humiliation oppressive et répétée d'enfants agressifs. Il n'y a qu'une seule façon de mettre fin aux agissements de ces enfants tyranniques : établir un climat où le comportement agressif n'est pas toléré. Ce dessin animé se veut un outil d'exploration de la violence dans les relations entre les jeunes, ainsi que des pressions exercées par le groupe et de l'inégalité des forces. Une brute terrorise un plus petit et bouleverse ainsi une communauté qui devra trouver le moyen de régler le problème, alors que le perturbateur est lui-même maltraité par les siens. » Tiré de CHOIXmédia.
Disponible chez : ONF, 514 283-9000 ou 1 800 267-7710
www.onf.ca/collection/films/fiche/ ?id=50036

Aux origines de l'agression : la violence de l'agneau
Maher, Jean-Pierre, Jean Gervais et Richard E. Tremblay, réalisation
Montréal : Office National du Film, 2005. 1 DVD (50 min.)

L'agressivité humaine est-elle innée ou prend-elle sa source dans l'éducation ? Ce documentaire examine la complexité des facteurs qui contribuent à la socialisation des comportements agressifs chez les humains.
Disponible chez : ONF, 514 283-9000 ou 1 800 267-7710
www.onf.ca/collection/films/fiche/ ?id=52739

L'agressivité chez l'enfant : quand les coups et les cris
sont plus rapides que les mots
Bourcier, Sylvie, conférencière
Montréal : CHU Sainte-Justine. Service audio-visuel, 2007. 1 DVD (88 min.)
(Les Soirées Parents du CHU Sainte-Justine)

Doit-on s'inquiéter d'un comportement agressif ? Comment amener le tout-petit à développer un certain contrôle face à sa tornade d'émotions ? Comment gérer les crises ? Quoi faire avec l'enfant qui frappe son parent ou ses amis ? Comment épauler l'adulte qui fait face aux comportements agressifs et parfois déconcertants de l'enfant ?
Disponible chez : CHU Sainte-Justine – Médiathèque, 514 345-4677

VOL

Voir aussi : Mensonge

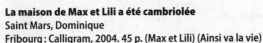

La maison de Max et Lili a été cambriolée   6 ans+
Saint Mars, Dominique
Fribourg : Calligram, 2004. 45 p. (Max et Lili) (Ainsi va la vie)

Au retour des vacances, Max et Lili et leurs parents retrouvent leur maison cambriolée et sans dessus dessous. Ils sont choqués, tristes et en colère. Ce livre de Max et Lili parle de la violence d'un cambriolage, pour les enfants comme pour les parents, de l'intrusion d'un inconnu chez soi, du vol des objets qu'on aime, de la peur de rester seul… et de l'importance de l'honnêteté et du respect des règles pour bien vivre en société.

Max et Lili ont volé des bonbons   6 ans+
de Saint Mars, Dominique
Fribourg : Calligram, 1996. 45 p. (Max et Lili) (Ainsi va la vie)

Lili et Max se sont fait prendre à voler des bonbons. Les parents interviennent.

Des bonbons et des méchants   7 ans+
Soulières, Robert
Saint-Lambert (Québec) : Soulières, 2003. 37 p. (Ma petite vache a mal aux pattes)

Robert et ses amis s'amusent à voler les sacs de bonbons des plus petits le soir de l'Halloween. Sur le chemin du retour, Robert se fait à son tour voler son butin par des plus grands que lui. «Bien mal acquis ne profite jamais !», dit souvent sa mère, il en comprendra bien le sens maintenant.

Le mauvais coup du samedi 7 ans+
Simard, Danielle
Saint-Lambert (Québec) : Soulières, 2006. 80 p. (Ma petite vache a mal aux pattes)

Julien part malgré lui au camp de vacances. Il se fait ami avec Cédric et participe avec lui à toute une série de mauvais coups, ce qui lui redonne confiance parce qu'il éprouve une sensation de pouvoir. Mais il s'aperçoit que leurs moqueries et petits larcins peuvent faire de la peine aux autres et il n'aime plus ce jeu. Il tente de convaincre Cédric d'arrêter.

Mon copain a volé : l'interdiction du vol 9 ans+
de la Roche Saint-André, Anne et Brigitte Ventrillon
Paris : Autrement Jeunesse, 2001. 48 p. (Autrement junior)

Un livre pour sensibiliser les jeunes de 9-13 ans sur le vol. Quand on désire vraiment quelque chose, on peut être tenté de le voler : ou on peut être témoin d'un vol. Un dossier bien structuré sur ce problème de société : texte concis, exemples, anecdotes, extraits de livres et information sur les lois.

Filer droit 13 ans+
Coleman, Michael
Rodez (France) : Rouergue, 2006. 312 p. (DoAdo)

Luke, jeune délinquant multirécidiviste, est bien connu de la police. Il traîne dans la rue à la recherche d'une bonne affaire, quelque chose à voler et à revendre. Il se fait prendre pour un vol de souliers de course qui appartiennent à un jeune aveugle, Jodi, qui se prépare pour un marathon. Sa sentence : au lieu d'être détenu, il devra faire un travail d'aide auprès de sa victime. Pour la première fois de sa vie, quelqu'un va lui faire confiance. Luke pourra enfin entrevoir avec optimisme le futur.

Cette fois, je veux la vérité !
ACSM Chaudière-Appalaches
www.acsm-ca.qc.ca/virage/enfance-jeunesse-famille/cette-fois-la-verite.html

Conseils aux parents pour aider à corriger l'enfant qui ment et qui vole.

L'enfant qui vole
Emploi, solidarité sociale et famille Québec
www.mfa.gouv.qc.ca/services-en-ligne/a-nous-de-jouer/fiches/vole.
asp?comportement=tous

Conseils aux parents pour éviter qu'un jeune enfant s'approprie les jouets ou les objets des autres enfants en milieu de garderie.

ANNEXE
RESSOURCES INCONTOURNABLES

Éducation coup-de-fil
www.education-coup-de-fil.com
ecf@bellnet.ca

☎ 514 525-2573
🖨 514 525-2576

Service de consultation professionnelle téléphonique gratuit, confidentiel et anonyme. Pour aider à solutionner les difficultés courantes des relations parents-enfants des familles biologiques ainsi que des familles adoptives. Parents, jeunes et intervenants peuvent y avoir recours. Le service est ouvert de septembre à juin, du lundi au vendredi de 9 h à 16 h 30, les mercredis et jeudis de 18 h 30 à 21 h. L'atelier « L'après-séparation et le vécu parents-enfants » est offert trois fois par année.

Jeunesse j'écoute
www.jeunesse.sympatico.ca

Ligne d'écoute : 1 800 668-6868
🖨 416 586-0651

Service national de consultation professionnelle gratuit, confidentiel et anonyme s'adressant spécifiquement aux jeunes. Accessible 24 heures par jour, 7 jours par semaine, « Jeunesse j'écoute » offre des services d'évaluation, de soutien affectif, de thérapie brève, de renseignement et de référence vers des services locaux. Le site Internet permet de poser des questions à un conseiller et contient plusieurs textes informatifs pour les jeunes.

La Ligne Parents
C.P. 186, Succ. Place d'Armes
Montréal (Québec) H2Y 3G7

Ligne d'écoute : 514 288-5555
☎ sans frais : 1 800 361-5085

Intervention et soutien téléphonique pour les parents d'enfants de 0 à 18 ans, 24 heures par jour, 7 jours par semaine. Gratuit, confidentiel et anonyme.

Tel-aide
www.telaide.org

Ligne d'écoute : 514 935-1101

Service d'écoute téléphonique 24 heures par jour, 7 jours par semaine.

Tel-jeunes
C.P. 186, Succ. Place d'Armes
Montréal (Québec) H2Y 3G7
www.teljeunes.com

Ligne d'écoute : 514 288-2266
℩ sans frais : 1 800 263-2266

Service québécois d'intervention téléphonique et de référence pour les jeunes de 5 à 20 ans. Gratuit, anonyme et confidentiel. Accessible 24 heures par jour, 7 jours par semaine. Le site Internet contient plusieurs textes et forums de discussion sur des thèmes de première importance pour les jeunes.

Accueil public
Association médicale canadienne
www.cma.ca/public

Site de l'Association médicale canadienne offrant sous forme de banques de données de l'information vulgarisée pour le grand public : Info maladies - Guide des symptômes – Médicaments - Premiers soins - Liens sur la santé.

Encyclopédie tout public
Orphanet : le portail des maladies rares et des médicaments orphelins
www.orpha.net/consor/cgi-bin/Disease_PatientEncyclo.php ?lng=FR

Encyclopédie grand public sur les maladies rares. Les textes sont revus par des experts ainsi que par des associations de malades concernés.

Encyclopédie sur le développement des jeunes enfants
Centre d'excellence pour le développement des jeunes enfants
www.enfant-encyclopedie.com/fr-ca/accueil.html

Encyclopédie couvrant 35 thèmes traitant du développement psychosocial de l'enfant, de la conception à cinq ans, et présentant les connaissances scientifiques les plus récentes.

Guide santé
Service Québec - Citoyens
www.guidesante.gouv.qc.ca/fr/fiche/m1.shtml

Site du gouvernement québécois informant sur les maladies courantes, les médicaments, les tests cliniques, les chirurgies d'un jour et les mesures de prévention.

Info-santé
Hôpital de Montréal pour enfants
www.thechildren.com/fr/sante/pathologies.aspx ?cID=30&scID=

Plus de 225 articles revus et approuvés par des professionnels de la santé.

Investir dans l'enfance
www.investirdanslenfance.ca/Home.aspx ?lang=fr

Informations destinées aux parents de jeunes enfants de 0 à 5 ans : développement de l'enfant, relations parents-enfants, réponses aux parents sur différents sujets touchant la santé physique et mentale des jeunes enfants.

Naître et Grandir
Naîtreetgrandir.net
www.naitreetgrandir.net

Nouveau site traitant du développement et de la santé de l'enfant de 0 à 3 ans. On prévoit y ajouter graduellement des informations sur les enfants âgés de 4 à 17 ans, ainsi que sur la grossesse.

Passeport Santé
PasseportSanté.net
www.passeportsante.net

Portail santé offrant des renseignements sur la promotion de la santé, la prévention de la maladie, et l'utilisation judicieuse des médecines alternatives et complémentaires en conjonction avec la médecine classique.

Petitmonde
www.petitmonde.com

Site rassemblant un vaste choix de documentation, de ressources et de renseignements pour les parents d'enfants de 0 à 12 ans ainsi que pour tout ceux qui travaillent auprès de ces jeunes. Il comprend aussi une section dédiée aux enfants.

Service Vie
www.servicevie.com

Site très utile aux parents couvrant plusieurs aspects de la santé physique et mentale des enfants et des adolescents. L'information est présentée sous forme d'articles que l'on retrouve sous les thèmes suivants : Bien manger / En forme et actif / Santé / Vie sexuelle / Bien dans sa peau / Nourrir son esprit / Relations avec les autres / Vivre avec l'argent / Environnement.

Soins de nos enfants
Société canadienne de pédiatrie
www.soinsdenosenfants.cps.ca

Site très élaboré, préparé par des pédiatres canadiens, contenant de l'information pour les parents sur la santé des enfants et des adolescents.

Ado S@nté.org
Groupe IDITAE des technologies de l'apprentissage. Université de Moncton
www.adosante.org/index.shtml

Modules sur l'activité physique, l'art corporel, les drogues et l'alcool, la nutrition, la santé mentale, la santé sexuelle et la violence. Chaque module comporte plusieurs textes ainsi qu'un court vidéo en dessins animés.

Jeunesensante.ca
Association canadienne pour la santé des adolescents
www.jeunesensante.ca/acsa

Information sur tous les aspects de la santé des adolescents : sexualité, relations avec les parents, drogues et dépendances, sports, tatouage, comportements alimentaires. Quiz sur ces thèmes et jeux vidéos.

Références

Centre national du livre pour enfants. La joie par les livres. *Escales en littérature de jeunesse*. Paris: Éditions du Cercle de la Librairie, 2007. 457 p.

ChoixMédia: base de données bibliographiques des livres, CD-ROM, DVD et autres ouvrages de langue française. Montréal: Services documentaires multimédia (SDM), 2008.

Communication Jeunesse. *La sélection de livres pour jeunes 2008-2009*. Saint-Laurent: Communication jeunesse, 2008.
www.communication-jeunesse.qc.ca/selection/courante/index.php

Decitre: mon libraire sur terre et sur le net
www.decitre.fr

École des parents. Paris: Fédération nationale des écoles des parents et des éducateurs. Mensuel.

Gagnon, Michèle, Louise Jolin et Louis-Luc Lecompte. *Le nouveau Guide Info-Parents: livres, organismes d'aide, sites Internet*. Montréal: Éditions de l'Hôpital Sainte-Justine, 2003. 456 p. (La collection de l'Hôpital Sainte-Justine pour les parents).

Le journal des professionnels de l'enfance. Savigny-sur-Orge, France: Journal des professionnels de l'enfance. Bimestriel.

Livres Hebdo: l'hebdomadaire des livres. Paris: Électre. Hebdomadaire.

Lurelu: bulletin d'information sur la littérature de jeunesse. Montréal: Association Lurelu. Semestriel.

Magazine Enfants Québec. Saint-Lambert: Héritage. Mensuel.

Ricochet-jeunes.org: portail européen sur la littérature jeunesse
www.ricochet-jeunes.org

INDEX DES ORGANISMES RÉPERTORIÉS

AFQ – Association d'anémie falciforme du Québec 65

ANEB – Québec. Association québécoise d'aide aux personnes souffrant d'anorexie nerveuse et de boulimie 67

APJQ – Association des parents de jumeaux et plus de la région de Québec 322

APJTM – Association de parents de jumeaux et de triplés de la région de Montréal 284, 322

AQEPA – Association du Québec pour enfants avec problèmes auditifs. Secrétariat provincial 125, 523

AQETA – Association québécoise pour les troubles d'apprentissage 547, 571

AQIPA – Association québécoise des intervenants auprès des personnes amputées ... 63

AQMMR – Association québécoise des maladies métaboliques du réseau ..24, 274, 343, 427, 598

AQPAMM – Association québécoise des parents et amis de la personne atteinte de maladie mentale 480, 594

AQSP – Association québécoise de soins palliatifs. Réseau de soins palliatifs du Québec 504

ASBHRM – Association de spina-bifida et d'hydrocéphalie de la région de Montréal 294, 507

ATAQ – Association / Troubles anxieux du Québec 73, 594

Aboutface 93, 264, 351

Al-Anon et Alateen 47, 403

Alcooliques anonymes 47

Alliance familiale VHL du Canada 333

Allô Prof 145

Amis compatissants du Québec (Les) 357, 367

Amis du crépuscule (Les) 357, 515

Amputés de guerre (Les). Programme Les Vainqueurs 63

Association / Troubles anxieux du Québec (ATAQ) 73, 594

Association canadienne d'entraide du syndrome de Sotos 538

Association canadienne de la dyslexie 173

Association canadienne des ataxies familiales 81

Association canadienne des victimes de la thalidomide 553

Association canadienne pour la santé des adolescents. CHU Sainte-Justine 477

Association canadienne pour la santé mentale. Division du Québec 480

Association canadienne – Troubles d'apprentissage 571

Association d'anémie falciforme du Québec (AFQ) 65

Association d'iléostomie et de colostomie de Montréal 508

Association d'information sur l'allergie et l'asthme 58, 78

Association de l'acidose lactique du Saguenay-Lac-St-Jean 24, 339

Association de la neurofibromatose du Québec 391

Association de paralysie cérébrale du Québec. Siège social 307

Association de parents d'enfants trisomiques 21 – Lanaudière 127, 193, 564

Association de parents de jumeaux et de triplés de la région de Montréal inc. (APJTM) 284, 322

Association de parents de l'enfance en difficulté de la Rive Sud de Montréal 84, 127, 193, 444, 546

Association de parents et amis de personnes atteintes de maladie mentale Le Contrevent 408, 481

Association de parents pour l'adoption québécoise.. 26
Association de spina-bifida et d'hydrocéphalie de la région de Montréal
    (ASBHRM).. 294, 507
Association de spina-bifida et d'hydrocéphalie du Québec.............................. 294, 507
Association des établissements de réadaptation en déficience physique du Québec .. 193
Association des grands brûlés F.L.A.M. 93
Association des hypoglycémiques du Québec.. 296
Association des jeunes bègues du Québec.. 90
Association des médecins psychiatres.. 121
Association des mères lesbiennes du Québec.. 247
Association des orthopédagogues du Québec.. 121
Association des paraplégiques du Québec.. 401
Association des parents de jumeaux et plus de la région de Québec (APJQ)............. 322
Association des pères gais de Montréal.. 247
Association Diabète Québec.. 150
Association du Québec pour enfants avec problèmes auditifs (AQEPA).
    Secrétariat provincial.. 125, 523
Association du Québec pour l'intégration sociale 127
Association du syndrome de Down de l'Estrie... 565
Association du syndrome de Turner du Québec 539
Association dysphasie +.. 177
Association G.R.A.N.D. (Grands-Parents Requérant Accès Naturel et Dignité) 275, 491
Association générale des insuffisants rénaux... 338
Association multi-ethnique pour l'intégration des personnes handicapées
    du Québec 194, 414
Association pour l'asthme et l'allergie alimentaire du Québec 58, 60, 78
Association pulmonaire du Canada..78, 347, 542
Association pulmonaire du Québec. Bureau de Montréal...............................78, 348, 542
Association québécoise d'aide aux personnes souffrant d'anorexie nerveuse
et de boulimie. ANEB – Québec 67
Association québécoise de l'épilepsie... 229
Association québécoise de la dysphasie / Association québécoise pour
    les enfants atteints d'audimutité. Siège social 177
Association québécoise de la fibrose kystique. Bureau provincial............................... 262
Association québécoise de la fissure labio-palatine inc... 265
Association québécoise de prévention du suicide 514
Association québécoise de soins palliatifs – AQSP. Réseau de soins palliatifs
du Québec 504
Association québécoise des allergies alimentaires... 60
Association québécoise des intervenants auprès des personnes amputées (AQIPA) ... 63
Association québécoise des maladies métaboliques du réseau........ 24, 274, 343, 427, 598
Association québécoise des parents d'enfants handicapés visuels...................... 105, 131
Association québécoise des parents et amis de la personne atteinte
    de maladie mentale (AQPAMM) 480, 594
Association québécoise des personnes de petite taille.. 389
Association québécoise des traumatisés crâniens... 563
Association québécoise du syndrome de la Tourette. Bureau provincial.................... 533
Association québécoise du syndrome de Rett... 537
Association québécoise pour la santé mentale des nourrissons 480
Association québécoise pour les enfants atteints d'audimutité **voir** Association
    québécoise de la dysphasie 177
Association québécoise pour les enfants dyspraxiques... 180
Association québécoise pour les troubles d'apprentissage (AQETA)................. 547, 571

Autisme et troubles envahissants du développement Montréal....................84, 528, 591
Bureau de consultation jeunesse...183, 279, 403, 477
CAFAT – Centre de prévention et de traitement de la codépendance
    et des dépendances multiples... 47
CATIE – Réseau canadien d'info-traitements sida... 500
CAVAC – Centre d'aide aux victimes d'actes criminels 35
CFAD – Continuité famille auprès des détenues.. 412
CFORP – Centre franco-ontarien de ressources pédagogiques 145
CPAFK – Comité provincial des adultes fibro-kystiques.................................... 263
CQDA – Centre québécois de la déficience auditive... 125
CRISE – Centre de recherche et d'intervention sur le suicide et l'euthanasie. UQAM.
    Centre de documentation 515
Canadian Marfan Association 535
Centre Anti-Poison du Québec.. 437
Centre canadien de lutte contre l'alcoolisme et les toxicomanies 47, 282, 557
Centre d'aide aux victimes d'actes criminels (CAVAC) 35, 602
Centre d'information du CHU Sainte-Justine 19, 209, 213
Centre d'information Leucan. CHU Sainte-Justine. Centre de cancérologie
    Charles-Bruneau 95
Centre de documentation. Centre de réadaptation Marie Enfant 194
Centre de prévention et de traitement de la codépendance et des dépendances
    multiples (CAFAT) 47, 319, 557
Centre de recherche et d'intervention sur le suicide et l'euthanasie (CRISE) / UQAM.
    Centre de documentation 515
Centre de ressources familiales du Québec... 492
Centre de soutien au deuil périnatal.. 142, 260
Centre Dollard-Cormier...48, 320, 557
Centre franco-ontarien de ressources pédagogiques (CFORP) 145
Centre international d'étude sur le jeu et les comportements à risque
    chez les jeunes 320
Centre Jérémy Rill. Hôpital de Montréal pour enfants.................142, 260, 383
Centre jeunesse de Montréal – Institut universitaire. Bibliothèque.....218, 279, 309, 602
Centre national d'information sur la violence dans la famille 35, 218, 603
Centre québécois de la déficience auditive (CQDA)............................... 125, 523
Centre québécois de ressources à la petite enfance 455
Centres jeunesse du Québec.. 27
Clinique des jeunes Saint-Denis...183, 279, 477
Coalition des organismes communautaires québécois de lutte contre le sida............ 499
Comité provincial des adultes fibro-kystiques (CPAFK) 263
Conseil d'adoption du Canada.. 26
Conseil canadien pour le contrôle du tabac.. 542
Conseil québécois sur le tabac et la santé.. 543
Continuité famille auprès des détenues (CFAD)... 412
Déprimés anonymes 135
Deuil secours 357
Dispensaire diététique de Montréal 140
Drogue : aide et référence... 167, 558
Dystrophie musculaire Canada. Bureaux régionaux Québec.............................. 344
Éduc'alcool 48
Éducation coup-de-fil..27, 385, 449, 456, 492
Emmanuel l'amour qui sauve...19, 27, 194
En cœur : fondation québécoise pour les enfants malades du cœur........................... 334
Enfants de Béthanie (Les)... 499

Épilepsie Canada 229

Épilepsie Montréal Métropolitain 230

FAFMRQ – Fédération des associations de familles monoparentales
   et recomposées du Québec 251, 255

FFAPAMM – Fédération des familles et amis de la personne atteinte
   de maladie mentale 407, 481

F.L.A.M. – Association des grands brûlés 93

Fédération de ressources d'hébergement pour femmes violentées et en difficulté
   du Québec 603

Fédération des associations de familles monoparentales et recomposées
   du Québec (FAFMRQ) 251, 255

Fédération des familles d'accueil du Québec 244

Fédération des familles et amis de la personne atteinte de maladie mentale
   (FFAPAMM) 407, 481

Fédération des parents adoptants du Québec 27

Fédération du Québec pour le planning des naissances 183

Fédération mondiale de l'hémophilie 286

Fédération québécoise de l'autisme et des autres troubles envahissants
   du développement 85, 529, 591

Fédération québécoise des CRDI 127, 592

Fédération québécoise des centres de réadaptation pour personnes
   alcooliques et autres toxicomanes 48, 320, 558

Fédération québécoise des organismes communautaires Familles 456

Fondation Amanda Raymond-Lamoureux pour le syndrome de Di George 532

Fondation canadienne de la fibrose kystique 263

Fondation canadienne de la thyroïde 331

Fondation canadienne des maladies inflammatoires de l'intestin.
   Bureau du Québec 342

Fondation canadienne des maladies inflammatoires de l'intestin.
   Bureau national 342

Fondation canadienne des tumeurs cérébrales 597

Fondation canadienne du foie. Bureau de Montréal 337

Fondation canadienne du rein. Succursale du Québec 338

Fondation canadienne du Strep B 508

Fondation canadienne pour l'étude de la mortalité infantile 143, 260, 383

Fondation d'aide aux handicapés du Québec 19, 63

Fondation de la greffe de moelle osseuse de l'Est du Québec 561

Fondation de la visite 140

Fondation des maladies du coeur du Québec 335

Fondation des maladies mentales 481

Fondation du diabète juvénile Canada. Division de Montréal 150

Fondation Le Monde de Charlotte Audrey-Anne et ses Ami(e)s 332

Fondation Marie-Vincent. Maison Huguette-Bertrand 35, 218

Fondation pour enfants diabétiques / Camp Carowanis 150

Fondation québécoise de la maladie coeliaque 328

Fondation québécoise du cancer. Documentation et ressources 95, 543

Fondation québécoise pour le trouble obsessionnel-compulsif 594

Fondation Rêves d'enfants. Division Québec Est 349

Fondation Rêves d'enfants. Division Québec Ouest 349

Fondation TOMA pour enfants brûlés 93

Fondation Tommy Harvey 209

GAETQ – Groupe d'aide aux enfants tyrosinémiques du Québec 598

Gai écoute inc. 248, 289

Grands frères et grandes sœurs du Grand Montréal... 251
Grossesse-secours.. 279
Groupe d'enfants dont un des parents ou des proches a un problème de santé mentale.
    Clinique externe de psychiatrie. Hôpital Jean-Talon 407, 481
Groupe d'aide aux enfants tyrosinémiques du Québec (GAETQ)............................. 598
Groupe d'entraide maternelle de La Petite Patrie 140
Groupes familiaux Nar-Anon... 558
IFACEF - Institut de formation d'aide communautaire à l'enfant et à la famille...... 251,
    255, 449, 456
INCA – Institut national canadien pour les aveugles. Division du Québec 105, 131
Info-Santé CLSC 472
Information sur les sièges d'auto – CAA Québec.. 437
Institut canadien de la santé infantile 472
Institut de formation d'aide communautaire à l'enfant et à la famille (IFACEF) 251,
    255, 449, 456
Institut de réadaptation en déficience physique de Québec 195, 307
Institut national canadien pour les aveugles (INCA). Division du Québec 105, 131
Institut Nazareth et Louis-Braille... 105, 131
Institut québécois de la déficience intellectuelle 128
Institut Raymond Dewar. Centre de réadaptation en surdité
    et en communication 125, 178
Jeu : aide et référence.. 321
Jeunesse j'écoute... 183, 290, 505, 509, 515
Kéroul 208
La Ligne Parents...385, 450, 456
La Maison des greffés du Québec.. 561
La Maison Montbourquette 357
Le Phare, enfants et familles 349, 503
Les Amis compatissants du Québec. Secrétariat... 357, 367
Les Amis du crépuscule 357, 515
Les Amputés de guerre. Programme Les Vainqueurs... 63
Les Parents endeuillés de Leucan 358, 367
Leucan. Siège social 95
Lupus Canada.. 326
Maison des greffés du Québec (La)... 561
Maison Montbourquette (La) 357
Motherisk : consommation d'alcool et de drogues durant la grossesse .48, 167, 282, 526
Motherisk : nausées et vomissements durant la grossesse..................................... 390
Motherisk : VIH.. 282, 499
Mouvement contre le viol et l'inceste 36, 302
Mouvement SEM (Sensibilisation pour une enfance meilleure) ...36, 146, 219, 457, 603
Nar-Anon. Groupes familiaux... 558
OPHQ – Office des personnes handicapées du Québec.
    Direction de l'intervention collective régionale de l'Ouest 19, 195
OPHQ – Office des personnes handicapées du Québec.
    Centre de documentation 19, 195
Ordre des conseillers et conseillères d'orientation et des psychoéducateurs
    et psychoéducatrices du Québec... 121
Ordre des ergothérapeutes du Québec 122
Ordre des orthophonistes et audiologistes du Québec....................................90, 122, 581
Ordre des psychologues du Québec... 122
Ordre professionnel des diététistes du Québec 393
Ordre professionnel des travailleurs sociaux du Québec.. 122

Outremangeurs anonymes. Intergroupe OA français de Montréal...................... 67, 393
PMATCOM – Programme ministériel des aides techniques à la communication....... 46
PQMGO – Portail québécois des maladies génétiques orphelines.
    Fondation Le Monde de Charlotte Audrey-Anne et ses Ami(e)s................. 339, 509
Parents endeuillés de Leucan (Les) 358, 367
Parent étoile..357, 363, 372, 375, 378
Phare, enfants et familles (Le) 349, 503
Phobies-Zéro 73, 420, 594
Portail québécois des maladies génétiques orphelines (PQMGO).
    Fondation Le Monde de Charlotte Audrey-Anne et ses Ami(e)s................. 339, 509
Préma-Québec 432
Premiers pas / Home Start... 457
Projet 10 / Project 10.. 290
Programme Les Vainqueurs. Les Amputés de guerre................................... 63
Programme ministériel des aides techniques à la communication – PMATCOM....... 46
RAAMM – Regroupement des aveugles et amblyopes du Montréal
    métropolitain 106, 132
RQAM – Réseau québécois de l'asthme et de la M.P.O.C. 79, 348
Regroupement canadien d'aide aux familles des détenu(e)s................................ 412
Regroupement de parents de personnes ayant une déficience intellectuelle
    de Montréal... 128
Regroupement des associations de parents PANDA du Québec............................ 547
Regroupement des aveugles et amblyopes du Montréal métropolitain –
    RAAMM... 106, 132
Regroupement des organismes Espace du Québec 219, 604
Regroupement Naissance-Renaissance.. 141
Regroupement pour la trisomie 21 565
Regroupement provincial des maisons d'hébergement et de transition
    pour femmes victimes de violence conjugale... 604
Regroupement québécois des CALACS. (Centres d'aide et de lutte contre les agressions
    à caractère sexuel)... 36
Relevailles de Montréal : centre de ressources périnatales 385
Réseau canadien d'info-traitements sida (CATIE)... 500
Réseau de soins palliatifs du Québec (Association québécoise de soins
    palliatifs – AQSP)... 504
Réseau québécois de l'asthme et de la M.P.O.C. (RQAM) 79, 348
Revivre : Association québécoise de soutien aux personnes souffrant
    de troubles anxieux dépressifs ou bipolaires.....................................73, 136, 569, 595
S.O.S. Violence conjugale... 604
SCS – Société canadienne du sida 500
SAFERA 282, 526
Santé Canada – Programme de la Sécurité des produits. Bureau régional
    du Québec.. 437
Secrétariat à l'adoption internationale 28
Seréna Québec... 184
Service d'information sur l'ETCAF (Ensemble des troubles causés
    par l'alcoolisation fœtale)... 283, 527
Services en adoption internationale. Centre de santé et de services sociaux
    Jeanne-Mance. CLSC Plateau Mont-Royal... 28
Société canadienne de la sclérose en plaques... 488
Société canadienne de l'autisme... 84, 591
Société canadienne de l'hémophilie. Bureau national de Montréal............. 286, 288, 500
Société canadienne de l'hémophilie. Section du Québec.................... 286, 288, 500

Société canadienne de schizophrénie.. 485

Société canadienne du cancer. Bureau divisionnaire du Québec 96

Société canadienne du sida (SCS) 500

Société d'arthrite. Bureau divisionnaire de Montréal 77

Société de la sclérose systémique (sclérodermie) du Québec inc. 488

Société Huntington du Québec.. 330

Société pour les enfants handicapés du Québec.............................20, 195, 207

Société québécoise de la schizophrénie.. 485

Solidarité de parents de personnes handicapées inc. 20, 196

Solidarité-Deuil d'enfant 358, 367

Sparadrap : Centre national de ressources sur l'enfant et l'hôpital 108, 209, 213, 466

Suicide Action Montréal... 515

Tel-aide 136, 358, 505, 509

Tel-jeunes...290, 505, 509, 515

Troubles d'apprentissage – Association canadienne 571

Viomax. Secteur jeunesse... 206, 207

Index des sujets traités

Abandon
→ Troubles de l'attachement 575

Abus de drogues
→ Drogues 167

Abus sexuel
→ Agression sexuelle......................35

Acceptation de soi
→ Estime de soi 233

Accès de colère
→ Colère 112

Accidents
→ Prévention des accidents 437

Accueil de l'enfant différent...................19

Acidose lactique 24

Acné
→ Maladie de la peau....................330

Adénoïdectomie 25

Adolescence
→ Relations parents-adolescents . 449
→ Santé des adolescents...............477

Adolescent difficile
→ Troubles du comportement 577

Adolescent handicapé
→ Enfant handicapé......................193

Adolescent hospitalisé
→ Enfant hospitalisé 209

Adolescent malade
→ Enfant malade...........................213

Adolescente enceinte
→ Grossesse à l'adolescence..........279

Adoption..26

Adoption internationale
→ Adoption 26

Agression sexuelle 35

Agression
→ Violence....................................602

Agressivité...43

Aide aux devoirs
→ Devoirs et leçons.......................145

Aides techniques 45

Aides techniques à la communication ..46

Alcool 47

Alcoolisme
→ Alcool 47

Alimentation de l'adolescent.................51

Alimentation de l'enfant.........................53

Allergies...58

Allergies alimentaires 60

Amniocentèse
→ Diagnostic prénatal 153

Amputation..63

Amputation accidentelle, chirurgicale ou congénitale
→ Amputation................................63

Amygdalite / Amygdalectomie 64

Anaphylaxie
→ Allergies.....................................58

Anémie falciforme....................................65

Anesthésie
→ Chirurgie /
Chirurgie d'un jour 108

Angelman (syndrome)
→ Syndrome d'Angelman..............528

Angoisse
→ Anxiété 73

Annonce du diagnostic difficile
→ Diagnostic prénatal 153

Anomalie congénitale
→ Maladie génétique.....................339

Anorexie / Boulimie 67

Anxiété..73

Apraxie
→ Dyspraxie 180

Arthrite chronique juvénile
→ Arthrite juvénile........................77

Arthrite juvénile.......................................77

Arthrite rhumatoïde juvénile
→ Arthrite juvénile........................77

Asperger (syndrome)
→ Syndrome d'Asperger 528

Asthme..78

Ataxie 81

Ataxie de Friedreich
→ Ataxie...81

Attachement 82

Audimutité
→ Dysphasie 177

Autisme...84

Aveugle
→ Cécité..105

Avortement spontané
→ Fausse couche 260

Baby blues
→ Dépression postpartum............140

Beaux-parents
➜ Famille recomposée.................255
Bébé de petit poids
➜ Prématurité..............................432
Bec de lièvre
➜ Fissure labio-palatine..............264
Bégaiement...90
Blessure médullaire
➜ Paraplégie / Quadriplégie.........401
Boulimie
➜ Anorexie / Boulimie...................67
Brûlures...93
Cancer / Leucémie / Tumeurs...............95
Cardiopathie
➜ Maladie du cœur...................... 334
Cauchemar.......................................102
Cécité 105
Céphalée
➜ Migraine...................................356
Chirurgie / Chirurgie d'un jour 108
Choc anaphylactique
➜ Allergies....................................58
Chromosome x fragile (syndrome)
➜ Syndrome du chromosome x
fragile..................................540
Cigarette
➜ Tabagisme 542
Cinquième maladie
➜ Maladie infectieuse...................341
Circoncision....................................110
Cododo..111
Colère..112
Colite
➜ Maladie inflammatoire
de l'intestin..........................342
Colostomie
➜ Stomie.....................................508
Coma...116
Communication
➜ Relations parents-enfants.........455
Compétence parentale
➜ Relations parents-enfants.........455
Compétition
➜ Stress 509
Conciliation famille-travail 117
Confiance en soi
➜ Estime de soi............................233
Consommation d'alcool
➜ Alcool......................................47
Consommation de drogues
➜ Drogues...................................167
Consultation psychologique................121
Cri-du-chat (syndrome)
➜ Syndrome du Cri-du-chat........541

Crise de colère
➜ Colère......................................112
Daltonisme
➜ Déficience visuelle....................131
Décès
➜ Mort / Deuil............................. 357
Décès périnatal
➜ Deuil périnatal.........................142
Déficience auditive............................125
Déficience intellectuelle....................127
Déficience motrice cérébrale
➜ Infirmité motrice
cérébrale.............................307
Déficience multiple
➜ Enfant handicapé.....................193
Déficience physique
➜ Enfant handicapé.....................193
Déficience visuelle.............................131
Déficit de l'attention
➜ TDAH (Trouble déficitaire
de l'attention avec/
ou sans hyperactivité).............546
Déglutition atypique
➜ Dysphagie................................176
Dépression.......................................135
Dépression postpartum 140
Deuil
➜ Mort / Deuil............................357
Deuil périnatal.................................142
Développement du langage
➜ Troubles du langage.................581
Devoirs et leçons...............................145
Diabète...150
Diabète de grossesse
➜ Grossesse à risque....................282
Diagnostic prénatal............................153
Dialyse
➜ Maladie du rein........................338
Difficulté scolaire 154
Discipline...158
Divorce
➜ Séparation et divorce...............491
Douance
➜ Enfant doué..............................191
Douleur... 164
Down (syndrome)
➜ Trisomie 21 564
Drépanocytose
➜ Anémie falciforme.....................65
Drogues..167
Dyslexie..173
Dysphagie...176
Dysphasie...177
Dyspraxie...180

Dystrophie musculaire
→ Maladie neuromusculaire.........344

Échographie
→ Diagnostic prénatal 153

Eczéma
→ Maladie de la peau.....................330

Éducation de l'enfant
→ Relations parents-enfants.....455

Éducation sexuelle 183

Empoisonnement
→ Prévention des accidents 437

Encoprésie...190

Enfant abandonné
→ Troubles de l'attachement 575

Enfant adopté
→ Adoption 26

Enfant battu
→ Enfant maltraité.......................218

Enfant de l'excellence
→ Stress...509

Enfant difficile
→ Troubles du comportement 577

Enfant doué 191

Enfant handicapé 193

Enfant handicapé
Activité physique
et sport 206

Enfant handicapé
Camp de vacances /
Camp de jour 207

Enfant handicapé
Loisirs et tourisme 208

Enfant hospitalisé................................209

Enfant hyperactif
→ TDAH (Trouble déficitaire
de l'attention avec/
ou sans hyperactivité).............. 546

Enfant malade 213

Enfant maltraité 218

Enfant mourant
→ Mort d'un enfant 367

Enfant rejeté
→ Intimidation.............................309

Enfant roi..224

Enfant unique.......................................226

Énurésie..227

Épilepsie..229

Estime de soi...233

Éveil à la lecture...................................240

Éveil musical...243

Famille d'accueil...................................244

Famille homoparentale........................247

Famille monoparentale........................251

Famille recomposée 255

Famille reconstituée
→ Famille recomposée 255

Famille-travail
→ Conciliation famille-travail......117

Fausse couche......................................260

Fibrose kystique 262

Fille
→ Identité sexuelle 297

Fille-mère
→ Parent à l'adolescence...............403

Fissure labiale
→ Fissure labio-palatine 264

Fissure labio-palatine.......................... 264

Fracture..266

Fragilité osseuse héréditaire
→ Ostéogénèse imparfaite 398

Fratrie
→ Relations frères-sœurs..............444

Frère et sœur de l'enfant malade
ou handicapé..............................266

Frères
→ Relations frères-sœurs..............444

Gambling
→ Jeu pathologique.......................319

Garçon
→ Identité sexuelle 297

Garde partagée.....................................270

Gastroentérite......................................273

Gêne
→ Timidité..................................... 554

Génétique..274

Gilles de la Tourette (syndrome)
→ Syndrome
de Gilles de la Tourette 533

Glycogénoses...274

Grand-parent malade
→ Parent malade 415

Grands-parents.....................................275

Greffe
→ Transplantation........................561

Grossesse à l'adolescence 279

Grossesse à risque.................................282

Grossesse multiple................................284

Guillain-Barré (syndrome)
→ Syndrome
de Guillain-Barré 534

Handicap mental
→ Déficience intellectuelle............127

Handicap physique
→ Enfant handicapé.......................193

Harcèlement
→ Intimidation................................309

Hémangiome
→ Maladie de la peau...................330

Hémodialyse
  → Maladie du rein..........................338
Hémophilie.....................................286
Hépatite...288
Hernie..289
Heure du coucher
  → Troubles du sommeil.................585
Homoparentalité
  → Famille homoparentale.............247
Homosexualité................................289
Hospitalisation
  → Enfant hospitalisé.....................209
Hydrocéphalie.................................294
Hyperactivité
  → TDAH (Trouble déficitaire
     de l'attention avec/
     ou sans hyperactivité)..............546
Hyperbare.......................................295
Hypoglycémie.................................296
ITS
  → Infection transmissible
     sexuellement............................305
Identité sexuelle.............................297
Iléite
  → Maladie inflammatoire de
     l'intestin..................................342
Iléostomie
  → Stomie.....................................508
IMC
  → Infirmité motrice cérébrale......307
Image corporelle............................300
Immunisation
  → Vaccination.............................600
IMOC
  → Infirmité motrice cérébrale......307
Inceste...302
Infection transmissible
     sexuellement............................305
Infirmité motrice cérébrale.............307
Insuffisance rénale chronique
  → Maladie du rein.......................338
Intervention chirurgicale
  → Chirurgie /
     Chirurgie d'un jour..................108
Intimidation...................................309
Intoxication
  → Prévention des accidents..........437
Jalousie..317
Jeu pathologique............................319
Jeune mère
  → Parent à l'adolescence..............403
Jeune père
  → Parent à l'adolescence..............403

Joueur pathologique
  → Jeu pathologique.....................319
Jumeaux...322
Langage
  → Troubles du langage.................581
Leçons et devoirs
  → Devoirs et leçons......................145
LED
  → Lupus......................................326
Lesbianisme
  → Homosexualité.........................289
Lésion de la moelle épinière
  → Paraplégie / Quadriplégie.........401
Leucémie
  → Cancer / Leucémie / Tumeurs....95
Logement adapté............................326
Lunettes
  → Déficience visuelle...................131
Lupus...326
Lymphome
  → Cancer / Leucémie / Tumeurs....95
MTS
  → Infection transmissible
     sexuellement............................305
Main pied bouche
  → Maladie infectieuse..................341
Mal d'oreille
  → Otite..398
Maladie à issue fatale
  → Maladie terminale....................349
Maladie cardiaque
  → Maladie du cœur......................334
Maladie céliaque
  → Maladie cœliaque.....................328
Maladie cœliaque............................328
Maladie de Crohn
  → Maladie inflammatoire
     de l'intestin.............................342
Maladie de l'adolescent
  → Enfant malade.........................213
Maladie de l'appareil respiratoire
  → Maladie pulmonaire.................347
Maladie de l'enfant
  → Enfant malade.........................213
Maladie de Huntington...................330
Maladie de la peau.........................330
Maladie de la thyroïde....................331
Maladie de Lyme............................332
Maladie de Tay-Sachs.....................332
Maladie de Von Hippel Lindau..........333
Maladie de Von Willebrand
  → Hémophilie..............................286
Maladie des organes génito-urinaires...334

Maladie du cœur 334

Maladie du cri-du-chat
→ Syndrome
du cri-du-chat 541

Maladie du foie 337

Maladie du hamburger
→ Syndrome hémolytique
urémique 541

Maladie du métabolisme
→ Maladie métabolique 343

Maladie du rein 338

Maladie génétique 339

Maladie infectieuse 341

Maladie inflammatoire de l'intestin .. 342

Maladie intestinale
→ Maladie inflammatoire
de l'intestin............................342

Maladie main pied bouche
→ Maladie infectieuse..................341

Maladie métabolique 343

Maladie neuromusculaire 344

Maladie ORL 346

Maladie pulmonaire............................347

Maladie rénale
→ Maladie du rein................338

Maladie terminale 349

Maladie thyroïdienne
→ Maladie de la thyroïde..............331

Maladie transmissible sexuellement
→ Infection transmissible
sexuellement 305

Maladie vénérienne
→ Infection transmissible
sexuellement 305

Malentendant
→ Déficience auditive 125

Malformation craniofaciale............351

Malformation vasculaire....................352

Malformations
→ Maladie génétique..................339

Maltraitance
→ Enfant maltraité..................218

Maniaco-dépression
→ Troubles bipolaires 569

Marfan (syndrome)
→ Syndrome de Marfan................535

Maternité adolescente
→ Grossesse à l'adolescence..........279

Médiation
→ Séparation et divorce 491

Médicaments............................352

Méningite 353

Mensonge 353

Mère adolescente
→ Grossesse à l'adolescence..........279
→ Parent à l'adolescence..............403

Mère alcoolique
→ Parent alcoolique 403

Mère malade
→ Parent malade 415

Mère monoparentale
→ Famille monoparentale 251

Méthode kangourou 356

Migraine 356

Mongolisme
→ Trisomie 21 564

Monoparentalité
→ Famille monoparentale 251

Moquerie
→ Intimidation............................309

Mort / Deuil 357

Mort d'un ami 363

Mort d'un animal 365

Mort d'un enfant................................367

Mort d'un frère / d'une sœur..............372

Mort d'un grand-parent 375

Mort d'un parent................................378

Mort du fœtus
→ Deuil périnatal 142

Mort périnatale
→ Deuil périnatal 142

Mort subite du nourrisson 383

Mortalité
→ Mort / Deuil..............................357

Mucoviscidose
→ Fibrose kystique 262

Musicothérapie
→ Éveil musical 243

Myopie
→ Déficience visuelle 131

Nævus
→ Maladie de la peau....................330

Nævus géant congénital....................385

Naissance d'un deuxième
enfant................................385

Naissance multiple
→ Grossesse multiple 284

Nanisme................................389

Nausées et vomissements....................390

Négligence
→ Enfant maltraité....................218

Néphropathie
→ Maladie du rein..........................338

Neurofibromatose 391

Nouveaux parents
→ Relations parents-enfants.........455

Noyade
→ Prévention des accidents 437

Obésité..393

Opération chirurgicale
→ Chirurgie /
Chirurgie d'un jour 108

Opération des adénoïdes
→ Adénoïdectomie.........................25

Opération des amygdales
→ Amygdalite / Amygdalectomie ...64

Opposition
→ Troubles d'opposition 574

Oreillons
→ Maladie infectieuse...................341

Orientation sexuelle
→ Homosexualité...........................289

Orthèse
→ Amputation...................................63

Ostéogenèse imparfaite....................398

Otite..398

Paralysie cérébrale
→ Infirmité motrice cérébrale......307

Paraplégie / Quadriplégie 401

Parent à l'adolescence 403

Parent alcoolique...............................403

Parent atteint de cancer 405

Parent atteint de maladie mentale.......407

Parent d'enfant déficient
→ Enfant handicapé.......................193

Parent d'enfant handicapé
→ Enfant handicapé.......................193

Parent dépressif.................................410

Parent en prison.................................412

Parent handicapé................................414

Parent homosexuel
→ Famille homoparentale 247

Parent malade.....................................415

Parentalité
→ Relations parents-enfants.........455

Parents
→ Relations parents-enfants.........455

Parents adoptifs
→ Adoption 26

Parents de même sexe
→ Famille homoparentale 247

Parents homosexuels
→ Famille homoparentale 247

Parents séparés
→ Séparation et divorce................491

Parents seuls
→ Famille monoparentale 251

Parents trop occupés
→ Conciliation famille-travail......117

Pédiculose
→ Poux...430

Pédophilie..418

Père adolescent
→ Parent à l'adolescence...............403

Père alcoolique
→ Parent alcoolique 403

Père malade
→ Parent malade 415

Père monoparental
→ Famille monoparentale 251

Performance
→ Stress..509

Personne de petite taille
→ Nanisme 389

Peurs...420

Pharmacodépendance
→ Toxicomanie................................557

Phase terminale
→ Maladie terminale......................349

Phénylcétonurie 427

Phobies
→ Peurs..420

Piercing
→ Tatouage et piercing...................545

Pierre Robin (syndrome)
→ Syndrome de Pierre Robin 536

Placement
→ Famille d'accueil 244

Pleurs...428

Poux...430

Prader Willi (syndrome)
→ Syndrome de Prader Willi 536

Prématuré
→ Prématurité.................................432

Prématurité...432

Premiers soins
→ Prévention des accidents 437

Prévention des accidents.....................437

Prise de risque 442

Prothèse
→ Amputation..................................63

Psychose maniaco-dépressive
→ Troubles bipolaires 569

Puériculture
→ Santé de l'enfant 472

Quadriplégie
→ Paraplégie / Quadriplégie.........401

Racket
→ Intimidation...............................309

Raillerie
→ Intimidition 309

Relations frères-sœurs 444

Relations grands-parents-enfants
→ Grands-parents 275
Relations parents-adolescents 449
Relations parents-enfants 455
Relations parents-
professionnels...................................466
Remariage
→ Famille recomposée.................255
Résilience...467
Responsabilité 469
Rett (syndrome)
→ Syndrome de Rett 537
Rivalité fraternelle
→ Relations frères-sœurs.............444
Rougeole
→ Maladie infectieuse..................341
Rubéole
→ Maladie infectieuse..................341
SAF
→ Syndrome d'alcoolisation
fœtale..526
Santé de l'enfant 472
Santé des adolescents 477
Santé mentale 480
Schizophrénie..485
Sclérodermie...488
Sclérose en plaques................................488
Sclérose tubéreuse de Bourneville.......490
Scoliose 490
Sécurité routière
→ Prévention des accidents 437
Séparation et divorce 491
Séropositivité
→ Sida / VIH.................................499
Sexualité
→ Éducation sexuelle....................183
Sida / VIH...499
Sœurs
→ Relations frères-sœurs.............444
Soins de l'enfant
→ Santé de l'enfant 472
Soins palliatifs 503
Solitude...505
Sommeil
→ Troubles du sommeil................585
Sommeil partagé
→ Cododo.......................................111
Somnambulisme
→ Troubles du sommeil................585
Sotos (syndrome)
→ Syndrome de Sotos...................538
Souffre-douleur
→ Intimidation 309

Sourd
→ Surdité 523
Spina bifida...507
Stomie...508
Strabisme
→ Déficience visuelle 131
Streptocoque de groupe B 508
Stress...509
Stress de performance
→ Stress...509
Stupéfiants
→ Toxicomanie.............................557
Suicide 514
Suicide d'un parent 521
Surdité...523
Surdoué
→ Enfant doué...............................191
Syndrome alcoolique du fœtus
→ Syndrome d'alcoolisation
fœtale..526
Syndrome d'alcoolisation fœtale.........526
Syndrome d'Angelman 528
Syndrome d'Asperger.............................528
Syndrome de Di George.........................532
Syndrome de Down
→ Trisomie 21 564
Syndrome de Gilles de la Tourette.......533
Syndrome de Guillain-Barré 534
Syndrome de Marfan 535
Syndrome de mort subite du nourrisson
→ Mort subite du nourrisson.......383
Syndrome de Pierre Robin....................536
Syndrome de Prader-Willi.....................536
Syndrome de Rett 537
Syndrome de Sotos.................................538
Syndrome de Turner 539
Syndrome de Williams...........................539
Syndrome du chromosome X
fragile 540
Syndrome du cri-du-chat 541
Syndrome dysphasique
→ Dysphasie...................................177
Syndrome hémolytique urémique 541
Syndrome néphrotique
→ Maladie du rein.........................338
Tabagisme...542
TAC
→ Dyspraxie 180
Tatouage et piercing..............................545
Taxage
→ Intimidation..............................309
Tay-Sachs (maladie)
→ Maladie de Tay-Sachs 332

TC
  → Troubles du comportement 577
TDA
  → TDAH (Trouble déficitaire
      de l'attention avec/
      ou sans hyperactivité) 546
TDAH (Trouble déficitaire
  de l'attention avec/
  ou sans hyperactivité) 546
TED
  → Troubles envahissants
      du développement 591
Temper tantrum
  → Colère 112
Tentative de suicide
  → Suicide 514
Terreur nocturne
  → Cauchemar 102
Thalidomide 553
Tics
  → Syndrome
      de Gilles de la Tourette 533
Timidité 554
TOC
  → Troubles obsessifs-compulsifs .. 594
Tourette (syndrome)
  → Syndrome
      de Gilles de la Tourette 533
Toxicomanie 557
Trachéotomie 561
Transplantation 561
Traumatisme cérébral
  → Traumatisme craniocérébral 563
Traumatisme crânien
  → Traumatisme craniocérébral 563
Traumatisme craniocérébral 563
Travail-famille
  → Conciliation famille-travail 117
Triplés
  → Jumeaux 322
Trisomie 13
  → Trisomies 568
Trisomie 18
  → Trisomies 568
Trisomie 21 564
Trisomies 568
*Trouble déficitaire de l'attention
    avec/ou sans hyperactivité*
  → TDAH (Trouble déficitaire
      de l'attention avec/
      ou sans hyperactivité) 546
Troubles alimentaires
  → Anorexie / Boulimie 67

Troubles anxieux
  → Anxiété 73
Troubles bipolaires 569
Troubles compulsifs
  → Troubles obsessifs-compulsifs. 594
Troubles d'acquisition de la coordination
  → Dyspraxie 180
Troubles d'apprentissage 571
Troubles d'opposition 574
Troubles de l'attachement 575
Troubles de l'humeur
  → Dépression 135
Troubles de la croissance 576
Troubles du comportement 577
Troubles du comportement alimentaire
  → Anorexie / Boulimie 67
Troubles du déficit de l'attention
  → TDAH (Trouble déficitaire
      de l'attention avec/
      ou sans hyperactivité) 546
Troubles du langage 581
Troubles du sommeil 585
Troubles envahissants
  du développement 591
Troubles maniaco-dépressifs
  → Troubles bipolaires 569
Troubles mentaux
  → Santé mentale 480
Troubles obsessifs-compulsifs 594
Trouble panique
  → Anxiété 73
Tumeur au cerveau 597
Tumeur cérébrale
  → Tumeur au cerveau 597
Tumeurs
  → Cancer / Leucémie / Tumeurs 95
Turner (syndrome)
  → Syndrome de Turner 539
Tyrosinémie 598
Urétérostomie
  → Stomie 508
Urgence
  → Prévention des accidents 437
VIH
  → Sida / VIH 499
Vaccination 600
Varicelle
  → Maladie infectieuse 341
Viol
  → Agression sexuelle 35
Violence 602
Violence à l'école
  → Intimidation 309

Violence conjugale
➜ Violence......................................602

Violence familiale
➜ Violence.................................... 602

Vol 610

Vomissements
➜ Nausées et vomissements 390

Von Hippel Lindau (maladie)
➜ Maladie de
Von Hippel Lindau...................333

Von Willerbrand (maladie)
➜ Hémophilie...............................286

Williams (syndrome)
➜ Syndrome de Williams 539

Ouvrages parus dans la même collection

ACCOMPAGNER SON ENFANT PRÉMATURÉ
DE LA NAISSANCE À CINQ ANS
Sylvie Louis
ISBN 978-2-89619-085-0   2007/216 p.

ADOS: MODE D'EMPLOI
Michel Delagrave
ISBN 2-89619-016-3   2005/176 p.

L'AGRESSIVITÉ CHEZ L'ENFANT DE 0 À 5 ANS
Sylvie Bourcier
ISBN 978-2-89619-125-3   2008/220 p.

AIDE-MOI À TE PARLER!
LA COMMUNICATION PARENT-ENFANT
Gilles Julien
ISBN 2-922770-96-6   2004/144 p.

AIDER À PRÉVENIR LE SUICIDE CHEZ LES JEUNES
UN LIVRE POUR LES PARENTS
Michèle Lambin
ISBN 2-922770-71-0   2004/272 p.

L'ALLAITEMENT MATERNEL – 2e ÉDITION
Comité pour la promotion de l'allaitement maternel
de l'Hôpital Sainte-Justine
ISBN 2-922770-57-5   2002/104 p.

APPRIVOISER L'HYPERACTIVITÉ ET
LE DÉFICIT DE L'ATTENTION – 2E ÉDITION
Colette Sauvé
ISBN 978-2-89619-095-9 2007/132 p.

L'ASTHME CHEZ L'ENFANT
POUR UNE PRISE EN CHARGE EFFICACE
Sous la direction de Denis Bérubé, Sylvie Laporte
et Robert L. Thivierge
ISBN 2-89619-057-0   2006/168 p.

L'ATTACHEMENT, UN DÉPART POUR LA VIE
Yvon Gauthier • Gilles Fortin • Gloria Jeliu
ISBN 2-89619-145-1   2009/144 p.

AU-DELÀ DE LA DÉFICIENCE PHYSIQUE OU INTELLECTUELLE
UN ENFANT À DÉCOUVRIR
Francine Ferland
ISBN 2-922770-09-5   2001/232 p.

AU FIL DES JOURS... APRÈS L'ACCOUCHEMENT
L'équipe de périnatalité de l'Hôpital Sainte-Justine
ISBN 2-922770-18-4   2001/96 p.

AU RETOUR DE L'ÉCOLE...
LA PLACE DES PARENTS DANS L'APPRENTISSAGE SCOLAIRE
2ᴱ ÉDITION
Marie-Claude Béliveau
ISBN 2-922770-80-X   2004/280 p.

COMPRENDRE ET GUIDER LE JEUNE ENFANT
À LA MAISON, À LA GARDERIE
Sylvie Bourcier
ISBN 2-922770-85-0   2004/168 p.

DE LA TÉTÉE À LA CUILLÈRE
BIEN NOURRIR MON ENFANT DE 0 À 1 AN
Linda Benabdesselam et autres
ISBN 2-922770-86-9   2004/144 p.

LE DÉVELOPPEMENT DE L'ENFANT AU QUOTIDIEN
DU BERCEAU À L'ÉCOLE PRIMAIRE
Francine Ferland
ISBN 2-89619-002-3   2004/248 p.

LE DIABÈTE CHEZ L'ENFANT ET L'ADOLESCENT
*Louis Geoffroy, Monique Gonthier et les autres membres de l'équipe
de la Clinique du diabète de l'Hôpital Sainte-Justine*
ISBN 2-922770-47-8   2003/368 p.

LA DISCIPLINE UN JEU D'ENFANT
Brigitte Racine
ISBN 978-2-89619-119-2   2008/136 p.

DROGUES ET ADOLESCENCE
RÉPONSES AUX QUESTIONS DES PARENTS
Étienne Gaudet
ISBN 2-922770-45-1   2002/128 p.

DYSLEXIE ET AUTRES MAUX D'ÉCOLE
QUAND ET COMMENT INTERVENIR
Marie-Claude Béliveau
ISBN 978-2-89619-121-5   2007/296 p.

EN FORME APRÈS BÉBÉ
EXERCICES ET CONSEILS
Chantale Dumoulin
ISBN 2-921858-79-7   2000/128 p.

EN FORME EN ATTENDANT BÉBÉ
EXERCICES ET CONSEILS
Chantale Dumoulin
ISBN 2-921858-97-5   2001/112 p.

ENFANCES BLESSÉES, SOCIÉTÉS APPAUVRIES
DRAMES D'ENFANTS AUX CONSÉQUENCES SÉRIEUSES
Gilles Julien
ISBN 2-89619-036-8   2005/256 p.

L'ENFANT ADOPTÉ DANS LE MONDE (EN QUINZE CHAPITRES ET DEMI)
Jean-François Chicoine, Patricia Germain et Johanne Lemieux
ISBN 2-922770-56-7   2003/480 p.

L'ENFANT MALADE
RÉPERCUSSIONS ET ESPOIRS
Johanne Boivin, Sylvain Palardy et Geneviève Tellier
ISBN 2-921858-96-7   2000/96 p.

ENFIN JE DORS... ET MES PARENTS AUSSI
Evelyne Martello
ISBN 978-2-89619-082-9   2007/120 p.

L'ÉPILEPSIE CHEZ L'ENFANT ET L'ADOLESCENT
Anne Lortie, Michel Vanasse et autres
ISBN 2-89619-070-8   2006/208 p.

L'ESTIME DE SOI DES ADOLESCENTS
Germain Duclos, Danielle Laporte et Jacques Ross
ISBN 2-922770-42-7   2002/96 p.

L'ESTIME DE SOI DES 6-12 ANS
Danielle Laporte et Lise Sévigny
ISBN 2-922770-44-3   2002/112 p.

L'ESTIME DE SOI, UN PASSEPORT POUR LA VIE – 2e ÉDITION
Germain Duclos
ISBN 2-922770-87-7   2004/248 p.

ET SI ON JOUAIT?
LE JEU DURANT L'ENFANCE ET POUR TOUTE LA VIE
2e ÉDITION
Francine Ferland
ISBN 2-89619-035-X   2005/212 p.

ÊTRE PARENT, UNE AFFAIRE DE CŒUR – 2e ÉDITION
Danielle Laporte
ISBN 2-89619-021-X   2005/280 p.

FAMILLE, QU'APPORTES-TU À L'ENFANT?
Michel Lemay
ISBN 2-922770-11-7   2001/216 p.

LA FAMILLE RECOMPOSÉE
UNE FAMILLE COMPOSÉE SUR UN AIR DIFFÉRENT
Marie-Christine Saint-Jacques et Claudine Parent
ISBN 2-922770-33-8   2002/144 p.

FAVORISER L'ESTIME DE SOI DES 0-6 ANS
Danielle Laporte
ISBN 2-922770-43-5   2002/112 p.

LE GRAND MONDE DES PETITS DE 0 À 5 ANS
Sylvie Bourcier
ISBN 2-89619-063-5   2006/168 p.

GRANDS-PARENTS AUJOURD'HUI
PLAISIRS ET PIÈGES
Francine Ferland
ISBN 2-922770-60-5   2003/152 p.

GUIDE INFO-FAMILLE
RÉPERTOIRE ANNOTÉ DE RESSOURCES
Centre d'information du CHU Sainte-Justine
ISBN 978-2-89619-137-6   2009/648 p.

GUIDER MON ENFANT DANS SA VIE SCOLAIRE – 2E ÉDITION
Germain Duclos
ISBN 2-89619-062-7   2006/280 p.

L'HYDROCÉPHALIE : GRANDIR ET VIVRE
AVEC UNE DÉRIVATION
Nathalie Boëls
ISBN 2-89619-051-1   2006/112 p.

J'AI MAL À L'ÉCOLE
TROUBLES AFFECTIFS ET DIFFICULTÉS SCOLAIRES
Marie-Claude Béliveau
ISBN 2-922770-46-X   2002/168 p.

JOUER À BIEN MANGER
NOURRIR MON ENFANT DE 1 À 2 ANS
Danielle Regimbald, Linda Benabdesselam,
Stéphanie Benoît et Micheline Poliquin
ISBN 2-89619-054-6   2006/160 p.

LES MALADIES NEUROMUSCULAIRES
CHEZ L'ENFANT ET L'ADOLESCENT
Sous la direction de Michel Vanasse, Hélène Paré,
Yves Brousseau et Sylvie D'Arcy
ISBN 2-922770-88-5   2004/376 p.

MON CERVEAU NE M'ÉCOUTE PAS
COMPRENDRE ET AIDER L'ENFANT DYSPRAXIQUE
Sylvie Breton et France Léger
ISBN 978-2-89619-081-2   2007/192 p.

MUSIQUE, MUSICOTHÉRAPIE ET DÉVELOPPEMENT DE L'ENFANT
Guylaine Vaillancourt
ISBN 2-89619-031-7   2005/184 p.

LE NANISME
UNE PLACE AU SOLEIL DANS UN MONDE DE GRANDS
Nathalie Boëls
ISBN 978-2-89619-138-3   2008/184 p.

PARENTS D'ADOS
DE LA TOLÉRANCE NÉCESSAIRE À LA NÉCESSITÉ D'INTERVENIR
Céline Boisvert
ISBN 2-922770-69-9   2003/216 p.

LES PARENTS SE SÉPARENT...
POUR MIEUX VIVRE LA CRISE ET AIDER SON ENFANT
Richard Cloutier, Lorraine Filion et Harry Timmermans
ISBN 2-922770-12-5   2001/164 p.

POUR PARENTS DÉBORDÉS ET EN MANQUE D'ÉNERGIE
Francine Ferland
ISBN 2-89619-051-1   2006/136 p.

PRÉVENIR L'OBÉSITÉ CHEZ LES ENFANTS
UNE QUESTION D'ÉQUILIBRE
Renée Cyr
ISBN 2-89619-147-5   2009/144 p.

RACONTE-MOI UNE HISTOIRE
POURQUOI? LAQUELLE? COMMENT?
Francine Ferland
ISBN 2-89619-116-1   2008/168 p.

RESPONSABILISER SON ENFANT
Germain Duclos et Martin Duclos
ISBN 2-89619-00-3   2005/200 p.

SANTÉ MENTALE ET PSYCHIATRIE POUR ENFANTS
DES PROFESSIONNELS SE PRÉSENTENT
Bernadette Côté et autres
ISBN 2-89619-022-8   2005/128 p.

LA SCOLIOSE
SE PRÉPARER À LA CHIRURGIE
Julie Joncas et collaborateurs
ISBN 2-921858-85-1   2000/96 p.

LE SÉJOUR DE MON ENFANT À L'HÔPITAL
Isabelle Amyot, Anne-Claude Bernard-Bonnin, Isabelle Papineau
ISBN 2-922770-84-2   2004/120 p.

LA SEXUALITÉ DE L'ENFANT EXPLIQUÉE AUX PARENTS
Frédérique Saint-Pierre et Marie-France Viau
ISBN 2-89619-069-4   2006/208 p.

TEMPÊTE DANS LA FAMILLE
LES ENFANTS ET LA VIOLENCE CONJUGALE
Isabelle Côté, Louis-François Dallaire et Jean-François Vézina
ISBN 2-89619-008-2   2004/144 p.

LE TROUBLE DE DÉFICIT DE L'ATTENTION
AVEC OU SANS HYPERACTIVITÉ
Stacey Bélanger, Michel Vanasse et coll.
ISBN 978-2-89619-136-9   2008/240 p.

LES TROUBLES ANXIEUX EXPLIQUÉS AUX PARENTS
Chantal Baron
ISBN 2-922770-25-7   2001/88 p.

LES TROUBLES D'APPRENTISSAGE :
COMPRENDRE ET INTERVENIR
Denise Destrempes-Marquez et Louise Lafleur
ISBN 2-921858-66-5   1999/128 p.

VOTRE ENFANT ET LES MÉDICAMENTS :
INFORMATIONS ET CONSEILS
*Catherine Dehaut, Annie Lavoie, Denis Lebel, Hélène Roy
et Roxane Therrien*
ISBN 2-89619-017-1   2005/332 p.